SCSS-H97

鉄骨構造標準接合部

H形鋼編

[SI単位表示版]

建設省住宅局建築指導課 監修

鉄骨構造標準接合部委員会 編

●社団法人 建築業協会
●社団法人 公共建築協会
●社団法人 全国鐵構工業協会
●社団法人 鉄骨建設業協会
●社団法人 日本建築構造技術者協会
●社団法人 日本建築士事務所協会連合会
●社団法人 日本鋼構造協会
●社団法人 日本鉄鋼連盟

監修のことば

昭和56年に現在の耐震基準が施行されて以来15年が経過し，保有耐力設計法の考え方が定着し建築物の適切な安全性の確保が図られています．しかし，鉄骨造建築物については，近年，鋼材の品質，鉄骨の溶接，検査の実態等の面で建築物の安全性にかかわりかねない事態が発生したことから，その適正な品質の確保を図るため，これまでに，新たな鋼材規格として塑性変形能力，溶接性等に優れたSN規格の制定，一定規模以上の鉄骨造建築物に対する建築基準法第12条第3項の規定に基づく施工状況報告書の提出の指導等が行われています．

昨年1月17日に発生した阪神・淡路大震災では，死者6 300名余，負傷者43 000名余，被害を受けた建築物総数約44万棟という甚大な被害が生じましたが，鉄骨造建築物についても様々な被害が発生しました．建設省に設置された建築震災調査委員会の調査によれば次のような事項が指摘されています．

1． 現行の耐震基準による建築物については被害は少なく，最低基準としての現行の耐震基準はほぼ妥当なものであり，水準面での抜本的な改正は必要ないと考えられるが，鉄骨造建築物の柱脚部等について，適切な対応を検討する必要がある．
2． 鉄骨造建築物の溶接部については，現行耐震基準による建築物であるか否かにかかわらず，その破断により大きな被害につながっているものもあり，溶接部の品質管理を徹底することが緊急の課題である．

このうち1.については，これまでに鉄骨造建築物の柱脚部等に関する耐震基準の見直しを行いました．

2.については，溶接部の品質確保のための方策を検討しているところですが，溶接部の適切な設計・施工・検査方法の確立が必要であると考えております．溶接部を含む接合部の標準化はそのための有効な方策の一つであり，コストの削減につながるだけでなく品質の安定に大きく寄与するものと考えられます．

本書は，従来各関係団体ごとに定められていた接合部の仕様を標準化し，共通のものとして取りまとめたものであり，接合部の設計の考え方，接合部の標準仕様等が実務者向けにわかりやすく解説されています．今後，本書を通じて鉄骨造建築物の適切な接合方法が普及し，その品質の向上が図られますことを期待いたしております．

平成8年11月

建設省住宅局建築指導課長
浅　野　　　宏

まえがき

1981年に「建築基準法施行令」が改定され，耐震設計に関連して接合部については状況によって終局強度の検討を行うものとなった．一方で鉄骨造建物はその後も増加し続けているが，接合の方法は工場溶接と高力ボルト摩擦接合が主流である．このような社会情勢にあって，標準接合部の必要性とそのあるべき姿に対する調査が各所で行われ，その結果，関係する各団体がそれぞれに標準接合部を提唱していた．これらは，基本的には同一の内容ではあるものの，計算の手順や数値の丸め方などで，微妙な相違があり，利用者を混乱させていた．この間社会的な動向としては，平成6年6月に建築専用の鋼材として，溶接性と塑性変形能力を保証したJIS G 3136「建築構造用圧延鋼材」が制定され，平成7年4月以降からJISマークを付した鋼材が流通開始している．

一方，平成4年には建築基準法施行令第68条の改定によりボルト孔径が拡大されたほか，平成6年11月にJIS G 3192「熱間圧延形鋼の形状，寸法，重量およびその許容差」が，H形鋼のフィレットの寸法を8 mm，13 mm，18 mmに集約する改定が行われるとともに，いわゆる外法一定H形鋼と称されていた形鋼もフィレット寸法を共通にし，断面サイズを大幅に増加させた．また，平成7年1月の阪神・淡路大震災においては，鉄骨造も多く被害を露呈した．これに先立ち，平成4年9月30日付で通達349号「鉄骨造建築物等の品質適正化について」が提示される，など各所で鉄骨品質の適正化を計る努力がなされてきた．

これらの情勢に対処するため，平成6年6月，適正な鉄骨接合部を具現する上で，設計・製作・施工・行政に携わる表記（社）建築業協会・（社）公共建築協会・（社）鋼材倶楽部・（社）全国鉄構工業連合会・（社）鉄骨建設業協会・（社）日本建築構造技術者協会・（社）日本建築士事務所協会連合会・（社）日本鋼構造協会の各団体に参加を願って鋼材倶楽部内に「鉄骨構造標準接合部委員会」を設け，接合部標準化について討議した結果，H形鋼を対象として柱継手，梁継手，柱と梁の溶接接合部などの統一した標準ディテールとして，「SCSS-H 97」（鉄骨構造標準接合部H形鋼編）を提唱することとした．具体的なディテールについてはワーキンググループを設け，建築基準法・同施行令および関連告示などを遵守して数値的な検討を行ったうえ，施工性，実務設計者の要望なども考慮して決定した．ただし，利用者の便を考慮し，収録する標準接合部をより多くすることを優先させたためと，鉄骨加工の技術問題は各所で払われた多くの努力によりそのあるべき姿は十分に認識される社会的環境にあると考えられることから，プラクティスに類する内容は割愛した．その一方で，パソコンの普及の現状を考慮し，ディテールの諸元をデータベースとしてファイルし，それに基づいて設計，積算，加工のすべての立場の人々が，共通して有効利用できるプログラムを本委員会において作成した．

本標準が目標としている真の効果を発揮するためには，行政，設計，加工，施工関係など各方面で同時に一斉に使用することが不可欠である．幸いにも本標準に対して別掲のとおりの建設省住宅局建築指導課による監修をいただいており，より「重み」のある標準として確認されているので，本標準を各方面で有効にご活用いただき，鉄骨造建築の健全な発展に役立てていただきたい．

終りに，行政当局からいただいた御配慮や，鋼材倶楽部をはじめ全面的に御協力いただいた各団体に敬意を表するとともに，本標準の作成にあたられた各委員に深く感謝申し上げたい．

平成 8 年 11 月

追記 「SI 単位表示版」の刊行について

平成 12 年 6 月に施行された建築基準法令の改訂に伴い施行令・告示も一部改訂された．大枠としては，構造計算の方法として従前からの仕様規定をベースとした許容応力度計算のほかに，仕様規定を適用しない限界耐力計算，一般化したその他の計算，超高層建築物用特別計算法などが示された．鉄骨造に関連する諸事項のうち，本書に強くかかわる許容応力度計算の一次設計・二次設計の規定については改訂されていない．しかし，鋼材や溶接部，高力ボルトの材料強度の基準強度（F 値）が SI 単位で表示された．これを受けて本書では力の単位を従前の tf，kgf などの工学単位から kN，N などの SI 単位で表示することとした．

表示単位の改訂に際しては，これまで本基準で表示していた工学単位による耐力等の最終結果に換算係数を乗じて表示変えをすることはしていない．これは鋼材と高力ボルトでは F 値の SI 単位への換算が異なることを考慮したためである．すなわち本書で標準ディテールとして表示してきた接合部ごとに必要な演算のすべてを SI 単位で再計算した結果を表示することとした．したがって，接合部番号とディテールはこれまでと同じものである．SI 単位による計算の結果，すべての接合部は法令の規定に適合することを確認した．ただし，数種類の接合部については安全率 α の値が適法の範囲で変動したものが発生した．その理由は接合部の最弱要素は母材，添板，ボルトのいずれかとなるものであり，この最弱となる要素が微妙な数値の変化によって変動したためである．また，部材種別の判別では柱部材において 400 N 級鋼で 3 断面が FC から FB に変動した．この理由は幅厚比制限に基づく部材種別の判別式に SI 単位の F 値を用いたことによる．

なお，1981 年以来，構造設計用実務解説書として汎用され，本書でも準拠している「構造計算指針・同解説」（日本建築センター発行）が 1986 年，1988 年，1991 年，1994 年，1997 年と改訂を重ね，今般「2001 年版 建築物の構造関係技術基準解説書」（国土交通省住宅局建築指導課・日本建築主事会議・財団法人日本建築センター編集）として刊行されたが，いずれの版も本書が対象としている接合部設計にかかわる事項に変更はないことを付言する．

平成 14 年 1 月

鉄骨構造標準接合部委員会
委員長 藤 本 盛 久
ワーキンググループ
主 査 橋 本 篤 秀

鉄骨構造標準接合部委員会

（平成8年12月現在）

（順不同・敬称略）

委員長	藤本盛久	神奈川大学 理事長，東京工業大学・神奈川大学 名誉教授
委　員	北後　寿	日本工業大学 工学部建築学科 教授 （（社）日本建築構造技術者協会）
	田中淳夫	宇都宮大学 工学部建設学科 教授 （（社）日本鋼構造協会）
	橋本篤秀	千葉工業大学 工学部建築学科 教授
	中尾雅躬	東京電機大学 理工学部建設工学科 教授
	岡田久志	愛知工業大学 工学部建築工学科 助教授
	山田丈富	千葉工業大学 工学部建築学科 講師
	林　理	建設省 大臣官房官庁営繕部 建築課長補佐
	井上勝徳	建設省 住宅局建築指導課 課長補佐
	田極義明	東京都 都市計画局多摩東部建築指導事務所指導第二課 専門副参事
	宮田　章	（社）公共建築協会 専務理事
	越田和憲	清水建設（株） 建築本部技術部 副部長 （（社）建築業協会）
	俣野　博	（株）竹中工務店 大阪本店設計部 構造部長
	慶伊道夫	（株）日建設計 東京本社構造部 構造設計主管
	守谷一彦	（株）日総建 取締役 構造設計室長
	中島康之	（株）伊藤喜三郎建築研究所 監理部長 （（社）日本建築士事務所協会連合会）
	鈴木　誠	川崎重工業（株） 鉄構事業部 品証総括部長 （（社）鉄骨建設業協会）
	岡　司郎	松本工機（株） 常務取締役 工場長 （（社）全国鉄構工業連合会）
	古藤凱生	那須ストラクチャー工業（株） 取締役 副工場長 （（社）全国鉄構工業連合会）
	計良光一郎	新日本製鐵（株） 建材開発技術部 専門部長 （（社）鋼材倶楽部）
	岡本晴仁	NKK 建材センター 主幹 （（社）鋼材倶楽部）

SI 単位化 WG

(平成 14 年 1 月現在)

(順不同・敬称略)

主　査	橋　本　篤　秀	千葉工業大学 工学部建築学科 教授
委　員	中　尾　雅　躬	東京電機大学 理工学部建設環境工学科 教授
	岡　田　久　志	愛知工業大学 工学部建築工学科 教授
	山　田　丈　富	千葉工業大学 工学部建築学科 助教授
	慶　伊　道　夫	(株)日建設計 構造設計室 室長
	守　谷　一　彦	(株)日総建 代表取締役専務
	作　本　好　文	新日本製鐵(株) 建材開発技術部　専門部長 ((社)日本鉄鋼連盟)
	岡　本　晴　仁	NKK 建材センター 主席 ((社)日本鉄鋼連盟)

目　次

第1章　序

1.1 序

昭和 56 年に「建築基準法施行令」が改訂され，耐震設計に関しては，従来の許容応力度設計（一次設計）のほか，必要に応じて終局的な耐力も検討する（二次設計）ものとなるなど，構造計算の方法や構造規定に種々の変更が生じた．接合部については設計ルートによって終局強度の検討を行ういわゆる保有耐力接合とする設計を行うものとなり定着している．

一方で鉄骨造建物はその後も増加し続け，多くの設計者により，さまざまな形態，規模の建築物が設計されている．そのなかで柱材については近時ボックス断面材が普及しつつあるものの，梁では H 形断面材が依然として主流を占めている．使用される鋼材は 400 N 級鋼のみならず 490 N 級鋼も増加する傾向にある．いずれにおいても接合の方法は工場溶接と高力ボルト摩擦接合が主流となっている．

鉄骨の構造性能は，接合部に大きく負うところとなっている．接合部を標準化することは構造性能の安定と経済性に大きく寄与するものである．この認識のもとで表記した各団体がそれぞれに標準接合部を提唱していた．しかし，これらは究極的には同じ性能のものでありながら，設計の手順や数値の丸めの段階のちがいなどにより微妙に相違するものとなっており，実用に定着しないきらいがあった．

一方，近時建築用鋼材に関連して，下記に列挙するような法規や JIS の改正，制定が行われた．

①平成 4 年の建築基準法施行令第 68 条の改正によるボルト孔径の拡大

②平成 6 年 6 月 JIS G 3136「建築構造用圧延鋼材」（SN 鋼）の制定

③平成 6 年 11 月 JIS G 3192「熱間圧延形鋼の形状，寸法，重量およびその許容差」の改正により，H 形鋼のフィレット R 寸法が 3 サイズに集約された．

④いわゆる外法一定 H 形鋼の断面形増加

⑤阪神・淡路地震被害をふまえた日本建築学会標準仕様書 JASS 6「鉄骨工事」改訂（平成 7 年 2 月）

これにより，いずれの団体もこれまで提唱していた標準接合部の見直しを要するところとなった．この事態に対し，真に統一された標準接合部の必要性を相互に理解し，関連団体が一堂に会し，一本化した標準接合部を提唱することとした．

ここに示す標準接合部は，現法令に準拠した普遍的なものであり，これ以外に構造設計者が自らの判断において設計するものを排除するものではない．その上で，本標準接合部の提唱にあたっての基本方針は次とした．

1) 関連法規を遵守した上で，必要以上に保守的・安全的になりすぎないものとする．

2) 一次設計・二次設計の両方に対応する内容とする．

3) 無駄のない実用的なものとする．

4) H 形鋼梁継手および柱継手では，せいごと，フランジ幅ごとに同じ接合部となるよう集約する．

5) 設計・加工・積算・施工の立場で共有利用できる内容とする．

6) 対象鋼種は SN 材の 400 N 級鋼，490 N 級鋼のものとする．

7) 加工・施工技術が普及したことから，プラクティスは最小限の記述とする．

8) 鉄骨造の接合部に関連する参考資料を記述した．

9) パーソナルコンピュータの普及に対応し，標準接合部の諸元をデータベース化し，設計・

加工・積算・施工の立場で必要となる情報を共通に出力できるものとする.

1.2 標準化の部位と部材

標準接合部として，図表で示した部位は，図-1.2.1 に示した H 形鋼柱と H 形鋼梁の柱貫通のラーメンにおいて，高力ボルト摩擦接合する梁継手，柱継手および柱梁剛仕口を構成する工場溶接の梁端溶接部，パネルゾーン，水平スチフナである．なお，H 形鋼柱弱軸と梁の仕口は，標準図として示すには組合せを限定する必要があるので，これを行わず，それぞれの部位について注意事項と共に設計の考え方，設計式を提示するにとどめた．ただし，小梁端の標準に対する要望が強いことから，図示はしていないが設計された大梁小梁サイズを入力することで，標準形が CAD を含め出力されるよう配慮している．

本標準は，建物としては平屋から中高層の鉄骨造と SRC 造のものに適用することを前提として，JIS G 3192（熱間圧延形鋼の形状・寸法・重量およびその許容差）の付表 8 に示されるロール成形の H 形鋼（以下，一般 H 形鋼と略称する）のうちフランジ幅 100 未満の細幅を除く主製造サイズ，および同一幅・せいの H 形鋼の中ではフランジ厚やウェブ厚が変動しても外接円の径一定のまま断面が変化し，かつフランジ厚・ウェブ厚共，鋼板の常用板厚と整合している H 形鋼（以下，定形 H 形鋼と略称する）の全サイズとした．溶接組立てした H 形鋼は対象としていない．これらより，今回標準化した部材の断面リストをとりまとめると，表-1.2.1,

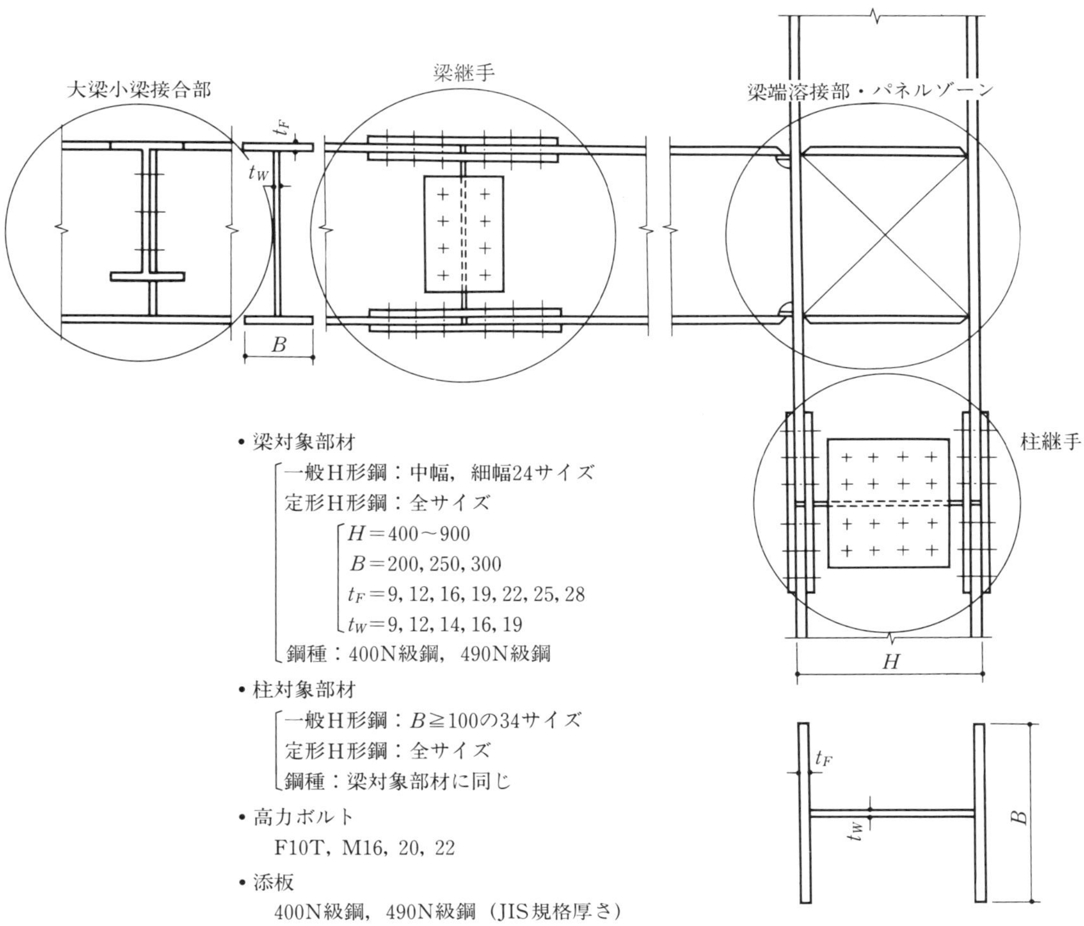

図-1.2.1　標準化部位

表-1.2.2となる．

鋼種は，表-1.2.1，表-1.2.2に示すすべてのH形鋼について，400 N級鋼（SN 400 A，B）と490 N級鋼（SN 490 B）の2種類とした．また，これらの断面に組み合せる高力ボルト径は，原則として，H形鋼の断面ごとに2サイズとしている．

表-1.2.1　対象部材断面リスト——一般H形鋼

細幅系列								中幅系列								広幅系列							
寸法(mm)					梁継手	柱継手	梁端部	寸法(mm)					梁継手	柱継手	梁端部	寸法(mm)					梁継手	柱継手	梁端部
H	B	t_W	t_F	r				H	B	t_W	t_F	r				H	B	t_W	t_F	r			
200	100	5.5	8	8	○	○	○	148	100	6	9	8	○	○	○	100	100	6	8	8	○	○	○
250	125	6	9	8	○	○	○	194	150	6	9	8	○	○	○	125	125	6.5	9	8		○	
300	150	6.5	9	13	○	○	○	244	175	7	11	13	○	○	○	150	150	7	10	8		○	
350	175	7	11	13	○	○	○	294	200	8	12	13	○	○	○	175	175	7.5	11	13		○	
400	200	8	13	13	○	○	○	340	250	9	14	13	○	○	○	200	200	8	12	13		○	
450	200	9	14	13	○	○	○	390	300	10	16	13	○	○	○	250	250	9	14	13		○	
500	200	10	16	13	○	○	○	440	300	11	18	13	○	○	○	300	300	10	15	13		○	
600	200	11	17	13	○	○	○	488	300	11	18	13	○	○	○	350	350	12	19	13		○	
								588	300	12	20	13	○	○	○	400	400	13	21	22		○	
								700	300	13	24	18	○	○	○	414	405	18	28	22		○	
								800	300	14	26	18	○	○	○	428	407	20	35	22		○	
								890	299	15	23	18	○	○	○								
								900	300	16	28	18	○	○	○								
								912	302	18	34	18	○	○	○								
								*918	303	19	37	18	○	○	○								

*JIS外の断面

表-1.2.2　対象部材断面リスト—定形H形鋼

H	B	200						250						300			
	t_W ＼ t_F	12	16	19	22	25	28	12	16	19	22	25	28	19	22	25	28
400	9	○	○	○	○												
	12				○												
450	9	○	○	○	○			○	○	○	○						
	12		○	○	○	○					○	○	○				
500	9	○	○	○	○			○	○	○	○						
	12		○	○	○	○					○	○	○				
550	9	○	○	○	○			○	○	○	○						
	12		○	○	○	○					○	○	○				
600	9	○	○	○	○				○	○				○			
	12		○	○	○	○	○			○	○	○	○	○	○	○	○
650	9	○	○	○	○				○	○							
	12		○	○	○	○	○			○	○	○	○				
700	9	○	○	○	○				○	○				○			
	12				○	○	○			○	○	○		○	○		
	14											○	○		○	○	○
750	9	○	○	○													
	12			○	○	○	○		○	○	○						
	14										○	○	○				
800	14										○	○			○		
	16											○	○		○	○	○
850	14										○	○					
	16											○	○				
900	16									○	○	○	○	○	○	○	○
備考		61サイズ						58サイズ						19サイズ			

○が標準接合部を提示したもの．柱梁とも共通である．

1.3 本書の構成

1章は標準化の範囲の概要と接合部番号，記号等をとりまとめている．

接合部位記号については，原則として SCSS（Ⅰ）と同じものを用いることとし，接合部番号は連番ではなく，若干長いものとなるが内容が読みとれるものとした．

2章では，各部位ごとに接合部を設計した際の前提条件，関連法令ならびに設計方針および設計式等を詳述した．これは，設計者がここに示した標準接合部を修正して使用する場合，その運用を誤らないようにするためである．

3章では，接合部ごとに設計上の諸元詳細を表示した．ただし，H 形鋼梁継手，柱継手の接合部はそのままコピーして使用する便を考慮して別紙で図示した．加工上に要するものは CAD で出力される．

また，4章では，標準接合部を利用するのに関連する設計用資料ならびに積算用，加工用に必要な情報を示した．

付録には本委員会が本書に基づいて制作したソフトの出力機能等を示した．

1.4 接合部符号

接合部の標準化を行う目的の一つは，設計，加工，施工を通じて合理化，省力化を図ることにある．この利便上，各ディテールはシステマティックな符号が必ず一つ与えられていることが不可欠である．それゆえあまりに繁雑なものであってはならないこと，すでになじまれているものを変革しないこと，接合部番号からある程度部材形状・鋼種等が推定できることの観点から，次のように決めた．

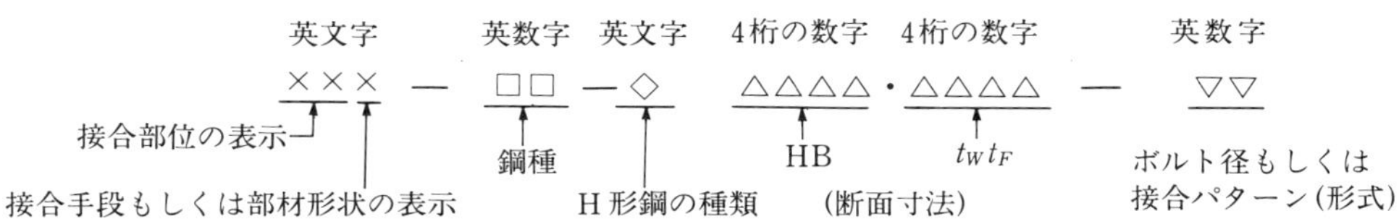

初めの英文字は，最初の2文字で接合部位を表し，第三文字は，接合手段もしくは部材形状を表すものとしている．これらの内訳および説明は下記のとおりである．

接合部位を表示する記号の内訳

記号	部位	英文字の意味	
CC	柱柱接合部	C：Column，C：Column	
GG	梁梁接合部	G：Girder，G：Girder	
CS	強軸方向柱梁接合部	C：Connection，S：Strong	
CW	弱軸方向柱梁接合部	C：Connection，W：Weak	
GB	大梁小梁接合部	G：Girder，B：Beam	
CF	柱脚	C：Column，F：Foundation	今回提示なし
DH	水平筋違	D：Diagonal，H：Horizontal	今回提示なし
DV	垂直筋違	D：Diagonal，V：Vertical	今回提示なし

接合手段もしくは部材形状を表示する記号の内訳

記号	接合方法	英文字の意味	
F	高力ボルト摩擦接合	F：Friction	
W	溶接接合	W：Welding	
T	引張接合	T：Tension	今回提示なし
H	混用接合	H：Hybrid	今回提示なし
M	併用接合	M：Mixed	今回提示なし
P	ピン接合	P：Pin	
R	剛接合	R：Rigid	今回提示なし
L	山形鋼	L：Angle	今回提示なし
C	溝形鋼	C：Channel	今回提示なし
H	H 形鋼	H：H-Shape	
F	フラットバー	F：Flat	今回提示なし
B	丸鋼	B：Bar	今回提示なし

鋼種を表す記号の内訳

記号	鋼種
4 X	SN 400 A，B
5 X	SN 490 B

当面 X とする．

H 形鋼の種類を表す記号の内訳

記号	H 形鋼の種類
J	一般 H 形鋼
T	定形 H 形鋼

ボルト径もしくは接合パターン（形式）を表す英数字の説明

記号	ボルト呼び径もしくは接合パターン（形式）
16	M 16
20	M 20
22	M 22
P 1～P 3	梁端溶接部のスカラップ加工に伴う開先加工パターン
A～D	小梁端接合部の接合形式

また，4 桁の数字がふた組からなる断面寸法を表す記号については，下記のように，最初の 4 桁の数字は断面せいとフランジ幅をシリーズ寸法（H=100～900，B=100～400）の頭から 2 桁の数字で表したもので，次の 4 桁の数字はウェブ厚とフランジ厚を常用板厚（6～28 mm，ただし，板厚が 28 mm を超えるものは実寸法で表記）で表したものとした．したがって，一般 H 形鋼では実寸法と異なる場合もあるが，これらの記号と継手等の接合部は 1 対 1 で対応している．

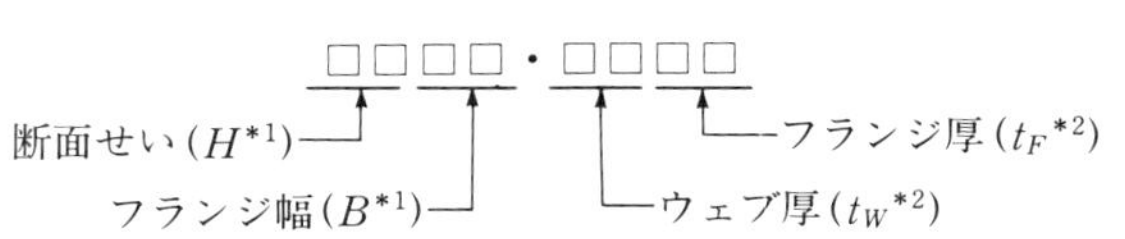

＊1　シリーズ寸法を cm 単位として小数点以下を切り捨てた値
＊2　常用板厚を mm 単位で表した値

本標準接合部が実用に供される際，接合部に関しては本書の記号をそのまま記入することで図面が簡略化され，後続の工程が円滑に処理されることも期待している．したがって，利用者各人が何らかの基準に基づいて独自に設計した接合部については，本書の記号との重複を避けて整理されることが望ましい．

1.5 記　　号

${}_{d}A$：継手・仕口の設計用断面積
A_0：母材の全断面積
A_{0W}：母材のウェブ断面積
A_{eW}：母材のボルト穴を控除したウェブ部分の断面積
A_{eF}：母材のボルト穴を控除したフランジ部分の断面積（片側）
A_{eG}：小梁端のガセットプレートの有効断面積
${}_{\mathrm{PL}}A_{eW}$：ボルト穴を控除したウェブの添板の断面積
${}_{\mathrm{PL}}A_{eF}$：ボルト穴を控除したフランジの添板の断面積（片側）
A_e：ボルト穴を控除した断面積（$=2A_{eF}+A_{eW}$）
${}_{B}A_F$：梁フランジ断面積
A_W：ウェブ断面積
${}_{d}A_W$：せん断力検定用断面積
${}_{s}A$：スカラップによる断面欠損部の断面積
${}_{s}A_W$：スカラップによる断面欠損部のせん断力検定用断面積
${}_{w}A$：溶接断面の等価断面積
${}_{w}A_W$：溶接断面のせん断力検定用断面積
${}_{w}A_{W'}$：溶接断面のウェブ部分の等価断面積
${}_{b}A_S$：ボルトのせん断断面積（ボルト軸部断面積の75%）
a：隅肉溶接ののど厚
${}_{B}B$：梁フランジ幅
${}_{C}B$：柱フランジ幅
B_G：大梁のフランジ幅
b_e：水平スチフナの計算上の全有効幅
${}_{\mathrm{PL}}b_1$：外フランジ添板の幅
${}_{\mathrm{PL}}b_2$：内フランジ添板の幅
${}_{\mathrm{PL}}b_3$：ウェブ添板の部材せい方向の長さ
D：高力ボルトの呼び径
d：高力ボルトの穴径
e：引張力方向の縁端距離（はしあき）
F：鋼材の許容応力度を決定する基準値
f_b：許容曲げ応力度
f_c：許容圧縮応力度
f_c'：圧延形鋼，溶接Ｉ形断面のウェブフィレット先端部の許容圧縮応力度

f_s：許容せん断応力度

f_t：許容引張応力度

G：ルートギャップ

g：フランジボルト穴控除用のゲージライン数

g_1, g_2：フランジボルトのゲージ寸法

H：H形鋼せい

${}_{PL}H_W$：ウェブ添板の応力中心間距離

${}_bH_W$：ウェブボルトの応力中心間距離

h：H形鋼フランジ間内のり寸法

h_2：内フランジ添板の内面間距離

h_{ws}：ウェブ添板のせい

I_0：母材全断面に基づく断面2次モーメント

I_e：ボルト穴を控除した断面の断面2次モーメント

I_W：ウェブ全断面の断面2次モーメント

${}_sI$：スカラップによる断面欠損部の母材の断面2次モーメント

${}_wI$：溶接断面の等価断面2次モーメント

${}_wI_F$：溶接断面のフランジ部分の等価断面2次モーメント

${}_wI_W$：溶接断面のウェブ部分の等価断面2次モーメント

i_b：許容曲げ応力度 f_b 算出用の断面2次半径

i_x：強軸まわりの断面2次半径

i_y：弱軸まわりの断面2次半径

L_q：せん断に対する α 値を満たす最小梁長さ，または最小柱長さ

l：ブラケットの持出し長さ

l_b：梁の圧縮フランジ支点間距離，または小梁間隔

l_e：ウェブの隅肉溶接の有効長さ

L：大梁の長さ，柱の長さ

L_1：均等に横補剛する場合の横補剛を必要としない最大梁長さ

L_2：主として梁端部に近い部分に横補剛を行う場合の最大補剛間隔

M：曲げモーメント

M_F：フランジ接合部の設計用曲げモーメント

M_J：継手の設計用曲げモーメント

M_{y0}：母材の全断面に基づく短期許容曲げモーメント

M_{p0}：母材の全断面に基づく全塑性モーメント

M_y：継手または梁端溶接部（仕口部）の短期許容曲げモーメント

M_u：継手または梁端溶接部（仕口部）の最大曲げ強度

M_p：継手または梁端溶接部（仕口部）の全塑性モーメント

M_W：ウェブ接合部の設計用曲げモーメント

m：柱の継手の設計用曲げモーメントと短期許容曲げモーメントとの比（$=M_J/M_y$）

m_F：フランジボルトの部材幅方向の列数（図-2.4.1参照）

m_W：ウェブボルトの部材せい方向の行数（図-2.4.1参照）

m_{logic}：ウェブ部分に1列に配列しうるボルト数

N：軸方向力

N_F：フランジ接合部の設計用軸力

N_{F1}：軸力のみを受ける場合のフランジ継手部の設計用軸力

N_{F2}：曲げモーメントのみを受ける場合のフランジ継手部の設計用軸力

N_J：継手の設計用軸力

N_e：ボルト穴を控除した母材の許容軸力

N_{eW}：ボルト穴を控除した断面の許容軸力のうちウェブが分担する軸力

N_{eF}：ボルト穴を控除した断面の許容軸力のうちフランジが分担する軸力

N_W：ウェブ接合部の設計用軸力

N_{y0}：母材の降伏軸力（$=A_0F$）

N_y：柱の継手の設計用軸力（$={}_dAF$）

n：柱の継手の設計用軸力と短期許容軸力との比（$=N_J/N_y$）

n_F：フランジボルトの部材長手方向の行数（図-2.4.1参照）

n_W：ウェブボルトの部材長方向の列数（図-2.4.1参照）

$n_{wb1}\sim n_{wb5}$：柱継手設計時のウェブボルト本数

P_{logic}：ウェブ部分に1列に配列しうるボルトピッチ

P_C：ウェブの部材せい方向のボルトピッチ

P_L：ウェブの部材長方向のボルトピッチ

Q：せん断力

Q_J：継手の設計用せん断力

Q_u：ボルト穴を控除した断面の最大せん断強度

Q_{y0}：母材の全断面に基づく短期許容せん断力

Q_y：継手または仕口の短期許容せん断力

Q_e：ボルト穴を控除した母材の許容せん断力

Q_W：ウェブ接合部の設計用せん断力

q：柱継手の設計用せん断力と短期許容せん断力との比（$=Q_J/Q_y$）

R_s：高力ボルトの許容せん断耐力

r：フィレット部半径，スカラップの半径

S：隅肉溶接のサイズ

${}_{\mathrm{PL}}t_1$：外フランジ添板厚

${}_{\mathrm{PL}}t_2$：内フランジ添板厚

${}_{\mathrm{PL}}t_3$：ウェブ添板厚

t_F：H形鋼のフランジ厚さ

${}_Bt_F$：梁フランジ板厚

${}_Ct_F$：柱フランジ板厚

t_G：ガセットプレート厚

$t_{p\cdot\mathrm{req}}$：所要パネル厚さ

t_s：水平スチフナ所要厚さ

t_W：H形鋼のウェブ厚さ

$_Bt_W$：梁ウェブ板厚

$_Ct_W$：柱ウェブ板厚

Z_0：母材の全断面に基づく断面係数

Z_{p0}：母材の全断面に基づく塑性断面係数

Z_{pe}：ボルト穴を控除した母材の塑性断面係数

Z_e：母材のボルト穴を控除した断面の断面係数

$_{PL}Z_{eF}$：ボルト穴を控除した上下フランジ添板の断面係数

Z_{eG}：小梁端のガセットプレートの有効断面係数

$_dZ$：曲げモーメント検定用断面係数

$_sZ$：スカラップによる断面欠損部の断面係数

$_sZ_F$：スカラップによる断面欠損部のフランジの断面係数

$_sZ_W$：スカラップによる断面欠損部のウェブの断面係数

$_wZ$：溶接断面の等価断面係数

α：接合部の最大曲げモーメントと母材の全塑性モーメントの比に関する建築基準法令の要求性能に基づくαの値

α_J：継手または梁端溶接部（仕口部）の最大曲げモーメントと母材の全塑性モーメントの比

β：ボルトの部材長手方向ピッチとせい方向ピッチの比

γ：フランジ摩擦面の数

η：母材ウェブ許容曲げモーメントのうちウェブ接合部で伝達させる曲げモーメントの割合

λ_y：大梁の弱軸に関する細長比（$=L/i_y$）

σ_u：材料の破断強度（JIS 規格の最小引張強さ）

$_b\sigma_u$：高力ボルトの破断強度

σ_y：部材の材料強度

τ：せん断力による応力度

第2章 接合部の設計

2.1 設計の基本と表示事項の概要

鉄骨構造の設計では，建物の機能上必要となる構造骨組の形状および部材配置を設定して，これに対応して予想される荷重・外力に対する応力解析を行った後に，構成部材およびその接合部ならびに構造骨組全体の安全性を検証する，という手順がとられる．

本書で取り扱う柱梁継手および梁端溶接部等の設計を支配する荷重・外力は，通常，風・地震などの短期荷重となる．特に，中低層から高層までのビル建築の場合には，これらの部分の設計を決めるものは地震荷重時の応力である場合がほとんどである．

この点に考慮して，本書中に示す設計用諸数値は，主に地震荷重時の設計に用いられる値となっている．

鉄骨構造の構造計算のフローは図-2.1.1のとおりである．設計の手順は，標準せん断力係数 C_0 を 0.2（場合により 0.3）以上として計算した存在応力に対して許容応力度設計を行う「一次設計」と，層間変形角・偏心率・剛性率および局部座屈・接合部破断の防止の検討を行い，かつ必要に応じて保有水平耐力の計算を行ってこれが $C_0=1.0$ として計算した必要保有水平耐力以上の値となっているかを検討する「二次設計」，とから構成される．規模が小さく構造計算の不要な建築物（階数 1，延べ面積≦200 m^2）および超高層建築物（高さ＞60 m）を除く通常規模の建築物の耐震設計は図-2.1.1に示された3つのルートのいずれかにより進められる．これらのルートについて簡単に説明すると以下のとおりとなる．

ルート 1

構造規模の小さい建築物〔階数≦3，高さ≦13 m，軒の高さ≦9 m，スパン≦6 m，延べ面積≦500 m^2〕に適用され，標準せん断力係数を 0.3 以上とする許容応力度設計を行えば十分というものである．ただし，筋違材が用いられる場合はその端部・接合部を保有耐力接合[1]とする必要がある．すなわち，筋違材の軸部が全面的に降伏するまで端部・接合部が破断しないようにするため，接合部の破断耐力の筋違材降伏耐力の α 倍以上（$\alpha=1.2$）とする．

ルート 2

構造規模が中程度以下の建築物（高さ≦31 m）に適用され，十分な変形能力を発揮しうる部材〔表-2.1.4 の FB 欄の値を用いた式（2.1.1）を満たす部材〕を用いて，仕口・継手部を保有耐力接合[注1]とし梁材を保有耐力横補剛[注1]する条件のもとで，標準せん断力係数を 0.2 以上として許容応力度設計を行うものである．筋違材が用いられる場合はその端部の接合部を保有耐力接合とするとともに，層における筋違の水平力分担率に応じて筋違および周辺の柱，梁の地震力による応力を割増した許容応力度検定も必要である．また層間変形角が 1/200（建築物の部分に著しい損傷が生じるおそれのない場合には 1/120）以内であること，剛性率が 0.6 以上であることおよび偏心率が 0.15 以下であることの確認も必要である．

［注 1］ 1981 年に新しい耐震基準の考え方，概念的背景，実務における適用方法等を解説することで新耐震設計法の健全な普及を目的として発刊された「構造計算指針・同解説：日本建築センター（1981 年，1986 年，1988 年，1991 年）」は，「建築物の構造規定：日本建築センター（1994 年，1997 年）」，「2001 年版 建築物の構造関係技術基準解説書：国土交通省住宅局建築指導課・日本建築主事会議・日本建築センター」と改訂を重ね，構造設計用の実務解説書として汎用されている．これらの中で鉄骨構造における変形能力の確保の考え方として「保有耐力接合」，「保有耐力横補剛」という用語が用いられている．この 2 つの用語それぞれにおいて部材材端の塑性化の状況に応じて初期には「第 1 種」，「第 2 種」と識別呼称されていたが，1994 年以降は識別の表現として，「第 1 種」を「両端が塑性化する場合」と，「第 2 種」を「両端は塑性化しない場合」と記述している．しかし，その内容は同義であり，同義語と扱ってよい．本書では表現の簡明さから従前の通り「第 1 種」，「第 2 種」を用いる．

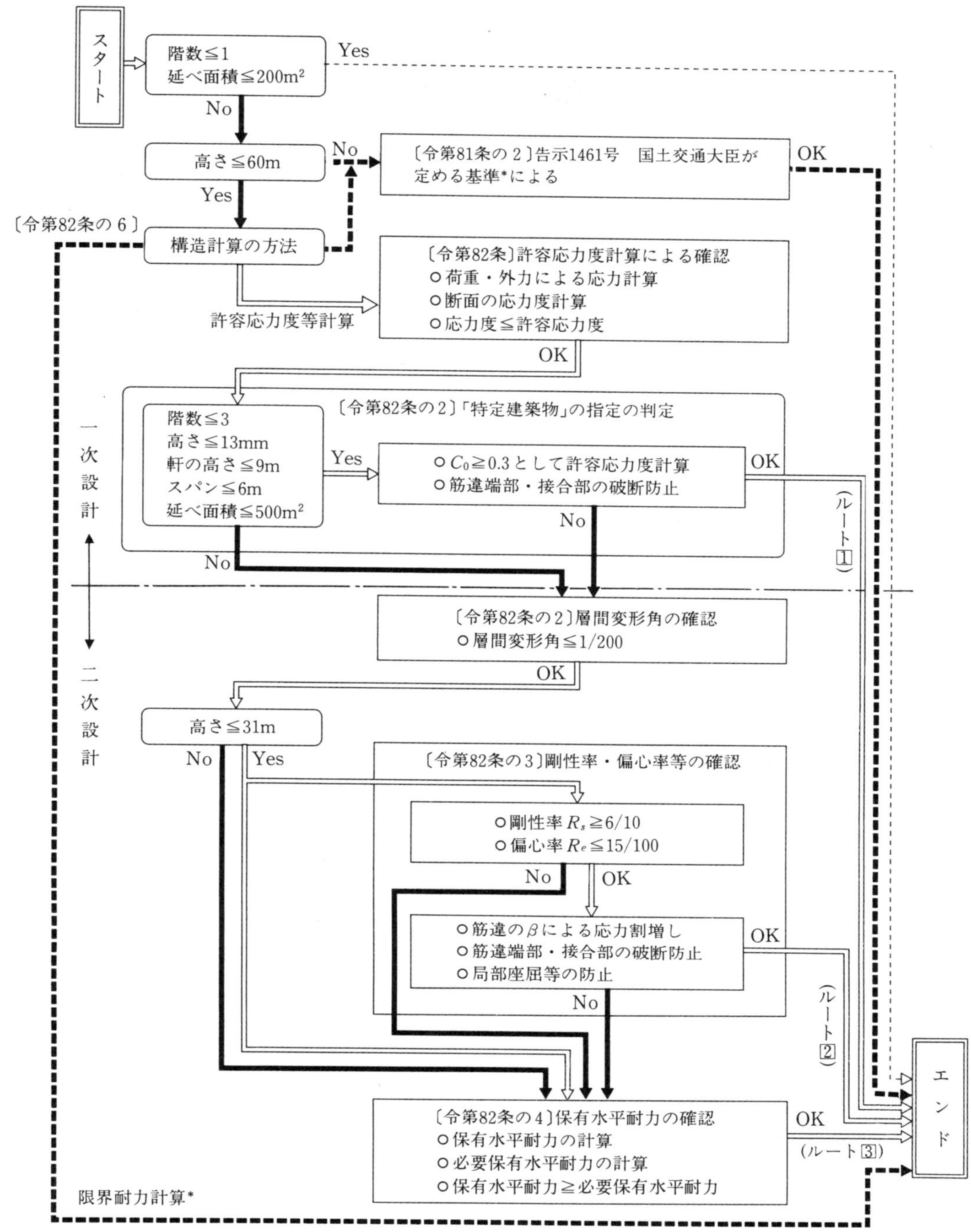

図-2.1.1　鉄骨造建築物の構造計算フロー

柱・梁材の仕口・継手部の「保有耐力接合」とは，柱・梁の部材に十分な長さの塑性化領域（端材から材長の1/10または材せいの2倍程度の距離の領域）ができる（塑性ヒンジが発生すると見なせる）ために，接合部が十分な最大耐力を有するように設計されたものをいう．この条件は表-2.1.1(a) に示すとおりであり，これを満たす場合を「第1種保有耐力接合[注1]」という．これは，終局時に材端が塑性化していることを想定しているが，終局時に材の一端または両端が塑性化しないことが明らかな場合もある．このような場合には，表-2.1.1(a) の M_p を終局時のモーメントで読み替えた接合を行えばよく，これは「第2種保有耐力接合[注1]」という．

「保有耐力横補剛」は梁の端部が塑性化して十分な回転を生じるまで横座屈が生じないよう

表-2.1.1 (a)　保有耐力接合の条件に関する規定

<table>
<tr><td rowspan="3">規　定
仕口・継手</td><td colspan="2">仕口部，継手部の曲げ，せん断強度</td></tr>
<tr><td>曲げ強度</td><td>せん断強度</td></tr>
<tr><td>建築基準法令の要求性能*</td><td>建築基準法令の要求性能*</td></tr>
<tr><td rowspan="2">柱梁仕口の梁端溶接部</td><td>梁端溶接部の最大曲げ強度 M_u は，その部材の全塑性モーメント M_p の α 倍以上</td><td rowspan="2">梁継手に同じ</td></tr>
<tr><td>α 値
$\alpha=1.3$（400 N 級鋼）
$\alpha=1.2$（490 N 級鋼）</td></tr>
<tr><td rowspan="3">梁　継　手</td><td>梁継手の最大曲げ強度 M_u は，その部材の全塑性モーメント M_p の α 倍以上</td><td>梁継手の最大せん断強度 Q_u は，梁両端の全塑性モーメントの和を梁のスパンで除した値の α 倍以上</td></tr>
<tr><td>α 値
$\alpha=1.3$ [1.2]（400 N 級鋼）
$\alpha=1.2$ [1.1]（490 N 級鋼）</td><td rowspan="2">α 値
$\alpha=1.3$（400 N 級鋼）
$\alpha=1.2$（490 N 級鋼）</td></tr>
<tr><td>応力勾配を考慮して [ ] 中の値によってもよい**</td></tr>
<tr><td rowspan="2">柱　継　手</td><td rowspan="2">梁継手に同じ</td><td>柱継手の最大せん断強度 Q_u は，柱上下端の全塑性モーメントの和をその階の階高で除した値の α 倍以上</td></tr>
<tr><td>α 値
$\alpha=1.3$（400 N 級鋼）
$\alpha=1.2$（490 N 級鋼）</td></tr>
</table>

＊ 日本建築センター「建築物の構造規定―建築基準法施行令第 3 章の解説と運用―」，1994 年，1997 年，2001 年共通.

＊＊ 継手部が部材の塑性化が予想される領域（材端から $l/10$ または $2d$ 以上までの部分程度．ここで，l：柱またははりの長さ，d：部材の最大せい）にある場合の最大曲げ強さの検討は，応力勾配を考慮して 400 N 級炭素鋼の部材にあっては，設計用曲げモーメントとして全塑性モーメントの 1.2 倍，490 N 級炭素鋼の部材にあっては 1.1 倍に対して行ってもよい（図-2.1.2 参照）.

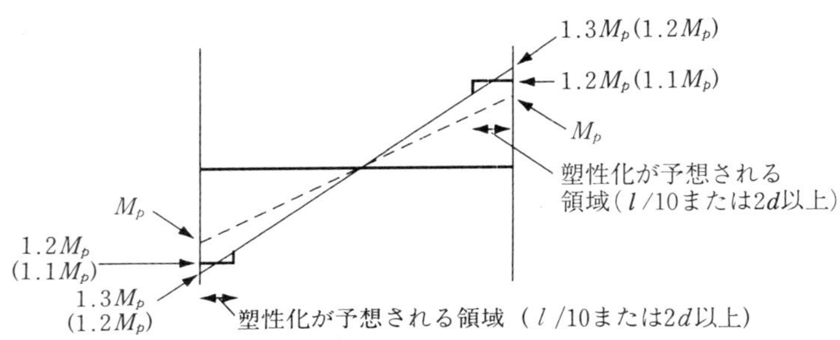

——— 塑性化が予想される領域における設計用曲げモーメント分布(表-2.1.1(a)の脚注＊＊による)

——— 表-2.1.1(a)に基づく割増しを行った設計用曲げモーメント分布

- - - - - 保有水平耐力時(メカニズム時)における曲げモーメント分布

図中，数値は400N級炭素鋼の部材に対するものを示し，
490N級炭素鋼の部材については( )内に示す.

図-2.1.2　設計用曲げモーメント分布(両端が塑性化する場合)

表-2.1.1(b)　H 形断面の部材種別の幅厚比制限値*

柱・はりの種別			FA	FB	FC	FD
部材	部　位	鋼　種	幅厚比	幅厚比	幅厚比	左記以外
柱	フランジ	400 N 級鋼	9.5	12	15.5	
		490 N 級鋼	8	10	13.2	
	ウェブ	400 N 級鋼	43	45	48	
		490 N 級鋼	37	39	41	
はり	フランジ	400 N 級鋼	9	11	15.5	
		490 N 級鋼	7.5	9.5	13.2	
	ウェブ	400 N 級鋼	60	65	71	
		490 N 級鋼	51	55	61	

＊ 日本建築センター「建築物の構造規定－建築基準法施行令第 3 章の解説と運用－』，1994 年，1997 年，2001 年共通.

表-2.1.2　梁弱軸まわり細長比の制限

鋼　種	弱軸まわりの細長比 λ_y
400 N 級鋼 490 N 級鋼	$\lambda_y \leqq 170+20\,n$ $\lambda_y \leqq 130+20\,n$

n：横補剛の箇所数

表-2.1.3　横補剛間隔の制限（主として梁端部に近い部分に横補剛を設ける場合）

鋼　種	制　限	α 値
400 N 級鋼	$\dfrac{l_b \cdot h}{A_f} \leqq 250$ かつ $\lambda_y \leqq 65$	1.2
490 N 級鋼	$\dfrac{l_b \cdot h}{A_f} \leqq 200$ かつ $\lambda_y \leqq 50$	1.1

l_b：横補剛間隔（mm）　A_f：圧縮フランジの断面積（mm^2）
h：梁せい（mm）　λ_y（$=l_b/i_y$）：弱軸まわり細長比
i_y：梁の弱軸まわりの断面二次半径（mm）

な横補剛を行うことである．梁の両端が塑性化する場合に対する方法が「第 1 種保有耐力横補剛[1]」といい，次の 2 つの方法がある．一つは均等な間隔で横補剛を設ける場合で，梁の弱軸まわり細長比 λ_y の値が表-2.1.2 を満足するような数の横補剛を行う方法である．もう一つは，主として梁端部に近い部分に横補剛を設ける方法で，降伏モーメントを超える曲げモーメントの作用する領域では表-2.1.3 に示す間隔で横補剛を配置するというものである．この横補剛を必要とする区間長の計算には梁端部が逆対称の全塑性モーメント M_p を受ける場合に対し同表中の α 値を乗じたモーメント分布を用いる．このほかに，終局時に梁の一端または両端が塑性化しないことが明らかな場合もあるが，この場合には隣接する部材が塑性化する以前に横座屈を生じないように配慮すればよく，そのための横補剛は「第 2 種保有耐力横補剛[注1]」という．「第 2 種保有耐力横補剛[注1]」は，終局時の曲げモーメント分布に対して α 値を用い，表-2.1.3 の方法により計算すればよい．

ルート 3

高さ 60 m 以下の建築物に適用され，標準せん断力係数を 0.2 以上として許容応力度設計を行い，そのときの層間変形角が 1/200（建築物の部分に著しい損傷が生じるおそれのない場合には 1/120）以内であることの確認を行う．さらに，骨組の保有水平耐力が必要保有水平耐力以上であることを確認する．

以上の 3 種類の設計ルートに対応して，3 章の図・表中に示す値は，一次設計用の値と二次設計用の値とがある．設計用数値の計算方法の詳細は 2.4～2.6 で述べるが，これらの値の計算はすべて「建築基準法施行令」および日本建築センターの「改正建築基準法施行令新耐震基準に基づく構造計算指針・同解説（1981，1986，1988，1991 年版）」を書き改めた「建築物の構造規定（1994 年版（1997 年，2001 年共通））」に準拠して行っている．その概要は以下のとおりである．

i）　一次設計用の諸数値

柱・梁材の母材，継手部および梁端溶接部における断面の諸定数と許容力（許容曲げモーメント，許容せん断力，許容軸力）を表示してある．このとき許容力は，短期荷重時つまり許容応力度として F 値を用いた値として示している．したがって，地震時応力のほか風荷重時・短期雪荷重時の検討に対してもここに表示した許容力の値をそのまま用いることができるが，長期荷重時の検討に対してはその 2/3 倍の値を用いなければならない．また許容曲げ応力度 f_b が許容引張応力度 f_t より低下する場合には，許容曲げモーメントの数値を f_b/f_t 倍に低減する必要がある．

ii）　二次設計用の諸数値

1）　母材の幅厚比制限に基づく部材種別：下式により種別の区分を行う．必要保有水平耐力計算時に用いられる．なお SS 材と SM 材に対しては，参考のため，表-2.1.1（b）の部材種別の幅厚比制限値により，種別の区分を行う．

$$\frac{(b/t_f)^2}{(k_f/\sqrt{F/98.0665})^2}+\frac{(d'/t_w)^2}{(k_w/\sqrt{F/98.0665})^2}\leqq 1,$$

かつ，$d'/t_w \leqq k_c/\sqrt{F/98.0665}$ (2.1.1)[注2]

ここで，$d'=d-2t_f$：ウェブの内のり高さ

F：基準強度（N/mm^2）

k_f，k_w，k_c：鋼種および部材種別に応じて与えられる定数で表-2.1.4による．

表-2.1.4　部材種別のための定数

部　材	鋼　種	定　数	k_f，k_w，k_cの値 FA	FB	FC
H形柱	SN 400 B SN 400 C	k_f	22	27	32
		k_w	71	87	104
		k_c	71	71	74
	SN 490 B SN 490 C	k_f	26	33	40
		k_w	63	77	94
		k_c	71	71	74
H形梁	SN 400 B SN 400 C	k_f	22	27	32
		k_w	144	175	209
		k_c	100	100	110
	SN 490 B SN 490 C	k_f	26	33	40
		k_w	118	147	180
		k_c	100	100	110

2)　柱・梁材の母材，継手部および梁端溶接部における全塑性モーメント M_p および最大曲げ強度 M_u：柱軸力の値は設計により異なるので，柱材について示される M_p，M_u の値は軸力を0とした場合のものとしてある．

3)　最大曲げ強度に対応する α 値，最大せん断強度に対応する α 値を満足するための最小スパン長（梁）または最小階高（柱）：α 値は表-2.1.1(a)に示される「第1種保有耐力接合[注1]」の条件を充足している．ただし，継手については応力勾配を考慮して低減した値を用いた．

4)　梁材について「第1種保有耐力横補剛[注1]」とするために必要な横補剛間隔：本書で標準化して示した接合部は，塑性化領域で用いられることを想定して，この第1種保有耐力横補剛[1]の条件を満足するように設計されている．

以上述べたように，構造設計者は本書の標準接合部を利用するにあたって，構造詳細を図示のとおり採用して表中の諸数値等を設計の検定および必要保有水平耐力・保有水平耐力の計算に使用することができる．構造詳細の採用にあたっては，本書に指示されている高力ボルト本数はもちろん，その配置，ピッチや縁端距離などを変更することはできない点に留意されたい．

表-2.1.5　ディテールの共通事項

（単位：mm）

H形鋼フランジ幅 B	①高力ボルト使用区分 M16	M20	M22	②フランジゲージ g_1	g_2	③フランジ添板幅 b 外側	内側	④ウェブ添板	備　考
100	○			56		100			
125	○			75		125			
150	○	○		90		150	60		
175	○	○		105		175	70		
200		○	○	120		200	80		
250		○	○	150		250	100		
300		○	○	150	40	300	110		フランジの高力ボルトは千鳥打ち
350		○	○	140	70	350	140		
400		○	○	140	90	400	170		

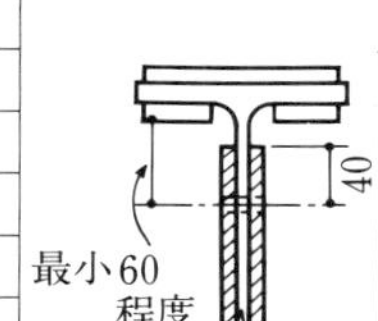

（注）　ボルト穴径　M16……d =18 mm，M20……d =22 mm，M22……d =24 mm

[注2]　本式は「2001年版建築物の構造関係技術基準解説書」では工学単位系の次式で示されている．

$$\frac{(b/t_f)^2}{(k_f/\sqrt{F/1000})^2}+\frac{(d'/t_w)^2}{(k_w/\sqrt{F/1000})^2}\leqq 1,\ かつ,\ d'/t_w \leqq k_c/\sqrt{F/1000}$$

F：基準強度

2.2　数値の取扱い

標準接合部の設計に際して，計算の基となる諸断面定数や計算途中の数値の丸め方，あるいは断面決定の際の判定に用いる数値の丸め方によって，ディテールの原則や設計方法が同じでも異なったディテールになる可能性が考えられる．

そこで，今回の標準接合部の設計にあたり，JIS G 3192 の付表 8 のように丸めた諸断面定数が参考値として示されている一般 H 形鋼の場合でも，断面に基づいた丸めを行わない計算値を用いることとし，計算機における演算途中でも丸めは行わず，添板やボルトなどの断面決定の際に，仮定断面の保有する性能と設計で必要とする性能の比を有効数字 3 桁に JIS Z 8401 に基づいて丸め，それが 1.00 以上であることを判定条件とした．

また，最終結果として表示した諸数値は，次のように項目に応じて JIS Z 8401 に基づいて丸めを行った．なお，JIS G 3192 の付表 8 に示されている項目については，それと同様な丸め方を行い，それ以外の項目は安全側となるように丸めを行った．

1)　断面積は，有効数字 4 桁に丸める．
2)　断面係数，断面 2 次半径，母材重量，η（2.4，2.5 参照）は，有効数字 3 桁に丸める．
3)　応力（軸力，せん断力，モーメント）は，有効数字 4 桁目を切り捨てる．
4)　最小せん断スパンは，m 単位とし，小数第三位を切り上げる．
5)　横座屈最大梁長さ，最大補剛間隔は，m 単位とし，小数第三位を切り捨てる．
6)　ボルト，添板重量，梁端溶接部長さは，小数第二位に丸める．
7)　α_J 値は，小数第三位を丸め，さらに法令値との対比を明確にさせるために小数第二位を切り捨てる．
8)　ウェブの隅肉サイズは，mm 単位に切り上げる．

2.3　梁継手・柱継手のディテールの原則

2.3.1　材　　料

本書で対象とする鋼材は，400 N 級鋼材（SN 400），490 N 級鋼材（SN 490）とした．なお，フランジ板厚が 40 mm 以上の極厚サイズのものは除いた．また，添板に用いる鋼材は母材と同じ級のものとする．

高力ボルトは，JIS の六角ボルト（2 種，F 10 T），または，トルシア型のボルト（SIOT）とし，呼び径は，M 16，M 20，M 22 の 3 種類とした．これらの使用区分は，部材のフランジ幅によって，表-2.1.5 の①欄の組合せとした．また，同一箇所の継手においてはフランジとウェブは同一径の高力ボルトを使用することとした．

2.3.2　高力ボルト配置

高力ボルトを配置する場合のピッチは，ボルト径によらず一律 60 mm を標準とした．高力ボルトの配置は，構造安全性，工場加工性，納まり，バランス等を重視し，なるべく整形の配置となるようにした．

なお，ウェブの高力ボルト配置については，ボルトピッチ，本数，はしあき等が第 1 種保有耐力接合[注1]の α 値の算定に関連するので，3章に図示された配置パターンを厳守しなければならない．変更する場合は検算が必要である．

(1)　フランジの場合

柱，梁とも，フランジのボルト配置は，図-2.3.1に示すように，H形鋼のフランジ幅に応じて統一した．ゲージについては，日本建築学会「鋼構造設計規準」(付録3.2.1) に示されている標準ゲージを用い，表-2.1.5の②欄に示すとおりとした．

ただし，B＝100 mmの場合は，ゲージ寸法を60 mmとすると，鋼構造設計規準および平成12年告示1464号の最小縁端距離の規定寸法が不足するので，56 mmとした．

さらに，今回は，H形鋼の板要素の寸法によって同一サイズの板のボルト本数と添板厚さは，なるべく同一の接合部になるように集約を行って，標準化をさらに進めた．すなわち，H形鋼のせい寸法が異なっていても，フランジの幅と厚さが同一の場合には，なるべく，同一のボルト本数と添板厚さになるようにした．しかし，すべてのせい寸法を1つの種類で統一するのは，不経済すぎるので，H形鋼のせいがフランジ幅の3倍を境界として2区分にして，それぞれ集約した．集約については，2.4.3「標準化のための集約」を参照されたい．

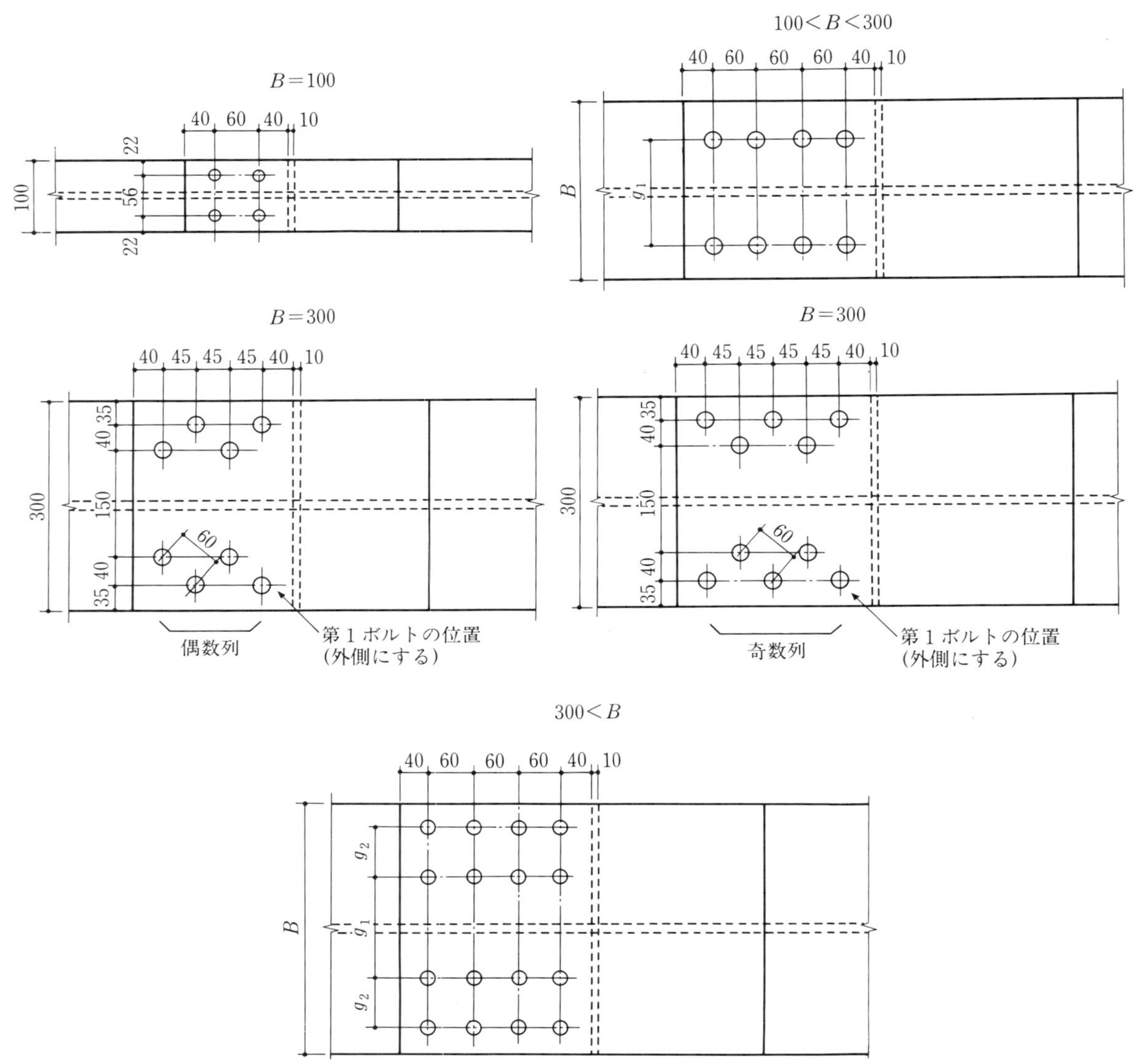

図-2.3.1　フランジ高力ボルト配置図

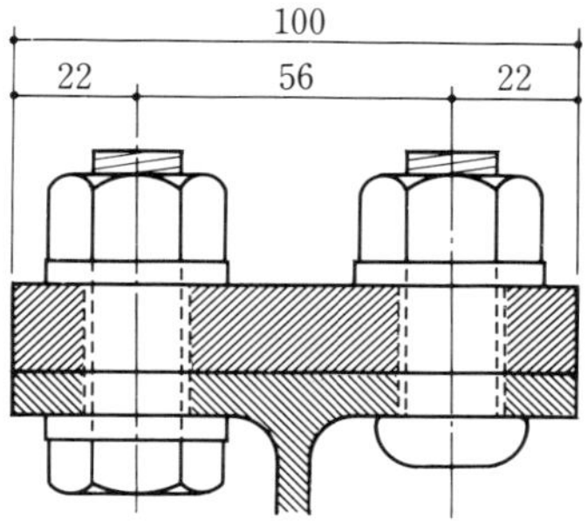

図-2.3.2　B=100 のゲージ寸法

千鳥配置の場合は，材軸方向のピッチを 45 mm とし，隣接するボルト間隔で 60 mm を確保した．さらに，製作上の利便性の要求から図-2.3.1 に示すように，第 1 ボルトは，すべて，外寄りとした．

（2）　ウェブの場合

ウェブの高力ボルト配置については，施工時の作業性を考慮して，ウェブの第 1 ボルトとフランジ内側の添板との間隔を約 60 mm 程度とした（前節の表-2.1.5 の④欄参照）．したがって，ウェブの場合は，梁せいによって，1 列に配置しうるボルト数（m_{logic}）は次式で決まる．

$$m_{logic}=\frac{h_2-120}{60}+1 \tag{2.3.1}$$

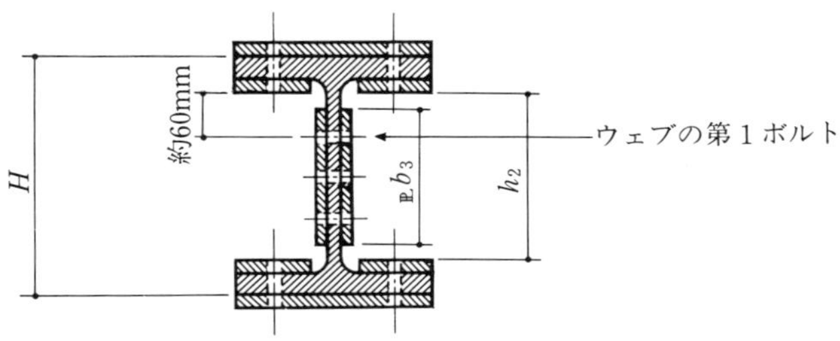

図-2.3.3　ウェブ寸法図

また，ウェブの千鳥配置については，あまり利用されていないこと，力学的にも未解明の部分もあること等から，今回の標準化では採用しないこととした．

1)　ウェブのせい方向のピッチ（C ピッチ）P_C は，60 mm，90 mm，120 mm の 3 種類とした．

2)　ウェブの材軸方向のピッチ（L ピッチ）P_L は，60 mm とした．

3)　ウェブ添板の部材せい方向長さ（${}_{PL}b_3$）は部材せい（H）の 60% 以上とすることを原則とした．

$$\frac{{}_{PL}b_3}{H}\geqq 0.6$$

4)　ウェブのボルト本数の偶数奇数によらず，ウェブ心から上下対称に配置することとした（心振り分けとした）．

以上の 1)，2)，3)，4）から，表-2.3.1，図-2.3.5 に示す 6 つのパターンに分類した．

5)　部材せいの小さい場合（部材せい 200 シリーズ以下）で，ウェブの第 1 ボルトとフランジの内側添板との距離が 60 mm 程度確保できない場合は，図-2.3.6 に示すように，ウェブとフランジのボルトを半ピッチずらすこととした．

表-2.3.1　ウェブの高力ボルト配置

パターン	C ピッチ	列数	L ピッチ
A	$P_C=60$	1 列	——
B		2 列以上	$P_L=60$
C	$P_C=90$	1 列	——
D		2 列以上	$P_L=60$
E	$P_C=120$	1 列	——
F		2 列以上	$P_L=60$

図-2.3.5 参照

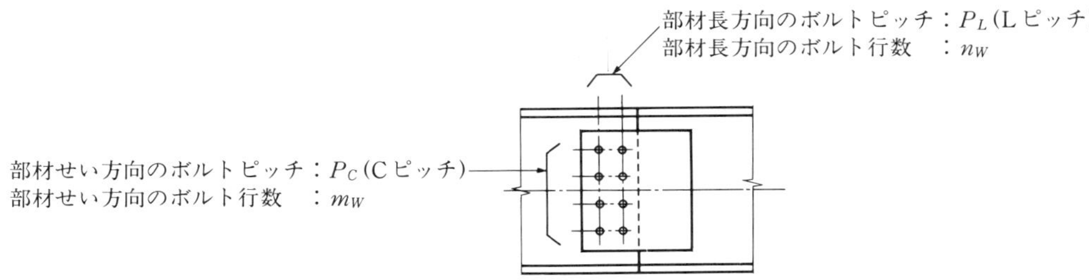

図-2.3.4　ウェブの高力ボルトピッチ

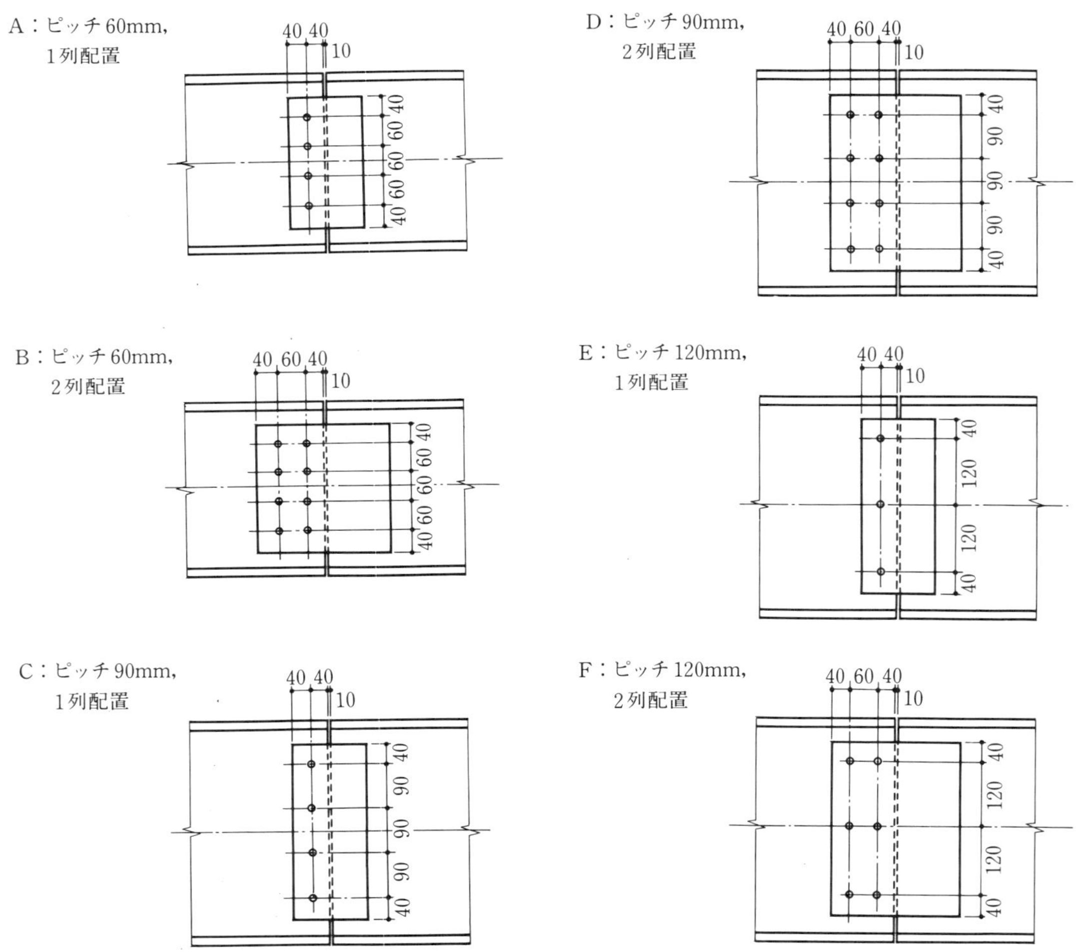

図-2.3.5　ウェブの高力ボルト配置パターン図
（ボルト本数の偶数奇数によらず，ウェブ心から上下均等に振分けとする）

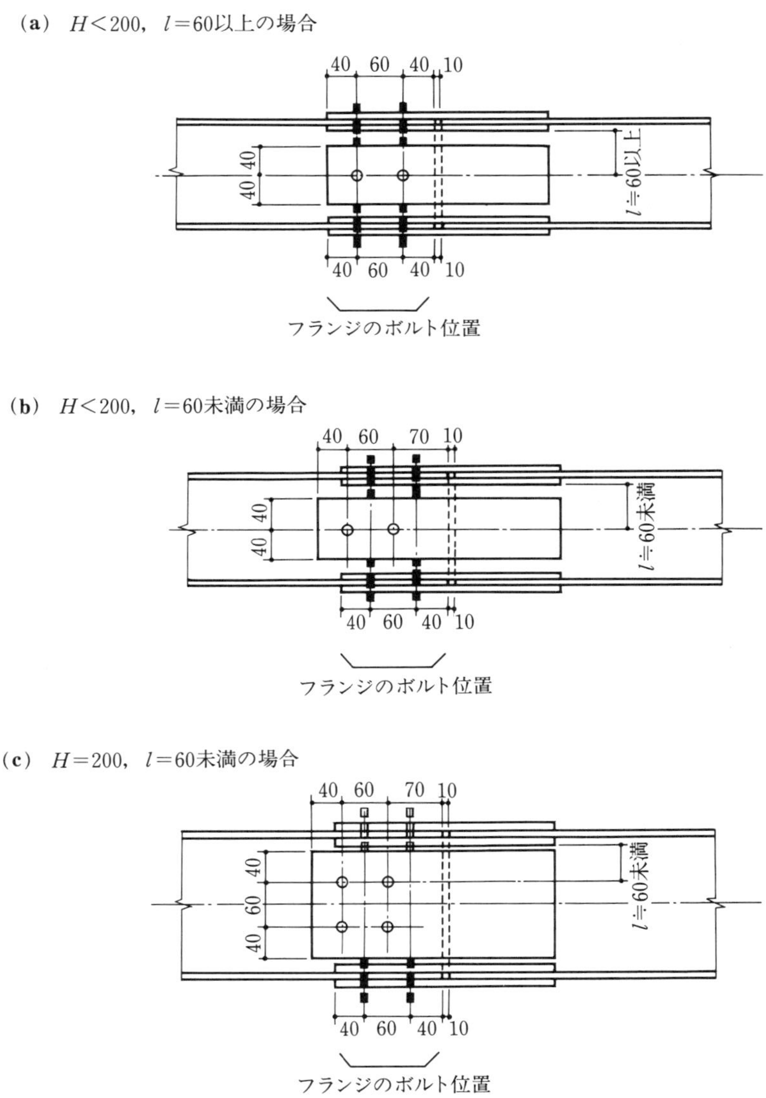

図-2.3.6 ウェブとフランジのボルト配置関係

2.3.3 添板と添板切断方法

(1) 添板の寸法

添板のはしあきは一律40 mmとし，ボルト本数，ピッチ等から，添板の大きさを定めた．なお，部材の母材間隔は，10 mmを標準とした（ただし，付-1で示すソフトウェアで出力の場合は，ユーザーの指定によって，5 mmも対応可能とした）．

その他，下記の点についても配慮した．

1) フランジの場合

フランジの添板は，厚さ9 mm以上とし，外側と内側の両面から添え，外板と内板の厚さは，計算に基づく所要板厚をとり，必ずしも等厚にはなっていない．ただし，フランジ幅が125 mm以下の場合は，外側の添板のみとした．さらに，フランジの場合，添板の対称性や互換性等の施工性への配慮や，フランジとウェブのコーナーの r 部との重なり，ウェブのJISの寸法公差等を考慮して，図-2.3.7に示すように決めた．すなわち，外添板は部材フランジ幅と同一にした．また，内側の添板は，両側のへりあきを等しくすることによって，左右の互換性を

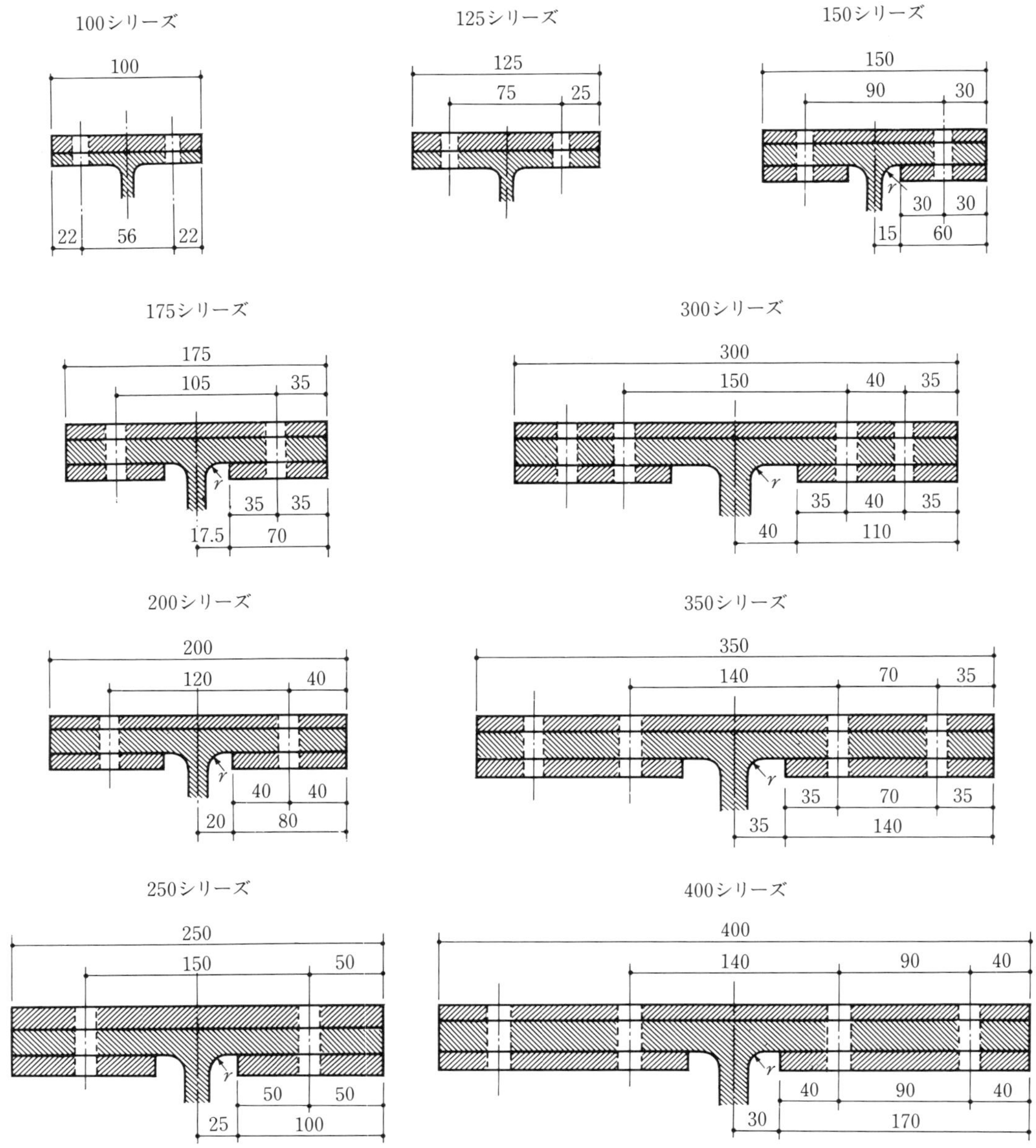

図-2.3.7　フランジ添板へりあき寸法図

持たせた．なお，これらを前提として，フィレットの寸法は，JIS G 3192-1994 による，8，13，18 mm とした．

2)　ウェブの場合

ウェブの添板は，厚さ 6 mm 以上とし，継手部は，必ず両面に等厚の板を添えることとした．

縁端距離は，図-2.3.8 に示すように，ボルト径によらず，一律 40 mm とした．ただし，部材せいが 100 mm の場合，高力ボルト径 M 16 に限り，へりあきを 25 mm とした．

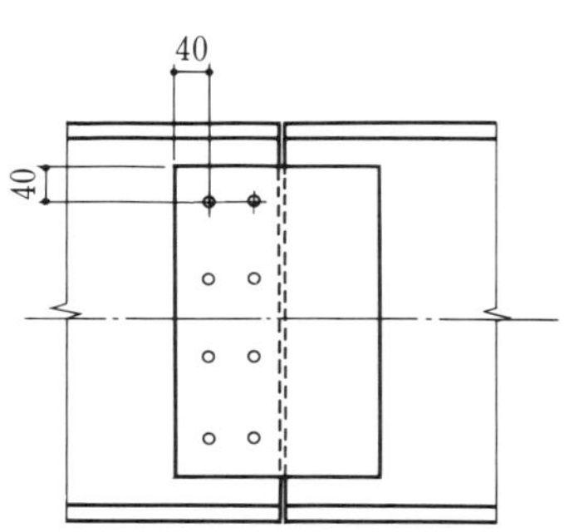

図-2.3.8　縁端距離

（2） 添板の切断方法

鋼材の切断方法は，縁端距離の規定を充足するうえから，のこ引き切断，または，自動ガス切断するものとし，6 mm の添板のみ，シアカットを認めることとした．

表-2.3.2 鋼材の板厚と切断方法

切断方法	せん断，自動ガス切断	自動ガス切断，のこ引き，機械仕上げ
板　厚	6 mm	9 mm 以上

2.3.4 添板とフィレットとが重なる場合の注意事項

ゲージ寸法と内側添板の幅寸法によっては，添板がフィレットに重なるケースが出てくるので，注意が必要である．また，ウェブ心の寸法公差が 2〜3 mm あるので，ボルト孔の孔あけ加工方法によっては，ある程度の余裕をもって添板の幅寸法を決める必要がある．本書では，図-2.3.9 のようにした．

本標準では，上記の寸法がマイナスになる事例，すなわち，添板がフィレットに重なる事例で，問題と思われる事例は，下記の 2 種類，14 断面である．

・定形 H 形鋼　$B=200$，$t_W=9$，$r=18$　→$\chi=-2.5$ mm

H-700×200×9×12　H-750×200×9×12
H-700×200×9×16　H-750×200×9×16
H-700×200×9×19　H-750×200×9×19
H-700×200×9×22
} 7 断面

・定形 H 形鋼　$B=200$，$t_W=12$，$r=18$　→$\chi=-4.0$ mm

H-700×200×12×22　H-750×200×12×22
H-700×200×12×25　H-750×200×12×25
H-700×200×12×28　H-750×200×12×28
H-750×200×12×19
} 7 断面

したがって，上記の場合には，図-2.3.10 のように添板に面取りの処理を行うこととした．

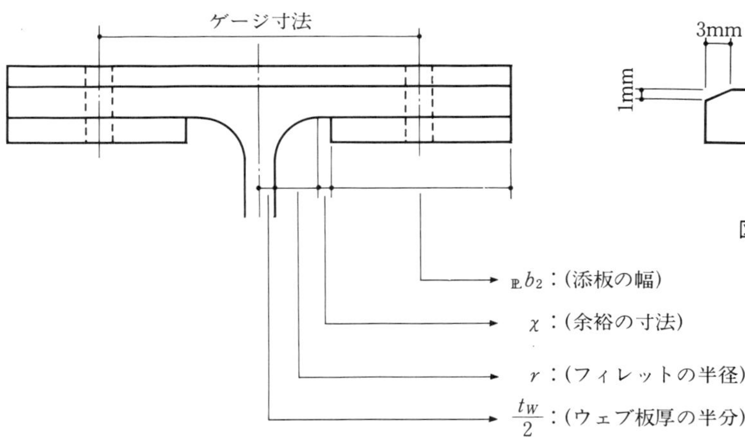

図-2.3.9 添板とフィレットの関係

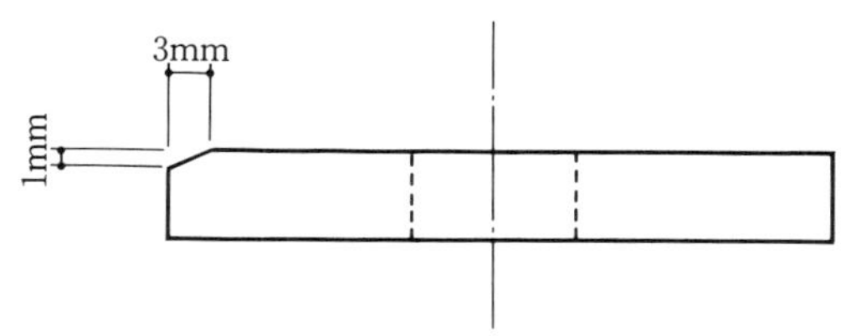

図-2.3.10 添板の面取り

2.4 梁 継 手

本書では，有効断面性能*に基づく許容応力度設計を行い，そのディテールについて，α_J値（そのディテールの持つM_u/M_{p0}の値）を算定し，「建築基準法施行令」に基づく第1種保有耐力接合[注1]のα値を満足させるように，ボルト本数，添板厚さ等を決定した．

ただし，母材の有効断面自体がこのα値を満足しないものは，そのまま表示した．

本節で使用する記号は，図-2.4.1のとおりである．また，設計のフローチャートを図-2.4.2に示す．

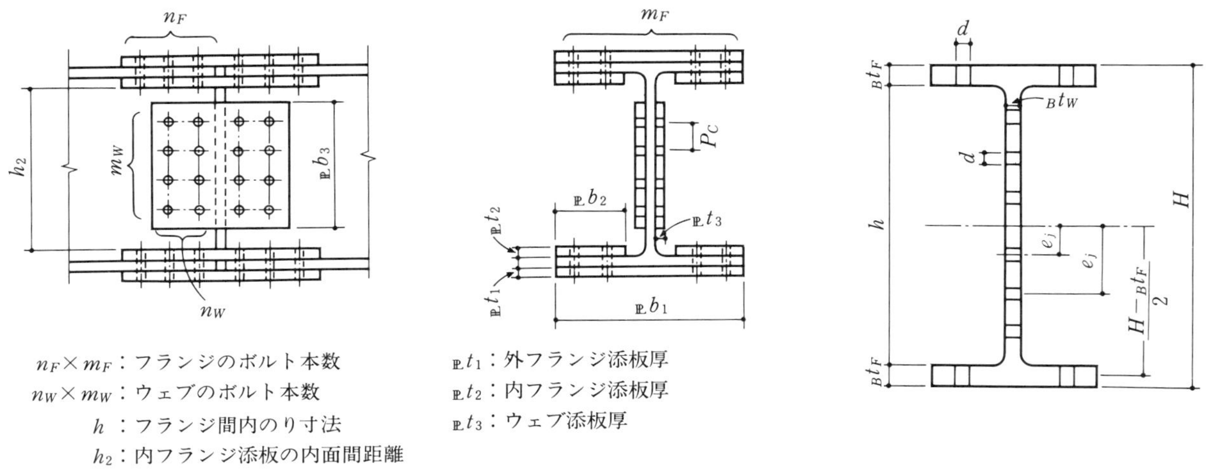

図-2.4.1　梁継手の記号の説明

2.4.1 許容応力度設計

（1） 継手設計応力

梁継手に作用する応力は曲げモーメントとせん断力であるから，梁継手はこれらの2つの応力が同時に作用した場合に耐力的に安全であると同時に，部材の連続性を保持するようにしなければならない．通常，梁継手の設計は存在応力に対し安全となるように行うのが原則である．しかし，標準化する場合には存在応力は不明であるので，「鋼構造設計規準」14.1項の規定により部材の許容耐力に対し設計するが，14.1項の規定する部材の許容耐力は式（2.4.1）に示す部材断面性能と許容応力度を乗じたいわゆる全強耐力となる．

$$M=Z_0\cdot f_t$$
$$Q=A_{0W}\cdot f_s \qquad (2.4.1)$$

ここに，Z_0：母材の全断面に基づく断面係数

A_{0W}：母材のウェブ断面積

しかし，この耐力に対して，継手を設計すると，安全側に過ぎ，現実的でなくなる．また，上記のMとQが同時に作用する梁は，略算的にみて，せん断スパンが1m以下の梁となり特殊な構造物を対象とすることになる．しかしながら継手部では，母材はボルト穴の存在で，断面性能は低下している．これについて「鋼構造設計規準」では，9.4項に「梁の断面係数は断

＊ 本書では曲げ応力に対してはフィレット部を算入し，せん断応力に対してはこれをすべて無視した．

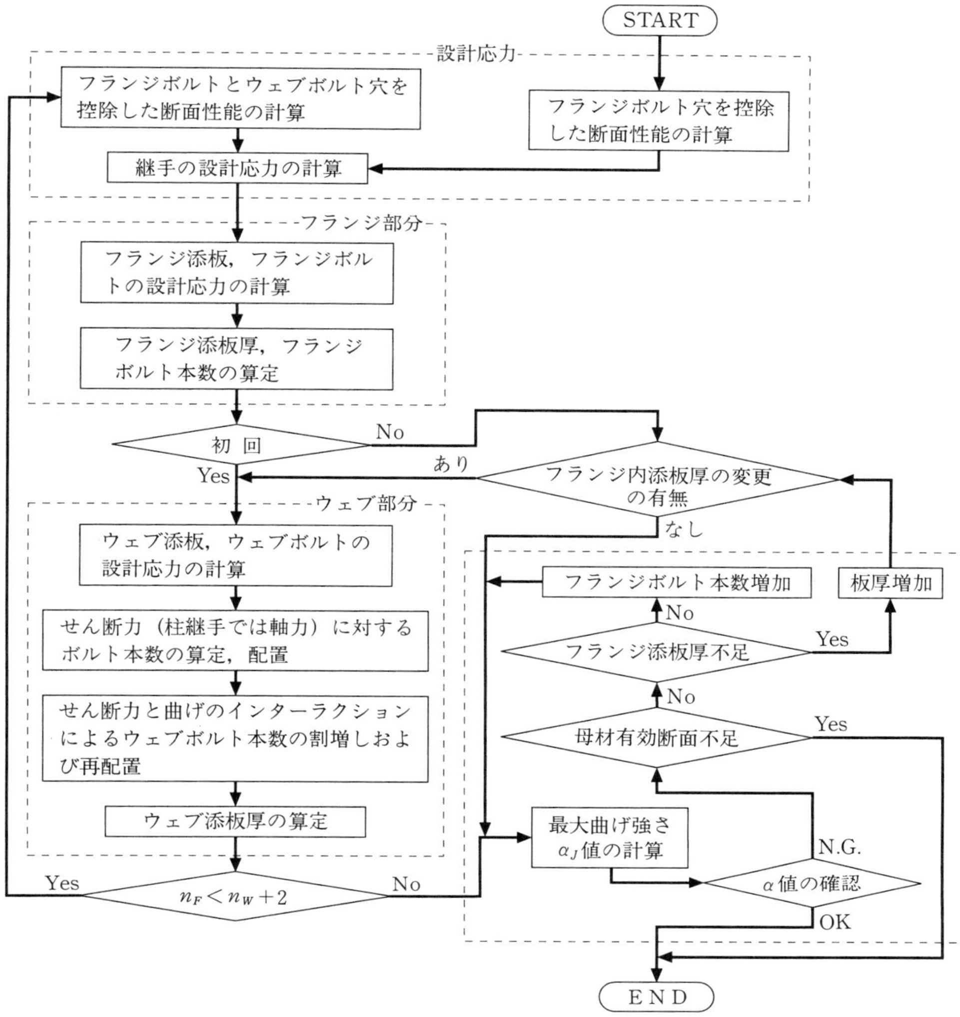

図-2.4.2　梁継手の設計フロー

面の引張り側リベット，ボルトまたは高力ボルト穴を控除した断面について算出する．引張り側の穴を控除するときは，これに対応する圧縮側の穴を控除してもよい」と規定されている．この規定に従う断面性能の求め方には次の方法が考えられる．

1)　引張り側のボルト穴のみ控除し，中立軸の移動を計算する．

2)　引張り側のボルト穴のみ控除するが，中立軸の移動は無視する．

3)　引張り側，圧縮側ともボルト穴を控除する．

これらのうち，1)が理論的には正確であるが，中立軸の移動は極めて小さく，圧縮側断面係数は全強のものに近似している．2)も同様である．標準化するには，継手部が引張りを受ける側と圧縮となる側の区別はつけられないので，結果的に圧縮側で設計を行うことになり，ほぼ，全強と同等の継手部となる．また一般的には，両フランジのボルト穴を控除しウェブは板厚を15％減少させる略算法も用いられているが，標準化にあたっては，3)の方法により，ボルト穴欠損を考慮した有効断面に対して設計応力を決めることとする．

ここで，ウェブボルト穴による断面欠損については，図-2.4.3 に示すように，フランジのボルト穴とウェブボルト穴の部材長手方向の位置がボルト配列によっては異なることから，力の流れを考慮し，フランジボルトの部材長手方向の列数（n_F）とウェブボルトの部材長手方向の列数（n_W）の差が 2 以上の場合にはウェブボルト穴は控除せず，列数の差が 1 以下の場合にはウェブボルト穴も控除するものとする．なお，せん断力に関しては，ウェブ断面からウェブボルト穴を控除したものとする．

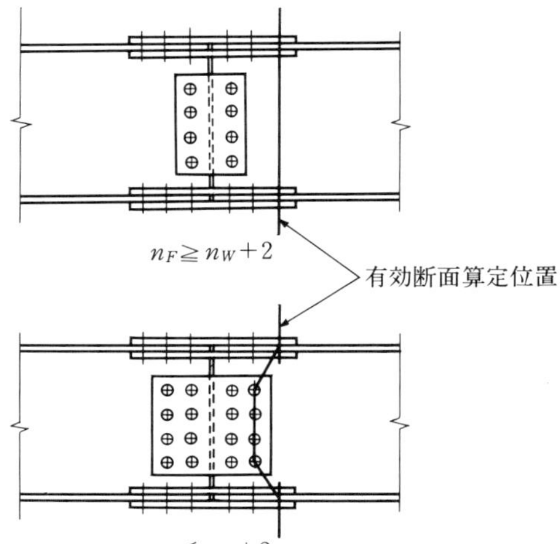

図-2.4.3　有効断面の位置

この有効断面に基づく下式を設計応力とした．

$$
\begin{aligned}
M_J &= Z_e \cdot f_t \\
Q_J &= A_{eW} \cdot f_s
\end{aligned}
\qquad (2.4.2)
$$

$Z_e = I_e/(0.5H)$：ボルト穴を控除した断面の断面係数

$$
I_e = \begin{cases}
I_0 - 2\cdot g\cdot\left\{\dfrac{1}{12}\cdot d\cdot {}_Bt_F{}^3 + d\cdot {}_Bt_F\cdot\left(\dfrac{H-{}_Bt_F}{2}\right)^2\right\} - \sum_j\left\{\dfrac{1}{12}\cdot {}_Bt_W\cdot d^3 + d\cdot {}_Bt_W\cdot e_j{}^2\right\} & \cdots(n_F < n_W+2) \\
I_0 - 2\cdot g\cdot\left\{\dfrac{1}{12}\cdot d\cdot {}_Bt_F{}^3 + d\cdot {}_Bt_F\cdot\left(\dfrac{H-{}_Bt_F}{2}\right)^2\right\} & \cdots(n_F \geqq n_W+2)
\end{cases}
$$

$A_{eW} = {}_Bt_W\cdot h - m_W\cdot d\cdot {}_Bt_W$：母材のボルト穴を控除したウェブ部分の断面積

ここに，

I_0：母材全断面に基づく断面 2 次モーメント
H：H 形鋼せい
${}_Bt_F$：梁フランジ板厚
${}_Bt_W$：梁ウェブ板厚
g：フランジボルト穴控除用のゲージライン数
（$g=2$，千鳥打ちのときは $g=2.75$）
m_W：ウェブボルトの部材せい方向の行数
d：高力ボルトの穴径
e_j：断面中心軸からウェブボルト位置までの距離
n_F：フランジボルトの部材長手方向の列数
n_W：ウェブボルトの部材長手方向の列数
$h=H-2\cdot {}_Bt_F$：梁のウェブ高さ

これらの継手設計応力を用いて，継手のフランジ部とウェブ部のボルトと添板を設計することになるが，従来慣例的に用いられている曲げ応力はフランジ，せん断力はウェブで負担させる設計法では，フランジのボルトに比べウェブに配置されるボルトがバランス的に少なすぎる場合が多いことから，ウェブに曲げ応力を負担させることとした．

ウェブ部の設計用曲げモーメントは，次式のように平面保持を仮定した場合にウェブが負担すべき曲げモーメント $\left(\dfrac{I_W}{I_0}M_J\right)$ の η 倍の曲げモーメントとした．η の値は設計時には 0.5 とした．これは実挙動[1]を考慮した上で，工学的判断により定めたものである．せん断力については，継手設計用せん断力のすべてをウェブが負担するものとした．

$$M_W = \eta \cdot \frac{I_W}{I_0} \cdot M_J$$

$$Q_W = Q_J \qquad (2.4.3)$$

$I_W = {}_B t_W \cdot h^3/12$：ウェブ全断面の断面2次モーメント

I_0：梁全断面の断面2次モーメント

η：母材ウェブ許容曲げモーメントのうちウェブ接合部で伝達させる曲げモーメントの割合

フランジ部の設計用曲げモーメントは，継手の設計用曲げモーメントからウェブの負担する分（式(2.4.3)参照）を差し引いた値とする．

$$M_F = M_J - M_W = \left(1 - \eta \cdot \frac{I_W}{I_0}\right) \cdot M_J \qquad (2.4.4)$$

(2) フランジ添板の算定

フランジの内側と外側の添板厚の組合せは，下記によって算定した．

1) フランジの外側と内側の添板断面の図心がH形鋼フランジ断面の図心とできる限り接近すること

2) 最小板厚は9 mmとすること

3) 算定式

$$_{PL}A_{eF} \cdot (H - {}_B t_F) \geqq Z_{eF} \qquad (2.4.5)$$

ここに，

$Z_{eF} = \dfrac{M_F}{f_t} = \left(1 - \eta \cdot \dfrac{I_W}{I_0}\right) \cdot Z_e$：梁フランジの曲げモーメントに抵抗できる分の断面係数

$_{PL}A_{eF} = {}_{PL}b_1 \cdot {}_{PL}t_1 + 2 \cdot {}_{PL}b_2 \cdot {}_{PL}t_2 - g \cdot d \cdot ({}_{PL}t_1 + {}_{PL}t_2)$

：ボルト穴を控除したフランジ添板の断面積

$_{PL}t_1$：フランジの外側の添板厚

$_{PL}t_2$：フランジの内側の添板厚

(3) フランジボルト本数の算定

フランジの高力ボルトはフランジ幅$B \leqq 125$のものは1面摩擦，$B > 125$のものは2面摩擦とし，設計応力の曲げモーメントをH形鋼フランジ図心間距離で除して，フランジの引張力，圧縮力に換算し「鋼構造設計規準」による許容せん断力を用いて所要片側フランジボルト数量を下式により求めた．

$$n_F \cdot m_F \geqq \frac{Z_{eF} \cdot f_t}{R_s \cdot (H - {}_B t_F)} \qquad (2.4.6)$$

ここに，　R_s：高力ボルトの許容耐力

n_F：フランジボルトの部材長手方向の列数（千鳥の場合はフランジ片側の部材長手方向のボルト数とする．）

参考文献1)　岡田：高力ボルト摩擦接合はり継手におけるウェブ添板の曲げモーメント負担に関する実験，日本建築学会大会梗概集，1995.8および1996.9

m_F：フランジボルトの部材幅方向の行数（千鳥の場合は2とする.）

ただし，計算上 $n_F=1$ となる場合は，部材の連続性を考慮して，$n_F=2$ とすることとした(図-2.4.4参照).

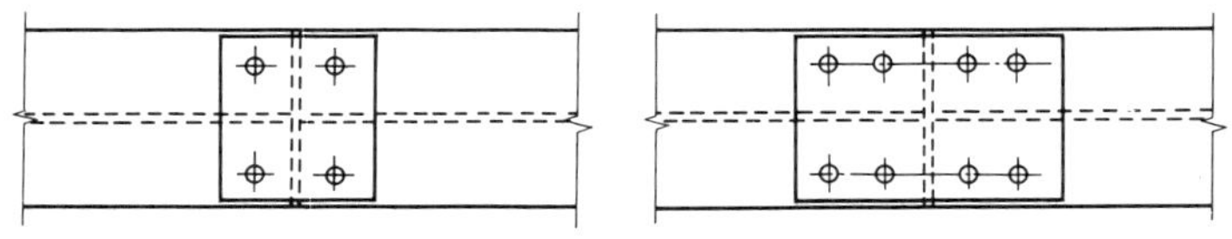

図-2.4.4　フランジボルト本数の増し打ち

(4)　ウェブ添板の算定

ウェブ添板においては，せん断応力度と曲げ応力度が最大となる部分が異なることから，せん断力と曲げモーメントを別々に考慮して断面算定した．また，最小板厚は6 mmとした.

$$_{PL}A_{eW} \geqq A_{eW}$$
$$_{PL}Z_{eW} \geqq Z'_{eW} \qquad (2.4.7)$$

ここに，$_{PL}A_{eW}=2\cdot {_{PL}t_3}\cdot({_{PL}b_3}-m_W\cdot d)$：ウェブ添板の有効断面積

$Z'_{eW}=\dfrac{M_W}{f_t}=\eta\cdot\dfrac{I_W}{I_0}\cdot Z_e$：梁ウェブの曲げモーメントに抵抗できる分の断面係数

$_{PL}Z_{eW}=\dfrac{_{PL}I_{eW}}{0.5\cdot {_{PL}b_3}}$

$_{PL}I_{eW}=\dfrac{2\cdot {_{PL}t_3}\cdot {_{PL}b_3^3}}{12}-\sum_j 2\cdot {_{PL}t_3}\left(\dfrac{d^3}{12}+d\cdot e_j^2\right)$

$_{PL}b_3=P_C\cdot(m_W-1)+80$：ウェブ添板の部材せい方向の長さ(mm)

ただし，$H=100$ mm の場合は $_{PL}b_3=50$ mm

$_{PL}b_3 \geqq 0.6\cdot H$ 程度

$_{PL}t_3$：ウェブ添板厚

(5)　ウェブボルト本数の算定

M_W と Q_W のインターラクションを考え，図-2.4.5に示すように，ボルト群の回転中心から最も遠いボルトに対して下式に基づき，式(2.4.8)によりウェブボルト本数を算定した.

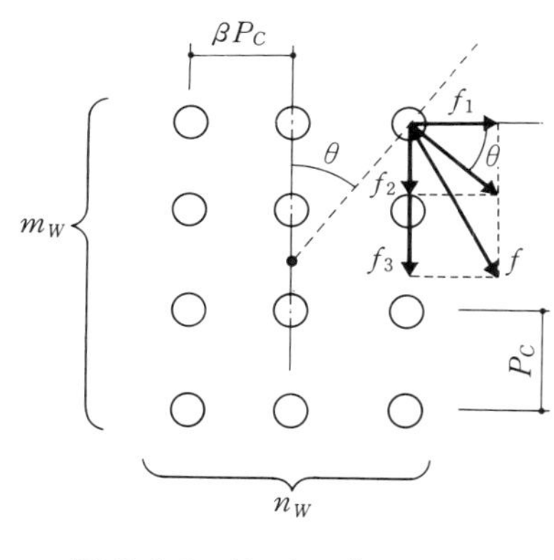

図-2.4.5　ボルトに作用する力

$$f^2=(f_3+f_2)^2+f_1^2 \leqq R_s^2$$

f_1：一番外側のボルトに掛る設計用曲げモーメントによるせん断力の部材材軸方向の分力

f_2：一番外側のボルトに掛る設計用曲げモーメントによるせん断力の部材せい方向の分力

f_3：設計用せん断力によるボルト1本当りのせん断力

f：一番外側のボルトに掛る設計応力によって生じるせん断力

$$\left(\frac{Q_W}{n_W\cdot m_W}+\frac{Z'_{eW}\cdot f_t}{S}\cdot\sin\theta\right)^2+\left(\frac{Z'_{eW}\cdot f_t}{S}\cdot\cos\theta\right)^2 \leqq R_s^2 \qquad (2.4.8)$$

ここに，$S=\dfrac{m_W(m_W-1)(m_W+1)n_W+n_W(n_W-1)(n_W+1)m_W\beta^2}{6\sqrt{(m_W-1)^2+\beta^2(n_W-1)^2}}\cdot P_C$

R_s：高力ボルトの許容せん断耐力

ただし，$n_F\times m_F=1$ のとき，すなわち，ウェブのボルトが計算上 1 本となった場合には，最小接合規定により，$n_F\times m_F=2$ とした．

また，ウェブのせい h_2 に比べて，ボルト本数が極端に少ない場合は，構造性能と経済性の観点から，ウェブのせい方向のピッチ P_C を次の 3 種類を用いることとした．

$$P_{\text{logic}}=\frac{h_2-120}{m_W-1}\ \text{のとき}$$

$P_{\text{logic}}<90$ 　ならば　$P_C=60$(mm)

$90\leqq P_{\text{logic}}<120$ 　ならば　$P_C=90$(mm)

$120\leqq P_{\text{logic}}$ 　ならば　$P_C=120$(mm)

2.4.2 第 1 種保有耐力接合[注1]（α 値の確認）

前節までの許容応力度設計を充足した各ディテールについて，本節に述べる手順で α_J 値を算定し，第 1 種保有耐力接合[注1]の α 値の規定を満たさないディテールについてはボルト本数，添板厚の変更処置を行って規定の値を確保した．

α_J 値を決める要因として，曲げモーメントに対してはボルト本数，母材の縁端距離，添板の縁端距離があり，せん断力に対しては，曲げと同様の要因のほか，せん断スパン長がある．

なお，下記の 5 例は母材の断面欠損のため，第 1 種保有耐力接合[注1]の規定を充足していない．

梁	H-100×100×6×8	(SN 400)	$\alpha_J=1.17$
梁	H-200×100×5.5×8	(SN 400)	$\alpha_J=1.19$
梁	H-100×100×6×8	(SN 490)	$\alpha_J=1.04$
梁	H-148×100×6×9	(SN 490)	$\alpha_J=1.06$
梁	H-200×100×5.5×8	(SN 490)	$\alpha_J=1.06$

（1） 曲げモーメントに対する検討

曲げモーメントに対する α 値の確認は下式によって行った．

$$\alpha_J\geqq\alpha \qquad (2.4.9)$$

α：日本建築センター「建築物の構造規定」の技術慣行（付録 1―6）による値

$\alpha_J=\dfrac{M_u}{Z_{p0}\cdot\sigma_y}$：本標準継手の M_u の梁母材の全塑性モーメントに対する倍率

Z_{p0}：母材全断面の塑性断面係数

$M_u=\text{Min.}\{M_1,\ M_2\}$

$M_1=Z_{pe}\cdot\sigma_u$：ボルト穴控除による母材耐力

Z_{pe}：ボルト穴を控除した塑性断面係数（穴控除の考え方は上記 Z_e と同じ）

$$Z_{pe}=\begin{cases} Z_{p0}-g\cdot d\cdot{}_Bt_F\cdot(H-{}_Bt_F)-{}_bH_W\cdot d\cdot{}_Bt_W\cdot[0.5\cdot m_W]-\dfrac{1}{4}\cdot{}_Bt_W\cdot d^2\cdot\text{Mod.}(m_W,\ 2) \\ \qquad\cdots(n_F<n_W+2) \\ Z_{p0}-g\cdot d\cdot{}_Bt_F\cdot(H-{}_Bt_F) \qquad\cdots(n_F\geqq n_W+2)\end{cases}$$

Mod.$(m_W,\ 2)$：m_Wを2で除した余りの値

ウェブボルトのせい方向の本数が偶数なら0，奇数なら1

[　]：ガウス記号，[　]内の数値を超えない最大の整数

$M_2 = F_P \cdot (H - {}_Bt_F) + 0.5 \cdot W_P \cdot {}_bH_W$：ボルトおよびボルト接合部で決まる耐力

ただし，$F_P = \mathrm{Min.}\{A_1,\ A_2,\ A_3\}$

$W_P = \mathrm{Min.}\{B_1,\ B_2,\ B_3\}$

$A_1 = \gamma \cdot {}_bn_F \cdot 0.75 \cdot {}_bA_S \cdot {}_b\sigma_u$：ボルトで決まるフランジの引張耐力

$A_2 = {}_bn_F \cdot e \cdot {}_Bt_F \cdot \sigma_u$：母材の縁端距離で決まる耐力

（フランジは${}_Bt_F < {}_{PL}t_1 + {}_{PL}t_2$としているため，${}_Bt_F$で検討する.）

$A_3 = {}_{PL}A_{eF} \cdot \sigma_u$：フランジ添板の有効断面で決まる耐力

$B_1 = 2 \cdot n_W \cdot 2 \cdot [0.5m_W] \cdot 0.75 \cdot {}_bA_S \cdot {}_b\sigma_u$：ボルトで決まるウェブの引張耐力

$B_2 = n_W \cdot 2 \cdot [0.5m_W] \cdot e \cdot {}_Bt_W \cdot \sigma_u$：母材の縁端距離で決まる耐力

（ウェブは${}_Bt_W < 2 \cdot {}_{PL}t_3$としているため，${}_Bt_W$で検討する.）

$B_3 = \dfrac{{}_{PL}H_W}{{}_bH_W} \cdot {}_{PL}A_{eW} \cdot \sigma_u$：ウェブ添板の有効断面積で決まる耐力（図-2.4.6参照）

${}_bA_S \fallingdotseq 0.75 \cdot \left(\dfrac{d_1}{2}\right)^2 \pi$（$d_1$：高力ボルト軸径）

ここに，　γ：フランジ摩擦面の数

${}_bn_F$：片側フランジのボルト本数

e：引張力方向の縁端距離（はしあき）

σ_u：材料の破断強度（JIS規格の最小引張強さ）

${}_b\sigma_u$：高力ボルトの破断強度

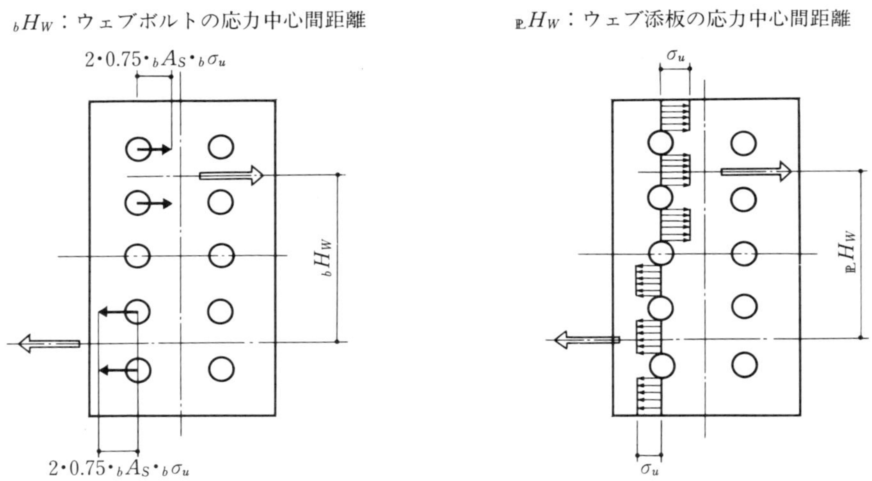

図-2.4.6　応力中心間距離

（2）　せん断力に対する検討

せん断力に対するα値とせん断スパン長L_qとの関係は下式のとおりである（図-2.4.7）.

$$Q_u \geqq \alpha \cdot \frac{2 \cdot M_{p0}}{L_q} \qquad (2.4.10)$$

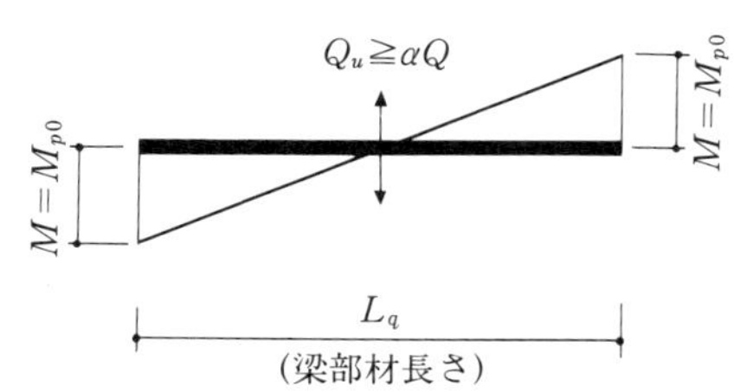

図-2.4.7　最小せん断スパン長

ここに，$M_{p0}=Z_{p0}\cdot\sigma_y$

L_q：せん断スパン長

α：日本建築センター「建築物の構造規定」の技術慣行（付録1―6）による値

$Q_u=\mathrm{Min.}\{C_1,\ C_2,\ C_3\}$

$C_1={}_{\mathrm{PL}}A_{eW}\cdot\sigma_u/\sqrt{3}$：ウェブ添板で決まる耐力

$C_2=A_{eW}\cdot\sigma_u/\sqrt{3}$：ウェブ母材で決まる耐力

$C_3=2\cdot n_W\cdot 2\cdot[0.5m_W]\cdot 0.75\cdot{}_bA_S\cdot{}_b\sigma_u$：ウェブボルトで決まる耐力

本標準化においては，せん断力に対しては，下式による α 値を満たす最小せん断梁長さ L_q を表示した．

$$L_q \geqq \frac{2\cdot\alpha\cdot M_{p0}}{Q_u} \tag{2.4.11}$$

2.4.3 板系列ごとの標準化

ここでは梁継手について述べるが，後述の柱継手の場合も同様に板系列ごとの標準化を行った．

設計および施工の両方の観点から考えると，フランジ幅とフランジ厚，あるいはウェブ高さとウェブ厚が同じであれば継手（ボルトの本数や配置および添板の厚さや大きさ）も同じであることが標準継手として実用的である．したがって，本標準では，フランジあるいはウェブの板系列（フランジ幅（B）とフランジ厚（t_F）の組，あるいは断面せい（H）とウェブ厚（t_W）の組）ごとに標準化を行った．

ここで，板系列の呼称寸法は，下記に示すシリーズ寸法，常用板厚寸法とし，実寸法がそれらと一致しないものについては，最寄りのシリーズまたは常用寸法に読み替えるものとした．なお実寸法が2つのシリーズまたは常用寸法の中間の場合は大きい方に読み替えるものとした．

表-2.4.1　板系列の呼称寸法

断面せい	: 100, 125, 150, 175, 200, 250, 300, 350, 400, 450, 500, 550, 600, 650, 700, 750, 800, 850, 900
フランジ幅	: 100, 125, 150, 175, 200, 250, 300, 350, 400
ウェブ厚	: 6, 9, 12, 14, 16, 19
フランジ厚	: 9, 12, 16, 19, 22, 25, 28, (34, 35, 37)*

＊一般 H 形鋼で，定形 H 形鋼のフランジ厚の上限(28 mm)を超えるものについては，実寸法とした．

また，板系列ごとの標準化の際，1～2例のためにその他の数量が増えてしまう場合には，経済性を考慮して，設計時の η 値で調整を行うものとした．最終的に，前述の設計方針と力学的に整合させる意味から，継手全体の検定を応力と剛性に関して行っている．

(1) 板系列ごとの標準化方法

標準化は，基本的に定形 H 形鋼について行った．一般 H 形鋼については，定形 H 形鋼の断面サイズの範囲内のものは，定形 H 形鋼と同じ標準化とし，それ以外のものは，数量が定形 H 形鋼より多くなるものについては一般 H 形鋼のみで標準化を行うものとした．

フランジボルト本数は，鋼種，ボルト径，およびフランジ幅ごとにH形鋼断面を2グループ（$H<3B$，$3B \leqq H$）に分けたフランジ板系列（$B \times t_F$）ごとに，フランジ添板厚は，フランジ幅ごとに2グループ（$H<3B$，$3B \leqq H$）に分けたフランジ板系列（$B \times t_F$）ごとに，ウェブボルト本数とウェブ添板厚は，鋼種，ボルト径，およびウェブ板系列（$H \times t_W$）ごとにそれぞれ標準化するものとした．

この標準化の際，安全側とするために，数量の多いものに統一することになるが，同じ板系列において1～2例のためにその他の数量が増え不経済になってしまう場合については，設計用のηの値あるいはウェブ第1ボルトと内側添板の距離（L）を次の範囲として数量の調整を行った．

$$\left.\begin{array}{l} 0.45 \leqq \eta \leqq 0.6 \\ 55(\mathrm{mm}) \leqq L \end{array}\right\} \qquad (2.4.12)$$

（2） 標準化後の検定

ウェブに負担させるモーメントの係数であるηの値は，設計時には0.5としたが，標準継手として統一を図る際に，前述のようにηの値を0.45～0.6の範囲まで容認し，合理化を行った．これらについては，前述の設計方針と力学的に整合させる意味から，板系列ごとの標準化後さらに，下式により継手全体の安全性を確認した．

$$M_W' + M_F \geqq M_J \qquad (2.4.13)$$

M_W'：ウェブ部の保有する曲げモーメント（ボルトについてはせん断力によるインターラクションを考慮した.）

M_F：フランジ部の保有する曲げモーメント

$$_{PL}I_F + {}_{PL}I_W \geqq I_0 \qquad (2.4.14)$$

$_{PL}I_F$：継手中央のフランジ添板の断面2次モーメント

$_{PL}I_W$：継手中央のウェブ添板の断面2次モーメント

I_0：母材全断面に基づく断面2次モーメント

$$_{PL}A_F + {}_{PL}A_W \geqq A_0 \qquad (2.4.15)$$

$_{PL}A_F$：継手中央のフランジ添板の断面積

$_{PL}A_W$：継手中央のウェブ添板の断面積

A_0：母材の全面積

$$\alpha_J \geqq \alpha \qquad (2.4.16)$$

α：日本建築センター「建築物の構造規定」の技術慣行（付録1―6）による値

α_J：集約後の継手のM_uの梁母材の全塑性モーメントに対する倍率

2.5 柱 継 手

柱継手の設計も，梁継手と同様に，部材の有効断面性能に基づいた許容応力度設計によりディテールを定めた後，そのディテールについてα_J値を算定し，これが第1種保有耐力接合[注1]のα値を満足しない場合には，ボルト本数，添板厚さ等を修正し満足させるようにした．

ただし，母材の有効断面自体がこのα値を満足しないものは，そのまま表示した．

2.5.1 許容応力度設計

今回標準化する柱継手の形状は図-2.5.1 に示すように梁継手と同様，フランジ，ウェブとも高力ボルト摩擦接合とした．

柱継手に作用する応力は，曲げモーメント，せん断力，軸方向力の 3 種である．梁継手と同様の考え方により，ボルト穴を控除した母材断面を用いると，それぞれ下記の値が最大となる．

$$\left.\begin{aligned} M_J &= Z_e \cdot f_t \\ N_J &= A_e \cdot f_t \\ Q_J &= A_{eW} \cdot f_s \end{aligned}\right\} \qquad (2.5.1)$$

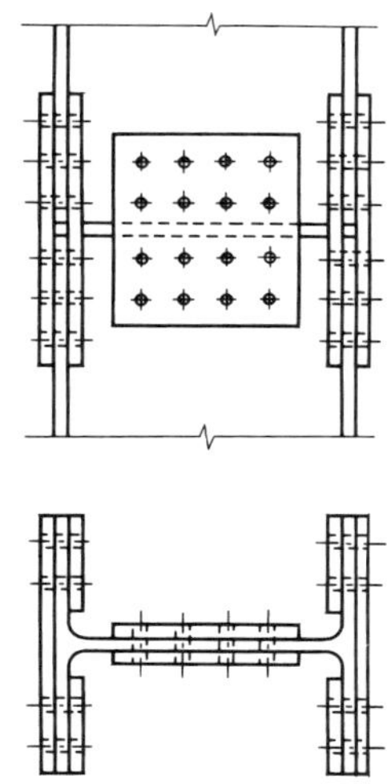

図-2.5.1 柱継手

曲げモーメントを梁継手と同様の手法によりウェブにも負担させるものとすると，フランジ部に対しては下記の値が最大となる．

$$M_F = M_J - M_W = \left(1 - \eta \cdot \frac{I_W}{I_0}\right) \cdot M_J$$

$$N_F = \frac{A_{eF}}{A_e} N_J = A_{eF} \cdot f_t \qquad (2.5.2)$$

また，ウェブ部については，下記の値が最大となる．

$$M_W = \eta \cdot \frac{I_W}{I_0} \cdot M_J$$

$$N_W = \frac{A_{eW}}{A_e} \cdot N_J = A_{eW} \cdot f_t \qquad (2.5.3)$$

$$Q_W = Q_J = A_{eW} \cdot f_s$$

柱継手はこれらの応力に対し安全となるように設計する必要があるが，それぞれの最大値が同時に作用すると考えると過大すぎる．したがって，これらの応力のインターラクションを考慮して，設計するものとしたが，個々の継手について応力の大きさを設定し，インターラクションを考慮して設計するのは，標準接合となりにくいため，本標準では，次に示すように安全側となるように簡略化を行った．

(1) フランジ添板，ボルト本数算定用の設計応力

曲げモーメント M_J と軸力 N_J を受ける柱継手のフランジ部分，すなわちフランジ継手が受ける軸力について検討する．

軸力のみを受ける場合のフランジ継手部の設計用軸力は，式(2.5.2)より次式で与えられる．

$$N_{F1} = A_{eF} \cdot f_t \qquad (2.5.4)$$

曲げモーメントのみを受ける場合のフランジ継手部の設計応力は次式で与えられる．

$$N_{F2} = \frac{M_F}{H - {}_B t_F} \qquad (2.5.5)$$

また，継手部が受ける応力を下式で表すと，

$$M_J = m M_y$$

$$N_J = n N_y$$

ここで，$M_y = Z_e \cdot f_t$

$N_y = A_e \cdot f_t$

軸力と曲げを同時に受ける場合の設計用軸力は下式となる．

$$N_{F3}=mN_{F2}+nN_{F1} \tag{2.5.6}$$

このとき，継手の応力検定を下式で行えば，

$$\frac{M_J}{M_y}+\frac{N_J}{N_y}=m+n\leqq 1 \tag{2.5.7}$$

次の関係が得られる．

$$\left.\begin{array}{ll} N_{F2}>N_{F1}\text{ の場合：}N_{F3}\leqq N_{F2}-n(N_{F2}-N_{F1})\leqq N_{F2} & (\because m\leqq 1-n,\ N_{F2}-N_{F1}>0) \\ N_{F2}\leqq N_{F1}\text{ の場合：}N_{F3}\leqq N_{F1}-m(N_{F1}-N_{F2})\leqq N_{F1} & (\because n\leqq 1-m,\ N_{F1}-N_{F2}>0) \end{array}\right\} \tag{2.5.8}$$

以上から，柱継手のフランジ添板厚，フランジボルト算定用の設計応力には，次式を用いた．

$$N_F=\mathrm{Max.}\{N_{F1},\ N_{F2}\} \tag{2.5.9}$$

ここに，$N_{F1}=A_{eF}\cdot f_t$

$$N_{F2}=\frac{M_F}{H-{}_Bt_F}$$

$$M_F=\left(1-\eta\frac{I_W}{I_0}\right)Z_e f_t$$

（２） ウェブボルト本数の算定

軸力のみを受けている場合，部材強度を伝えるのに必要なウェブボルト本数は，次式で与えられる．

$$n_{wb1}=\frac{A_{eW}\cdot f_t}{R_s} \tag{2.5.10}$$

また，母材のウェブ有効断面に対応するせん断力を伝えるためのウェブボルト必要本数は

$$n_{wb2}=\frac{Q_y}{R_s}=\frac{A_{eW}\cdot f_s}{R_s} \tag{2.5.11}$$

となり，式(2.5.10)と比較すれば，次の関係がある．

$$n_{wb2}\leqq n_{wb1}\quad (\because f_s<f_t)$$

さらに，曲げモーメントのみを受ける場合を考えると，ウェブが負担する曲げモーメントを伝達するために必要なウェブボルト本数は，次式で算定される．

$$\frac{M_W}{S(n_{wb})}=\frac{\eta\dfrac{I_W}{I_0}Z_e.f_t}{S(n_{wb})}=R_s \tag{2.5.12}$$

ここに，$S(n_{wb})=\dfrac{r_{\max}}{\sum_j^{n_{wb}} r_j^2}$，$r$：ボルト群の重心とボルト間距離

ここで，簡単のためにボルトの配列を１列ボルトと仮定すれば次式となる．

$$S(n_{wb})=\frac{n_{wb}(1+n_{wb})p}{6}\cong\frac{n_{wb}\cdot h_{ws}}{6}$$

ここで，h_{ws}：添板せい

さらに，$I_W=\dfrac{A_W(H-2_Bt_F)^2}{12}$ を代入すると式(2.5.12)は

$$n_{wb3}=\frac{6\eta\dfrac{I_W}{I_0}Z_e\cdot f_t}{R_s\cdot h_{ws}}$$

$$=\frac{A_W\cdot f_t}{R_s}\left(\frac{\eta(H-2_Bt_F)^2}{2Hh_{ws}}\frac{Z_e}{Z_0}\right) \tag{2.5.13}$$

さらに，$h_{ws}>\approx 0.5H$，$\eta\leqq 0.6$ であることを考慮すると

$$n_{wb3}\leqq n_{wb1} \tag{2.5.14}$$

の関係を得る．

軸力，曲げモーメント，せん断力を同時に受けているとき，ウェブボルトの本数を以下の方法で決めることとする．

$$n_{wb5}\geqq \text{Max.}[n_{wb1},\ n_{wb4}] \tag{2.5.15}$$

ここに，n_{wb4} は次式で算定されるボルト本数

$$\left(\frac{Q_y}{n_{wb4}}+\frac{M_W}{S(n_{wb4})}\sin\theta\right)^2+\left(\frac{M_W}{S(n_{wb4})}\cos\theta\right)^2=R_s^2 \tag{2.5.16}$$

このとき，$r_{\max}$ のウェブボルトが受けるせん断力は，

$$R^2=\left(\frac{qQ_y}{n_{wb5}}+\frac{mM_W}{S(n_{wb5})}\sin\theta\right)^2+\left(\frac{nA_{eW}\cdot f_t}{n_{wb5}}+\frac{mM_W}{S(n_{wb5})}\cos\theta\right)^2 \tag{2.5.17}$$

ここに，$\dfrac{M_J}{M_y}=m$，$\dfrac{N_J}{N_y}=n$，$\dfrac{Q_J}{Q_y}=q$

で与えられる．また，母材の存在応力の検定式は，

$$\frac{M_J}{M_y}+\frac{N_J}{N_y}=m+n\leqq 1 \tag{2.5.18}$$

$$q=\frac{Q_J}{Q_y}\leqq\sqrt{1-\left(\frac{N_J}{N_y}\right)^2}=\sqrt{1-n^2} \tag{2.5.19}$$

であるから，これらの関係を式(2.5.17)の右辺に代入すると

$$\left(\frac{qQ_y}{n_{wb5}}+\frac{mM_W}{S(n_{wb5})}\sin\theta\right)^2+\left(\frac{nA_{eW}\cdot f_t}{n_{wb5}}+\frac{mM_W}{S(n_{wb5})}\cos\theta\right)^2$$

$$\leqq\left(\frac{\sqrt{1-n^2}\,Q_y}{n_{wb5}}+\frac{(1-n)M_W}{S(n_{wb5})}\sin\theta\right)^2+\left(\frac{nA_{eW}\cdot f_t}{n_{wb5}}+\frac{(1-n)M_W}{S(n_{wb5})}\cos\theta\right)^2$$

ここで簡単のためにウェブ列数を１列とすると，$\sin\theta=0$，$\cos\theta=1$ であるから上式の右辺は n に関する２次式となり，$n=0$ または $n=1$ で最大値をとる．ところが式(2.5.15)を満足していれば $n=0$ または $n=1$ における右辺の値は R_s^2 以下の値となる．したがって，n，m，q の値によらず常に次式が成立する．

$$R^2=\left(\frac{qQ_y}{n_{wb5}}+\frac{mM_W}{S(n_{wb5})}\sin\theta\right)^2+\left(\frac{nA_{eW}\cdot f_t}{n_{wb5}}+\frac{mM_W}{S(n_{wb5})}\cos\theta\right)^2\leqq R_s^2 \tag{2.5.20}$$

以上の結果より，ウェブ継手のボルトは，式(2.5.15)で算定すれば良い．

$$n_{wb5}\geqq \text{Max.}[n_{wb1},\ n_{wb4}] \tag{2.5.15}$$

ここに，n_{wb1}，n_{wb4} は次式で算定されるボルト本数

$$n_{wb1}=\frac{A_{eW}\cdot f_t}{R_s} \tag{2.5.10}$$

$$\left(\frac{Q_y}{n_{wb4}}+\frac{M_W}{S(n_{wb4})}\sin\theta\right)^2+\left(\frac{M_W}{S(n_{wb4})}\cos\theta\right)^2=R_s^2 \tag{2.5.16}$$

梁継手では，n_{wb1} をウェブが負担するせん断力から求めるのに対して，柱継手ではこのようにウェブの負担する軸力から求めるところが相違点である．なお，ウェブボルトの配列が２列以上になっても定性的性状は変わらないと考えられる．

（3） ウェブ添板厚の算定

軸力のみを受けている場合あるいはせん断力のみを受けている場合には，ウェブの受けている応力を伝えるために必要なウェブ添板の有効断面積は，式(2.5.21)となる．

$$ {}_{\mathrm{PL}}A_{eW} \geqq A_{eW} \tag{2.5.21}$$

この添板が軸力とせん断力を同時に受けている場合に生じる最大応力度 f は

$$ f=\sqrt{\left(\frac{N_W}{{}_{\mathrm{PL}}A_{eW}}\right)^2+3\left(\frac{Q_J}{{}_{\mathrm{PL}}A_{eW}}\right)^2} \tag{2.5.22}$$

である．継手部のせん断力は，式(2.5.19)によって検定されるので式(2.5.22)は，式(2.5.19)と式(2.5.21)の関係より

$$ \frac{f}{f_t}=\frac{A_{eW}}{{}_{\mathrm{PL}}A_{eW}}\sqrt{\left(\frac{N_W}{A_{eW}\cdot f_t}\right)^2+\left(\frac{Q_J}{A_{eW}\cdot f_s}\right)^2}$$

$$ =\frac{A_{eW}}{{}_{\mathrm{PL}}A_{eW}}\sqrt{n^2+q^2} \leqq \frac{A_{eW}}{{}_{\mathrm{PL}}A_{eW}} \leqq 1 \tag{2.5.23}$$

となる．

また，曲げモーメント M_W を伝えるために必要なウェブ添板の有効断面係数は，

$$ {}_{\mathrm{PL}}Z_e\cdot f_t \geqq M_W=\eta\frac{I_W}{I_0}Z_e\cdot f_t \tag{2.5.24}$$

式(2.5.21)と式(2.5.24)を満足するウェブ添板厚の有効断面積および有効断面係数を ${}_{\mathrm{PL}}A_{eW}^*$，${}_{\mathrm{PL}}Z_{eW}^*$ で表すと，曲げと軸力を同時に受けるときのウェブ添板の縁部応力度は，

$$ \frac{f}{f_y}=\frac{N_W}{{}_{\mathrm{PL}}A_{eW}^*\cdot f_t}+\frac{M_W}{{}_{\mathrm{PL}}Z_{eW}^*\cdot f_t}=\frac{A_{eW}}{{}_{\mathrm{PL}}A_{eW}^*}n+\frac{\eta\frac{I_W}{I_0}Z_e}{{}_{\mathrm{PL}}Z_{eW}^*}m$$

で与えられる．ここで

$$ {}_{\mathrm{PL}}A_{eW}^* \geqq {}_{\mathrm{PL}}A_{eW} \geqq A_{eW}, \quad {}_{\mathrm{PL}}Z_{eW}^* \geqq {}_{\mathrm{PL}}Z_{eW} \geqq \eta\frac{I_w}{I_0}Z_e$$

および曲げと軸力に対する継手の応力検定式(2.5.18)を用いれば，次式となる．

$$ \frac{f}{f_y}=\frac{A_{eW}}{{}_{\mathrm{PL}}A_{eW}^*}n+\frac{\eta\frac{I_W}{I_0}Z_e}{{}_{\mathrm{PL}}Z_{eW}^*}m \leqq n+m \leqq 1$$

以上より，ウェブ添板は，式(2.5.21)および(2.5.24)を満たすように設計することとした．

$$ {}_{\mathrm{PL}}A_{eW} \geqq A_{eW} \tag{2.5.21}$$

$$ {}_{\mathrm{PL}}Z_{eW}\cdot f_t \geqq M_W=\eta\frac{I_W}{I_0}Z_e\cdot f_t \tag{2.5.24}$$

2.5.2 第1種保有耐力接合[注1]（α 値の確認）

梁継手と同様の手法による許容応力度設計で得られたディテールについて，曲げモーメントとせん断力に対してそれぞれ α_J 値を算定し，第1種保有耐力接合[注1]の規定を満たさない場合には，ディテールを変更してこれを満たすようにした．

なお，下記5例は母材の断面欠損のため，第1種保有耐力接合[注1]の規定を充足していない．

柱　H-100×100×6×8　(SN 400)　$\alpha_J=1.17$
柱　H-200×100×5.5×8　(SN 400)　$\alpha_J=1.19$
柱　H-100×100×6×8　(SN 490)　$\alpha_J=1.04$
柱　H-148×100×6×9　(SN 490)　$\alpha_J=1.06$

柱　H-200×100×5.5×8　(SN 490)　$a_J=1.06$

2.5.3 弱軸まわりの設計用許容曲げモーメント

柱継手の弱軸まわりの設計用許容曲げモーメントは，柱母材および添板の有効断面に対するそれぞれの許容曲げモーメントと高力ボルトによる許容曲げモーメントのうち最小の許容曲げモーメントで与えられる．しかし，添板の有効断面に対する断面2次モーメントは，母材の有効断面に対する断面2次モーメントを下回ることはない．なぜならば，フランジおよびウェブ添板の有効断面積は，母材の有効断面積を確保しており，またフランジ内添板およびウェブ添板は，母材のフランジおよびウェブよりもそれぞれ中立軸に対して外側寄りに配置されているからである．したがって，母材の有効断面に対する弱軸まわりの許容曲げモーメントと高力ボルトによる弱軸まわりの許容曲げモーメントの値を検討しておけばよい．

柱母材の有効断面積に対する弱軸まわりの断面2次モーメントは，次式で与えられる．

$$I_{ye}=\begin{cases} I_{y0}-2t_F\cdot d\left(\dfrac{g_1^2}{2}+\dfrac{2d^2}{12}\right)-\dfrac{m_W\cdot d\cdot t_W^3}{12} & (B<300) \\ I_{y0}-2t_Fd\left(\dfrac{\Gamma g_1^2+(g_1+2\,g_2)^2}{2}+\dfrac{2(1+\Gamma)d^2}{12}\right)-\dfrac{m_W\cdot d\cdot t_W^3}{12} & (B\geqq 300) \end{cases} \tag{2.5.25}$$

$$Z_{ye}=\frac{2I_{ye}}{B} \tag{2.5.26}$$

ここに，I_{ye}：母材の弱軸まわりの断面2次モーメント

$$\Gamma=\begin{cases} 1.0 & (B>300) \\ 0.375 & (B=300) \end{cases}$$

なお，図-2.5.2のようにフランジボルトが千鳥配置となる $B=300$ の断面では，引張応力側，圧縮応力側ともに，ウェブ心寄りのボルト穴の欠損断面積を $0.375\,a_0$（a_0：ボルト穴による正味欠損断面積）として上式を誘導している．

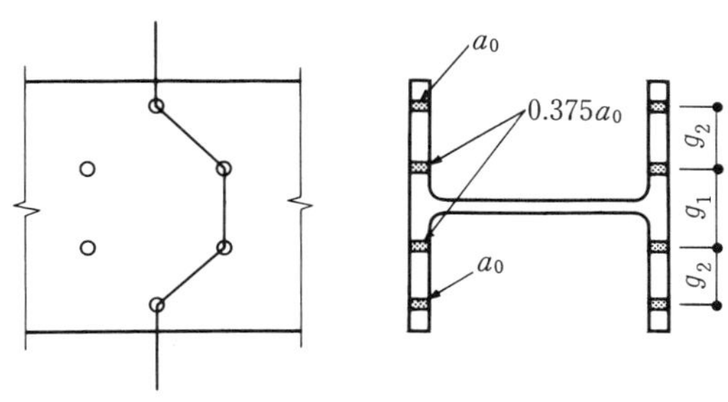

図-2.5.2　フランジボルトが千鳥配置の場合

フランジの高力ボルトによって伝達可能な弱軸まわりの曲げモーメントは，ボルト群の図心に関する極2次モーメントで与えられるが，曲げモーメント勾配を考えると必ずしも安全な評価とならない．ここでは，高力ボルトによる曲げ抵抗を図-2.5.3のように考え，極2次モーメントよりも安全側の評価を行う代わりに曲げモーメント勾配の影響は考えない．したがって，高力ボルトによる弱軸まわりの許容曲げモーメントは，

$$M_{yB}=\begin{cases} n_F\cdot g_1\cdot R & (B<300) \\ n_1\cdot g_1\cdot R+n_2(g_1+2\,g_2)R & (B\geqq 300) \end{cases} \tag{2.5.27}$$

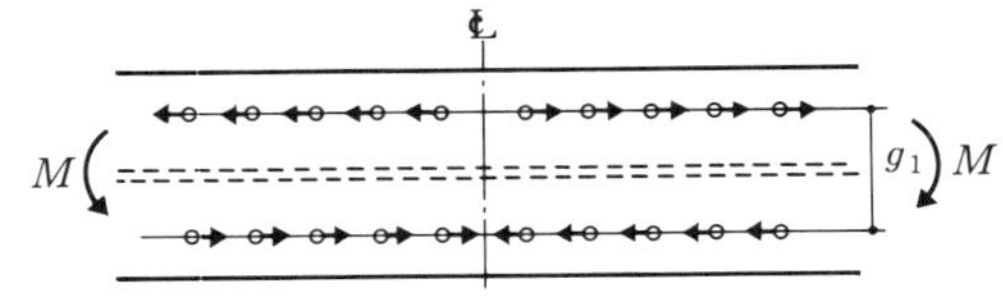

図-2.5.3　高力ボルトによる曲げ抵抗

$$\text{ここに，}\ n_1=\begin{cases}\left[\dfrac{n_F}{2}\right] & (B=300)\\ n_F & (B>300)\end{cases}\ \text{ならびに}\ \ n_2=\begin{cases}n_F-n_1 & (B=300)\\ n_F & (B>300)\end{cases} \tag{2.5.28}$$

で評価する．

以上のことから，弱軸まわりの設計用許容曲げモーメントは，次式で算定する．

$$M_y=\text{Min.}(Z_{ye}f_t,\ M_{yB}) \tag{2.5.29}$$

また，設計用断面係数は，次式で与えられる．

$$Z_y=\text{Min.}\left(Z_{ye},\ \frac{M_{yB}}{f_t}\right) \tag{2.5.30}$$

2.6 梁端溶接部

梁端溶接部（仕口部）では，ウェブの溶接部はせん断応力に対して設計した後，この溶接部が母材ウェブの保有する曲げモーメントの η 倍（0.5 倍）の曲げモーメントが負担できることを確認した．以上により定まったディテールについて α_J 値を算定し，この α_J 値と第 1 種保有耐力接合[注1]の α 値の比較検定を行って α 値を確保するように必要に応じてサイズを 1 mm きざみで増大して決定した．なお，梁ウェブの板厚が大きい場合（${}_Bt_W>16$）には，隅肉溶接のサイズが大きくなることや，ウェブの負担する曲げ応力が大きくなるので，梁ウェブの溶接を K 形開先の完全溶込み溶接とすることとした．その上で，梁端部の許容応力（M, Q）は，溶接部によるものと，スカラップの断面欠損を考慮した母材有効断面によるものの小さい方を表示した．

2.6.1 許容応力度設計

加工およびそれに伴う形状の原則は 2.6.3 に後述するとおりである．このような梁端部の伝達できる応力は，スカラップにより断面欠損した母材断面部か溶接部のうち，いずれか小さい方の断面性能から定まる．

以下，溶接部の等価断面性能を導く．ここで，梁ウェブの溶接は，梁ウェブ厚（${}_Bt_W$）が 16 mm 以下の場合隅肉溶接，16 mm を超える場合 K 形開先の完全溶込み溶接としている．

溶接断面の等価断面積　${}_wA$

$$\left.\begin{aligned}&{}_wA=2\cdot{}_wA_F+{}_wA_{W'}\\&{}_wA_F=B\cdot{}_Bt_F\\&{}_wA_{W'}=\begin{cases}2\cdot a\cdot l_e/\sqrt{3} & ({}_Bt_W\leqq 16\ \text{mm})\\ {}_Bt_W\cdot l_e & ({}_Bt_W>16\ \text{mm})\end{cases}\end{aligned}\right\} \tag{2.6.1}$$

${}_wA_{W'}$：溶接断面のウェブ部分の等価断面積（図-2.6.1 参照）

$_Bt_F$：梁フランジ厚

a：梁端ウェブの隅肉溶接ののど厚

$$a=\frac{S}{\sqrt{2}}$$

S：梁ウェブの隅肉溶接サイズ

$$S=\frac{_Bt_W}{\sqrt{2}}\ \text{かつ}\ 5\,\text{mm}\leqq S \qquad (2.6.2)$$

l_e：スカラップの大きさを r としたときのウェブの隅肉溶接の有効長さおよび梁母材ウェブの有効高さ

ここで，ディテールがノンスカラップの場合も，安全を考慮し，スカラップのある場合と同じ値を r に用いる．

$$l_e=H-2\cdot({_Bt_F}+r)$$

H：梁せい

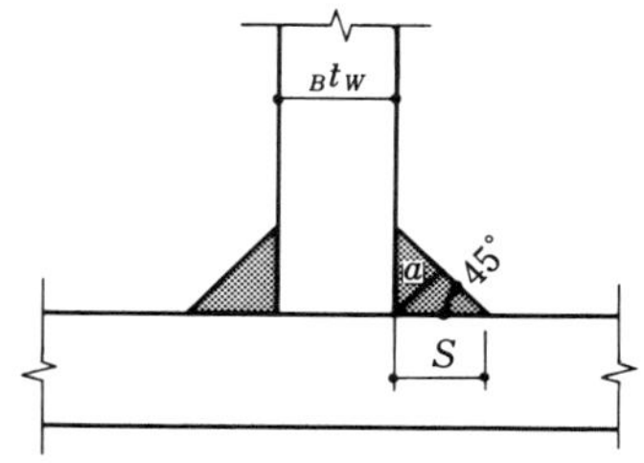

$_wA_W=2\cdot a\cdot l_e$

(a) $_Bt_W\leqq 16$ の場合

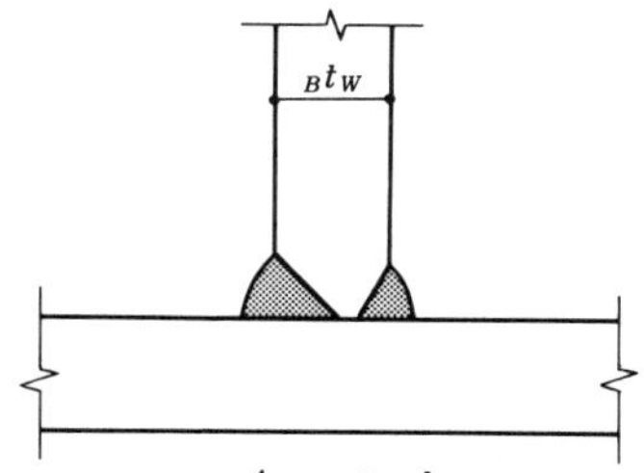

$_wA_W={_Bt_W}\cdot l_e$

(b) $_Bt_W>16$ の場合

図-2.6.1　ウェブの溶接部断面

溶接断面の等価断面２次モーメント $_wI$

$$\left.\begin{aligned}
&{_wI}={_wI_F}+{_wI_W}\\
&{_wI_F}=2\cdot{_wA_F}\cdot e^2+2\cdot\frac{B\cdot{_Bt_F^3}}{12}\\
&e=(H-{_Bt_F})/2\\
&{_wI_W}=\begin{cases}\dfrac{\sqrt{2}}{\sqrt{3}}\cdot S\cdot l_e^3/12 & ({_Bt_W}\leqq 16\text{mm})\\ {_Bt_W}\cdot l_e^3/12 & ({_Bt_W}>16\ \text{mm})\end{cases}
\end{aligned}\right\} \qquad (2.6.3)$$

B：梁フランジ幅

溶接断面の等価断面係数 $_wZ$

$$_wZ=2\cdot{_wI}/H \qquad (2.6.4)$$

せん断力検定用断面積 $_wA_W$

$$_wA_W=\begin{cases}2\cdot a\cdot l_e & ({_Bt_W}\leqq 16\text{mm})\\ {_Bt_W}\cdot l_e & ({_Bt_W}>16\ \text{mm})\end{cases} \qquad (2.6.5)$$

なお，スカラップによる断面欠損を考慮した母材の断面性能は下式のようになる．

スカラップによる断面欠損を考慮した母材の断面２次モーメント $_sI$

$$\left.\begin{aligned}
&{_sI}={_sI_F}+{_sI_W}\\
&{_sI_F}=2\cdot A_F\cdot e^2+2\cdot B\cdot{_Bt_F^3}/12\\
&e=(H-{_Bt_F})/2\\
&{_sI_W}={_Bt_W}\cdot\{H-2({_Bt_F}+r)\}^3/12
\end{aligned}\right\} \qquad (2.6.6)$$

スカラップによる断面欠損を考慮した母材の断面係数 $_sZ$

$$_sZ=2\cdot{_sI}/H \qquad (2.6.7)$$

せん断力検定用断面積 $_sA_W$

$$_sA_W={_Bt_W}\cdot\{H-2\cdot({_Bt_F}+r)\} \qquad (2.6.8)$$

さらに，継手と同様にウェブにモーメントの一部を負担させることから，下式により溶接部の断面を検定することとする．

$$ {}_{w}I_{W} \geqq \eta \cdot {}_{s}I_{W} \qquad (2.6.9) $$

ここで，$\eta=0.5$

${}_{s}I_{W}$：スカラップによる断面欠損を考慮したウェブ母材の断面２次モーメント

H：梁せい

したがって，梁端部の許容応力（M_J，Q_J）は，上述の諸断面性能を用いて，次式となる．

$$ \left. \begin{aligned} M_J &= \mathrm{Min.}({}_{s}Z,\ {}_{w}Z)\cdot f_t \\ Q_J &= \mathrm{Min.}({}_{s}A_W,\ {}_{w}A_W)\cdot f_s \end{aligned} \right\} \qquad (2.6.10) $$

なお，本書の３章の表には，スカラップによる断面欠損を考慮した母材有効断面か溶接部のうちいずれか小さい方の断面性能を掲載した．

本標準では，前述の式(2.6.9)に示すように，ウェブがモーメントを負担することを想定しており，柱フランジ側の反力がある程度存在する場合を考えていることになる．したがって，反力が十分にある場合や，反力が見込めない場合には，本標準によらず設計時にそれらを配慮した設計が必要である．

2.6.2 第１種保有耐力接合[注1]（α 値の確認）

（１） 曲げモーメントに対する検定

曲げモーメントに対する α_J 値の算定は下式によって行った．

$$ \alpha_J \geqq \alpha \qquad (2.6.11) $$

$$ \alpha_J = \frac{M_u}{Z_{p0}\cdot\sigma_y} $$

$$ M_u = \mathrm{Min.}\{M_1,\ M_2\} $$

ここに，

$$ M_1 = \begin{cases} \left\{B\cdot{}_{B}t_F\cdot(H-{}_{B}t_F)+\dfrac{1}{4}\cdot\dfrac{2\cdot a\cdot l_e^2}{\sqrt{3}}\right\}\cdot\sigma_u & ({}_{B}t_W\leqq 16) \\ \left[B\cdot{}_{B}t_F\cdot(H-{}_{B}t_F)+\dfrac{1}{4}\cdot{}_{B}t_W\cdot\{H-2({}_{B}t_F+r)\}^2\right]\cdot\sigma_u & ({}_{B}t_W>16\ \text{完全溶込み溶接}) \end{cases} $$

：ウェブ溶接部で決まる耐力

$$ M_2 = \left[B\cdot{}_{B}t_F\cdot(H-{}_{B}t_F)+\frac{1}{4}\cdot{}_{B}t_W\cdot\{H-2({}_{B}t_F+r)\}^2\right]\cdot\sigma_u $$

：スカラップによる断面欠損部で決まる耐力

なお，柱にボックス柱を準用する場合の検定の際は，日本建築学会「鋼構造接合部設計指針」の４章を参照されたい．

（２） せん断力に対する検討

せん断力に対しては，梁継手と同様，下式の α 値を満たす最小せん断スパン長 L_q を表示した．

$$ L_q \geqq \frac{2\cdot\alpha\cdot M_{p0}}{Q_u} \qquad (2.6.12) $$

$$ Q_u = \mathrm{Min.}\{Q_1,\ Q_2\} $$

ここに，$M_{p0}=Z_{p0}\cdot\sigma_y$

$$Q_1=\begin{cases}2\cdot a\cdot l_e\cdot\dfrac{\sigma_u}{\sqrt{3}} & ({}_Bt_W\leqq 16)\\ {}_Bt_W\dfrac{\sigma_u}{\sqrt{3}} & ({}_Bt_W>16)\end{cases}$$ ：ウェブ溶接部で決まる耐力

$$Q_2={}_Bt_W\cdot\{H-2({}_Bt_F+r)\}\cdot\frac{\sigma_u}{\sqrt{3}}$$ ：スカラップによる断面欠損部で決まる耐力

2.6.3 梁端溶接部の溶接標準と開先形状

今回，提示されたディテールの溶接工作は，すべて工場で行われるものであるから，柱梁接合部（梁端溶接部）は，表-2.6.1 に示す開先を標準とした．フランジは開先加工した完全溶込み溶接，ウェブは板厚 16 mm 以下では 2.6.4「スカラップ」にある加工ディテールを利用

表-2.6.1　開先標準（JSS I 03-1992 による）

	図	適用板厚（mm）	溶接姿勢	寸法（mm）		許容差（mm）	JASS 6 鉄骨精度検査基準(抜粋)	
							管理許容差(mm)	限界許容差(mm)
レ形開先で裏当て金使用の場合	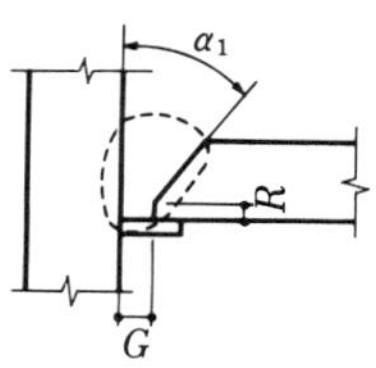	≧6 （その他） ≧9 （サブマージ）	F H V O	G	7	−2, +制限なし	$\Delta G\geqq -2$ （その他） $-2\leqq\Delta G\leqq +2$ （サブマージ）	$\Delta G\geqq -3$ （その他） $-3\leqq\Delta G\leqq +3$ （サブマージ）
				R	2	−2，+1 （その他） −2，+2 （サブマージ）	$\Delta R\leqq 1$ （その他） $\Delta R\leqq 2$ （サブマージ）	$\Delta R\leqq 2$ （その他） $\Delta R\leqq 3$ （サブマージ）
				α_1	35°	−5°， +制限なし	$\Delta\alpha_1\geqq -2.5°$	$\Delta\alpha_1\geqq -5°$
レ形開先で裏はつりして，裏溶接をする場合	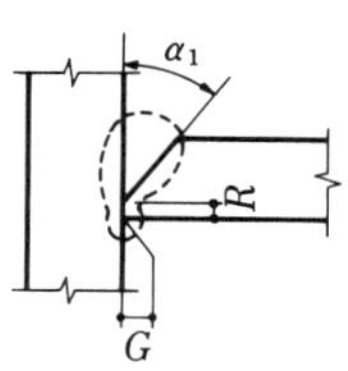	≧6 （その他） ≧9 （サブマージ）	F H V O	G	0	−0, +3	$0\leqq\Delta G\leqq 2.5$ （手） $0\leqq\Delta G\leqq 1$ （サブマージ） $0\leqq\Delta G\leqq 2$ （その他）	$0\leqq\Delta G\leqq 4$ （手） $0\leqq\Delta G\leqq 2$ （サブマージ） $0\leqq\Delta G\leqq 3$ （その他）
				R	2	−2, +2	$\Delta R\leqq 2$	$\Delta R\leqq 3$
				α_1	45°	−5°， +制限なし	$\Delta\alpha_1\geqq -2.5°$	$\Delta\alpha_1\geqq -5°$
K 形開先の場合（本標準では，フランジでは板厚20 mm以上，ウェブでは板厚16 mm を超えるものに適用）	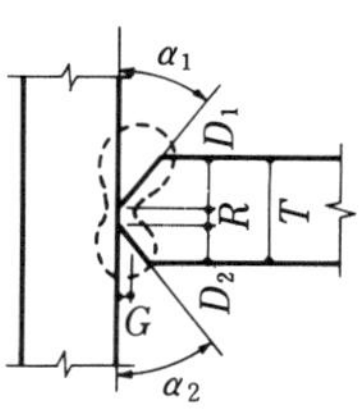	フランジ ≧20 ウェブ >16	F H V O	G	0	−0, +3		
				D_1	$\frac{2}{3}(T-R)$			
				R	2	−2, +2		
				D_2	$\frac{1}{3}(T-R)$			
				α_1	45°	−5°， +制限なし		
				α_2	60°	−5°， +制限なし		

した隅肉溶接とし，板厚が16 mmを超える場合には，K形開先の完全溶込み溶接とすることとした．レ形開先のフランジの突合せ溶接は，鋼裏当てでも，裏はつりでも，どちらでもよいこととし，板厚が厚い場合は，K形開先でもよいこととした．ただし，本書では，原則として，レ形開先の鋼裏当ての場合を図示した．なお，ここでは溶接部の許容応力度が母材と同等となしうるものを前提としている．なお，溶接長さは，鋼裏当て金使用の場合を表示したほか，板厚20 mm未満では，レ形裏はつり，板厚が20 mm以上の場合はK形開先の場合の6 mm換算長さも表示した．ウェブ部分については，板厚16 mm以下では隅肉，板厚16 mmを超える場合はK形開先の場合の6 mm換算長さを加算した．

また，板厚16 mm以下のウェブの隅肉溶接のサイズは下式のとおりとした．板厚16 mmを超える場合は，K形開先の完全溶込み溶接を行う．

$$S=t_W/\sqrt{2} \quad (t_W：ウェブ板厚，mm)$$

かつ，5 mm以上　　　(2.6.13)

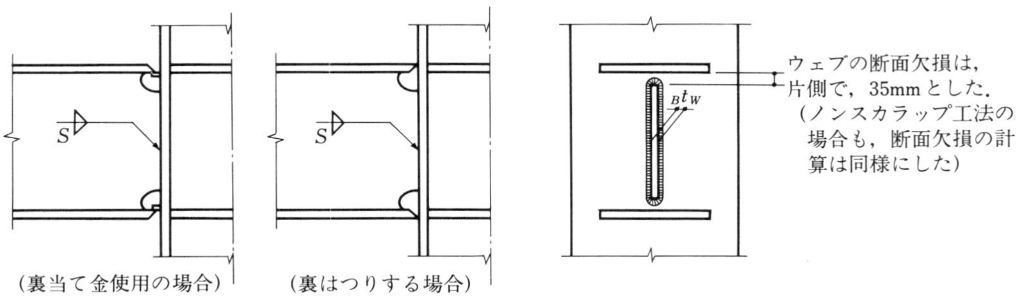

図-2.6.2　梁端加工図

2.6.4 スカラップ

（1） 開先加工について

H形断面梁の梁端部の開先加工方法については，従来形のウェブにスカラップを採る形式の場合，梁のフランジ側に切り込みのノッチが入りやすいなどの欠点があるので，今回は，梁端部の開先加工は，以下のようにした．

- 共通的な前提条件
  - a．原則として，従来形のウェブのスカラップは，中止する．
  - b．原則として，ルートギャップは，「7 mm」とする．
  - c．原則として，開先角度は，「35°」とする．
  - d．パターン1，3，4，6を採用する場合，
    - ウェブのスカラップ加工の円弧の曲線は，$r≒10$と$r≒35$の複合円とし，フランジに滑らかに接するように，グラインダ仕上げもしくは機械加工する（本書では，ウェブの断面欠損の計算上は，$r=35$を採用しており，変更する場合は，検算が必要である）．
    - 裏当て金を使用する場合，上記のスカラップがフランジに接する接点は，裏当て金から5 mm程度，離す．
    - 裏当て金を使用する場合，通し形の裏当て金とし，板厚9 mm以上とする．
  - e．パターン2，5を採用する場合，

- フィレット部は本溶接時に，十分注意して，溶接で充填する．
- 裏当て金は，フィレットのコーナー部の形状に合わせた裏当て金とし，板厚 9 mm 以上とする．

f．パターン 4，5，6 を採用する場合，

- ダイヤフラムの出寸法 e は，$e=\mathrm{Max.}\{30,\ t_D\}$ によるものとする．

g．梁通しタイプの場合，ダイヤフラムの厚さは，梁フランジ厚さの 1～2 サイズアップとする．

h．ダイヤフラムの鋼種は，B 材もしくは C 材とする．ただし，$t_D \geqq 28$ の場合は，C 材とすることが好ましい．また，ダイヤフラムの強度レベルについては，柱もしくは梁の高い方に合わせるものとする．

- T 継手の場合

1） パターン［1］……図-2.6.3

2） パターン［2］……図-2.6.4

3） パターン［3］……図-2.6.5

- 梁通しの場合

1） パターン［4］……図-2.6.6

2） パターン［5］……図-2.6.7

3） パターン［6］……図-2.6.8

〔パターン 1〕 T 継手で，スカラップを採る場合

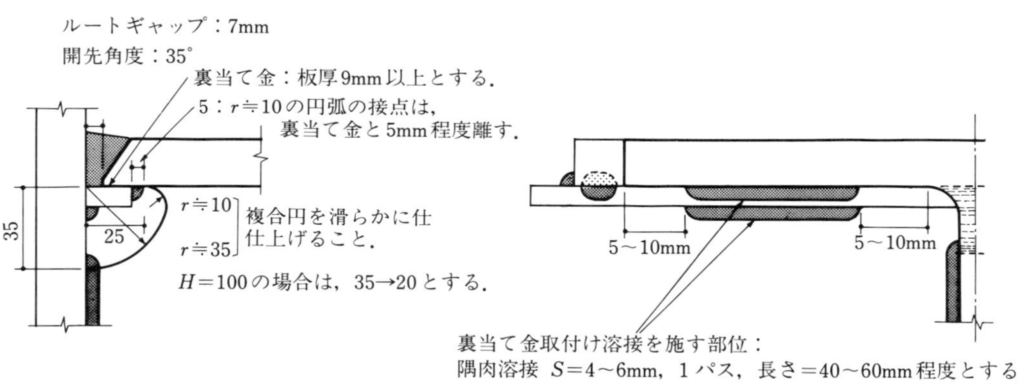

図-2.6.3

〔パターン 2〕 T 継手で，ノンスカラップの場合

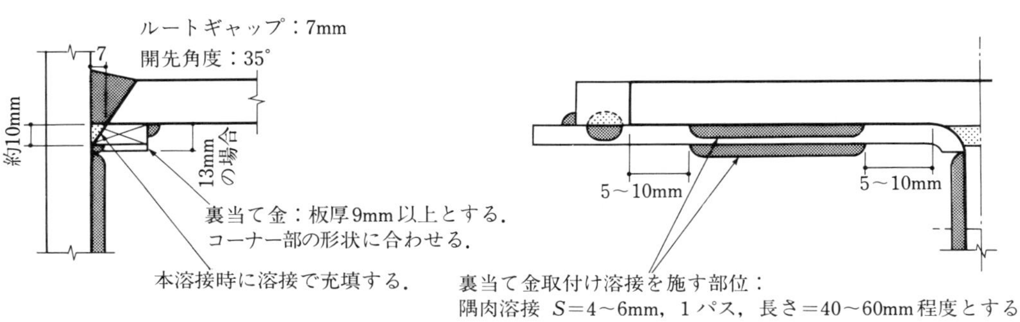

図-2.6.4

〔パターン3〕 T継手で，裏はつりの場合

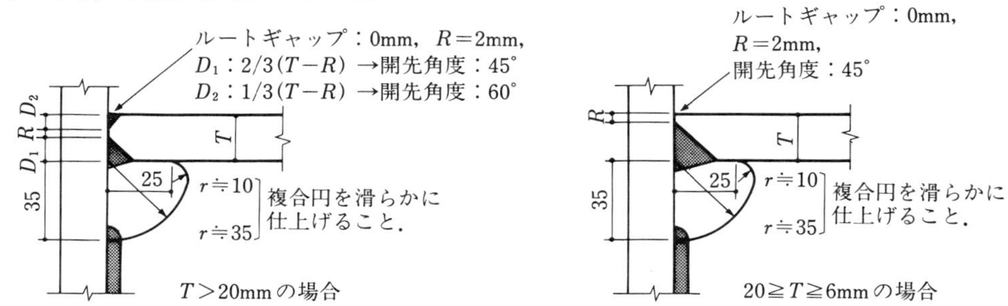

図-2.6.5

〔パターン4〕 パターン1で，梁通しの場合

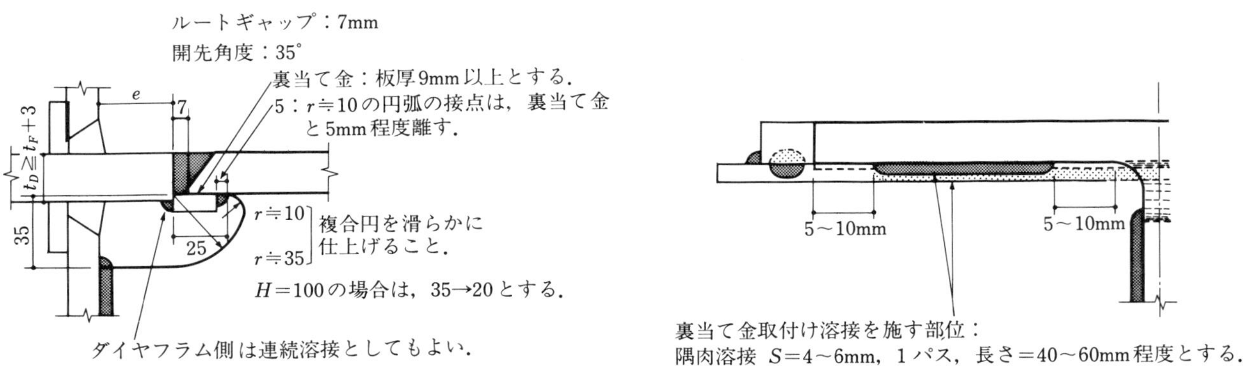

図-2.6.6

〔パターン5〕 パターン2で，梁通しの場合

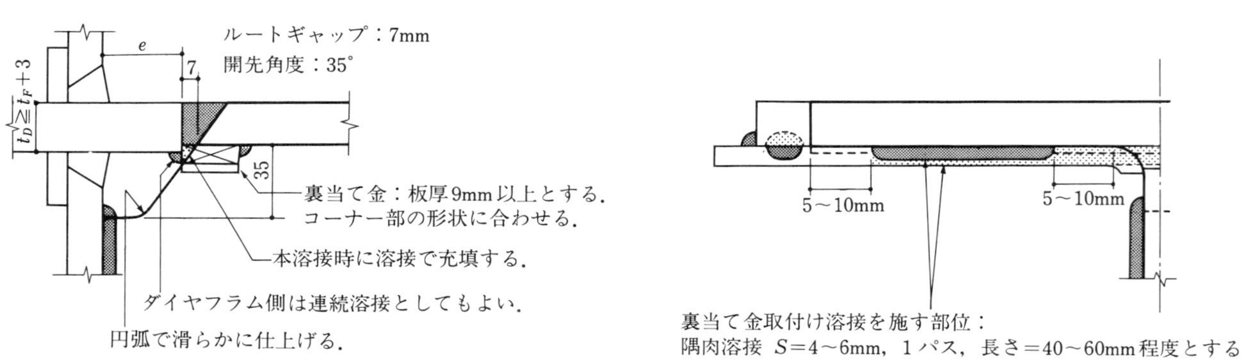

図-2.6.7

〔パターン6〕 パターン3で，梁通しの場合

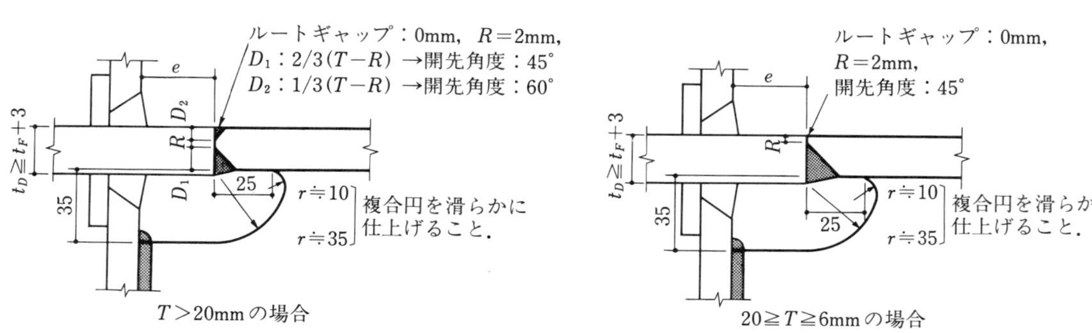

図-2.6.8

（2） 裏当て金の注意事項

裏当て金の取付けは，図-2.6.9に示すように行うほか，下記によることとした．

a．スカラップを採って溶接する場合は，裏当て金は，通し形の裏当て金とする．

b．パターン2で溶接する場合，裏当て金は，フィレットの形状に合わせた裏当て金とする．

c．裏当て金の組立溶接は最小限とし，特に，ウェブのフィレット部とは溶接しない．

d．エンドタブの組立溶接は，裏当て金に溶接し，母材に溶接してはならない．

e．隅肉溶接は，サイズは，4～6 mmで1パスとし，長さは40～60 mmとする．

f．フランジ幅が小さい場合は，端部の不溶接部分の長さで調整する．

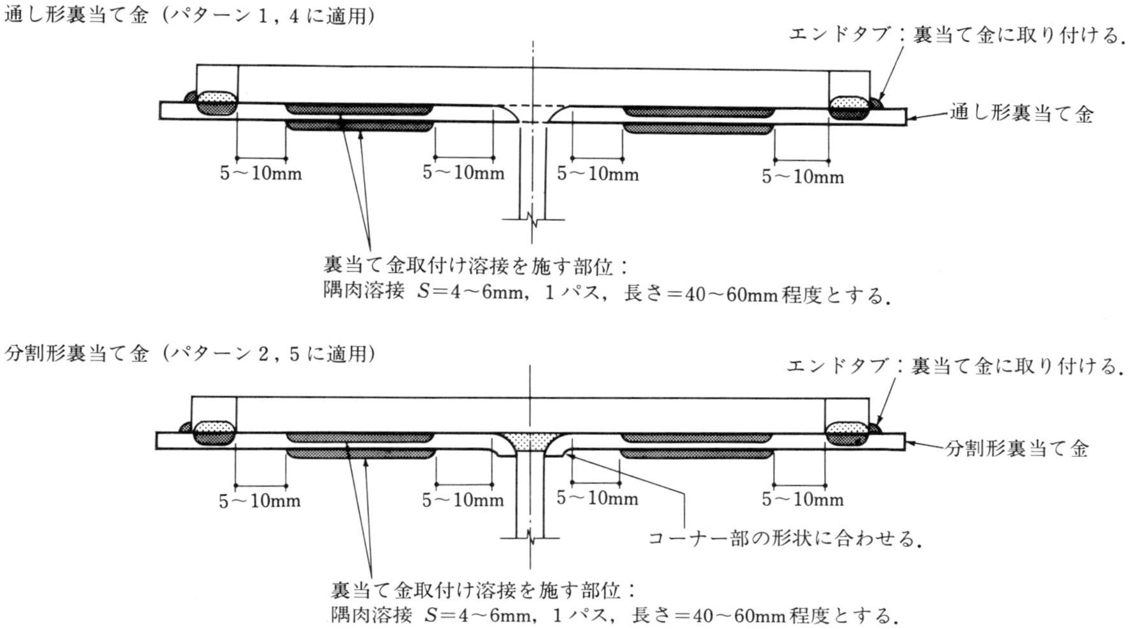

図-2.6.9 エンドタブ，裏当て金の取付け詳細

（3） ウェブの隅肉溶接について

隅肉溶接は，そのビードの始端，終端を不完全溶接部分と見なして有効長さに入れない．そのため，ウェブの隅肉溶接については，回し溶接をすることによって有効長さを確保することとなっている．回し溶接とは，隅肉溶接の有効長さを確保するために溶接ビードを連続的に回して溶接することを言い，この場合，回し溶接部分は有効長さに入れない．したがって図-2.6.10のAとBは回し溶接であるが，Cは回し溶接ではないので施工時には注意を要する．

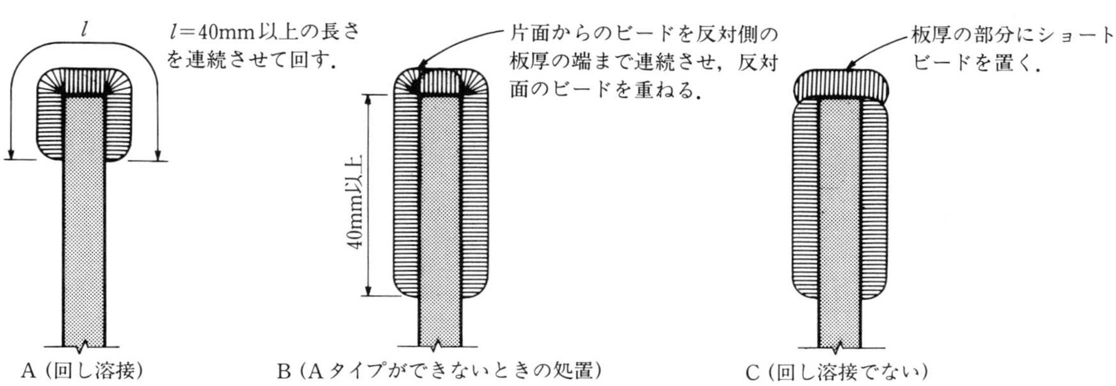

図-2.6.10 回し溶接

2.7 パネルゾーン

柱梁パネルゾーンは，柱と梁の応力の相互伝達を行う部分で，せん断力を分担するパネル板とこれを囲む柱フランジおよび梁フランジレベルに配置される水平スチフナで構成される．

本書で標準接合部を示した柱材，梁材は種類が多いため，考えられるすべての組合せについてのパネルゾーンの標準ディテールを示すことは不可能であるが，一般的な柱・梁の組合せの場合のパネルゾーンの標準ディテールを3.4に示した．

このとき用いた考え方と製作上の注意事項を以下に示す．

2.7.1 水平スチフナ

（1） 設計

柱梁パネルゾーンの梁フランジレベルには必ず水平スチフナを設けることにした．

この場合，水平スチフナの板厚は強軸方向に取り付く梁フランジと等厚以上として決定している．そのため，梁フランジと常に等厚となるとは限らないので，加工に際しては，図-2.7.1のように梁上フランジと水平スチフナは上端を，梁下フランジと水平スチフナは下端を合わせるようにした．改訂前においては，力の流れがスムーズなことや，鉄骨加工により生じるフランジと水平スチフナの面違いの誤差吸収などを考慮して梁フランジ中心線と水平スチフナ中心線を合わせることにしていたが，各階における鉄骨フランジ上端のレベルがそろわないことにより，設計施工上煩雑となって間違いが生じやすくなるため各階で鉄骨梁上端のレベルをそろえることを優先した．

また水平スチフナの柱への溶接は図-2.7.2に示すように，柱フランジ内側はスチフナにレ形開先をとり裏当て金使用の完全溶込み溶接，柱ウェブとは隅肉溶接とする．

なお，柱フィレット部分では水平スチフナにスカラップをとらず，図-2.7.3のように隅切りを行い，完全溶込み溶接を延長し，すきまのないように充填する．

このため，水平スチフナと柱フランジの溶接の確実性とラミネーションによる先端割れ，および荷重が作用した場合の応力集中等を考慮して，水平スチナフは柱フランジ面より10 mm後退させている（図-2.7.2）．

水平スチフナの計算上の有効幅 b_e は図-2.7.4のように定めた．

$$b_e = {}_BB + 2{}_Ct_F - 2r - {}_Ct_W \qquad (2.7.1)$$

ただし，下式の b を超えないこととする．

$$b = {}_CB - 2(10 + r) - {}_Ct_W \quad (\mathrm{mm}) \qquad (2.7.2)$$

ここに，${}_BB$：梁フランジ幅

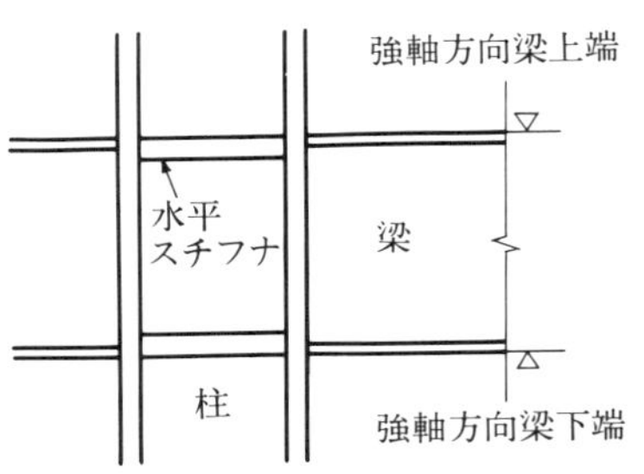

図-2.7.1 水平スチフナのレベル

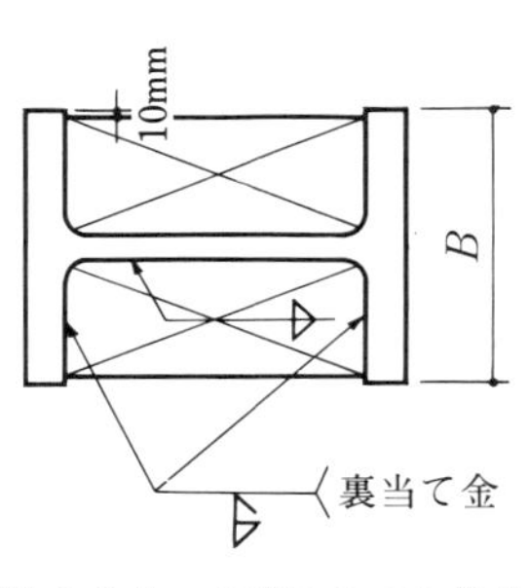

図-2.7.2 水平スチフナ位置と溶接方法

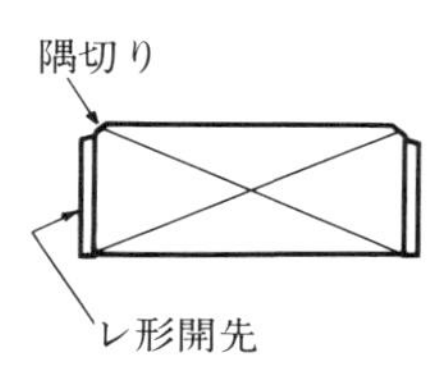

図-2.7.3 水平スチフナの形状

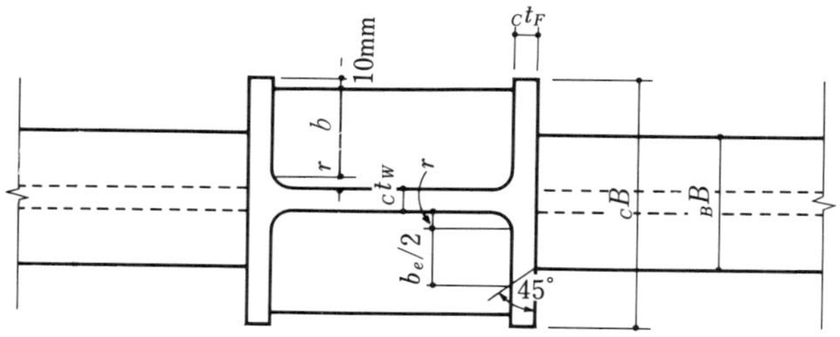

図-2.7.4　水平スチフナの有効幅

$_{C}B$：柱フランジ幅

$_{C}t_{W}$：柱ウェブ板厚

$_{C}t_{F}$：柱フランジ板厚

r：フィレット部半径（スカラップをとる場合はその半径）

梁の圧縮側フランジの応力が柱のウェブに伝達するとき，柱のウェブが圧壊しないで負担できる圧縮力は，「鋼構造設計規準」9.3（1）項の式(9.1)から，下式のように与えられる（図-2.7.5）．

$$\left.\begin{aligned} P &= {}_{C}t_{W}({}_{B}t_{F}+2\,t_0)f_c' \\ f_c' &= \frac{F}{1.3}\ \text{（長期）} \end{aligned}\right\} \tag{2.7.3}$$

ここに，$_{B}t_{F}$：梁フランジ板厚

$t_0 = r + {}_{C}t_{F}$

したがって，梁フランジ全強圧縮力 $N={}_{B}B\cdot{}_{B}t_{F}\cdot f_c$ が上記の P を超えるときは，超えた分の圧縮力を負担できる水平スチフナの所要厚さ t_s が，前記の有効幅 b_e を考慮して算定される．

また，梁柱交差部パネルが負担するせん断力を十分に伝達できる水平スチフナが必要であるという考えからは，次式が導かれる．

$$2\,t_s \geqq t_{p\cdot\mathrm{req}} \tag{2.7.4}$$

ここに，$t_{p\cdot\mathrm{req}}$：所要パネル厚（式（2.7.9））

式（2.7.1）～（2.7.4）の考え方によって，水平スチフナの板厚 t_s を求めてみると，梁フランジの厚さ $_{B}t_{F}$ に近いことがわかった．そこで，水平スチフナの板厚を梁フランジの厚さ以上の常用板厚（9，12，16，19，22，25 mm）と仮定して検算すると，**3.4** に示した柱・梁の組合せの範囲では，所要板厚が満足させられることとなるので，それを設計板厚とすることにした．

梁の引張側フランジの応力によって，柱フランジが図-2.7.6 のように引張られ，ウェブ付近に応力が集中して溶接部が破壊しやすいことは，実験的にも理論的にもしばしば指摘されていることである．設計規準としては，AISC 規準（1970）は柱フランジの厚さ $_{C}t_{F}$ が下式を満足しないときは，圧縮側スチフナと同様のスチフナを設けることを要求している．

$${}_{C}t_{F} \geqq 0.4\sqrt{C_1\cdot{}_{B}A_{F}} \tag{2.7.5}$$

ここに，C_1：梁フランジ降伏応力度の柱フランジ降伏応力度に対する比，同材料ならば，

$C_1 = 1$

$_{B}A_{F}$：梁フランジ断面積

これによると，前述の水平スチフナは引張側も満足される．

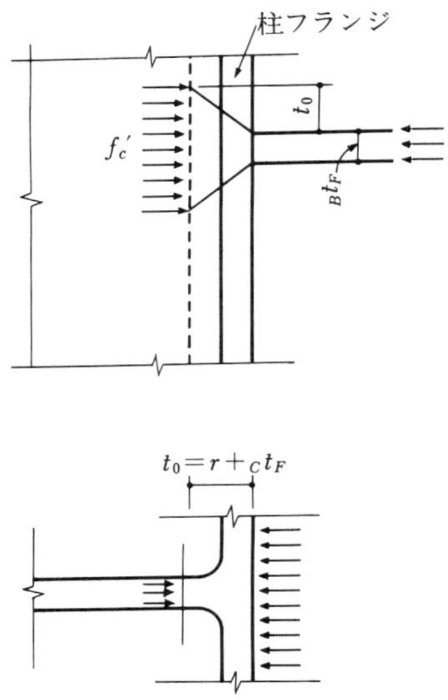

図-2.7.5　水平スチフナがない場合の梁フランジ応力の柱への伝達

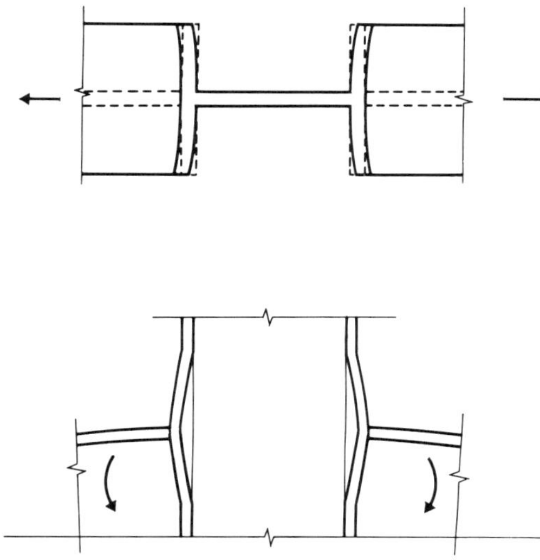

図-2.7.6　パネルまわりの局部変形

なお，柱の弱軸側にもＨ形鋼梁が取り付き，その梁フランジの位置と前述の水平スチフナが一致するときには，水平スチフナの板厚は弱軸側の梁のフランジ板厚より小さくならないようにする．

（２）　製作

水平スチフナは，一般にＨ形鋼フランジ側は完全溶込みグルーブ溶接，ウェブ側には隅肉溶接が採用されている．

水平スチフナのスカラップについては，Ｈ形鋼のウェブ，フランジ交点付近が狭隘で作業性が極めて悪いことから，ウェブ取合面の隅肉溶接においてスカラップ部の端末処理（回し溶接）が困難であり，耐力上完全溶込み溶接が必要な場合は図-2.7.7に示したように，スカラップなしを標準とした．図-2.7.7(a)は理想的な形状であり，通常は同図(b)のような加工形状が使われている．このタイプでは溶接施工上，注意すべき点は溶接順序である．すなわち，フランジ側の完全溶込みグルーブ溶接を先行して開先部を充填し，その後ウェブ側の隅肉溶接を行う．

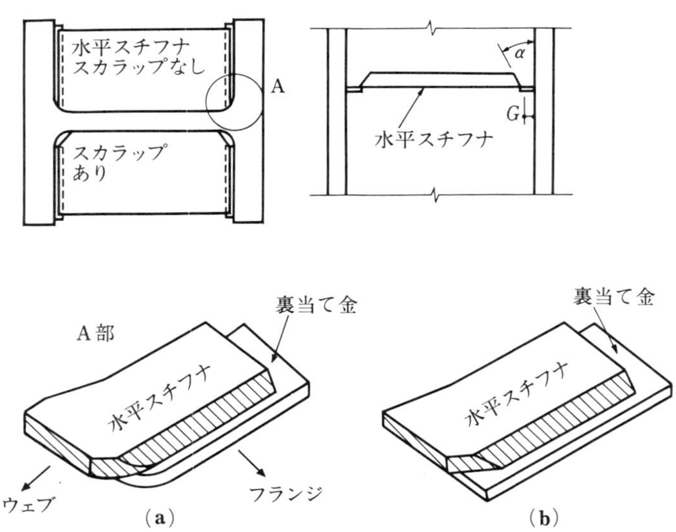

図-2.7.7　水平スチフナの溶接

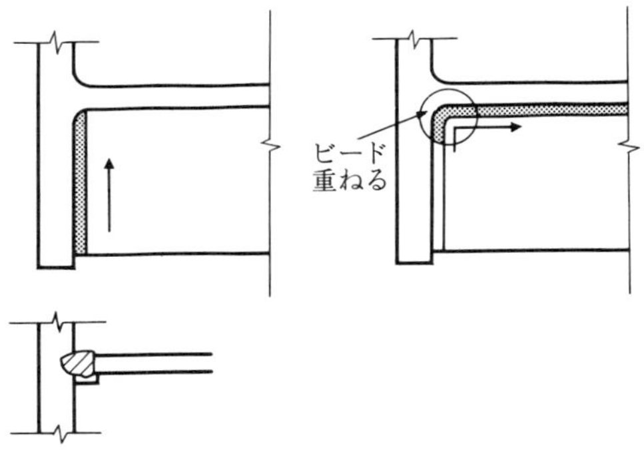

図-2.7.8　水平スチフナ隅角部の溶接方法

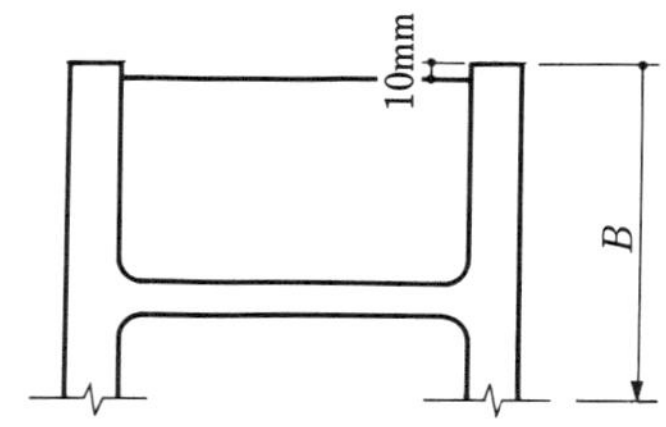

図-2.7.9　水平スチフナの柱フランジからの後退寸法

ウェブ側隅肉溶接の始点はフランジ側突合せ部の終点クレーター部を完全に埋めるよう，図-2.7.8 に示すようにビードをオーバーラップさせるようにするとよい．

柱フランジと水平スチフナとの取合部の完全溶込みグルーブ溶接におけるエンドタブは取り付けず，回し溶接を標準とする．図-2.7.9 に示すように，柱フランジより水平スチフナの端部が 10 mm 短くしてあるが，これはフランジ幅 B の精度によりエンドタブ取付位置での寸法が不正確となり，一定の寸法のエンドタブを取り付けにくいこと，弱軸方向の梁の建方に際してフランジ幅より外側への突起物が障害となる危険性もあるので，ここでは回し溶接を採用するのがよい．

上記完全溶込みグルーブ溶接の品質保持のためには，H 形鋼の寸法公差のうち，特にウェブ高さ，およびフランジ傾斜に起因する水平スチフナの幅寸法の修正をていねいに施工することが重要である．すなわち，H 形鋼のフランジの間に挿入される水平スチフナの幅が相対的に大となったとき，スチフナの挿入が不可能となるか，または開先部の精度（ルートギャップ G）の保持ができなくなり，そのまま取り付けるか，またはベベル加工部を手動切断等で修正して取り付けることもある．

2.7.2 パネル板

（1） 設計

柱梁接合部には水平荷重時に図-2.7.10 のように大きなせん断力を生じ，このせん断力はいわゆる柱梁パネルゾーンのパネル板部を介して伝達される．

パネルの応力・変形関係は骨組全体の挙動に影響するところが大きいので，パネル部分そのもの，あるいは骨組との関係について多くの研究がなされてきた．

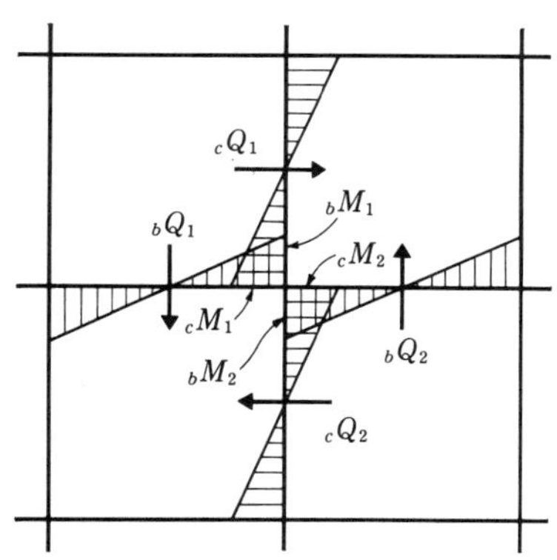

図-2.7.10　骨組の水平荷重応力

周辺からせん断力を受けるパネルの応力は中心部が大きく，降伏は中心部から始まって荷重の増加に伴い周辺に拡大するが，パネルの初期降伏が骨組全体の挙動に及ぼす影響は小さいので，パネル全体が降伏するときの耐力をとって設計してよいというのが大方の結論である．このように考えて導かれた設計式の数例を以下に示す．

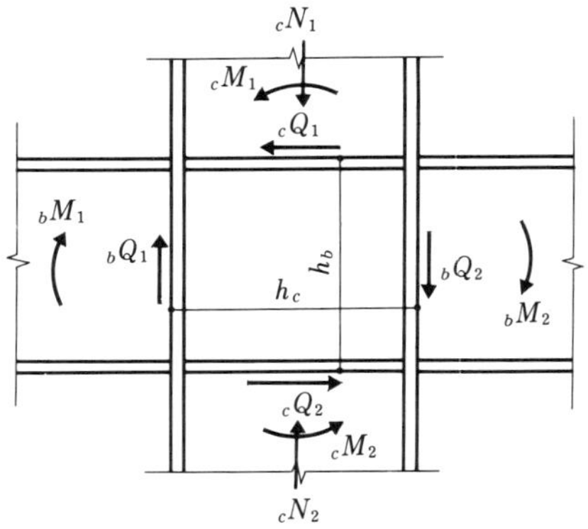

図-2.7.11　パネルゾーンまわりの応力

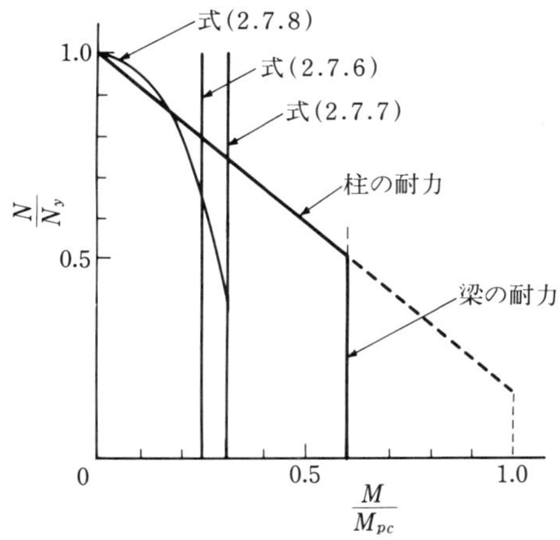

図-2.7.12　パネルゾーン相関降伏条件

$$t_{p\cdot\mathrm{req}}=\frac{\sqrt{3}}{F}\cdot\frac{{}_bM_1+{}_bM_2}{h_c\cdot h_b} \tag{2.7.6}$$

$$t_{p\cdot\mathrm{req}}=\frac{\sqrt{3}}{F\cdot h_c}\cdot\left(\frac{{}_bM_1+{}_bM_2}{h_b}-{}_cQ_1\right) \tag{2.7.7}$$

$$t_{p\cdot\mathrm{req}}=\frac{\sqrt{3}}{F\cdot h_c}\cdot\frac{({}_bM_1+{}_bM_2)/h_b-{}_cQ_1}{\sqrt{1-({}_cN_1/N_{y0})^2}} \tag{2.7.8}$$

$$t_{p\cdot\mathrm{req}}=\frac{3}{4}\cdot\frac{\sqrt{3}}{F}\cdot\frac{{}_bM_1+{}_bM_2}{h_c\cdot h_b} \tag{2.7.9}$$

ここに，$t_{p\cdot\mathrm{req}}$：必要パネル厚

N_{y0}：柱の降伏軸力

他の記号については図-2.7.11参照，モーメントは，梁柱パネルゾーン部周縁の位置の値

式（2.7.6）は，曲げのみを考慮した場合，または柱のせん断力を無視した場合に該当し，式（2.7.7）は柱のせん断力を考慮した場合で，4式中，最も小さな板厚を与え，式（2.7.8）は柱の軸力の影響も考慮されている．h_b, h_c については，応力中心間距離またはフランジ板厚中心間距離をとる場合もある．式（2.7.9）は，「鋼構造設計規準」の解説に推奨されている式で，式（2.7.6）の系統の式であることがわかる．係数はパネル部の降伏が架構の変形に及ぼす影響を実験から考慮して定められている．

3.4に示す標準設計では，式（2.7.9）によってパネルの所要板厚を計算したが，分子のモーメントについては，3.4の梁・柱の組合せのうち，梁と柱の許容曲げモーメントの小さい方をとった．

図-2.7.12は，式（2.7.6）～(2.7.8）を比較した例であるが式（2.7.8）が実験と比較して十分正確であるとされてはいるが，同図からも，曲げの影響の大きいわが国の通常ラーメンでは，式（2.7.6）でも十分安全であり，式（2.7.9）も妥当なことが推察される．

式（2.7.9）によって求めた所要パネル厚が柱材ウェブ板厚を超えるときは柱断面を変更するか，不足分を補強板（ダブラープレート）として追加する必要がある．補強板を追加することは鉄骨加工上かなり高度で，手間がかかる技術を必要とすることをよく認識した上で，決定すべきである．

3.4に補強板を使用する場合の標準設計を示す．ここでは，不足分が柱材板厚以下のときはウェブの片面に補強し，超えるときは不足分を等分して両面に補強することとした．

（2） 製作

補強板（ダブラープレート）と柱および水平スチフナとの溶接は，図-2.7.13，図-2.7.14で示される部分に対して，図-2.7.15に示すような開先をとり，柱フィレット部分および弱軸側梁ウェブとの間を溶着金属で充填する溶接とする．また，水平スチフナとの溶接も同様とする．

仕口部には溶接入熱によるひずみを発生しやすいので，溶接設計にあたってはできるだけ溶着量を減少させるように配慮し，溶接施工にあたっても過大入熱とならぬように溶接条件を選定する必要がある．

図-2.7.14(a)の○部に示したダブラープレートと，柱フランジおよび弱軸側梁ウェブとの交差部は隅肉溶接を用いた場合，補強された板厚 t_D に満たない部分ができる（水平スチナフとの溶接部も同様）ため，この凹部を充填溶接する．この場合，r 部にかかる部分については溶着金属量を減少させるために補強板にベベル加工することが望ましい（図-2.7.15）．

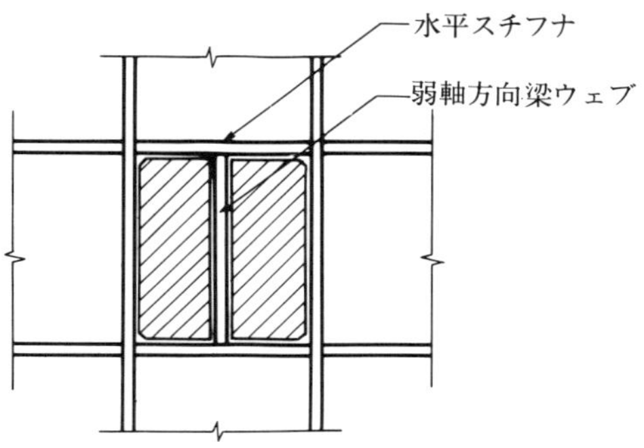

図-2.7.13 ダブラープレート補強

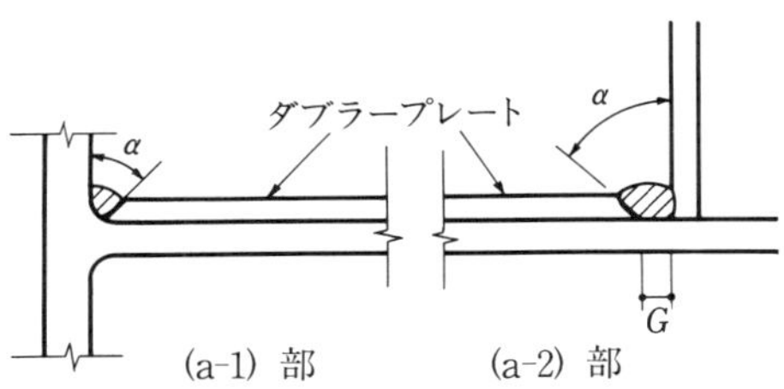

図-2.7.15 ダブラープレートの溶接形状

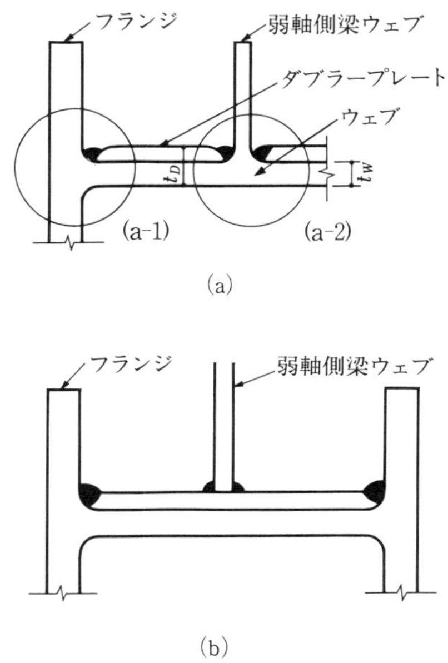

図-2.7.14 ダブラープレートの溶接形状

2.8 大梁・小梁接合部

通常存在応力またはたわみで決定される小梁断面について，小梁を大梁に接合するディテールの標準化を行った．

（1） 設計の考え方

図-2.8.1に示すような小梁端接合部のボルト群の中心と大梁のウェブ心の偏心を考慮した設計方法を採用した．すなわち，小梁端接合部に対して，せん断力と偏心モーメントを伝達するように設計するものとした．しかし，現場打ちコンクリートスラブのようにコンクリートスラブが大梁および小梁と一体化されていると見なせる場合は，図-2.8.2に示すように偏心モーメントをコンクリートスラブに負担させるものとし，小梁端接合部の算定に対しては偏心モーメントを無視するものとした．

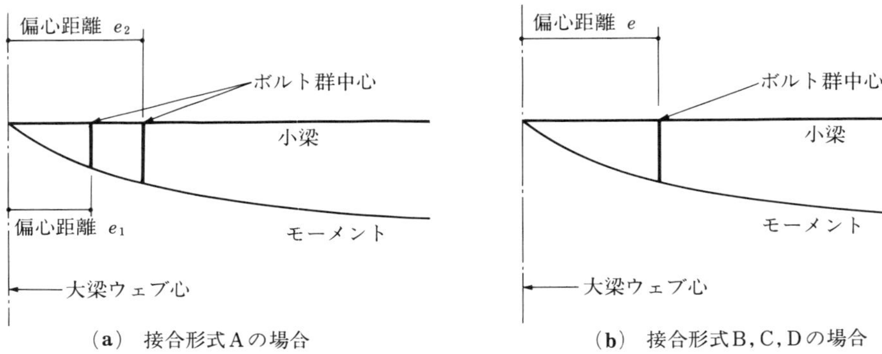

図-2.8.1 偏心距離

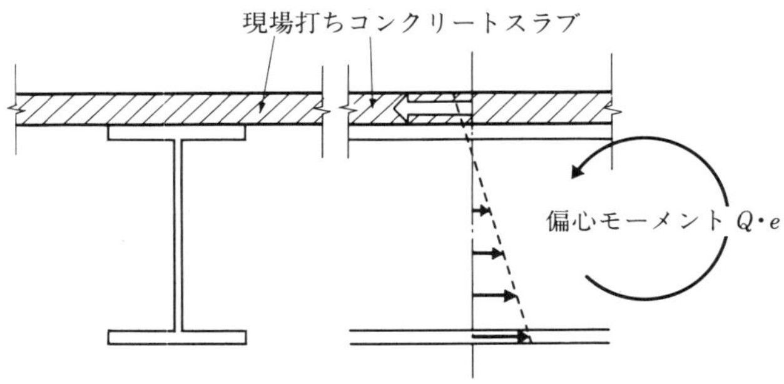

図-2.8.2 現場打ちコンクリートスラブの偏心モーメント負担

（2） 接合ディテール

図-2.8.3に示すディテールの原則に基づく，4種類の接合形式とした．

（3） 設計式

（a） 梁と一体化したコンクリートスラブがある場合（接合形式Aを除く）

（a-1） ウェブボルト本数の算定

$$n_W \cdot m_W \geqq \frac{Q}{R_s} \tag{2.8.1}$$

ここに，Q：設計用せん断力

R_s：高力ボルトの許容せん断力（長期）

n_W：ウェブボルトの部材長手方向本数

m_W：ウェブボルトの部材せい方向本数

（a-2） ガセットプレート板厚，添板厚の算定

$$A_{eG} \geqq \frac{Q}{f_s} \tag{2.8.2}$$

ここに，$A_{eG}=t_G \cdot \{P_C \cdot (m_W-1)+80-m_W \cdot d\}$：ガセットプレートの有効断面積

t_G：ガセットプレート厚

P_C：ウェブボルトの小梁せい方向ピッチ

d：ボルト穴径

f_s：ガセットプレートの許容せん断応力度

接合形式 A

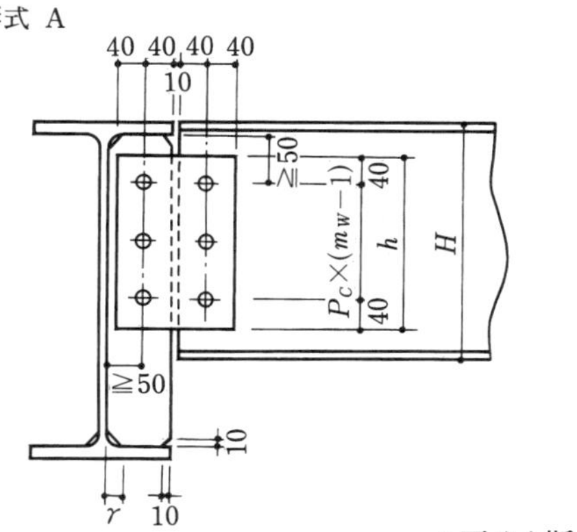

2面せん断

接合形式 B

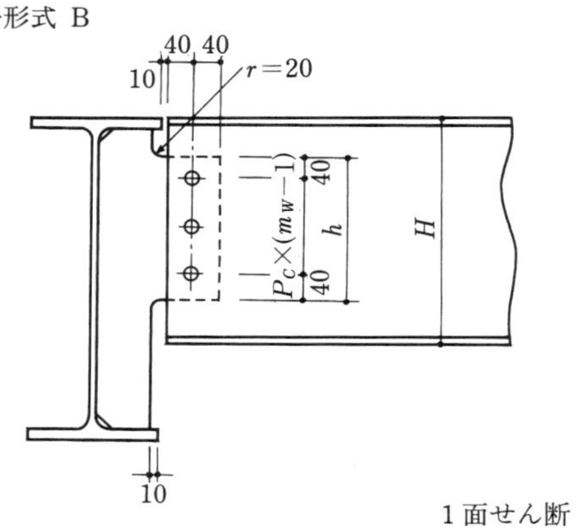

1面せん断

小梁せい	—	小梁せい	≦500
ウェブボルト列数	1列，2列（大梁幅による）	ウェブボルト列数	≦2列
大梁フランジ幅	200≦	大梁フランジ幅	—
ガセット厚	≧小梁ウェブ厚，≧6mm	ガセット厚	小梁ウェブ厚の1サイズUP

接合形式 C

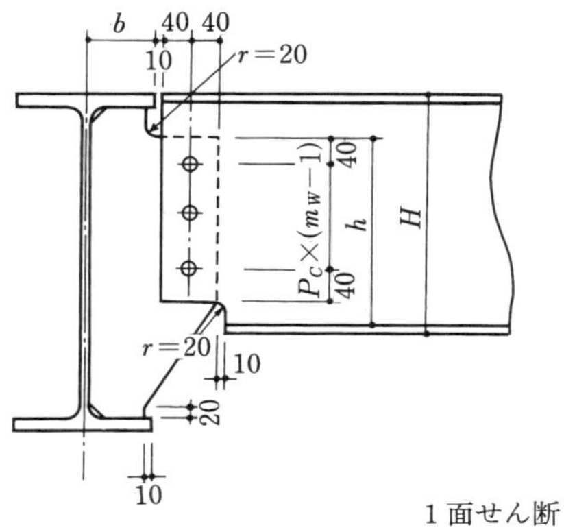

1面せん断

接合形式 D

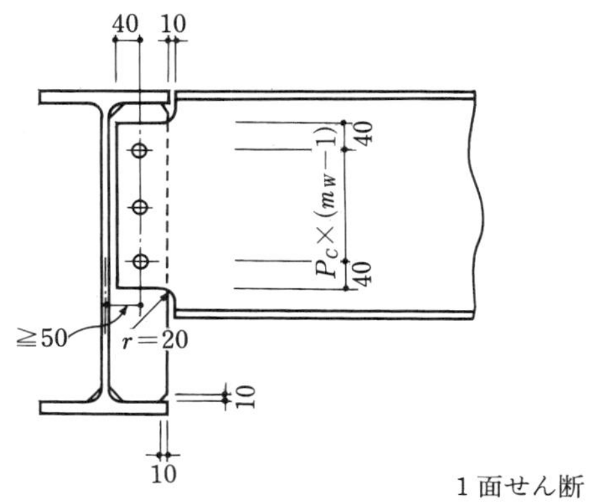

1面せん断

小梁せい	≦500	小梁せい	≦500
ウェブボルト列数	≦2列	ウェブボルト列数	1列，2列（大梁幅による）
大梁フランジ幅	—	大梁フランジ幅	200≦
ガセット厚	小梁ウェブ厚の1サイズUP	ガセット厚	≧小梁ウェブ厚，≧6mm

共通事項：大梁せい≧小梁せい
ウェブ第一ボルトと大梁フランジ内側との距離≧50mm
ウェブ第一ボルトと小梁フランジ内側との距離≧40mm＋小梁フィレット半径
大梁側ウェブボルトと大梁ウェブ心の距離≧50mm（接合形式A，D）
大梁フランジと小梁端の間隔＝10mm
ガセット厚，添板厚（接合形式A）≧6mm
ウェブボルトの配置は，最小ボルト本数を2本，せい方向ピッチを60, 90, 120mmの3種類とし，小梁のせい方向の中心振り分けとする．

図-2.8.3　小梁の標準接合部

(a-3)　小梁のウェブの検定

$$A_{eW}\geqq\frac{Q}{f_s} \tag{2.8.3}$$

ここに，
$$A_{eW}=\begin{cases} {}_Bt_W\cdot(H-2\cdot{}_Bt_F-m_W\cdot d)：接合形式\mathrm{A,B} \\ {}_Bt_W\cdot\left\{\dfrac{H}{2}-2\cdot{}_Bt_F-m_W\cdot d+\dfrac{P_C(m_W-1)}{2}+40\right\}：接合形式\mathrm{C} \\ {}_Bt_W\cdot\{P_C\cdot(m_W-1)+80-m_W\cdot d\}：接合形式\mathrm{D}\end{cases}$$

f_s：小梁の許容せん断応力度（長期）

${}_Bt_W$：小梁のウェブ厚

$_Bt_F$：小梁のフランジ厚

H：小梁せい

（b） 接合形式 A および梁と一体化したコンクリートスラブがない場合

せん断力と偏心による曲げモーメントのインターラクションを考慮する．なお，接合形式 A で梁と一体化したコンクリートスラブがある場合，偏心量は，ボルトの部材長手方向列数が 1 列のとき 45 mm，2 列のとき 75 mm とする．

(b-1) ウェブボルト本数の算定

$$\left(\frac{Q}{n_W\cdot m_W}+\frac{Q\cdot e}{S}\cdot\sin\theta\right)^2+\left(\frac{Q\cdot e}{S}\cdot\cos\theta\right)^2\leqq R_s^2 \tag{2.8.4}$$

ここに，Q：設計用せん断力

$$S=\frac{m_W(m_W-1)(m_W+1)n_W+n_W(n_W-1)(n_W+1)m_W\beta^2}{6\sqrt{(m_W-1)^2+\beta^2(n_W-1)^2}}\cdot P_C$$

β：ボルトの部材長手方向ピッチとせい方向ピッチの比

e：偏心量　$e=\begin{cases}B_G/2+50+30(n_W-1)：接合形式 A, B, C\\ 50+30(n_W-1)：接合形式 D\end{cases}$

B_G：大梁のフランジ幅

R_s：高力ボルトの許容せん断力（長期）

(b-2) ガセットプレート板厚，添板厚の算定

$$A_{eG},\ {}_{\mathrm{PL}}A_{eW}\geqq\frac{Q}{f_s}\quad かつ\quad Z_{eG},\ {}_{\mathrm{PL}}Z_{eW}\geqq\frac{Q\cdot e}{f_t} \tag{2.8.5}$$

ここに，$A_{eG}=t_G\cdot\{P_C\cdot(m_W-1)+80-m_W\cdot d\}$：ガセットの有効断面積

${}_{\mathrm{PL}}A_{eW}=2\cdot{}_{\mathrm{PL}}t_3\cdot\{P_C\cdot(m_W-1)+80-m_W\cdot d\}$：添板の有効断面積

Z_{eG}：有効断面 A_{eG} であるガセットプレートの断面係数

${}_{\mathrm{PL}}Z_{eW}$：有効断面積 ${}_{\mathrm{PL}}A_{eW}$ である添板の断面係数

(b-3) 小梁ウェブの検定

$$A_{eW}\geqq\frac{Q}{f_s}\quad かつ\quad Z_{eW}\geqq\frac{Q\cdot e}{f_t} \tag{2.8.6}$$

ここに，$A_{eW}=\begin{cases}{}_Bt_W\cdot(H-2\cdot{}_Bt_F-m_W\cdot d)：接合形式 A, B\\ {}_Bt_W\cdot\left\{\dfrac{H}{2}-2\cdot{}_Bt_F-m_W\cdot d+\dfrac{P_C(m_W-1)}{2}+40\right\}：接合形式 C\\ {}_Bt_W\cdot(P_C\cdot(m_W-1)+80-m_W\cdot d\})：接合形式 D\end{cases}$

Z_{eW}：有効断面積 A_{eW} を与える断面の断面係数

f_t：小梁の許容引張応力度（長期）

第3章
接合部詳細諸元

本章の接合部諸元表には，設計に必要な継手性能が示されている．諸元表の表示内容および表の使い方についてはそれぞれの表の前に説明されている．

さらに，梁継手と柱継手に関しては，すべての標準接合部詳細図が別添図面として，本書に付属している．

また，梁継手と柱継手に関しては，2.4.3 で述べたように，フランジとウェブの板系列ごとに継手の諸量を統一化しているので，板系列から継手の諸量が簡便に知ることができるように，梁継手・柱継手の継手形状一覧も合せて表示している．

3.1 梁 継 手

3.1.1 諸 元 表

(1) 表示内容

梁継手の諸元表には次のような諸元が示されている.

継手呼称：継手呼称は，梁継手固有の呼称であり，呼称の付け方は 1.4 に説明されている.

断面寸法：母材断面の寸法

径 D：フランジおよびウェブに使用する高力ボルトの呼び径

フランジについて

$n_F \times m_F$：フランジのボルト配列で n_F は材軸方向のボルト列数を，m_F はフランジ幅方向のボルト数（千鳥配置の場合には，$m_F=2$ で表示）を表す.

g_1，g_2：フランジボルトのゲージ寸法

外添板：板厚と長さを表示，板幅は，フランジの呼称幅

内添板：板厚と板幅を表示，長さは，外添板の長さと同じ

ウェブについて

$m_W \times n_W$：ウェブのボルト配列で m_W は梁せい方向のボルト数を，n_W は材軸方向の列数を表す.

p_C：梁せい方向のボルトピッチ．数値の頭に＊が付いている場合には，ウェブの材軸方向のボルト並びをフランジのボルト並びに対して半ピッチ（30 mm）外側にずらすことを表す.

添板寸法：ウェブの添板寸法．幅は梁せい方向の寸法，長さは材軸方向の寸法を表す.

設計用継手性能について

M_y，${}_dZ$：設計用短期許容曲げモーメント（有効 3 桁）および設計用断面係数（有効 3 桁）.

Q_y，${}_dA_W$：設計用短期許容せん断力（有効 3 桁）および設計用せん断断面積（有効 4 桁）．なお，${}_dA_W$ は有効 4 桁の下 1 桁が小数第 3 位のとき，その値が 0 の場合 0 の表示を略す.

M_u：継手の最大曲げ強さ（有効 3 桁）.

α_J：M_u を梁母材の全塑性モーメントで除した値（小数 1 桁目に切り捨て，2.2 参照）．＊は，α 値（日本建築センター「建築物の構造規定 1994」の技術慣行による値）を満たさなかったことを表す（小数 2 桁目に丸める）.

L_q：せん断に対する α 値（日本建築センター「建築物の構造規定 1994」の技術慣行による値）を満たす最小スパン長（小数 2 桁目に切り上げ）.

L_1：均等に横補剛する場合の横補剛を必要としない最大梁長さ（小数 2 桁目に切り捨て）.

L_2：主として梁端部に近い部分に横補剛を行う場合の最大横補剛間隔（小数 2 桁目に切り捨て）.

諸元表は，一般 H 形鋼と定形 H 形鋼のグループごとにまとめられている．それぞれのグループは，使用する高力ボルトの呼び径ごとにまとめられ，太罫で仕切られている．さらに梁せい，梁幅の昇位順に並べられ，定形 H 形鋼のグループは，各梁せいごとに細罫で仕切られている.

表示されている数値の有効桁数（2.2「数値の取扱い」参照）は上述のとおりであるが，数値を見やすくするために小数点位置および小数点以下の桁数を揃えて表示してある.

（2） 表の使い方

（a） 存在応力の検定

標準化された継手は，継手部の梁母材有効断面に対して全強設計されており，添板や高力ボルトに対して改めて検定を行う必要はない．しかし，継手部の梁母材有効断面の欠損率は，断面によって異なるが，10％～40％になるので，継手位置の応力が母材全断面に対する許容応力の6割を超える場合には，継手部の存在応力と諸元表の数値とを用い，次の検定を行って安全を確認する必要がある．

① 曲げモーメントについて

$$M_J \leqq \frac{M_y}{1.5} \ （長期）, \qquad M_J \leqq M_y \ （短期） \tag{3.1.1}$$

ここに，N_J, M_J は，梁継手部に存在する軸力および曲げモーメントである．

② せん断力について

$$Q_J \leqq \frac{Q_y}{1.5} \ （長期）, \qquad Q_J \leqq Q_y \ （短期） \tag{3.1.2}$$

ここに，Q_J は，梁継手部に存在するせん断力である．

（b） 第1種保有耐力接合[注1]の確認

第1種保有耐力接合[注1]とするために，せん断スパン長に対して次の式によって確認を行う必要がある．

$$L \geqq L_q \ （L_q：継手部の \alpha 値を満たす最小梁長さ） \tag{3.1.3}$$

ここに，L は梁長さ

（c） 横補剛の検定（第1種保有耐力横補剛[注1]）

梁継手に直接かかわる事項ではないが，梁部材長が，$L > L_1$ の場合には，次のいずれかに従って梁に横補剛を行う必要がある．

• 均等に横補剛を行う場合：必要な補剛数は次式で求める．

$$n \geqq \frac{L - L_1}{20\, i_y} \tag{3.1.4}$$

ここで，i_y：弱軸まわりの断面2次半径

• 主として梁端部に近い部分に横補剛を行う場合：降伏モーメントを超える曲げモーメントが作用する領域（図-3.1.1）において，L_2 の間隔で横補剛を行う．なお，弾性領域においては，「鋼構造設計規準」（5章式（5.7））に基づいて行う．

なお，$L \leqq L_1$ の場合には，保有耐力横補剛を行う必要はない．

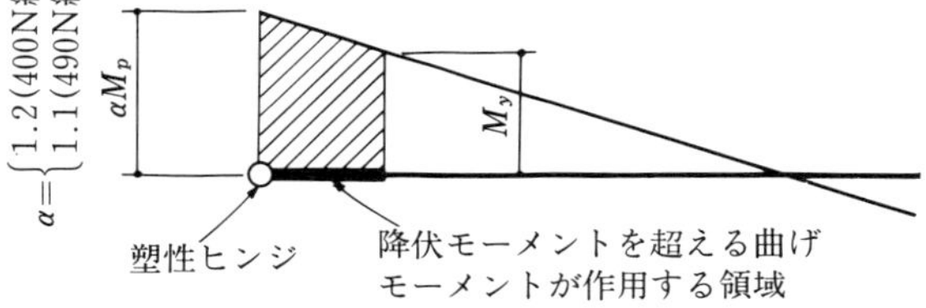

図-3.1.1　梁端の塑性化域

表GG　梁継手諸元表（1/18）

●梁継手（一般H形鋼）

400N級鋼

●鉄骨構造標準接合部委員会SCSS－H97
建設省住宅局建築指導課監修

継手呼称	断面寸法	径 D	フランジ ボルト $n_F \times m_F$	フランジ ゲージ g_1 mm	フランジ ゲージ g_2 mm	フランジ 外添板 厚×長さ mm mm	フランジ 内添板 厚×幅 mm mm	ウェブ ボルト $m_W \times n_W$	ウェブ ボルト P_C mm	ウェブ 添板寸法 厚×幅×長さ mm mm mm	曲げモーメント M_y kNm	曲げモーメント $_dZ$ cm³	せん断力 Q_y kN	せん断力 $_dA_W$ cm²	保有耐力接合 M_u kNm	保有耐力接合 a_J	保有耐力接合 L_q m	横補剛 L_1 m	横補剛 L_2 m	継手呼称
GGF－4X－J－1010•0609－16	H－100×100×6×8	M16	2×2	56	－	16×290	－	1×2	*－	9×50×350	12.0	51.1	53.7	3.96	23.7	*1.17	0.58	4.23	1.62	GGF－4X－J－1010•0609－16
GGF－4X－J－1510•0609－16	H－148×100×6×9	M16	2×2	56	－	16×290	－	1×2	－	6×80×290	21.8	93.1	91.1	6.72	43.3	1.2	0.61	4.07	1.53	GGF－4X－J－1510•0609－16
GGF－4X－J－2010•0609－16	H－200×100×5.5×8	M16	2×2	56	－	16×290	－	2×1	60	6×140×170	29.5	126.0	110.0	8.14	57.5	*1.19	0.67	3.81	1.00	GGF－4X－J－2010•0609－16
GGF－4X－J－2015•0609－16	H－194×150×6×9	M16	2×2	90	－	9×290	9×60	2×1	*60	6×140×230	49.6	211.0	113.0	8.40	93.7	1.3	0.95	6.20	1.74	GGF－4X－J－2015•0609－16
GGF－4X－J－2512•0609－16	H－250×125×6×9	M16	3×2	75	－	12×410	－	2×2	90	6×170×290	56.0	238.0	159.0	11.76	108.0	1.2	0.81	4.80	1.13	GGF－4X－J－2512•0609－16
GGF－4X－J－2517•0612－16	H－244×175×7×11	M16	3×2	105	－	9×410	9×70	2×2	90	6×170×290	94.5	402.0	176.0	13.02	178.0	1.3	1.12	7.16	1.98	GGF－4X－J－2517•0612－16
GGF－4X－J－3015•0609－16	H－300×150×6.5×9	M16	2×2	90	－	9×290	9×60	3×1	60	6×200×170	90.1	383.0	201.0	14.82	173.0	1.3	0.97	5.60	1.13	GGF－4X－J－3015•0609－16
GGF－4X－J－3517•0612－16	H－350×175×7×11	M16	3×2	105	－	9×410	9×70	4×1	60	6×260×170	150.0	641.0	243.0	17.92	292.0	1.4	1.28	6.73	1.38	GGF－4X－J－3517•0612－16
GGF－4X－J－2015•0609－20	H－194×150×6×9	M20	2×2	90	－	9×290	9×60	2×1	*60	6×140×230	46.5	198.0	107.0	7.92	87.9	1.2	1.01	6.20	1.74	GGF－4X－J－2015•0609－20
GGF－4X－J－2517•0612－20	H－244×175×7×11	M20	2×2	105	－	9×290	9×70	2×1	60	9×140×170	90.4	385.0	169.0	12.46	170.0	1.3	1.17	7.16	1.98	GGF－4X－J－2517•0612－20
GGF－4X－J－3015•0609－20	H－300×150×6.5×9	M20	2×2	90	－	9×290	9×60	2×1	120	6×200×170	85.0	362.0	209.0	15.47	163.0	1.2	0.93	5.60	1.13	GGF－4X－J－3015•0609－20
GGF－4X－J－3020•0912－20	H－294×200×8×12	M20	3×2	120	－	9×410	9×80	3×1	60	9×200×170	144.0	613.0	221.0	16.32	277.0	1.4	1.37	8.08	2.05	GGF－4X－J－3020•0912－20
GGF－4X－J－3517•0612－20	H－350×175×7×11	M20	2×2	105	－	9×290	9×70	3×1	90	6×260×170	140.0	598.0	248.0	18.34	258.0	1.2	1.25	6.73	1.38	GGF－4X－J－3517•0612－20
GGF－4X－J－3525•0916－20	H－340×250×9×14	M20	4×2	150	－	12×530	12×100	3×2	60	9×200×290	248.0	1060.0	300.0	22.14	472.0	1.4	1.66	10.30	2.58	GGF－4X－J－3525•0916－20
GGF－4X－J－4020•0912－20	H－400×200×8×13	M20	3×2	120	－	9×410	9×80	4×1	60	9×260×170	225.0	959.0	310.0	22.88	409.0	1.3	1.52	7.76	1.63	GGF－4X－J－4020•0912－20
GGF－4X－J－4030•0916－20	H－390×300×10×16	M20	4×2	150	40	12×440	12×110	4×1	60	9×260×170	374.0	1590.0	366.0	27.00	711.0	1.4	2.10	12.50	3.08	GGF－4X－J－4030•0916－20
GGF－4X－J－4520•0916－20	H－450×200×9×14	M20	3×2	120	－	12×410	12×80	5×1	60	9×320×170	282.0	1200.0	380.0	28.08	553.0	1.4	1.56	7.53	1.56	GGF－4X－J－4520•0916－20
GGF－4X－J－4530•1219－20	H－440×300×11×18	M20	4×2	150	40	12×440	12×110	5×1	60	9×320×170	480.0	2050.0	438.0	32.34	871.0	1.3	2.26	12.34	3.07	GGF－4X－J－4530•1219－20
GGF－4X－J－5020•0916－20	H－500×200×10×16	M20	3×2	120	－	12×410	12×80	5×1	60	9×320×170	362.0	1540.0	485.0	35.80	689.0	1.3	1.58	7.42	1.60	GGF－4X－J－5020•0916－20
GGF－4X－J－5030•1219－20	H－488×300×11×18	M20	4×2	150	40	12×440	12×110	4×2	90	12×350×290	547.0	2330.0	543.0	40.04	1020.0	1.4	2.07	12.14	2.77	GGF－4X－J－5030•1219－20
GGF－4X－J－6020•1216－20	H－600×200×11×17	M20	3×2	120	－	12×410	12×80	4×2	120	9×440×290	478.0	2040.0	713.0	52.58	930.0	1.3	1.47	7.07	1.42	GGF－4X－J－6020•1216－20
GGF－4X－J－6030•1219－20	H－588×300×12×20	M20	5×2	150	40	12×530	16×110	4×2	120	9×440×290	757.0	3230.0	748.0	55.20	1410.0	1.3	2.09	11.80	2.56	GGF－4X－J－6030•1219－20
GGF－4X－J－7030•1425－20	H－700×300×13×24	M20	6×2	150	40	19×620	19×110	9×1	60	9×560×170	1100.0	4690.0	800.0	59.02	2140.0	1.4	2.85	11.62	2.58	GGF－4X－J－7030•1425－20
GGF－4X－J－8030•1425－20	H－800×300×14×26	M20	6×2	150	40	19×620	19×110	7×2	90	12×620×290	1400.0	5980.0	1120.0	83.16	2750.0	1.4	2.58	11.34	2.44	GGF－4X－J－8030•1425－20
GGF－4X－J－9030•1622－20	H－890×299×15×23	M20	6×2	150	40	16×620	19×110	8×2	90	12×710×290	1510.0	6430.0	1350.0	100.20	3010.0	1.4	2.32	10.55	1.94	GGF－4X－J－9030•1622－20
GGF－4X－J－9030•1628－20	H－900×300×16×28	M20	7×2	150	40	19×710	22×110	8×2	90	12×710×290	1770.0	7560.0	1450.0	106.90	3520.0	1.4	2.55	10.93	2.34	GGF－4X－J－9030•1628－20
GGF－4X－J－9030•1934－20	H－912×302×18×34	M20	8×2	150	40	25×800	25×110	11×2	60	16×680×290	2120.0	9030.0	1470.0	108.40	4210.0	1.4	3.02	11.21	2.82	GGF－4X－J－9030•1934－20
GGF－4X－J－9030•1937－20	H－918×303×19×37	M20	9×2	150	40	25×890	28×110	11×2	60	16×680×290	2290.0	9770.0	1550.0	114.40	4560.0	1.4	3.10	11.34	3.06	GGF－4X－J－9030•1937－20
GGF－4X－J－3020•0912－22	H－294×200×8×12	M22	3×2	120	－	9×410	9×80	2×1	120	6×200×170	141.0	600.0	240.0	17.76	271.0	1.3	1.26	8.08	2.05	GGF－4X－J－3020•0912－22
GGF－4X－J－3525•0916－22	H－340×250×9×14	M22	3×2	150	－	12×410	12×100	3×1	60	9×200×170	244.0	1040.0	293.0	21.60	455.0	1.4	1.70	10.30	2.58	GGF－4X－J－3525•0916－22
GGF－4X－J－4020•0912－22	H－400×200×8×13	M22	3×2	120	－	9×410	9×80	3×1	90	9×260×170	220.0	939.0	327.0	24.16	390.0	1.2	1.44	7.76	1.63	GGF－4X－J－4020•0912－22
GGF－4X－J－4030•0916－22	H－390×300×10×16	M22	3×2	150	40	12×350	12×110	3×1	90	9×260×170	367.0	1560.0	388.0	28.60	603.0	1.2	1.99	12.50	3.08	GGF－4X－J－4030•0916－22
GGF－4X－J－4520•0916－22	H－450×200×9×14	M22	3×2	120	－	12×410	12×80	4×1	60	12×260×170	276.0	1180.0	398.0	29.34	543.0	1.4	1.49	7.53	1.56	GGF－4X－J－4520•0916－22
GGF－4X－J－4530•1219－22	H－440×300×11×18	M22	4×2	150	40	12×440	12×110	5×1	60	9×320×170	471.0	2010.0	423.0	31.24	849.0	1.3	2.34	12.34	3.07	GGF－4X－J－4530•1219－22
GGF－4X－J－5020•0916－22	H－500×200×10×16	M22	3×2	120	－	12×410	12×80	4×1	90	9×350×170	355.0	1510.0	504.0	37.20	670.0	1.3	1.52	7.42	1.60	GGF－4X－J－5020•0916－22
GGF－4X－J－5030•1219－22	H－488×300×11×18	M22	4×2	150	40	12×440	12×110	5×1	60	12×320×170	536.0	2280.0	495.0	36.52	938.0	1.2	2.27	12.14	2.77	GGF－4X－J－5030•1219－22
GGF－4X－J－6020•1216－22	H－600×200×11×17	M22	3×2	120	－	12×410	12×80	7×1	60	9×440×170	483.0	2060.0	593.0	43.78	865.0	1.2	1.76	7.07	1.42	GGF－4X－J－6020•1216－22
GGF－4X－J－6030•1219－22	H－588×300×12×20	M22	4×2	150	40	12×440	16×110	7×1	60	9×440×170	743.0	3160.0	618.0	45.60	1330.0	1.3	2.53	11.80	2.56	GGF－4X－J－6030•1219－22
GGF－4X－J－7030•1425－22	H－700×300×13×24	M22	5×2	150	40	19×530	19×110	9×1	60	9×560×170	1080.0	4610.0	769.0	56.68	2100.0	1.4	2.96	11.62	2.58	GGF－4X－J－7030•1425－22
GGF－4X－J－8030•1425－22	H－800×300×14×26	M22	5×2	150	40	19×530	19×110	10×1	60	12×620×170	1380.0	5870.0	964.0	71.12	2610.0	1.3	3.02	11.34	2.44	GGF－4X－J－8030•1425－22
GGF－4X－J－9030•1622－22	H－890×299×15×23	M22	5×2	150	40	16×530	19×110	12×1	60	12×740×170	1480.0	6330.0	1130.0	83.40	2830.0	1.3	2.78	10.55	1.94	GGF－4X－J－9030•1622－22

表GG　梁継手諸元表（2/18）

400N級鋼

●鉄骨構造標準接合部委員会SCSS－H97
建設省住宅局建築指導課監修

●梁継手（一般H形鋼）

継手呼称	断面寸法	径 D	フランジ ボルト	ゲージ		外添板	内添板	ウェブ ボルト		添板寸法	継手性能 曲げモーメント		せん断力		保有耐力接合			横補剛		継手呼称
			$n_F \times m_F$	g_1 mm	g_2 mm	厚×長さ mm mm	厚×幅 mm mm	$m_W \times n_W$	P_C mm	厚×幅×長さ mm mm mm	M_y kNm	$_dZ$ cm³	Q_y kN	$_dA_W$ cm²	M_u kNm	a_J	L_q m	L_1 m	L_2 m	
GGF－4X－J-9030•1628－22	H－900×300×16×28	M22	6×2	150	40	19× 620	22×110	12×1	60	12×740×170	1740.0	7430.0	1200.0	88.96	3280.0	1.3	3.07	10.93	2.34	GGF－4X－J-9030•1628－22
GGF－4X－J-9030•1934－22	H－912×302×18×34	M22	7×2	150	40	25× 710	25×110	10×2	60	16×620×290	2080.0	8870.0	1470.0	108.70	4140.0	1.4	3.01	11.21	2.82	GGF－4X－J-9030•1934－22
GGF－4X－J-9030•1937－22	H－918×303×19×37	M22	7×2	150	40	25× 710	28×110	10×2	60	16×620×290	2250.0	9600.0	1550.0	114.80	4350.0	1.3	3.09	11.34	3.06	GGF－4X－J-9030•1937－22

●梁継手（定形H形鋼）

継手呼称	断面寸法	径 D	フランジ ボルト	ゲージ		外添板	内添板	ウェブ ボルト		添板寸法	継手性能 曲げモーメント		せん断力		保有耐力接合			横補剛		継手呼称
			$n_F \times m_F$	g_1 mm	g_2 mm	厚×長さ mm mm	厚×幅 mm mm	$m_W \times n_W$	P_C mm	厚×幅×長さ mm mm mm	M_y kNm	$_dZ$ cm³	Q_y kN	$_dA_W$ cm²	M_u kNm	a_J	L_q m	L_1 m	L_2 m	
GGF－4X－T-4020•0912－20	H－400×200×9×12	M20	3×2	120	－	9× 410	9× 80	4×1	60	9×260×170	218.0	929.0	351.0	25.92	414.0	1.3	1.31	7.46	1.50	GGF－4X－T-4020•0912－20
GGF－4X－T-4020•0916－20	H－400×200×9×16	M20	3×2	120	－	12× 410	12× 80	4×1	60	9×260×170	265.0	1130.0	341.0	25.20	515.0	1.4	1.64	7.92	2.00	GGF－4X－T-4020•0916－20
GGF－4X－T-4020•0919－20	H－400×200×9×19	M20	3×2	120	－	12× 410	16× 80	4×1	60	9×260×170	300.0	1280.0	334.0	24.66	580.0	1.4	1.90	8.17	2.38	GGF－4X－T-4020•0919－20
GGF－4X－T-4020•0922－20	H－400×200×9×22	M20	4×2	120	－	16× 530	16× 80	4×1	60	9×260×170	333.0	1420.0	327.0	24.12	643.0	1.3	2.17	8.36	2.75	GGF－4X－T-4020•0922－20
GGF－4X－T-4020•1222－20	H－400×200×12×22	M20	4×2	120	－	16× 530	16× 80	3×2	90	9×260×290	346.0	1480.0	472.0	34.80	681.0	1.4	1.58	8.02	2.75	GGF－4X－T-4020•1222－20
GGF－4X－T-4520•0912－20	H－450×200×9×12	M20	3×2	120	－	9× 410	9× 80	5×1	60	9×320×170	254.0	1080.0	385.0	28.44	480.0	1.3	1.39	7.27	1.34	GGF－4X－T-4520•0912－20
GGF－4X－T-4520•0916－20	H－450×200×9×16	M20	3×2	120	－	12× 410	12× 80	5×1	60	9×320×170	309.0	1320.0	376.0	27.72	602.0	1.4	1.73	7.75	1.78	GGF－4X－T-4520•0916－20
GGF－4X－T-4520•0919－20	H－450×200×9×19	M20	3×2	120	－	12× 410	16× 80	5×1	60	9×320×170	348.0	1480.0	368.0	27.18	675.0	1.4	2.00	8.01	2.12	GGF－4X－T-4520•0919－20
GGF－4X－T-4520•0922－20	H－450×200×9×22	M20	4×2	120	－	16× 530	16× 80	5×1	60	9×320×170	387.0	1650.0	361.0	26.64	747.0	1.3	2.27	8.21	2.45	GGF－4X－T-4520•0922－20
GGF－4X－T-4520•1216－20	H－450×200×12×16	M20	3×2	120	－	12× 410	12× 80	3×2	120	9×320×290	320.0	1360.0	573.0	42.24	629.0	1.3	1.22	7.32	1.78	GGF－4X－T-4520•1216－20
GGF－4X－T-4520•1219－20	H－450×200×12×19	M20	3×2	120	－	12× 410	16× 80	3×2	120	9×320×290	359.0	1530.0	563.0	41.52	700.0	1.3	1.39	7.61	2.12	GGF－4X－T-4520•1219－20
GGF－4X－T-4520•1222－20	H－450×200×12×22	M20	4×2	120	－	16× 530	16× 80	3×2	120	9×320×290	404.0	1720.0	553.0	40.80	796.0	1.4	1.57	7.85	2.45	GGF－4X－T-4520•1222－20
GGF－4X－T-4520•1225－20	H－450×200×12×25	M20	4×2	120	－	16× 530	16× 80	3×2	120	9×320×290	441.0	1880.0	543.0	40.08	831.0	1.3	1.74	8.04	2.78	GGF－4X－T-4520•1225－20
GGF－4X－T-4525•0912－20	H－450×250×9×12	M20	3×2	150	－	9× 410	9×100	5×1	60	9×320×170	314.0	1340.0	385.0	28.44	556.0	1.3	1.64	9.52	1.67	GGF－4X－T-4525•0912－20
GGF－4X－T-4525•0916－20	H－450×250×9×16	M20	4×2	150	－	12× 530	12×100	5×1	60	9×320×170	388.0	1650.0	376.0	27.72	741.0	1.4	2.07	10.07	2.23	GGF－4X－T-4525•0916－20
GGF－4X－T-4525•0919－20	H－450×250×9×19	M20	4×2	150	－	12× 530	16×100	5×1	60	9×320×170	440.0	1880.0	368.0	27.18	839.0	1.4	2.40	10.36	2.64	GGF－4X－T-4525•0919－20
GGF－4X－T-4525•0922－20	H－450×250×9×22	M20	5×2	150	－	16× 650	16×100	5×1	60	9×320×170	492.0	2100.0	361.0	26.64	935.0	1.4	2.74	10.59	3.06	GGF－4X－T-4525•0922－20
GGF－4X－T-4525•1222－20	H－450×250×12×22	M20	5×2	150	－	16× 650	16×100	3×2	120	9×320×290	509.0	2170.0	553.0	40.80	985.0	1.4	1.87	10.18	3.06	GGF－4X－T-4525•1222－20
GGF－4X－T-4525•1225－20	H－450×250×12×25	M20	5×2	150	－	16× 650	19×100	3×2	120	9×320×290	559.0	2380.0	543.0	40.08	1070.0	1.4	2.09	10.40	3.48	GGF－4X－T-4525•1225－20
GGF－4X－T-4525•1228－20	H－450×250×12×28	M20	6×2	150	－	19× 770	19×100	3×2	120	9×320×290	606.0	2580.0	534.0	39.36	1170.0	1.4	2.32	10.58	3.89	GGF－4X－T-4525•1228－20
GGF－4X－T-5020•0912－20	H－500×200×9×12	M20	3×2	120	－	9× 410	9× 80	5×1	60	9×320×170	293.0	1250.0	446.0	32.94	529.0	1.3	1.38	7.09	1.20	GGF－4X－T-5020•0912－20
GGF－4X－T-5020•0916－20	H－500×200×9×16	M20	3×2	120	－	12× 410	12× 80	5×1	60	9×320×170	354.0	1510.0	437.0	32.22	683.0	1.4	1.71	7.58	1.60	GGF－4X－T-5020•0916－20
GGF－4X－T-5020•0919－20	H－500×200×9×19	M20	3×2	120	－	12× 410	16×80	5×1	60	9×320×170	399.0	1700.0	429.0	31.68	769.0	1.4	1.96	7.85	1.90	GGF－4X－T-5020•0919－20
GGF－4X－T-5020•0922－20	H－500×200×9×22	M20	4×2	120	－	16× 530	16× 80	5×1	60	9×320×170	442.0	1880.0	422.0	31.14	856.0	1.4	2.22	8.07	2.20	GGF－4X－T-5020•0922－20
GGF－4X－T-5020•1216－20	H－500×200×12×16	M20	3×2	120	－	12× 410	12× 80	4×2	90	12×350×290	368.0	1570.0	618.0	45.60	721.0	1.3	1.30	7.14	1.60	GGF－4X－T-5020•1216－20
GGF－4X－T-5020•1219－20	H－500×200×12×19	M20	3×2	120	－	12× 410	16× 80	4×2	90	12×350×290	412.0	1750.0	608.0	44.88	801.0	1.3	1.48	7.44	1.90	GGF－4X－T-5020•1219－20
GGF－4X－T-5020•1222－20	H－500×200×12×22	M20	4×2	120	－	16× 530	16× 80	4×2	90	12×350×290	464.0	1980.0	599.0	44.16	918.0	1.4	1.66	7.68	2.20	GGF－4X－T-5020•1222－20
GGF－4X－T-5020•1225－20	H－500×200×12×25	M20	4×2	120	－	16× 530	16× 80	4×2	90	12×350×290	506.0	2150.0	589.0	43.44	964.0	1.3	1.84	7.89	2.50	GGF－4X－T-5020•1225－20
GGF－4X－T-5025•0912－20	H－500×250×9×12	M20	3×2	150	－	9× 410	9×100	5×1	60	9×320×170	360.0	1530.0	446.0	32.94	613.0	1.3	1.62	9.32	1.50	GGF－4X－T-5025•0912－20
GGF－4X－T-5025•0916－20	H－500×250×9×16	M20	4×2	150	－	12× 530	12×100	5×1	60	9×320×170	442.0	1880.0	437.0	32.22	848.0	1.4	2.03	9.88	2.00	GGF－4X－T-5025•0916－20

表GG　梁継手諸元表（3/18）

400N級鋼

●梁継手（定形Ｈ形鋼）

●鉄骨構造標準接合部委員会SCSS－H97
建設省住宅局建築指導課監修

継手呼称	断面寸法	径 D	フランジ ボルト $n_F \times m_F$	フランジ ゲージ g_1 mm	フランジ ゲージ g_2 mm	フランジ 外添板 厚×長さ mm mm	フランジ 内添板 厚×幅 mm mm	ウェブ ボルト $m_W \times n_W$	ウェブ ボルト P_C mm	ウェブ 添板寸法 厚×幅×長さ mm mm mm	継手性能 曲げモーメント M_y kNm	曲げモーメント $_dZ$ cm³	せん断力 Q_y kN	せん断力 $_dA_W$ cm²	保有耐力接合 M_u kNm	保有耐力接合 a_J	保有耐力接合 L_q m	横補剛 L_1 m	横補剛 L_2 m	継手呼称
GGF－4X－T-5025•0919－20	H－500×250×9×19	M20	4×2	150	－	12× 530	16×100	5×1	60	9×320×170	502.0	2140.0	429.0	31.68	958.0	1.4	2.34	10.19	2.38	GGF－4X－T-5025•0919－20
GGF－4X－T-5025•0922－20	H－500×250×9×22	M20	5×2	150	－	16× 650	16×100	5×1	60	9×320×170	560.0	2390.0	422.0	31.14	1060.0	1.4	2.66	10.43	2.75	GGF－4X－T-5025•0922－20
GGF－4X－T-5025•1222－20	H－500×250×12×22	M20	5×2	150	－	16× 650	16×100	4×2	90	12×350×290	583.0	2480.0	599.0	44.16	1120.0	1.4	1.97	9.99	2.75	GGF－4X－T-5025•1222－20
GGF－4X－T-5025•1225－20	H－500×250×12×25	M20	5×2	150	－	16× 650	19×100	4×2	90	12×350×290	639.0	2720.0	589.0	43.44	1230.0	1.4	2.20	10.22	3.13	GGF－4X－T-5025•1225－20
GGF－4X－T-5025•1228－20	H－500×250×12×28	M20	6×2	150	－	19× 770	19×100	4×2	90	12×350×290	693.0	2950.0	579.0	42.72	1330.0	1.4	2.44	10.41	3.50	GGF－4X－T-5025•1228－20
GGF－4X－T-5520•0912－20	H－550×200×9×12	M20	3×2	120	－	9× 410	9× 80	6×1	60	9×380×170	333.0	1420.0	481.0	35.46	604.0	1.3	1.46	6.93	1.10	GGF－4X－T-5520•0912－20
GGF－4X－T-5520•0916－20	H－550×200×9×16	M20	3×2	120	－	12× 410	12× 80	6×1	60	9×380×170	401.0	1710.0	471.0	34.74	774.0	1.4	1.79	7.43	1.46	GGF－4X－T-5520•0916－20
GGF－4X－T-5520•0919－20	H－550×200×9×19	M20	3×2	120	－	12× 410	16× 80	6×1	60	9×380×170	451.0	1920.0	464.0	34.20	869.0	1.4	2.05	7.71	1.73	GGF－4X－T-5520•0919－20
GGF－4X－T-5520•0922－20	H－550×200×9×22	M20	4×2	120	－	16× 530	16× 80	6×1	60	9×380×170	499.0	2130.0	456.0	33.66	969.0	1.4	2.31	7.93	2.00	GGF－4X－T-5520•0922－20
GGF－4X－T-5520•1216－20	H－550×200×12×16	M20	3×2	120	－	12× 410	12× 80	4×2	90	12×350×290	421.0	1800.0	700.0	51.60	832.0	1.3	1.31	6.97	1.46	GGF－4X－T-5520•1216－20
GGF－4X－T-5520•1219－20	H－550×200×12×19	M20	3×2	120	－	12× 410	16× 80	4×2	90	12×350×290	470.0	2000.0	690.0	50.88	920.0	1.3	1.48	7.28	1.73	GGF－4X－T-5520•1219－20
GGF－4X－T-5520•1222－20	H－550×200×12×22	M20	4×2	120	－	16× 530	16× 80	4×2	90	12×350×290	527.0	2240.0	680.0	50.16	1040.0	1.4	1.65	7.53	2.00	GGF－4X－T-5520•1222－20
GGF－4X－T-5520•1225－20	H－550×200×12×25	M20	4×2	120	－	16× 530	16× 80	4×2	90	12×350×290	574.0	2440.0	670.0	49.44	1050.0	1.3	1.83	7.74	2.28	GGF－4X－T-5520•1225－20
GGF－4X－T-5525•0912－20	H－550×250×9×12	M20	3×2	150	－	9× 410	9×100	6×1	60	9×380×170	407.0	1730.0	481.0	35.46	697.0	1.3	1.70	9.12	1.37	GGF－4X－T-5525•0912－20
GGF－4X－T-5525•0916－20	H－550×250×9×16	M20	4×2	150	－	12× 530	12×100	6×1	60	9×380×170	498.0	2120.0	471.0	34.74	960.0	1.4	2.12	9.71	1.82	GGF－4X－T-5525•0916－20
GGF－4X－T-5525•0919－20	H－550×250×9×19	M20	4×2	150	－	12× 530	16×100	6×1	60	9×380×170	565.0	2410.0	464.0	34.20	1080.0	1.4	2.44	10.03	2.16	GGF－4X－T-5525•0919－20
GGF－4X－T-5525•0922－20	H－550×250×9×22	M20	5×2	150	－	16× 650	16×100	6×1	60	9×380×170	630.0	2680.0	456.0	33.66	1200.0	1.4	2.77	10.28	2.50	GGF－4X－T-5525•0922－20
GGF－4X－T-5525•1222－20	H－550×250×12×22	M20	5×2	150	－	16× 650	16×100	4×2	90	12×350×290	658.0	2800.0	680.0	50.16	1270.0	1.4	1.96	9.82	2.50	GGF－4X－T-5525•1222－20
GGF－4X－T-5525•1225－20	H－550×250×12×25	M20	5×2	150	－	16× 650	19×100	4×2	90	12×350×290	721.0	3070.0	670.0	49.44	1390.0	1.4	2.18	10.06	2.85	GGF－4X－T-5525•1225－20
GGF－4X－T-5525•1228－20	H－550×250×12×28	M20	6×2	150	－	19× 770	19×100	4×2	90	12×350×290	782.0	3330.0	661.0	48.72	1510.0	1.4	2.41	10.26	3.19	GGF－4X－T-5525•1228－20
GGF－4X－T-6020•0912－20	H－600×200×9×12	M20	3×2	120	－	9× 410	12× 80	7×1	60	9×440×170	375.0	1600.0	515.0	37.98	755.0	1.4	1.54	6.77	1.00	GGF－4X－T-6020•0912－20
GGF－4X－T-6020•0916－20	H－600×200×9×16	M20	3×2	120	－	12× 410	12× 80	7×1	60	9×440×170	450.0	1920.0	505.0	37.26	866.0	1.4	1.88	7.28	1.34	GGF－4X－T-6020•0916－20
GGF－4X－T-6020•0919－20	H－600×200×9×19	M20	4×2	120	－	16× 530	16× 80	7×1	60	9×440×170	505.0	2150.0	498.0	36.72	989.0	1.4	2.14	7.57	1.59	GGF－4X－T-6020•0919－20
GGF－4X－T-6020•0922－20	H－600×200×9×22	M20	4×2	120	－	16× 530	16× 80	7×1	60	9×440×170	558.0	2380.0	490.0	36.18	1080.0	1.4	2.40	7.81	1.84	GGF－4X－T-6020•0922－20
GGF－4X－T-6020•1216－20	H－600×200×12×16	M20	3×2	120	－	12× 410	12× 80	4×2	120	9×440×290	471.0	2000.0	781.0	57.60	935.0	1.3	1.33	6.81	1.34	GGF－4X－T-6020•1216－20
GGF－4X－T-6020•1219－20	H－600×200×12×19	M20	4×2	120	－	16× 530	16× 80	4×2	120	9×440×290	539.0	2300.0	771.0	56.88	1080.0	1.4	1.49	7.13	1.59	GGF－4X－T-6020•1219－20
GGF－4X－T-6020•1222－20	H－600×200×12×22	M20	4×2	120	－	16× 530	16× 80	4×2	120	9×440×290	592.0	2520.0	761.0	56.16	1180.0	1.4	1.66	7.38	1.84	GGF－4X－T-6020•1222－20
GGF－4X－T-6020•1225－20	H－600×200×12×25	M20	4×2	120	－	16× 530	19× 80	4×2	120	9×440×290	644.0	2740.0	752.0	55.44	1260.0	1.4	1.83	7.60	2.09	GGF－4X－T-6020•1225－20
GGF－4X－T-6020•1228－20	H－600×200×12×28	M20	5×2	120	－	19× 650	19× 80	4×2	120	9×440×290	694.0	2960.0	742.0	54.72	1360.0	1.4	2.00	7.78	2.34	GGF－4X－T-6020•1228－20
GGF－4X－T-6025•0916－20	H－600×250×9×16	M20	4×2	150	－	12× 530	12×100	7×1	60	9×440×170	557.0	2370.0	505.0	37.26	1070.0	1.4	2.21	9.54	1.67	GGF－4X－T-6025•0916－20
GGF－4X－T-6025•0919－20	H－600×250×9×19	M20	4×2	150	－	12× 530	16×100	7×1	60	9×440×170	630.0	2680.0	498.0	36.72	1210.0	1.4	2.53	9.87	1.98	GGF－4X－T-6025•0919－20
GGF－4X－T-6025•1219－20	H－600×250×12×19	M20	4×2	150	－	12× 530	16×100	4×2	120	9×440×290	665.0	2830.0	771.0	56.88	1300.0	1.4	1.75	9.35	1.98	GGF－4X－T-6025•1219－20
GGF－4X－T-6025•1222－20	H－600×250×12×22	M20	5×2	150	－	16× 650	16×100	4×2	120	9×440×290	736.0	3130.0	761.0	56.16	1430.0	1.4	1.96	9.65	2.30	GGF－4X－T-6025•1222－20
GGF－4X－T-6025•1225－20	H－600×250×12×25	M20	5×2	150	－	16× 650	19×100	4×2	120	9×440×290	806.0	3430.0	752.0	55.44	1560.0	1.4	2.17	9.90	2.61	GGF－4X－T-6025•1225－20
GGF－4X－T-6025•1228－20	H－600×250×12×28	M20	6×2	150	－	19× 770	19×100	4×2	120	9×440×290	874.0	3720.0	742.0	54.72	1690.0	1.4	2.39	10.11	2.92	GGF－4X－T-6025•1228－20
GGF－4X－T-6030•0919－20	H－600×300×9×19	M20	5×2	150	40	12× 530	16×110	7×1	60	9×440×170	714.0	3040.0	498.0	36.72	1350.0	1.4	2.93	12.21	2.38	GGF－4X－T-6030•0919－20
GGF－4X－T-6030•1219－20	H－600×300×12×19	M20	5×2	150	40	12× 530	16×110	4×2	120	9×440×290	749.0	3190.0	771.0	56.88	1440.0	1.4	2.00	11.63	2.38	GGF－4X－T-6030•1219－20
GGF－4X－T-6030•1222－20	H－600×300×12×22	M20	6×2	150	40	16× 620	19×110	4×2	120	9×440×290	833.0	3540.0	761.0	56.16	1600.0	1.4	2.26	11.97	2.75	GGF－4X－T-6030•1222－20
GGF－4X－T-6030•1225－20	H－600×300×12×25	M20	6×2	150	40	19× 620	19×110	4×2	120	9×440×290	914.0	3890.0	752.0	55.44	1750.0	1.4	2.51	12.24	3.13	GGF－4X－T-6030•1225－20
GGF－4X－T-6030•1228－20	H－600×300×12×28	M20	7×2	150	40	19× 710	22×110	4×2	120	9×440×290	994.0	4230.0	742.0	54.72	1900.0	1.4	2.78	12.46	3.50	GGF－4X－T-6030•1228－20

●梁継手（定形H形鋼）

●鉄骨構造標準接合部委員会SCSS－H97
建設省住宅局建築指導課監修

表GG　梁継手諸元表（4/18）

400N級鋼

継手呼称	断面寸法	径 D	フランジ ボルト $n_F \times m_F$	フランジ ゲージ g_1 mm	フランジ ゲージ g_2 mm	フランジ 外添板 厚×長さ mm mm	フランジ 内添板 厚×幅 mm mm	ウェブ ボルト $m_W \times n_W$	ウェブ ボルト P_C mm	ウェブ 添板寸法 厚×幅×長さ mm mm mm	継手性能 曲げモーメント M_y kNm	継手性能 曲げモーメント $_dZ$ cm³	継手性能 せん断力 Q_y kN	継手性能 せん断力 $_dA_W$ cm²	継手性能 保有耐力接合 M_u kNm	継手性能 保有耐力接合 a_J	継手性能 保有耐力接合 L_q m	継手性能 横補剛 L_1 m	継手性能 横補剛 L_2 m	継手呼称
GGF－4X－T-6520•0912－20	H－650×200×9×12	M20	3×2	120	－	9× 410	12× 80	6×1	90	6×530×170	418.0	1780.0	603.0	44.46	830.0	1.4	1.47	6.63	0.93	GGF－4X－T-6520•0912－20
GGF－4X－T-6520•0916－20	H－650×200×9×16	M20	3×2	120	－	12× 410	12× 80	6×1	90	6×530×170	500.0	2130.0	593.0	43.74	944.0	1.3	1.78	7.15	1.24	GGF－4X－T-6520•0916－20
GGF－4X－T-6520•0919－20	H－650×200×9×19	M20	4×2	120	－	16× 530	16× 80	6×1	90	6×530×170	560.0	2390.0	586.0	43.20	1100.0	1.4	2.02	7.44	1.47	GGF－4X－T-6520•0919－20
GGF－4X－T-6520•0922－20	H－650×200×9×22	M20	4×2	120	－	16× 530	16× 80	6×1	90	6×530×170	619.0	2640.0	578.0	42.66	1200.0	1.4	2.26	7.68	1.70	GGF－4X－T-6520•0922－20
GGF－4X－T-6520•1216－20	H－650×200×12×16	M20	3×2	120	－	12× 410	12× 80	8×1	60	9×500×170	543.0	2310.0	719.0	53.04	1010.0	1.3	1.61	6.67	1.24	GGF－4X－T-6520•1216－20
GGF－4X－T-6520•1219－20	H－650×200×12×19	M20	4×2	120	－	16× 530	16× 80	8×1	60	9×500×170	602.0	2560.0	709.0	52.32	1210.0	1.4	1.81	6.98	1.47	GGF－4X－T-6520•1219－20
GGF－4X－T-6520•1222－20	H－650×200×12×22	M20	4×2	120	－	16× 530	16× 80	8×1	60	9×500×170	659.0	2810.0	700.0	51.60	1270.0	1.3	2.01	7.25	1.70	GGF－4X－T-6520•1222－20
GGF－4X－T-6520•1225－20	H－650×200×12×25	M20	4×2	120	－	16× 530	19× 80	8×1	60	9×500×170	716.0	3050.0	690.0	50.88	1350.0	1.3	2.21	7.47	1.93	GGF－4X－T-6520•1225－20
GGF－4X－T-6520•1228－20	H－650×200×12×28	M20	5×2	120	－	19× 650	19× 80	8×1	60	9×500×170	771.0	3290.0	680.0	50.16	1470.0	1.3	2.42	7.66	2.16	GGF－4X－T-6520•1228－20
GGF－4X－T-6525•0916－20	H－650×250×9×16	M20	4×2	150	－	12× 530	12×100	6×1	90	6×530×170	616.0	2630.0	593.0	43.74	1190.0	1.4	2.09	9.38	1.54	GGF－4X－T-6525•0916－20
GGF－4X－T-6525•0919－20	H－650×250×9×19	M20	4×2	150	－	12× 530	16×100	6×1	90	6×530×170	697.0	2970.0	586.0	43.20	1340.0	1.4	2.38	9.72	1.83	GGF－4X－T-6525•0919－20
GGF－4X－T-6525•1219－20	H－650×250×12×19	M20	4×2	150	－	12× 530	16×100	8×1	60	9×500×170	738.0	3140.0	709.0	52.32	1430.0	1.4	2.11	9.19	1.83	GGF－4X－T-6525•1219－20
GGF－4X－T-6525•1222－20	H－650×250×12×22	M20	5×2	150	－	16× 650	16×100	8×1	60	9×500×170	816.0	3480.0	700.0	51.60	1590.0	1.4	2.36	9.49	2.12	GGF－4X－T-6525•1222－20
GGF－4X－T-6525•1225－20	H－650×250×12×25	M20	5×2	150	－	16× 650	19×100	8×1	60	9×500×170	893.0	3800.0	690.0	50.88	1730.0	1.4	2.62	9.75	2.41	GGF－4X－T-6525•1225－20
GGF－4X－T-6525•1228－20	H－650×250×12×28	M20	6×2	150	－	19× 770	19×100	8×1	60	9×500×170	967.0	4120.0	680.0	50.16	1870.0	1.4	2.88	9.96	2.70	GGF－4X－T-6525•1228－20
GGF－4X－T-7020•0912－20	H－700×200×9×12	M20	3×2	120	－	9× 410	12× 80	8×1	60	9×500×170	473.0	2020.0	610.0	45.00	907.0	1.3	1.63	6.45	0.86	GGF－4X－T-7020•0912－20
GGF－4X－T-7020•0916－20	H－700×200×9×16	M20	3×2	120	－	12× 410	12× 80	8×1	60	9×500×170	562.0	2390.0	600.0	44.28	1030.0	1.3	1.97	6.99	1.15	GGF－4X－T-7020•0916－20
GGF－4X－T-7020•0919－20	H－700×200×9×19	M20	4×2	120	－	16× 530	16× 80	8×1	60	9×500×170	627.0	2670.0	593.0	43.74	1230.0	1.4	2.22	7.29	1.36	GGF－4X－T-7020•0919－20
GGF－4X－T-7020•0922－20	H－700×200×9×22	M20	4×2	120	－	16× 530	16× 80	8×1	60	9×500×170	691.0	2940.0	586.0	43.20	1310.0	1.3	2.48	7.54	1.58	GGF－4X－T-7020•0922－20
GGF－4X－T-7020•1222－20	H－700×200×12×22	M20	4×2	120	－	16× 530	16× 80	9×1	60	9×560×170	738.0	3140.0	745.0	54.96	1410.0	1.3	2.11	7.09	1.58	GGF－4X－T-7020•1222－20
GGF－4X－T-7020•1225－20	H－700×200×12×25	M20	4×2	120	－	16× 530	19× 80	9×1	60	9×560×170	800.0	3410.0	735.0	54.24	1490.0	1.3	2.31	7.32	1.79	GGF－4X－T-7020•1225－20
GGF－4X－T-7020•1228－20	H－700×200×12×28	M20	5×2	120	－	19× 650	19× 80	9×1	60	9×560×170	860.0	3660.0	726.0	53.52	1610.0	1.3	2.52	7.51	2.00	GGF－4X－T-7020•1228－20
GGF－4X－T-7025•0916－20	H－700×250×9×16	M20	4×2	150	－	12× 530	12×100	8×1	60	9×500×170	688.0	2930.0	600.0	44.28	1320.0	1.4	2.29	9.19	1.43	GGF－4X－T-7025•0916－20
GGF－4X－T-7025•0919－20	H－700×250×9×19	M20	4×2	150	－	12× 530	16×100	8×1	60	9×500×170	775.0	3300.0	593.0	43.74	1490.0	1.4	2.61	9.54	1.70	GGF－4X－T-7025•0919－20
GGF－4X－T-7025•1219－20	H－700×250×12×19	M20	4×2	150	－	12× 530	16×100	9×1	60	9×560×170	824.0	3510.0	755.0	55.68	1580.0	1.4	2.21	9.00	1.70	GGF－4X－T-7025•1219－20
GGF－4X－T-7025•1222－20	H－700×250×12×22	M20	5×2	150	－	16× 650	16×100	9×1	60	9×560×170	908.0	3870.0	745.0	54.96	1780.0	1.4	2.46	9.31	1.97	GGF－4X－T-7025•1222－20
GGF－4X－T-7025•1225－20	H－700×250×12×25	M20	5×2	150	－	16× 650	19×100	9×1	60	9×560×170	991.0	4220.0	735.0	54.24	1920.0	1.4	2.72	9.58	2.24	GGF－4X－T-7025•1225－20
GGF－4X－T-7025•1425－20	H－700×250×14×25	M20	5×2	150	－	16× 650	19×100	9×1	60	9×560×170	1020.0	4350.0	858.0	63.28	1950.0	1.4	2.42	9.29	2.24	GGF－4X－T-7025•1425－20
GGF－4X－T-7025•1428－20	H－700×250×14×28	M20	6×2	150	－	19× 770	19×100	9×1	60	9×560×170	1100.0	4690.0	847.0	62.44	2110.0	1.4	2.65	9.53	2.50	GGF－4X－T-7025•1428－20
GGF－4X－T-7030•0919－20	H－700×300×9×19	M20	5×2	150	40	12× 530	16×110	8×1	60	9×500×170	874.0	3720.0	593.0	43.74	1610.0	1.3	3.00	11.85	2.04	GGF－4X－T-7030•0919－20
GGF－4X－T-7030•1219－20	H－700×300×12×19	M20	5×2	150	40	12× 530	16×110	9×1	60	9×560×170	923.0	3930.0	755.0	55.68	1700.0	1.3	2.52	11.24	2.04	GGF－4X－T-7030•1219－20
GGF－4X－T-7030•1222－20	H－700×300×12×22	M20	6×2	150	40	16× 620	19×110	9×1	60	9×560×170	1020.0	4350.0	745.0	54.96	1980.0	1.4	2.82	11.59	2.36	GGF－4X－T-7030•1222－20
GGF－4X－T-7030•1422－20	H－700×300×14×22	M20	6×2	150	40	16× 620	19×110	9×1	60	9×560×170	1050.0	4490.0	869.0	64.12	2060.0	1.4	2.51	11.25	2.36	GGF－4X－T-7030•1422－20
GGF－4X－T-7030•1425－20	H－700×300×14×25	M20	6×2	150	40	19× 620	19×110	9×1	60	9×560×170	1150.0	4900.0	858.0	63.28	2240.0	1.4	2.78	11.56	2.68	GGF－4X－T-7030•1425－20
GGF－4X－T-7030•1428－20	H－700×300×14×28	M20	7×2	150	40	19× 710	22×110	9×1	60	9×560×170	1240.0	5300.0	847.0	62.44	2410.0	1.4	3.05	11.83	3.00	GGF－4X－T-7030•1428－20
GGF－4X－T-7520•0912－20	H－750×200×9×12	M20	3×2	120	－	9× 410	12× 80	7×1	90	6×620×170	521.0	2220.0	698.0	51.48	980.0	1.3	1.58	6.33	0.80	GGF－4X－T-7520•0912－20
GGF－4X－T-7520•0916－20	H－750×200×9×16	M20	3×2	120	－	12× 410	12× 80	7×1	90	6×620×170	617.0	2630.0	688.0	50.76	1110.0	1.3	1.89	6.87	1.07	GGF－4X－T-7520•0916－20
GGF－4X－T-7520•0919－20	H－750×200×9×19	M20	4×2	120	－	16× 530	16× 80	7×1	90	6×620×170	687.0	2930.0	681.0	50.22	1360.0	1.4	2.12	7.17	1.27	GGF－4X－T-7520•0919－20
GGF－4X－T-7520•1219－20	H－750×200×12×19	M20	4×2	120	－	16× 530	16× 80	10×1	60	9×620×170	744.0	3170.0	801.0	59.04	1510.0	1.4	1.98	6.70	1.27	GGF－4X－T-7520•1219－20
GGF－4X－T-7520•1222－20	H－750×200×12×22	M20	4×2	120	－	16× 530	16× 80	10×1	60	9×620×170	811.0	3450.0	791.0	58.32	1550.0	1.3	2.18	6.97	1.47	GGF－4X－T-7520•1222－20
GGF－4X－T-7520•1225－20	H－750×200×12×25	M20	4×2	120	－	16× 530	19× 80	10×1	60	9×620×170	878.0	3740.0	781.0	57.60	1650.0	1.3	2.39	7.20	1.67	GGF－4X－T-7520•1225－20

●梁継手（定形Ｈ形鋼）

表GG　梁継手諸元表（5/18）

400N級鋼

●鉄骨構造標準接合部委員会SCSS－H97
建設省住宅局建築指導課監修

継手呼称	断面寸法	径 D	フランジ ボルト	ゲージ		外添板	内添板	ウェブ ボルト		添板寸法	継手性能 曲げモーメント		せん断力		保有耐力接合			横補剛		継手呼称
			$n_F \times m_F$	g_1 mm	g_2 mm	厚×長さ mm mm	厚×幅 mm mm	$m_W \times n_W$	P_C mm	厚×幅×長さ mm mm mm	M_y kNm	$_dZ$ cm³	Q_y kN	$_dA_W$ cm²	M_u kNm	a_J	L_q m	L_1 m	L_2 m	
GGF－4X－T-7520•1228－20	H－750×200×12×28	M20	5×2	120	－	19× 650	19× 80	10×1	60	9×620×170	943.0	4020.0	771.0	56.88	1780.0	1.3	2.60	7.40	1.87	GGF－4X－T-7520•1228－20
GGF－4X－T-7525•1216－20	H－750×250×12×16	M20	4×2	150	－	12× 530	12×100	10×1	60	9×620×170	810.0	3450.0	810.0	59.76	1560.0	1.4	2.03	8.46	1.34	GGF－4X－T-7525•1216－20
GGF－4X－T-7525•1219－20	H－750×250×12×19	M20	5×2	150	－	16× 650	16×100	10×1	60	9×620×170	903.0	3840.0	801.0	59.04	1790.0	1.5	2.29	8.85	1.59	GGF－4X－T-7525•1219－20
GGF－4X－T-7525•1222－20	H－750×250×12×22	M20	5×2	150	－	16× 650	19×100	10×1	60	9×620×170	994.0	4230.0	791.0	58.32	1950.0	1.4	2.54	9.17	1.84	GGF－4X－T-7525•1222－20
GGF－4X－T-7525•1422－20	H－750×250×14×22	M20	5×2	150	－	16× 650	19×100	10×1	60	9×620×170	1030.0	4390.0	923.0	68.04	2050.0	1.5	2.28	8.87	1.84	GGF－4X－T-7525•1422－20
GGF－4X－T-7525•1425－20	H－750×250×14×25	M20	6×2	150	－	19× 770	19×100	10×1	60	9×620×170	1120.0	4770.0	911.0	67.20	2210.0	1.4	2.50	9.15	2.09	GGF－4X－T-7525•1425－20
GGF－4X－T-7525•1428－20	H－750×250×14×28	M20	6×2	150	－	19× 770	22×100	10×1	60	9×620×170	1200.0	5140.0	900.0	66.36	2370.0	1.4	2.73	9.39	2.34	GGF－4X－T-7525•1428－20
GGF－4X－T-8025•1422－20	H－800×250×14×22	M20	5×2	150	－	16× 650	19×100	7×2	90	12×620×290	1120.0	4790.0	1140.0	84.28	2250.0	1.5	2.01	8.72	1.72	GGF－4X－T-8025•1422－20
GGF－4X－T-8025•1425－20	H－800×250×14×25	M20	6×2	150	－	19× 770	19×100	7×2	90	12×620×290	1220.0	5190.0	1130.0	83.44	2420.0	1.4	2.20	9.01	1.96	GGF－4X－T-8025•1425－20
GGF－4X－T-8025•1625－20	H－800×250×16×25	M20	6×2	150	－	19× 770	19×100	7×2	90	12×620×290	1260.0	5370.0	1290.0	95.36	2530.0	1.5	2.00	8.74	1.96	GGF－4X－T-8025•1625－20
GGF－4X－T-8025•1628－20	H－800×250×16×28	M20	6×2	150	－	19× 770	22×100	7×2	90	12×620×290	1350.0	5770.0	1280.0	94.40	2700.0	1.4	2.17	8.99	2.19	GGF－4X－T-8025•1628－20
GGF－4X－T-8030•1422－20	H－800×300×14×22	M20	6×2	150	40	16× 620	19×110	7×2	90	12×620×290	1250.0	5350.0	1140.0	84.28	2480.0	1.4	2.28	10.92	2.07	GGF－4X－T-8030•1422－20
GGF－4X－T-8030•1622－20	H－800×300×16×22	M20	6×2	150	40	16× 620	19×110	7×2	90	12×620×290	1290.0	5530.0	1300.0	96.32	2590.0	1.4	2.07	10.60	2.07	GGF－4X－T-8030•1622－20
GGF－4X－T-8030•1625－20	H－800×300×16×25	M20	6×2	150	40	19× 620	19×110	7×2	90	12×620×290	1400.0	6000.0	1290.0	95.36	2790.0	1.4	2.27	10.94	2.35	GGF－4X－T-8030•1625－20
GGF－4X－T-8030•1628－20	H－800×300×16×28	M20	7×2	150	40	19× 710	22×110	7×2	90	12×620×290	1510.0	6460.0	1280.0	94.40	2990.0	1.4	2.47	11.23	2.63	GGF－4X－T-8030•1628－20
GGF－4X－T-8525•1422－20	H－850×250×14×22	M20	5×2	150	－	16× 650	19×100	7×2	90	12×620×290	1220.0	5200.0	1230.0	91.28	2450.0	1.5	2.02	8.59	1.62	GGF－4X－T-8525•1422－20
GGF－4X－T-8525•1425－20	H－850×250×14×25	M20	6×2	150	－	19× 770	19×100	7×2	90	12×620×290	1320.0	5630.0	1220.0	90.44	2630.0	1.5	2.20	8.88	1.84	GGF－4X－T-8525•1425－20
GGF－4X－T-8525•1625－20	H－850×250×16×25	M20	6×2	150	－	19× 770	19×100	8×2	90	12×710×290	1370.0	5830.0	1350.0	99.84	2760.0	1.5	2.08	8.60	1.84	GGF－4X－T-8525•1625－20
GGF－4X－T-8525•1628－20	H－850×250×16×28	M20	6×2	150	－	19× 770	22×100	8×2	90	12×710×290	1470.0	6260.0	1340.0	98.88	2940.0	1.5	2.25	8.86	2.06	GGF－4X－T-8525•1628－20
GGF－4X－T-9025•1619－20	H－900×250×16×19	M20	5×2	150	－	16× 650	16×100	8×2	90	12×710×290	1260.0	5390.0	1480.0	109.80	2610.0	1.5	1.76	7.82	1.32	GGF－4X－T-9025•1619－20
GGF－4X－T-9025•1622－20	H－900×250×16×22	M20	5×2	150	－	16× 650	19×100	8×2	90	12×710×290	1370.0	5850.0	1470.0	108.80	2810.0	1.5	1.92	8.17	1.53	GGF－4X－T-9025•1622－20
GGF－4X－T-9025•1625－20	H－900×250×16×25	M20	6×2	150	－	19× 770	19×100	8×2	90	12×710×290	1480.0	6310.0	1460.0	107.80	3000.0	1.5	2.08	8.47	1.74	GGF－4X－T-9025•1625－20
GGF－4X－T-9025•1628－20	H－900×250×16×28	M20	6×2	150	－	19× 770	22×100	8×2	90	12×710×290	1580.0	6760.0	1450.0	106.90	3190.0	1.5	2.25	8.73	1.95	GGF－4X－T-9025•1628－20
GGF－4X－T-9030•1619－20	H－900×300×16×19	M20	5×2	150	40	16× 530	16×110	8×2	90	12×710×290	1390.0	5940.0	1480.0	109.80	2840.0	1.4	1.96	9.87	1.59	GGF－4X－T-9030•1619－20
GGF－4X－T-9030•1622－20	H－900×300×16×22	M20	6×2	150	40	16× 620	19×110	8×2	90	12×710×290	1520.0	6480.0	1470.0	108.80	3060.0	1.4	2.16	10.28	1.84	GGF－4X－T-9030•1622－20
GGF－4X－T-9030•1625－20	H－900×300×16×25	M20	7×2	150	40	19× 710	19×110	8×2	90	12×710×290	1650.0	7020.0	1460.0	107.80	3290.0	1.4	2.35	10.63	2.09	GGF－4X－T-9030•1625－20
GGF－4X－T-9030•1628－20	H－900×300×16×28	M20	7×2	150	40	19× 710	22×110	8×2	90	12×710×290	1770.0	7560.0	1450.0	106.90	3520.0	1.4	2.55	10.93	2.34	GGF－4X－T-9030•1628－20
GGF－4X－T-4020•0912－22	H－400×200×9×12	M22	3×2	120	－	9× 410	9× 80	3×1	90	9×260×170	214.0	911.0	371.0	27.36	394.0	1.3	1.24	7.46	1.50	GGF－4X－T-4020•0912－22
GGF－4X－T-4020•0916－22	H－400×200×9×16	M22	3×2	120	－	12× 410	12× 80	3×1	90	9×260×170	260.0	1110.0	361.0	26.64	505.0	1.3	1.55	7.92	2.00	GGF－4X－T-4020•0916－22
GGF－4X－T-4020•0919－22	H－400×200×9×19	M22	3×2	120	－	12× 410	16× 80	3×1	90	9×260×170	293.0	1250.0	354.0	26.10	568.0	1.3	1.80	8.17	2.38	GGF－4X－T-4020•0919－22
GGF－4X－T-4020•0922－22	H－400×200×9×22	M22	3×2	120	－	16× 410	16× 80	3×1	90	9×260×170	326.0	1390.0	346.0	25.56	629.0	1.3	2.05	8.36	2.75	GGF－4X－T-4020•0922－22
GGF－4X－T-4020•1222－22	H－400×200×12×22	M22	3×2	120	－	16× 410	16× 80	4×1	60	12×260×170	339.0	1440.0	423.0	31.20	667.0	1.3	1.76	8.02	2.75	GGF－4X－T-4020•1222－22
GGF－4X－T-4520•0912－22	H－450×200×9×12	M22	3×2	120	－	9× 410	9× 80	4×1	60	12×260×170	250.0	1060.0	402.0	29.70	450.0	1.2	1.33	7.27	1.34	GGF－4X－T-4520•0912－22
GGF－4X－T-4520•0916－22	H－450×200×9×16	M22	3×2	120	－	12× 410	12× 80	4×1	60	12×260×170	302.0	1290.0	393.0	28.98	584.0	1.3	1.66	7.75	1.78	GGF－4X－T-4520•0916－22
GGF－4X－T-4520•0919－22	H－450×200×9×19	M22	3×2	120	－	12× 410	16× 80	4×1	60	12×260×170	341.0	1450.0	385.0	28.44	657.0	1.3	1.91	8.01	2.12	GGF－4X－T-4520•0919－22
GGF－4X－T-4520•0922－22	H－450×200×9×22	M22	3×2	120	－	16× 410	16× 80	4×1	60	12×260×170	378.0	1610.0	378.0	27.90	732.0	1.3	2.17	8.21	2.45	GGF－4X－T-4520•0922－22
GGF－4X－T-4520•1216－22	H－450×200×12×16	M22	3×2	120	－	12× 410	12× 80	5×1	60	9×320×170	322.0	1370.0	485.0	35.76	619.0	1.3	1.44	7.32	1.78	GGF－4X－T-4520•1216－22
GGF－4X－T-4520•1219－22	H－450×200×12×19	M22	3×2	120	－	12× 410	16× 80	5×1	60	9×320×170	359.0	1530.0	475.0	35.04	692.0	1.3	1.65	7.61	2.12	GGF－4X－T-4520•1219－22

●梁継手（定形H形鋼）

表GG　梁継手諸元表（6/18）

400N級鋼

●鉄骨構造標準接合部委員会SCSS－H97
建設省住宅局建築指導課監修

継手呼称	断面寸法	径 D	フランジ ボルト $n_F \times m_F$	フランジ ゲージ g_1 mm	フランジ ゲージ g_2 mm	フランジ 外添板 厚×長さ mm mm	フランジ 内添板 厚×幅 mm mm	ウェブ ボルト $m_W \times n_W$	ウェブ ボルト P_C mm	ウェブ 添板寸法 厚×幅×長さ mm mm mm	曲げモーメント M_y kNm	曲げモーメント $_dZ$ cm³	せん断力 Q_y kN	せん断力 $_dA_W$ cm²	保有耐力接合 M_u kNm	保有耐力接合 a_J	保有耐力接合 L_q m	横補剛 L_1 m	横補剛 L_2 m	継手呼称
GGF－4X－T－4520•1222－22	H－450×200×12×22	M22	3×2	120	－	16× 410	16× 80	5×1	60	9×320×170	396.0	1690.0	465.0	34.32	781.0	1.3	1.86	7.85	2.45	GGF－4X－T－4520•1222－22
GGF－4X－T－4520•1225－22	H－450×200×12×25	M22	3×2	120	－	16× 410	16× 80	5×1	60	9×320×170	431.0	1840.0	455.0	33.60	787.0	1.2	2.08	8.04	2.78	GGF－4X－T－4520•1225－22
GGF－4X－T－4525•0912－22	H－450×250×9×12	M22	3×2	150	－	9× 410	9×100	4×1	60	12×260×170	310.0	1320.0	402.0	29.70	539.0	1.3	1.57	9.52	1.67	GGF－4X－T－4525•0912－22
GGF－4X－T－4525•0916－22	H－450×250×9×16	M22	3×2	150	－	12× 410	12×100	4×1	60	12×260×170	381.0	1620.0	393.0	28.98	701.0	1.3	1.98	10.07	2.23	GGF－4X－T－4525•0916－22
GGF－4X－T－4525•0919－22	H－450×250×9×19	M22	4×2	150	－	12× 530	16×100	4×1	60	12×260×170	433.0	1850.0	385.0	28.44	826.0	1.4	2.29	10.36	2.64	GGF－4X－T－4525•0919－22
GGF－4X－T－4525•0922－22	H－450×250×9×22	M22	4×2	150	－	16× 530	16×100	4×1	60	12×260×170	483.0	2060.0	378.0	27.90	920.0	1.4	2.62	10.59	3.06	GGF－4X－T－4525•0922－22
GGF－4X－T－4525•1222－22	H－450×250×12×22	M22	4×2	150	－	16× 530	16×100	5×1	60	9×320×170	501.0	2130.0	465.0	34.32	970.0	1.4	2.22	10.18	3.06	GGF－4X－T－4525•1222－22
GGF－4X－T－4525•1225－22	H－450×250×12×25	M22	4×2	150	－	16× 530	19×100	5×1	60	9×320×170	549.0	2340.0	455.0	33.60	1060.0	1.4	2.50	10.40	3.48	GGF－4X－T－4525•1225－22
GGF－4X－T－4525•1228－22	H－450×250×12×28	M22	5×2	150	－	19× 650	19×100	5×1	60	9×320×170	596.0	2540.0	446.0	32.88	1150.0	1.4	2.78	10.58	3.89	GGF－4X－T－4525•1228－22
GGF－4X－T－5020•0912－22	H－500×200×9×12	M22	3×2	120	－	9× 410	9× 80	4×1	90	9×350×170	287.0	1220.0	464.0	34.20	515.0	1.2	1.33	7.09	1.20	GGF－4X－T－5020•0912－22
GGF－4X－T－5020•0916－22	H－500×200×9×16	M22	3×2	120	－	12× 410	12× 80	4×1	90	9×350×170	347.0	1480.0	454.0	33.48	665.0	1.3	1.64	7.58	1.60	GGF－4X－T－5020•0916－22
GGF－4X－T－5020•0919－22	H－500×200×9×19	M22	3×2	120	－	12× 410	16× 80	4×1	90	9×350×170	390.0	1660.0	446.0	32.94	747.0	1.3	1.89	7.85	1.90	GGF－4X－T－5020•0919－22
GGF－4X－T－5020•0922－22	H－500×200×9×22	M22	3×2	120	－	16× 410	16× 80	4×1	90	9×350×170	433.0	1840.0	439.0	32.40	839.0	1.3	2.13	8.07	2.20	GGF－4X－T－5020•0922－22
GGF－4X－T－5020•1216－22	H－500×200×12×16	M22	3×2	120	－	12× 410	12× 80	5×1	60	12×320×170	371.0	1580.0	566.0	41.76	682.0	1.3	1.42	7.14	1.60	GGF－4X－T－5020•1216－22
GGF－4X－T－5020•1219－22	H－500×200×12×19	M22	3×2	120	－	12× 410	16× 80	5×1	60	12×320×170	413.0	1760.0	556.0	41.04	764.0	1.3	1.62	7.44	1.90	GGF－4X－T－5020•1219－22
GGF－4X－T－5020•1222－22	H－500×200×12×22	M22	3×2	120	－	16× 410	16× 80	5×1	60	12×320×170	455.0	1940.0	547.0	40.32	876.0	1.3	1.82	7.68	2.20	GGF－4X－T－5020•1222－22
GGF－4X－T－5020•1225－22	H－500×200×12×25	M22	3×2	120	－	16× 410	16× 80	5×1	60	12×320×170	495.0	2110.0	537.0	39.60	871.0	1.2	2.02	7.89	2.50	GGF－4X－T－5020•1225－22
GGF－4X－T－5025•0912－22	H－500×250×9×12	M22	3×2	150	－	9× 410	9×100	4×1	90	9×350×170	354.0	1510.0	464.0	34.20	613.0	1.3	1.56	9.32	1.50	GGF－4X－T－5025•0912－22
GGF－4X－T－5025•0916－22	H－500×250×9×16	M22	3×2	150	－	12× 410	12×100	4×1	90	9×350×170	435.0	1850.0	454.0	33.48	795.0	1.3	1.95	9.88	2.00	GGF－4X－T－5025•0916－22
GGF－4X－T－5025•0919－22	H－500×250×9×19	M22	4×2	150	－	12× 530	16×100	4×1	90	9×350×170	494.0	2100.0	446.0	32.94	943.0	1.4	2.25	10.19	2.38	GGF－4X－T－5025•0919－22
GGF－4X－T－5025•0922－22	H－500×250×9×22	M22	4×2	150	－	16× 530	16×100	4×1	90	9×350×170	551.0	2350.0	439.0	32.40	1050.0	1.4	2.56	10.43	2.75	GGF－4X－T－5025•0922－22
GGF－4X－T－5025•1222－22	H－500×250×12×22	M22	4×2	150	－	16× 530	16×100	5×1	60	12×320×170	573.0	2440.0	547.0	40.32	1110.0	1.4	2.16	9.99	2.75	GGF－4X－T－5025•1222－22
GGF－4X－T－5025•1225－22	H－500×250×12×25	M22	4×2	150	－	16× 530	19×100	5×1	60	12×320×170	628.0	2670.0	537.0	39.60	1210.0	1.4	2.42	10.22	3.13	GGF－4X－T－5025•1225－22
GGF－4X－T－5025•1228－22	H－500×250×12×28	M22	5×2	150	－	19× 650	19×100	5×1	60	12×320×170	681.0	2900.0	527.0	38.88	1310.0	1.4	2.68	10.41	3.50	GGF－4X－T－5025•1228－22
GGF－4X－T－5520•0912－22	H－550×200×9×12	M22	3×2	120	－	9× 410	9× 80	4×1	120	6×440×170	327.0	1390.0	525.0	38.70	580.0	1.2	1.34	6.93	1.10	GGF－4X－T－5520•0912－22
GGF－4X－T－5520•0916－22	H－550×200×9×16	M22	3×2	120	－	12× 410	12× 80	4×1	120	6×440×170	393.0	1670.0	515.0	37.98	745.0	1.3	1.64	7.43	1.46	GGF－4X－T－5520•0916－22
GGF－4X－T－5520•0919－22	H－550×200×9×19	M22	3×2	120	－	12× 410	16× 80	4×1	120	6×440×170	442.0	1880.0	507.0	37.44	837.0	1.3	1.87	7.71	1.73	GGF－4X－T－5520•0919－22
GGF－4X－T－5520•0922－22	H－550×200×9×22	M22	3×2	120	－	16× 410	16× 80	4×1	120	6×440×170	489.0	2080.0	500.0	36.90	951.0	1.3	2.11	7.93	2.00	GGF－4X－T－5520•0922－22
GGF－4X－T－5520•1216－22	H－550×200×12×16	M22	3×2	120	－	12× 410	12× 80	6×1	60	12×380×170	423.0	1800.0	608.0	44.88	780.0	1.3	1.51	6.97	1.46	GGF－4X－T－5520•1216－22
GGF－4X－T－5520•1219－22	H－550×200×12×19	M22	3×2	120	－	12× 410	16× 80	6×1	60	12×380×170	470.0	2000.0	599.0	44.16	871.0	1.3	1.71	7.28	1.73	GGF－4X－T－5520•1219－22
GGF－4X－T－5520•1222－22	H－550×200×12×22	M22	3×2	120	－	16× 410	16× 80	6×1	60	12×380×170	517.0	2200.0	589.0	43.44	995.0	1.3	1.91	7.53	2.00	GGF－4X－T－5520•1222－22
GGF－4X－T－5520•1225－22	H－550×200×12×25	M22	3×2	120	－	16× 410	16× 80	6×1	60	12×380×170	562.0	2390.0	579.0	42.72	990.0	1.2	2.12	7.74	2.28	GGF－4X－T－5520•1225－22
GGF－4X－T－5525•0912－22	H－550×250×9×12	M22	3×2	150	－	9× 410	9×100	4×1	120	6×440×170	401.0	1710.0	525.0	38.70	688.0	1.2	1.56	9.12	1.37	GGF－4X－T－5525•0912－22
GGF－4X－T－5525•0916－22	H－550×250×9×16	M22	3×2	150	－	12× 410	12×100	4×1	120	6×440×170	491.0	2090.0	515.0	37.98	889.0	1.3	1.94	9.71	1.82	GGF－4X－T－5525•0916－22
GGF－4X－T－5525•0919－22	H－550×250×9×19	M22	4×2	150	－	12× 530	16×100	4×1	120	6×440×170	556.0	2370.0	507.0	37.44	1060.0	1.4	2.23	10.03	2.16	GGF－4X－T－5525•0919－22
GGF－4X－T－5525•0922－22	H－550×250×9×22	M22	4×2	150	－	16× 530	16×100	4×1	120	6×440×170	620.0	2640.0	500.0	36.90	1180.0	1.4	2.53	10.28	2.50	GGF－4X－T－5525•0922－22
GGF－4X－T－5525•1222－22	H－550×250×12×22	M22	4×2	150	－	16× 530	16×100	6×1	60	12×380×170	648.0	2760.0	589.0	43.44	1260.0	1.4	2.26	9.82	2.50	GGF－4X－T－5525•1222－22
GGF－4X－T－5525•1225－22	H－550×250×12×25	M22	4×2	150	－	16× 530	19×100	6×1	60	12×380×170	709.0	3020.0	579.0	42.72	1370.0	1.4	2.52	10.06	2.85	GGF－4X－T－5525•1225－22
GGF－4X－T－5525•1228－22	H－550×250×12×28	M22	5×2	150	－	19× 650	19×100	6×1	60	12×380×170	769.0	3270.0	569.0	42.00	1480.0	1.4	2.79	10.26	3.19	GGF－4X－T－5525•1228－22
GGF－4X－T－6020•0912－22	H－600×200×9×12	M22	3×2	120	－	9× 410	12× 80	5×1	90	9×440×170	368.0	1570.0	556.0	41.04	715.0	1.3	1.42	6.77	1.00	GGF－4X－T－6020•0912－22

表GG 梁継手諸元表（7/18）

●梁継手（定形H形鋼）

400N級鋼

●鉄骨構造標準接合部委員会SCSS－H97
建設省住宅局建築指導課監修

継手呼称	断面寸法	径 D	フランジ ボルト $n_F \times m_F$	フランジ ゲージ g_1 mm	フランジ ゲージ g_2 mm	フランジ 外添板 厚×長さ mm mm	フランジ 内添板 厚×幅 mm mm	ウェブ ボルト $m_W \times n_W$	ウェブ P_C mm	ウェブ 添板寸法 厚×幅×長さ mm mm mm	継手性能 曲げモーメント M_y kNm	継手性能 曲げモーメント $_dZ$ cm³	継手性能 せん断力 Q_y kN	継手性能 せん断力 $_dA_W$ cm²	継手性能 保有耐力接合 M_u kNm	継手性能 保有耐力接合 a_J	継手性能 保有耐力接合 L_q m	横補剛 L_1 m	横補剛 L_2 m	継手呼称
GGF－4X－T-6020•0916－22	H－600×200×9×16	M22	3×2	120	－	12× 410	12× 80	5×1	90	9×440×170	441.0	1880.0	547.0	40.32	817.0	1.3	1.73	7.28	1.34	GGF－4X－T-6020•0916－22
GGF－4X－T-6020•0919－22	H－600×200×9×19	M22	3×2	120	－	16× 410	16× 80	5×1	90	9×440×170	495.0	2110.0	539.0	39.78	971.0	1.4	1.97	7.57	1.59	GGF－4X－T-6020•0919－22
GGF－4X－T-6020•0922－22	H－600×200×9×22	M22	3×2	120	－	16× 410	16× 80	5×1	90	9×440×170	547.0	2330.0	532.0	39.24	1050.0	1.3	2.22	7.81	1.84	GGF－4X－T-6020•0922－22
GGF－4X－T-6020•1216－22	H－600×200×12×16	M22	3×2	120	－	12× 410	12× 80	7×1	60	9×440×170	477.0	2030.0	651.0	48.00	878.0	1.3	1.59	6.81	1.34	GGF－4X－T-6020•1216－22
GGF－4X－T-6020•1219－22	H－600×200×12×19	M22	3×2	120	－	16× 410	16× 80	7×1	60	9×440×170	529.0	2250.0	641.0	47.28	1060.0	1.4	1.79	7.13	1.59	GGF－4X－T-6020•1219－22
GGF－4X－T-6020•1222－22	H－600×200×12×22	M22	3×2	120	－	16× 410	16× 80	7×1	60	9×440×170	581.0	2470.0	631.0	46.56	1110.0	1.3	2.00	7.38	1.84	GGF－4X－T-6020•1222－22
GGF－4X－T-6020•1225－22	H－600×200×12×25	M22	4×2	120	－	16× 530	19× 80	7×1	60	9×440×170	631.0	2690.0	621.0	45.84	1180.0	1.3	2.21	7.60	2.09	GGF－4X－T-6020•1225－22
GGF－4X－T-6020•1228－22	H－600×200×12×28	M22	4×2	120	－	19× 530	19× 80	7×1	60	9×440×170	680.0	2890.0	612.0	45.12	1280.0	1.3	2.43	7.78	2.34	GGF－4X－T-6020•1228－22
GGF－4X－T-6025•0916－22	H－600×250×9×16	M22	3×2	150	－	12× 410	12×100	5×1	90	9×440×170	548.0	2330.0	547.0	40.32	974.0	1.3	2.04	9.54	1.67	GGF－4X－T-6025•0916－22
GGF－4X－T-6025•0919－22	H－600×250×9×19	M22	4×2	150	－	12× 530	16×100	5×1	90	9×440×170	620.0	2640.0	539.0	39.78	1190.0	1.4	2.34	9.87	1.98	GGF－4X－T-6025•0919－22
GGF－4X－T-6025•1219－22	H－600×250×12×19	M22	4×2	150	－	12× 530	16×100	7×1	60	9×440×170	655.0	2790.0	641.0	47.28	1260.0	1.4	2.10	9.35	1.98	GGF－4X－T-6025•1219－22
GGF－4X－T-6025•1222－22	H－600×250×12×22	M22	4×2	150	－	16× 530	16×100	7×1	60	9×440×170	725.0	3090.0	631.0	46.56	1410.0	1.4	2.36	9.65	2.30	GGF－4X－T-6025•1222－22
GGF－4X－T-6025•1225－22	H－600×250×12×25	M22	4×2	150	－	16× 530	19×100	7×1	60	9×440×170	793.0	3370.0	621.0	45.84	1530.0	1.4	2.63	9.90	2.61	GGF－4X－T-6025•1225－22
GGF－4X－T-6025•1228－22	H－600×250×12×28	M22	5×2	150	－	19× 650	19×100	7×1	60	9×440×170	859.0	3660.0	612.0	45.12	1660.0	1.4	2.90	10.11	2.92	GGF－4X－T-6025•1228－22
GGF－4X－T-6030•0919－22	H－600×300×9×19	M22	4×2	150	40	12× 440	16×110	5×1	90	9×440×170	701.0	2980.0	539.0	39.78	1300.0	1.3	2.71	12.21	2.38	GGF－4X－T-6030•0919－22
GGF－4X－T-6030•1219－22	H－600×300×12×19	M22	4×2	150	40	12× 440	16×110	7×1	60	9×440×170	735.0	3130.0	641.0	47.28	1360.0	1.3	2.41	11.63	2.38	GGF－4X－T-6030•1219－22
GGF－4X－T-6030•1222－22	H－600×300×12×22	M22	5×2	150	40	16× 530	19×110	7×1	60	9×440×170	817.0	3480.0	631.0	46.56	1570.0	1.4	2.72	11.97	2.75	GGF－4X－T-6030•1222－22
GGF－4X－T-6030•1225－22	H－600×300×12×25	M22	5×2	150	40	19× 530	19×110	7×1	60	9×440×170	896.0	3820.0	621.0	45.84	1720.0	1.4	3.04	12.24	3.13	GGF－4X－T-6030•1225－22
GGF－4X－T-6030•1228－22	H－600×300×12×28	M22	6×2	150	40	19× 620	22×110	7×1	60	9×440×170	974.0	4150.0	612.0	45.12	1860.0	1.3	3.37	12.46	3.50	GGF－4X－T-6030•1228－22
GGF－4X－T-6520•0912－22	H－650×200×9×12	M22	3×2	120	－	9× 410	12× 80	6×1	90	6×530×170	411.0	1750.0	588.0	43.38	808.0	1.4	1.50	6.63	0.93	GGF－4X－T-6520•0912－22
GGF－4X－T-6520•0916－22	H－650×200×9×16	M22	3×2	120	－	12× 410	12× 80	6×1	90	6×530×170	491.0	2090.0	578.0	42.66	920.0	1.3	1.82	7.15	1.24	GGF－4X－T-6520•0916－22
GGF－4X－T-6520•0919－22	H－650×200×9×19	M22	3×2	120	－	16× 410	16× 80	6×1	90	6×530×170	549.0	2340.0	571.0	42.12	1080.0	1.4	2.07	7.44	1.47	GGF－4X－T-6520•0919－22
GGF－4X－T-6520•0922－22	H－650×200×9×22	M22	3×2	120	－	16× 410	16× 80	6×1	90	6×530×170	607.0	2580.0	564.0	41.58	1170.0	1.3	2.32	7.68	1.70	GGF－4X－T-6520•0922－22
GGF－4X－T-6520•1216－22	H－650×200×12×16	M22	3×2	120	－	12× 410	12× 80	7×1	60	12×440×170	533.0	2270.0	732.0	54.00	941.0	1.2	1.58	6.67	1.24	GGF－4X－T-6520•1216－22
GGF－4X－T-6520•1219－22	H－650×200×12×19	M22	3×2	120	－	16× 410	16× 80	7×1	60	12×440×170	591.0	2520.0	722.0	53.28	1190.0	1.4	1.78	6.98	1.47	GGF－4X－T-6520•1219－22
GGF－4X－T-6520•1222－22	H－650×200×12×22	M22	3×2	120	－	16× 410	16× 80	7×1	60	12×440×170	647.0	2750.0	713.0	52.56	1190.0	1.3	1.97	7.25	1.70	GGF－4X－T-6520•1222－22
GGF－4X－T-6520•1225－22	H－650×200×12×25	M22	4×2	120	－	16× 530	19× 80	7×1	60	12×440×170	702.0	2990.0	703.0	51.84	1270.0	1.2	2.17	7.47	1.93	GGF－4X－T-6520•1225－22
GGF－4X－T-6520•1228－22	H－650×200×12×28	M22	4×2	120	－	19× 530	19× 80	7×1	60	12×440×170	756.0	3220.0	693.0	51.12	1380.0	1.2	2.38	7.66	2.16	GGF－4X－T-6520•1228－22
GGF－4X－T-6525•0916－22	H－650×250×9×16	M22	3×2	150	－	12× 410	12×100	6×1	90	6×530×170	607.0	2590.0	578.0	42.66	1090.0	1.3	2.14	9.38	1.54	GGF－4X－T-6525•0916－22
GGF－4X－T-6525•0919－22	H－650×250×9×19	M22	4×2	150	－	12× 530	16×100	6×1	90	6×530×170	686.0	2920.0	571.0	42.12	1320.0	1.4	2.44	9.72	1.83	GGF－4X－T-6525•0919－22
GGF－4X－T-6525•1219－22	H－650×250×12×19	M22	4×2	150	－	12× 530	16×100	7×1	60	12×440×170	728.0	3100.0	722.0	53.28	1360.0	1.3	2.07	9.19	1.83	GGF－4X－T-6525•1219－22
GGF－4X－T-6525•1222－22	H－650×250×12×22	M22	4×2	150	－	16× 530	16×100	7×1	60	12×440×170	804.0	3420.0	713.0	52.56	1560.0	1.4	2.32	9.49	2.12	GGF－4X－T-6525•1222－22
GGF－4X－T 6525•1225－22	H－650×250×12×25	M22	4×2	150	－	16× 530	19×100	7×1	60	12×440×170	879.0	3740.0	703.0	51.84	1660.0	1.4	2.57	9.75	2.41	GGF－4X－T-6525•1225－22
GGF－4X－T-6525•1228－22	H－650×250×12×28	M22	5×2	150	－	19× 650	19×100	7×1	60	12×440×170	952.0	4050.0	693.0	51.12	1810.0	1.4	2.83	9.96	2.70	GGF－4X－T-6525•1228－22
GGF－4X－T-7020•0912－22	H－700×200×9×12	M22	3×2	120	－	9× 410	12× 80	6×1	90	9×530×170	466.0	1980.0	649.0	47.88	863.0	1.3	1.54	6.45	0.86	GGF－4X－T-7020•0912－22
GGF－4X－T-7020•0916－22	H－700×200×9×16	M22	3×2	120	－	12× 410	12× 80	6×1	90	9×530×170	552.0	2350.0	639.0	47.16	983.0	1.2	1.85	6.99	1.15	GGF－4X－T-7020•0916－22
GGF－4X－T-7020•0919－22	H－700×200×9×19	M22	3×2	120	－	16× 410	16× 80	6×1	90	9×530×170	615.0	2620.0	632.0	46.62	1210.0	1.4	2.08	7.29	1.36	GGF－4X－T-7020•0919－22
GGF－4X－T-7020•0922－22	H－700×200×9×22	M22	3×2	120	－	16× 410	16× 80	6×1	90	9×530×170	677.0	2890.0	625.0	46.08	1260.0	1.3	2.33	7.54	1.58	GGF－4X－T-7020•0922－22
GGF－4X－T-7020•1222－22	H－700×200×12×22	M22	3×2	120	－	16× 410	16× 80	8×1	60	12×500×170	725.0	3090.0	755.0	55.68	1330.0	1.3	2.08	7.09	1.58	GGF－4X－T-7020•1222－22
GGF－4X－T-7020•1225－22	H－700×200×12×25	M22	4×2	120	－	16× 530	19× 80	8×1	60	12×500×170	785.0	3340.0	745.0	54.96	1410.0	1.2	2.28	7.32	1.79	GGF－4X－T-7020•1225－22
GGF－4X－T-7020•1228－22	H－700×200×12×28	M22	4×2	120	－	19× 530	19× 80	8×1	60	12×500×170	843.0	3590.0	735.0	54.24	1530.0	1.2	2.49	7.51	2.00	GGF－4X－T-7020•1228－22

表GG　梁継手諸元表 (8/18)

●梁継手（定形H形鋼）

400N級鋼

●鉄骨構造標準接合部委員会SCSS－H97
建設省住宅局建築指導課監修

継手呼称	断面寸法	径 D	フランジ ボルト $n_F \times m_F$	フランジ ゲージ g_1 mm	フランジ ゲージ g_2 mm	フランジ 外添板 厚×長さ mm mm	フランジ 内添板 厚×幅 mm mm	ウェブ ボルト $m_W \times n_W$	ウェブ ボルト P_C mm	ウェブ 添板寸法 厚×幅×長さ mm mm mm	継手性能 曲げモーメント M_Y kNm	継手性能 曲げモーメント $_dZ$ cm³	継手性能 せん断力 Q_Y kN	継手性能 せん断力 $_dA_W$ cm²	継手性能 保有耐力接合 M_u kNm	継手性能 保有耐力接合 a_J	継手性能 保有耐力接合 L_q m	継手性能 横補剛 L_1 m	継手性能 横補剛 L_2 m	継手呼称
GGF－4X－T-7025•0916－22	H－700×250×9×16	M22	3×2	150	－	12× 410	12×100	6×1	90	9×530×170	678.0	2890.0	639.0	47.16	1160.0	1.3	2.15	9.19	1.43	GGF－4X－T-7025•0916－22
GGF－4X－T-7025•0919－22	H－700×250×9×19	M22	4×2	150	－	12× 530	16×100	6×1	90	9×530×170	763.0	3250.0	632.0	46.62	1430.0	1.4	2.45	9.54	1.70	GGF－4X－T-7025•0919－22
GGF－4X－T-7025•1219－22	H－700×250×12×19	M22	4×2	150	－	12× 530	16×100	8×1	60	12×500×170	812.0	3460.0	765.0	56.40	1500.0	1.3	2.18	9.00	1.70	GGF－4X－T-7025•1219－22
GGF－4X－T-7025•1222－22	H－700×250×12×22	M22	4×2	150	－	16× 530	16×100	8×1	60	12×500×170	895.0	3810.0	755.0	55.68	1720.0	1.4	2.43	9.31	1.97	GGF－4X－T-7025•1222－22
GGF－4X－T-7025•1225－22	H－700×250×12×25	M22	4×2	150	－	16× 530	19×100	8×1	60	12×500×170	976.0	4160.0	745.0	54.96	1830.0	1.4	2.69	9.58	2.24	GGF－4X－T-7025•1225－22
GGF－4X－T-7025•1425－22	H－700×250×14×25	M22	4×2	150	－	16× 530	19×100	9×1	60	9×560×170	1000.0	4290.0	824.0	60.76	1920.0	1.4	2.52	9.29	2.24	GGF－4X－T-7025•1425－22
GGF－4X－T-7025•1428－22	H－700×250×14×28	M22	5×2	150	－	19× 650	19×100	9×1	60	9×560×170	1080.0	4620.0	812.0	59.92	2070.0	1.4	2.76	9.53	2.50	GGF－4X－T-7025•1428－22
GGF－4X－T-7030•0919－22	H－700×300×9×19	M22	4×2	150	40	12× 440	16×110	6×1	90	9×530×170	858.0	3650.0	632.0	46.62	1550.0	1.3	2.82	11.85	2.04	GGF－4X－T-7030•0919－22
GGF－4X－T-7030•1219－22	H－700×300×12×19	M22	4×2	150	40	12× 440	16×110	8×1	60	12×500×170	907.0	3860.0	765.0	56.40	1620.0	1.3	2.49	11.24	2.04	GGF－4X－T-7030•1219－22
GGF－4X－T-7030•1222－22	H－700×300×12×22	M22	5×2	150	40	16× 530	19×110	8×1	60	12×500×170	1000.0	4270.0	755.0	55.68	1940.0	1.4	2.79	11.59	2.36	GGF－4X－T-7030•1222－22
GGF－4X－T-7030•1422－22	H－700×300×14×22	M22	5×2	150	40	16× 530	19×110	9×1	60	9×560×170	1030.0	4410.0	835.0	61.60	2030.0	1.4	2.61	11.25	2.36	GGF－4X－T-7030•1422－22
GGF－4X－T-7030•1425－22	H－700×300×14×25	M22	5×2	150	40	19× 530	19×110	9×1	60	9×560×170	1120.0	4810.0	824.0	60.76	2200.0	1.4	2.89	11.56	2.68	GGF－4X－T-7030•1425－22
GGF－4X－T-7030•1428－22	H－700×300×14×28	M22	6×2	150	40	19× 620	22×110	9×1	60	9×560×170	1220.0	5200.0	812.0	59.92	2370.0	1.4	3.18	11.83	3.00	GGF－4X－T-7030•1428－22
GGF－4X－T-7520•0912－22	H－750×200×9×12	M22	3×2	120	－	9× 410	12× 80	6×1	90	9×530×170	513.0	2190.0	710.0	52.38	917.0	1.2	1.55	6.33	0.80	GGF－4X－T-7520•0912－22
GGF－4X－T-7520•0916－22	H－750×200×9×16	M22	3×2	120	－	12× 410	12× 80	6×1	90	9×530×170	606.0	2580.0	700.0	51.66	1040.0	1.2	1.85	6.87	1.07	GGF－4X－T-7520•0916－22
GGF－4X－T-7520•0919－22	H－750×200×9×19	M22	3×2	120	－	16× 410	16× 80	6×1	90	9×530×170	674.0	2870.0	693.0	51.12	1340.0	1.4	2.08	7.17	1.27	GGF－4X－T-7520•0919－22
GGF－4X－T-7520•1219－22	H－750×200×12×19	M22	3×2	120	－	16× 410	16× 80	7×1	90	9×620×170	731.0	3110.0	885.0	65.28	1440.0	1.4	1.79	6.70	1.27	GGF－4X－T-7520•1219－22
GGF－4X－T-7520•1222－22	H－750×200×12×22	M22	3×2	120	－	16× 410	16× 80	7×1	90	9×620×170	797.0	3390.0	875.0	64.56	1430.0	1.2	1.97	6.97	1.47	GGF－4X－T-7520•1222－22
GGF－4X－T-7520•1225－22	H－750×200×12×25	M22	4×2	120	－	16× 530	19× 80	7×1	90	9×620×170	861.0	3670.0	866.0	63.84	1520.0	1.2	2.16	7.20	1.67	GGF－4X－T-7520•1225－22
GGF－4X－T-7520•1228－22	H－750×200×12×28	M22	4×2	120	－	19× 530	19× 80	7×1	90	9×620×170	925.0	3940.0	856.0	63.12	1650.0	1.2	2.35	7.40	1.87	GGF－4X－T-7520•1228－22
GGF－4X－T-7525•1216－22	H－750×250×12×16	M22	3×2	150	－	12× 410	12×100	7×1	90	9×620×170	799.0	3400.0	895.0	66.00	1330.0	1.2	1.84	8.46	1.34	GGF－4X－T-7525•1216－22
GGF－4X－T-7525•1219－22	H－750×250×12×19	M22	4×2	150	－	16× 530	16×100	7×1	90	9×620×170	890.0	3790.0	885.0	65.28	1760.0	1.4	2.07	8.85	1.59	GGF－4X－T-7525•1219－22
GGF－4X－T-7525•1222－22	H－750×250×12×22	M22	4×2	150	－	16× 530	19×100	7×1	90	9×620×170	979.0	4170.0	875.0	64.56	1930.0	1.4	2.30	9.17	1.84	GGF－4X－T-7525•1222－22
GGF－4X－T-7525•1422－22	H－750×250×14×22	M22	4×2	150	－	16× 530	19×100	9×1	60	12×560×170	1010.0	4330.0	930.0	68.60	2030.0	1.4	2.26	8.87	1.84	GGF－4X－T-7525•1422－22
GGF－4X－T-7525•1425－22	H－750×250×14×25	M22	5×2	150	－	19× 650	19×100	9×1	60	12×560×170	1100.0	4700.0	919.0	67.76	2180.0	1.4	2.48	9.15	2.09	GGF－4X－T-7525•1425－22
GGF－4X－T-7525•1428－22	H－750×250×14×28	M22	5×2	150	－	19× 650	22×100	9×1	60	12×560×170	1180.0	5060.0	907.0	66.92	2340.0	1.4	2.71	9.39	2.34	GGF－4X－T-7525•1428－22
GGF－4X－T-8025•1422－22	H－800×250×14×22	M22	4×2	150	－	16× 530	19×100	10×1	60	12×620×170	1100.0	4720.0	980.0	72.24	2220.0	1.4	2.34	8.72	1.72	GGF－4X－T-8025•1422－22
GGF－4X－T-8025•1425－22	H－800×250×14×25	M22	5×2	150	－	19× 650	19×100	10×1	60	12×620×170	1200.0	5120.0	968.0	71.40	2390.0	1.4	2.57	9.01	1.96	GGF－4X－T-8025•1425－22
GGF－4X－T-8025•1625－22	H－800×250×16×25	M22	5×2	150	－	19× 650	19×100	10×1	60	12×620×170	1240.0	5290.0	1100.0	81.60	2460.0	1.4	2.34	8.74	1.96	GGF－4X－T-8025•1625－22
GGF－4X－T-8025•1628－22	H－800×250×16×28	M22	5×2	150	－	19× 650	22×100	10×1	60	12×620×170	1330.0	5680.0	1090.0	80.64	2600.0	1.4	2.54	8.99	2.19	GGF－4X－T-8025•1628－22
GGF－4X－T-8030•1422－22	H－800×300×14×22	M22	5×2	150	40	16× 530	19×110	10×1	60	12×620×170	1230.0	5250.0	980.0	72.24	2410.0	1.4	2.66	10.92	2.07	GGF－4X－T-8030•1422－22
GGF－4X－T-8030•1622－22	H－800×300×16×22	M22	5×2	150	40	16× 530	19×110	10×1	60	12×620×170	1270.0	5430.0	1120.0	82.56	2450.0	1.3	2.42	10.60	2.07	GGF－4X－T-8030•1622－22
GGF－4X－T-8030•1625－22	H－800×300×16×25	M22	5×2	150	40	19× 530	19×110	10×1	60	12×620×170	1380.0	5900.0	1100.0	81.60	2660.0	1.3	2.65	10.94	2.35	GGF－4X－T-8030•1625－22
GGF－4X－T-8030•1628－22	H－800×300×16×28	M22	6×2	150	40	19× 620	22×110	10×1	60	12×620×170	1490.0	6350.0	1090.0	80.64	2800.0	1.3	2.89	11.23	2.63	GGF－4X－T-8030•1628－22
GGF－4X－T-8525•1422－22	H－850×250×14×22	M22	4×2	150	－	16× 530	19×100	10×1	60	12×620×170	1200.0	5130.0	1070.0	79.24	2360.0	1.4	2.32	8.59	1.62	GGF－4X－T-8525•1422－22
GGF－4X－T-8525•1425－22	H－850×250×14×25	M22	5×2	150	－	19× 650	19×100	10×1	60	12×620×170	1300.0	5550.0	1060.0	78.40	2550.0	1.4	2.54	8.88	1.84	GGF－4X－T-8525•1425－22
GGF－4X－T-8525•1625－22	H－850×250×16×25	M22	5×2	150	－	19× 650	19×100	11×1	60	12×680×170	1350.0	5750.0	1160.0	85.76	2670.0	1.4	2.42	8.60	1.84	GGF－4X－T-8525•1625－22
GGF－4X－T-8525•1628－22	H－850×250×16×28	M22	5×2	150	－	19× 650	22×100	11×1	60	12×680×170	1440.0	6170.0	1150.0	84.80	2820.0	1.4	2.62	8.86	2.06	GGF－4X－T-8525•1628－22
GGF－4X－T-9025•1619－22	H－900×250×16×19	M22	4×2	150	－	16× 530	16×100	12×1	60	12×740×170	1250.0	5320.0	1240.0	91.84	2540.0	1.4	2.10	7.82	1.32	GGF－4X－T-9025•1619－22

表GG 梁継手諸元表（9/18）

400N級鋼

●梁継手（定形Ｈ形鋼）

●鉄骨構造標準接合部委員会SCSS－H97
建設省住宅局建築指導課監修

継手呼称	断面寸法	径	フランジ					ウェブ			継手性能									継手呼称
			ボルト	ゲージ		外添板	内添板	ボルト		添板寸法	曲げモーメント		せん断力		保有耐力接合			横補剛		
		D	$n_F \times m_F$	g_1 mm	g_2 mm	厚×長さ mm mm	厚×幅 mm mm	$m_W \times n_W$	P_C mm	厚×幅×長さ mm mm mm	M_y kNm	$_dZ$ cm³	Q_y kN	$_dA_W$ cm²	M_u kNm	a_J	L_q m	L_1 m	L_2 m	
GGF－4X－T-9025•1622－22	H－900×250×16×22	M22	4×2	150	－	16× 530	19×100	12×1	60	12×740×170	1350.0	5780.0	1230.0	90.88	2700.0	1.4	2.30	8.17	1.53	GGF－4X－T-9025•1622－22
GGF－4X－T-9025•1625－22	H－900×250×16×25	M22	5×2	150	－	19× 650	19×100	12×1	60	12×740×170	1460.0	6230.0	1220.0	89.92	2900.0	1.4	2.50	8.47	1.74	GGF－4X－T-9025•1625－22
GGF－4X－T-9025•1628－22	H－900×250×16×28	M22	5×2	150	－	19× 650	22×100	12×1	60	12×740×170	1560.0	6670.0	1200.0	88.96	3050.0	1.4	2.70	8.73	1.95	GGF－4X－T-9025•1628－22
GGF－4X－T-9030•1619－22	H－900×300×16×19	M22	4×2	150	40	16× 440	16×110	12×1	60	12×740×170	1370.0	5850.0	1240.0	91.84	2690.0	1.4	2.34	9.87	1.59	GGF－4X－T-9030•1619－22
GGF－4X－T-9030•1622－22	H－900×300×16×22	M22	5×2	150	40	16× 530	19×110	12×1	60	12×740×170	1490.0	6380.0	1230.0	90.88	2890.0	1.3	2.58	10.28	1.84	GGF－4X－T-9030•1622－22
GGF－4X－T-9030•1625－22	H－900×300×16×25	M22	5×2	150	40	19× 530	19×110	12×1	60	12×740×170	1620.0	6910.0	1220.0	89.92	3130.0	1.3	2.82	10.63	2.09	GGF－4X－T-9030•1625－22
GGF－4X－T-9030•1628－22	H－900×300×16×28	M22	6×2	150	40	19× 620	22×110	12×1	60	12×740×170	1740.0	7430.0	1200.0	88.96	3280.0	1.3	3.07	10.93	2.34	GGF－4X－T-9030•1628－22

表GG　梁継手諸元表（10/18）

490N級鋼

●梁継手（一般H形鋼）

●鉄骨構造標準接合部委員会SCSS－H97
建設省住宅局建築指導課監修

継手呼称	断面寸法	径 D	フランジ ボルト $n_F \times m_F$	フランジ ゲージ g_1 mm	フランジ ゲージ g_2 mm	フランジ 外添板 厚×長さ mm mm	フランジ 内添板 厚×幅 mm mm	ウェブ ボルト $m_W \times n_W$	ウェブ ボルト P_C mm	ウェブ 添板寸法 厚×幅×長さ mm mm mm	継手性能 曲げモーメント M_y kNm	継手性能 曲げモーメント $_dZ$ cm³	継手性能 せん断力 Q_y kN	継手性能 せん断力 $_dA_W$ cm²	継手性能 保有耐力接合 M_u kNm	継手性能 保有耐力接合 a_J	継手性能 保有耐力接合 L_q m	継手性能 横補剛 L_1 m	継手性能 横補剛 L_2 m	継手呼称
GGF－5X－J－1010•0609－16	H－100×100×6×8	M16	3×2	56	－	16×410	－	1×2	*－	9×50×350	16.6	51.1	74.3	3.96	29.1	*1.04	0.61	3.24	1.25	GGF－5X－J－1010•0609－16
GGF－5X－J－1510•0609－16	H－148×100×6×9	M16	3×2	56	－	16×410	－	1×3	－	6×80×410	30.2	93.1	126.0	6.72	53.1	*1.06	0.64	3.11	1.20	GGF－5X－J－1510•0609－16
GGF－5X－J－2010•0609－16	H－200×100×5.5×8	M16	3×2	56	－	16×410	－	2×2	60	6×140×290	40.8	126.0	152.0	8.14	70.5	*1.06	0.70	2.92	0.80	GGF－5X－J－2010•0609－16
GGF－5X－J－2015•0609－16	H－194×150×6×9	M16	3×2	90	－	9×410	9×60	2×2	*60	6×140×350	68.7	211.0	157.0	8.40	114.0	1.1	0.99	4.75	1.40	GGF－5X－J－2015•0609－16
GGF－5X－J－2512•0609－16	H－250×125×6×9	M16	4×2	75	－	12×530	－	2×2	90	6×170×290	78.6	242.0	220.0	11.76	137.0	1.1	0.84	3.67	0.90	GGF－5X－J－2512•0609－16
GGF－5X－J－2517•0612－16	H－244×175×7×11	M16	4×2	105	－	9×530	9×70	2×3	60	9×140×410	131.0	405.0	244.0	13.02	220.0	1.2	1.17	5.48	1.58	GGF－5X－J－2517•0612－16
GGF－5X－J－3015•0609－16	H－300×150×6.5×9	M16	3×2	90	－	9×410	9×60	3×2	60	6×200×290	124.0	383.0	278.0	14.82	212.0	1.2	1.01	4.29	0.90	GGF－5X－J－3015•0609－16
GGF－5X－J－3517•0612－16	H－350×175×7×11	M16	4×2	105	－	9×530	9×70	3×2	90	6×260×290	208.0	641.0	359.0	19.18	357.0	1.2	1.25	5.15	1.10	GGF－5X－J－3517•0612－16
GGF－5X－J－2015•0609－20	H－194×150×6×9	M20	2×2	90	－	9×290	9×60	2×1	*60	6×140×230	64.4	198.0	148.0	7.92	107.0	1.1	1.05	4.75	1.40	GGF－5X－J－2015•0609－20
GGF－5X－J－2517•0612－20	H－244×175×7×11	M20	2×2	105	－	9×290	9×70	2×2	60	9×140×290	125.0	385.0	233.0	12.46	210.0	1.1	1.22	5.48	1.58	GGF－5X－J－2517•0612－20
GGF－5X－J－3015•0609－20	H－300×150×6.5×9	M20	2×2	90	－	9×290	9×60	3×1	60	6×200×170	117.0	362.0	263.0	14.04	200.0	1.1	1.07	4.29	0.90	GGF－5X－J－3015•0609－20
GGF－5X－J－3020•0912－20	H－294×200×8×12	M20	3×2	120	－	9×410	9×80	2×2	120	6×200×290	196.0	604.0	339.0	18.08	329.0	1.2	1.29	6.18	1.64	GGF－5X－J－3020•0912－20
GGF－5X－J－3517•0612－20	H－350×175×7×11	M20	2×2	105	－	9×290	9×70	3×1	90	6×260×170	194.0	598.0	344.0	18.34	317.0	1.1	1.30	5.15	1.10	GGF－5X－J－3517•0612－20
GGF－5X－J－3525•0916－20	H－340×250×9×14	M20	5×2	150	－	12×650	12×100	3×2	60	9×200×290	343.0	1060.0	415.0	22.14	579.0	1.2	1.73	7.88	2.06	GGF－5X－J－3525•0916－20
GGF－5X－J－4020•0912－20	H－400×200×8×13	M20	3×2	120	－	9×410	9×80	3×2	90	9×260×290	306.0	944.0	462.0	24.64	518.0	1.2	1.47	5.94	1.30	GGF－5X－J－4020•0912－20
GGF－5X－J－4030•0916－20	H－390×300×10×16	M20	5×2	150	40	12×530	12×110	3×2	90	9×260×290	518.0	1590.0	547.0	29.20	871.0	1.2	2.03	9.56	2.47	GGF－5X－J－4030•0916－20
GGF－5X－J－4520•0916－20	H－450×200×9×14	M20	4×2	120	－	12×530	12×80	3×2	120	9×320×290	390.0	1200.0	601.0	32.04	677.0	1.2	1.43	5.76	1.25	GGF－5X－J－4520•0916－20
GGF－5X－J－4530•1219－20	H－440×300×11×18	M20	6×2	150	40	12×620	12×110	5×2	60	9×320×290	665.0	2050.0	606.0	32.34	1120.0	1.2	2.36	9.44	2.46	GGF－5X－J－4530•1219－20
GGF－5X－J－5020•0916－20	H－500×200×10×16	M20	4×2	120	－	12×530	12×80	6×1	60	9×380×170	501.0	1540.0	630.0	33.60	876.0	1.2	1.75	5.68	1.28	GGF－5X－J－5020•0916－20
GGF－5X－J－5030•1219－20	H－488×300×11×18	M20	6×2	150	40	12×620	12×110	4×2	90	12×350×290	756.0	2330.0	751.0	40.04	1250.0	1.2	2.16	9.28	2.22	GGF－5X－J－5030•1219－20
GGF－5X－J－6020•1216－20	H－600×200×11×17	M20	4×2	120	－	12×530	12×80	6×2	60	12×380×290	680.0	2090.0	895.0	47.74	1160.0	1.2	1.68	5.41	1.14	GGF－5X－J－6020•1216－20
GGF－5X－J－6030•1219－20	H－588×300×12×20	M20	7×2	150	40	12×710	16×110	6×2	60	12×380×290	1040.0	3230.0	936.0	49.92	1760.0	1.2	2.41	9.02	2.05	GGF－5X－J－6030•1219－20
GGF－5X－J－7030•1425－20	H－700×300×13×24	M20	9×2	150	40	19×890	19×110	8×2	60	12×500×290	1520.0	4690.0	1160.0	61.88	2620.0	1.2	2.83	8.89	2.06	GGF－5X－J－7030•1425－20
GGF－5X－J－8030•1425－20	H－800×300×14×26	M20	9×2	150	40	19×890	19×110	9×2	60	12×560×290	1940.0	5980.0	1440.0	77.00	3370.0	1.2	2.90	8.68	1.95	GGF－5X－J－8030•1425－20
GGF－5X－J－9030•1622－20	H－890×299×15×23	M20	8×2	150	40	16×800	19×110	12×2	60	12×740×290	2090.0	6430.0	1630.0	87.00	3690.0	1.3	2.78	8.07	1.55	GGF－5X－J－9030•1622－20
GGF－5X－J－9030•1628－20	H－900×300×16×28	M20	10×2	150	40	19×980	22×110	12×2	60	12×740×290	2450.0	7560.0	1740.0	92.80	4310.0	1.2	3.06	8.36	1.87	GGF－5X－J－9030•1628－20
GGF－5X－J－9030•1934－20	H－912×302×18×34	M20	11×2	150	40	25×1070	25×110	12×2	60	12×740×290	2930.0	9030.0	1950.0	104.40	5160.0	1.2	3.26	8.58	2.26	GGF－5X－J－9030•1934－20
GGF－5X－J－9030•1937－20	H－918×303×19×37	M20	12×2	150	40	25×1160	28×110	12×2	60	12×740×290	3170.0	9770.0	2060.0	110.20	5560.0	1.2	3.35	8.67	2.45	GGF－5X－J－9030•1937－20
GGF－5X－J－3020•0912－22	H－294×200×8×12	M22	3×2	120	－	9×410	9×80	3×1	60	9×200×170	195.0	600.0	297.0	15.84	332.0	1.2	1.47	6.18	1.64	GGF－5X－J－3020•0912－22
GGF－5X－J－3525•0916－22	H－340×250×9×14	M22	4×2	150	－	12×530	12×100	3×2	60	9×200×290	337.0	1040.0	405.0	21.60	570.0	1.2	1.77	7.88	2.06	GGF－5X－J－3525•0916－22
GGF－5X－J－4020•0912－22	H－400×200×8×13	M22	3×2	120	－	9×410	9×80	4×1	60	9×260×170	305.0	939.0	417.0	22.24	488.0	1.1	1.63	5.94	1.30	GGF－5X－J－4020•0912－22
GGF－5X－J－4030•0916－22	H－390×300×10×16	M22	4×2	150	40	12×440	12×110	3×2	90	9×260×290	507.0	1560.0	536.0	28.60	855.0	1.2	2.07	9.56	2.47	GGF－5X－J－4030•0916－22
GGF－5X－J－4520•0916－22	H－450×200×9×14	M22	3×2	120	－	12×410	12×80	5×1	60	9×320×170	382.0	1180.0	510.0	27.18	665.0	1.2	1.68	5.76	1.25	GGF－5X－J－4520•0916－22
GGF－5X－J－4530•1219－22	H－440×300×11×18	M22	5×2	150	40	12×530	12×110	5×1	60	9×320×170	652.0	2010.0	586.0	31.24	1040.0	1.1	2.44	9.44	2.46	GGF－5X－J－4530•1219－22
GGF－5X－J－5020•0916－22	H－500×200×10×16	M22	3×2	120	－	12×410	12×80	6×1	60	9×380×170	491.0	1510.0	607.0	32.40	856.0	1.2	1.82	5.68	1.28	GGF－5X－J－5020•0916－22
GGF－5X－J－5030•1219－22	H－488×300×11×18	M22	5×2	150	40	12×530	12×110	6×1	60	9×380×170	742.0	2280.0	635.0	33.88	1180.0	1.1	2.55	9.28	2.22	GGF－5X－J－5030•1219－22
GGF－5X－J－6020•1216－22	H－600×200×11×17	M22	3×2	120	－	12×410	12×80	5×2	90	9×440×290	645.0	1980.0	920.0	49.06	1110.0	1.1	1.64	5.41	1.14	GGF－5X－J－6020•1216－22
GGF－5X－J－6030•1219－22	H－588×300×12×20	M22	5×2	150	40	12×530	16×110	5×2	90	9×440×290	1020.0	3160.0	963.0	51.36	1720.0	1.2	2.34	9.02	2.05	GGF－5X－J－6030•1219－22
GGF－5X－J－7030•1425－22	H－700×300×13×24	M22	7×2	150	40	19×710	19×110	6×2	90	12×530×290	1490.0	4610.0	1230.0	66.04	2580.0	1.2	2.65	8.89	2.06	GGF－5X－J－7030•1425－22
GGF－5X－J－8030•1425－22	H－800×300×14×26	M22	7×2	150	40	19×710	19×110	7×2	90	12×620×290	1900.0	5870.0	1520.0	81.20	3310.0	1.2	2.75	8.68	1.95	GGF－5X－J－8030•1425－22
GGF－5X－J－9030•1622－22	H－890×299×15×23	M22	7×2	150	40	16×710	19×110	10×2	60	16×620×290	2050.0	6330.0	1700.0	90.60	3640.0	1.2	2.67	8.07	1.55	GGF－5X－J－9030•1622－22

表GG　梁継手諸元表（11/18）

490N級鋼

●鉄骨構造標準接合部委員会SCSS－H97
建設省住宅局建築指導課監修

●梁継手（一般H形鋼）

継手呼称	断面寸法	径	フランジ					ウェブ			継手性能									継手呼称
			ボルト	ゲージ		外添板	内添板	ボルト		添板寸法	曲げモーメント		せん断力		保有耐力接合			横補剛		
		D	$n_F \times m_F$	g_1 mm	g_2 mm	厚×長さ mm mm	厚×幅 mm mm	$m_W \times n_W$	P_C mm	厚×幅×長さ mm mm mm	M_y kNm	$_dZ$ cm³	Q_y kN	$_dA_W$ cm²	M_u kNm	a_J	L_q m	L_1 m	L_2 m	
GGF－5X－J－9030•1628－22	H－900×300×16×28	M22	8×2	150	40	19× 800	22×110	10×2	60	16×620×290	2410.0	7430.0	1810.0	96.64	4250.0	1.2	2.94	8.36	1.87	GGF－5X－J－9030•1628－22
GGF－5X－J－9030•1934－22	H－912×302×18×34	M22	9×2	150	40	25× 890	25×110	11×2	60	16×680×290	2880.0	8870.0	1950.0	104.40	5080.0	1.2	3.26	8.58	2.26	GGF－5X－J－9030•1934－22
GGF－5X－J－9030•1937－22	H－918×303×19×37	M22	10×2	150	40	25× 980	28×110	11×2	60	16×680×290	3110.0	9600.0	2060.0	110.20	5490.0	1.2	3.35	8.67	2.45	GGF－5X－J－9030•1937－22

●梁継手（定形H形鋼）

継手呼称	断面寸法	径	フランジ					ウェブ			継手性能									継手呼称
			ボルト	ゲージ		外添板	内添板	ボルト		添板寸法	曲げモーメント		せん断力		保有耐力接合			横補剛		
		D	$n_F \times m_F$	g_1 mm	g_2 mm	厚×長さ mm mm	厚×幅 mm mm	$m_W \times n_W$	P_C mm	厚×幅×長さ mm mm mm	M_y kNm	$_dZ$ cm³	Q_y kN	$_dA_W$ cm²	M_u kNm	a_J	L_q m	L_1 m	L_2 m	
GGF－5X－T－4020•0912－20	H－400×200×9×12	M20	3×2	120	－	9× 410	9× 80	3×2	90	9×260×290	296.0	913.0	523.0	27.90	506.0	1.2	1.27	5.71	1.20	GGF－5X－T－4020•0912－20
GGF－5X－T－4020•0916－20	H－400×200×9×16	M20	4×2	120	－	12× 530	12× 80	3×2	90	9×260×290	367.0	1130.0	510.0	27.18	631.0	1.2	1.59	6.06	1.60	GGF－5X－T－4020•0916－20
GGF－5X－T－4020•0919－20	H－400×200×9×19	M20	4×2	120	－	12× 530	16× 80	3×2	90	9×260×290	415.0	1280.0	499.0	26.64	710.0	1.2	1.84	6.25	1.90	GGF－5X－T－4020•0919－20
GGF－5X－T－4020•0922－20	H－400×200×9×22	M20	5×2	120	－	16× 650	16× 80	3×2	90	9×260×290	461.0	1420.0	489.0	26.10	787.0	1.2	2.09	6.40	2.20	GGF－5X－T－4020•0922－20
GGF－5X－T－4020•1222－20	H－400×200×12×22	M20	5×2	120	－	16× 650	16× 80	4×2	60	12×260×290	479.0	1480.0	603.0	32.16	834.0	1.2	1.78	6.14	2.20	GGF－5X－T－4020•1222－20
GGF－5X－T－4520•0912－20	H－450×200×9×12	M20	3×2	120	－	9× 410	9× 80	3×2	120	9×320×290	344.0	1060.0	607.0	32.40	592.0	1.2	1.27	5.56	1.07	GGF－5X－T－4520•0912－20
GGF－5X－T－4520•0916－20	H－450×200×9×16	M20	4×2	120	－	12× 530	12× 80	3×2	120	9×320×290	427.0	1320.0	594.0	31.68	737.0	1.2	1.58	5.92	1.43	GGF－5X－T－4520•0916－20
GGF－5X－T－4520•0919－20	H－450×200×9×19	M20	4×2	120	－	12× 530	16× 80	3×2	120	9×320×290	482.0	1480.0	584.0	31.14	827.0	1.2	1.82	6.12	1.69	GGF－5X－T－4520•0919－20
GGF－5X－T－4520•0922－20	H－450×200×9×22	M20	5×2	120	－	16× 650	16× 80	3×2	120	9×320×290	535.0	1650.0	574.0	30.60	915.0	1.2	2.06	6.28	1.96	GGF－5X－T－4520•0922－20
GGF－5X－T－4520•1216－20	H－450×200×12×16	M20	4×2	120	－	12× 530	12× 80	5×2	60	9×320×290	454.0	1400.0	693.0	36.96	802.0	1.2	1.45	5.60	1.43	GGF－5X－T－4520•1216－20
GGF－5X－T－4520•1219－20	H－450×200×12×19	M20	4×2	120	－	12× 530	16× 80	5×2	60	9×320×290	507.0	1560.0	680.0	36.24	889.0	1.2	1.66	5.82	1.69	GGF－5X－T－4520•1219－20
GGF－5X－T－4520•1222－20	H－450×200×12×22	M20	5×2	120	－	16× 650	16× 80	5×2	60	9×320×290	559.0	1720.0	666.0	35.52	976.0	1.2	1.87	6.00	1.96	GGF－5X－T－4520•1222－20
GGF－5X－T－4520•1225－20	H－450×200×12×25	M20	6×2	120	－	16× 770	16× 80	5×2	60	9×320×290	609.0	1880.0	652.0	34.80	1060.0	1.2	2.09	6.15	2.23	GGF－5X－T－4520•1225－20
GGF－5X－T－4525•0912－20	H－450×250×9×12	M20	4×2	150	－	9× 530	9×100	3×2	120	9×320×290	435.0	1340.0	607.0	32.40	745.0	1.3	1.50	7.28	1.34	GGF－5X－T－4525•0912－20
GGF－5X－T－4525•0916－20	H－450×250×9×16	M20	5×2	150	－	12× 650	12×100	3×2	120	9×320×290	536.0	1650.0	594.0	31.68	907.0	1.2	1.88	7.70	1.78	GGF－5X－T－4525•0916－20
GGF－5X－T－4525•0919－20	H－450×250×9×19	M20	6×2	150	－	12× 770	16×100	3×2	120	9×320×290	609.0	1880.0	584.0	31.14	1020.0	1.2	2.18	7.92	2.12	GGF－5X－T－4525•0919－20
GGF－5X－T－4525•0922－20	H－450×250×9×22	M20	6×2	150	－	16× 770	16×100	3×2	120	9×320×290	681.0	2100.0	574.0	30.60	1140.0	1.2	2.49	8.10	2.45	GGF－5X－T－4525•0922－20
GGF－5X－T－4525•1222－20	H－450×250×12×22	M20	6×2	150	－	16× 770	16×100	5×2	60	9×320×290	705.0	2170.0	666.0	35.52	1200.0	1.2	2.24	7.78	2.45	GGF－5X－T－4525•1222－20
GGF－5X－T－4525•1225－20	H－450×250×12×25	M20	7×2	150	－	16× 890	19×100	5×2	60	9×320×290	773.0	2380.0	652.0	34.80	1320.0	1.2	2.51	7.95	2.78	GGF－5X－T－4525•1225－20
GGF－5X－T－4525•1228－20	H－450×250×12×28	M20	8×2	150	－	19×1010	19×100	5×2	60	9×320×290	839.0	2580.0	639.0	34.08	1430.0	1.2	2.79	8.09	3.11	GGF－5X－T－4525•1228－20
GGF－5X－T－5020•0912－20	H－500×200×9×12	M20	3×2	120	－	9× 410	9× 80	6×1	60	9×380×170	405.0	1250.0	580.0	30.96	680.0	1.2	1.53	5.42	0.96	GGF－5X－T－5020•0912－20
GGF－5X－T－5020•0916－20	H－500×200×9×16	M20	4×2	120	－	12× 530	12× 80	6×1	60	9×380×170	490.0	1510.0	567.0	30.24	849.0	1.2	1.90	5.80	1.28	GGF－5X－T－5020•0916－20
GGF－5X－T－5020•0919－20	H－500×200×9×19	M20	4×2	120	－	12× 530	16× 80	6×1	60	9×380×170	551.0	1700.0	557.0	29.70	950.0	1.2	2.18	6.01	1.52	GGF－5X－T－5020•0919－20
GGF－5X－T－5020•0922－20	H－500×200×9×22	M20	5×2	120	－	16× 650	16× 80	6×1	60	9×380×170	612.0	1880.0	547.0	29.16	1040.0	1.2	2.47	6.17	1.76	GGF－5X－T－5020•0922－20
GGF－5X－T－5020•1216－20	H－500×200×12×16	M20	4×2	120	－	12× 530	12× 80	5×2	60	12×320×290	523.0	1610.0	806.0	42.96	930.0	1.2	1.44	5.46	1.28	GGF－5X－T－5020•1216－20
GGF－5X－T－5020•1219－20	H－500×200×12×19	M20	4×2	120	－	12× 530	16× 80	5×2	60	12×320×290	583.0	1800.0	792.0	42.24	1020.0	1.2	1.64	5.69	1.52	GGF－5X－T－5020•1219－20
GGF－5X－T－5020•1222－20	H－500×200×12×22	M20	5×2	120	－	16× 650	16× 80	5×2	60	12×320×290	642.0	1980.0	779.0	41.52	1120.0	1.2	1.84	5.88	1.76	GGF－5X－T－5020•1222－20
GGF－5X－T－5020•1225－20	H－500×200×12×25	M20	6×2	120	－	16× 770	16× 80	5×2	60	12×320×290	700.0	2150.0	765.0	40.80	1180.0	1.2	2.04	6.03	2.00	GGF－5X－T－5020•1225－20
GGF－5X－T－5025•0912－20	H－500×250×9×12	M20	4×2	150	－	9× 530	9×100	6×1	60	9×380×170	498.0	1530.0	580.0	30.96	857.0	1.3	1.79	7.13	1.20	GGF－5X－T－5025•0912－20
GGF－5X－T－5025•0916－20	H－500×250×9×16	M20	5×2	150	－	12× 650	12×100	6×1	60	9×380×170	612.0	1880.0	567.0	30.24	1030.0	1.3	2.25	7.56	1.60	GGF－5X－T－5025•0916－20

表GG　梁継手諸元表（12/18）

●梁継手（定形H形鋼）

490N級鋼

●鉄骨構造標準接合部委員会SCSS－H97
建設省住宅局建築指導課監修

継手呼称	断面寸法	径 D	フランジ ボルト $n_F \times m_F$	フランジ ゲージ g_1 mm	フランジ ゲージ g_2 mm	フランジ 外添板 厚×長さ mm mm	フランジ 内添板 厚×幅 mm mm	ウェブ ボルト $m_W \times n_W$	ウェブ ボルト P_C mm	ウェブ 添板寸法 厚×幅×長さ mm mm mm	継手性能 曲げモーメント M_y kNm	継手性能 曲げモーメント $_dZ$ cm³	継手性能 せん断力 Q_y kN	継手性能 せん断力 $_dA_W$ cm²	継手性能 保有耐力接合 M_u kNm	継手性能 保有耐力接合 a_J	継手性能 保有耐力接合 L_q m	継手性能 横補剛 L_1 m	継手性能 横補剛 L_2 m	継手呼称
GGF－5X－T-5025•0919－20	H－500×250×9×19	M20	6×2	150	－	12× 770	16×100	6×1	60	9×380×170	694.0	2140.0	557.0	29.70	1170.0	1.2	2.60	7.79	1.90	GGF－5X－T-5025•0919－20
GGF－5X－T-5025•0922－20	H－500×250×9×22	M20	6×2	150	－	16× 770	16×100	6×1	60	9×380×170	775.0	2390.0	547.0	29.16	1300.0	1.2	2.96	7.98	2.20	GGF－5X－T-5025•0922－20
GGF－5X－T-5025•1222－20	H－500×250×12×22	M20	6×2	150	－	16× 770	16×100	5×2	60	12×320×290	806.0	2480.0	779.0	41.52	1380.0	1.3	2.19	7.64	2.20	GGF－5X－T-5025•1222－20
GGF－5X－T-5025•1225－20	H－500×250×12×25	M20	7×2	150	－	16× 890	19×100	5×2	60	12×320×290	883.0	2720.0	765.0	40.80	1510.0	1.2	2.44	7.82	2.50	GGF－5X－T-5025•1225－20
GGF－5X－T-5025•1228－20	H－500×250×12×28	M20	8×2	150	－	19×1010	19×100	5×2	60	12×320×290	959.0	2950.0	752.0	40.08	1630.0	1.2	2.71	7.96	2.80	GGF－5X－T-5025•1228－20
GGF－5X－T-5520•0912－20	H－550×200×9×12	M20	3×2	120	－	9× 410	9× 80	7×1	60	6×440×170	460.0	1420.0	628.0	33.48	772.0	1.2	1.61	5.30	0.88	GGF－5X－T-5520•0912－20
GGF－5X－T-5520•0916－20	H－550×200×9×16	M20	4×2	120	－	12× 530	12× 80	7×1	60	6×440×170	555.0	1710.0	614.0	32.76	966.0	1.2	1.98	5.68	1.17	GGF－5X－T-5520•0916－20
GGF－5X－T-5520•0919－20	H－550×200×9×19	M20	4×2	120	－	12× 530	16× 80	7×1	60	6×440×170	624.0	1920.0	604.0	32.22	1070.0	1.2	2.27	5.90	1.39	GGF－5X－T-5520•0919－20
GGF－5X－T-5520•0922－20	H－550×200×9×22	M20	5×2	120	－	16× 650	16× 80	7×1	60	6×440×170	691.0	2130.0	594.0	31.68	1180.0	1.2	2.56	6.07	1.60	GGF－5X－T-5520•0922－20
GGF－5X－T-5520•1216－20	H－550×200×12×16	M20	4×2	120	－	12× 530	12× 80	6×2	60	12×380×290	596.0	1830.0	869.0	46.32	1060.0	1.2	1.52	5.33	1.17	GGF－5X－T-5520•1216－20
GGF－5X－T-5520•1219－20	H－550×200×12×19	M20	4×2	120	－	12× 530	16× 80	6×2	60	12×380×290	663.0	2040.0	855.0	45.60	1170.0	1.2	1.72	5.57	1.39	GGF－5X－T-5520•1219－20
GGF－5X－T-5520•1222－20	H－550×200×12×22	M20	5×2	120	－	16× 650	16× 80	6×2	60	12×380×290	729.0	2240.0	842.0	44.88	1280.0	1.2	1.93	5.76	1.60	GGF－5X－T-5520•1222－20
GGF－5X－T-5520•1225－20	H－550×200×12×25	M20	6×2	120	－	16× 770	16× 80	6×2	60	12×380×290	793.0	2440.0	828.0	44.16	1370.0	1.2	2.13	5.92	1.82	GGF－5X－T-5520•1225－20
GGF－5X－T-5525•0912－20	H－550×250×9×12	M20	4×2	150	－	9× 530	9×100	7×1	60	6×440×170	563.0	1730.0	628.0	33.48	974.0	1.3	1.88	6.98	1.10	GGF－5X－T-5525•0912－20
GGF－5X－T-5525•0916－20	H－550×250×9×16	M20	5×2	150	－	12× 650	12×100	7×1	60	6×440×170	689.0	2120.0	614.0	32.76	1170.0	1.3	2.34	7.42	1.46	GGF－5X－T-5525•0916－20
GGF－5X－T-5525•0919－20	H－550×250×9×19	M20	6×2	150	－	12× 770	16×100	7×1	60	6×440×170	782.0	2410.0	604.0	32.22	1320.0	1.3	2.70	7.67	1.73	GGF－5X－T-5525•0919－20
GGF－5X－T-5525•0922－20	H－550×250×9×22	M20	6×2	150	－	16× 770	16×100	7×1	60	6×440×170	872.0	2680.0	594.0	31.68	1470.0	1.2	3.07	7.86	2.00	GGF－5X－T-5525•0922－20
GGF－5X－T-5525•1222－20	H－550×250×12×22	M20	6×2	150	－	16× 770	16×100	6×2	60	12×380×290	910.0	2800.0	842.0	44.88	1560.0	1.3	2.28	7.51	2.00	GGF－5X－T-5525•1222－20
GGF－5X－T-5525•1225－20	H－550×250×12×25	M20	7×2	150	－	16× 890	19×100	6×2	60	12×380×290	997.0	3070.0	828.0	44.16	1710.0	1.2	2.54	7.69	2.28	GGF－5X－T-5525•1225－20
GGF－5X－T-5525•1228－20	H－550×250×12×28	M20	8×2	150	－	19×1010	19×100	6×2	60	12×380×290	1080.0	3330.0	815.0	43.44	1850.0	1.2	2.81	7.84	2.55	GGF－5X－T-5525•1228－20
GGF－5X－T-6020•0912－20	H－600×200×9×12	M20	3×2	120	－	9× 410	12× 80	4×2	120	9×440×290	503.0	1550.0	824.0	43.92	879.0	1.2	1.39	5.18	0.80	GGF－5X－T-6020•0912－20
GGF－5X－T-6020•0916－20	H－600×200×9×16	M20	4×2	120	－	12× 530	12× 80	4×2	120	9×440×290	622.0	1920.0	810.0	43.20	1080.0	1.2	1.69	5.57	1.07	GGF－5X－T-6020•0916－20
GGF－5X－T-6020•0919－20	H－600×200×9×19	M20	5×2	120	－	16× 650	16× 80	4×2	120	9×440×290	698.0	2150.0	800.0	42.66	1210.0	1.2	1.92	5.79	1.27	GGF－5X－T-6020•0919－20
GGF－5X－T-6020•0922－20	H－600×200×9×22	M20	5×2	120	－	16× 650	16× 80	4×2	120	9×440×290	772.0	2380.0	790.0	42.12	1330.0	1.2	2.15	5.97	1.47	GGF－5X－T-6020•0922－20
GGF－5X－T-6020•1216－20	H－600×200×12×16	M20	4×2	120	－	12× 530	12× 80	6×2	60	12×380×290	672.0	2070.0	981.0	52.32	1180.0	1.2	1.52	5.21	1.07	GGF－5X－T-6020•1216－20
GGF－5X－T-6020•1219－20	H－600×200×12×19	M20	5×2	120	－	16× 650	16× 80	6×2	60	12×380×290	746.0	2300.0	968.0	51.60	1320.0	1.2	1.71	5.45	1.27	GGF－5X－T-6020•1219－20
GGF－5X－T-6020•1222－20	H－600×200×12×22	M20	5×2	120	－	16× 650	16× 80	6×2	60	12×380×290	819.0	2520.0	954.0	50.88	1440.0	1.2	1.91	5.65	1.47	GGF－5X－T-6020•1222－20
GGF－5X－T-6020•1225－20	H－600×200×12×25	M20	6×2	120	－	16× 770	19× 80	6×2	60	12×380×290	890.0	2740.0	941.0	50.16	1560.0	1.2	2.11	5.81	1.67	GGF－5X－T-6020•1225－20
GGF－5X－T-6020•1228－20	H－600×200×12×28	M20	6×2	120	－	19× 770	19× 80	6×2	60	12×380×290	960.0	2960.0	927.0	49.44	1670.0	1.2	2.31	5.95	1.87	GGF－5X－T-6020•1228－20
GGF－5X－T-6025•0916－20	H－600×250×9×16	M20	5×2	150	－	12× 650	12×100	4×2	120	9×440×290	770.0	2370.0	810.0	43.20	1310.0	1.3	1.99	7.30	1.34	GGF－5X－T-6025•0916－20
GGF－5X－T-6025•0919－20	H－600×250×9×19	M20	6×2	150	－	12× 770	16×100	4×2	120	9×440×290	872.0	2680.0	800.0	42.66	1480.0	1.3	2.27	7.55	1.59	GGF－5X－T-6025•0919－20
GGF－5X－T-6025•1219－20	H－600×250×12×19	M20	6×2	150	－	12× 770	16×100	6×2	60	12×380×290	920.0	2830.0	968.0	51.60	1590.0	1.3	2.01	7.15	1.59	GGF－5X－T-6025•1219－20
GGF－5X－T-6025•1222－20	H－600×250×12×22	M20	6×2	150	－	16× 770	16×100	6×2	60	12×380×290	1010.0	3130.0	954.0	50.88	1750.0	1.3	2.25	7.38	1.84	GGF－5X－T-6025•1222－20
GGF－5X－T-6025•1225－20	H－600×250×12×25	M20	7×2	150	－	16× 890	19×100	6×2	60	12×380×290	1110.0	3430.0	941.0	50.16	1910.0	1.3	2.50	7.57	2.09	GGF－5X－T-6025•1225－20
GGF－5X－T-6025•1228－20	H－600×250×12×28	M20	8×2	150	－	19×1010	19×100	6×2	60	12×380×290	1200.0	3720.0	927.0	49.44	2070.0	1.2	2.75	7.73	2.34	GGF－5X－T-6025•1228－20
GGF－5X－T-6030•0919－20	H－600×300×9×19	M20	7×2	150	40	12× 710	16×110	4×2	120	9×440×290	988.0	3040.0	800.0	42.66	1660.0	1.2	2.63	9.34	1.90	GGF－5X－T-6030•0919－20
GGF－5X－T-6030•1219－20	H－600×300×12×19	M20	7×2	150	40	12× 710	16×110	6×2	60	12×380×290	1030.0	3190.0	968.0	51.60	1780.0	1.2	2.30	8.90	1.90	GGF－5X－T-6030•1219－20
GGF－5X－T-6030•1222－20	H－600×300×12×22	M20	8×2	150	40	16× 800	19×110	6×2	60	12×380×290	1150.0	3540.0	954.0	50.88	1960.0	1.2	2.60	9.15	2.20	GGF－5X－T-6030•1222－20
GGF－5X－T-6030•1225－20	H－600×300×12×25	M20	9×2	150	40	19× 890	19×110	6×2	60	12×380×290	1260.0	3890.0	941.0	50.16	2150.0	1.2	2.90	9.36	2.50	GGF－5X－T-6030•1225－20
GGF－5X－T-6030•1228－20	H－600×300×12×28	M20	9×2	150	40	19× 890	22×110	6×2	60	12×380×290	1370.0	4230.0	927.0	49.44	2330.0	1.2	3.20	9.53	2.80	GGF－5X－T-6030•1228－20

表GG　梁継手諸元表（13/18）

490N級鋼

●梁継手（定形H形鋼）

●鉄骨構造標準接合部委員会SCSS－H97
建設省住宅局建築指導課監修

継手呼称	断面寸法	径	フランジ					ウェブ			継手性能							横補剛		継手呼称
			ボルト	ゲージ		外添板	内添板	ボルト		添板寸法	曲げモーメント		せん断力		保有耐力接合					
		D	$n_F \times m_F$	g_1 mm	g_2 mm	厚×長さ mm mm	厚×幅 mm mm	$m_W \times n_W$	P_C mm	厚×幅×長さ mm mm mm	M_y kNm	$_dZ$ cm³	Q_y kN	$_dA_W$ cm²	M_u kNm	a_J	L_q m	L_1 m	L_2 m	
GGF－5X－T－6520•0912－20	H－650×200×9×12	M20	3×2	120	－	9× 410	12× 80	8×1	60	9×500×170	578.0	1780.0	759.0	40.50	1030.0	1.3	1.68	5.07	0.74	GGF－5X－T－6520•0912－20
GGF－5X－T－6520•0916－20	H－650×200×9×16	M20	4×2	120	－	12× 530	12× 80	8×1	60	9×500×170	692.0	2130.0	746.0	39.78	1180.0	1.2	2.04	5.47	0.99	GGF－5X－T－6520•0916－20
GGF－5X－T－6520•0919－20	H－650×200×9×19	M20	5×2	120	－	16× 650	16× 80	8×1	60	9×500×170	775.0	2390.0	736.0	39.24	1350.0	1.2	2.31	5.69	1.17	GGF－5X－T－6520•0919－20
GGF－5X－T－6520•0922－20	H－650×200×9×22	M20	5×2	120	－	16× 650	16× 80	8×1	60	9×500×170	857.0	2640.0	726.0	38.70	1480.0	1.2	2.59	5.88	1.36	GGF－5X－T－6520•0922－20
GGF－5X－T－6520•1216－20	H－650×200×12×16	M20	4×2	120	－	12× 530	12× 80	7×2	60	12×440×290	751.0	2310.0	1040.0	55.68	1350.0	1.2	1.60	5.10	0.99	GGF－5X－T－6520•1216－20
GGF－5X－T－6520•1219－20	H－650×200×12×19	M20	5×2	120	－	16× 650	16× 80	7×2	60	12×440×290	832.0	2560.0	1030.0	54.96	1480.0	1.2	1.79	5.34	1.17	GGF－5X－T－6520•1219－20
GGF－5X－T－6520•1222－20	H－650×200×12×22	M20	5×2	120	－	16× 650	16× 80	7×2	60	12×440×290	912.0	2810.0	1010.0	54.24	1610.0	1.2	1.99	5.54	1.36	GGF－5X－T－6520•1222－20
GGF－5X－T－6520•1225－20	H－650×200×12×25	M20	6×2	120	－	16× 770	19× 80	7×2	60	12×440×290	990.0	3050.0	1000.0	53.52	1740.0	1.2	2.19	5.71	1.54	GGF－5X－T－6520•1225－20
GGF－5X－T－6520•1228－20	H－650×200×12×28	M20	6×2	120	－	19× 770	19× 80	7×2	60	12×440×290	1060.0	3290.0	990.0	52.80	1870.0	1.2	2.40	5.86	1.73	GGF－5X－T－6520•1228－20
GGF－5X－T－6525•0916－20	H－650×250×9×16	M20	5×2	150	－	12× 650	12×100	8×1	60	9×500×170	853.0	2630.0	746.0	39.78	1460.0	1.3	2.39	7.18	1.24	GGF－5X－T－6525•0916－20
GGF－5X－T－6525•0919－20	H－650×250×9×19	M20	6×2	150	－	12× 770	16×100	8×1	60	9×500×170	964.0	2970.0	736.0	39.24	1640.0	1.3	2.73	7.44	1.47	GGF－5X－T－6525•0919－20
GGF－5X－T－6525•1219－20	H－650×250×12×19	M20	6×2	150	－	12× 770	16×100	7×2	60	12×440×290	1020.0	3140.0	1030.0	54.96	1780.0	1.3	2.09	7.03	1.47	GGF－5X－T－6525•1219－20
GGF－5X－T－6525•1222－20	H－650×250×12×22	M20	6×2	150	－	16× 770	16×100	7×2	60	12×440×290	1120.0	3480.0	1010.0	54.24	1950.0	1.3	2.34	7.26	1.70	GGF－5X－T－6525•1222－20
GGF－5X－T－6525•1225－20	H－650×250×12×25	M20	7×2	150	－	16× 890	19×100	7×2	60	12×440×290	1230.0	3800.0	1000.0	53.52	2120.0	1.3	2.60	7.46	1.93	GGF－5X－T－6525•1225－20
GGF－5X－T－6525•1228－20	H－650×250×12×28	M20	8×2	150	－	19×1010	19×100	7×2	60	12×440×290	1330.0	4120.0	990.0	52.80	2290.0	1.3	2.85	7.62	2.16	GGF－5X－T－6525•1228－20
GGF－5X－T－7020•0912－20	H－700×200×9×12	M20	3×2	120	－	9× 410	12× 80	9×1	60	6×560×170	655.0	2020.0	807.0	43.02	1150.0	1.2	1.78	4.94	0.69	GGF－5X－T－7020•0912－20
GGF－5X－T－7020•0916－20	H－700×200×9×16	M20	4×2	120	－	12× 530	12× 80	9×1	60	6×560×170	777.0	2390.0	793.0	42.30	1300.0	1.2	2.15	5.34	0.92	GGF－5X－T－7020•0916－20
GGF－5X－T－7020•0919－20	H－700×200×9×19	M20	5×2	120	－	16× 650	16× 80	9×1	60	6×560×170	868.0	2670.0	783.0	41.76	1510.0	1.2	2.42	5.57	1.09	GGF－5X－T－7020•0919－20
GGF－5X－T－7020•0922－20	H－700×200×9×22	M20	5×2	120	－	16× 650	16× 80	9×1	60	6×560×170	956.0	2940.0	773.0	41.22	1650.0	1.2	2.71	5.76	1.26	GGF－5X－T－7020•0922－20
GGF－5X－T－7020•1222－20	H－700×200×12×22	M20	5×2	120	－	16× 650	16× 80	8×2	60	9×500×290	1020.0	3140.0	1080.0	57.60	1810.0	1.2	2.09	5.42	1.26	GGF－5X－T－7020•1222－20
GGF－5X－T－7020•1225－20	H－700×200×12×25	M20	6×2	120	－	16× 770	19× 80	8×2	60	9×500×290	1100.0	3410.0	1060.0	56.88	1910.0	1.2	2.30	5.60	1.43	GGF－5X－T－7020•1225－20
GGF－5X－T－7020•1228－20	H－700×200×12×28	M20	6×2	120	－	19× 770	19× 80	8×2	60	9×500×290	1190.0	3660.0	1050.0	56.16	2060.0	1.2	2.51	5.75	1.60	GGF－5X－T－7020•1228－20
GGF－5X－T－7025•0916－20	H－700×250×9×16	M20	5×2	150	－	12× 650	12×100	9×1	60	6×560×170	951.0	2930.0	793.0	42.30	1640.0	1.3	2.50	7.03	1.15	GGF－5X－T－7025•0916－20
GGF－5X－T－7025•0919－20	H－700×250×9×19	M20	6×2	150	－	12× 770	16×100	9×1	60	6×560×170	1070.0	3300.0	783.0	41.76	1830.0	1.3	2.85	7.30	1.36	GGF－5X－T－7025•0919－20
GGF－5X－T－7025•1219－20	H－700×250×12×19	M20	6×2	150	－	12× 770	16×100	8×2	60	9×500×290	1130.0	3510.0	1090.0	58.32	1990.0	1.3	2.20	6.88	1.36	GGF－5X－T－7025•1219－20
GGF－5X－T－7025•1222－20	H－700×250×12×22	M20	6×2	150	－	16× 770	16×100	8×2	60	9×500×290	1250.0	3870.0	1080.0	57.60	2180.0	1.3	2.45	7.12	1.58	GGF－5X－T－7025•1222－20
GGF－5X－T－7025•1225－20	H－700×250×12×25	M20	7×2	150	－	16× 890	19×100	8×2	60	9×500×290	1370.0	4220.0	1060.0	56.88	2360.0	1.3	2.71	7.32	1.79	GGF－5X－T－7025•1225－20
GGF－5X－T－7025•1425－20	H－700×250×14×25	M20	7×2	150	－	16× 890	19×100	8×2	60	12×500×290	1410.0	4350.0	1240.0	66.36	2470.0	1.3	2.41	7.11	1.79	GGF－5X－T－7025•1425－20
GGF－5X－T－7025•1428－20	H－700×250×14×28	M20	8×2	150	－	19×1010	19×100	8×2	60	12×500×290	1520.0	4690.0	1220.0	65.52	2650.0	1.3	2.63	7.29	2.00	GGF－5X－T－7025•1428－20
GGF－5X－T－7030•0919－20	H－700×300×9×19	M20	7×2	150	40	12× 710	16×110	9×1	60	6×560×170	1200.0	3720.0	783.0	41.76	2020.0	1.2	3.28	9.06	1.63	GGF－5X－T－7030•0919－20
GGF－5X－T－7030•1219－20	H－700×300×12×19	M20	7×2	150	40	12× 710	16×110	8×2	60	9×500×290	1270.0	3930.0	1090.0	58.32	2170.0	1.2	2.50	8.59	1.63	GGF－5X－T－7030•1219－20
GGF－5X－T－7030•1222－20	H－700×300×12×22	M20	8×2	150	40	16× 800	19×110	8×2	60	9×500×290	1410.0	4350.0	1080.0	57.60	2420.0	1.2	2.81	8.86	1.89	GGF－5X－T－7030•1222－20
GGF－5X－T－7030•1422－20	H－700×300×14×22	M20	8×2	150	40	16× 800	19×110	8×2	60	12×500×290	1450.0	4490.0	1260.0	67.20	2530.0	1.2	2.50	8.61	1.89	GGF－5X－T－7030•1422－20
GGF－5X－T－7030•1425－20	H－700×300×14×25	M20	9×2	150	40	19× 890	19×110	8×2	60	12×500×290	1590.0	4900.0	1240.0	66.36	2740.0	1.2	2.76	8.84	2.15	GGF－5X－T－7030•1425－20
GGF－5X－T－7030•1428－20	H－700×300×14×28	M20	9×2	150	40	19× 890	22×110	8×2	60	12×500×290	1720.0	5300.0	1220.0	65.52	2960.0	1.2	3.03	9.05	2.40	GGF－5X－T－7030•1428－20
GGF－5X－T－7520•0912－20	H－750×200×9×12	M20	3×2	120	－	9× 410	12× 80	10×1	60	6×620×170	721.0	2220.0	854.0	45.54	1270.0	1.2	1.86	4.84	0.64	GGF－5X－T－7520•0912－20
GGF－5X－T－7520•0916－20	H－750×200×9×16	M20	4×2	120	－	12× 530	12× 80	10×1	60	6×620×170	853.0	2630.0	840.0	44.82	1430.0	1.2	2.22	5.25	0.86	GGF－5X－T－7520•0916－20
GGF－5X－T－7520•0919－20	H－750×200×9×19	M20	5×2	120	－	16× 650	16× 80	10×1	60	6×620×170	950.0	2930.0	830.0	44.28	1660.0	1.2	2.51	5.49	1.02	GGF－5X－T－7520•0919－20
GGF－5X－T－7520•1219－20	H－750×200×12×19	M20	5×2	120	－	16× 650	16× 80	7×2	90	9×620×290	1020.0	3170.0	1250.0	66.96	1850.0	1.3	1.82	5.12	1.02	GGF－5X－T－7520•1219－20
GGF－5X－T－7520•1222－20	H－750×200×12×22	M20	5×2	120	－	16× 650	16× 80	7×2	90	9×620×290	1120.0	3450.0	1240.0	66.24	2000.0	1.2	2.00	5.33	1.18	GGF－5X－T－7520•1222－20
GGF－5X－T－7520•1225－20	H－750×200×12×25	M20	6×2	120	－	16× 770	19× 80	7×2	90	9×620×290	1210.0	3740.0	1220.0	65.52	2150.0	1.2	2.19	5.51	1.34	GGF－5X－T－7520•1225－20

表GG　梁継手諸元表（14/18）

●梁継手（定形H形鋼）

490N級鋼

●鉄骨構造標準接合部委員会SCSS－H97
建設省住宅局建築指導課監修

継手呼称	断面寸法	径 D	フランジ ボルト $n_F \times m_F$	フランジ ゲージ g_1 mm	フランジ ゲージ g_2 mm	フランジ 外添板 厚×長さ mm mm	フランジ 内添板 厚×幅 mm mm	ウェブ ボルト $m_W \times n_W$	ウェブ ボルト P_C mm	ウェブ 添板寸法 厚×幅×長さ mm mm mm	継手性能 曲げモーメント M_y kNm	継手性能 曲げモーメント $_dZ$ cm³	継手性能 せん断力 Q_y kN	継手性能 せん断力 $_dA_W$ cm²	継手性能 保有耐力接合 M_u kNm	継手性能 保有耐力接合 a_J	継手性能 保有耐力接合 L_q m	継手性能 横補剛 L_1 m	継手性能 横補剛 L_2 m	継手呼称
GGF－5X－T－7520•1228－20	H－750×200×12×28	M20	6×2	120	－	19× 770	19× 80	7×2	90	9×620×290	1300.0	4020.0	1210.0	64.80	2300.0	1.2	2.38	5.66	1.50	GGF－5X－T－7520•1228－20
GGF－5X－T－7525•1216－20	H－750×250×12×16	M20	5×2	150	－	12× 650	12×100	7×2	90	9×620×290	1120.0	3450.0	1260.0	67.68	1990.0	1.3	1.87	6.47	1.07	GGF－5X－T－7525•1216－20
GGF－5X－T－7525•1219－20	H－750×250×12×19	M20	6×2	150	－	16× 770	16×100	7×2	90	9×620×290	1240.0	3840.0	1250.0	66.96	2190.0	1.3	2.10	6.77	1.27	GGF－5X－T－7525•1219－20
GGF－5X－T－7525•1222－20	H－750×250×12×22	M20	7×2	150	－	16× 890	19×100	7×2	90	9×620×290	1370.0	4230.0	1240.0	66.24	2390.0	1.3	2.33	7.01	1.47	GGF－5X－T－7525•1222－20
GGF－5X－T－7525•1422－20	H－750×250×14×22	M20	7×2	150	－	16× 890	19×100	9×2	60	12×560×290	1420.0	4390.0	1330.0	71.12	2510.0	1.3	2.27	6.78	1.47	GGF－5X－T－7525•1422－20
GGF－5X－T－7525•1425－20	H－750×250×14×25	M20	8×2	150	－	19×1010	19×100	9×2	60	12×560×290	1540.0	4770.0	1310.0	70.28	2710.0	1.3	2.49	7.00	1.67	GGF－5X－T－7525•1425－20
GGF－5X－T－7525•1428－20	H－750×250×14×28	M20	9×2	150	－	19×1130	22×100	9×2	60	12×560×290	1660.0	5140.0	1300.0	69.44	2910.0	1.3	2.72	7.18	1.87	GGF－5X－T－7525•1428－20
GGF－5X－T－8025•1422－20	H－800×250×14×22	M20	7×2	150	－	16× 890	19×100	9×2	60	12×560×290	1550.0	4790.0	1460.0	78.12	2750.0	1.3	2.26	6.67	1.38	GGF－5X－T－8025•1422－20
GGF－5X－T－8025•1425－20	H－800×250×14×25	M20	8×2	150	－	19×1010	19×100	9×2	60	12×560×290	1680.0	5190.0	1450.0	77.28	2970.0	1.3	2.47	6.89	1.57	GGF－5X－T－8025•1425－20
GGF－5X－T－8025•1625－20	H－800×250×16×25	M20	8×2	150	－	19×1010	19×100	10×2	60	12×620×290	1740.0	5370.0	1590.0	84.80	3100.0	1.3	2.34	6.68	1.57	GGF－5X－T－8025•1625－20
GGF－5X－T－8025•1628－20	H－800×250×16×28	M20	9×2	150	－	19×1130	22×100	10×2	60	12×620×290	1870.0	5770.0	1570.0	83.84	3310.0	1.3	2.54	6.88	1.75	GGF－5X－T－8025•1628－20
GGF－5X－T－8030•1422－20	H－800×300×14×22	M20	8×2	150	40	16× 800	19×110	9×2	60	12×560×290	1730.0	5350.0	1460.0	78.12	3030.0	1.2	2.56	8.35	1.65	GGF－5X－T－8030•1422－20
GGF－5X－T－8030•1622－20	H－800×300×16×22	M20	8×2	150	40	16× 800	19×110	10×2	60	12×620×290	1790.0	5530.0	1600.0	85.76	3170.0	1.3	2.42	8.11	1.65	GGF－5X－T－8030•1622－20
GGF－5X－T－8030•1625－20	H－800×300×16×25	M20	9×2	150	40	19× 890	19×110	10×2	60	12×620×290	1940.0	6000.0	1590.0	84.80	3420.0	1.2	2.66	8.36	1.88	GGF－5X－T－8030•1625－20
GGF－5X－T－8030•1628－20	H－800×300×16×28	M20	9×2	150	40	19× 890	22×110	10×2	60	12×620×290	2100.0	6460.0	1570.0	83.84	3670.0	1.2	2.90	8.59	2.10	GGF－5X－T－8030•1628－20
GGF－5X－T－8525•1422－20	H－850×250×14×22	M20	7×2	150	－	16× 890	19×100	10×2	60	12×620×290	1680.0	5200.0	1530.0	82.04	3000.0	1.3	2.34	6.57	1.30	GGF－5X－T－8525•1422－20
GGF－5X－T－8525•1425－20	H－850×250×14×25	M20	8×2	150	－	19×1010	19×100	10×2	60	12×620×290	1830.0	5630.0	1520.0	81.20	3230.0	1.3	2.55	6.79	1.48	GGF－5X－T－8525•1425－20
GGF－5X－T－8525•1625－20	H－850×250×16×25	M20	8×2	150	－	19×1010	19×100	10×2	60	12×620×290	1890.0	5830.0	1740.0	92.80	3390.0	1.3	2.33	6.58	1.48	GGF－5X－T－8525•1625－20
GGF－5X－T－8525•1628－20	H－850×250×16×28	M20	9×2	150	－	19×1130	22×100	10×2	60	12×620×290	2030.0	6260.0	1720.0	91.84	3610.0	1.3	2.52	6.78	1.65	GGF－5X－T－8525•1628－20
GGF－5X－T－9025•1619－20	H－900×250×16×19	M20	6×2	150	－	16× 770	16×100	12×2	60	12×740×290	1750.0	5390.0	1790.0	95.68	3200.0	1.3	2.10	5.98	1.06	GGF－5X－T－9025•1619－20
GGF－5X－T－9025•1622－20	H－900×250×16×22	M20	7×2	150	－	16× 890	19×100	12×2	60	12×740×290	1900.0	5850.0	1770.0	94.72	3440.0	1.3	2.30	6.25	1.23	GGF－5X－T－9025•1622－20
GGF－5X－T－9025•1625－20	H－900×250×16×25	M20	8×2	150	－	19×1010	19×100	12×2	60	12×740×290	2050.0	6310.0	1750.0	93.76	3680.0	1.3	2.50	6.48	1.39	GGF－5X－T－9025•1625－20
GGF－5X－T－9025•1628－20	H－900×250×16×28	M20	9×2	150	－	19×1130	22×100	12×2	60	12×740×290	2190.0	6760.0	1740.0	92.80	3910.0	1.3	2.70	6.68	1.56	GGF－5X－T－9025•1628－20
GGF－5X－T－9030•1619－20	H－900×300×16×19	M20	7×2	150	40	16× 710	16×110	12×2	60	12×740×290	1920.0	5940.0	1790.0	95.68	3470.0	1.3	2.34	7.55	1.27	GGF－5X－T－9030•1619－20
GGF－5X－T－9030•1622－20	H－900×300×16×22	M20	8×2	150	40	16× 800	19×110	12×2	60	12×740×290	2100.0	6480.0	1770.0	94.72	3750.0	1.3	2.58	7.86	1.47	GGF－5X－T－9030•1622－20
GGF－5X－T－9030•1625－20	H－900×300×16×25	M20	9×2	150	40	19× 890	19×110	12×2	60	12×740×290	2280.0	7020.0	1750.0	93.76	4040.0	1.3	2.82	8.13	1.67	GGF－5X－T－9030•1625－20
GGF－5X－T－9030•1628－20	H－900×300×16×28	M20	10×2	150	40	19× 980	22×110	12×2	60	12×740×290	2450.0	7560.0	1740.0	92.80	4310.0	1.2	3.06	8.36	1.87	GGF－5X－T－9030•1628－20
GGF－5X－T－4020•0912－22	H－400×200×9×12	M22	3×2	120	－	9× 410	9× 80	4×1	60	9×260×170	296.0	911.0	472.0	25.20	493.0	1.1	1.40	5.71	1.20	GGF－5X－T－4020•0912－22
GGF－5X－T－4020•0916－22	H－400×200×9×16	M22	3×2	120	－	12× 410	12× 80	4×1	60	9×260×170	360.0	1110.0	459.0	24.48	619.0	1.2	1.76	6.06	1.60	GGF－5X－T－4020•0916－22
GGF－5X－T－4020•0919－22	H－400×200×9×19	M22	4×2	120	－	12× 530	16× 80	4×1	60	9×260×170	406.0	1250.0	449.0	23.94	696.0	1.2	2.04	6.25	1.90	GGF－5X－T－4020•0919－22
GGF－5X－T－4020•0922－22	H－400×200×9×22	M22	4×2	120	－	16× 530	16× 80	4×1	60	9×260×170	450.0	1390.0	439.0	23.40	771.0	1.2	2.33	6.40	2.20	GGF－5X－T－4020•0922－22
GGF－5X－T－4020•1222－22	H－400×200×12×22	M22	4×2	120	－	16× 530	16× 80	3×2	90	12×260×290	469.0	1440.0	639.0	34.08	818.0	1.2	1.68	6.14	2.20	GGF－5X－T－4020•1222－22
GGF－5X－T－4520•0912－22	H－450×200×9×12	M22	3×2	120	－	9× 410	9× 80	5×1	60	9×320×170	345.0	1060.0	516.0	27.54	573.0	1.1	1.50	5.56	1.07	GGF－5X－T－4520•0912－22
GGF－5X－T－4520•0916－22	H－450×200×9×16	M22	3×2	120	－	12× 410	12× 80	5×1	60	9×320×170	419.0	1290.0	503.0	26.82	724.0	1.2	1.87	5.92	1.43	GGF－5X－T－4520•0916－22
GGF－5X－T－4520•0919－22	H－450×200×9×19	M22	4×2	120	－	12× 530	16× 80	5×1	60	9×320×170	472.0	1450.0	493.0	26.28	811.0	1.2	2.15	6.12	1.69	GGF－5X－T－4520•0919－22
GGF－5X－T－4520•0922－22	H－450×200×9×22	M22	4×2	120	－	16× 530	16× 80	5×1	60	9×320×170	523.0	1610.0	482.0	25.74	897.0	1.2	2.45	6.28	1.96	GGF－5X－T－4520•0922－22
GGF－5X－T－4520•1216－22	H－450×200×12×16	M22	3×2	120	－	12× 410	12× 80	3×2	120	9×320×290	433.0	1330.0	779.0	41.52	753.0	1.1	1.30	5.60	1.43	GGF－5X－T－4520•1216－22
GGF－5X－T－4520•1219－22	H－450×200×12×19	M22	4×2	120	－	12× 530	16× 80	3×2	120	9×320×290	497.0	1530.0	765.0	40.80	873.0	1.2	1.48	5.82	1.69	GGF－5X－T－4520•1219－22

表GG　梁継手諸元表（15/18）

●梁継手（定形H形鋼）

490N級鋼

●鉄骨構造標準接合部委員会SCSS－H97
建設省住宅局建築指導課監修

継手呼称	断面寸法	径 D	フランジ ボルト $n_F \times m_F$	ゲージ g_1 mm	ゲージ g_2 mm	外添板 厚×長さ mm mm	内添板 厚×幅 mm mm	ウェブ ボルト $m_W \times n_W$	P_C mm	添板寸法 厚×幅×長さ mm mm mm	曲げモーメント M_y kNm	曲げモーメント $_dZ$ cm³	せん断力 Q_y kN	せん断力 $_dA_W$ cm²	保有耐力接合 M_u kNm	保有耐力接合 a_J	保有耐力接合 L_q m	横補剛 L_1 m	横補剛 L_2 m	継手呼称
GGF－5X－T－4520•1222－22	H－450×200×12×22	M22	4×2	120	－	16×530	16×80	3×2	120	9×320×290	547.0	1690.0	752.0	40.08	958.0	1.2	1.66	6.00	1.96	GGF－5X－T－4520•1222－22
GGF－5X－T－4520•1225－22	H－450×200×12×25	M22	4×2	120	－	16×530	16×80	3×2	120	9×320×290	596.0	1840.0	738.0	39.36	992.0	1.1	1.85	6.15	2.23	GGF－5X－T－4520•1225－22
GGF－5X－T－4525•0912－22	H－450×250×9×12	M22	3×2	150	－	9×410	9×100	5×1	60	9×320×170	428.0	1320.0	516.0	27.54	681.0	1.2	1.76	7.28	1.34	GGF－5X－T－4525•0912－22
GGF－5X－T－4525•0916－22	H－450×250×9×16	M22	4×2	150	－	12×530	12×100	5×1	60	9×320×170	527.0	1620.0	503.0	26.82	894.0	1.2	2.22	7.70	1.78	GGF－5X－T－4525•0916－22
GGF－5X－T－4525•0919－22	H－450×250×9×19	M22	5×2	150	－	12×650	16×100	5×1	60	9×320×170	599.0	1850.0	493.0	26.28	1010.0	1.2	2.58	7.92	2.12	GGF－5X－T－4525•0919－22
GGF－5X－T－4525•0922－22	H－450×250×9×22	M22	5×2	150	－	16×650	16×100	5×1	60	9×320×170	669.0	2060.0	482.0	25.74	1120.0	1.2	2.95	8.10	2.45	GGF－5X－T－4525•0922－22
GGF－5X－T－4525•1222－22	H－450×250×12×22	M22	5×2	150	－	16×650	16×100	3×2	120	9×320×290	693.0	2130.0	752.0	40.08	1180.0	1.2	1.98	7.78	2.45	GGF－5X－T－4525•1222－22
GGF－5X－T－4525•1225－22	H－450×250×12×25	M22	6×2	150	－	16×770	19×100	3×2	120	9×320×290	760.0	2340.0	738.0	39.36	1300.0	1.2	2.22	7.95	2.78	GGF－5X－T－4525•1225－22
GGF－5X－T－4525•1228－22	H－450×250×12×28	M22	6×2	150	－	19×770	19×100	3×2	120	9×320×290	824.0	2540.0	725.0	38.64	1410.0	1.2	2.47	8.09	3.11	GGF－5X－T－4525•1228－22
GGF－5X－T－5020•0912－22	H－500×200×9×12	M22	3×2	120	－	9×410	9×80	6×1	60	9×380×170	397.0	1220.0	560.0	29.88	663.0	1.1	1.59	5.42	0.96	GGF－5X－T－5020•0912－22
GGF－5X－T－5020•0916－22	H－500×200×9×16	M22	3×2	120	－	12×410	12×80	6×1	60	9×380×170	480.0	1480.0	547.0	29.16	834.0	1.2	1.97	5.80	1.28	GGF－5X－T－5020•0916－22
GGF－5X－T－5020•0919－22	H－500×200×9×19	M22	4×2	120	－	12×530	16×80	6×1	60	9×380×170	540.0	1660.0	537.0	28.62	932.0	1.2	2.26	6.01	1.52	GGF－5X－T－5020•0919－22
GGF－5X－T－5020•0922－22	H－500×200×9×22	M22	4×2	120	－	16×530	16×80	6×1	60	9×380×170	598.0	1840.0	526.0	28.08	1020.0	1.2	2.56	6.17	1.76	GGF－5X－T－5020•0922－22
GGF－5X－T－5020•1216－22	H－500×200×12×16	M22	3×2	120	－	12×410	12×80	4×2	90	9×350×290	498.0	1530.0	837.0	44.64	864.0	1.1	1.39	5.46	1.28	GGF－5X－T－5020•1216－22
GGF－5X－T－5020•1219－22	H－500×200×12×19	M22	4×2	120	－	12×530	16×80	4×2	90	9×350×290	572.0	1760.0	824.0	43.92	1010.0	1.2	1.58	5.69	1.52	GGF－5X－T－5020•1219－22
GGF－5X－T－5020•1222－22	H－500×200×12×22	M22	4×2	120	－	16×530	16×80	4×2	90	9×350×290	629.0	1940.0	810.0	43.20	1100.0	1.2	1.77	5.88	1.76	GGF－5X－T－5020•1222－22
GGF－5X－T－5020•1225－22	H－500×200×12×25	M22	4×2	120	－	16×530	16×80	4×2	90	9×350×290	685.0	2110.0	797.0	42.48	1150.0	1.1	1.96	6.03	2.00	GGF－5X－T－5020•1225－22
GGF－5X－T－5025•0912－22	H－500×250×9×12	M22	3×2	150	－	9×410	9×100	6×1	60	9×380×170	490.0	1510.0	560.0	29.88	783.0	1.2	1.86	7.13	1.20	GGF－5X－T－5025•0912－22
GGF－5X－T－5025•0916－22	H－500×250×9×16	M22	4×2	150	－	12×530	12×100	6×1	60	9×380×170	602.0	1850.0	547.0	29.16	1020.0	1.2	2.33	7.56	1.60	GGF－5X－T－5025•0916－22
GGF－5X－T－5025•0919－22	H－500×250×9×19	M22	5×2	150	－	12×650	16×100	6×1	60	9×380×170	683.0	2100.0	537.0	28.62	1150.0	1.2	2.70	7.79	1.90	GGF－5X－T－5025•0919－22
GGF－5X－T－5025•0922－22	H－500×250×9×22	M22	5×2	150	－	16×650	16×100	6×1	60	9×380×170	762.0	2350.0	526.0	28.08	1280.0	1.2	3.08	7.98	2.20	GGF－5X－T－5025•0922－22
GGF－5X－T－5025•1222－22	H－500×250×12×22	M22	5×2	150	－	16×650	16×100	4×2	90	9×350×290	793.0	2440.0	810.0	43.20	1360.0	1.2	2.10	7.64	2.20	GGF－5X－T－5025•1222－22
GGF－5X－T－5025•1225－22	H－500×250×12×25	M22	6×2	150	－	16×770	19×100	4×2	90	9×350×290	869.0	2670.0	797.0	42.48	1480.0	1.2	2.35	7.82	2.50	GGF－5X－T－5025•1225－22
GGF－5X－T－5025•1228－22	H－500×250×12×28	M22	6×2	150	－	19×770	19×100	4×2	90	9×350×290	942.0	2900.0	783.0	41.76	1610.0	1.2	2.60	7.96	2.80	GGF－5X－T－5025•1228－22
GGF－5X－T－5520•0912－22	H－550×200×9×12	M22	3×2	120	－	9×410	9×80	6×1	60	9×380×170	452.0	1390.0	645.0	34.38	721.0	1.1	1.57	5.30	0.88	GGF－5X－T－5520•0912－22
GGF－5X－T－5520•0916－22	H－550×200×9×16	M22	3×2	120	－	12×410	12×80	6×1	60	9×380×170	544.0	1670.0	631.0	33.66	924.0	1.2	1.93	5.68	1.17	GGF－5X－T－5520•0916－22
GGF－5X－T－5520•0919－22	H－550×200×9×19	M22	4×2	120	－	12×530	16×80	6×1	60	9×380×170	611.0	1880.0	621.0	33.12	1030.0	1.2	2.21	5.90	1.39	GGF－5X－T－5520•0919－22
GGF－5X－T－5520•0922－22	H－550×200×9×22	M22	4×2	120	－	16×530	16×80	6×1	60	9×380×170	676.0	2080.0	611.0	32.58	1160.0	1.2	2.49	6.07	1.60	GGF－5X－T－5520•0922－22
GGF－5X－T－5520•1216－22	H－550×200×12×16	M22	3×2	120	－	12×410	12×80	6×2	60	12×380×290	563.0	1740.0	842.0	44.88	972.0	1.1	1.57	5.33	1.17	GGF－5X－T－5520•1216－22
GGF－5X－T－5520•1219－22	H－550×200×12×19	M22	4×2	120	－	12×530	16×80	6×2	60	12×380×290	650.0	2000.0	828.0	44.16	1150.0	1.2	1.78	5.57	1.39	GGF－5X－T－5520•1219－22
GGF－5X－T－5520•1222－22	H－550×200×12×22	M22	4×2	120	－	16×530	16×80	6×2	60	12×380×290	715.0	2200.0	815.0	43.44	1250.0	1.2	1.99	5.76	1.60	GGF－5X－T－5520•1222－22
GGF－5X－T－5520•1225－22	H－550×200×12×25	M22	4×2	120	－	16×530	16×80	6×2	60	12×380×290	777.0	2390.0	801.0	42.72	1340.0	1.2	2.21	5.92	1.82	GGF－5X－T－5520•1225－22
GGF－5X－T－5525•0912－22	H－550×250×9×12	M22	3×2	150	－	9×410	9×100	6×1	60	9×380×170	555.0	1710.0	645.0	34.38	854.0	1.1	1.83	6.98	1.10	GGF－5X－T－5525•0912－22
GGF－5X－T－5525•0916－22	H－550×250×9×16	M22	4×2	150	－	12×530	12×100	6×1	60	9×380×170	679.0	2090.0	631.0	33.66	1150.0	1.2	2.28	7.42	1.46	GGF－5X－T－5525•0916－22
GGF－5X－T－5525•0919－22	H－550×250×9×19	M22	5×2	150	－	12×650	16×100	6×1	60	9×380×170	769.0	2370.0	621.0	33.12	1300.0	1.2	2.63	7.67	1.73	GGF－5X－T－5525•0919－22
GGF－5X－T－5525•0922－22	H－550×250×9×22	M22	5×2	150	－	16×650	16×100	6×1	60	9×380×170	858.0	2640.0	611.0	32.58	1450.0	1.2	2.98	7.86	2.00	GGF－5X－T－5525•0922－22
GGF－5X－T－5525•1222－22	H－550×250×12×22	M22	5×2	150	－	16×650	16×100	6×2	60	12×380×290	896.0	2760.0	815.0	43.44	1540.0	1.2	2.36	7.51	2.00	GGF－5X－T－5525•1222－22
GGF－5X－T－5525•1225－22	H－550×250×12×25	M22	6×2	150	－	16×770	19×100	6×2	60	12×380×290	981.0	3020.0	801.0	42.72	1680.0	1.2	2.63	7.69	2.28	GGF－5X－T－5525•1225－22
GGF－5X－T－5525•1228－22	H－550×250×12×28	M22	6×2	150	－	19×770	19×100	6×2	60	12×380×290	1060.0	3270.0	788.0	42.00	1820.0	1.2	2.91	7.84	2.55	GGF－5X－T－5525•1228－22
GGF－5X－T－6020•0912－22	H－600×200×9×12	M22	3×2	120	－	9×410	12×80	7×1	60	9×440×170	509.0	1570.0	689.0	36.72	908.0	1.2	1.66	5.18	0.80	GGF－5X－T－6020•0912－22

表GG　梁継手諸元表（16/18）

●梁継手（定形H形鋼）

490N級鋼

●鉄骨構造標準接合部委員会SCSS－H97
建設省住宅局建築指導課監修

継手呼称	断面寸法	径 D	フランジ ボルト $n_F \times m_F$	ゲージ g_1 mm	ゲージ g_2 mm	外添板 厚×長さ mm mm	内添板 厚×幅 mm mm	ウェブ ボルト $m_W \times n_W$	P_C mm	添板寸法 厚×幅×長さ mm mm mm	曲げモーメント M_y kNm	曲げモーメント $_dZ$ cm³	せん断力 Q_y kN	せん断力 $_dA_W$ cm²	保有耐力接合 M_u kNm	保有耐力接合 a_J	保有耐力接合 L_q m	横補剛 L_1 m	横補剛 L_2 m	継手呼称
GGF－5X－T-6020•0916－22	H－600×200×9×16	M22	3×2	120	－	12× 410	12× 80	7×1	60	9×440×170	610.0	1880.0	675.0	36.00	1030.0	1.2	2.02	5.57	1.07	GGF－5X－T-6020•0916－22
GGF－5X－T-6020•0919－22	H－600×200×9×19	M22	4×2	120	0	16× 530	16× 80	7×1	60	9×440×170	684.0	2110.0	665.0	35.46	1190.0	1.2	2.31	5.79	1.27	GGF－5X－T-6020•0919－22
GGF－5X－T-6020•0922－22	H－600×200×9×22	M22	4×2	120	－	16× 530	16× 80	7×1	60	9×440×170	756.0	2330.0	655.0	34.92	1300.0	1.2	2.59	5.97	1.47	GGF－5X－T-6020•0922－22
GGF－5X－T-6020•1216－22	H－600×200×12×16	M22	3×2	120	－	12× 410	12× 80	5×2	90	9×440×290	634.0	1950.0	1000.0	53.76	1110.0	1.1	1.48	5.21	1.07	GGF－5X－T-6020•1216－22
GGF－5X－T-6020•1219－22	H－600×200×12×19	M22	4×2	120	－	16× 530	16× 80	5×2	90	9×440×290	732.0	2250.0	995.0	53.04	1300.0	1.2	1.67	5.45	1.27	GGF－5X－T-6020•1219－22
GGF－5X－T-6020•1222－22	H－600×200×12×22	M22	4×2	120	－	16× 530	16× 80	5×2	90	9×440×290	803.0	2470.0	981.0	52.32	1420.0	1.2	1.85	5.65	1.47	GGF－5X－T-6020•1222－22
GGF－5X－T-6020•1225－22	H－600×200×12×25	M22	5×2	120	－	16× 650	19× 80	5×2	90	9×440×290	872.0	2690.0	968.0	51.60	1530.0	1.2	2.05	5.81	1.67	GGF－5X－T-6020•1225－22
GGF－5X－T-6020•1228－22	H－600×200×12×28	M22	5×2	120	－	19× 650	19× 80	5×2	90	9×440×290	940.0	2890.0	954.0	50.88	1640.0	1.2	2.24	5.95	1.87	GGF－5X－T-6020•1228－22
GGF－5X－T-6025•0916－22	H－600×250×9×16	M22	4×2	150	－	12× 530	12×100	7×1	60	9×440×170	758.0	2330.0	675.0	36.00	1300.0	1.2	2.38	7.30	1.34	GGF－5X－T-6025•0916－22
GGF－5X－T-6025•0919－22	H－600×250×9×19	M22	5×2	150	－	12× 650	16×100	7×1	60	9×440×170	858.0	2640.0	665.0	35.46	1460.0	1.2	2.73	7.55	1.59	GGF－5X－T-6025•0919－22
GGF－5X－T-6025•1219－22	H－600×250×12×19	M22	5×2	150	－	12× 650	16× 100	5×2	90	9×440×290	906.0	2790.0	995.0	53.04	1570.0	1.3	1.95	7.15	1.59	GGF－5X－T-6025•1219－22
GGF－5X－T-6025•1222－22	H－600×250×12×22	M22	5×2	150	－	16× 650	16×100	5×2	90	9×440×290	1000.0	3090.0	981.0	52.32	1730.0	1.2	2.19	7.38	1.84	GGF－5X－T-6025•1222－22
GGF－5X－T-6025•1225－22	H－600×250×12×25	M22	6×2	150	－	16× 770	19×100	5×2	90	9×440×290	1090.0	3370.0	968.0	51.60	1880.0	1.2	2.43	7.57	2.09	GGF－5X－T-6025•1225－22
GGF－5X－T-6025•1228－22	H－600×250×12×28	M22	6×2	150	－	19× 770	19×100	5×2	90	9×440×290	1180.0	3660.0	954.0	50.88	2040.0	1.2	2.68	7.73	2.34	GGF－5X－T-6025•1228－22
GGF－5X－T-6030•0919－22	H－600×300×9×19	M22	5×2	150	40	12× 530	16×110	7×1	60	9×440×170	969.0	2980.0	665.0	35.46	1620.0	1.2	3.16	9.34	1.90	GGF－5X－T-6030•0919－22
GGF－5X－T-6030•1219－22	H－600×300×12×19	M22	5×2	150	40	12× 530	16×110	5×2	90	9×440×290	1010.0	3130.0	995.0	53.04	1740.0	1.2	2.24	8.90	1.90	GGF－5X－T-6030•1219－22
GGF－5X－T-6030•1222－22	H－600×300×12×22	M22	6×2	150	40	16× 620	19×110	5×2	90	9×440×290	1130.0	3480.0	981.0	52.32	1930.0	1.2	2.53	9.15	2.20	GGF－5X－T-6030•1222－22
GGF－5X－T-6030•1225－22	H－600×300×12×25	M22	7×2	150	40	19× 710	19×110	5×2	90	9×440×290	1240.0	3820.0	968.0	51.60	2110.0	1.2	2.82	9.36	2.50	GGF－5X－T-6030•1225－22
GGF－5X－T-6030•1228－22	H－600×300×12×28	M22	8×2	150	40	19× 800	22×110	5×2	90	9×440×290	1340.0	4150.0	954.0	50.88	2290.0	1.2	3.11	9.53	2.80	GGF－5X－T-6030•1228－22
GGF－5X－T-6520•0912－22	H－650×200×9×12	M22	3×2	120	－	9× 410	12× 80	8×1	60	9×500×170	569.0	1750.0	732.0	39.06	1010.0	1.2	1.74	5.07	0.74	GGF－5X－T-6520•0912－22
GGF－5X－T-6520•0916－22	H－650×200×9×16	M22	3×2	120	－	12× 410	12× 80	8×1	60	9×500×170	679.0	2090.0	719.0	38.34	1150.0	1.2	2.11	5.47	0.99	GGF－5X－T-6520•0916－22
GGF－5X－T-6520•0919－22	H－650×200×9×19	M22	4×2	120	－	16× 530	16× 80	8×1	60	9×500×170	760.0	2340.0	709.0	37.80	1320.0	1.2	2.40	5.69	1.17	GGF－5X－T-6520•0919－22
GGF－5X－T-6520•0922－22	H－650×200×9×22	M22	4×2	120	－	16× 530	16× 80	8×1	60	9×500×170	839.0	2580.0	699.0	37.26	1450.0	1.2	2.69	5.88	1.36	GGF－5X－T-6520•0922－22
GGF－5X－T-6520•1216－22	H－650×200×12×16	M22	3×2	120	－	12× 410	12× 80	5×2	90	12×440×290	715.0	2200.0	1120.0	59.76	1230.0	1.1	1.49	5.10	0.99	GGF－5X－T-6520•1216－22
GGF－5X－T-6520•1219－22	H－650×200×12×19	M22	4×2	120	－	16× 530	16× 80	5×2	90	12×440×290	817.0	2520.0	1100.0	59.04	1460.0	1.2	1.67	5.34	1.17	GGF－5X－T-6520•1219－22
GGF－5X－T-6520•1222－22	H－650×200×12×22	M22	4×2	120	－	16× 530	16× 80	5×2	90	12×440×290	895.0	2750.0	1090.0	58.32	1550.0	1.2	1.85	5.54	1.36	GGF－5X－T-6520•1222－22
GGF－5X－T-6520•1225－22	H－650×200×12×25	M22	5×2	120	－	16× 650	19× 80	5×2	90	12×440×290	971.0	2990.0	1080.0	57.60	1640.0	1.2	2.04	5.71	1.54	GGF－5X－T-6520•1225－22
GGF－5X－T-6520•1228－22	H－650×200×12×28	M22	5×2	120	－	19× 650	19× 80	5×2	90	12×440×290	1040.0	3220.0	1060.0	56.88	1780.0	1.2	2.23	5.86	1.73	GGF－5X－T-6520•1228－22
GGF－5X－T-6525•0916－22	H－650×250×9×16	M22	4×2	150	－	12× 530	12×100	8×1	60	9×500×170	840.0	2590.0	719.0	38.34	1440.0	1.2	2.48	7.18	1.24	GGF－5X－T-6525•0916－22
GGF－5X－T-6525•0919－22	H－650×250×9×19	M22	5×2	150	－	12× 650	16×100	8×1	60	9×500×170	949.0	2920.0	709.0	37.80	1620.0	1.2	2.84	7.44	1.47	GGF－5X－T-6525•0919－22
GGF－5X－T-6525•1219－22	H－650×250×12×19	M22	5×2	150	－	12× 650	16×100	5×2	90	12×440×290	1000.0	3100.0	1100.0	59.04	1750.0	1.3	1.95	7.03	1.47	GGF－5X－T-6525•1219－22
GGF－5X－T-6525•1222－22	H－650×250×12×22	M22	5×2	150	－	16× 650	16×100	5×2	90	12×440×290	1110.0	3420.0	1090.0	58.32	1920.0	1.2	2.18	7.26	1.70	GGF－5X－T-6525•1222－22
GGF－5X－T-6525•1225－22	H－650×250×12×25	M22	6×2	150	－	16× 770	19×100	5×2	90	12×440×290	1210.0	3740.0	1080.0	57.60	2090.0	1.2	2.41	7.46	1.93	GGF－5X－T-6525•1225－22
GGF－5X－T-6525•1228－22	H－650×250×12×28	M22	6×2	150	－	19× 770	19×100	5×2	90	12×440×290	1310.0	4050.0	1060.0	56.88	2260.0	1.2	2.65	7.62	2.16	GGF－5X－T-6525•1228－22
GGF－5X－T-7020•0912－22	H－700×200×9×12	M22	3×2	120	－	9× 410	12× 80	8×1	60	9×500×170	644.0	1980.0	817.0	43.56	1080.0	1.2	1.76	4.94	0.69	GGF－5X－T-7020•0912－22
GGF－5X－T-7020•0916－22	H－700×200×9×16	M22	3×2	120	－	12× 410	12× 80	8×1	60	9×500×170	764.0	2350.0	803.0	42.84	1230.0	1.1	2.12	5.34	0.92	GGF－5X－T-7020•0916－22
GGF－5X－T-7020•0919－22	H－700×200×9×19	M22	4×2	120	－	16× 530	16× 80	8×1	60	9×500×170	851.0	2620.0	793.0	42.30	1490.0	1.2	2.39	5.57	1.09	GGF－5X－T-7020•0919－22
GGF－5X－T-7020•0922－22	H－700×200×9×22	M22	4×2	120	－	16× 530	16× 80	8×1	60	9×500×170	937.0	2890.0	783.0	41.76	1570.0	1.2	2.67	5.76	1.26	GGF－5X－T-7020•0922－22
GGF－5X－T-7020•1222－22	H－700×200×12×22	M22	4×2	120	－	16× 530	16× 80	9×1	60	9×560×170	1000.0	3090.0	990.0	52.80	1680.0	1.1	2.28	5.42	1.26	GGF－5X－T-7020•1222－22
GGF－5X－T-7020•1225－22	H－700×200×12×25	M22	5×2	120	－	16× 650	19× 80	9×1	60	9×560×170	1080.0	3340.0	977.0	52.08	1790.0	1.1	2.51	5.60	1.43	GGF－5X－T-7020•1225－22
GGF－5X－T-7020•1228－22	H－700×200×12×28	M22	5×2	120	－	19× 650	19× 80	9×1	60	9×560×170	1160.0	3590.0	963.0	51.36	1930.0	1.1	2.74	5.75	1.60	GGF－5X－T-7020•1228－22

表GG　梁継手諸元表（17/18）

●梁継手（定形H形鋼）

490N級鋼

●鉄骨構造標準接合部委員会SCSS－H97
建設省住宅局建築指導課監修

継手呼称	断面寸法	径 D	フランジ ボルト $n_F \times m_F$	ゲージ g_1 mm	ゲージ g_2 mm	外添板 厚×長さ mm mm	内添板 厚×幅 mm mm	ウェブ ボルト $m_W \times n_W$	P_C mm	添板寸法 厚×幅×長さ mm mm mm	曲げモーメント M_y kNm	$_dZ$ cm³	せん断力 Q_y kN	$_dA_W$ cm²	保有耐力接合 M_u kNm	a_J	L_q m	横補剛 L_1 m	L_2 m	継手呼称
GGF－5X－T-7025•0916－22	H－700×250×9×16	M22	4×2	150	－	12× 530	12×100	8×1	60	9×500×170	937.0	2890.0	803.0	42.84	1590.0	1.2	2.47	7.03	1.15	GGF－5X－T-7025•0916－22
GGF－5X－T-7025•0919－22	H－700×250×9×19	M22	5×2	150	－	12× 650	16×100	8×1	60	9×500×170	1050.0	3250.0	793.0	42.30	1780.0	1.2	2.82	7.30	1.36	GGF－5X－T-7025•0919－22
GGF－5X－T-7025•1219－22	H－700×250×12×19	M22	5×2	150	－	12× 650	16×100	9×1	60	9×560×170	1120.0	3460.0	1000.0	53.52	1900.0	1.2	2.40	6.88	1.36	GGF－5X－T-7025•1219－22
GGF－5X－T-7025•1222－22	H－700×250×12×22	M22	5×2	150	－	16× 650	16×100	9×1	60	9×560×170	1230.0	3810.0	990.0	52.80	2150.0	1.3	2.67	7.12	1.58	GGF－5X－T-7025•1222－22
GGF－5X－T-7025•1225－22	H－700×250×12×25	M22	6×2	150	－	16× 770	19×100	9×1	60	9×560×170	1350.0	4160.0	977.0	52.08	2300.0	1.2	2.96	7.32	1.79	GGF－5X－T-7025•1225－22
GGF－5X－T-7025•1425－22	H－700×250×14×25	M22	6×2	150	－	16× 770	19×100	6×2	90	12×530×290	1390.0	4290.0	1320.0	70.84	2430.0	1.3	2.26	7.11	1.79	GGF－5X－T-7025•1425－22
GGF－5X－T-7025•1428－22	H－700×250×14×28	M22	6×2	150	－	19× 770	19×100	6×2	90	12×530×290	1500.0	4620.0	1310.0	70.00	2610.0	1.2	2.46	7.29	2.00	GGF－5X－T-7025•1428－22
GGF－5X－T-7030•0919－22	H－700×300×9×19	M22	5×2	150	40	12× 530	16×110	8×1	60	9×500×170	1180.0	3650.0	793.0	42.30	1920.0	1.2	3.24	9.06	1.63	GGF－5X－T-7030•0919－22
GGF－5X－T-7030•1219－22	H－700×300×12×19	M22	5×2	150	40	12× 530	16×110	9×1	60	9×560×170	1250.0	3860.0	1000.0	53.52	2040.0	1.1	2.73	8.59	1.63	GGF－5X－T-7030•1219－22
GGF－5X－T-7030•1222－22	H－700×300×12×22	M22	6×2	150	40	16× 620	19×110	9×1	60	9×560×170	1380.0	4270.0	990.0	52.80	2380.0	1.2	3.06	8.86	1.89	GGF－5X－T-7030•1222－22
GGF－5X－T-7030•1422－22	H－700×300×14×22	M22	6×2	150	40	16× 620	19×110	6×2	90	12×530×290	1430.0	4410.0	1340.0	71.68	2490.0	1.2	2.34	8.61	1.89	GGF－5X－T-7030•1422－22
GGF－5X－T-7030•1425－22	H－700×300×14×25	M22	7×2	150	40	19× 710	19×110	6×2	90	12×530×290	1560.0	4810.0	1320.0	70.84	2700.0	1.2	2.59	8.84	2.15	GGF－5X－T-7030•1425－22
GGF－5X－T-7030•1428－22	H－700×300×14×28	M22	8×2	150	40	19× 800	22×110	6×2	90	12×530×290	1680.0	5200.0	1310.0	70.00	2910.0	1.2	2.83	9.05	2.40	GGF－5X－T-7030•1428－22
GGF－5X－T-7520•0912－22	H－750×200×9×12	M22	3×2	120	－	9× 410	12× 80	9×1	60	9×560×170	710.0	2190.0	861.0	45.90	1190.0	1.2	1.84	4.84	0.64	GGF－5X－T-7520•0912－22
GGF－5X－T-7520•0916－22	H－750×200×9×16	M22	3×2	120	－	12× 410	12× 80	9×1	60	9×560×170	838.0	2580.0	847.0	45.18	1350.0	1.1	2.21	5.25	0.86	GGF－5X－T-7520•0916－22
GGF－5X－T-7520•0919－22	H－750×200×9×19	M22	4×2	120	－	16× 530	16× 80	9×1	60	9×560×170	933.0	2870.0	837.0	44.64	1640.0	1.2	2.49	5.49	1.02	GGF－5X－T-7520•0919－22
GGF－5X－T-7520•1219－22	H－750×200×12×19	M22	4×2	120	－	16× 530	16× 80	10×1	60	9×620×170	1010.0	3110.0	1060.0	56.64	1820.0	1.2	2.15	5.12	1.02	GGF－5X－T-7520•1219－22
GGF－5X－T-7520•1222－22	H－750×200×12×22	M22	4×2	120	－	16× 530	16× 80	10×1	60	9×620×170	1100.0	3390.0	1040.0	55.92	1850.0	1.1	2.37	5.33	1.18	GGF－5X－T-7520•1222－22
GGF－5X－T-7520•1225－22	H－750×200×12×25	M22	5×2	120	－	16× 650	19× 80	10×1	60	9×620×170	1190.0	3670.0	1030.0	55.20	1970.0	1.1	2.60	5.51	1.34	GGF－5X－T-7520•1225－22
GGF－5X－T-7520•1228－22	H－750×200×12×28	M22	5×2	120	－	19× 650	19× 80	10×1	60	9×620×170	1270.0	3940.0	1020.0	54.48	2120.0	1.1	2.83	5.66	1.50	GGF－5X－T-7520•1228－22
GGF－5X－T-7525•1216－22	H－750×250×12×16	M22	4×2	150	－	12× 530	12×100	10×1	60	9×620×170	1100.0	3400.0	1070.0	57.36	1880.0	1.2	2.21	6.47	1.07	GGF－5X－T-7525•1216－22
GGF－5X－T-7525•1219－22	H－750×250×12×19	M22	5×2	150	－	16× 650	16×100	10×1	60	9×620×170	1230.0	3790.0	1060.0	56.64	2160.0	1.3	2.48	6.77	1.27	GGF－5X－T-7525•1219－22
GGF－5X－T-7525•1222－22	H－750×250×12×22	M22	6×2	150	－	16× 770	19×100	10×1	60	9×620×170	1350.0	4170.0	1040.0	55.92	2360.0	1.3	2.76	7.01	1.47	GGF－5X－T-7525•1222－22
GGF－5X－T-7525•1422－22	H－750×250×14×22	M22	6×2	150	－	16× 770	19×100	7×2	90	9×620×290	1400.0	4330.0	1410.0	75.32	2480.0	1.3	2.14	6.78	1.47	GGF－5X－T-7525•1422－22
GGF－5X－T-7525•1425－22	H－750×250×14×25	M22	6×2	150	－	19× 770	19×100	7×2	90	9×620×290	1520.0	4700.0	1390.0	74.48	2680.0	1.3	2.35	7.00	1.67	GGF－5X－T-7525•1425－22
GGF－5X－T-7525•1428－22	H－750×250×14×28	M22	7×2	150	－	19× 890	22×100	7×2	90	9×620×290	1640.0	5060.0	1380.0	73.64	2870.0	1.2	2.56	7.18	1.87	GGF－5X－T-7525•1428－22
GGF－5X－T-8025•1422－22	H－800×250×14×22	M22	6×2	150	－	16× 770	19×100	7×2	90	12×620×290	1530.0	4720.0	1540.0	82.32	2720.0	1.3	2.14	6.67	1.38	GGF－5X－T-8025•1422－22
GGF－5X－T-8025•1425－22	H－800×250×14×25	M22	6×2	150	－	19× 770	19×100	7×2	90	12×620×290	1660.0	5120.0	1520.0	81.48	2930.0	1.3	2.35	6.89	1.57	GGF－5X－T-8025•1425－22
GGF－5X－T-8025•1625－22	H－800×250×16×25	M22	6×2	150	－	19× 770	19×100	9×2	60	16×560×290	1720.0	5290.0	1600.0	85.44	3070.0	1.3	2.33	6.68	1.57	GGF－5X－T-8025•1625－22
GGF－5X－T-8025•1628－22	H－800×250×16×28	M22	7×2	150	－	19× 890	22×100	9×2	60	16×560×290	1840.0	5680.0	1580.0	84.48	3270.0	1.3	2.52	6.88	1.75	GGF－5X－T-8025•1628－22
GGF－5X－T-8030•1422－22	H－800×300×14×22	M22	6×2	150	40	16× 620	19×110	7×2	90	12×620×290	1700.0	5250.0	1540.0	82.32	2990.0	1.2	2.43	8.35	1.65	GGF－5X－T-8030•1422－22
GGF－5X－T-8030•1622－22	H－800×300×16×22	M22	6×2	150	40	16× 620	19×110	9×2	60	16×560×290	1760.0	5430.0	1620.0	86.40	3130.0	1.2	2.41	8.11	1.65	GGF－5X－T-8030•1622－22
GGF－5X－T-8030•1625－22	H－800×300×16×25	M22	7×2	150	40	19× 710	19×110	9×2	60	16×560×290	1910.0	5900.0	1600.0	85.44	3370.0	1.2	2.64	8.36	1.88	GGF－5X－T-8030•1625－22
GGF－5X－T-8030•1628－22	H－800×300×16×28	M22	8×2	150	40	19× 800	22×110	9×2	60	16×560×290	2060.0	6350.0	1580.0	84.48	3610.0	1.2	2.88	8.59	2.10	GGF－5X－T-8030•1628－22
GGF－5X－T-8525•1422－22	H－850×250×14×22	M22	6×2	150	－	16× 770	19×100	8×2	90	9×710×290	1660.0	5130.0	1610.0	85.96	2970.0	1.3	2.23	6.57	1.30	GGF－5X－T-8525•1422－22
GGF－5X－T-8525•1425－22	H－850×250×14×25	M22	6×2	150	－	19× 770	19×100	8×2	90	9×710×290	1800.0	5550.0	1590.0	85.12	3190.0	1.3	2.44	6.79	1.48	GGF－5X－T-8525•1425－22
GGF－5X－T-8525•1625－22	H－850×250×16×25	M22	6×2	150	－	19× 770	19×100	8×2	90	12×710×290	1860.0	5750.0	1820.0	97.28	3340.0	1.3	2.22	6.58	1.48	GGF－5X－T-8525•1625－22
GGF－5X－T-8525•1628－22	H－850×250×16×28	M22	7×2	150	－	19× 890	22×100	8×2	90	12×710×290	2000.0	6170.0	1800.0	96.32	3560.0	1.3	2.41	6.78	1.65	GGF－5X－T-8525•1628－22
GGF－5X－T-9025•1619－22	H－900×250×16×19	M22	5×2	150	－	16× 650	16×100	10×2	60	16×620×290	1720.0	5320.0	1860.0	99.52	3170.0	1.3	2.02	5.98	1.06	GGF－5X－T-9025•1619－22

表GG　梁継手諸元表（18/18）

490N級鋼

●梁継手（定形H形鋼）

●鉄骨構造標準接合部委員会SCSS－H97
建設省住宅局建築指導課監修

継手呼称	断面寸法	径 D	フランジ ボルト $n_F \times m_F$	フランジ ゲージ g_1 mm	フランジ ゲージ g_2 mm	フランジ 外添板 厚×長さ mm mm	フランジ 内添板 厚×幅 mm mm	ウェブ ボルト $m_W \times n_W$	ウェブ ボルト P_C mm	ウェブ 添板寸法 厚×幅×長さ mm mm mm	曲げモーメント M_Y kNm	曲げモーメント $_dZ$ cm³	せん断力 Q_Y kN	せん断力 $_dA_W$ cm²	保有耐力接合 M_u kNm	保有耐力接合 a_J	保有耐力接合 L_q m	横補剛 L_1 m	横補剛 L_2 m	継手呼称
GGF－5X－T-9025•1622－22	H－900×250×16×22	M22	6×2	150	－	16× 770	19×100	10×2	60	16×620×290	1870.0	5780.0	1840.0	98.56	3400.0	1.3	2.21	6.25	1.23	GGF－5X－T-9025•1622－22
GGF－5X－T-9025•1625－22	H－900×250×16×25	M22	6×2	150	－	19× 770	19×100	10×2	60	16×620×290	2020.0	6230.0	1830.0	97.60	3630.0	1.3	2.40	6.48	1.39	GGF－5X－T-9025•1625－22
GGF－5X－T-9025•1628－22	H－900×250×16×28	M22	7×2	150	－	19× 890	22×100	10×2	60	16×620×290	2160.0	6670.0	1810.0	96.64	3870.0	1.3	2.59	6.68	1.56	GGF－5X－T-9025•1628－22
GGF－5X－T-9030•1619－22	H－900×300×16×19	M22	6×2	150	40	16× 620	16×110	10×2	60	16×620×290	1890.0	5850.0	1860.0	99.52	3430.0	1.3	2.25	7.55	1.27	GGF－5X－T-9030•1619－22
GGF－5X－T-9030•1622－22	H－900×300×16×22	M22	7×2	150	40	16× 710	19×110	10×2	60	16×620×290	2070.0	6380.0	1840.0	98.56	3700.0	1.2	2.48	7.86	1.47	GGF－5X－T-9030•1622－22
GGF－5X－T-9030•1625－22	H－900×300×16×25	M22	7×2	150	40	19× 710	19×110	10×2	60	16×620×290	2240.0	6910.0	1830.0	97.60	3980.0	1.2	2.71	8.13	1.67	GGF－5X－T-9030•1625－22
GGF－5X－T-9030•1628－22	H－900×300×16×28	M22	8×2	150	40	19× 800	22×110	10×2	60	16×620×290	2410.0	7430.0	1810.0	96.64	4250.0	1.2	2.94	8.36	1.87	GGF－5X－T-9030•1628－22

3.1.2 詳　細　図

梁継手の標準接合部は，設計実務での利用の便をはかるため，すべての標準接合部詳細図が別添図面として本書に付属している．その概要は次のとおりである．

梁継手標準図……SN 400 B　18 枚，SN 490 B　18 枚→合計 36 枚

上記のように 2 群の図面となっているが，それぞれの中での順序は，一般 H 形鋼→定形 H 形鋼の順序で，高力ボルト径順（M 16⇨M 20⇨M 22）に断面寸法順（小→大），としている．

図の例を，図-3.1.1 に示す（上 2 段が一般 H 形鋼，下段が定形 H 形鋼の場合の図を例とした）．図面に含まれる内容は，以下のようになっている．

(下部共通枠)……梁／柱の別，材質，高力ボルト材質，図面群ごとの通し番号

(各区分枠)………継手符号
H 断面名称
継手立面図
継手平面図
フランジ高力ボルトの本数，径，首下長
フランジ添板の枚数，寸法
ウェブ高力ボルトの本数，径，首下長
ウェブ添板の枚数，寸法

実際の設計で使用する断面群のみについて図面を作成したい場合には，付録にあるようなソフトウェアによって図面を作成されるとよい．

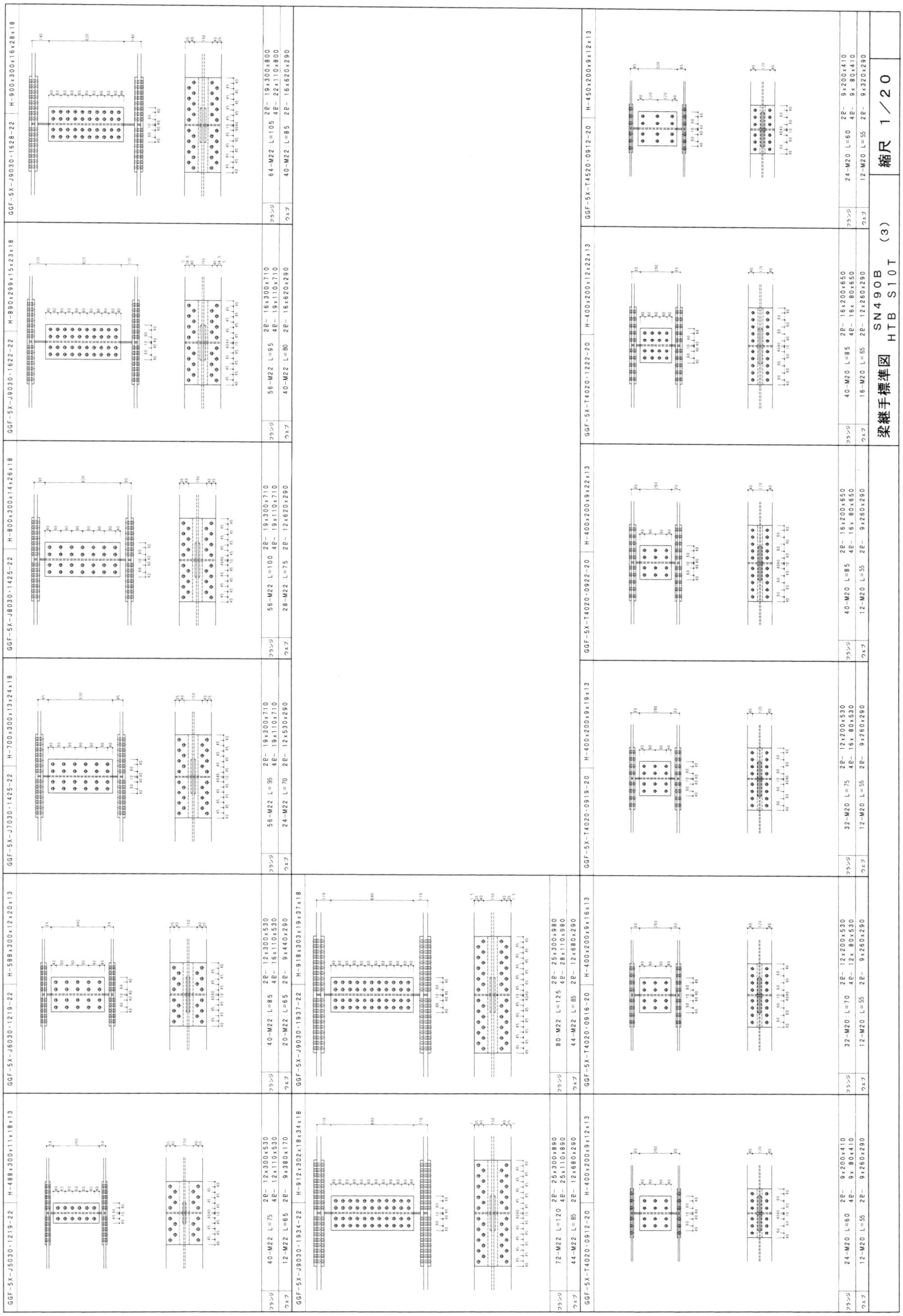

鉄骨構造標準接合部委員会 SCSS-H97
建設省住宅局建築指導課 監修

図-3.1.1 梁継手標準図例

3.1.3 梁継手形状一覧表（フランジ・ウェブ板系列ごとに集約したもの）

2.4.3 に示した方法でフランジとウェブの板系列ごとに標準化した結果を一覧表として示す．

表中，B, H はシリーズ寸法，t_F, t_W は常用板厚を示す．一般 H 形鋼の場合には，シリーズ寸法や常用板厚と寸法が同一でない場合があるが，その場合の断面寸法は表中の最寄りの寸法に読み替えるものとする．なお，ちょうど中間の数値の場合は大きい方の値に読み替える．

なお，一般 H 形鋼については，前述のように断面寸法の読替えを行っていることなどにより，板系列ごとの標準化の際，定形 H 形鋼と比べて数量が増減するケースがあったが，定形 H 形鋼の断面サイズの範囲から外れる部分については，経済性を考慮して無理に定形 H 形鋼の数量に統一化せず，例外として欄外に示した．

表-3.1.1 の（a）にフランジボルトの梁部材長手方向の本数を示す．これは鋼種，ボルト径，梁せい（H）がフランジ幅（B）の 3 倍未満か 3 倍以上か，およびフランジ板系列（フランジ幅（B）とフランジ厚（t_F））により，フランジボルトの梁部材長手方向の本数が求められる．

表-3.1.1 の（b）は，フランジの外添板と内添板の厚さを示したものである．これは，鋼種とボルト径による区分は行わず，梁せい（H）がフランジ幅（B）の 3 倍未満か 3 倍以上か，およびフランジ板系列（フランジ幅（B）とフランジ厚（t_F））により，フランジの外添板と内添板の厚さが求められる．

表-3.1.2 は，ウェブボルトの列数と梁せい方向本数と梁せい方向のボルトピッチを示したものである．これは鋼種，ボルト径，およびウェブ板系列（梁せい（H）とウェブ厚（t_W））により，ウェブボルトの列数，梁せい方向本数および梁せい方向のボルトピッチが求められる．

表-3.1.3 は，ウェブ添板の厚さと高さを示したものである．これはウェブボルトと同様に，鋼種，ボルト径，およびウェブ板系列（梁せい（H）とウェブ厚（t_W））により，ウェブ添板の厚さと高さが求められる．

表-3.1.1　梁継手の形状一覧表

（a）　フランジボルトの梁部材長手方向の本数

鋼種	ボルト径	B	100シリーズ	125シリーズ	150シリーズ	175シリーズ	200シリーズ						250シリーズ						300シリーズ						
		H ＼ t_F	9	9	9	12	12	16	19	22	25	28	12	16	19	22	25	28	16	19	22	25	28	34	37
SN 400	M22	$<3B$	—	—	—	—	3	3	3	3	3	—	3	3	4	4	4	5	3	4	5	5	6	—	—
		$3B \leqq$	—	—	—	—	3	3	3	3	4	4	—	3	4	4	5	5	—	4	5	5	6	7	7
	M20	$<3B$	—	—	2	2	3	3	3	4	4	—	3	4	4	5	5	6	4	5*1	6	6	7	—	—
		$3B \leqq$	—	—	—	—	3	3	4	4	4	5	—	4	5	5	6	6	—	5	6	7	7	8	9
	M16	$<3B$	2	3	2	3	—	—	—	—	—	—	—	—	—	—	—	—	—	—	—	—	—	—	—
		$3B \leqq$	—	—	—	—	—	—	—	—	—	—	—	—	—	—	—	—	—	—	—	—	—	—	—
SN 490	M22	$<3B$	—	—	—	—	3	3	4	4	4	—	3	4	5	5	6	6	4	5	6	7	8	—	—
		$3B \leqq$	—	—	—	—	3	3	4	4	5	5	—	4	5	6	6	7	—	6	7	7	8	9	10
	M20	$<3B$	—	—	2	2	3	4	4	5	6	—	4	5	6	6	7	8	5	7*2	8	9	9	—	—
		$3B \leqq$	—	—	—	—	3	4	5	5	6	6	—	5	6	7	8	9	—	7	8	9	10	11	12
	M16	$<3B$	3	4	3	4	—	—	—	—	—	—	—	—	—	—	—	—	—	—	—	—	—	—	—
		$3B \leqq$	—	—	—	—	—	—	—	—	—	—	—	—	—	—	—	—	—	—	—	—	—	—	—

＊1　一般H形鋼の $H<600$ は4

＊2　一般H形鋼の $H<600$ は6

（b）　フランジ添板の厚さ（外添板厚-内添板厚）

B	100シリーズ	125シリーズ	150シリーズ	175シリーズ	200シリーズ						250シリーズ						300シリーズ						
H ＼ t_F	9	9	9	12	12	16	19	22	25	28	12	16	19	22	25	28	16	19	22	25	28	34	37
$<3B$	16-0	12-0	9-9	9-9	9-9	12-12	12-16	16-16	16-16	—	9-9	12-12	12-16	16-16	16-19	19-19	12-12	12-16*3	16-19	19-19	19-22	—	—
$3B \leqq$	—	—	—	—	9-12	12-12	16-16	16-16	16-19	19-19	—	12-12	16-16	16-19	19-19	19-22	—	16-16	16-19	19-19	19-22	25-25	25-28

＊3　一般H形鋼の $H<600$ は12-12

共通事項：B，H はシリーズ寸法に，t_F は常用寸法に読み替える．
（一般H形鋼の断面寸法は，表中の最寄りの寸法に読み替える．ただし中間の場合は大きい方とする．）

表-3.1.2　梁継手の形状一覧表

（a）ウェブボルトの列数-せい方向本数（せい方向ピッチ）

鋼種	ボルト径	H / t_W	100シリーズ	150シリーズ	200シリーズ	250シリーズ	300シリーズ	350シリーズ	400シリーズ	450シリーズ	500シリーズ	550シリーズ	600シリーズ	650シリーズ	700シリーズ	750シリーズ	800シリーズ	850シリーズ	900シリーズ
SN 400	M22	9					1-2(120)	1-3(60)	1-3(90)	1-4(60)	1-4(90)	1-4(120)	1-5(90)	1-6(90)	1-6(90)	1-6(90)			
		12							1-4(60)	1-5(60)	1-5(60)	1-6(60)	1-7(60)	1-7(60)	1-8(60)	1-7(90)			
		14													1-9(60)	1-9(60)	1-10(60)	1-10(60)	
		16															1-10(60)	1-11(60)	1-12(60)
		19																	2-8(90)
	M20	6			1-2(60)	1-2(60)	1-2(120)	1-3(90)											
		9					1-3(60)	2-3(60)	1-4(60)	1-5(60)	1-5(60) *1	1-6(60)	1-7(60)	1-6(90)	1-8(60)	1-7(90)			
		12							2-3(90)	2-3(120)	2-4(90)	2-4(90)	2-4(120)	1-8(60)	1-9(60)	1-10(60)			
		14													1-9(60)	1-10(60)	2-7(90)	2-7(90)	
		16															2-7(90)	2-8(90)	2-8(90)
		19																	2-10(60)
	M16	6	2-1	2-1	1-2(60)	2-2(90)	1-3(60)	1-4(60)											
SN 490	M22	9					1-3(60)	2-3(60)	1-4(60) *2	1-5(60)	1-6(60)	1-6(60)	1-7(60)	1-8(60)	1-8(60)	1-9(60)			
		12							2-3(90)	2-3(120) *3	2-4(90) *4	2-6(60)	2-5(90)	2-5(90)	1-9(60)	1-10(60)			
		14													2-6(90)	2-7(90)	2-7(90)	2-8(90)	
		16															2-9(60)	2-8(90)	2-10(60)
		19																	2-11(60)
	M20	6			1-2(60)	2-2(60)	1-3(60)	1-3(90)											
		9					2-2(120)	2-3(60)	2-3(90)	2-3(120)	1-6(60) *5	1-7(60)	2-4(120)	1-8(60)	1-9(60)	1-10(60)			
		12							2-4(60)	2-5(60)	2-5(60) *6	2-6(60)	2-6(60)	2-7(60)	2-8(60)	2-7(90)			
		14													2-8(60)	2-9(60)	2-9(60)	2-10(60)	
		16															2-10(60)	2-10(60)	2-12(60)
		19																	2-12(60)
	M16	6	2-1	3-1	2-2(60)	2-2(90) *7	2-3(60)	2-3(90)											

＊1　GGF-4X-J5020・0916-20は $\eta=0.5\times0.89$ に注意
＊2　GGF-5X-J4030・0916-22は2-3(90)とする
＊3　GGF-5X-J4530・1219-22は1-5(60)とする
＊4　GGF-5X-J5030・1219-22は1-6(60)とする
＊5　GGF-5X-J5020・0916-20は $\eta=0.5\times0.84$ に注意
＊6　GGF-5X-J5030・1219-20は2-4(90)とする
＊7　GGF-5X-J2517・0612-16は3-2(60)とする

H はシリーズ寸法に，t_W は常用寸法に読み替える．
（一般H形鋼の断面寸法は，表中の最寄りの寸法に読み替える．ただし中間の場合は大きい方とする．）

表-3.1.3　梁継手の形状一覧表

（a）　ウェブの添板厚×添板高さ

鋼種	ボルト径	H / t_W	100シリーズ	150シリーズ	200シリーズ	250シリーズ	300シリーズ	350シリーズ	400シリーズ	450シリーズ	500シリーズ	550シリーズ	600シリーズ	650シリーズ	700シリーズ	750シリーズ	800シリーズ	850シリーズ	900シリーズ
SN 400	M22	9					6×200	9×200	9×260	12×260	9×350	6×440	9×440	6×530	9×530	9×530			
		12							12×260	9×320	12×320	12×380	9×440	12×440	12×500	9×620			
		14													9×560	12×560	12×620	12×620	
		16															12×620	12×680	12×740
		19																	16×710
	M20	6			6×140	9×140	6×200	6×260											
		9					9×200	9×200	9×260	9×320	9×320	9×380	9×440	6×530	9×500	6×620			
		12							9×260	9×320	12×350	12×350	9×440	9×500	9×560	9×620			
		14													9×560	9×620	12×620	12×620	
		16															12×620	12×710	12×710
		19																	16×620
	M16	6	9×80	6×80	6×140	6×170	6×200	6×260											
SN 490	M22	9					9×200	9×200	9×260	9×320	9×380	9×380	9×440	9×500	9×500	9×560			
		12							12×260	9×320	9×350^{*1}	12×380	9×440	12×440	9×560	9×620			
		14													12×530	9×620	12×620	9×710	
		16															16×560	12×710	16×620
		19																	16×680
	M20	6			6×140	9×140	6×200	6×260											
		9					6×200	9×200	9×260	9×320	9×380	6×440	9×440	9×500	6×560	6×620			
		12							12×260	9×320	12×320^{*2}	12×380	12×380	12×440	9×500	9×620			
		14													12×500	12×560	12×560	12×620	
		16															12×620	12×620	12×740
		19																	12×740
	M16	6	9×80	6×80	6×140	6×170^{*3}	6×200	6×260											

＊1　GGF-5X-J5030・1219-22は9×380とする

＊2　GGF-5X-J5030・1219-20は12×350とする

＊3　GGF-5X-J2517・0612-16は9×140とする

H はシリーズ寸法に，t_W は常用寸法に読み替える．

（一般H形鋼の断面寸法は，表中の最寄りの寸法に読み替える．ただし中間の場合は大きい方とする．）

3.2 柱 継 手

3.2.1 諸 元 表

（1） 表示内容

柱継手の諸元表には，次のような諸元が示されている．

継手呼称：継手呼称は，柱継手固有呼称であり，呼称の付け方は1.4に説明されている．

断面寸法：母材断面の寸法

径 D：フランジおよびウェブに使用する高力ボルトの呼び径

フランジについて

$n_F \times m_F$：フランジのボルト配列で n_F は材軸方向のボルト列数を，m_F はフランジ幅方向のボルト数（千鳥配置の場合には，$m_F=2$ で表示）を表す．

g_1，g_2：フランジボルトのゲージ寸法

外添板：板厚と長さを表示．板幅は，フランジの呼称幅

内添板：板厚と板幅を表示．長さは，外添板の長さと同じ

ウェブについて

$m_W \times n_W$：ウェブのボルト配列で m_W は梁せい方向のボルト数を，n_W は材軸方向の列数を表す．

p_C：柱せい方向のボルトピッチ．数値の頭に＊が付いている場合には，ウェブの材軸方向のボルト並びをフランジのボルト並びに対して半ピッチ（30 mm）外側にずらすことを表す．

添板寸法：ウェブの添板寸法．幅は柱せい方向の寸法，長さは材軸方向の寸法を表す．

設計用継手性能について

M_y，${}_dZ$：設計用短期許容曲げモーメント（有効 3 桁）および設計用断面係数（有効 3 桁）．

Q_y，${}_dA_W$：設計用短期許容せん断力（有効 3 桁）および設計用せん断断面積（有効 4 桁）．なお，${}_dA_W$ は有効 4 桁の下 1 桁が小数第 3 位のとき，その値が 0 の場合 0 の表示を略す．

N_y，${}_dA$：設計用短期許容軸力（有効 3 桁）および設計用断面積（有効 4 桁）．なお，N_y，${}_dA$ ともにフランジとウェブのボルト穴を控除したものとする．

弱軸まわりの M_y および ${}_dZ$：弱軸まわりの設計用短期許容曲げモーメント（有効 3 桁）および設計用断面係数（有効 3 桁）．

M_u：継手の最大曲げ強さ（有効 3 桁）．

α_J：M_u を柱母材の全塑性モーメントで除した値（小数 1 桁目に切り捨て，2.2参照）．＊は，α 値（日本建築センター「建築物の構造規定 1994」の技術慣行による値）を満たさなかったことを表す（小数 2 桁目に丸める）．

L_q：せん断に対する α 値（日本建築センター「建築物の構造規定 1994」の技術慣行による値）を満たす最小スパン長（小数 2 桁目に切り上げ）．

L_1：均等に横補剛する場合の横補剛を必要としない最大梁長さ（小数 2 桁目に切り捨て）．

L_2：主として柱端部に近い部分に横補剛を行う場合の最大横補剛間隔（小数 2 桁目に切り捨て）．

諸元表は，一般 H 形鋼と定形 H 形鋼のグループごとにまとめられている．それぞれのグルー

プは，使用する高力ボルトの呼び径ごとにまとめられ，太罫で仕切られている．さらに柱せい，柱幅の昇位順に並べられ，定形Ｈ形鋼のグループは，各梁せいごとに細罫で仕切られている．

表示されている数値の有効桁数（2.2「数値の取扱い」参照）は上述のとおりであるが，数値を見やすくするために小数点位置および小数点以下の桁数を揃えて表示してある．

（2） 表の使い方

（a） 存在応力の検定

標準化された継手は，継手部の母材有効断面に対して全強設計されており，添板や高力ボルトに対して改めて検定を行う必要はない．しかし，継手は，柱母材の有効断面に対する断面性能以上の耐力は有していないので，継手を設ける位置の応力が柱母材の全断面に対する許容耐力よりも十分小さい場合を除き，原則として，次の検定を行って安全を確認する必要がある．

① 曲げモーメントについて

$$\frac{N_J}{N_y/1.5}+\frac{M_J}{M_y/1.5}\leqq 1 \quad (\text{長期}), \qquad \frac{N_J}{N_y}+\frac{M_J}{M_y}\leqq 1 \quad (\text{短期}) \tag{3.2.1}$$

ここに，N_J, M_J は，柱継手部に存在する曲げモーメント，軸力

② せん断力について

$$\frac{Q_J}{Q_y/1.5}\leqq\sqrt{1-\left(\frac{N_J}{N_y/1.5}\right)^2} \quad (\text{長期}), \qquad \frac{Q_J}{Q_y}\leqq\sqrt{1-\left(\frac{N_J}{N_y}\right)^2} \quad (\text{短期}) \tag{3.2.2}$$

ここに，Q_J は柱継手部に存在するせん断力

（b） 第１種保有耐力接合[注1]の確認

第１種保有耐力接合とするために，せん断スパン長に対して次の式によって確認を行う必要がある．

$$L\geqq L_q \quad (L_q\text{：継手部の}\ \alpha\ \text{値を満たす最小梁長さ}) \tag{3.2.3}$$

ここに，L は柱長さ

（c） 横補剛の検定（第１種保有耐力横補剛[注1]）

柱継手に直接かかわる事項ではないが，柱部材長が，$L>L_1$ の場合には，次のいずれかに従って柱に横補剛を行う必要がある．

• 均等に横補剛を行う場合：必要な補剛数は次式で求める．

$$n\geqq\frac{L-L_1}{20\,i_y} \tag{3.2.4}$$

ここで，i_y：弱軸まわりの断面２次半径

• 主として柱端部に近い部分に横補剛を行う場合：降伏モーメントを超える曲げモーメントが作用する領域（図-3.2.1）において，L_2 の間隔で横補剛を行う．なお，弾性領域においては，「鋼構造設計規準」（5章式（5.7））に基づいて行う．

なお，$L\leqq L_1$ の場合には，保有耐力横補剛を行う必要はない．

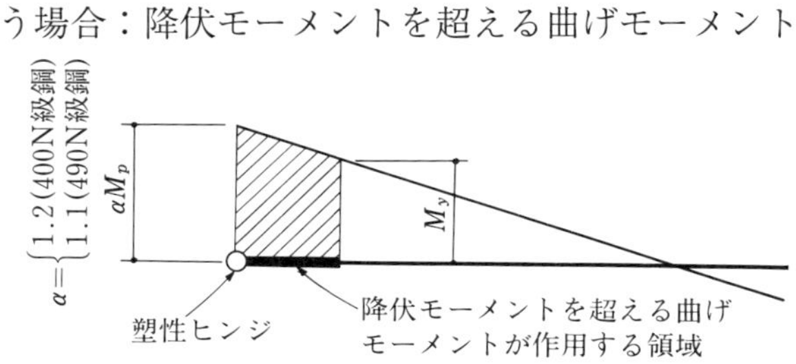

図-3.2.1 柱端の塑性化域

表CC　柱継手諸元表（1/16）

●柱継手（一般H形鋼）

400N級鋼

●鉄骨構造標準接合部委員会SCSS－H97
建設省住宅局建築指導課監修

継手呼称	断面寸法	径 D	フランジ ボルト $n_F \times m_F$	ゲージ g_1 mm	ゲージ g_2 mm	外添板 厚×長さ mm mm	内添板 厚×幅 mm mm	ウェブ ボルト $m_W \times n_W$	P_C mm	添板寸法 厚×幅×長さ mm mm mm	曲げモーメント M_y kNm	$_dZ$ cm³	せん断力 Q_y kN	$_dA_W$ cm²	軸力 N_y kN	$_dA$ cm²	曲げモーメント（弱軸） M_y kNm	$_dZ$ cm³	保有耐力接合 M_u kNm	a_J	L_q m	横補剛 L_1 m	L_2 m	継手呼称
CCF－4X－J－1010•0609－16	H－100×100×6×8	M16	2×2	56	－	16×290	－	1×2	*－	9×50×350	12.0	51.1	53.7	3.96	346	14.75	4.10	17.5	23.7	*1.17	0.58	4.23	1.62	CCF－4X－J－1010•0609－16
CCF－4X－J－1212•0609－16	H－125×125×6.5×9	M16	3×2	75	－	12×410	－	1×2	*－	6×80×350	23.3	99.3	78.4	5.785	525	22.35	7.55	32.1	45.5	1.2	0.70	5.32	2.04	CCF－4X－J－1212•0609－16
CCF－4X－J－1510•0609－16	H－148×100×6×9	M16	2×2	56	－	16×290	－	1×3	－	9×80×410	21.8	93.1	91.1	6.72	441	18.79	4.61	19.6	43.3	1.2	0.61	4.07	1.53	CCF－4X－J－1510•0609－16
CCF－4X－J－1515•0609－16	H－150×150×7×10	M16	2×2	90	－	9×290	9×60	1×3	*－	9×80×470	39.7	169.0	106.0	7.84	732	31.19	13.00	55.4	76.8	1.3	0.83	6.41	2.45	CCF－4X－J－1515•0609－16
CCF－4X－J－1717•0912－16	H－175×175×7.5×11	M16	3×2	105	－	9×410	9×70	1×3	－	9×80×410	63.4	270.0	137.0	10.13	990	42.16	20.50	87.3	121.0	1.4	0.97	7.44	2.75	CCF－4X－J－1717•0912－16
CCF－4X－J－2010•0609－16	H－200×100×5.5×8	M16	2×2	56	－	16×290	－	2×2	60	6×140×290	29.5	126.0	110.0	8.14	444	18.93	4.10	17.5	57.5	*1.19	0.67	3.81	1.00	CCF－4X－J－2010•0609－16
CCF－4X－J－2015•0609－16	H－194×150×6×9	M16	2×2	90	－	9×290	9×60	2×2	*60	6×140×350	49.6	211.0	113.0	8.40	692	29.47	11.70	49.9	93.7	1.3	0.95	6.20	1.74	CCF－4X－J－2015•0609－16
CCF－4X－J－2512•0609－16	H－250×125×6×9	M16	3×2	75	－	12×410	－	2×2	90	9×170×290	56.0	238.0	159.0	11.76	665	28.33	7.56	32.2	108.0	1.2	0.81	4.80	1.13	CCF－4X－J－2512•0609－16
CCF－4X－J－2517•0612－16	H－244×175×7×11	M16	3×2	105	－	9×410	9×70	2×2	90	9×170×290	94.5	402.0	176.0	13.02	1050	45.05	20.50	87.3	178.0	1.3	1.12	7.16	1.98	CCF－4X－J－2517•0612－16
CCF－4X－J－3015•0609－16	H－300×150×6.5×9	M16	2×2	90	－	9×290	9×60	3×2	60	6×200×290	90.1	383.0	201.0	14.82	864	36.79	11.70	50.0	173.0	1.3	0.97	5.60	1.13	CCF－4X－J－3015•0609－16
CCF－4X－J－3517•0612－16	H－350×175×7×11	M16	3×2	105	－	9×410	9×70	3×2	90	6×260×290	147.0	630.0	260.0	19.18	1200	51.21	20.50	87.4	282.0	1.3	1.20	6.73	1.38	CCF－4X－J－3517•0612－16
CCF－4X－J－1515•0609－20	H－150×150×7×10	M20	2×2	90	－	9×290	9×60	1×2	*－	9×80×350	37.2	159.0	102.0	7.56	688	29.31	11.90	50.9	72.2	1.2	0.86	6.41	2.45	CCF－4X－J－1515•0609－20
CCF－4X－J－1717•0912－20	H－175×175×7.5×11	M20	2×2	105	－	9×290	9×70	1×2	－	9×80×290	60.2	256.0	133.0	9.825	942	40.10	19.10	81.6	115.0	1.3	1.00	7.44	2.75	CCF－4X－J－1717•0912－20
CCF－4X－J－2015•0609－20	H－194×150×6×9	M20	2×2	90	－	9×290	9×60	2×1	*60	6×140×230	46.5	198.0	107.0	7.92	647	27.55	10.70	45.8	87.9	1.2	1.01	6.20	1.74	CCF－4X－J－2015•0609－20
CCF－4X－J－2020•0912－20	H－200×200×8×12	M20	2×2	120	－	9×290	9×80	2×1	*60	6×140×230	88.0	375.0	143.0	10.56	1160	49.45	28.60	122.0	152.0	1.2	1.32	8.54	3.00	CCF－4X－J－2020•0912－20
CCF－4X－J－2517•0612－20	H－244×175×7×11	M20	2×2	105	－	9×290	9×70	2×2	60	9×140×290	90.4	385.0	169.0	12.46	1000	42.73	19.10	81.6	171.0	1.3	1.17	7.16	1.98	CCF－4X－J－2517•0612－20
CCF－4X－J－2525•0916－20	H－250×250×9×14	M20	4×2	150	－	12×530	12×100	2×2	60	9×140×290	169.0	722.0	217.0	16.02	1760	75.15	55.40	236.0	322.0	1.4	1.58	10.74	3.50	CCF－4X－J－2525•0916－20
CCF－4X－J－3015•0609－20	H－300×150×6.5×9	M20	2×2	90	－	9×290	9×60	3×1	60	6×200×170	85.0	362.0	190.0	14.04	812	34.57	10.70	46.0	163.0	1.2	1.03	5.60	1.13	CCF－4X－J－3015•0609－20
CCF－4X－J－3020•0912－20	H－294×200×8×12	M20	3×2	120	－	9×410	9×80	3×1	60	9×200×170	144.0	613.0	221.0	16.32	1290	55.21	28.60	122.0	277.0	1.4	1.37	8.08	2.05	CCF－4X－J－3020•0912－20
CCF－4X－J－3030•0916－20	H－300×300×10×15	M20	4×2	150	40	9×440	12×110	2×2	120	9×200×290	258.0	1100.0	306.0	22.60	2250	95.90	73.90	315.0	489.0	1.4	1.74	12.84	3.75	CCF－4X－J－3030•0916－20
CCF－4X－J－3517•0612－20	H－350×175×7×11	M20	2×2	105	－	9×290	9×70	4×1	60	6×260×170	140.0	596.0	227.0	16.80	1100	47.07	19.10	81.6	265.0	1.3	1.37	6.73	1.38	CCF－4X－J－3517•0612－20
CCF－4X－J－3525•0916－20	H－340×250×9×14	M20	4×2	150	－	12×530	12×100	3×2	60	12×200×290	248.0	1060.0	300.0	22.14	1900	81.27	55.40	236.0	472.0	1.4	1.66	10.30	2.58	CCF－4X－J－3525•0916－20
CCF－4X－J－3535•1219－20	H－350×350×12×19	M20	3×4	140	70	12×410	12×140	3×2	60	12×200×290	409.0	1740.0	400.0	29.52	3060	130.50	127.00	541.0	767.0	1.3	2.26	15.12	4.75	CCF－4X－J－3535•1219－20
CCF－4X－J－4020•0912－20	H－400×200×8×13	M20	3×2	120	－	9×410	9×80	3×2	90	9×260×290	221.0	944.0	334.0	24.64	1560	66.65	31.00	132.0	423.0	1.3	1.41	7.76	1.63	CCF－4X－J－4020•0912－20
CCF－4X－J－4030•0916－20	H－390×300×10×16	M20	4×2	150	40	12×440	12×110	3×2	90	9×260×290	374.0	1590.0	396.0	29.20	2520	107.30	78.90	336.0	711.0	1.4	1.95	12.50	3.08	CCF－4X－J－4030•0916－20
CCF－4X－J－4040•1422－20	H－400×400×13×21	M20	3×4	140	90	12×410	16×170	4×2	60	12×260×290	620.0	2640.0	476.0	35.10	4000	170.30	194.00	830.0	1160.0	1.3	2.77	17.21	5.25	CCF－4X－J－4040•1422－20
CCF－4X－J－4040•1928－20	H－414×405×18×28	M20	4×4	140	90	16×530	16×170	4×3	60	16×260×410	836.0	3560.0	659.0	48.60	5410	230.30	259.00	1110.0	1540.0	1.3	2.74	17.43	6.67	CCF－4X－J－4040•1928－20
CCF－4X－J－4040•1935－20	H－428×407×20×35	M20	5×4	140	90	19×650	22×170	4×3	60	16×260×410	1040.0	4460.0	732.0	54.00	6610	281.50	324.00	1380.0	1950.0	1.3	3.10	17.76	6.80	CCF－4X－J－4040•1935－20
CCF－4X－J－4520•0916－20	H－450×200×9×14	M20	3×2	120	－	12×410	12×80	5×1	60	9×320×170	282.0	1200.0	380.0	28.08	1720	73.21	33.40	142.0	553.0	1.4	1.56	7.53	1.56	CCF－4X－J－4520•0916－20
CCF－4X－J－4530•1219－20	H－440×300×11×18	M20	4×2	150	40	12×440	12×110	5×2	60	12×320×290	480.0	2050.0	438.0	32.34	2820	120.00	88.80	378.0	918.0	1.4	2.26	12.34	3.07	CCF－4X－J－4530•1219－20
CCF－4X－J－5020•0916－20	H－500×200×10×16	M20	3×2	120	－	12×410	12×80	6×1	60	9×380×170	362.0	1540.0	455.0	33.60	1990	84.97	38.20	163.0	715.0	1.4	1.68	7.42	1.60	CCF－4X－J－5020•0916－20
CCF－4X－J－5030•1219－20	H－488×300×11×18	M20	4×2	150	40	12×440	12×110	6×1	60	9×380×170	547.0	2330.0	477.0	35.20	2880	122.90	88.80	378.0	995.0	1.3	2.36	12.14	2.77	CCF－4X－J－5030•1219－20
CCF－4X－J－6020•1216－20	H－600×200×11×17	M20	3×2	120	－	12×410	12×80	5×2	90	9×440×290	476.0	2030.0	680.0	50.16	2450	104.70	40.60	173.0	934.0	1.3	1.54	7.07	1.42	CCF－4X－J－6020•1216－20
CCF－4X－J－6030•1219－20	H－588×300×12×20	M20	5×2	150	40	12×530	16×110	5×2	90	9×440×290	757.0	3230.0	713.0	52.56	3520	149.80	98.70	420.0	1430.0	1.4	2.19	11.80	2.56	CCF－4X－J－6030•1219－20
CCF－4X－J－7030•1425－20	H－700×300×13×24	M20	6×2	150	40	19×620	19×110	7×2	60	16×440×290	1100.0	4690.0	878.0	64.74	4280	182.50	118.00	504.0	2140.0	1.4	2.60	11.62	2.58	CCF－4X－J－7030•1425－20
CCF－4X－J－8030•1425－20	H－800×300×14×26	M20	6×2	150	40	19×620	19×110	8×2	60	16×500×290	1400.0	5980.0	1080.0	80.08	4870	207.40	128.00	547.0	2750.0	1.4	2.68	11.34	2.44	CCF－4X－J－8030•1425－20
CCF－4X－J－9030•1622－20	H－890×299×15×23	M20	6×2	150	40	16×620	19×110	9×2	60	16×560×290	1510.0	6430.0	1310.0	96.90	4920	209.40	112.00	479.0	2950.0	1.4	2.39	10.55	1.94	CCF－4X－J－9030•1622－20
CCF－4X－J－9030•1628－20	H－900×300×16×28	M20	7×2	150	40	19×710	22×110	9×2	60	16×560×290	1770.0	7560.0	1400.0	103.40	5640	240.30	138.00	590.0	3420.0	1.4	2.64	10.93	2.34	CCF－4X－J－9030•1628－20
CCF－4X－J－9030•1934－20	H－912×302×18×34	M20	8×2	150	40	25×800	25×110	11×2	60	16×680×290	2120.0	9030.0	1470.0	108.40	6470	275.40	172.00	732.0	4210.0	1.4	3.02	11.21	2.82	CCF－4X－J－9030•1934－20
CCF－4X－J－9030•1937－20	H－918×303×19×37	M20	9×2	150	40	25×890	28×110	11×2	60	16×680×290	2290.0	9770.0	1550.0	114.40	6970	296.60	189.00	805.0	4560.0	1.4	3.10	11.34	3.06	CCF－4X－J－9030•1937－20
CCF－4X－J－2020•0912－22	H－200×200×8×12	M22	2×2	120	－	9×290	9×80	2×1	*60	6×140×230	86.0	366.0	138.0	10.24	1130	48.17	27.70	118.0	152.0	1.2	1.36	8.54	3.00	CCF－4X－J－2020•0912－22
CCF－4X－J－2525•0916－22	H－250×250×9×14	M22	3×2	150	－	12×410	12×100	2×2	60	9×140×290	166.0	707.0	212.0	15.66	1730	73.67	54.20	231.0	312.0	1.4	1.61	10.74	3.50	CCF－4X－J－2525•0916－22
CCF－4X－J－3020•0912－22	H－294×200×8×12	M22	3×2	120	－	9×410	9×80	3×1	60	9×200×170	141.0	600.0	214.0	15.84	1260	53.77	27.70	118.0	271.0	1.3	1.41	8.08	2.05	CCF－4X－J－3020•0912－22
CCF－4X－J－3030•0916－22	H－300×300×10×15	M22	3×2	150	40	9×350	12×110	3×1	60	9×200×170	253.0	1080.0	268.0	19.80	2140	91.45	71.00	302.0	429.0	1.2	1.99	12.84	3.75	CCF－4X－J－3030•0916－22
CCF－4X－J－3525•0916－22	H－340×250×9×14	M22	3×2	150	－	12×410	12×100	3×2	60	12×200×290	241.0	1030.0	293.0	21.60	1870	79.61	54.20	231.0	454.0	1.4	1.70	10.30	2.58	CCF－4X－J－3525•0916－22
CCF－4X－J－3535•1219－22	H－350×350×12×19	M22	2×4	140	70	12×290	12×140	3×2	60	12×200×290	397.0	1690.0	390.0	28.80	2970	126.80	122.00	520.0	741.0	1.2	2.32	15.12	4.75	CCF－4X－J－3535•1219－22

表CC　柱継手諸元表（2/16）

400N級鋼

●鉄骨構造標準接合部委員会SCSS－H97
建設省住宅局建築指導課監修

●柱継手（一般H形鋼）

継手呼称	断面寸法	径 D	フランジ ボルト $n_F \times m_F$	ゲージ g_1 mm	ゲージ g_2 mm	外添板 厚×長さ mm mm	内添板 厚×幅 mm mm	ウェブ ボルト $m_W \times n_W$	P_C mm	添板寸法 厚×幅×長さ mm mm mm	曲げモーメント M_y kNm	曲げモーメント $_dZ$ cm³	せん断力 Q_y kN	せん断力 $_dA_W$ cm²	軸力 N_y kN	軸力 $_dA$ cm²	曲げモーメント(弱軸) M_y kNm	曲げモーメント(弱軸) $_dZ$ cm³	保有耐力接合 M_u kNm	保有耐力接合 a_J	保有耐力接合 L_q m	横補剛 L_1 m	横補剛 L_2 m	継手呼称
CCF－4X－J－4020•0912－22	H－400×200×8×13	M22	3×2	120	－	9× 410	9× 80	4×1	60	9×260×170	220.0	939.0	301.0	22.24	1480	63.21	30.10	128.0	398.0	1.2	1.57	7.76	1.63	CCF－4X－J－4020•0912－22
CCF－4X－J－4030•0916－22	H－390×300×10×16	M22	3×2	150	40	12× 350	12×110	4×1	60	9×260×170	367.0	1560.0	355.0	26.20	2400	102.50	75.80	323.0	612.0	1.2	2.17	12.50	3.08	CCF－4X－J－4030•0916－22
CCF－4X－J－4040•1422－22	H－400×400×13×21	M22	3×4	140	90	12× 410	16×170	3×2	90	12×260×290	606.0	2580.0	504.0	37.18	3970	169.00	190.00	812.0	1140.0	1.3	2.62	17.21	5.25	CCF－4X－J－4040•1422－22
CCF－4X－J－4040•1928－22	H－414×405×18×28	M22	4×4	140	90	16× 530	16×170	4×2	60	16×260×290	825.0	3510.0	639.0	47.16	5270	224.40	264.00	1130.0	1490.0	1.2	2.82	17.43	6.67	CCF－4X－J－4040•1928－22
CCF－4X－J－4040•1935－22	H－428×407×20×35	M22	4×4	140	90	19× 530	22×170	4×2	60	16×260×290	1020.0	4350.0	710.0	52.40	6440	274.30	314.00	1340.0	1890.0	1.2	3.19	17.76	6.80	CCF－4X－J－4040•1935－22
CCF－4X－J－4520•0916－22	H－450×200×9×14	M22	3×2	120	－	12× 410	12× 80	5×1	60	9×320×170	276.0	1180.0	368.0	27.18	1670	71.19	32.40	138.0	543.0	1.4	1.61	7.53	1.56	CCF－4X－J－4520•0916－22
CCF－4X－J－4530•1219－22	H－440×300×11×18	M22	4×2	150	40	12× 440	12×110	5×1	60	9×320×170	471.0	2010.0	423.0	31.24	2740	116.90	85.30	363.0	849.0	1.3	2.34	12.34	3.07	CCF－4X－J－4530•1219－22
CCF－4X－J－5020•0916－22	H－500×200×10×16	M22	3×2	120	－	12× 410	12× 80	5×1	60	9×320×170	355.0	1510.0	472.0	34.80	1990	84.89	37.10	158.0	670.0	1.3	1.62	7.42	1.60	CCF－4X－J－5020•0916－22
CCF－4X－J－5030•1219－22	H－488×300×11×18	M22	4×2	150	40	12× 440	12×110	6×1	60	9×380×170	536.0	2280.0	459.0	33.88	2800	119.60	85.30	363.0	970.0	1.3	2.45	12.14	2.77	CCF－4X－J－5030•1219－22
CCF－4X－J－6020•1216－22	H－600×200×11×17	M22	3×2	120	－	12× 410	12× 80	7×1	60	12×440×170	483.0	2060.0	593.0	43.78	2270	96.91	39.50	168.0	865.0	1.2	1.76	7.07	1.42	CCF－4X－J－6020•1216－22
CCF－4X－J－6030•1219－22	H－588×300×12×20	M22	4×2	150	40	12× 440	16×110	7×1	60	12×440×170	743.0	3160.0	618.0	45.60	3300	140.70	94.80	404.0	1330.0	1.3	2.53	11.80	2.56	CCF－4X－J－6030•1219－22
CCF－4X－J－7030•1425－22	H－700×300×13×24	M22	5×2	150	40	19× 530	19×110	9×1	60	9×560×170	1080.0	4610.0	769.0	56.68	4030	171.80	113.00	485.0	2100.0	1.4	2.96	11.62	2.58	CCF－4X－J－7030•1425－22
CCF－4X－J－8030•1425－22	H－800×300×14×26	M22	5×2	150	40	19× 530	19×110	6×2	90	12×530×290	1380.0	5870.0	1140.0	84.56	4910	209.00	123.00	525.0	2640.0	1.3	2.54	11.34	2.44	CCF－4X－J－8030•1425－22
CCF－4X－J－9030•1622－22	H－890×299×15×23	M22	5×2	150	40	16× 530	19×110	8×2	90	12×710×290	1480.0	6330.0	1320.0	97.80	4880	207.80	108.00	460.0	2970.0	1.4	2.37	10.55	1.94	CCF－4X－J－9030•1622－22
CCF－4X－J－9030•1628－22	H－900×300×16×28	M22	6×2	150	40	19× 620	22×110	8×2	90	12×710×290	1740.0	7430.0	1410.0	104.30	5590	238.10	133.00	566.0	3470.0	1.4	2.61	10.93	2.34	CCF－4X－J－9030•1628－22
CCF－4X－J－9030•1934－22	H－912×302×18×34	M22	7×2	150	40	25× 710	25×110	10×2	60	16×620×290	2080.0	8870.0	1470.0	108.70	6390	272.00	165.00	704.0	4140.0	1.4	3.01	11.21	2.82	CCF－4X－J－9030•1934－22
CCF－4X－J－9030•1937－22	H－918×303×19×37	M22	7×2	150	40	25× 710	28×110	10×2	60	16×620×290	2250.0	9600.0	1550.0	114.80	6880	292.90	182.00	775.0	4350.0	1.3	3.09	11.34	3.06	CCF－4X－J－9030•1937－22

●柱継手（定形H形鋼）

継手呼称	断面寸法	径 D	フランジ ボルト $n_F \times m_F$	ゲージ g_1 mm	ゲージ g_2 mm	外添板 厚×長さ mm mm	内添板 厚×幅 mm mm	ウェブ ボルト $m_W \times n_W$	P_C mm	添板寸法 厚×幅×長さ mm mm mm	曲げモーメント M_y kNm	曲げモーメント $_dZ$ cm³	せん断力 Q_y kN	せん断力 $_dA_W$ cm²	軸力 N_y kN	軸力 $_dA$ cm²	曲げモーメント(弱軸) M_y kNm	曲げモーメント(弱軸) $_dZ$ cm³	保有耐力接合 M_u kNm	保有耐力接合 a_J	保有耐力接合 L_q m	横補剛 L_1 m	横補剛 L_2 m	継手呼称
CCF－4X－T－4020•0912－20	H－400×200×9×12	M20	3×2	120	－	9× 410	9× 80	3×2	90	9×260×290	214.0	913.0	378.0	27.90	1560	66.79	28.60	122.0	413.0	1.3	1.22	7.46	1.50	CCF－4X－T－4020•0912－20
CCF－4X－T－4020•0916－20	H－400×200×9×16	M20	3×2	120	－	12× 410	12× 80	3×2	90	9×260×290	262.0	1120.0	368.0	27.18	1840	78.55	38.10	163.0	501.0	1.3	1.52	7.92	2.00	CCF－4X－T－4020•0916－20
CCF－4X－T－4020•0919－20	H－400×200×9×19	M20	3×2	120	－	12× 410	16× 80	3×2	90	9×260×290	296.0	1260.0	361.0	26.64	2050	87.37	45.30	193.0	565.0	1.3	1.76	8.17	2.38	CCF－4X－T－4020•0919－20
CCF－4X－T－4020•0922－20	H－400×200×9×22	M20	4×2	120	－	16× 530	16× 80	3×2	90	9×260×290	333.0	1420.0	354.0	26.10	2260	96.19	52.40	223.0	643.0	1.3	2.01	8.36	2.75	CCF－4X－T－4020•0922－20
CCF－4X－T－4020•1222－20	H－400×200×12×22	M20	4×2	120	－	16× 530	16× 80	3×2	90	9×260×290	346.0	1480.0	472.0	34.80	2460	104.90	52.50	224.0	681.0	1.4	1.58	8.02	2.75	CCF－4X－T－4020•1222－20
CCF－4X－T－4520•0912－20	H－450×200×9×12	M20	3×2	120	－	9× 410	9× 80	5×1	60	9×320×170	254.0	1080.0	385.0	28.44	1580	67.33	28.60	122.0	480.0	1.3	1.39	7.27	1.34	CCF－4X－T－4520•0912－20
CCF－4X－T－4520•0916－20	H－450×200×9×16	M20	3×2	120	－	12× 410	12× 80	5×1	60	9×320×170	309.0	1320.0	376.0	27.72	1850	79.09	38.20	163.0	602.0	1.4	1.73	7.75	1.78	CCF－4X－T－4520•0916－20
CCF－4X－T－4520•0919－20	H－450×200×9×19	M20	3×2	120	－	12× 410	16× 80	5×1	60	9×320×170	348.0	1480.0	368.0	27.18	2060	87.91	45.30	193.0	675.0	1.4	2.00	8.01	2.12	CCF－4X－T－4520•0919－20
CCF－4X－T－4520•0922－20	H－450×200×9×22	M20	4×2	120	－	16× 530	16× 80	5×1	60	9×320×170	387.0	1650.0	361.0	26.64	2270	96.73	52.40	223.0	747.0	1.3	2.27	8.21	2.45	CCF－4X－T－4520•0922－20
CCF－4X－T－4520•1216－20	H－450×200×12×16	M20	3×2	120	－	12× 410	12× 80	5×2	60	12×320×290	318.0	1350.0	501.0	36.96	2070	88.33	38.30	163.0	616.0	1.3	1.40	7.32	1.78	CCF－4X－T－4520•1216－20
CCF－4X－T－4520•1219－20	H－450×200×12×19	M20	3×2	120	－	12× 410	16× 80	5×2	60	12×320×290	357.0	1520.0	491.0	36.24	2270	96.97	45.40	193.0	687.0	1.3	1.59	7.61	2.12	CCF－4X－T－4520•1219－20
CCF－4X－T－4520•1222－20	H－450×200×12×22	M20	4×2	120	－	16× 530	16× 80	5×2	60	12×320×290	404.0	1720.0	481.0	35.52	2480	105.60	52.60	224.0	796.0	1.4	1.80	7.85	2.45	CCF－4X－T－4520•1222－20
CCF－4X－T－4520•1225－20	H－450×200×12×25	M20	4×2	120	－	16× 530	16× 80	5×2	60	12×320×290	441.0	1880.0	472.0	34.80	2680	114.30	59.70	254.0	866.0	1.4	2.01	8.04	2.78	CCF－4X－T－4520•1225－20
CCF－4X－T－4525•0912－20	H－450×250×9×12	M20	3×2	150	－	9× 410	9×100	5×1	60	9×320×170	314.0	1340.0	385.0	28.44	1860	79.33	47.50	203.0	556.0	1.3	1.64	9.52	1.67	CCF－4X－T－4525•0912－20
CCF－4X－T－4525•0916－20	H－450×250×9×16	M20	4×2	150	－	12× 530	12×100	5×1	60	9×320×170	388.0	1650.0	376.0	27.72	2230	95.09	63.40	270.0	741.0	1.4	2.07	10.07	2.23	CCF－4X－T－4525•0916－20
CCF－4X－T－4525•0919－20	H－450×250×9×19	M20	4×2	150	－	12× 530	16×100	5×1	60	9×320×170	440.0	1880.0	368.0	27.18	2510	106.90	75.30	320.0	839.0	1.4	2.40	10.36	2.64	CCF－4X－T－4525•0919－20
CCF－4X－T－4525•0922－20	H－450×250×9×22	M20	5×2	150	－	16× 650	16×100	5×1	60	9×320×170	492.0	2100.0	361.0	26.64	2790	118.70	87.10	371.0	935.0	1.4	2.74	10.59	3.06	CCF－4X－T－4525•0922－20
CCF－4X－T－4525•1222－20	H－450×250×12×22	M20	5×2	150	－	16× 650	16×100	5×2	60	12×320×290	509.0	2170.0	481.0	35.52	2990	127.60	87.20	371.0	985.0	1.4	2.15	10.18	3.06	CCF－4X－T－4525•1222－20
CCF－4X－T－4525•1225－20	H－450×250×12×25	M20	5×2	150	－	16× 650	19×100	5×2	60	12×320×290	559.0	2380.0	472.0	34.80	3270	139.30	99.10	422.0	1070.0	1.4	2.41	10.40	3.48	CCF－4X－T－4525•1225－20
CCF－4X－T－4525•1228－20	H－450×250×12×28	M20	6×2	150	－	19× 770	19×100	5×2	60	12×320×290	606.0	2580.0	462.0	34.08	3540	150.90	111.00	472.0	1170.0	1.4	2.68	10.58	3.89	CCF－4X－T－4525•1228－20
CCF－4X－T－5020•0912－20	H－500×200×9×12	M20	3×2	120	－	9× 410	9× 80	6×1	60	9×380×170	293.0	1250.0	420.0	30.96	1640	69.85	28.60	122.0	555.0	1.3	1.47	7.09	1.20	CCF－4X－T－5020•0912－20

表CC　柱継手諸元表（3/16）

●柱継手（定形H形鋼）

400N級鋼

●鉄骨構造標準接合部委員会SCSS－H97
建設省住宅局建築指導課監修

継手呼称	断面寸法	径 D	フランジ ボルト	フランジ ゲージ		フランジ 外添板	フランジ 内添板	ウェブ ボルト		ウェブ 添板寸法	継手性能 曲げモーメント		せん断力		軸力		曲げモーメント（弱軸）		保有耐力接合			横補剛		継手呼称
			$n_F \times m_F$	g_1 mm	g_2 mm	厚×長さ mm mm	厚×幅 mm mm	$m_W \times n_W$	P_C mm	厚×幅×長さ mm mm mm	M_y kNm	$_dZ$ cm³	Q_y kN	$_dA_W$ cm²	N_y kN	$_dA$ cm²	M_y kNm	$_dZ$ cm³	M_u kNm	a_J	L_q m	L_1 m	L_2 m	
CCF－4X－T－5020•0916－20	H－500×200×9×16	M20	3×2	120	－	12× 410	12× 80	6×1	60	9×380×170	354.0	1510.0	410.0	30.24	1910	81.61	38.20	163.0	693.0	1.4	1.82	7.58	1.60	CCF－4X－T－5020•0916－20
CCF－4X－T－5020•0919－20	H－500×200×9×19	M20	3×2	120	－	12× 410	16× 80	6×1	60	9×380×170	399.0	1700.0	402.0	29.70	2120	90.43	45.30	193.0	775.0	1.4	2.09	7.85	1.90	CCF－4X－T－5020•0919－20
CCF－4X－T－5020•0922－20	H－500×200×9×22	M20	4×2	120	－	16× 530	16× 80	6×1	60	9×380×170	442.0	1880.0	395.0	29.16	2330	99.25	52.50	223.0	856.0	1.4	2.37	8.07	2.20	CCF－4X－T－5020•0922－20
CCF－4X－T－5020•1216－20	H－500×200×12×16	M20	3×2	120	－	12× 410	12× 80	4×2	90	9×350×290	368.0	1570.0	618.0	45.60	2270	96.97	38.30	163.0	721.0	1.3	1.30	7.14	1.60	CCF－4X－T－5020•1216－20
CCF－4X－T－5020•1219－20	H－500×200×12×19	M20	3×2	120	－	12× 410	16× 80	4×2	90	9×350×290	412.0	1750.0	608.0	44.88	2480	105.60	45.40	193.0	801.0	1.3	1.48	7.44	1.90	CCF－4X－T－5020•1219－20
CCF－4X－T－5020•1222－20	H－500×200×12×22	M20	4×2	120	－	16× 530	16× 80	4×2	90	9×350×290	464.0	1980.0	599.0	44.16	2680	114.30	52.60	224.0	918.0	1.4	1.66	7.68	2.20	CCF－4X－T－5020•1222－20
CCF－4X－T－5020•1225－20	H－500×200×12×25	M20	4×2	120	－	16× 530	16× 80	4×2	90	9×350×290	506.0	2150.0	589.0	43.44	2880	122.90	59.70	254.0	964.0	1.3	1.84	7.89	2.50	CCF－4X－T－5020•1225－20
CCF－4X－T－5025•0912－20	H－500×250×9×12	M20	3×2	150	－	9× 410	9×100	6×1	60	9×380×170	360.0	1530.0	420.0	30.96	1920	81.85	47.60	203.0	639.0	1.3	1.72	9.32	1.50	CCF－4X－T－5025•0912－20
CCF－4X－T－5025•0916－20	H－500×250×9×16	M20	4×2	150	－	12× 530	12×100	6×1	60	9×380×170	442.0	1880.0	410.0	30.24	2290	97.61	63.40	270.0	848.0	1.4	2.16	9.88	2.00	CCF－4X－T－5025•0916－20
CCF－4X－T－5025•0919－20	H－500×250×9×19	M20	4×2	150	－	12× 530	16×100	6×1	60	9×380×170	502.0	2140.0	402.0	29.70	2570	109.40	75.30	321.0	958.0	1.4	2.50	10.19	2.38	CCF－4X－T－5025•0919－20
CCF－4X－T－5025•0922－20	H－500×250×9×22	M20	5×2	150	－	16× 650	16×100	6×1	60	9×380×170	560.0	2390.0	395.0	29.16	2840	121.30	87.10	371.0	1060.0	1.4	2.84	10.43	2.75	CCF－4X－T 5025•0922－20
CCF－4X－T－5025•1222－20	H－500×250×12×22	M20	5×2	150	－	16× 650	16×100	4×2	90	9×350×290	583.0	2480.0	599.0	44.16	3200	136.30	87.20	371.0	1120.0	1.4	1.97	9.99	2.75	CCF－4X－T－5025•1222－20
CCF－4X－T－5025•1225－20	H－500×250×12×25	M20	5×2	150	－	16× 650	19×100	4×2	90	9×350×290	639.0	2720.0	589.0	43.44	3470	147.90	99.10	422.0	1230.0	1.4	2.20	10.22	3.13	CCF－4X－T－5025•1225－20
CCF－4X－T－5025•1228－20	H－500×250×12×28	M20	6×2	150	－	19× 770	19×100	4×2	90	9×350×290	693.0	2950.0	579.0	42.72	3740	159.50	111.00	473.0	1330.0	1.4	2.44	10.41	3.50	CCF－4X－T－5025•1228－20
CCF－4X－T－5520•0912－20	H－550×200×9×12	M20	3×2	120	－	9× 410	9× 80	7×1	60	9×440×170	333.0	1420.0	454.0	33.48	1700	72.37	28.70	122.0	630.0	1.3	1.55	6.93	1.10	CCF－4X－T－5520•0912－20
CCF－4X－T－5520•0916－20	H－550×200×9×16	M20	3×2	120	－	12× 410	12× 80	7×1	60	9×440×170	401.0	1710.0	444.0	32.76	1970	84.13	38.20	163.0	789.0	1.4	1.90	7.43	1.46	CCF－4X－T－5520•0916－20
CCF－4X－T－5520•0919－20	H－550×200×9×19	M20	3×2	120	－	12× 410	16× 80	7×1	60	9×440×170	451.0	1920.0	437.0	32.22	2180	92.95	45.30	193.0	879.0	1.4	2.18	7.71	1.73	CCF－4X－T－5520•0919－20
CCF－4X－T－5520•0922－20	H 550×200×9×22	M20	4×2	120	－	16× 530	16× 80	7×1	60	9×440×170	499.0	2130.0	429.0	31.68	2390	101.80	52.50	223.0	969.0	1.4	2.46	7.93	2.00	CCF－4X－T－5520•0922－20
CCF－4X－T－5520•1216－20	H－550×200×12×16	M20	3×2	120	－	12× 410	12× 80	6×2	60	12×380×290	416.0	1770.0	628.0	46.32	2290	97.69	38.30	163.0	812.0	1.3	1.46	6.97	1.46	CCF－4X－T－5520•1216－20
CCF－4X－T－5520•1219－20	H－550×200×12×19	M20	3×2	120	－	12× 410	16× 80	6×2	60	12×380×290	465.0	1980.0	618.0	45.60	2490	106.30	45.50	194.0	901.0	1.3	1.65	7.28	1.73	CCF－4X－T－5520•1219－20
CCF－4X－T－5520•1222－20	H－550×200×12×22	M20	4×2	120	－	16× 530	16× 80	6×2	60	12×380×290	527.0	2240.0	608.0	44.88	2700	115.00	52.60	224.0	1040.0	1.4	1.85	7.53	2.00	CCF－4X－T－5520•1222－20
CCF－4X－T－5520•1225－20	H－550×200×12×25	M20	4×2	120	－	16× 530	16× 80	6×2	60	12×380×290	574.0	2440.0	599.0	44.16	2900	123.60	59.70	254.0	1120.0	1.4	2.05	7.74	2.28	CCF－4X－T－5520•1225－20
CCF－4X－T－5525•0912－20	H－550×250×9×12	M20	3×2	150	－	9× 410	9×100	7×1	60	9×440×170	407.0	1730.0	454.0	33.48	1980	84.37	47.60	203.0	723.0	1.3	1.80	9.12	1.37	CCF－4X－T－5525•0912－20
CCF－4X－T－5525•0916－20	H－550×250×9×16	M20	4×2	150	－	12× 530	12×100	7×1	60	9×440×170	498.0	2120.0	444.0	32.76	2350	100.10	63.40	270.0	960.0	1.4	2.25	9.71	1.82	CCF－4X－T－5525•0916－20
CCF－4X－T－5525•0919－20	H－550×250×9×19	M20	4×2	150	－	12× 530	16×100	7×1	60	9×440×170	565.0	2410.0	437.0	32.22	2630	112.00	75.30	321.0	1080.0	1.4	2.59	10.03	2.16	CCF－4X－T－5525•0919－20
CCF－4X－T－5525•0922－20	H－550×250×9×22	M20	5×2	150	－	16× 650	16×100	7×1	60	9×440×170	630.0	2680.0	429.0	31.68	2900	123.80	87.20	371.0	1200.0	1.4	2.94	10.28	2.50	CCF－4X－T－5525•0922－20
CCF－4X－T－5525•1222－20	H－550×250×12×22	M20	5×2	150	－	16× 650	16×100	6×2	60	12×380×290	658.0	2800.0	608.0	44.88	3210	137.00	87.30	372.0	1270.0	1.4	2.19	9.82	2.50	CCF－4X－T－5525•1222－20
CCF－4X－T－5525•1225－20	H－550×250×12×25	M20	5×2	150	－	16× 650	19×100	6×2	60	12×380×290	721.0	3070.0	599.0	44.16	3490	148.60	99.10	422.0	1390.0	1.4	2.44	10.06	2.85	CCF－4X－T－5525•1225－20
CCF－4X－T－5525•1228－20	H－550×250×12×28	M20	6×2	150	－	19× 770	19×100	6×2	60	12×380×290	782.0	3330.0	589.0	43.44	3760	160.30	111.00	473.0	1510.0	1.4	2.70	10.26	3.19	CCF－4X－T－5525•1228－20
CCF－4X－T－6020•0912－20	H－600×200×9×12	M20	3×2	120	－	9× 410	12× 80	7×1	60	9×440×170	375.0	1600.0	515.0	37.98	1800	76.87	28.70	122.0	755.0	1.4	1.54	6.77	1.00	CCF－4X－T－6020•0912－20
CCF－4X－T－6020•0916－20	H－600×200×9×16	M20	3×2	120	－	12× 410	12× 80	7×1	60	9×440×170	450.0	1920.0	505.0	37.26	2080	88.63	38.20	163.0	866.0	1.4	1.88	7.28	1.34	CCF－4X－T－6020•0916－20
CCF－4X－T－6020•0919－20	H－600×200×9×19	M20	4×2	120	－	16× 530	16× 80	7×1	60	9×440×170	505.0	2150.0	498.0	36.72	2290	97.45	45.30	193.0	989.0	1.4	2.14	7.57	1.59	CCF－4X－T－6020•0919－20
CCF－4X－T－6020•0922－20	H－600×200×9×22	M20	4×2	120	－	16× 530	16× 80	7×1	60	9×440×170	558.0	2380.0	490.0	36.18	2490	106.30	52.50	224.0	1080.0	1.4	2.40	7.81	1.84	CCF－4X－T－6020•0922－20
CCF－4X－T－6020•1216－20	H－600×200×12×16	M20	3×2	120	－	12× 410	12× 80	5×2	90	9×440×290	469.0	2000.0	745.0	54.96	2490	106.30	38.30	163.0	929.0	1.3	1.39	6.81	1.34	CCF－4X－T－6020•1216－20
CCF－4X－T－6020•1219－20	H－600×200×12×19	M20	4×2	120	－	16× 530	16× 80	5×2	90	9×440×290	539.0	2300.0	735.0	54.24	2700	115.00	45.50	194.0	1080.0	1.4	1.56	7.13	1.59	CCF－4X－T－6020•1219－20
CCF－4X－T－6020•1222－20	H－600×200×12×22	M20	4×2	120	－	16× 530	16× 80	5×2	90	9×440×290	592.0	2520.0	726.0	53.52	2900	123.60	52.60	224.0	1180.0	1.4	1.74	7.38	1.84	CCF－4X－T－6020•1222－20
CCF－4X－T－6020•1225－20	H－600×200×12×25	M20	4×2	120	－	16× 530	19× 80	5×2	90	9×440×290	644.0	2740.0	716.0	52.80	3100	132.30	59.80	254.0	1270.0	1.4	1.92	7.60	2.09	CCF－4X－T－6020•1225－20
CCF－4X－T－6020•1228－20	H－600×200×12×28	M20	5×2	120	－	19× 650	19× 80	5×2	90	9×440×290	694.0	2960.0	706.0	52.08	3310	140.90	66.90	285.0	1370.0	1.4	2.10	7.78	2.34	CCF－4X－T－6020•1228－20
CCF－4X－T－6025•0916－20	H－600×250×9×16	M20	4×2	150	－	12× 530	12×100	7×1	60	9×440×170	557.0	2370.0	505.0	37.26	2450	104.60	63.40	270.0	1070.0	1.4	2.21	9.54	1.67	CCF－4X－T－6025•0916－20
CCF－4X－T－6025•0919－20	H－600×250×9×19	M20	4×2	150	－	12× 530	16×100	7×1	60	9×440×170	630.0	2680.0	498.0	36.72	2730	116.50	75.30	321.0	1210.0	1.4	2.53	9.87	1.98	CCF－4X－T－6025•0919－20
CCF－4X－T－6025•1219－20	H－600×250×12×19	M20	4×2	150	－	12× 530	16×100	5×2	90	9×440×290	665.0	2830.0	735.0	54.24	3140	134.00	75.40	321.0	1300.0	1.4	1.83	9.35	1.98	CCF－4X－T－6025•1219－20
CCF－4X－T－6025•1222－20	H－600×250×12×22	M20	5×2	150	－	16× 650	16×100	5×2	90	9×440×290	736.0	3130.0	726.0	53.52	3420	145.60	87.30	372.0	1430.0	1.4	2.05	9.65	2.30	CCF－4X－T－6025•1222－20
CCF－4X－T－6025•1225－20	H－600×250×12×25	M20	5×2	150	－	16× 650	19×100	5×2	90	9×440×290	806.0	3430.0	716.0	52.80	3690	157.30	99.10	422.0	1560.0	1.4	2.28	9.90	2.61	CCF－4X－T－6025•1225－20
CCF－4X－T－6025•1228－20	H－600×250×12×28	M20	6×2	150	－	19× 770	19×100	5×2	90	9×440×290	874.0	3720.0	706.0	52.08	3960	168.90	111.00	473.0	1690.0	1.4	2.51	10.11	2.92	CCF－4X－T－6025•1228－20
CCF－4X－T－6030•0919－20	H－600×300×9×19	M20	5×2	150	40	12× 530	16×110	7×1	60	9×440×170	714.0	3040.0	498.0	36.72	3030	129.20	93.70	399.0	1350.0	1.4	2.93	12.21	2.38	CCF－4X－T－6030•0919－20
CCF－4X－T－6030•1219－20	H－600×300×12×19	M20	5×2	150	40	12× 530	16×110	5×2	90	9×440×290	749.0	3190.0	735.0	54.24	3440	146.70	93.70	399.0	1450.0	1.4	2.10	11.63	2.38	CCF－4X－T－6030•1219－20
CCF－4X－T－6030•1222－20	H－600×300×12×22	M20	6×2	150	40	16× 620	19×110	5×2	90	9×440×290	833.0	3540.0	726.0	53.52	3760	160.40	108.00	462.0	1600.0	1.4	2.37	11.97	2.75	CCF－4X－T－6030•1222－20

表CC　柱継手諸元表（4/16）

●柱継手（定形H形鋼）

400N級鋼

●鉄骨構造標準接合部委員会SCSS−H97
建設省住宅局建築指導課監修

継手呼称	断面寸法	径 D	フランジ ボルト $n_F \times m_F$	ゲージ g_1 mm	ゲージ g_2 mm	外添板 厚×長さ mm mm	内添板 厚×幅 mm mm	ウェブ ボルト $m_W \times n_W$	P_C mm	添板寸法 厚×幅×長さ mm mm mm	継手性能 曲げモーメント M_y kNm	$_dZ$ cm³	せん断力 Q_y kN	$_dA_W$ cm²	軸力 N_y kN	$_dA$ cm²	曲げモーメント(弱軸) M_y kNm	$_dZ$ cm³	保有耐力接合 M_u kNm	a_J	L_q m	横補剛 L_1 m	L_2 m	継手呼称
CCF−4X−T−6030•1225−20	H−600×300×12×25	M20	6×2	150	40	19× 620	19×110	5×2	90	9×440×290	914.0	3890.0	716.0	52.80	4080	174.00	123.00	525.0	1750.0	1.4	2.64	12.24	3.13	CCF−4X−T−6030•1225−20
CCF−4X−T−6030•1228−20	H−600×300×12×28	M20	7×2	150	40	19× 710	22×110	5×2	90	9×440×290	994.0	4230.0	706.0	52.08	4400	187.70	138.00	588.0	1900.0	1.4	2.92	12.46	3.50	CCF−4X−T−6030•1228−20
CCF−4X−T−6520•0912−20	H−650×200×9×12	M20	3×2	120	−	9× 410	12× 80	8×1	60	9×500×170	418.0	1780.0	549.0	40.50	1860	79.39	28.70	122.0	848.0	1.4	1.61	6.63	0.93	CCF−4X−T−6520•0912−20
CCF−4X−T−6520•0916−20	H−650×200×9×16	M20	3×2	120	−	12× 410	12× 80	8×1	60	9×500×170	500.0	2130.0	539.0	39.78	2140	91.15	38.20	163.0	966.0	1.4	1.96	7.15	1.24	CCF−4X−T−6520•0916−20
CCF−4X−T−6520•0919−20	H−650×200×9×19	M20	4×2	120	−	16× 530	16× 80	8×1	60	9×500×170	560.0	2390.0	532.0	39.24	2340	99.97	45.30	193.0	1100.0	1.4	2.22	7.44	1.47	CCF−4X−T−6520•0919−20
CCF−4X−T−6520•0922−20	H−650×200×9×22	M20	4×2	120	−	16× 530	16× 80	8×1	60	9×500×170	619.0	2640.0	525.0	38.70	2550	108.80	52.50	224.0	1200.0	1.4	2.49	7.68	1.70	CCF−4X−T−6520•0922−20
CCF−4X−T−6520•1216−20	H−650×200×12×16	M20	3×2	120	−	12× 410	12× 80	7×2	60	12×440×290	524.0	2230.0	755.0	55.68	2510	107.10	38.40	163.0	1030.0	1.3	1.53	6.67	1.24	CCF−4X−T−6520•1216−20
CCF−4X−T−6520•1219−20	H−650×200×12×19	M20	4×2	120	−	16× 530	16× 80	7×2	60	12×440×290	602.0	2560.0	745.0	54.96	2710	115.70	45.50	194.0	1210.0	1.4	1.72	6.98	1.47	CCF−4X−T−6520•1219−20
CCF−4X−T−6520•1222−20	H−650×200×12×22	M20	4×2	120	−	16× 530	16× 80	7×2	60	12×440×290	659.0	2810.0	735.0	54.24	2920	124.30	52.60	224.0	1310.0	1.4	1.91	7.25	1.70	CCF−4X−T−6520•1222−20
CCF−4X−T−6520•1225−20	H−650×200×12×25	M20	4×2	120	−	16× 530	19× 80	7×2	60	12×440×290	716.0	3050.0	726.0	53.52	3120	133.00	59.80	255.0	1420.0	1.4	2.11	7.47	1.93	CCF−4X−T−6520•1225−20
CCF−4X−T−6520•1228−20	H−650×200×12×28	M20	5×2	120	−	19× 650	19× 80	7×2	60	12×440×290	771.0	3290.0	716.0	52.80	3320	141.60	66.90	285.0	1520.0	1.4	2.30	7.66	2.16	CCF−4X−T−6520•1228−20
CCF−4X−T−6525•0916−20	H−650×250×9×16	M20	4×2	150	−	12× 530	12×100	8×1	60	9×500×170	616.0	2630.0	539.0	39.78	2510	107.20	63.40	270.0	1190.0	1.4	2.29	9.38	1.54	CCF−4X−T−6525•0916−20
CCF−4X−T−6525•0919−20	H−650×250×9×19	M20	4×2	150	−	12× 530	16×100	8×1	60	9×500×170	697.0	2970.0	532.0	39.24	2790	119.00	75.30	321.0	1340.0	1.4	2.62	9.72	1.83	CCF−4X−T−6525•0919−20
CCF−4X−T−6525•1219−20	H−650×250×12×19	M20	4×2	150	−	12× 530	16×100	7×2	60	12×440×290	738.0	3140.0	745.0	54.96	3160	134.70	75.40	321.0	1450.0	1.4	2.01	9.19	1.83	CCF−4X−T−6525•1219−20
CCF−4X−T−6525•1222−20	H−650×250×12×22	M20	5×2	150	−	16× 650	16×100	7×2	60	12×440×290	816.0	3480.0	735.0	54.24	3430	146.30	87.30	372.0	1590.0	1.4	2.25	9.49	2.12	CCF−4X−T−6525•1222−20
CCF−4X−T−6525•1225−20	H−650×250×12×25	M20	5×2	150	−	16× 650	19×100	7×2	60	12×440×290	893.0	3800.0	726.0	53.52	3710	158.00	99.20	422.0	1730.0	1.4	2.49	9.75	2.41	CCF−4X−T−6525•1225−20
CCF−4X−T−6525•1228−20	H−650×250×12×28	M20	6×2	150	−	19× 770	19×100	7×2	60	12×440×290	967.0	4120.0	716.0	52.80	3980	169.60	111.00	473.0	1870.0	1.4	2.74	9.96	2.70	CCF−4X−T−6525•1228−20
CCF−4X−T−7020•0912−20	H−700×200×9×12	M20	3×2	120	−	9× 410	12× 80	8×1	60	9×500×170	473.0	2020.0	610.0	45.00	2000	85.22	28.70	122.0	907.0	1.3	1.63	6.45	0.86	CCF−4X−T−7020•0912−20
CCF−4X−T−7020•0916−20	H−700×200×9×16	M20	3×2	120	−	12× 410	12× 80	8×1	60	9×500×170	562.0	2390.0	600.0	44.28	2270	96.98	38.20	163.0	1030.0	1.3	1.97	6.99	1.15	CCF−4X−T−7020•0916−20
CCF−4X−T−7020•0919−20	H−700×200×9×19	M20	4×2	120	−	16× 530	16× 80	8×1	60	9×500×170	627.0	2670.0	593.0	43.74	2480	105.80	45.40	193.0	1230.0	1.4	2.22	7.29	1.36	CCF−4X−T−7020•0919−20
CCF−4X−T−7020•0922−20	H−700×200×9×22	M20	4×2	120	−	16× 530	16× 80	8×1	60	9×500×170	691.0	2940.0	586.0	43.20	2690	114.60	52.50	224.0	1310.0	1.3	2.48	7.54	1.58	CCF−4X−T−7020•0922−20
CCF−4X−T−7020•1222−20	H−700×200×12×22	M20	4×2	120	−	16× 530	16× 80	6×2	90	9×530×290	738.0	3140.0	853.0	62.88	3150	134.30	52.70	224.0	1480.0	1.4	1.84	7.09	1.58	CCF−4X−T−7020•1222−20
CCF−4X−T−7020•1225−20	H−700×200×12×25	M20	4×2	120	−	16× 530	19× 80	6×2	90	9×530×290	800.0	3410.0	843.0	62.16	3350	142.90	59.80	255.0	1580.0	1.4	2.02	7.32	1.79	CCF−4X−T−7020•1225−20
CCF−4X−T−7020•1228−20	H−700×200×12×28	M20	5×2	120	−	19× 650	19× 80	6×2	90	9×530×290	860.0	3660.0	833.0	61.44	3560	151.60	67.00	285.0	1700.0	1.4	2.20	7.51	2.00	CCF−4X−T−7020•1228−20
CCF−4X−T−7025•0916−20	H−700×250×9×16	M20	4×2	150	−	12× 530	12×100	8×1	60	9×500×170	688.0	2930.0	600.0	44.28	2650	113.00	63.40	270.0	1320.0	1.4	2.29	9.19	1.43	CCF−4X−T−7025•0916−20
CCF−4X−T−7025•0919−20	H−700×250×9×19	M20	4×2	150	−	12× 530	16×100	8×1	60	9×500×170	775.0	3300.0	593.0	43.74	2930	124.80	75.30	321.0	1490.0	1.4	2.61	9.54	1.70	CCF−4X−T−7025•0919−20
CCF−4X−T−7025•1219−20	H−700×250×12×19	M20	4×2	150	−	12× 530	16×100	6×2	90	9×530×290	824.0	3510.0	862.0	63.60	3390	144.70	75.50	321.0	1620.0	1.4	1.94	9.00	1.70	CCF−4X−T−7025•1219−20
CCF−4X−T−7025•1222−20	H−700×250×12×22	M20	5×2	150	−	16× 650	16×100	6×2	90	9×530×290	908.0	3870.0	853.0	62.88	3670	156.30	87.30	372.0	1780.0	1.4	2.16	9.31	1.97	CCF−4X−T−7025•1222−20
CCF−4X−T−7025•1225−20	H−700×250×12×25	M20	5×2	150	−	16× 650	19×100	6×2	90	9×530×290	991.0	4220.0	843.0	62.16	3940	167.90	99.20	422.0	1930.0	1.4	2.38	9.58	2.24	CCF−4X−T−7025•1225−20
CCF−4X−T−7025•1425−20	H−700×250×14×25	M20	5×2	150	−	16× 650	19×100	7×2	60	16×440×290	1020.0	4350.0	942.0	69.44	4110	175.20	99.40	423.0	2010.0	1.4	2.21	9.29	2.24	CCF−4X−T−7025•1425−20
CCF−4X−T−7025•1428−20	H−700×250×14×28	M20	6×2	150	−	19× 770	19×100	7×2	60	16×440×290	1100.0	4690.0	930.0	68.60	4380	186.70	111.00	474.0	2160.0	1.4	2.41	9.53	2.50	CCF−4X−T−7025•1428−20
CCF−4X−T−7030•0919−20	H−700×300×9×19	M20	5×2	150	40	12× 530	16×110	8×1	60	9×500×170	874.0	3720.0	593.0	43.74	3230	137.50	93.70	399.0	1610.0	1.3	3.00	11.85	2.04	CCF−4X−T−7030•0919−20
CCF−4X−T−7030•1219−20	H−700×300×12×19	M20	5×2	150	40	12× 530	16×110	6×2	90	9×530×290	923.0	3930.0	862.0	63.60	3690	157.40	93.80	399.0	1780.0	1.4	2.20	11.24	2.04	CCF−4X−T−7030•1219−20
CCF−4X−T−7030•1222−20	H−700×300×12×22	M20	6×2	150	40	16× 620	19×110	6×2	90	9×530×290	1020.0	4350.0	853.0	62.88	4010	171.00	108.00	462.0	1980.0	1.4	2.47	11.59	2.36	CCF−4X−T−7030•1222−20
CCF−4X−T−7030•1422−20	H−700×300×14×22	M20	6×2	150	40	16× 620	19×110	7×2	60	16×440×290	1050.0	4490.0	953.0	70.28	4190	178.40	108.00	463.0	2060.0	1.4	2.29	11.25	2.36	CCF−4X−T−7030•1422−20
CCF−4X−T−7030•1425−20	H−700×300×14×25	M20	6×2	150	40	19× 620	19×110	7×2	60	16×440×290	1150.0	4900.0	942.0	69.44	4510	192.00	123.00	526.0	2240.0	1.4	2.53	11.56	2.68	CCF−4X−T−7030•1425−20
CCF−4X−T−7030•1428−20	H−700×300×14×28	M20	7×2	150	40	19× 710	22×110	7×2	60	16×440×290	1240.0	5300.0	930.0	68.60	4820	205.50	138.00	589.0	2410.0	1.4	2.78	11.83	3.00	CCF−4X−T−7030•1428−20
CCF−4X−T−7520•0912−20	H−750×200×9×12	M20	3×2	120	−	9× 410	12× 80	9×1	60	9×560×170	521.0	2220.0	644.0	47.52	2060	87.74	28.70	122.0	997.0	1.3	1.71	6.33	0.80	CCF−4X−T−7520•0912−20
CCF−4X−T−7520•0916−20	H−750×200×9×16	M20	3×2	120	−	12× 410	12× 80	9×1	60	9×560×170	617.0	2630.0	634.0	46.80	2330	99.50	38.20	163.0	1130.0	1.3	2.04	6.87	1.07	CCF−4X−T−7520•0916−20
CCF−4X−T−7520•0919−20	H−750×200×9×19	M20	4×2	120	−	16× 530	16× 80	9×1	60	9×560×170	687.0	2930.0	627.0	46.26	2540	108.30	45.40	193.0	1360.0	1.4	2.30	7.17	1.27	CCF−4X−T−7520•0919−20
CCF−4X−T−7520•1219−20	H−750×200×12×19	M20	4×2	120	−	16× 530	16× 80	6×2	90	9×530×290	744.0	3170.0	944.0	69.60	3090	131.70	45.60	194.0	1510.0	1.4	1.68	6.70	1.27	CCF−4X−T−7520•1219−20
CCF−4X−T−7520•1222−20	H−750×200×12×22	M20	4×2	120	−	16× 530	16× 80	6×2	90	9×530×290	811.0	3450.0	934.0	68.88	3290	140.30	52.70	225.0	1570.0	1.4	1.85	6.97	1.47	CCF−4X−T−7520•1222−20
CCF−4X−T−7520•1225−20	H−750×200×12×25	M20	4×2	120	−	16× 530	19× 80	6×2	90	9×530×290	878.0	3740.0	924.0	68.16	3500	148.90	59.90	255.0	1670.0	1.3	2.02	7.20	1.67	CCF−4X−T−7520•1225−20
CCF−4X−T−7520•1228−20	H−750×200×12×28	M20	5×2	120	−	19× 650	19× 80	6×2	90	9×530×290	943.0	4020.0	915.0	67.44	3700	157.60	67.00	285.0	1800.0	1.3	2.20	7.40	1.87	CCF−4X−T−7520•1228−20
CCF−4X−T−7525•1216−20	H−750×250×12×16	M20	4×2	150	−	12× 530	12×100	6×2	90	9×530×290	810.0	3450.0	954.0	70.32	3260	139.00	63.60	271.0	1580.0	1.4	1.73	8.46	1.34	CCF−4X−T−7525•1216−20
CCF−4X−T−7525•1219−20	H−750×250×12×19	M20	5×2	150	−	16× 650	16×100	6×2	90	9×530×290	903.0	3840.0	944.0	69.60	3540	150.70	75.50	321.0	1790.0	1.5	1.94	8.85	1.59	CCF−4X−T−7525•1219−20

表CC　柱継手諸元表（5/16）

●柱継手（定形H形鋼）

400N級鋼

●鉄骨構造標準接合部委員会SCSS－H97
建設省住宅局建築指導課監修

継手呼称	断面寸法	径 D	フランジ ボルト $n_F \times m_F$	フランジ ゲージ g_1 mm	フランジ ゲージ g_2 mm	フランジ 外添板 厚×長さ mm mm	フランジ 内添板 厚×幅 mm mm	ウェブ ボルト $m_W \times n_W$	ウェブ ボルト P_C mm	ウェブ 添板寸法 厚×幅×長さ mm mm mm	継手性能 曲げモーメント M_y kNm	継手性能 曲げモーメント $_dZ$ cm³	継手性能 せん断力 Q_y kN	継手性能 せん断力 $_dA_W$ cm²	継手性能 軸力 N_y kN	継手性能 軸力 $_dA$ cm²	継手性能 曲げモーメント(弱軸) M_y kNm	継手性能 曲げモーメント(弱軸) $_dZ$ cm³	継手性能 保有耐力接合 M_u kNm	継手性能 保有耐力接合 a_J	継手性能 保有耐力接合 L_q m	継手性能 横補剛 L_1 m	継手性能 横補剛 L_2 m	継手呼称
CCF－4X－T－7525•1222－20	H－750×250×12×22	M20	5×2	150	－	16× 650	19×100	6×2	90	9×530×290	994.0	4230.0	934.0	68.88	3810	162.30	87.30	372.0	1950.0	1.4	2.15	9.17	1.84	CCF－4X－T－7525•1222－20
CCF－4X－T－7525•1422－20	H－750×250×14×22	M20	5×2	150	－	16× 650	19×100	8×2	60	12×500×290	1030.0	4390.0	1000.0	74.20	3930	167.60	87.50	373.0	2050.0	1.5	2.09	8.87	1.84	CCF－4X－T－7525•1422－20
CCF－4X－T－7525•1425－20	H－750×250×14×25	M20	6×2	150	－	19× 770	19×100	8×2	60	12×500×290	1120.0	4770.0	995.0	73.36	4200	179.10	99.40	423.0	2210.0	1.4	2.29	9.15	2.09	CCF－4X－T－7525•1425－20
CCF－4X－T－7525•1428－20	H－750×250×14×28	M20	6×2	150	－	19× 770	22×100	8×2	60	12×500×290	1200.0	5140.0	983.0	72.52	4480	190.70	111.00	474.0	2370.0	1.4	2.50	9.39	2.34	CCF－4X－T－7525•1428－20
CCF－4X－T－8025•1422－20	H－800×250×14×22	M20	5×2	150	－	16× 650	19×100	8×2	60	16×500×290	1120.0	4790.0	1100.0	81.20	4100	174.60	87.50	373.0	2250.0	1.5	2.08	8.72	1.72	CCF－4X－T－8025•1422－20
CCF－4X－T－8025•1425－20	H－800×250×14×25	M20	6×2	150	－	19× 770	19×100	8×2	60	16×500×290	1220.0	5190.0	1090.0	80.36	4370	186.10	99.40	423.0	2420.0	1.4	2.28	9.01	1.96	CCF－4X－T－8025•1425－20
CCF－4X－T－8025•1625－20	H－800×250×16×25	M20	6×2	150	－	19× 770	19×100	8×2	60	16×500×290	1260.0	5370.0	1240.0	91.84	4640	197.60	99.60	424.0	2530.0	1.5	2.08	8.74	1.96	CCF－4X－T－8025•1625－20
CCF－4X－T－8025•1628－20	H－800×250×16×28	M20	6×2	150	－	19× 770	22×100	8×2	60	16×500×290	1350.0	5770.0	1230.0	90.88	4910	209.00	111.00	475.0	2700.0	1.4	2.25	8.99	2.19	CCF－4X－T－8025•1628－20
CCF－4X－T－8030•1422－20	H－800×300×14×22	M20	6×2	150	40	16× 620	19×110	8×2	60	16×500×290	1250.0	5350.0	1100.0	81.20	4440	189.40	108.00	463.0	2480.0	1.4	2.36	10.92	2.07	CCF－4X－T－8030•1422－20
CCF－4X－T－8030•1622－20	H－800×300×16×22	M20	6×2	150	40	16× 620	19×110	8×2	60	16×500×290	1290.0	5530.0	1250.0	92.80	4720	201.00	108.00	464.0	2590.0	1.4	2.15	10.60	2.07	CCF－4X－T－8030•1622－20
CCF－4X－T－8030•1625－20	H－800×300×16×25	M20	6×2	150	40	19× 620	19×110	8×2	60	16×500×290	1400.0	6000.0	1240.0	91.84	5030	214.40	123.00	526.0	2790.0	1.4	2.36	10.94	2.35	CCF－4X－T－8030•1625－20
CCF－4X－T－8030•1628－20	H－800×300×16×28	M20	7×2	150	40	19× 710	22×110	8×2	60	16×500×290	1510.0	6460.0	1230.0	90.88	5350	227.80	138.00	589.0	2980.0	1.4	2.57	11.23	2.63	CCF－4X－T－8030•1628－20
CCF－4X－T－8525•1422－20	H－850×250×14×22	M20	5×2	150	－	16× 650	19×100	8×2	90	9×710×290	1220.0	5200.0	1190.0	88.20	4260	181.60	87.60	373.0	2450.0	1.5	2.09	8.59	1.62	CCF－4X－T－8525•1422－20
CCF－4X－T－8525•1425－20	H－850×250×14×25	M20	6×2	150	－	19× 770	19×100	8×2	90	9×710×290	1320.0	5630.0	1180.0	87.36	4530	193.10	99.40	423.0	2630.0	1.5	2.28	8.88	1.84	CCF－4X－T－8525•1425－20
CCF－4X－T－8525•1625－20	H－850×250×16×25	M20	6×2	150	－	19× 770	19×100	9×2	60	16×560×290	1370.0	5830.0	1300.0	96.32	4740	202.10	99.70	424.0	2760.0	1.5	2.15	8.60	1.84	CCF－4X－T－8525•1625－20
CCF－4X－T－8525•1628－20	H－850×250×16×28	M20	6×2	150	－	19× 770	22×100	9×2	60	16×560×290	1470.0	6260.0	1290.0	95.36	5010	213.50	111.00	475.0	2940.0	1.5	2.33	8.86	2.06	CCF－4X－T－8525•1628－20
CCF－4X－T－9025•1619－20	H－900×250×16×19	M20	5×2	150	－	16× 650	16×100	9×2	60	16×560×290	1260.0	5390.0	1440.0	106.20	4400	187.30	75.90	323.0	2610.0	1.5	1.82	7.82	1.32	CCF－4X－T－9025•1619－20
CCF－4X－T－9025•1622－20	H－900×250×16×22	M20	5×2	150	－	16× 650	19×100	9×2	60	16×560×290	1370.0	5850.0	1420.0	105.30	4660	198.70	87.80	374.0	2810.0	1.5	1.98	8.17	1.53	CCF－4X－T－9025•1622－20
CCF－4X－T－9025•1625－20	H－900×250×16×25	M20	6×2	150	－	19× 770	19×100	9×2	60	16×560×290	1480.0	6310.0	1410.0	104.30	4930	210.10	99.70	424.0	3000.0	1.5	2.15	8.47	1.74	CCF－4X－T－9025•1625－20
CCF－4X－T－9025•1628－20	H－900×250×16×28	M20	6×2	150	－	19× 770	22×100	9×2	60	16×560×290	1580.0	6760.0	1400.0	103.40	5200	221.50	111.00	475.0	3170.0	1.4	2.33	8.73	1.95	CCF－4X－T－9025•1628－20
CCF－4X－T－9030•1619－20	H－900×300×16×19	M20	5×2	150	40	16× 530	16×110	9×2	60	16×560×290	1390.0	5940.0	1440.0	106.20	4700	200.00	94.20	401.0	2840.0	1.4	2.03	9.87	1.59	CCF－4X－T－9030•1619－20
CCF－4X－T－9030•1622－20	H－900×300×16×22	M20	6×2	150	40	16× 620	19×110	9×2	60	16×560×290	1520.0	6480.0	1420.0	105.30	5010	213.40	108.00	464.0	3020.0	1.4	2.23	10.28	1.84	CCF－4X－T－9030•1622－20
CCF－4X－T－9030•1625－20	H－900×300×16×25	M20	7×2	150	40	19× 710	19×110	9×2	60	16×560×290	1650.0	7020.0	1410.0	104.30	5330	226.90	123.00	527.0	3260.0	1.4	2.43	10.63	2.09	CCF－4X－T－9030•1625－20
CCF－4X－T－9030•1628－20	H－900×300×16×28	M20	7×2	150	40	19× 710	22×110	9×2	60	16×560×290	1770.0	7560.0	1400.0	103.40	5640	240.30	138.00	590.0	3420.0	1.4	2.64	10.93	2.34	CCF－4X－T－9030•1628－20
CCF－4X－T－4020•0912－22	H－400×200×9×12	M22	3×2	120	－	9× 410	9× 80	4×1	60	9×260×170	214.0	911.0	341.0	25.20	1480	63.13	27.80	118.0	403.0	1.3	1.34	7.46	1.50	CCF－4X－T－4020•0912－22
CCF－4X－T－4020•0916－22	H－400×200×9×16	M22	3×2	120	－	12× 410	12× 80	4×1	60	9×260×170	260.0	1110.0	332.0	24.48	1750	74.57	37.00	158.0	505.0	1.3	1.69	7.92	2.00	CCF－4X－T－4020•0916－22
CCF－4X－T－4020•0919－22	H－400×200×9×19	M22	3×2	120	－	12× 410	16× 80	4×1	60	9×260×170	293.0	1250.0	324.0	23.94	1950	83.15	44.00	187.0	568.0	1.3	1.96	8.17	2.38	CCF－4X－T－4020•0919－22
CCF－4X－T－4020•0922－22	H－400×200×9×22	M22	3×2	120	－	16× 410	16× 80	4×1	60	9×260×170	326.0	1390.0	317.0	23.40	2150	91.73	50.90	217.0	629.0	1.3	2.24	8.36	2.75	CCF－4X－T－4020•0922－22
CCF－4X－T－4020•1222－22	H－400×200×12×22	M22	3×2	120	－	16× 410	16× 80	3×2	90	12×260×290	333.0	1420.0	462.0	34.08	2400	102.40	51.00	217.0	646.0	1.3	1.61	8.02	2.75	CCF－4X－T－4020•1222－22
CCF－4X－T－4520•0912－22	H－450×200×9×12	M22	3×2	120	－	9× 410	9× 80	5×1	60	9×320×170	250.0	1060.0	373.0	27.54	1530	65.47	27.80	118.0	468.0	1.3	1.44	7.27	1.34	CCF－4X－T－4520•0912－22
CCF－4X－T－4520•0916－22	H－450×200×9×16	M22	3×2	120	－	12× 410	12× 80	5×1	60	9×320×170	302.0	1290.0	363.0	26.82	1800	76.91	37.00	158.0	591.0	1.3	1.79	7.75	1.78	CCF－4X－T－4520•0916－22
CCF－4X－T－4520•0919－22	H－450×200×9×19	M22	3×2	120	－	12× 410	16× 80	5×1	60	9×320×170	341.0	1450.0	356.0	26.28	2000	85.49	44.00	187.0	662.0	1.3	2.07	8.01	2.12	CCF－4X－T－4520•0919－22
CCF－4X－T－4520•0922－22	H－450×200×9×22	M22	3×2	120	－	16× 410	16× 80	5×1	60	9×320×170	378.0	1610.0	349.0	25.74	2210	94.07	50.90	217.0	732.0	1.3	2.35	8.21	2.45	CCF－4X－T－4520•0922－22
CCF－4X－T－4520•1216－22	H－450×200×12×16	M22	3×2	120	－	12× 410	12× 80	5×1	60	9×320×170	322.0	1370.0	485.0	35.76	2010	85.85	37.20	158.0	619.0	1.3	1.44	7.32	1.78	CCF－4X－T－4520•1216－22
CCF－4X－T－4520•1219－22	H－450×200×12×19	M22	3×2	120	－	12× 410	16× 80	5×1	60	9×320×170	359.0	1530.0	475.0	35.04	2210	94.25	44.10	188.0	692.0	1.3	1.65	7.61	2.12	CCF－4X－T－4520•1219－22
CCF－4X－T－4520•1222－22	H－450×200×12×22	M22	3×2	120	－	16× 410	16× 80	5×1	60	9×320×170	396.0	1690.0	465.0	34.32	2410	102.70	51.00	217.0	781.0	1.3	1.86	7.85	2.45	CCF－4X－T－4520•1222－22
CCF－4X－T－4520•1225－22	H－450×200×12×25	M22	3×2	120	－	16× 410	16× 80	5×1	60	9×320×170	431.0	1840.0	455.0	33.60	2600	111.10	58.00	247.0	787.0	1.2	2.08	8.04	2.78	CCF－4X－T－4520•1225－22
CCF－4X－T－4525•0912－22	H－450×250×9×12	M22	3×2	150	－	9× 410	9×100	5×1	60	9×320×170	310.0	1320.0	373.0	27.54	1820	77.47	46.50	198.0	556.0	1.3	1.69	9.52	1.67	CCF－4X－T－4525•0912－22
CCF－4X－T－4525•0916－22	H－450×250×9×16	M22	3×2	150	－	12× 410	12×100	5×1	60	9×320×170	381.0	1620.0	363.0	26.82	2180	92.91	62.00	264.0	718.0	1.4	2.13	10.07	2.23	CCF－4X－T－4525•0916－22
CCF－4X－T－4525•0919－22	H－450×250×9×19	M22	4×2	150	－	12× 530	16×100	5×1	60	9×320×170	433.0	1850.0	356.0	26.28	2450	104.50	73.60	313.0	826.0	1.4	2.48	10.36	2.64	CCF－4X－T－4525•0919－22
CCF－4X－T－4525•0922－22	H－450×250×9×22	M22	4×2	150	－	16× 530	16×100	5×1	60	9×320×170	483.0	2060.0	349.0	25.74	2720	116.10	85.20	363.0	920.0	1.4	2.84	10.59	3.06	CCF－4X－T－4525•0922－22
CCF－4X－T－4525•1222－22	H－450×250×12×22	M22	4×2	150	－	16× 530	16×100	5×1	60	9×320×170	501.0	2130.0	465.0	34.32	2920	124.70	85.30	363.0	970.0	1.4	2.22	10.18	3.06	CCF－4X－T－4525•1222－22
CCF－4X－T－4525•1225－22	H－450×250×12×25	M22	4×2	150	－	16× 530	19×100	5×1	60	9×320×170	549.0	2340.0	455.0	33.60	3190	136.10	96.90	413.0	1060.0	1.4	2.50	10.40	3.48	CCF－4X－T－4525•1225－22

●柱継手（定形H形鋼）

表CC　柱継手諸元表（6/16）

400N級鋼

●鉄骨構造標準接合部委員会SCSS－H97
建設省住宅局建築指導課監修

継手呼称	断面寸法	径 D	フランジ ボルト $n_F \times m_F$	ゲージ g_1 mm	ゲージ g_2 mm	外添板 厚×長さ mm mm	内添板 厚×幅 mm mm	ウェブ ボルト $m_W \times n_W$	P_C mm	添板寸法 厚×幅×長さ mm mm mm	曲げモーメント M_y kNm	曲げモーメント $_dZ$ cm³	せん断力 Q_y kN	せん断力 $_dA_W$ cm²	軸力 N_y kN	軸力 $_dA$ cm²	曲げモーメント（弱軸） M_y kNm	曲げモーメント（弱軸） $_dZ$ cm³	保有耐力接合 M_u kNm	保有耐力接合 a_J	保有耐力接合 L_q m	横補剛 L_1 m	横補剛 L_2 m	継手呼称
CCF－4X－T-4525•1228－22	H－450×250×12×28	M22	5×2	150	－	19× 650	19×100	5×1	60	9×320×170	596.0	2540.0	446.0	32.88	3460	147.50	108.00	462.0	1150.0	1.4	2.78	10.58	3.89	CCF－4X－T-4525•1228－22
CCF－4X－T-5020•0912－22	H－500×200×9×12	M22	3×2	120	－	9× 410	9× 80	5×1	60	9×320×170	287.0	1220.0	434.0	32.04	1640	69.97	27.80	119.0	515.0	1.2	1.42	7.09	1.20	CCF－4X－T-5020•0912－22
CCF－4X－T-5020•0916－22	H－500×200×9×16	M22	3×2	120	－	12× 410	12× 80	5×1	60	9×320×170	347.0	1480.0	424.0	31.32	1910	81.41	37.00	158.0	665.0	1.3	1.76	7.58	1.60	CCF－4X－T-5020•0916－22
CCF－4X－T-5020•0919－22	H－500×200×9×19	M22	3×2	120	－	12× 410	16× 80	5×1	60	9×320×170	390.0	1660.0	417.0	30.78	2110	89.99	44.00	187.0	747.0	1.3	2.02	7.85	1.90	CCF－4X－T-5020•0919－22
CCF－4X－T-5020•0922－22	H－500×200×9×22	M22	3×2	120	－	16× 410	16× 80	5×1	60	9×320×170	433.0	1840.0	410.0	30.24	2310	98.57	50.90	217.0	839.0	1.3	2.28	8.07	2.20	CCF－4X－T-5020•0922－22
CCF－4X－T-5020•1216－22	H－500×200×12×16	M22	3×2	120	－	12× 410	12× 80	4×2	90	9×350×290	360.0	1530.0	605.0	44.64	2220	94.73	37.20	158.0	705.0	1.3	1.33	7.14	1.60	CCF－4X－T-5020•1216－22
CCF－4X－T-5020•1219－22	H－500×200×12×19	M22	3×2	120	－	12× 410	16× 80	4×2	90	9×350×290	402.0	1710.0	595.0	43.92	2420	103.10	44.10	188.0	783.0	1.3	1.51	7.44	1.90	CCF－4X－T-5020•1219－22
CCF－4X－T-5020•1222－22	H－500×200×12×22	M22	3×2	120	－	16× 410	16× 80	4×2	90	9×350×290	444.0	1890.0	586.0	43.20	2620	111.50	51.00	217.0	860.0	1.3	1.70	7.68	2.20	CCF－4X－T-5020•1222－22
CCF－4X－T-5020•1225－22	H－500×200×12×25	M22	3×2	120	－	16× 410	16× 80	4×2	90	9×350×290	484.0	2060.0	576.0	42.48	2810	119.90	58.00	247.0	936.0	1.3	1.88	7.89	2.50	CCF－4X－T-5020•1225－22
CCF－4X－T-5025•0912－22	H－500×250×9×12	M22	3×2	150	－	9× 410	9×100	5×1	60	9×320×170	354.0	1510.0	434.0	32.04	1920	81.97	46.50	198.0	613.0	1.3	1.66	9.32	1.50	CCF－4X－T-5025•0912－22
CCF－4X－T-5025•0916－22	H－500×250×9×16	M22	3×2	150	－	12× 410	12×100	5×1	60	9×320×170	435.0	1850.0	424.0	31.32	2280	97.41	62.00	264.0	795.0	1.3	2.09	9.88	2.00	CCF－4X－T-5025•0916－22
CCF－4X－T-5025•0919－22	H－500×250×9×19	M22	4×2	150	－	12× 530	16×100	5×1	60	9×320×170	494.0	2100.0	417.0	30.78	2560	109.00	73.60	314.0	943.0	1.4	2.41	10.19	2.38	CCF－4X－T-5025•0919－22
CCF－4X－T-5025•0922－22	H－500×250×9×22	M22	4×2	150	－	16× 530	16×100	5×1	60	9×320×170	551.0	2350.0	410.0	30.24	2830	120.60	85.20	363.0	1050.0	1.4	2.74	10.43	2.75	CCF－4X－T-5025•0922－22
CCF－4X－T-5025•1222－22	H－500×250×12×22	M22	4×2	150	－	16× 530	16×100	4×2	90	9×350×290	573.0	2440.0	586.0	43.20	3130	133.50	85.30	363.0	1110.0	1.4	2.02	9.99	2.75	CCF－4X－T-5025•1222－22
CCF－4X－T-5025•1225－22	H－500×250×12×25	M22	4×2	150	－	16× 530	19×100	4×2	90	9×350×290	628.0	2670.0	576.0	42.48	3400	144.90	97.00	413.0	1210.0	1.4	2.25	10.22	3.13	CCF－4X－T-5025•1225－22
CCF－4X－T-5025•1228－22	H－500×250×12×28	M22	5×2	150	－	19× 650	19×100	4×2	90	9×350×290	681.0	2900.0	566.0	41.76	3670	156.30	108.00	462.0	1310.0	1.4	2.49	10.41	3.50	CCF－4X－T-5025•1228－22
CCF－4X－T-5520•0912－22	H－550×200×9×12	M22	3×2	120	－	9× 410	9× 80	6×1	60	9×380×170	327.0	1390.0	466.0	34.38	1690	72.31	27.80	119.0	589.0	1.2	1.51	6.93	1.10	CCF－4X－T-5520•0912－22
CCF－4X－T-5520•0916－22	H－550×200×9×16	M22	3×2	120	－	12× 410	12× 80	6×1	60	9×380×170	393.0	1670.0	456.0	33.66	1960	83.75	37.10	158.0	754.0	1.3	1.85	7.43	1.46	CCF－4X－T-5520•0916－22
CCF－4X－T-5520•0919－22	H－550×200×9×19	M22	3×2	120	－	12× 410	16× 80	6×1	60	9×380×170	442.0	1880.0	449.0	33.12	2160	92.33	44.00	187.0	845.0	1.3	2.12	7.71	1.73	CCF－4X－T-5520•0919－22
CCF－4X－T-5520•0922－22	H－550×200×9×22	M22	3×2	120	－	16× 410	16× 80	6×1	60	9×380×170	489.0	2080.0	442.0	32.58	2370	100.90	50.90	217.0	951.0	1.3	2.39	7.93	2.00	CCF－4X－T-5520•0922－22
CCF－4X－T-5520•1216－22	H－550×200×12×16	M22	3×2	120	－	12× 410	12× 80	4×2	90	12×350×290	413.0	1760.0	687.0	50.64	2360	100.70	37.20	158.0	814.0	1.3	1.34	6.97	1.46	CCF－4X－T-5520•1216－22
CCF－4X－T-5520•1219－22	H－550×200×12×19	M22	3×2	120	－	12× 410	16× 80	4×2	90	12×350×290	460.0	1960.0	677.0	49.92	2560	109.10	44.10	188.0	901.0	1.3	1.51	7.28	1.73	CCF－4X－T-5520•1219－22
CCF－4X－T-5520•1222－22	H－550×200×12×22	M22	3×2	120	－	16× 410	16× 80	4×2	90	12×350×290	507.0	2160.0	667.0	49.20	2760	117.50	51.00	217.0	986.0	1.3	1.69	7.53	2.00	CCF－4X－T-5520•1222－22
CCF－4X－T-5520•1225－22	H－550×200×12×25	M22	3×2	120	－	16× 410	16× 80	4×2	90	12×350×290	552.0	2350.0	657.0	48.48	2950	125.90	58.00	247.0	1020.0	1.2	1.87	7.74	2.28	CCF－4X－T-5520•1225－22
CCF－4X－T-5525•0912－22	H－550×250×9×12	M22	3×2	150	－	9× 410	9×100	6×1	60	9×380×170	401.0	1710.0	466.0	34.38	1980	84.31	46.50	198.0	697.0	1.3	1.76	9.12	1.37	CCF－4X－T-5525•0912－22
CCF－4X－T-5525•0916－22	H－550×250×9×16	M22	3×2	150	－	12× 410	12×100	6×1	60	9×380×170	491.0	2090.0	456.0	33.66	2340	99.75	62.00	264.0	897.0	1.3	2.19	9.71	1.82	CCF－4X－T-5525•0916－22
CCF－4X－T-5525•0919－22	H－550×250×9×19	M22	4×2	150	－	12× 530	16×100	6×1	60	9×380×170	556.0	2370.0	449.0	33.12	2610	111.30	73.60	314.0	1060.0	1.4	2.52	10.03	2.16	CCF－4X－T-5525•0919－22
CCF－4X－T-5525•0922－22	H－550×250×9×22	M22	4×2	150	－	16× 530	16×100	6×1	60	9×380×170	620.0	2640.0	442.0	32.58	2880	122.90	85.30	363.0	1180.0	1.4	2.86	10.28	2.50	CCF－4X－T-5525•0922－22
CCF－4X－T-5525•1222－22	H－550×250×12×22	M22	4×2	150	－	16× 530	16×100	4×2	90	12×350×290	648.0	2760.0	667.0	49.20	3270	139.50	85.40	363.0	1260.0	1.4	2.00	9.82	2.50	CCF－4X－T-5525•1222－22
CCF－4X－T-5525•1225－22	H－550×250×12×25	M22	4×2	150	－	16× 530	19×100	4×2	90	12×350×290	709.0	3020.0	657.0	48.48	3540	150.90	97.00	413.0	1370.0	1.4	2.22	10.06	2.85	CCF－4X－T-5525•1225－22
CCF－4X－T-5525•1228－22	H－550×250×12×28	M22	5×2	150	－	19× 650	19×100	4×2	90	12×350×290	769.0	3270.0	647.0	47.76	3810	162.30	108.00	462.0	1480.0	1.4	2.45	10.26	3.19	CCF－4X－T-5525•1228－22
CCF－4X－T-6020•0912－22	H－600×200×9×12	M22	3×2	120	－	9× 410	12× 80	6×1	60	9×380×170	368.0	1570.0	527.0	38.88	1800	76.81	27.80	119.0	715.0	1.3	1.50	6.77	1.00	CCF－4X－T-6020•0912－22
CCF－4X－T-6020•0916－22	H－600×200×9×16	M22	3×2	120	－	12× 410	12× 80	6×1	60	9×380×170	441.0	1880.0	517.0	38.16	2070	88.25	37.10	158.0	817.0	1.3	1.83	7.28	1.34	CCF－4X－T-6020•0916－22
CCF－4X－T-6020•0919－22	H－600×200×9×19	M22	3×2	120	－	16× 410	16× 80	6×1	60	9×380×170	495.0	2110.0	510.0	37.62	2270	96.83	44.00	187.0	971.0	1.4	2.09	7.57	1.59	CCF－4X－T-6020•0919－22
CCF－4X－T-6020•0922－22	H－600×200×9×22	M22	3×2	120	－	16× 410	16× 80	6×1	60	9×380×170	547.0	2330.0	503.0	37.08	2470	105.40	50.90	217.0	1050.0	1.3	2.34	7.81	1.84	CCF－4X－T-6020•0922－22
CCF－4X－T-6020•1216－22	H－600×200×12×16	M22	3×2	120	－	12× 410	12× 80	7×1	60	12×440×170	477.0	2030.0	651.0	48.00	2300	98.09	37.20	159.0	878.0	1.3	1.59	6.81	1.34	CCF－4X－T-6020•1216－22
CCF－4X－T-6020•1219－22	H－600×200×12×19	M22	3×2	120	－	16× 410	16× 80	7×1	60	12×440×170	529.0	2250.0	641.0	47.28	2500	106.50	44.20	188.0	1060.0	1.4	1.79	7.13	1.59	CCF－4X－T-6020•1219－22
CCF－4X－T-6020•1222－22	H－600×200×12×22	M22	3×2	120	－	16× 410	16× 80	7×1	60	12×440×170	581.0	2470.0	631.0	46.56	2690	114.90	51.10	218.0	1110.0	1.3	2.00	7.38	1.84	CCF－4X－T-6020•1222－22
CCF－4X－T-6020•1225－22	H－600×200×12×25	M22	4×2	120	－	16× 530	19× 80	7×1	60	12×440×170	631.0	2690.0	621.0	45.84	2890	123.30	58.00	247.0	1180.0	1.3	2.21	7.60	2.09	CCF－4X－T-6020•1225－22
CCF－4X－T-6020•1228－22	H－600×200×12×28	M22	4×2	120	－	19× 530	19× 80	7×1	60	12×440×170	680.0	2890.0	612.0	45.12	3090	131.70	65.00	277.0	1280.0	1.3	2.43	7.78	2.34	CCF－4X－T-6020•1228－22
CCF－4X－T-6025•0916－22	H－600×250×9×16	M22	3×2	150	－	12× 410	12×100	6×1	60	9×380×170	548.0	2330.0	517.0	38.16	2440	104.30	62.00	264.0	974.0	1.3	2.16	9.54	1.67	CCF－4X－T-6025•0916－22
CCF－4X－T-6025•0919－22	H－600×250×9×19	M22	4×2	150	－	12× 530	16×100	6×1	60	9×380×170	620.0	2640.0	510.0	37.62	2720	115.80	73.60	314.0	1190.0	1.4	2.47	9.87	1.98	CCF－4X－T-6025•0919－22
CCF－4X－T-6025•1219－22	H－600×250×12×19	M22	4×2	150	－	12× 530	16×100	7×1	60	12×440×170	655.0	2790.0	641.0	47.28	2940	125.50	73.80	314.0	1260.0	1.4	2.10	9.35	1.98	CCF－4X－T-6025•1219－22
CCF－4X－T-6025•1222－22	H－600×250×12×22	M22	4×2	150	－	16× 530	16×100	7×1	60	12×440×170	725.0	3090.0	631.0	46.56	3210	136.90	85.40	364.0	1410.0	1.4	2.36	9.65	2.30	CCF－4X－T-6025•1222－22
CCF－4X－T-6025•1225－22	H－600×250×12×25	M22	4×2	150	－	16× 530	19×100	7×1	60	12×440×170	793.0	3370.0	621.0	45.84	3480	148.30	97.00	413.0	1530.0	1.4	2.63	9.90	2.61	CCF－4X－T-6025•1225－22
CCF－4X－T-6025•1228－22	H－600×250×12×28	M22	5×2	150	－	19× 650	19×100	7×1	60	12×440×170	859.0	3660.0	612.0	45.12	3750	159.70	108.00	462.0	1660.0	1.4	2.90	10.11	2.92	CCF－4X－T-6025•1228－22

●柱継手（定形H形鋼）

表CC　柱継手諸元表（7/16）

400N級鋼

●鉄骨構造標準接合部委員会SCSS−H97
建設省住宅局建築指導課監修

継手呼称	断面寸法	径	フランジ					ウェブ			継手性能													継手呼称
			ボルト	ゲージ		外添板	内添板	ボルト		添板寸法	曲げモーメント		せん断力		軸力		曲げモーメント（弱軸）		保有耐力接合			横補剛		
		D	$n_F \times m_F$	g_1 mm	g_2 mm	厚×長さ mm mm	厚×幅 mm mm	$m_W \times n_W$	P_C mm	厚×幅×長さ mm mm mm	M_y kNm	$_dZ$ cm³	Q_y kN	$_dA_W$ cm²	N_y kN	$_dA$ cm²	M_y kNm	$_dZ$ cm³	M_u kNm	a_J	L_q m	L_1 m	L_2 m	
CCF-4X-T-6030•0919-22	H-600×300×9×19	M22	4×2	150	40	12× 440	16×110	6×1	60	9×380×170	701.0	2980.0	510.0	37.62	3000	128.00	90.00	383.0	1300.0	1.3	2.86	12.21	2.38	CCF-4X-T-6030•0919-22
CCF-4X-T-6030•1219-22	H-600×300×12×19	M22	4×2	150	40	12× 440	16×110	7×1	60	12×440×170	735.0	3130.0	641.0	47.28	3230	137.70	90.10	383.0	1360.0	1.3	2.41	11.63	2.38	CCF-4X-T-6030•1219-22
CCF-4X-T-6030•1222-22	H-600×300×12×22	M22	5×2	150	40	16× 530	19×110	7×1	60	12×440×170	817.0	3480.0	631.0	46.56	3540	151.00	104.00	444.0	1570.0	1.4	2.72	11.97	2.75	CCF-4X-T-6030•1222-22
CCF-4X-T-6030•1225-22	H-600×300×12×25	M22	5×2	150	40	19× 530	19×110	7×1	60	12×440×170	896.0	3820.0	621.0	45.84	3860	164.30	118.00	504.0	1720.0	1.4	3.04	12.24	3.13	CCF-4X-T-6030•1225-22
CCF-4X-T-6030•1228-22	H-600×300×12×28	M22	6×2	150	40	19× 620	22×110	7×1	60	12×440×170	974.0	4150.0	612.0	45.12	4170	177.60	132.00	565.0	1860.0	1.3	3.37	12.46	3.50	CCF-4X-T-6030•1228-22
CCF-4X-T-6520•0912-22	H-650×200×9×12	M22	3×2	120	−	9× 410	12× 80	6×1	90	6×530×170	411.0	1750.0	588.0	43.38	1910	81.31	27.80	119.0	808.0	1.4	1.50	6.63	0.93	CCF-4X-T-6520•0912-22
CCF-4X-T-6520•0916-22	H-650×200×9×16	M22	3×2	120	−	12× 410	12× 80	6×1	90	6×530×170	491.0	2090.0	578.0	42.66	2170	92.75	37.10	158.0	920.0	1.3	1.82	7.15	1.24	CCF-4X-T-6520•0916-22
CCF-4X-T-6520•0919-22	H-650×200×9×19	M22	3×2	120	−	16× 410	16× 80	6×1	90	6×530×170	549.0	2340.0	571.0	42.12	2380	101.30	44.00	187.0	1080.0	1.4	2.07	7.44	1.47	CCF-4X-T-6520•0919-22
CCF-4X-T-6520•0922-22	H-650×200×9×22	M22	3×2	120	−	16× 410	16× 80	6×1	90	6×530×170	607.0	2580.0	564.0	41.58	2580	109.90	50.90	217.0	1170.0	1.3	2.32	7.68	1.70	CCF-4X-T-6520•0922-22
CCF-4X-T-6520•1216-22	H-650×200×12×16	M22	3×2	120	−	12× 410	12× 80	8×1	60	9×500×170	533.0	2270.0	693.0	51.12	2370	101.20	37.20	159.0	987.0	1.3	1.67	6.67	1.24	CCF-4X-T-6520•1216-22
CCF-4X-T-6520•1219-22	H-650×200×12×19	M22	3×2	120	−	16× 410	16× 80	8×1	60	9×500×170	591.0	2520.0	683.0	50.40	2570	109.60	44.20	188.0	1190.0	1.4	1.88	6.98	1.47	CCF-4X-T-6520•1219-22
CCF-4X-T-6520•1222-22	H-650×200×12×22	M22	3×2	120	−	16× 410	16× 80	8×1	60	9×500×170	647.0	2750.0	674.0	49.68	2770	118.00	51.10	218.0	1240.0	1.3	2.09	7.25	1.70	CCF-4X-T-6520•1222-22
CCF-4X-T-6520•1225-22	H-650×200×12×25	M22	4×2	120	−	16× 530	19× 80	8×1	60	9×500×170	702.0	2990.0	664.0	48.96	2970	126.40	58.00	247.0	1320.0	1.3	2.30	7.47	1.93	CCF-4X-T-6520•1225-22
CCF-4X-T-6520•1228-22	H-650×200×12×28	M22	4×2	120	−	19× 530	19× 80	8×1	60	9×500×170	756.0	3220.0	654.0	48.24	3160	134.80	65.00	277.0	1430.0	1.3	2.52	7.66	2.16	CCF-4X-T-6520•1228-22
CCF-4X-T-6525•0916-22	H-650×250×9×16	M22	3×2	150	−	12× 410	12×100	6×1	90	6×530×170	607.0	2590.0	578.0	42.66	2550	108.80	62.00	264.0	1090.0	1.3	2.14	9.38	1.54	CCF-4X-T-6525•0916-22
CCF-4X-T-6525•0919-22	H-650×250×9×19	M22	4×2	150	−	12× 530	16×100	6×1	90	6×530×170	686.0	2920.0	571.0	42.12	2820	120.30	73.60	314.0	1320.0	1.4	2.44	9.72	1.83	CCF-4X-T-6525•0919-22
CCF-4X-T-6525•1219-22	H-650×250×12×19	M22	4×2	150	−	12× 530	16×100	8×1	60	9×500×170	728.0	3100.0	683.0	50.40	3020	128.60	73.80	314.0	1410.0	1.4	2.19	9.19	1.83	CCF-4X-T-6525•1219-22
CCF-4X-T-6525•1222-22	H-650×250×12×22	M22	4×2	150	−	16× 530	16×100	8×1	60	9×500×170	804.0	3420.0	674.0	49.68	3290	140.00	85.40	364.0	1570.0	1.4	2.45	9.49	2.12	CCF-4X-T-6525•1222-22
CCF-4X-T-6525•1225-22	H-650×250×12×25	M22	4×2	150	−	16× 530	19×100	8×1	60	9×500×170	879.0	3740.0	664.0	48.96	3550	151.40	97.00	413.0	1710.0	1.4	2.72	9.75	2.41	CCF-4X-T-6525•1225-22
CCF-4X-T-6525•1228-22	H-650×250×12×28	M22	5×2	150	−	19× 650	19×100	8×1	60	9×500×170	952.0	4050.0	654.0	48.24	3820	162.80	108.00	463.0	1840.0	1.4	3.00	9.96	2.70	CCF-4X-T-6525•1228-22
CCF-4X-T-7020•0912-22	H-700×200×9×12	M22	3×2	120	−	9× 410	12× 80	7×1	60	9×440×170	466.0	1980.0	620.0	45.72	1990	84.98	27.90	119.0	850.0	1.3	1.61	6.45	0.86	CCF-4X-T-7020•0912-22
CCF-4X-T-7020•0916-22	H-700×200×9×16	M22	3×2	120	−	12× 410	12× 80	7×1	60	9×440×170	552.0	2350.0	610.0	45.00	2260	96.42	37.10	158.0	970.0	1.2	1.94	6.99	1.15	CCF-4X-T-7020•0916-22
CCF-4X-T-7020•0919-22	H-700×200×9×19	M22	3×2	120	−	16× 410	16× 80	7×1	60	9×440×170	615.0	2620.0	603.0	44.46	2460	105.00	44.10	188.0	1210.0	1.4	2.19	7.29	1.36	CCF-4X-T-7020•0919-22
CCF-4X-T-7020•0922-22	H-700×200×9×22	M22	3×2	120	−	16× 410	16× 80	7×1	60	9×440×170	677.0	2890.0	595.0	43.92	2660	113.60	51.00	217.0	1240.0	1.3	2.44	7.54	1.58	CCF-4X-T-7020•0922-22
CCF-4X-T-7020•1222-22	H-700×200×12×22	M22	3×2	120	−	16× 410	16× 80	8×1	60	12×500×170	725.0	3090.0	755.0	55.68	2940	125.30	51.20	218.0	1330.0	1.3	2.08	7.09	1.58	CCF-4X-T-7020•1222-22
CCF-4X-T-7020•1225-22	H-700×200×12×25	M22	4×2	120	−	16× 530	19× 80	8×1	60	12×500×170	785.0	3340.0	745.0	54.96	3140	133.70	58.10	247.0	1410.0	1.2	2.28	7.32	1.79	CCF-4X-T-7020•1225-22
CCF-4X-T-7020•1228-22	H-700×200×12×28	M22	4×2	120	−	19× 530	19× 80	8×1	60	12×500×170	843.0	3590.0	735.0	54.24	3340	142.10	65.00	277.0	1530.0	1.2	2.49	7.51	2.00	CCF-4X-T-7020•1228-22
CCF-4X-T-7025•0916-22	H-700×250×9×16	M22	3×2	150	−	12× 410	12×100	7×1	60	9×440×170	678.0	2890.0	610.0	45.00	2640	112.40	62.10	264.0	1150.0	1.2	2.26	9.19	1.43	CCF-4X-T-7025•0916-22
CCF-4X-T-7025•0919-22	H-700×250×9×19	M22	4×2	150	−	12× 530	16×100	7×1	60	9×440×170	763.0	3250.0	603.0	44.46	2910	124.00	73.70	314.0	1420.0	1.4	2.57	9.54	1.70	CCF-4X-T-7025•0919-22
CCF-4X-T-7025•1219-22	H-700×250×12×19	M22	4×2	150	−	12× 530	16×100	8×1	60	12×500×170	812.0	3460.0	765.0	56.40	3190	135.90	73.80	314.0	1500.0	1.3	2.18	9.00	1.70	CCF-4X-T-7025•1219-22
CCF-4X-T-7025•1222-22	H-700×250×12×22	M22	4×2	150	−	16× 530	16×100	8×1	60	12×500×170	895.0	3810.0	755.0	55.68	3460	147.30	85.50	364.0	1720.0	1.4	2.43	9.31	1.97	CCF-4X-T-7025•1222-22
CCF-4X-T-7025•1225-22	H-700×250×12×25	M22	4×2	150	−	16× 530	19×100	8×1	60	12×500×170	976.0	4160.0	745.0	54.96	3730	158.70	97.10	413.0	1830.0	1.4	2.69	9.58	2.24	CCF-4X-T-7025•1225-22
CCF-4X-T-7025•1425-22	H-700×250×14×25	M22	4×2	150	−	16× 530	19×100	9×1	60	9×560×170	1000.0	4290.0	824.0	60.76	3860	164.50	97.20	414.0	1920.0	1.4	2.52	9.29	2.24	CCF-4X-T-7025•1425-22
CCF-4X-T-7025•1428-22	H-700×250×14×28	M22	5×2	150	−	19× 650	19×100	9×1	60	9×560×170	1080.0	4620.0	812.0	59.92	4130	175.80	108.00	463.0	2070.0	1.4	2.76	9.53	2.50	CCF-4X-T-7025•1428-22
CCF-4X-T-7030•0919-22	H-700×300×9×19	M22	4×2	150	40	12× 440	16×110	7×1	60	9×440×170	858.0	3650.0	603.0	44.46	3190	136.20	90.00	383.0	1530.0	1.3	2.96	11.85	2.04	CCF-4X-T-7030•0919-22
CCF-4X-T-7030•1219-22	H-700×300×12×19	M22	4×2	150	40	12× 440	16×110	8×1	60	12×500×170	907.0	3860.0	765.0	56.40	3480	148.10	90.10	384.0	1620.0	1.3	2.49	11.24	2.04	CCF-4X-T-7030•1219-22
CCF-4X-T-7030•1222-22	H-700×300×12×22	M22	5×2	150	40	16× 530	19×110	8×1	60	12×500×170	1000.0	4270.0	755.0	55.68	3790	161.40	104.00	444.0	1940.0	1.4	2.79	11.59	2.36	CCF-4X-T-7030•1222-22
CCF-4X-T-7030•1422-22	H-700×300×14×22	M22	5×2	150	40	16× 530	19×110	9×1	60	9×560×170	1030.0	4410.0	835.0	61.60	3930	167.30	104.00	445.0	2030.0	1.4	2.61	11.25	2.36	CCF-4X-T-7030•1422-22
CCF-4X-T-7030•1425-22	H-700×300×14×25	M22	5×2	150	40	19× 530	19×110	9×1	60	9×560×170	1120.0	4810.0	824.0	60.76	4240	180.50	118.00	505.0	2200.0	1.4	2.89	11.56	2.68	CCF-4X-T-7030•1425-22
CCF-4X-T-7030•1428-22	H-700×300×14×28	M22	6×2	150	40	19× 620	22×110	9×1	60	9×560×170	1220.0	5200.0	812.0	59.92	4550	193.70	132.00	565.0	2370.0	1.4	3.18	11.83	3.00	CCF-4X-T-7030•1428-22
CCF-4X-T-7520•0912-22	H-750×200×9×12	M22	3×2	120	−	9× 410	12× 80	7×1	90	6×620×170	513.0	2190.0	681.0	50.22	2100	89.48	27.90	119.0	956.0	1.3	1.62	6.33	0.80	CCF-4X-T-7520•0912-22
CCF-4X-T-7520•0916-22	H-750×200×9×16	M22	3×2	120	−	12× 410	12× 80	7×1	90	6×620×170	606.0	2580.0	671.0	49.50	2370	100.90	37.10	158.0	1080.0	1.2	1.93	6.87	1.07	CCF-4X-T-7520•0916-22
CCF-4X-T-7520•0919-22	H-750×200×9×19	M22	3×2	120	−	16× 410	16× 80	7×1	90	6×620×170	674.0	2870.0	664.0	48.96	2570	109.50	44.10	188.0	1340.0	1.4	2.18	7.17	1.27	CCF-4X-T-7520•0919-22
CCF-4X-T-7520•1219-22	H-750×200×12×19	M22	3×2	120	−	16× 410	16× 80	9×1	60	9×560×170	731.0	3110.0	807.0	59.52	2820	120.10	44.30	189.0	1460.0	1.4	1.96	6.70	1.27	CCF-4X-T-7520•1219-22
CCF-4X-T-7520•1222-22	H-750×200×12×22	M22	3×2	120	−	16× 410	16× 80	9×1	60	9×560×170	797.0	3390.0	797.0	58.80	3010	128.50	51.20	218.0	1460.0	1.3	2.16	6.97	1.47	CCF-4X-T-7520•1222-22
CCF-4X-T-7520•1225-22	H-750×200×12×25	M22	4×2	120	−	16× 530	19× 80	9×1	60	9×560×170	861.0	3670.0	788.0	58.08	3210	136.90	58.10	248.0	1550.0	1.2	2.37	7.20	1.67	CCF-4X-T-7520•1225-22

表CC　柱継手諸元表（8/16）

●柱継手（定形Ｈ形鋼）

400N級鋼

●鉄骨構造標準接合部委員会SCSS－H97
建設省住宅局建築指導課監修

継手呼称	断面寸法	径 D	フランジ ボルト $n_F \times m_F$	フランジ ゲージ g_1 mm	フランジ ゲージ g_2 mm	フランジ 外添板 厚×長さ mm mm	フランジ 内添板 厚×幅 mm mm	ウェブ ボルト $m_W \times n_W$	ウェブ ボルト P_C mm	ウェブ 添板寸法 厚×幅×長さ mm mm mm	継手性能 曲げモーメント M_y kNm	曲げモーメント $_dZ$ cm³	せん断力 Q_y kN	せん断力 $_dA_W$ cm²	軸力 N_y kN	軸力 $_dA$ cm²	曲げモーメント（弱軸） M_y kNm	曲げモーメント（弱軸） $_dZ$ cm³	保有耐力接合 M_u kNm	保有耐力接合 a_J	保有耐力接合 L_q m	横補剛 L_1 m	横補剛 L_2 m	継手呼称
CCF－4X－T-7520•1228－22	H－750×200×12×28	M22	4×2	120	－	19×530	19×80	9×1	60	9×560×170	925.0	3940.0	778.0	57.36	3410	145.30	65.10	277.0	1670.0	1.2	2.58	7.40	1.87	CCF－4X－T-7520•1228－22
CCF－4X－T-7525•1216－22	H－750×250×12×16	M22	3×2	150	－	12×410	12×100	9×1	60	9×560×170	799.0	3400.0	817.0	60.24	3000	127.70	62.20	265.0	1350.0	1.2	2.02	8.46	1.34	CCF－4X－T-7525•1216－22
CCF－4X－T-7525•1219－22	H－750×250×12×19	M22	4×2	150	－	16×530	16×100	9×1	60	9×560×170	890.0	3790.0	807.0	59.52	3260	139.10	73.90	314.0	1760.0	1.4	2.27	8.85	1.59	CCF－4X－T-7525•1219－22
CCF－4X－T-7525•1222－22	H－750×250×12×22	M22	4×2	150	－	16×530	19×100	9×1	60	9×560×170	979.0	4170.0	797.0	58.80	3530	150.50	85.50	364.0	1930.0	1.4	2.52	9.17	1.84	CCF－4X－T-7525•1222－22
CCF－4X－T-7525•1422－22	H－750×250×14×22	M22	4×2	150	－	16×530	19×100	10×1	60	9×620×170	1010.0	4330.0	885.0	65.24	3680	156.90	85.60	365.0	2030.0	1.4	2.38	8.87	1.84	CCF－4X－T-7525•1422－22
CCF－4X－T-7525•1425－22	H－750×250×14×25	M22	5×2	150	－	19×650	19×100	10×1	60	9×620×170	1100.0	4700.0	873.0	64.40	3950	168.20	97.30	414.0	2180.0	1.4	2.61	9.15	2.09	CCF－4X－T-7525•1425－22
CCF－4X－T-7525•1428－22	H－750×250×14×28	M22	5×2	150	－	19×650	22×100	10×1	60	9×620×170	1180.0	5060.0	862.0	63.56	4210	179.50	108.00	464.0	2340.0	1.4	2.85	9.39	2.34	CCF－4X－T-7525•1428－22
CCF－4X－T-8025•1422－22	H－800×250×14×22	M22	4×2	150	－	16×530	19×100	6×2	90	12×530×290	1100.0	4720.0	1160.0	85.68	4160	177.30	85.60	365.0	2220.0	1.4	1.98	8.72	1.72	CCF－4X－T-8025•1422－22
CCF－4X－T-8025•1425－22	H－800×250×14×25	M22	5×2	150	－	19×650	19×100	6×2	90	12×530×290	1200.0	5120.0	1150.0	84.84	4430	188.60	97.20	414.0	2390.0	1.4	2.16	9.01	1.96	CCF－4X－T-8025•1425－22
CCF－4X－T-8025•1625－22	H－800×250×16×25	M22	5×2	150	－	19×650	19×100	7×2	90	12×620×290	1240.0	5290.0	1260.0	93.12	4620	196.90	97.50	415.0	2500.0	1.4	2.05	8.74	1.96	CCF－4X－T-8025•1625－22
CCF－4X－T-8025•1628－22	H－800×250×16×28	M22	5×2	150	－	19×650	22×100	7×2	90	12×620×290	1330.0	5680.0	1250.0	92.16	4880	208.10	109.00	464.0	2670.0	1.4	2.22	8.99	2.19	CCF－4X－T-8025•1628－22
CCF－4X－T-8030•1422－22	H－800×300×14×22	M22	5×2	150	40	16×530	19×110	6×2	90	12×530×290	1230.0	5250.0	1160.0	85.68	4490	191.40	104.00	445.0	2430.0	1.4	2.24	10.92	2.07	CCF－4X－T-8030•1422－22
CCF－4X－T-8030•1622－22	H－800×300×16×22	M22	5×2	150	40	16×530	19×110	7×2	90	12×620×290	1270.0	5430.0	1270.0	94.08	4690	199.80	104.00	445.0	2550.0	1.4	2.12	10.60	2.07	CCF－4X－T-8030•1622－22
CCF－4X－T-8030•1625－22	H－800×300×16×25	M22	5×2	150	40	19×530	19×110	7×2	90	12×620×290	1380.0	5900.0	1260.0	93.12	5000	212.90	118.00	506.0	2750.0	1.4	2.33	10.94	2.35	CCF－4X－T-8030•1625－22
CCF－4X－T-8030•1628－22	H－800×300×16×28	M22	6×2	150	40	19×620	22×110	7×2	90	12×620×290	1490.0	6350.0	1250.0	92.16	5310	226.00	133.00	566.0	2940.0	1.4	2.53	11.23	2.63	CCF－4X－T-8030•1628－22
CCF－4X－T-8525•1422－22	H－850×250×14×22	M22	4×2	150	－	16×530	19×100	11×1	60	12×680×170	1200.0	5130.0	1020.0	75.88	3930	167.50	85.70	365.0	2420.0	1.4	2.42	8.59	1.62	CCF－4X－T-8525•1422－22
CCF－4X－T-8525•1425－22	H－850×250×14×25	M22	5×2	150	－	19×650	19×100	11×1	60	12×680×170	1300.0	5550.0	1010.0	75.04	4200	178.80	97.30	414.0	2600.0	1.4	2.65	8.88	1.84	CCF－4X－T-8525•1425－22
CCF－4X－T-8525•1625－22	H－850×250×16×25	M22	5×2	150	－	19×650	19×100	8×2	90	12×710×290	1350.0	5750.0	1310.0	97.28	4720	201.10	97.50	415.0	2730.0	1.4	2.13	8.60	1.84	CCF－4X－T-8525•1625－22
CCF－4X－T-8525•1628－22	H－850×250×16×28	M22	5×2	150	－	19×650	22×100	8×2	90	12×710×290	1440.0	6170.0	1300.0	96.32	4980	212.20	109.00	465.0	2910.0	1.4	2.31	8.86	2.06	CCF－4X－T-8525•1628－22
CCF－4X－T-9025•1619－22	H－900×250×16×19	M22	4×2	150	－	16×530	16×100	8×2	90	12×710×290	1250.0	5320.0	1450.0	107.20	4380	186.70	74.30	316.0	2580.0	1.5	1.80	7.82	1.32	CCF－4X－T-9025•1619－22
CCF－4X－T-9025•1622－22	H－900×250×16×22	M22	4×2	150	－	16×530	19×100	8×2	90	12×710×290	1350.0	5780.0	1440.0	106.20	4650	197.90	85.90	366.0	2780.0	1.5	1.97	8.17	1.53	CCF－4X－T-9025•1622－22
CCF－4X－T-9025•1625－22	H－900×250×16×25	M22	5×2	150	－	19×650	19×100	8×2	90	12×710×290	1460.0	6230.0	1420.0	105.30	4910	209.10	97.50	415.0	2960.0	1.4	2.13	8.47	1.74	CCF－4X－T-9025•1625－22
CCF－4X－T-9025•1628－22	H－900×250×16×28	M22	5×2	150	－	19×650	22×100	8×2	90	12×710×290	1560.0	6670.0	1410.0	104.30	5170	220.20	109.00	465.0	3150.0	1.4	2.31	8.73	1.95	CCF－4X－T-9025•1628－22
CCF－4X－T-9030•1619－22	H－900×300×16×19	M22	4×2	150	40	16×440	16×110	8×2	90	12×710×290	1370.0	5850.0	1450.0	107.20	4670	198.90	90.50	385.0	2800.0	1.4	2.01	9.87	1.59	CCF－4X－T-9030•1619－22
CCF－4X－T-9030•1622－22	H－900×300×16×22	M22	5×2	150	40	16×530	19×110	8×2	90	12×710×290	1490.0	6380.0	1440.0	106.20	4980	212.00	104.00	446.0	3020.0	1.4	2.21	10.28	1.84	CCF－4X－T-9030•1622－22
CCF－4X－T-9030•1625－22	H－900×300×16×25	M22	5×2	150	40	19×530	19×110	8×2	90	12×710×290	1620.0	6910.0	1420.0	105.30	5280	225.10	118.00	506.0	3240.0	1.4	2.41	10.63	2.09	CCF－4X－T-9030•1625－22
CCF－4X－T-9030•1628－22	H－900×300×16×28	M22	6×2	150	40	19×620	22×110	8×2	90	12×710×290	1740.0	7430.0	1410.0	104.30	5590	238.10	133.00	566.0	3470.0	1.4	2.61	10.93	2.34	CCF－4X－T-9030•1628－22

●柱継手（一般Ｈ形鋼）

表CC　柱継手諸元表（9/16）

490N級鋼

●鉄骨構造標準接合部委員会SCSS－H97
建設省住宅局建築指導課監修

継手呼称	断面寸法	径 D	フランジ ボルト $n_F \times m_F$	フランジ ゲージ g_1 mm	フランジ ゲージ g_2 mm	フランジ 外添板 厚×長さ mm mm	フランジ 内添板 厚×幅 mm mm	ウェブ ボルト $m_W \times n_W$	ウェブ ボルト P_C mm	ウェブ 添板寸法 厚×幅×長さ mm mm mm	継手性能 曲げモーメント M_y kNm	継手性能 曲げモーメント $_dZ$ cm³	継手性能 せん断力 Q_y kN	継手性能 せん断力 $_dA_W$ cm²	継手性能 軸力 N_y kN	継手性能 軸力 $_dA$ cm²	継手性能 曲げモーメント（弱軸） M_y kNm	継手性能 曲げモーメント（弱軸） $_dZ$ cm³	継手性能 保有耐力接合 M_u kNm	継手性能 保有耐力接合 a_J	継手性能 保有耐力接合 L_q m	継手性能 横補剛 L_1 m	継手性能 横補剛 L_2 m	継手呼称
CCF－5X－J－1010•0609－16	H－100×100×6×8	M16	3×2	56	－	16× 410	－	1×2	*－	9× 50×350	16.6	51.1	74.3	3.96	479	14.75	5.67	17.5	29.1	*1.04	0.61	3.24	1.25	CCF－5X－J－1010•0609－16
CCF－5X－J－1212•0609－16	H－125×125×6.5×9	M16	4×2	75	－	12× 530	－	1×3	*－	6× 80×470	32.2	99.3	108.0	5.785	726	22.35	10.40	32.1	55.8	1.1	0.73	4.07	1.57	CCF－5X－J－1212•0609－16
CCF－5X－J－1510•0609－16	H－148×100×6×9	M16	3×2	56	－	16× 410	－	1×3	－	9× 80×410	30.2	93.1	126.0	6.72	610	18.79	6.38	19.6	53.1	*1.06	0.64	3.11	1.20	CCF－5X－J－1510•0609－16
CCF－5X－J－1515•0609－16	H－150×150×7×10	M16	3×2	90	－	9× 410	9× 60	1×3	*60	9× 80×470	54.9	169.0	147.0	7.84	1010	31.19	18.00	55.4	94.1	1.1	0.86	4.90	1.89	CCF－5X－J－1515•0609－16
CCF－5X－J－1717•0912－16	H－175×175×7.5×11	M16	3×2	105	－	9× 410	9× 70	1×4	－	9× 80×530	87.7	270.0	189.0	10.13	1370	42.16	28.30	87.3	149.0	1.2	1.01	5.69	2.19	CCF－5X－J－1717•0912－16
CCF－5X－J－2010•0609－16	H－200×100×5.5×8	M16	3×2	56	－	16× 410	－	2×2	60	6×140×290	40.8	126.0	152.0	8.14	615	18.93	5.67	17.5	70.5	*1.06	0.70	2.92	0.80	CCF－5X－J－2010•0609－16
CCF－5X－J－2015•0609－16	H－194×150×6×9	M16	3×2	90	－	9× 410	9× 60	2×2	*60	6×140×290	68.7	211.0	157.0	8.40	957	29.47	16.20	49.9	114.0	1.1	0.99	4.75	1.40	CCF－5X－J－2015•0609－16
CCF－5X－J－2512•0609－16	H－250×125×6×9	M16	4×2	75	－	12× 530	－	2×3	60	9×140×410	78.0	240.0	220.0	11.76	920	28.33	10.40	32.2	134.0	1.1	0.84	3.67	0.90	CCF－5X－J－2512•0609－16
CCF－5X－J－2517•0612－16	H－244×175×7×11	M16	4×2	105	－	9× 530	9× 70	2×3	60	9×140×410	131.0	405.0	244.0	13.02	1460	45.05	28.30	87.3	220.0	1.2	1.17	5.48	1.58	CCF－5X－J－2517•0612－16
CCF－5X－J－3015•0609－16	H－300×150×6.5×9	M16	3×2	90	－	9× 410	9× 60	3×2	60	6×200×290	124.0	383.0	278.0	14.82	1190	36.79	16.20	50.0	212.0	1.2	1.01	4.29	0.90	CCF－5X－J－3015•0609－16
CCF－5X－J－3517•0612－16	H－350×175×7×11	M16	4×2	105	－	9× 530	9× 70	4×2	60	6×260×290	208.0	641.0	336.0	17.92	1620	49.95	28.30	87.4	357.0	1.2	1.33	5.15	1.10	CCF－5X－J－3517•0612－16
CCF－5X－J－1515•0609－20	H－150×150×7×10	M20	2×2	90	－	9× 290	9× 60	1×2	*－	9× 80×350	51.5	159.0	141.0	7.56	952	29.31	16.50	50.9	88.4	1.1	0.89	4.90	1.89	CCF－5X－J－1515•0609－20
CCF－5X－J－1717•0912－20	H－175×175×7.5×11	M20	2×2	105	－	9× 290	9× 70	1×3	－	9× 80×410	83.2	256.0	184.0	9.825	1300	40.10	26.50	81.6	141.0	1.1	1.04	5.69	2.19	CCF－5X－J－1717•0912－20
CCF－5X－J－2015•0609－20	H－194×150×6×9	M20	2×2	90	－	9× 290	9× 60	2×1	*60	6×140×230	64.4	198.0	148.0	7.92	895	27.55	14.80	45.8	107.0	1.1	1.05	4.75	1.40	CCF－5X－J－2015•0609－20
CCF－5X－J－2020•0912－20	H－200×200×8×12	M20	3×2	120	－	9× 410	9× 80	2×2	*60	6×140×350	121.0	375.0	198.0	10.56	1600	49.45	39.50	122.0	203.0	1.1	1.38	6.53	2.40	CCF－5X－J－2020•0912－20
CCF－5X－J－2517•0612－20	H－244×175×7×11	M20	2×2	105	－	9× 290	9× 70	2×2	60	9×140×290	125.0	385.0	233.0	12.46	1380	42.73	26.50	81.6	210.0	1.1	1.22	5.48	1.58	CCF－5X－J－2517•0612－20
CCF－5X－J－2525•0916－20	H－250×250×9×14	M20	5×2	150	－	12× 650	12×100	2×2	60	9×140×290	234.0	722.0	300.0	16.02	2440	75.15	76.70	236.0	395.0	1.2	1.64	8.22	2.80	CCF－5X－J－2525•0916－20
CCF－5X－J－3015•0609－20	H－300×150×6.5×9	M20	2×2	90	－	9× 290	9× 60	2×2	120	6×200×290	117.0	362.0	290.0	15.47	1170	36.00	14.90	45.9	200.0	1.1	0.97	4.29	0.90	CCF－5X－J－3015•0609－20
CCF－5X－J－3020•0912－20	H－294×200×8×12	M20	3×2	120	－	9× 410	9× 80	3×2	60	9×200×290	196.0	604.0	306.0	16.32	1790	55.21	39.60	122.0	328.0	1.2	1.43	6.18	1.64	CCF－5X－J－3020•0912－20
CCF－5X－J－3030•0916－20	H－300×300×10×15	M20	5×2	150	40	9× 530	12×110	3×2	60	9×200×290	357.0	1100.0	382.0	20.40	3040	93.70	102.00	315.0	600.0	1.2	2.01	9.82	3.00	CCF－5X－J－3030•0916－20
CCF－5X－J－3517•0612－20	H－350×175×7×11	M20	2×2	105	－	9× 290	9× 70	4×1	60	6×260×170	193.0	596.0	315.0	16.80	1520	47.07	26.50	81.6	324.0	1.1	1.42	5.15	1.10	CCF－5X－J－3517•0612－20
CCF－5X－J－3525•0916－20	H－340×250×9×14	M20	5×2	150	－	12× 650	12×100	3×2	60	12×200×290	343.0	1060.0	415.0	22.14	2640	81.27	76.70	236.0	579.0	1.2	1.73	7.88	2.06	CCF－5X－J－3525•0916－20
CCF－5X－J－3535•1219－20	H－350×350×12×19	M20	3×4	140	70	12× 410	12×140	3×3	60	12×200×410	566.0	1740.0	553.0	29.52	4240	130.50	175.00	541.0	945.0	1.1	2.35	11.56	3.80	CCF－5X－J－3535•1219－20
CCF－5X－J－4020•0912－20	H－400×200×8×13	M20	3×2	120	－	9× 410	9× 80	4×2	60	9×260×290	306.0	943.0	429.0	22.88	2100	64.89	42.90	132.0	514.0	1.2	1.59	5.94	1.30	CCF－5X－J－4020•0912－20
CCF－5X－J－4030•0916－20	H－390×300×10×16	M20	5×2	150	40	12× 530	12×110	4×2	60	9×260×290	518.0	1590.0	506.0	27.00	3410	105.10	109.00	336.0	871.0	1.2	2.19	9.56	2.47	CCF－5X－J－4030•0916－20
CCF－5X－J－4040•1422－20	H－400×400×13×21	M20	5×4	140	90	12× 650	16×170	3×3	90	12×260×410	866.0	2670.0	712.0	37.96	5620	173.20	272.00	838.0	1450.0	1.2	2.67	13.17	4.20	CCF－5X－J－4040•1422－20
CCF－5X－J－4040•1928－20	H－414×405×18×28	M20	6×4	140	90	16× 770	16×170	4×4	60	16×260×530	1160.0	3590.0	911.0	48.60	7480	230.30	377.00	1160.0	1880.0	1.1	2.86	13.33	5.13	CCF－5X－J－4040•1928－20
CCF－5X－J－4040•1935－20	H－428×407×20×35	M20	7×4	140	90	19× 890	22×170	4×4	60	16×260×530	1440.0	4460.0	1010.0	54.00	9140	281.50	454.00	1400.0	2390.0	1.1	3.23	13.59	5.23	CCF－5X－J－4040•1935－20
CCF－5X－J－4520•0916－20	H－450×200×9×14	M20	4×2	120	－	12× 530	12× 80	5×2	60	9×320×290	390.0	1200.0	526.0	28.08	2370	73.21	46.20	142.0	677.0	1.2	1.63	5.76	1.25	CCF－5X－J－4520•0916－20
CCF－5X－J－4530•1219－20	H－440×300×11×18	M20	6×2	150	40	12× 620	12×110	5×2	60	9×320×290	665.0	2050.0	606.0	32.34	3900	120.00	122.00	378.0	1120.0	1.2	2.36	9.44	2.46	CCF－5X－J－4530•1219－20
CCF－5X－J－5020•0916－20	H－500×200×10×16	M20	4×2	120	－	12× 530	12× 80	5×2	60	9×320×290	501.0	1540.0	671.0	35.80	2830	87.17	52.80	163.0	876.0	1.2	1.65	5.68	1.28	CCF－5X－J－5020•0916－20
CCF－5X－J－5030•1219－20	H－488×300×11×18	M20	6×2	150	40	12× 620	12×110	5×2	60	12×320×290	756.0	2330.0	705.0	37.62	4070	125.30	122.00	378.0	1250.0	1.2	2.30	9.28	2.22	CCF－5X－J－5030•1219－20
CCF－5X－J－6020•1216－20	H－600×200×11×17	M20	4×2	120	－	12× 530	12× 80	7×2	60	12×440×290	680.0	2090.0	850.0	45.32	3240	99.81	56.20	173.0	1200.0	1.2	1.77	5.41	1.14	CCF－5X－J－6020•1216－20
CCF－5X－J－6030•1219－20	H－588×300×12×20	M20	7×2	150	40	12× 710	16×110	7×2	60	12×440×290	1040.0	3230.0	887.0	47.28	4690	144.50	136.00	420.0	1790.0	1.2	2.54	9.02	2.05	CCF－5X－J－6030•1219－20
CCF－5X－J－7030•1425－20	H－700×300×13×24	M20	9×2	150	40	19× 890	19×110	8×2	60	12×500×290	1520.0	4690.0	1160.0	61.88	5830	179.60	163.00	504.0	2620.0	1.2	2.83	8.89	2.06	CCF－5X－J－7030•1425－20
CCF－5X－J－8030•1425－20	H－800×300×14×26	M20	9×2	150	40	19× 890	19×110	10×2	60	12×620×290	1940.0	5980.0	1380.0	73.92	6540	201.20	177.00	547.0	3370.0	1.2	3.03	8.68	1.95	CCF－5X－J－8030•1425－20
CCF－5X－J－9030•1622－20	H－890×299×15×23	M20	8×2	150	40	16× 800	19×110	12×2	60	12×740×290	2090.0	6430.0	1630.0	87.00	6480	199.50	155.00	479.0	3690.0	1.3	2.78	8.07	1.55	CCF－5X－J－9030•1622－20
CCF－5X－J－9030•1628－20	H－900×300×16×28	M20	10×2	150	40	19× 980	22×110	12×2	60	12×740×290	2450.0	7560.0	1740.0	92.80	7460	229.70	191.00	590.0	4310.0	1.2	3.06	8.36	1.87	CCF－5X－J－9030•1628－20
CCF－5X－J－9030•1934－20	H－912×302×18×34	M20	11×2	150	40	25×1070	25×110	10×3	60	16×620×410	2930.0	9030.0	2100.0	112.30	9070	279.30	237.00	732.0	5160.0	1.2	3.03	8.58	2.26	CCF－5X－J－9030•1934－20
CCF－5X－J－9030•1937－20	H－918×303×19×37	M20	12×2	150	40	25×1160	28×110	10×3	60	16×620×410	3170.0	9770.0	2220.0	118.60	9770	300.80	261.00	805.0	5500.0	1.2	3.12	8.67	2.45	CCF－5X－J－9030•1937－20
CCF－5X－J－2020•0912－22	H－200×200×8×12	M22	3×2	120	－	9× 410	9× 80	2×1	*60	6×140×230	120.0	370.0	192.0	10.24	1560	48.17	38.40	118.0	204.0	1.2	1.42	6.53	2.40	CCF－5X－J－2020•0912－22
CCF－5X－J－2525•0916－22	H－250×250×9×14	M22	4×2	150	－	12× 530	12×100	2×2	60	9×140×290	230.0	710.0	293.0	15.66	2390	73.67	75.00	231.0	389.0	1.2	1.68	8.22	2.80	CCF－5X－J－2525•0916－22
CCF－5X－J－3020•0912－22	H－294×200×8×12	M22	2×2	120	－	9× 290	9× 80	2×2	120	9×200×290	191.0	591.0	333.0	17.76	1800	55.69	38.40	118.0	302.0	1.1	1.31	6.18	1.64	CCF－5X－J－3020•0912－22
CCF－5X－J－3030•0916－22	H－300×300×10×15	M22	4×2	150	40	9× 440	12×110	3×2	60	9×200×290	350.0	1080.0	371.0	19.80	2970	91.45	98.20	302.0	588.0	1.2	2.07	9.82	3.00	CCF－5X－J－3030•0916－22
CCF－5X－J－3525•0916－22	H－340×250×9×14	M22	4×2	150	－	12× 530	12×100	3×2	60	12×200×290	337.0	1040.0	405.0	21.60	2580	79.61	75.00	231.0	570.0	1.2	1.77	7.88	2.06	CCF－5X－J－3525•0916－22
CCF－5X－J－3535•1219－22	H－350×350×12×19	M22	3×4	140	70	12× 410	12×140	3×2	60	12×200×290	550.0	1690.0	540.0	28.80	4120	126.80	168.00	520.0	909.0	1.1	2.41	11.56	3.80	CCF－5X－J－3535•1219－22

表CC　柱継手諸元表（10/16）

490N級鋼

●鉄骨構造標準接合部委員会SCSS－H97
建設省住宅局建築指導課監修

●柱継手（一般Ｈ形鋼）

継手呼称	断面寸法	径 D	フランジ ボルト $n_F \times m_F$	ゲージ g_1 mm	ゲージ g_2 mm	外添板 厚×長さ mm mm	内添板 厚×幅 mm mm	ウェブ ボルト $m_W \times n_W$	P_C mm	添板寸法 厚×幅×長さ mm mm mm	曲げモーメント M_y kNm	曲げモーメント $_dZ$ cm³	せん断力 Q_y kN	せん断力 $_dA_W$ cm²	軸力 N_y kN	軸力 $_dA$ cm²	曲げモーメント（弱軸） M_y kNm	曲げモーメント（弱軸） $_dZ$ cm³	保有耐力接合 M_u kNm	a_J	L_q m	横補剛 L_1 m	横補剛 L_2 m	継手呼称
CCF－5X－J－4020•0912－22	H－400×200×8×13	M22	3×2	120	－	9× 410	9× 80	3×2	90	9×260×290	300.0	923.0	453.0	24.16	2110	65.13	41.60	128.0	506.0	1.1	1.50	5.94	1.30	CCF－5X－J－4020•0912－22
CCF－5X－J－4030•0916－22	H－390×300×10×16	M22	4×2	150	40	12× 440	12×110	3×2	90	9×260×290	507.0	1560.0	536.0	28.60	3410	104.90	104.00	323.0	855.0	1.2	2.07	9.56	2.47	CCF－5X－J－4030•0916－22
CCF－5X－J－4040•1422－22	H－400×400×13×21	M22	4×4	140	90	12× 530	16×170	4×2	60	12×260×290	847.0	2610.0	639.0	34.06	5390	165.90	264.00	812.0	1420.0	1.1	2.98	13.17	4.20	CCF－5X－J－4040•1422－22
CCF－5X－J－4040•1928－22	H－414×405×18×28	M22	5×4	140	90	16× 650	16×170	4×3	60	16×260×410	1140.0	3510.0	884.0	47.16	7290	224.40	366.00	1130.0	1830.0	1.1	2.94	13.33	5.13	CCF－5X－J－4040•1928－22
CCF－5X－J－4040•1935－22	H－428×407×20×35	M22	6×4	140	90	19× 770	22×170	4×3	60	16×260×410	1410.0	4350.0	983.0	52.40	8910	274.30	464.00	1430.0	2310.0	1.1	3.33	13.59	5.23	CCF－5X－J－4040•1935－22
CCF－5X－J－4520•0916－22	H－450×200×9×14	M22	3×2	120	－	12× 410	12× 80	4×2	90	9×350×290	370.0	1140.0	550.0	29.34	2380	73.35	44.80	138.0	627.0	1.1	1.56	5.76	1.25	CCF－5X－J－4520•0916－22
CCF－5X－J－4530•1219－22	H－440×300×11×18	M22	5×2	150	40	12× 530	12×110	5×2	60	12×320×290	652.0	2010.0	586.0	31.24	3800	116.90	117.00	363.0	1100.0	1.2	2.44	9.44	2.46	CCF－5X－J－4530•1219－22
CCF－5X－J－5020•0916－22	H－500×200×10×16	M22	3×2	120	－	12× 410	12× 80	6×1	60	9×380×170	491.0	1510.0	607.0	32.40	2680	82.49	51.30	158.0	856.0	1.2	1.82	5.68	1.28	CCF－5X－J－5020•0916－22
CCF－5X－J－5030•1219－22	H－488×300×11×18	M22	5×2	150	40	12× 530	12×110	5×2	60	12×320×290	742.0	2280.0	685.0	36.52	3970	122.20	117.00	363.0	1220.0	1.2	2.37	9.28	2.22	CCF－5X－J－5030•1219－22
CCF－5X－J－6020•1216－22	H－600×200×11×17	M22	3×2	120	－	12× 410	12× 80	6×2	60	12×380×290	650.0	2000.0	871.0	46.42	3230	99.55	54.60	168.0	1120.0	1.1	1.73	5.41	1.14	CCF－5X－J－6020•1216－22
CCF－5X－J－6030•1219－22	H－588×300×12×20	M22	5×2	150	40	12× 530	16×110	6×2	60	12×380×290	1020.0	3160.0	909.0	48.48	4660	143.50	131.00	404.0	1720.0	1.2	2.48	9.02	2.05	CCF－5X－J－6030•1219－22
CCF－5X－J－7030•1425－22	H－700×300×13×24	M22	7×2	150	40	19× 710	19×110	7×2	60	16×440×290	1490.0	4610.0	1180.0	62.92	5780	178.00	157.00	485.0	2580.0	1.2	2.78	8.89	2.06	CCF－5X－J－7030•1425－22
CCF－5X－J－8030•1425－22	H－800×300×14×26	M22	7×2	150	40	19× 710	19×110	8×2	60	16×500×290	1900.0	5870.0	1460.0	77.84	6570	202.30	170.00	525.0	3310.0	1.2	2.87	8.68	1.95	CCF－5X－J－8030•1425－22
CCF－5X－J－9030•1622－22	H－890×299×15×23	M22	7×2	150	40	16× 710	19×110	10×2	60	16×620×290	2050.0	6330.0	1700.0	90.60	6510	200.60	149.00	460.0	3640.0	1.2	2.67	8.07	1.55	CCF－5X－J－9030•1622－22
CCF－5X－J－9030•1628－22	H－900×300×16×28	M22	8×2	150	40	19× 800	22×110	10×2	60	16×620×290	2410.0	7430.0	1810.0	96.64	7480	230.50	184.00	566.0	4250.0	1.2	2.94	8.36	1.87	CCF－5X－J－9030•1628－22
CCF－5X－J－9030•1934－22	H－912×302×18×34	M22	9×2	150	40	25× 890	25×110	11×2	60	16×680×290	2880.0	8870.0	1950.0	104.40	8690	267.70	228.00	704.0	5080.0	1.2	3.26	8.58	2.26	CCF－5X－J－9030•1934－22
CCF－5X－J－9030•1937－22	H－918×303×19×37	M22	10×2	150	40	25× 980	28×110	11×2	60	16×680×290	3110.0	9600.0	2060.0	110.20	9370	288.40	251.00	775.0	5490.0	1.2	3.35	8.67	2.45	CCF－5X－J－9030•1937－22

●柱継手（定形Ｈ形鋼）

継手呼称	断面寸法	径 D	フランジ ボルト $n_F \times m_F$	ゲージ g_1 mm	ゲージ g_2 mm	外添板 厚×長さ mm mm	内添板 厚×幅 mm mm	ウェブ ボルト $m_W \times n_W$	P_C mm	添板寸法 厚×幅×長さ mm mm mm	曲げモーメント M_y kNm	曲げモーメント $_dZ$ cm³	せん断力 Q_y kN	せん断力 $_dA_W$ cm²	軸力 N_y kN	軸力 $_dA$ cm²	曲げモーメント（弱軸） M_y kNm	曲げモーメント（弱軸） $_dZ$ cm³	保有耐力接合 M_u kNm	a_J	L_q m	横補剛 L_1 m	横補剛 L_2 m	継手呼称
CCF－5X－T－4020•0912－20	H－400×200×9×12	M20	3×2	120	－	9× 410	9× 80	4×2	60	9×260×290	296.0	911.0	486.0	25.92	2100	64.81	39.60	122.0	501.0	1.2	1.36	5.71	1.20	CCF－5X－T－4020•0912－20
CCF－5X－T－4020•0916－20	H－400×200×9×16	M20	4×2	120	－	12× 530	12× 80	4×2	60	9×260×290	367.0	1130.0	472.0	25.20	2480	76.57	52.80	163.0	631.0	1.2	1.71	6.06	1.60	CCF－5X－T－4020•0916－20
CCF－5X－T－4020•0919－20	H－400×200×9×19	M20	4×2	120	－	12× 530	16× 80	4×2	60	9×260×290	415.0	1280.0	462.0	24.66	2770	85.39	62.70	193.0	710.0	1.2	1.98	6.25	1.90	CCF－5X－T－4020•0919－20
CCF－5X－T－4020•0922－20	H－400×200×9×22	M20	5×2	120	－	16× 650	16× 80	4×2	60	9×260×290	461.0	1420.0	452.0	24.12	3060	94.21	72.50	223.0	787.0	1.2	2.26	6.40	2.20	CCF－5X－T－4020•0922－20
CCF－5X－T－4020•1222－20	H－400×200×12×22	M20	5×2	120	－	16× 650	16× 80	4×2	60	12×260×290	479.0	1480.0	603.0	32.16	3320	102.30	72.70	224.0	834.0	1.2	1.78	6.14	2.20	CCF－5X－T－4020•1222－20
CCF－5X－T－4520•0912－20	H－450×200×9×12	M20	3×2	120	－	9× 410	9× 80	5×2	60	9×320×290	342.0	1050.0	533.0	28.44	2180	67.33	39.60	122.0	581.0	1.2	1.45	5.56	1.07	CCF－5X－T－4520•0912－20
CCF－5X－T－4520•0916－20	H－450×200×9×16	M20	4×2	120	－	12× 530	12× 80	5×2	60	9×320×290	427.0	1320.0	520.0	27.72	2570	79.09	52.80	163.0	737.0	1.2	1.81	5.92	1.43	CCF－5X－T－4520•0916－20
CCF－5X－T－4520•0919－20	H－450×200×9×19	M20	4×2	120	－	12× 530	16× 80	5×2	60	9×320×290	482.0	1480.0	510.0	27.18	2850	87.91	62.70	193.0	827.0	1.2	2.08	6.12	1.69	CCF－5X－T－4520•0919－20
CCF－5X－T－4520•0922－20	H－450×200×9×22	M20	5×2	120	－	16× 650	16× 80	5×2	60	9×320×290	535.0	1650.0	499.0	26.64	3140	96.73	72.60	223.0	915.0	1.2	2.37	6.28	1.96	CCF－5X－T－4520•0922－20
CCF－5X－T－4520•1216－20	H－450×200×12×16	M20	4×2	120	－	12× 530	12× 80	5×2	60	9×320×290	454.0	1400.0	693.0	36.96	2870	88.33	52.90	163.0	802.0	1.2	1.45	5.60	1.43	CCF－5X－T－4520•1216－20
CCF－5X－T－4520•1219－20	H－450×200×12×19	M20	4×2	120	－	12× 530	16× 80	5×2	60	9×320×290	507.0	1560.0	680.0	36.24	3150	96.97	62.80	193.0	889.0	1.2	1.66	5.82	1.69	CCF－5X－T－4520•1219－20
CCF－5X－T－4520•1222－20	H－450×200×12×22	M20	5×2	120	－	16× 650	16× 80	5×2	60	9×320×290	559.0	1720.0	666.0	35.52	3430	105.60	72.70	224.0	976.0	1.2	1.87	6.00	1.96	CCF－5X－T－4520•1222－20
CCF－5X－T－4520•1225－20	H－450×200×12×25	M20	6×2	120	－	16× 770	16× 80	5×2	60	9×320×290	609.0	1880.0	652.0	34.80	3710	114.30	82.60	254.0	1060.0	1.2	2.09	6.15	2.23	CCF－5X－T－4520•1225－20
CCF－5X－T－4525•0912－20	H－450×250×9×12	M20	4×2	150	－	9× 530	9×100	5×2	60	9×320×290	435.0	1340.0	533.0	28.44	2570	79.33	65.80	203.0	745.0	1.3	1.70	7.28	1.34	CCF－5X－T－4525•0912－20
CCF－5X－T－4525•0916－20	H－450×250×9×16	M20	5×2	150	－	12× 650	12×100	5×2	60	9×320×290	536.0	1650.0	520.0	27.72	3090	95.09	87.70	270.0	907.0	1.2	2.15	7.70	1.78	CCF－5X－T－4525•0916－20
CCF－5X－T－4525•0919－20	H－450×250×9×19	M20	6×2	150	－	12× 770	16×100	5×2	60	9×320×290	609.0	1880.0	510.0	27.18	3470	106.90	104.00	320.0	1020.0	1.2	2.50	7.92	2.12	CCF－5X－T－4525•0919－20
CCF－5X－T－4525•0922－20	H－450×250×9×22	M20	6×2	150	－	16× 770	16×100	5×2	60	9×320×290	681.0	2100.0	499.0	26.64	3850	118.70	120.00	371.0	1140.0	1.2	2.86	8.10	2.45	CCF－5X－T－4525•0922－20
CCF－5X－T－4525•1222－20	H－450×250×12×22	M20	6×2	150	－	16× 770	16×100	5×2	60	9×320×290	705.0	2170.0	666.0	35.52	4140	127.60	120.00	371.0	1200.0	1.2	2.24	7.78	2.45	CCF－5X－T－4525•1222－20
CCF－5X－T－4525•1225－20	H－450×250×12×25	M20	7×2	150	－	16× 890	19×100	5×2	60	9×320×290	773.0	2380.0	652.0	34.80	4520	139.30	137.00	422.0	1320.0	1.2	2.51	7.95	2.78	CCF－5X－T－4525•1225－20
CCF－5X－T－4525•1228－20	H－450×250×12×28	M20	8×2	150	－	19×1010	19×100	5×2	60	9×320×290	839.0	2580.0	639.0	34.08	4900	150.90	153.00	472.0	1430.0	1.2	2.79	8.09	3.11	CCF－5X－T－4525•1228－20
CCF－5X－T－5020•0912－20	H－500×200×9×12	M20	3×2	120	－	9× 410	9× 80	5×2	60	9×320×290	396.0	1220.0	618.0	32.94	2330	71.83	39.60	122.0	678.0	1.2	1.44	5.42	0.96	CCF－5X－T－5020•0912－20

表CC　柱継手諸元表（11/16）

●柱継手（定形H形鋼）

490N級鋼

●鉄骨構造標準接合部委員会SCSS－H97
建設省住宅局建築指導課監修

継手呼称	断面寸法	径 D	フランジ ボルト $n_F \times m_F$	フランジ ゲージ g_1 mm	フランジ ゲージ g_2 mm	フランジ 外添板 厚×長さ mm mm	フランジ 内添板 厚×幅 mm mm	ウェブ ボルト $m_W \times n_W$	ウェブ ボルト P_C mm	ウェブ 添板寸法 厚×幅×長さ mm mm mm	継手性能 曲げモーメント M_y kNm	曲げモーメント $_dZ$ cm³	せん断力 Q_y kN	せん断力 $_dA_W$ cm²	軸力 N_y kN	軸力 $_dA$ cm²	曲げモーメント(弱軸) M_y kNm	曲げモーメント(弱軸) $_dZ$ cm³	保有耐力接合 M_u kNm	保有耐力接合 a_J	保有耐力接合 L_q m	横補剛 L_1 m	横補剛 L_2 m	継手呼称
CCF－5X－T－5020•0916－20	H－500×200×9×16	M20	4×2	120	－	12× 530	12× 80	5×2	60	9×320×290	490.0	1510.0	604.0	32.22	2710	83.59	52.80	163.0	849.0	1.2	1.78	5.80	1.28	CCF－5X－T－5020•0916－20
CCF－5X－T－5020•0919－20	H－500×200×9×19	M20	4×2	120	－	12× 530	16× 80	5×2	60	9×320×290	551.0	1700.0	594.0	31.68	3000	92.41	62.70	193.0	950.0	1.2	2.04	6.01	1.52	CCF－5X－T－5020•0919－20
CCF－5X－T－5020•0922－20	H－500×200×9×22	M20	5×2	120	－	16× 650	16× 80	5×2	60	9×320×290	612.0	1880.0	584.0	31.14	3280	101.20	72.60	223.0	1040.0	1.2	2.31	6.17	1.76	CCF－5X－T－5020•0922－20
CCF－5X－T－5020•1216－20	H－500×200×12×16	M20	4×2	120	－	12× 530	12× 80	6×2	60	12×380×290	523.0	1610.0	756.0	40.32	2970	91.69	53.00	163.0	930.0	1.2	1.54	5.46	1.28	CCF－5X－T－5020•1216－20
CCF－5X－T－5020•1219－20	H－500×200×12×19	M20	4×2	120	－	12× 530	16× 80	6×2	60	12×380×290	583.0	1800.0	743.0	39.60	3260	100.30	62.90	194.0	1020.0	1.2	1.75	5.69	1.52	CCF－5X－T－5020•1219－20
CCF－5X－T－5020•1222－20	H－500×200×12×22	M20	5×2	120	－	16× 650	16× 80	6×2	60	12×380×290	642.0	1980.0	729.0	38.88	3540	109.00	72.70	224.0	1120.0	1.2	1.96	5.88	1.76	CCF－5X－T－5020•1222－20
CCF－5X－T－5020•1225－20	H－500×200×12×25	M20	6×2	120	－	16× 770	16× 80	6×2	60	12×380×290	700.0	2150.0	716.0	38.16	3820	117.60	82.60	254.0	1220.0	1.2	2.18	6.03	2.00	CCF－5X－T－5020•1225－20
CCF－5X－T－5025•0912－20	H－500×250×9×12	M20	4×2	150	－	9× 530	9×100	5×2	60	9×320×290	498.0	1530.0	618.0	32.94	2720	83.83	65.80	203.0	857.0	1.3	1.69	7.13	1.20	CCF－5X－T－5025•0912－20
CCF－5X－T－5025•0916－20	H－500×250×9×16	M20	5×2	150	－	12× 650	12×100	5×2	60	9×320×290	612.0	1880.0	604.0	32.22	3230	99.59	87.70	270.0	1030.0	1.3	2.11	7.56	1.60	CCF－5X－T－5025•0916－20
CCF－5X－T－5025•0919－20	H－500×250×9×19	M20	6×2	150	－	12× 770	16×100	5×2	60	9×320×290	694.0	2140.0	594.0	31.68	3620	111.40	104.00	320.0	1170.0	1.2	2.44	7.79	1.90	CCF－5X－T－5025•0919－20
CCF－5X－T－5025•0922－20	H－500×250×9×22	M20	6×2	150	－	16× 770	16×100	5×2	60	9×320×290	775.0	2390.0	584.0	31.14	4000	123.20	120.00	371.0	1300.0	1.2	2.78	7.98	2.20	CCF－5X－T－5025•0922－20
CCF－5X－T－5025•1222－20	H－500×250×12×22	M20	6×2	150	－	16× 770	16×100	6×2	60	12×380×290	806.0	2480.0	729.0	38.88	4250	131.00	120.00	371.0	1380.0	1.3	2.33	7.64	2.20	CCF－5X－T－5025•1222－20
CCF－5X－T－5025•1225－20	H－500×250×12×25	M20	7×2	150	－	16× 890	19×100	6×2	60	12×380×290	883.0	2720.0	716.0	38.16	4630	142.60	137.00	422.0	1510.0	1.2	2.61	7.82	2.50	CCF－5X－T－5025•1225－20
CCF－5X－T－5025•1228－20	H－500×250×12×28	M20	8×2	150	－	19×1010	19×100	5×2	60	12×320×290	959.0	2950.0	752.0	40.08	5090	156.90	153.00	473.0	1630.0	1.2	2.71	7.96	2.80	CCF－5X－T－5025•1228－20
CCF－5X－T－5520•0912－20	H－550×200×9×12	M20	3×2	120	－	9× 410	9× 80	6×2	60	9×380×290	446.0	1370.0	665.0	35.46	2410	74.35	39.60	122.0	764.0	1.2	1.52	5.30	0.88	CCF－5X－T－5520•0912－20
CCF－5X－T－5520•0916－20	H－550×200×9×16	M20	4×2	120	－	12× 530	12× 80	6×2	60	9×380×290	555.0	1710.0	651.0	34.74	2790	86.11	52.80	163.0	966.0	1.2	1.87	5.68	1.17	CCF－5X－T－5520•0916－20
CCF－5X－T－5520•0919－20	H－550×200×9×19	M20	4×2	120	－	12× 530	16× 80	6×2	60	9×380×290	624.0	1920.0	641.0	34.20	3080	94.93	62.70	193.0	1070.0	1.2	2.14	5.90	1.39	CCF－5X－T－5520•0919－20
CCF－5X－T－5520•0922－20	H－550×200×9×22	M20	5×2	120	－	16× 650	16× 80	6×2	60	9×380×290	691.0	2130.0	631.0	33.66	3370	103.80	72.60	223.0	1180.0	1.2	2.41	6.07	1.60	CCF－5X－T－5520•0922－20
CCF－5X－T－5520•1216－20	H－550×200×12×16	M20	4×2	120	－	12× 530	12× 80	6×2	60	12×380×290	596.0	1830.0	869.0	46.32	3170	97.69	53.00	163.0	1060.0	1.2	1.52	5.33	1.17	CCF－5X－T－5520•1216－20
CCF－5X－T－5520•1219－20	H－550×200×12×19	M20	4×2	120	－	12× 530	16× 80	6×2	60	12×380×290	663.0	2040.0	855.0	45.60	3450	106.30	62.90	194.0	1170.0	1.2	1.72	5.57	1.39	CCF－5X－T－5520•1219－20
CCF－5X－T－5520•1222－20	H－550×200×12×22	M20	5×2	120	－	16× 650	16× 80	6×2	60	12×380×290	729.0	2240.0	842.0	44.88	3730	115.00	72.80	224.0	1280.0	1.2	1.93	5.76	1.60	CCF－5X－T－5520•1222－20
CCF－5X－T－5520•1225－20	H－550×200×12×25	M20	6×2	120	－	16× 770	16× 80	6×2	60	12×380×290	793.0	2440.0	828.0	44.16	4010	123.60	82.60	254.0	1370.0	1.2	2.13	5.92	1.82	CCF－5X－T－5520•1225－20
CCF－5X－T－5525•0912－20	H－550×250×9×12	M20	4×2	150	－	9× 530	9×100	6×2	60	9×380×290	563.0	1730.0	665.0	35.46	2800	86.35	65.80	203.0	974.0	1.3	1.77	6.98	1.10	CCF－5X－T－5525•0912－20
CCF－5X－T－5525•0916－20	H－550×250×9×16	M20	5×2	150	－	12× 650	12×100	6×2	60	9×380×290	689.0	2120.0	651.0	34.74	3310	102.10	87.70	270.0	1170.0	1.3	2.21	7.42	1.46	CCF－5X－T－5525•0916－20
CCF－5X－T－5525•0919－20	H－550×250×9×19	M20	6×2	150	－	12× 770	16×100	6×2	60	9×380×290	782.0	2410.0	641.0	34.20	3700	113.90	104.00	321.0	1320.0	1.3	2.54	7.67	1.73	CCF－5X－T－5525•0919－20
CCF－5X－T－5525•0922－20	H－550×250×9×22	M20	6×2	150	－	16× 770	16×100	6×2	60	9×380×290	872.0	2680.0	631.0	33.66	4080	125.80	120.00	371.0	1470.0	1.2	2.89	7.86	2.00	CCF－5X－T－5525•0922－20
CCF－5X－T－5525•1222－20	H－550×250×12×22	M20	6×2	150	－	16× 770	16×100	6×2	60	12×380×290	910.0	2800.0	842.0	44.88	4450	137.00	120.00	372.0	1560.0	1.3	2.28	7.51	2.00	CCF－5X－T－5525•1222－20
CCF－5X－T－5525•1225－20	H－550×250×12×25	M20	7×2	150	－	16× 890	19×100	6×2	60	12×380×290	997.0	3070.0	828.0	44.16	4820	148.60	137.00	422.0	1710.0	1.2	2.54	7.69	2.28	CCF－5X－T－5525•1225－20
CCF－5X－T－5525•1228－20	H－550×250×12×28	M20	8×2	150	－	19×1010	19×100	6×2	60	12×380×290	1080.0	3330.0	815.0	43.44	5200	160.30	153.00	473.0	1850.0	1.2	2.81	7.84	2.55	CCF－5X－T－5525•1228－20
CCF－5X－T－6020•0912－20	H－600×200×9×12	M20	3×2	120	－	9× 410	12× 80	5×2	90	9×440×290	501.0	1540.0	786.0	41.94	2620	80.83	39.60	122.0	872.0	1.2	1.45	5.18	0.80	CCF－5X－T－6020•0912－20
CCF－5X－T－6020•0916－20	H－600×200×9×16	M20	4×2	120	－	12× 530	12× 80	5×2	90	9×440×290	622.0	1920.0	773.0	41.22	3000	92.59	52.80	163.0	1080.0	1.2	1.77	5.57	1.07	CCF－5X－T－6020•0916－20
CCF－5X－T－6020•0919－20	H－600×200×9×19	M20	5×2	120	－	16× 650	16× 80	5×2	90	9×440×290	698.0	2150.0	763.0	40.68	3290	101.40	62.70	193.0	1210.0	1.2	2.01	5.79	1.27	CCF－5X－T－6020•0919－20
CCF－5X－T－6020•0922－20	H－600×200×9×22	M20	5×2	120	－	16× 650	16× 80	5×2	90	9×440×290	772.0	2380.0	753.0	40.14	3580	110.20	72.60	223.0	1330.0	1.2	2.26	5.97	1.47	CCF－5X－T－6020•0922－20
CCF－5X－T－6020•1216－20	H－600×200×12×16	M20	4×2	120	－	12× 530	12× 80	7×2	60	12×440×290	672.0	2070.0	932.0	49.68	3280	101.10	53.00	163.0	1200.0	1.2	1.60	5.21	1.07	CCF－5X－T－6020•1216－20
CCF－5X－T－6020•1219－20	H－600×200×12×19	M20	5×2	120	－	16× 650	16× 80	7×2	60	12×440×290	746.0	2300.0	918.0	48.96	3560	109.70	62.90	194.0	1320.0	1.2	1.80	5.45	1.27	CCF－5X－T－6020•1219－20
CCF－5X－T－6020•1222－20	H－600×200×12×22	M20	5×2	120	－	16× 650	16× 80	7×2	60	12×440×290	819.0	2520.0	905.0	48.24	3840	118.30	72.80	224.0	1440.0	1.2	2.01	5.65	1.47	CCF－5X－T－6020•1222－20
CCF－5X－T－6020•1225－20	H－600×200×12×25	M20	6×2	120	－	16× 770	19× 80	7×2	60	12×440×290	890.0	2740.0	891.0	47.52	4120	127.00	82.70	255.0	1560.0	1.2	2.22	5.81	1.67	CCF－5X－T－6020•1225－20
CCF－5X－T－6020•1228－20	H－600×200×12×28	M20	6×2	120	－	19× 770	19× 80	7×2	60	12×440×290	960.0	2960.0	878.0	46.80	4400	135.60	92.60	285.0	1670.0	1.2	2.44	5.95	1.87	CCF－5X－T－6020•1228－20
CCF－5X－T－6025•0916－20	H－600×250×9×16	M20	5×2	150	－	12× 650	12×100	5×2	90	9×440×290	770.0	2370.0	773.0	41.22	3520	108.60	87.70	270.0	1310.0	1.3	2.08	7.30	1.34	CCF－5X－T－6025•0916－20
CCF－5X－T－6025•0919－20	H－600×250×9×19	M20	6×2	150	－	12× 770	16×100	5×2	90	9×440×290	872.0	2680.0	763.0	40.68	3910	120.40	104.00	321.0	1480.0	1.3	2.38	7.55	1.59	CCF－5X－T－6025•0919－20
CCF－5X－T－6025•1219－20	H－600×250×12×19	M20	6×2	150	－	12× 770	16×100	7×2	60	12×440×290	920.0	2830.0	918.0	48.96	4180	128.70	104.00	321.0	1590.0	1.3	2.12	7.15	1.59	CCF－5X－T－6025•1219－20
CCF－5X－T－6025•1222－20	H－600×250×12×22	M20	6×2	150	－	16× 770	16×100	7×2	60	12×440×290	1010.0	3130.0	905.0	48.24	4560	140.30	120.00	372.0	1750.0	1.3	2.37	7.38	1.84	CCF－5X－T－6025•1222－20
CCF－5X－T－6025•1225－20	H－600×250×12×25	M20	7×2	150	－	16× 890	19×100	7×2	60	12×440×290	1110.0	3430.0	891.0	47.52	4930	152.00	137.00	422.0	1910.0	1.3	2.64	7.57	2.09	CCF－5X－T－6025•1225－20
CCF－5X－T－6025•1228－20	H－600×250×12×28	M20	8×2	150	－	19×1010	19×100	7×2	60	12×440×290	1200.0	3720.0	878.0	46.80	5310	163.60	153.00	473.0	2070.0	1.2	2.91	7.73	2.34	CCF－5X－T－6025•1228－20
CCF－5X－T－6030•0919－20	H－600×300×9×19	M20	7×2	150	40	12× 710	16×110	5×2	90	9×440×290	988.0	3040.0	763.0	40.68	4320	133.10	129.00	399.0	1660.0	1.2	2.76	9.34	1.90	CCF－5X－T－6030•0919－20
CCF－5X－T－6030•1219－20	H－600×300×12×19	M20	7×2	150	40	12× 710	16×110	7×2	60	12×440×290	1030.0	3190.0	918.0	48.96	4590	141.40	129.00	399.0	1780.0	1.2	2.43	8.90	1.90	CCF－5X－T－6030•1219－20
CCF－5X－T－6030•1222－20	H－600×300×12×22	M20	8×2	150	40	16× 800	19×110	7×2	60	12×440×290	1150.0	3540.0	905.0	48.24	5030	155.10	150.00	462.0	1960.0	1.2	2.74	9.15	2.2	CCF－5X－T－6030•1222－20

●柱継手（定形Ｈ形鋼）

●鉄骨構造標準接合部委員会SCSS－H97
建設省住宅局建築指導課監修

表CC　柱継手諸元表（12/16）

490N級鋼

継手呼称	断面寸法	径 D	フランジ ボルト $n_F \times m_F$	ゲージ g_1 mm	ゲージ g_2 mm	外添板 厚×長さ mm mm	内添板 厚×幅 mm mm	ウェブ ボルト $m_W \times n_W$	P_C mm	添板寸法 厚×幅×長さ mm mm mm	曲げモーメント M_y kNm	曲げモーメント $_dZ$ cm³	せん断力 Q_y kN	せん断力 $_dA_W$ cm²	軸力 N_y kN	軸力 $_dA$ cm²	曲げモーメント(弱軸) M_y kNm	曲げモーメント(弱軸) $_dZ$ cm³	保有耐力接合 M_u kNm	保有耐力接合 a_J	保有耐力接合 L_q m	横補剛 L_1 m	横補剛 L_2 m	継手呼称
CCF－5X－T－6030•1225－20	H－600×300×12×25	M20	9×2	150	40	19× 890	19×110	7×2	60	12×440×290	1260.0	3890.0	891.0	47.52	5480	168.70	170.00	525.0	2150.0	1.2	3.06	9.36	2.50	CCF－5X－T－6030•1225－20
CCF－5X－T－6030•1228－20	H－600×300×12×28	M20	9×2	150	40	19× 890	22×110	7×2	60	12×440×290	1370.0	4230.0	878.0	46.80	5920	182.40	191.00	588.0	2330.0	1.2	3.38	9.53	2.80	CCF－5X－T－6030•1228－20
CCF－5X－T－6520•0912－20	H－650×200×9×12	M20	3×2	120	－	9× 410	12× 80	6×2	90	6×530×290	550.0	1690.0	834.0	44.46	2700	83.35	39.70	122.0	960.0	1.2	1.53	5.07	0.74	CCF－5X－T－6520•0912－20
CCF－5X－T－6520•0916－20	H－650×200×9×16	M20	4×2	120	－	12× 530	12× 80	6×2	90	6×530×290	692.0	2130.0	820.0	43.74	3090	95.11	52.80	163.0	1210.0	1.2	1.85	5.47	0.99	CCF－5X－T－6520•0916－20
CCF－5X－T－6520•0919－20	H－650×200×9×19	M20	5×2	120	－	16× 650	16× 80	6×2	90	6×530×290	775.0	2390.0	810.0	43.20	3370	103.90	62.70	193.0	1350.0	1.2	2.10	5.69	1.17	CCF－5X－T－6520•0919－20
CCF－5X－T－6520•0922－20	H－650×200×9×22	M20	5×2	120	－	16× 650	16× 80	6×2	90	6×530×290	857.0	2640.0	800.0	42.66	3660	112.80	72.60	224.0	1480.0	1.2	2.35	5.88	1.36	CCF－5X－T－6520•0922－20
CCF－5X－T－6520•1216－20	H－650×200×12×16	M20	4×2	120	－	12× 530	12× 80	7×2	60	12×440×290	751.0	2310.0	1040.0	55.68	3470	107.10	53.10	163.0	1350.0	1.2	1.60	5.10	0.99	CCF－5X－T－6520•1216－20
CCF－5X－T－6520•1219－20	H－650×200×12×19	M20	5×2	120	－	16× 650	16× 80	7×2	60	12×440×290	832.0	2560.0	1030.0	54.96	3750	115.70	62.90	194.0	1480.0	1.2	1.79	5.34	1.17	CCF－5X－T－6520•1219－20
CCF－5X－T－6520•1222－20	H－650×200×12×22	M20	5×2	120	－	16× 650	16× 80	7×2	60	12×440×290	912.0	2810.0	1010.0	54.24	4040	124.30	72.80	224.0	1610.0	1.2	1.99	5.54	1.36	CCF－5X－T－6520•1222－20
CCF－5X－T－6520•1225－20	H－650×200×12×25	M20	6×2	120	－	16× 770	19× 80	7×2	60	12×440×290	990.0	3050.0	1000.0	53.52	4320	133.00	82.70	255.0	1740.0	1.2	2.19	5.71	1.54	CCF－5X－T－6520•1225－20
CCF－5X－T－6520•1228－20	H－650×200×12×28	M20	6×2	120	－	19× 770	19× 80	7×2	60	12×440×290	1060.0	3290.0	990.0	52.80	4600	141.60	92.60	285.0	1870.0	1.2	2.40	5.86	1.73	CCF－5X－T－6520•1228－20
CCF－5X－T－6525•0916－20	H－650×250×9×16	M20	5×2	150	－	12× 650	12×100	6×2	90	6×530×290	853.0	2630.0	820.0	43.74	3610	111.10	87.70	270.0	1460.0	1.3	2.17	7.18	1.24	CCF－5X－T－6525•0916－20
CCF－5X－T－6525•0919－20	H－650×250×9×19	M20	6×2	150	－	12× 770	16×100	6×2	90	6×530×290	964.0	2970.0	810.0	43.20	3990	122.90	104.00	321.0	1640.0	1.3	2.48	7.44	1.47	CCF－5X－T－6525•0919－20
CCF－5X－T－6525•1219－20	H－650×250×12×19	M20	6×2	150	－	12× 770	16×100	7×2	60	12×440×290	1020.0	3140.0	1030.0	54.96	4370	134.70	104.00	321.0	1780.0	1.3	2.09	7.03	1.47	CCF－5X－T－6525•1219－20
CCF－5X－T－6525•1222－20	H－650×250×12×22	M20	6×2	150	－	16× 770	16×100	7×2	60	12×440×290	1120.0	3480.0	1010.0	54.24	4750	146.30	120.00	372.0	1950.0	1.3	2.34	7.26	1.70	CCF－5X－T－6525•1222－20
CCF－5X－T－6525•1225－20	H－650×250×12×25	M20	7×2	150	－	16× 890	19×100	7×2	60	12×440×290	1230.0	3800.0	1000.0	53.52	5130	158.00	137.00	422.0	2120.0	1.3	2.60	7.46	1.93	CCF－5X－T－6525•1225－20
CCF－5X－T－6525•1228－20	H－650×250×12×28	M20	8×2	150	－	19×1010	19×100	7×2	60	12×440×290	1330.0	4120.0	990.0	52.80	5510	169.60	153.00	473.0	2290.0	1.3	2.85	7.62	2.16	CCF－5X－T－6525•1228－20
CCF－5X－T－7020•0912－20	H－700×200×9×12	M20	3×2	120	－	9× 410	12× 80	6×2	90	9×530×290	629.0	1940.0	918.0	48.96	2890	89.18	39.70	122.0	1100.0	1.2	1.57	4.94	0.69	CCF－5X－T－7020•0912－20
CCF－5X－T－7020•0916－20	H－700×200×9×16	M20	4×2	120	－	12× 530	12× 80	6×2	90	9×530×290	777.0	2390.0	905.0	48.24	3280	100.90	52.90	163.0	1370.0	1.2	1.88	5.34	0.92	CCF－5X－T－7020•0916－20
CCF－5X－T－7020•0919－20	H－700×200×9×19	M20	5×2	120	－	16× 650	16× 80	6×2	90	9×530×290	868.0	2670.0	895.0	47.70	3560	109.80	62.80	193.0	1510.0	1.2	2.12	5.57	1.09	CCF－5X－T－7020•0919－20
CCF－5X－T－7020•0922－20	H－700×200×9×22	M20	5×2	120	－	16× 650	16× 80	6×2	90	9×530×290	956.0	2940.0	884.0	47.16	3850	118.60	72.70	224.0	1650.0	1.2	2.37	5.76	1.26	CCF－5X－T－7020•0922－20
CCF－5X－T－7020•1222－20	H－700×200×12×22	M20	5×2	120	－	16× 650	16× 80	8×2	60	12×500×290	1020.0	3140.0	1080.0	57.60	4190	129.00	72.90	225.0	1810.0	1.2	2.09	5.42	1.26	CCF－5X－T－7020•1222－20
CCF－5X－T－7020•1225－20	H－700×200×12×25	M20	6×2	120	－	16× 770	19× 80	8×2	60	12×500×290	1100.0	3410.0	1060.0	56.88	4470	137.70	82.80	255.0	1950.0	1.2	2.30	5.60	1.43	CCF－5X－T－7020•1225－20
CCF－5X－T－7020•1228－20	H－700×200×12×28	M20	6×2	120	－	19× 770	19× 80	8×2	60	12×500×290	1190.0	3660.0	1050.0	56.16	4750	146.30	92.70	285.0	2090.0	1.2	2.51	5.75	1.60	CCF－5X－T－7020•1228－20
CCF－5X－T－7025•0916－20	H－700×250×9×16	M20	5×2	150	－	12× 650	12×100	6×2	90	9×530×290	951.0	2930.0	905.0	48.24	3800	116.90	87.80	270.0	1640.0	1.3	2.20	7.03	1.15	CCF－5X－T－7025•0916－20
CCF－5X－T－7025•0919－20	H－700×250×9×19	M20	6×2	150	－	12× 770	16×100	6×2	90	9×530×290	1070.0	3300.0	895.0	47.70	4180	128.80	104.00	321.0	1830.0	1.3	2.50	7.30	1.36	CCF－5X－T－7025•0919－20
CCF－5X－T－7025•1219－20	H－700×250×12×19	M20	6×2	150	－	12× 770	16×100	8×2	60	12×500×290	1130.0	3510.0	1090.0	58.32	4520	139.40	104.00	321.0	1990.0	1.3	2.20	6.88	1.36	CCF－5X－T－7025•1219－20
CCF－5X－T－7025•1222－20	H－700×250×12×22	M20	6×2	150	－	16× 770	16×100	8×2	60	12×500×290	1250.0	3870.0	1080.0	57.60	4900	151.00	120.00	372.0	2180.0	1.3	2.45	7.12	1.58	CCF－5X－T－7025•1222－20
CCF－5X－T－7025•1225－20	H－700×250×12×25	M20	7×2	150	－	16× 890	19×100	8×2	60	12×500×290	1370.0	4220.0	1060.0	56.88	5280	162.70	137.00	422.0	2360.0	1.3	2.71	7.32	1.79	CCF－5X－T－7025•1225－20
CCF－5X－T－7025•1425－20	H－700×250×14×25	M20	7×2	150	－	16× 890	19×100	8×2	60	12×500×290	1410.0	4350.0	1240.0	66.36	5590	172.10	137.00	423.0	2470.0	1.3	2.41	7.11	1.79	CCF－5X－T－7025•1425－20
CCF－5X－T－7025•1428－20	H－700×250×14×28	M20	8×2	150	－	19×1010	19×100	8×2	60	12×500×290	1520.0	4690.0	1220.0	65.52	5960	183.70	153.00	474.0	2650.0	1.3	2.63	7.29	2.00	CCF－5X－T－7025•1428－20
CCF－5X－T－7030•0919－20	H－700×300×9×19	M20	7×2	150	40	12× 710	16×110	6×2	90	9×530×290	1200.0	3720.0	895.0	47.70	4590	141.50	129.00	399.0	2040.0	1.2	2.87	9.06	1.63	CCF－5X－T－7030•0919－20
CCF－5X－T－7030•1219－20	H－700×300×12×19	M20	7×2	150	40	12× 710	16×110	8×2	60	12×500×290	1270.0	3930.0	1090.0	58.32	4940	152.10	129.00	399.0	2200.0	1.2	2.50	8.59	1.63	CCF－5X－T－7030•1219－20
CCF－5X－T－7030•1222－20	H－700×300×12×22	M20	8×2	150	40	16× 800	19×110	8×2	60	12×500×290	1410.0	4350.0	1080.0	57.60	5380	165.80	150.00	462.0	2420.0	1.2	2.81	8.86	1.89	CCF－5X－T－7030•1222－20
CCF－5X－T－7030•1422－20	H－700×300×14×22	M20	8×2	150	40	16× 800	19×110	8×2	60	12×500×290	1450.0	4490.0	1260.0	67.20	5690	175.40	150.00	463.0	2530.0	1.2	2.50	8.61	1.89	CCF－5X－T－7030•1422－20
CCF－5X－T－7030•1425－20	H－700×300×14×25	M20	9×2	150	40	19× 890	19×110	8×2	60	12×500×290	1590.0	4900.0	1240.0	66.36	6130	188.90	170.00	526.0	2740.0	1.2	2.76	8.84	2.15	CCF－5X－T－7030•1425－20
CCF－5X－T－7030•1428－20	H－700×300×14×28	M20	9×2	150	40	19× 890	22×110	8×2	60	12×500×290	1720.0	5300.0	1220.0	65.52	6570	202.40	191.00	589.0	2960.0	1.2	3.03	9.05	2.40	CCF－5X－T－7030•1428－20
CCF－5X－T－7520•0912－20	H－750×200×9×12	M20	3×2	120	－	9× 410	12× 80	7×2	90	6×620×290	682.0	2100.0	965.0	51.48	2980	91.70	39.70	122.0	1200.0	1.2	1.64	4.84	0.64	CCF－5X－T－7520•0912－20
CCF－5X－T－7520•0916－20	H－750×200×9×16	M20	4×2	120	－	12× 530	12× 80	7×2	90	6×620×290	853.0	2630.0	952.0	50.76	3360	103.50	52.90	163.0	1510.0	1.2	1.96	5.25	0.86	CCF－5X－T－7520•0916－20
CCF－5X－T－7520•0919－20	H－750×200×9×19	M20	5×2	120	－	16× 650	16× 80	7×2	90	6×620×290	950.0	2930.0	942.0	50.22	3640	112.30	62.80	193.0	1660.0	1.2	2.21	5.49	1.02	CCF－5X－T－7520•0919－20
CCF－5X－T－7520•1219－20	H－750×200×12×19	M20	5×2	120	－	16× 650	16× 80	8×2	60	12×500×290	1020.0	3170.0	1200.0	64.32	4100	126.40	63.10	194.0	1850.0	1.3	1.89	5.12	1.02	CCF－5X－T－7520•1219－20
CCF－5X－T－7520•1222－20	H－750×200×12×22	M20	5×2	120	－	16× 650	16× 80	8×2	60	12×500×290	1120.0	3450.0	1190.0	63.60	4380	135.00	72.90	225.0	2000.0	1.2	2.08	5.33	1.18	CCF－5X－T－7520•1222－20
CCF－5X－T－7520•1225－20	H－750×200×12×25	M20	6×2	120	－	16× 770	19× 80	8×2	60	12×500×290	1210.0	3740.0	1170.0	62.88	4660	143.70	82.80	255.0	2120.0	1.2	2.28	5.51	1.34	CCF－5X－T－7520•1225－20
CCF－5X－T－7520•1228－20	H－750×200×12×28	M20	6×2	120	－	19× 770	19× 80	8×2	60	12×500×290	1300.0	4020.0	1160.0	62.16	4940	152.30	92.70	285.0	2270.0	1.2	2.48	5.66	1.50	CCF－5X－T－7520•1228－20
CCF－5X－T－7525•1216－20	H－750×250×12×16	M20	5×2	150	－	12× 650	12×100	8×2	60	12×500×290	1120.0	3450.0	1220.0	65.04	4340	133.70	88.00	271.0	1990.0	1.3	1.95	6.47	1.07	CCF－5X－T－7525•1216－20
CCF－5X－T－7525•1219－20	H－750×250×12×19	M20	6×2	150	－	16× 770	16×100	8×2	60	12×500×290	1240.0	3840.0	1200.0	64.32	4720	145.40	104.00	321.0	2190.0	1.3	2.19	6.77	1.27	CCF－5X－T－7525•1219－20

表CC　柱継手諸元表（13/16）

●柱継手（定形H形鋼）

490N級鋼

●鉄骨構造標準接合部委員会SCSS－H97
建設省住宅局建築指導課監修

継手呼称	断面寸法	径 D	フランジ ボルト $n_F \times m_F$	フランジ ゲージ g_1 mm	フランジ ゲージ g_2 mm	フランジ 外添板 厚×長さ mm mm	フランジ 内添板 厚×幅 mm mm	ウェブ ボルト $m_W \times n_W$	ウェブ ボルト P_C mm	ウェブ 添板寸法 厚×幅×長さ mm mm mm	継手性能 曲げモーメント M_y kNm	曲げモーメント $_dZ$ cm³	せん断力 Q_y kN	せん断力 $_dA_W$ cm²	軸力 N_y kN	軸力 $_dA$ cm²	曲げモーメント（弱軸） M_y kNm	曲げモーメント（弱軸） $_dZ$ cm³	保有耐力接合 M_u kNm	保有耐力接合 a_J	保有耐力接合 L_q m	横補剛 L_1 m	横補剛 L_2 m	継手呼称
CCF−5X−T−7525•1222−20	H−750×250×12×22	M20	7×2	150	−	16× 890	19×100	8×2	60	12×500×290	1370.0	4230.0	1190.0	63.60	5100	157.00	120.00	372.0	2390.0	1.3	2.43	7.01	1.47	CCF−5X−T−7525•1222−20
CCF−5X−T−7525•1422−20	H−750×250×14×22	M20	7×2	150	−	16× 890	19×100	9×2	60	12×560×290	1420.0	4390.0	1330.0	71.12	5340	164.50	121.00	373.0	2510.0	1.3	2.27	6.78	1.47	CCF−5X−T−7525•1422−20
CCF−5X−T−7525•1425−20	H−750×250×14×25	M20	8×2	150	−	19×1010	19×100	9×2	60	12×560×290	1540.0	4770.0	1310.0	70.28	5720	176.10	137.00	423.0	2710.0	1.3	2.49	7.00	1.67	CCF−5X−T−7525•1425−20
CCF−5X−T−7525•1428−20	H−750×250×14×28	M20	9×2	150	−	19×1130	22×100	9×2	60	12×560×290	1660.0	5140.0	1300.0	69.44	6090	187.60	153.00	474.0	2910.0	1.3	2.72	7.18	1.87	CCF−5X−T−7525•1428−20
CCF−5X−T−8025•1422−20	H−800×250×14×22	M20	7×2	150	−	16× 890	19×100	10×2	60	12×620×290	1550.0	4790.0	1400.0	75.04	5470	168.50	121.00	373.0	2750.0	1.3	2.35	6.67	1.38	CCF−5X−T−8025•1422−20
CCF−5X−T−8025•1425−20	H−800×250×14×25	M20	8×2	150	−	19×1010	19×100	10×2	60	12×620×290	1680.0	5190.0	1390.0	74.20	5840	180.00	137.00	423.0	2970.0	1.3	2.57	6.89	1.57	CCF−5X−T−8025•1425−20
CCF−5X−T−8025•1625−20	H−800×250×16×25	M20	8×2	150	−	19×1010	19×100	10×2	60	12×620×290	1740.0	5370.0	1590.0	84.80	6190	190.60	137.00	424.0	3100.0	1.3	2.34	6.68	1.57	CCF−5X−T−8025•1625−20
CCF−5X−T−8025•1628−20	H−800×250×16×28	M20	9×2	150	−	19×1130	22×100	10×2	60	12×620×290	1870.0	5770.0	1570.0	83.84	6560	202.00	154.00	475.0	3310.0	1.3	2.54	6.88	1.75	CCF−5X−T−8025•1628−20
CCF−5X−T−8030•1422−20	H−800×300×14×22	M20	8×2	150	40	16× 800	19×110	10×2	60	12×620×290	1730.0	5350.0	1400.0	75.04	5950	183.20	150.00	463.0	3030.0	1.2	2.66	8.35	1.65	CCF−5X−T−8030•1422−20
CCF−5X−T−8030•1622−20	H−800×300×16×22	M20	8×2	150	40	16× 800	19×110	10×2	60	12×620×290	1790.0	5530.0	1600.0	85.76	6300	193.90	150.00	464.0	3170.0	1.3	2.42	8.11	1.65	CCF−5X−T−8030•1622−20
CCF−5X−T−8030•1625−20	H−800×300×16×25	M20	9×2	150	40	19× 890	19×110	10×2	60	12×620×290	1940.0	6000.0	1590.0	84.80	6730	207.30	171.00	527.0	3420.0	1.2	2.66	8.36	1.88	CCF−5X−T−8030•1625−20
CCF−5X−T−8030•1628−20	H−800×300×16×28	M20	9×2	150	40	19× 890	22×110	10×2	60	12×620×290	2100.0	6460.0	1570.0	83.84	7170	220.70	191.00	589.0	3670.0	1.2	2.90	8.59	2.10	CCF−5X−T−8030•1628−20
CCF−5X−T−8525•1422−20	H−850×250×14×22	M20	7×2	150	−	16× 890	19×100	10×2	60	12×620×290	1680.0	5200.0	1530.0	82.04	5700	175.50	121.00	373.0	3000.0	1.3	2.34	6.57	1.30	CCF−5X−T−8525•1422−20
CCF−5X−T−8525•1425−20	H−850×250×14×25	M20	8×2	150	−	19×1010	19×100	10×2	60	12×620×290	1830.0	5630.0	1520.0	81.20	6070	187.00	137.00	423.0	3230.0	1.3	2.55	6.79	1.48	CCF−5X−T−8525•1425−20
CCF−5X−T−8525•1625−20	H−850×250×16×25	M20	8×2	150	−	19×1010	19×100	11×2	60	12×680×290	1890.0	5830.0	1670.0	89.28	6330	195.10	137.00	424.0	3390.0	1.3	2.42	6.58	1.48	CCF−5X−T−8525•1625−20
CCF−5X−T−8525•1628−20	H−850×250×16×28	M20	9×2	150	−	19×1130	22×100	11×2	60	12×680×290	2030.0	6260.0	1650.0	88.32	6700	206.50	154.00	475.0	3610.0	1.3	2.62	6.78	1.65	CCF−5X−T−8525•1628−20
CCF−5X−T−9025•1619−20	H−900×250×16×19	M20	6×2	150	−	16× 770	16×100	12×2	60	12×740×290	1750.0	5390.0	1790.0	95.68	5740	176.70	105.00	324.0	3200.0	1.3	2.10	5.98	1.06	CCF−5X−T−9025•1619−20
CCF−5X−T−9025•1622−20	H−900×250×16×22	M20	7×2	150	−	16× 890	19×100	12×2	60	12×740×290	1900.0	5850.0	1770.0	94.72	6110	188.10	121.00	374.0	3440.0	1.3	2.30	6.25	1.23	CCF−5X−T−9025•1622−20
CCF−5X−T−9025•1625−20	H−900×250×16×25	M20	8×2	150	−	19×1010	19×100	12×2	60	12×740×290	2050.0	6310.0	1750.0	93.76	6480	199.50	138.00	425.0	3680.0	1.3	2.50	6.48	1.39	CCF−5X−T−9025•1625−20
CCF−5X−T−9025•1628−20	H−900×250×16×28	M20	9×2	150	−	19×1130	22×100	12×2	60	12×740×290	2190.0	6760.0	1740.0	92.80	6850	210.90	154.00	475.0	3910.0	1.3	2.70	6.68	1.56	CCF−5X−T−9025•1628−20
CCF−5X−T−9030•1619−20	H−900×300×16×19	M20	7×2	150	40	16× 710	16×110	12×2	60	12×740×290	1920.0	5940.0	1790.0	95.68	6150	189.50	130.00	401.0	3470.0	1.3	2.34	7.55	1.27	CCF−5X−T−9030•1619−20
CCF−5X−T−9030•1622−20	H−900×300×16×22	M20	8×2	150	40	16× 800	19×110	12×2	60	12×740×290	2100.0	6480.0	1770.0	94.72	6590	202.90	150.00	464.0	3750.0	1.3	2.58	7.86	1.47	CCF−5X−T−9030•1622−20
CCF−5X−T−9030•1625−20	H−900×300×16×25	M20	9×2	150	40	19× 890	19×110	12×2	60	12×740×290	2280.0	7020.0	1750.0	93.76	7020	216.30	171.00	527.0	4040.0	1.3	2.82	8.13	1.67	CCF−5X−T−9030•1625−20
CCF−5X−T−9030•1628−20	H−900×300×16×28	M20	10×2	150	40	19× 980	22×110	12×2	60	12×740×290	2450.0	7560.0	1740.0	92.80	7460	229.70	191.00	590.0	4310.0	1.2	3.06	8.36	1.87	CCF−5X−T−9030•1628−20
CCF−5X−T−4020•0912−22	H−400×200×9×12	M22	3×2	120	−	9× 410	9× 80	3×2	90	9×260×290	290.0	893.0	513.0	27.36	2120	65.29	38.40	118.0	496.0	1.2	1.29	5.71	1.20	CCF−5X−T−4020•0912−22
CCF−5X−T−4020•0916−22	H−400×200×9×16	M22	3×2	120	−	12× 410	12× 80	3×2	90	9×260×290	354.0	1090.0	499.0	26.64	2490	76.73	51.20	158.0	600.0	1.1	1.62	6.06	1.60	CCF−5X−T−4020•0916−22
CCF−5X−T−4020•0919−22	H−400×200×9×19	M22	4×2	120	−	12× 530	16× 80	3×2	90	9×260×290	406.0	1250.0	489.0	26.10	2770	85.31	60.80	187.0	696.0	1.2	1.87	6.25	1.90	CCF−5X−T−4020•0919−22
CCF−5X−T−4020•0922−22	H−400×200×9×22	M22	4×2	120	−	16× 530	16× 80	3×2	90	9×260×290	450.0	1390.0	479.0	25.56	3050	93.89	70.40	217.0	771.0	1.2	2.13	6.40	2.20	CCF−5X−T−4020•0922−22
CCF−5X−T−4020•1222−22	H−400×200×12×22	M22	4×2	120	−	16× 530	16× 80	4×2	60	12×260×290	469.0	1440.0	585.0	31.20	3230	99.53	70.50	217.0	818.0	1.2	1.83	6.14	2.20	CCF−5X−T−4020•1222−22
CCF−5X−T−4520•0912−22	H−450×200×9×12	M22	3×2	120	−	9× 410	9× 80	5×2	60	9×320×290	334.0	1030.0	516.0	27.54	2120	65.47	38.50	118.0	567.0	1.1	1.50	5.56	1.07	CCF−5X−T−4520•0912−22
CCF−5X−T−4520•0916−22	H−450×200×9×16	M22	3×2	120	−	12× 410	12× 80	5×2	60	9×320×290	407.0	1250.0	503.0	26.82	2490	76.91	51.20	158.0	686.0	1.1	1.87	5.92	1.43	CCF−5X−T−4520•0916−22
CCF−5X−T−4520•0919−22	H−450×200×9×19	M22	4×2	120	−	12× 530	16× 80	5×2	60	9×320×290	472.0	1450.0	493.0	26.28	2770	85.49	60.80	187.0	811.0	1.2	2.15	6.12	1.69	CCF−5X−T−4520•0919−22
CCF−5X−T−4520•0922−22	H−450×200×9×22	M22	4×2	120	−	16× 530	16× 80	5×2	60	9×320×290	523.0	1610.0	482.0	25.74	3050	94.07	70.40	217.0	897.0	1.2	2.45	6.28	1.96	CCF−5X−T−4520•0922−22
CCF−5X−T−4520•1216−22	H−450×200×12×16	M22	3×2	120	−	12× 410	12× 80	5×2	60	12×320×290	430.0	1320.0	670.0	35.76	2790	85.85	51.40	158.0	736.0	1.1	1.50	5.6	1.43	CCF−5X−T−4520•1216−22
CCF−5X−T−4520•1219−22	H−450×200×12×19	M22	4×2	120	−	12× 530	16× 80	5×2	60	12×320×290	497.0	1530.0	657.0	35.04	3060	94.25	61.00	188.0	873.0	1.2	1.72	5.82	1.69	CCF−5X−T−4520•1219−22
CCF−5X−T−4520•1222−22	H−450×200×12×22	M22	4×2	120	−	16× 530	16× 80	5×2	60	12×320×290	547.0	1690.0	643.0	34.32	3330	102.70	70.60	217.0	958.0	1.2	1.94	6.00	1.96	CCF−5X−T−4520•1222−22
CCF−5X−T−4520•1225−22	H−450×200×12×25	M22	4×2	120	−	16× 530	16× 80	5×2	60	12×320×290	596.0	1840.0	630.0	33.60	3600	111.10	80.20	247.0	1040.0	1.2	2.17	6.15	2.23	CCF−5X−T−4520•1225−22
CCF−5X−T−4525•0912−22	H−450×250×9×12	M22	3×2	150	−	9× 410	9×100	5×2	60	9×320×290	417.0	1290.0	516.0	27.54	2510	77.47	64.30	198.0	696.0	1.2	1.76	7.28	1.34	CCF−5X−T−4525•0912−22
CCF−5X−T−4525•0916−22	H−450×250×9×16	M22	4×2	150	−	12× 530	12×100	5×2	60	9×320×290	527.0	1620.0	503.0	26.82	3010	92.91	85.80	264.0	894.0	1.2	2.22	7.70	1.78	CCF−5X−T−4525•0916−22
CCF−5X−T−4525•0919−22	H−450×250×9×19	M22	5×2	150	−	12× 650	16×100	5×2	60	9×320×290	599.0	1850.0	493.0	26.28	3390	104.50	101.00	313.0	1010.0	1.2	2.58	7.92	2.12	CCF−5X−T−4525•0919−22
CCF−5X−T−4525•0922−22	H−450×250×9×22	M22	5×2	150	−	16× 650	16×100	5×2	60	9×320×290	669.0	2060.0	482.0	25.74	3770	116.10	117.00	363.0	1120.0	1.2	2.95	8.10	2.45	CCF−5X−T−4525•0922−22
CCF−5X−T−4525•1222−22	H−450×250×12×22	M22	5×2	150	−	16× 650	16×100	5×2	60	12×320×290	693.0	2130.0	643.0	34.32	4050	124.70	118.00	363.0	1180.0	1.2	2.32	7.78	2.45	CCF−5X−T−4525•1222−22
CCF−5X−T−4525•1225−22	H−450×250×12×25	M22	6×2	150	−	16× 770	19×100	5×2	60	12×320×290	760.0	2340.0	630.0	33.60	4420	136.10	134.00	413.0	1300.0	1.2	2.60	7.95	2.78	CCF−5X−T−4525•1225−22
CCF−5X−T−4525•1228−22	H−450×250×12×28	M22	6×2	150	−	19× 770	19×100	5×2	60	12×320×290	824.0	2540.0	616.0	32.88	4790	147.50	150.00	462.0	1410.0	1.2	2.90	8.09	3.11	CCF−5X−T−4525•1228−22

表CC　柱継手諸元表（14/16）

●柱継手（定形H形鋼）

490N級鋼

●鉄骨構造標準接合部委員会SCSS－H97
建設省住宅局建築指導課監修

継手呼称	断面寸法	径 D	フランジ ボルト $n_F \times m_F$	フランジ ゲージ g_1 mm	フランジ ゲージ g_2 mm	フランジ 外添板 厚×長さ mm mm	フランジ 内添板 厚×幅 mm mm	ウェブ ボルト $m_W \times n_W$	ウェブ ボルト P_C mm	ウェブ 添板寸法 厚×幅×長さ mm mm mm	継手性能 曲げモーメント M_y kNm	継手性能 曲げモーメント $_dZ$ cm³	継手性能 せん断力 Q_y kN	継手性能 せん断力 $_dA_W$ cm²	継手性能 軸力 N_y kN	継手性能 軸力 $_dA$ cm²	継手性能 曲げモーメント（弱軸） M_y kNm	継手性能 曲げモーメント（弱軸） $_dZ$ cm³	継手性能 保有耐力接合 M_u kNm	継手性能 保有耐力接合 a_J	継手性能 保有耐力接合 L_q m	継手性能 横補剛 L_1 m	継手性能 横補剛 L_2 m	継手呼称
CCF-5X-T-5020•0912-22	H-500×200×9×12	M22	3×2	120	－	9× 410	9× 80	6×1	60	9×380×170	397.0	1220.0	560.0	29.88	2200	67.81	38.50	119.0	663.0	1.1	1.59	5.42	0.96	CCF-5X-T-5020•0912-22
CCF-5X-T-5020•0916-22	H-500×200×9×16	M22	3×2	120	－	12× 410	12× 80	6×1	60	9×380×170	480.0	1480.0	547.0	29.16	2570	79.25	51.30	158.0	834.0	1.2	1.97	5.80	1.28	CCF-5X-T-5020•0916-22
CCF-5X-T-5020•0919-22	H-500×200×9×19	M22	4×2	120	－	12× 530	16× 80	6×1	60	9×380×170	540.0	1660.0	537.0	28.62	2850	87.83	60.90	187.0	932.0	1.2	2.26	6.01	1.52	CCF-5X-T-5020•0919-22
CCF-5X-T-5020•0922-22	H-500×200×9×22	M22	4×2	120	－	16× 530	16× 80	6×1	60	9×380×170	598.0	1840.0	526.0	28.08	3130	96.41	70.40	217.0	1020.0	1.2	2.56	6.17	1.76	CCF-5X-T-5020•0922-22
CCF-5X-T-5020•1216-22	H-500×200×12×16	M22	3×2	120	－	12× 410	12× 80	5×2	60	12×320×290	500.0	1540.0	783.0	41.76	2980	91.85	51.40	158.0	863.0	1.1	1.48	5.46	1.28	CCF-5X-T-5020•1216-22
CCF-5X-T-5020•1219-22	H-500×200×12×19	M22	4×2	120	－	12× 530	16× 80	5×2	60	12×320×290	572.0	1760.0	770.0	41.04	3250	100.30	61.00	188.0	1010.0	1.2	1.69	5.69	1.52	CCF-5X-T-5020•1219-22
CCF-5X-T-5020•1222-22	H-500×200×12×22	M22	4×2	120	－	16× 530	16× 80	5×2	60	12×320×290	629.0	1940.0	756.0	40.32	3530	108.70	70.60	217.0	1100.0	1.2	1.89	5.88	1.76	CCF-5X-T-5020•1222-22
CCF-5X-T-5020•1225-22	H-500×200×12×25	M22	4×2	120	－	16× 530	16× 80	5×2	60	12×320×290	685.0	2110.0	743.0	39.60	3800	117.10	80.20	247.0	1150.0	1.1	2.10	6.03	2.00	CCF-5X-T-5020•1225-22
CCF-5X-T-5025•0912-22	H-500×250×9×12	M22	3×2	150	－	9× 410	9×100	6×1	60	9×380×170	490.0	1510.0	560.0	29.88	2590	79.81	64.40	198.0	783.0	1.2	1.86	7.13	1.20	CCF-5X-T-5025•0912-22
CCF-5X-T-5025•0916-22	H-500×250×9×16	M22	4×2	150	－	12× 530	12×100	6×1	60	9×380×170	602.0	1850.0	547.0	29.16	3090	95.25	85.80	264.0	1020.0	1.2	2.33	7.56	1.60	CCF-5X-T-5025•0916-22
CCF-5X-T-5025•0919-22	H-500×250×9×19	M22	5×2	150	－	12× 650	16×100	6×1	60	9×380×170	683.0	2100.0	537.0	28.62	3470	106.80	101.00	314.0	1150.0	1.2	2.70	7.79	1.90	CCF-5X-T-5025•0919-22
CCF-5X-T-5025•0922-22	H-500×250×9×22	M22	5×2	150	－	16×650	16×100	6×1	60	9×380×170	762.0	2350.0	526.0	28.08	3840	118.40	117.00	363.0	1280.0	1.2	3.08	7.98	2.20	CCF-5X-T-5025•0922-22
CCF-5X-T-5025•1222-22	H-500×250×12×22	M22	5×2	150	－	16× 650	16×100	5×2	60	12×320×290	793.0	2440.0	756.0	40.32	4240	130.70	118.00	363.0	1360.0	1.2	2.25	7.64	2.20	CCF-5X-T-5025•1222-22
CCF-5X-T-5025•1225-22	H-500×250×12×25	M22	6×2	150	－	16× 770	19×100	5×2	60	12×320×290	869.0	2670.0	743.0	39.60	4610	142.10	134.00	413.0	1480.0	1.2	2.52	7.82	2.50	CCF-5X-T-5025•1225-22
CCF-5X-T-5025•1228-22	H-500×250×12×28	M22	6×2	150	－	19× 770	19×100	5×2	60	12×320×290	942.0	2900.0	729.0	38.88	4980	153.50	150.00	462.0	1610.0	1.2	2.79	7.96	2.80	CCF-5X-T-5025•1228-22
CCF-5X-T-5520•0912-22	H-550×200×9×12	M22	3×2	120	－	9× 410	9× 80	7×1	60	6×440×170	452.0	1390.0	604.0	32.22	2270	70.15	38.50	119.0	753.0	1.1	1.67	5.30	0.88	CCF-5X-T-5520•0912-22
CCF-5X-T-5520•0916-22	H-550×200×9×16	M22	3×2	120	－	12× 410	12× 80	7×1	60	6×440×170	544.0	1670.0	591.0	31.50	2650	81.59	51.30	158.0	950.0	1.2	2.06	5.68	1.17	CCF-5X-T-5520•0916-22
CCF-5X-T-5520•0919-22	H-550×200×9×19	M22	4×2	120	－	12× 530	16× 80	7×1	60	6×440×170	611.0	1880.0	580.0	30.96	2930	90.17	60.90	187.0	1050.0	1.2	2.36	5.90	1.39	CCF-5X-T-5520•0919-22
CCF-5X-T-5520•0922-22	H-550×200×9×22	M22	4×2	120	－	16× 530	16× 80	7×1	60	6×440×170	676.0	2080.0	570.0	30.42	3200	98.75	70.50	217.0	1160.0	1.2	2.67	6.07	1.60	CCF-5X-T-5520•0922-22
CCF-5X-T-5520•1216-22	H-550×200×12×16	M22	3×2	120	－	12× 410	12× 80	6×2	60	12×380×290	563.0	1740.0	842.0	44.88	3080	94.97	51.50	158.0	972.0	1.1	1.57	5.33	1.17	CCF-5X-T-5520•1216-22
CCF-5X-T-5520•1219-22	H-550×200×12×19	M22	4×2	120	－	12× 530	16× 80	6×2	60	12×380×290	650.0	2000.0	828.0	44.16	3350	103.40	61.10	188.0	1150.0	1.2	1.78	5.57	1.39	CCF-5X-T-5520•1219-22
CCF-5X-T-5520•1222-22	H-550×200×12×22	M22	4×2	120	－	16× 530	16× 80	6×2	60	12×380×290	715.0	2200.0	815.0	43.44	3630	111.80	70.60	218.0	1250.0	1.2	1.99	5.76	1.60	CCF-5X-T-5520•1222-22
CCF-5X-T-5520•1225-22	H-550×200×12×25	M22	4×2	120	－	16× 530	16× 80	6×2	60	12×380×290	777.0	2390.0	801.0	42.72	3900	120.20	80.20	247.0	1340.0	1.2	2.21	5.92	1.82	CCF-5X-T-5520•1225-22
CCF-5X-T-5525•0912-22	H-550×250×9×12	M22	3×2	150	－	9× 410	9×100	7×1	60	6×440×170	555.0	1710.0	604.0	32.22	2660	82.15	64.40	198.0	886.0	1.2	1.95	6.98	1.10	CCF-5X-T-5525•0912-22
CCF-5X-T-5525•0916-22	H-550×250×9×16	M22	4×2	150	－	12× 530	12×100	7×1	60	6×440×170	679.0	2090.0	591.0	31.50	3170	97.59	85.80	264.0	1150.0	1.2	2.44	7.42	1.46	CCF-5X-T-5525•0916-22
CCF-5X-T-5525•0919-22	H-550×250×9×19	M22	5×2	150	－	12× 650	16×100	7×1	60	6×440×170	769.0	2370.0	580.0	30.96	3540	109.20	101.00	314.0	1300.0	1.2	2.81	7.67	1.73	CCF-5X-T-5525•0919-22
CCF-5X-T-5525•0922-22	H-550×250×9×22	M22	5×2	150	－	16× 650	16×100	7×1	60	6×440×170	858.0	2640.0	570.0	30.42	3920	120.80	117.00	363.0	1450.0	1.2	3.19	7.86	2.00	CCF-5X-T-5525•0922-22
CCF-5X-T-5525•1222-22	H-550×250×12×22	M22	5×2	150	－	16× 650	16×100	6×2	60	12×380×290	896.0	2760.0	815.0	43.44	4340	133.80	118.00	363.0	1540.0	1.2	2.36	7.51	2.00	CCF-5X-T-5525•1222-22
CCF-5X-T-5525•1225-22	H-550×250×12×25	M22	6×2	150	－	16× 770	19×100	6×2	60	12×380×290	981.0	3020.0	801.0	42.72	4710	145.20	134.00	413.0	1680.0	1.2	2.63	7.69	2.28	CCF-5X-T-5525•1225-22
CCF-5X-T-5525•1228-22	H-550×250×12×28	M22	6×2	150	－	19× 770	19×100	6×2	60	12×380×290	1060.0	3270.0	788.0	42.00	5080	156.60	150.00	462.0	1820.0	1.2	2.91	7.84	2.55	CCF-5X-T-5525•1228-22
CCF-5X-T-6020•0912-22	H-600×200×9×12	M22	3×2	120	－	9× 410	12× 80	7×1	60	9×440×170	509.0	1570.0	689.0	36.72	2420	74.65	38.50	119.0	908.0	1.2	1.66	5.18	0.80	CCF-5X-T-6020•0912-22
CCF-5X-T-6020•0916-22	H-600×200×9×16	M22	3×2	120	－	12× 410	12× 80	7×1	60	9×440×170	610.0	1880.0	675.0	36.00	2790	86.09	51.30	158.0	1030.0	1.2	2.02	5.57	1.07	CCF-5X-T-6020•0916-22
CCF-5X-T-6020•0919-22	H-600×200×9×19	M22	4×2	120	－	16× 530	16× 80	7×1	60	9×440×170	684.0	2110.0	665.0	35.46	3070	94.67	60.90	187.0	1190.0	1.2	2.31	5.79	1.27	CCF-5X-T-6020•0919-22
CCF-5X-T-6020•0922-22	H-600×200×9×22	M22	4×2	120	－	16× 530	16× 80	7×1	60	9×440×170	756.0	2330.0	655.0	34.92	3350	103.30	70.50	217.0	1300.0	1.2	2.59	5.97	1.47	CCF-5X-T-6020•0922-22
CCF-5X-T-6020•1216-22	H-600×200×12×16	M22	3×2	120	－	12× 410	12× 80	6×2	60	12×380×290	640.0	1970.0	954.0	50.88	3280	101.00	51.50	159.0	1110.0	1.1	1.56	5.21	1.07	CCF-5X-T-6020•1216-22
CCF-5X-T-6020•1219-22	H-600×200×12×19	M22	4×2	120	－	16× 530	16× 80	6×2	60	12×380×290	732.0	2250.0	941.0	50.16	3550	109.40	61.10	188.0	1300.0	1.2	1.76	5.45	1.27	CCF-5X-T-6020•1219-22
CCF-5X-T-6020•1222-22	H-600×200×12×22	M22	4×2	120	－	16× 530	16× 80	6×2	60	12×380×290	803.0	2470.0	927.0	49.44	3820	117.80	70.70	218.0	1420.0	1.2	1.96	5.65	1.47	CCF-5X-T-6020•1222-22
CCF-5X-T-6020•1225-22	H-600×200×12×25	M22	5×2	120	－	16× 650	19× 80	6×2	60	12×380×290	872.0	2690.0	914.0	48.72	4100	126.20	80.30	247.0	1530.0	1.2	2.17	5.81	1.67	CCF-5X-T-6020•1225-22
CCF-5X-T-6020•1228-22	H-600×200×12×28	M22	5×2	120	－	19× 650	19× 80	6×2	60	12×380×290	940.0	2890.0	900.0	48.00	4370	134.60	89.80	277.0	1640.0	1.2	2.38	5.95	1.87	CCF-5X-T-6020•1228-22
CCF-5X-T-6025•0916-22	H-600×250×9×16	M22	4×2	150	－	12× 530	12×100	7×1	60	9×440×170	758.0	2330.0	675.0	36.00	3310	102.10	85.80	264.0	1300.0	1.2	2.38	7.30	1.34	CCF-5X-T-6025•0916-22
CCF-5X-T-6025•0919-22	H-600×250×9×19	M22	5×2	150	－	12× 650	16×100	7×1	60	9×440×170	858.0	2640.0	665.0	35.46	3690	113.70	101.00	314.0	1460.0	1.2	2.73	7.55	1.59	CCF-5X-T-6025•0919-22
CCF-5X-T-6025•1219-22	H-600×250×12×19	M22	5×2	150	－	12× 650	16×100	6×2	60	12×380×290	906.0	2790.0	941.0	50.16	4170	128.40	102.00	314.0	1570.0	1.3	2.06	7.15	1.59	CCF-5X-T-6025•1219-22
CCF-5X-T-6025•1222-22	H-600×250×12×22	M22	5×2	150	－	16× 650	16×100	6×2	60	12×380×290	1000.0	3090.0	927.0	49.44	4540	139.80	118.00	364.0	1730.0	1.2	2.32	7.38	1.84	CCF-5X-T-6025•1222-22
CCF-5X-T-6025•1225-22	H-600×250×12×25	M22	6×2	150	－	16× 770	19×100	6×2	60	12×380×290	1090.0	3370.0	914.0	48.72	4910	151.20	134.00	413.0	1880.0	1.2	2.57	7.57	2.09	CCF-5X-T-6025•1225-22
CCF-5X-T-6025•1228-22	H-600×250×12×28	M22	6×2	150	－	19× 770	19×100	6×2	60	12×380×290	1180.0	3660.0	900.0	48.00	5280	162.60	150.00	462.0	2040.0	1.2	2.84	7.73	2.34	CCF-5X-T-6025•1228-22
CCF-5X-T-6030•0919-22	H-600×300×9×19	M22	5×2	150	40	12× 530	16×110	7×1	60	9×440×170	969.0	2980.0	665.0	35.46	4080	125.80	124.00	383.0	1620.0	1.2	3.16	9.34	1.90	CCF-5X-T-6030•0919-22

表CC　柱継手諸元表（15/16）

●柱継手（定形Ｈ形鋼）

490N級鋼

●鉄骨構造標準接合部委員会SCSS－H97
建設省住宅局建築指導課監修

継手呼称	断面寸法	径 D	フランジ ボルト $n_F \times m_F$	フランジ ゲージ g_1 mm	フランジ ゲージ g_2 mm	フランジ 外添板 厚×長さ mm mm	フランジ 内添板 厚×幅 mm mm	ウェブ ボルト $m_W \times n_W$	ウェブ ボルト P_C mm	ウェブ 添板寸法 厚×幅×長さ mm mm mm	継手性能 曲げモーメント M_y kNm	曲げモーメント $_dZ$ cm³	せん断力 Q_y kN	せん断力 $_dA_W$ cm²	軸力 N_y kN	軸力 $_dA$ cm²	曲げモーメント(弱軸) M_y kNm	曲げモーメント(弱軸) $_dZ$ cm³	保有耐力接合 M_u kNm	保有耐力接合 a_J	保有耐力接合 L_q m	横補剛 L_1 m	横補剛 L_2 m	継手呼称
CCF－5X－T－6030•1219－22	H－600×300×12×19	M22	5×2	150	40	12× 530	16×110	6×2	60	12×380×290	1010.0	3130.0	941.0	50.16	4560	140.50	124.00	383.0	1740.0	1.2	2.37	8.90	1.90	CCF－5X－T－6030•1219－22
CCF－5X－T－6030•1222－22	H－600×300×12×22	M22	6×2	150	40	16× 620	19×110	6×2	60	12×380×290	1130.0	3480.0	927.0	49.44	5000	153.90	144.00	444.0	1930.0	1.2	2.67	9.15	2.20	CCF－5X－T－6030•1222－22
CCF－5X－T－6030•1225－22	H－600×300×12×25	M22	7×2	150	40	19× 710	19×110	6×2	60	12×380×290	1240.0	3820.0	914.0	48.72	5430	167.20	163.00	504.0	2110.0	1.2	2.98	9.36	2.50	CCF－5X－T－6030•1225－22
CCF－5X－T－6030•1228－22	H－600×300×12×28	M22	8×2	150	40	19× 800	22×110	6×2	60	12×380×290	1340.0	4150.0	900.0	48.00	5860	180.50	183.00	565.0	2290.0	1.2	3.30	9.53	2.80	CCF－5X－T－6030•1228－22
CCF－5X－T－6520•0912－22	H－650×200×9×12	M22	3×2	120	－	9× 410	12× 80	8×1	60	9×500×170	569.0	1750.0	732.0	39.06	2500	76.99	38.50	119.0	1010.0	1.2	1.74	5.07	0.74	CCF－5X－T－6520•0912－22
CCF－5X－T－6520•0916－22	H－650×200×9×16	M22	3×2	120	－	12× 410	12× 80	8×1	60	9×500×170	679.0	2090.0	719.0	38.34	2870	88.43	51.30	158.0	1150.0	1.2	2.11	5.47	0.99	CCF－5X－T－6520•0916－22
CCF－5X－T－6520•0919－22	H－650×200×9×19	M22	4×2	120	－	16× 530	16× 80	8×1	60	9×500×170	760.0	2340.0	709.0	37.80	3150	97.01	60.90	188.0	1320.0	1.2	2.40	5.69	1.17	CCF－5X－T－6520•0919－22
CCF－5X－T－6520•0922－22	H－650×200×9×22	M22	4×2	120	－	16× 530	16× 80	8×1	60	9×500×170	839.0	2580.0	699.0	37.26	3430	105.60	70.50	217.0	1450.0	1.2	2.69	5.88	1.36	CCF－5X－T－6520•0922－22
CCF－5X－T－6520•1216－22	H－650×200×12×16	M22	3×2	120	－	12× 410	12× 80	7×2	60	12×440×290	709.0	2180.0	1010.0	54.00	3380	104.10	51.50	159.0	1230.0	1.1	1.65	5.10	0.99	CCF－5X－T－6520•1216－22
CCF－5X－T－6520•1219－22	H－650×200×12×19	M22	4×2	120	－	16× 530	16× 80	7×2	60	12×440×290	817.0	2520.0	999.0	53.28	3650	112.50	61.10	188.0	1460.0	1.2	1.85	5.34	1.17	CCF－5X－T－6520•1219－22
CCF－5X－T－6520•1222－22	H－650×200×12×22	M22	4×2	120	－	16× 530	16× 80	7×2	60	12×440×290	895.0	2750.0	986.0	52.56	3920	120.90	70.70	218.0	1590.0	1.2	2.06	5.54	1.36	CCF－5X－T－6520•1222－22
CCF－5X－T－6520•1225－22	H－650×200×12×25	M22	5×2	120	－	16× 650	19× 80	7×2	60	12×440×290	971.0	2990.0	972.0	51.84	4200	129.30	80.30	247.0	1710.0	1.2	2.26	5.71	1.54	CCF－5X－T－6520•1225－22
CCF－5X－T－6520•1228－22	H－650×200×12×28	M22	5×2	120	－	19× 650	19× 80	7×2	60	12×440×290	1040.0	3220.0	959.0	51.12	4470	137.70	89.90	277.0	1830.0	1.2	2.48	5.86	1.73	CCF－5X－T－6520•1228－22
CCF－5X－T－6525•0916－22	H－650×250×9×16	M22	4×2	150	－	12× 530	12×100	8×1	60	9×500×170	840.0	2590.0	719.0	38.34	3390	104.40	85.80	264.0	1440.0	1.2	2.48	7.18	1.24	CCF－5X－T－6525•0916－22
CCF－5X－T－6525•0919－22	H－650×250×9×19	M22	5×2	150	－	12× 650	16×100	8×1	60	9×500×170	949.0	2920.0	709.0	37.80	3770	116.00	101.00	314.0	1620.0	1.2	2.84	7.44	1.47	CCF－5X－T－6525•0919－22
CCF－5X－T－6525•1219－22	H－650×250×12×19	M22	5×2	150	－	12× 650	16×100	7×2	60	12×440×290	1000.0	3100.0	999.0	53.28	4270	131.50	102.00	314.0	1750.0	1.3	2.16	7.03	1.47	CCF－5X－T－6525•1219－22
CCF－5X－T－6525•1222－22	H－650×250×12×22	M22	5×2	150	－	16× 650	16×100	7×2	60	12×440×290	1110.0	3420.0	986.0	52.56	4640	142.90	118.00	364.0	1920.0	1.2	2.42	7.26	1.70	CCF－5X－T－6525•1222－22
CCF－5X－T－6525•1225－22	H－650×250×12×25	M22	6×2	150	－	16× 770	19×100	7×2	60	12×440×290	1210.0	3740.0	972.0	51.84	5010	154.30	134.00	413.0	2090.0	1.2	2.68	7.46	1.93	CCF－5X－T－6525•1225－22
CCF－5X－T－6525•1228－22	H－650×250×12×28	M22	6×2	150	－	19× 770	19×100	7×2	60	12×440×290	1310.0	4050.0	959.0	51.12	5380	165.70	150.00	462.0	2260.0	1.2	2.95	7.62	2.16	CCF－5X－T－6525•1228－22
CCF－5X－T－7020•0912－22	H－700×200×9×12	M22	3×2	120	－	9× 410	12× 80	9×1	60	9×560×170	644.0	1980.0	776.0	41.40	2620	80.66	38.60	119.0	1120.0	1.2	1.85	4.94	0.69	CCF－5X－T－7020•0912－22
CCF－5X－T－7020•0916－22	H－700×200×9×16	M22	3×2	120	－	12× 410	12× 80	9×1	60	9×560×170	764.0	2350.0	763.0	40.68	2990	92.10	51.40	158.0	1270.0	1.1	2.23	5.34	0.92	CCF－5X－T－7020•0916－22
CCF－5X－T－7020•0919－22	H－700×200×9×19	M22	4×2	120	－	16× 530	16× 80	9×1	60	9×560×170	851.0	2620.0	753.0	40.14	3270	100.70	61.00	188.0	1490.0	1.2	2.52	5.57	1.09	CCF－5X－T－7020•0919－22
CCF－5X－T－7020•0922－22	H－700×200×9×22	M22	4×2	120	－	16× 530	16× 80	9×1	60	9×560×170	937.0	2890.0	743.0	39.60	3550	109.30	70.50	217.0	1610.0	1.2	2.82	5.76	1.26	CCF－5X－T－7020•0922－22
CCF－5X－T－7020•1222－22	H－700×200×12×22	M22	4×2	120	－	16× 530	16× 80	6×2	90	9×530×290	1000.0	3090.0	1150.0	61.44	4260	131.10	70.80	218.0	1780.0	1.2	1.96	5.42	1.26	CCF－5X－T－7020•1222－22
CCF－5X－T－7020•1225－22	H－700×200×12×25	M22	5×2	120	－	16× 650	19× 80	6×2	90	9×530×290	1080.0	3340.0	1130.0	60.72	4530	139.50	80.40	247.0	1880.0	1.2	2.15	5.60	1.43	CCF－5X－T－7020•1225－22
CCF－5X－T－7020•1228－22	H－700×200×12×28	M22	5×2	120	－	19× 650	19× 80	6×2	90	9×530×290	1160.0	3590.0	1120.0	60.00	4800	147.90	90.00	277.0	2030.0	1.2	2.35	5.75	1.60	CCF－5X－T－7020•1228－22
CCF－5X－T－7025•0916－22	H－700×250×9×16	M22	4×2	150	－	12× 530	12×100	9×1	60	9×560×170	937.0	2890.0	763.0	40.68	3510	108.10	85.90	264.0	1620.0	1.3	2.60	7.03	1.15	CCF－5X－T－7025•0916－22
CCF－5X－T－7025•0919－22	H－700×250×9×19	M22	5×2	150	－	12× 650	16×100	9×1	60	9×560×170	1050.0	3250.0	753.0	40.14	3880	119.70	101.00	314.0	1800.0	1.2	2.97	7.30	1.36	CCF－5X－T－7025•0919－22
CCF－5X－T－7025•1219－22	H－700×250×12×19	M22	5×2	150	－	12× 650	16×100	6×2	90	9×530×290	1120.0	3460.0	1160.0	62.16	4600	141.70	102.00	314.0	1960.0	1.3	2.06	6.88	1.36	CCF－5X－T－7025•1219－22
CCF－5X－T－7025•1222－22	H－700×250×12×22	M22	5×2	150	－	16× 650	16×100	6×2	90	9×530×290	1230.0	3810.0	1150.0	61.44	4970	153.10	118.00	364.0	2150.0	1.3	2.30	7.12	1.58	CCF－5X－T－7025•1222－22
CCF－5X－T－7025•1225－22	H－700×250×12×25	M22	6×2	150	－	16× 770	19×100	6×2	90	9×530×290	1350.0	4160.0	1130.0	60.72	5340	164.50	134.00	413.0	2330.0	1.2	2.54	7.32	1.79	CCF－5X－T－7025•1225－22
CCF－5X－T－7025•1425－22	H－700×250×14×25	M22	6×2	150	－	16× 770	19×100	7×2	60	16×440×290	1390.0	4290.0	1260.0	67.48	5560	171.30	134.00	414.0	2410.0	1.2	2.37	7.11	1.79	CCF－5X－T－7025•1425－22
CCF－5X－T－7025•1428－22	H－700×250×14×28	M22	6×2	150	－	19× 770	19×100	7×2	60	16×440×290	1500.0	4620.0	1250.0	66.64	5930	182.50	150.00	463.0	2600.0	1.2	2.59	7.29	2.00	CCF－5X－T－7025•1428－22
CCF－5X－T－7030•0919－22	H－700×300×9×19	M22	5×2	150	40	12× 530	16×110	9×1	60	9×560×170	1180.0	3650.0	753.0	40.14	4280	131.80	124.00	383.0	1970.0	1.2	3.41	9.06	1.63	CCF－5X－T－7030•0919－22
CCF－5X－T－7030•1219－22	H－700×300×12×19	M22	5×2	150	40	12× 530	16×110	6×2	90	9×530×290	1250.0	3860.0	1160.0	62.16	5000	153.90	124.00	384.0	2130.0	1.2	2.35	8.59	1.63	CCF－5X－T－7030•1219－22
CCF－5X－T－7030•1222－22	H－700×300×12×22	M22	6×2	150	40	16× 620	19×110	6×2	90	9×530×290	1380.0	4270.0	1150.0	61.44	5430	167.20	144.00	444.0	2380.0	1.2	2.63	8.86	1.89	CCF－5X－T－7030•1222－22
CCF－5X－T－7030•1422－22	H－700×300×14×22	M22	6×2	150	40	16× 620	19×110	7×2	60	16×440×290	1430.0	4410.0	1280.0	68.32	5650	174.10	144.00	445.0	2490.0	1.2	2.46	8.61	1.89	CCF－5X－T－7030•1422－22
CCF－5X－T－7030•1425－22	H－700×300×14×25	M22	7×2	150	40	19× 710	19×110	7×2	60	16×440×290	1560.0	4810.0	1260.0	67.48	6080	187.30	164.00	505.0	2700.0	1.2	2.71	8.84	2.15	CCF－5X－T－7030•1425－22
CCF－5X－T－7030•1428－22	H－700×300×14×28	M22	8×2	150	40	19× 800	22×110	7×2	60	16×440×290	1680.0	5200.0	1250.0	66.64	6510	200.50	183.00	565.0	2910.0	1.2	2.98	9.05	2.40	CCF－5X－T－7030•1428－22
CCF－5X－T－7520•0912－22	H－750×200×9×12	M22	3×2	120	－	9× 410	12× 80	9×1	60	9×560×170	710.0	2190.0	861.0	45.90	2760	85.16	38.60	119.0	1190.0	1.2	1.84	4.84	0.64	CCF－5X－T－7520•0912－22
CCF－5X－T－7520•0916－22	H－750×200×9×16	M22	3×2	120	－	12× 410	12× 80	9×1	60	9×560×170	838.0	2580.0	847.0	45.18	3130	96.60	51.40	158.0	1350.0	1.1	2.21	5.25	0.86	CCF－5X－T－7520•0916－22
CCF－5X－T－7520•0919－22	H－750×200×9×19	M22	4×2	120	－	16× 530	16× 80	9×1	60	9×560×170	933.0	2870.0	837.0	44.64	3410	105.20	61.00	188.0	1640.0	1.2	2.49	5.49	1.02	CCF－5X－T－7520•0919－22
CCF－5X－T－7520•1219－22	H－750×200×12×19	M22	4×2	120	－	16× 530	16× 80	7×2	90	12×620×290	1010.0	3110.0	1220.0	65.28	4080	125.80	61.20	189.0	1820.0	1.2	1.86	5.12	1.02	CCF－5X－T－7520•1219－22
CCF－5X－T－7520•1222－22	H－750×200×12×22	M22	4×2	120	－	16× 530	16× 80	7×2	90	12×620×290	1100.0	3390.0	1210.0	64.56	4360	134.20	70.80	218.0	1970.0	1.2	2.05	5.33	1.18	CCF－5X－T－7520•1222－22
CCF－5X－T－7520•1225－22	H－750×200×12×25	M22	5×2	120	－	16× 650	19× 80	7×2	90	12×620×290	1190.0	3670.0	1190.0	63.84	4630	142.60	80.40	248.0	2110.0	1.2	2.25	5.51	1.34	CCF－5X－T－7520•1225－22
CCF－5X－T－7520•1228－22	H－750×200×12×28	M22	5×2	120	－	19× 650	19× 80	7×2	90	12×620×290	1270.0	3940.0	1180.0	63.12	4900	151.00	90.00	277.0	2260.0	1.2	2.44	5.66	1.50	CCF－5X－T－7520•1228－22

表CC　柱継手諸元表（16/16）

●柱継手（定形H形鋼）

490N級鋼

●鉄骨構造標準接合部委員会SCSS－H97
建設省住宅局建築指導課監修

継手呼称	断面寸法	径	フランジ ボルト	ゲージ		外添板	内添板	ウェブ ボルト		添板寸法	継手性能 曲げモーメント		せん断力		軸力		曲げモーメント（弱軸）		保有耐力接合			横補剛		継手呼称
		D	$n_F \times m_F$	g_1 mm	g_2 mm	厚×長さ mm mm	厚×幅 mm mm	$m_W \times n_W$	P_C mm	厚×幅×長さ mm mm mm	M_y kNm	$_dZ$ cm³	Q_y kN	$_dA_W$ cm²	N_y kN	$_dA$ cm²	M_y kNm	$_dZ$ cm³	M_u kNm	a_J	L_q m	L_1 m	L_2 m	
CCF－5X－T－7525•1216－22	H－750×250×12×16	M22	4×2	150	－	12× 530	12×100	7×2	90	12×620×290	1100.0	3400.0	1230.0	66.00	4330	133.40	86.10	265.0	1960.0	1.3	1.92	6.47	1.07	CCF－5X－T－7525•1216－22
CCF－5X－T－7525•1219－22	H－750×250×12×19	M22	5×2	150	－	16× 650	16×100	7×2	90	12×620×290	1230.0	3790.0	1220.0	65.28	4700	144.80	102.00	314.0	2160.0	1.3	2.16	6.77	1.27	CCF－5X－T－7525•1219－22
CCF－5X－T－7525•1222－22	H－750×250×12×22	M22	6×2	150	－	16× 770	19×100	7×2	90	12×620×290	1350.0	4170.0	1210.0	64.56	5070	156.20	118.00	364.0	2360.0	1.3	2.40	7.01	1.47	CCF－5X－T－7525•1222－22
CCF－5X－T－7525•1422－22	H－750×250×14×22	M22	6×2	150	－	16× 770	19×100	8×2	60	12×500×290	1400.0	4330.0	1350.0	71.96	5310	163.60	118.00	365.0	2480.0	1.3	2.24	6.78	1.47	CCF－5X－T－7525•1422－22
CCF－5X－T－7525•1425－22	H－750×250×14×25	M22	6×2	150	－	19× 770	19×100	8×2	60	12×500×290	1520.0	4700.0	1330.0	71.12	5680	174.90	134.00	414.0	2680.0	1.3	2.46	7.00	1.67	CCF－5X－T－7525•1425－22
CCF－5X－T－7525•1428－22	H－750×250×14×28	M22	7×2	150	－	19× 890	22×100	8×2	60	12×500×290	1640.0	5060.0	1310.0	70.28	6050	186.20	150.00	463.0	2870.0	1.2	2.69	7.18	1.87	CCF－5X－T－7525•1428－22
CCF－5X－T－8025•1422－22	H－800×250×14×22	M22	6×2	150	－	16× 770	19×100	8×2	60	16×500×290	1530.0	4720.0	1480.0	78.96	5540	170.60	118.00	365.0	2720.0	1.3	2.23	6.67	1.38	CCF－5X－T－8025•1422－22
CCF－5X－T－8025•1425－22	H－800×250×14×25	M22	6×2	150	－	19× 770	19×100	8×2	60	16×500×290	1660.0	5120.0	1460.0	78.12	5910	181.90	134.00	414.0	2930.0	1.3	2.45	6.89	1.57	CCF－5X－T－8025•1425－22
CCF－5X－T－8025•1625－22	H－800×250×16×25	M22	6×2	150	－	19× 770	19×100	9×2	60	16×560×290	1720.0	5290.0	1600.0	85.44	6140	189.20	134.00	415.0	3070.0	1.3	2.33	6.68	1.57	CCF－5X－T－8025•1625－22
CCF－5X－T－8025•1628－22	H－800×250×16×28	M22	7×2	150	－	19× 890	22×100	9×2	60	16×560×290	1840.0	5680.0	1580.0	84.48	6510	200.40	150.00	464.0	3270.0	1.3	2.52	6.88	1.75	CCF－5X－T－8025•1628－22
CCF－5X－T－8030•1422－22	H－800×300×14×22	M22	6×2	150	40	16× 620	19×110	8×2	60	16×500×290	1700.0	5250.0	1480.0	78.96	6000	184.70	144.00	445.0	2990.0	1.2	2.53	8.35	1.65	CCF－5X－T－8030•1422－22
CCF－5X－T－8030•1622－22	H－800×300×16×22	M22	6×2	150	40	16× 620	19×110	9×2	60	16×560×290	1760.0	5430.0	1620.0	86.40	6240	192.10	144.00	445.0	3130.0	1.2	2.41	8.11	1.65	CCF－5X－T－8030•1622－22
CCF－5X－T－8030•1625－22	H－800×300×16×25	M22	7×2	150	40	19× 710	19×110	9×2	60	16×560×290	1910.0	5900.0	1600.0	85.44	6660	205.20	164.00	506.0	3370.0	1.2	2.64	8.36	1.88	CCF－5X－T－8030•1625－22
CCF－5X－T－8030•1628－22	H－800×300×16×28	M22	8×2	150	40	19× 800	22×110	9×2	60	16×560×290	2060.0	6350.0	1580.0	84.48	7090	218.30	184.00	566.0	3610.0	1.2	2.88	8.59	2.10	CCF－5X－T－8030•1628－22
CCF－5X－T－8525•1422－22	H－850×250×14×22	M22	6×2	150	－	16× 770	19×100	9×2	60	16×560×290	1660.0	5130.0	1540.0	82.60	5660	174.30	118.00	365.0	2970.0	1.3	2.32	6.57	1.30	CCF－5X－T－8525•1422－22
CCF－5X－T－8525•1425－22	H－850×250×14×25	M22	6×2	150	－	19× 770	19×100	9×2	60	16×560×290	1800.0	5550.0	1530.0	81.76	6030	185.50	134.00	414.0	3190.0	1.3	2.54	6.79	1.48	CCF－5X－T－8525•1425－22
CCF－5X－T－8525•1625－22	H－850×250×16×25	M22	6×2	150	－	19× 770	19×100	10×2	60	16×620×290	1860.0	5750.0	1680.0	89.60	6280	193.40	134.00	415.0	3340.0	1.3	2.41	6.58	1.48	CCF－5X－T－8525•1625－22
CCF－5X－T－8525•1628－22	H－850×250×16×28	M22	7×2	150	－	19× 890	22×100	10×2	60	16×620×290	2000.0	6170.0	1660.0	88.64	6640	204.50	151.00	465.0	3560.0	1.3	2.61	6.78	1.65	CCF－5X－T－8525•1628－22
CCF－5X－T－9025•1619－22	H－900×250×16×19	M22	5×2	150	－	16× 650	16×100	10×2	60	16×620×290	1720.0	5320.0	1860.0	99.52	5810	179.10	102.00	317.0	3170.0	1.3	2.02	5.98	1.06	CCF－5X－T－9025•1619－22
CCF－5X－T－9025•1622－22	H－900×250×16×22	M22	6×2	150	－	16× 770	19×100	10×2	60	16×620×290	1870.0	5780.0	1840.0	98.56	6180	190.20	118.00	366.0	3400.0	1.3	2.21	6.25	1.23	CCF－5X－T－9025•1622－22
CCF－5X－T－9025•1625－22	H－900×250×16×25	M22	6×2	150	－	19× 770	19×100	10×2	60	16×620×290	2020.0	6230.0	1830.0	97.60	6540	201.40	134.00	415.0	3630.0	1.3	2.40	6.48	1.39	CCF－5X－T－9025•1625－22
CCF－5X－T－9025•1628－22	H－900×250×16×28	M22	7×2	150	－	19× 890	22×100	10×2	60	16×620×290	2160.0	6670.0	1810.0	96.64	6900	212.50	151.00	465.0	3870.0	1.3	2.59	6.68	1.56	CCF－5X－T－9025•1628－22
CCF－5X－T－9030•1619－22	H－900×300×16×19	M22	6×2	150	40	16× 620	16×110	10×2	60	16×620×290	1890.0	5850.0	1860.0	99.52	6210	191.20	125.00	385.0	3430.0	1.3	2.25	7.55	1.27	CCF－5X－T－9030•1619－22
CCF－5X－T－9030•1622－22	H－900×300×16×22	M22	7×2	150	40	16× 710	19×110	10×2	60	16×620×290	2070.0	6380.0	1840.0	98.56	6630	204.30	144.00	446.0	3700.0	1.2	2.48	7.86	1.47	CCF－5X－T－9030•1622－22
CCF－5X－T－9030•1625－22	H－900×300×16×25	M22	7×2	150	40	19× 710	19×110	10×2	60	16×620×290	2240.0	6910.0	1830.0	97.60	7060	217.40	164.00	506.0	3980.0	1.2	2.71	8.13	1.67	CCF－5X－T－9030•1625－22
CCF－5X－T－9030•1628－22	H－900×300×16×28	M22	8×2	150	40	19× 800	22×110	10×2	60	16×620×290	2410.0	7430.0	1810.0	96.64	7480	230.50	184.00	566.0	4250.0	1.2	2.94	8.36	1.87	CCF－5X－T－9030•1628－22

3.2.2 詳　細　図

柱継手の標準接合部は，設計実務での利用の便をはかるため，すべての標準接合部詳細図が別添図面として本書に付属している．その概要は次のとおりである．

柱継手標準図……SN 400 B　19 枚，SN 490 B　19 枚→合計 38 枚

上記のように 2 群の図面となっているが，それぞれの中での順序は，一般 H 形鋼→定形 H 形鋼の順序で，高力ボルト径順（M 16⇨M 20⇨M 22）に断面寸法順（小→大），としている．

図の例を，図-3.2.1 に示す（上 2 段が一般H形鋼，下段が定形 H 形鋼の場合の図を例とした）．図面に含まれる内容は，以下のようになっている．

（下部共通枠）……梁／柱の別，材質，高力ボルト材質，図面群ごとの通し番号

（各区分枠）………継手符号

H 断面名称

継手立面図

継手平面図

フランジ高力ボルトの本数，径，首下長

フランジ添板の枚数，寸法

ウェブ高力ボルトの本数，径，首下長

ウェブ添板の枚数，寸法

実際の設計で使用する断面群のみについて図面を作成したい場合には，付録にあるようなソフトウェアによって図面を作成されるとよい．

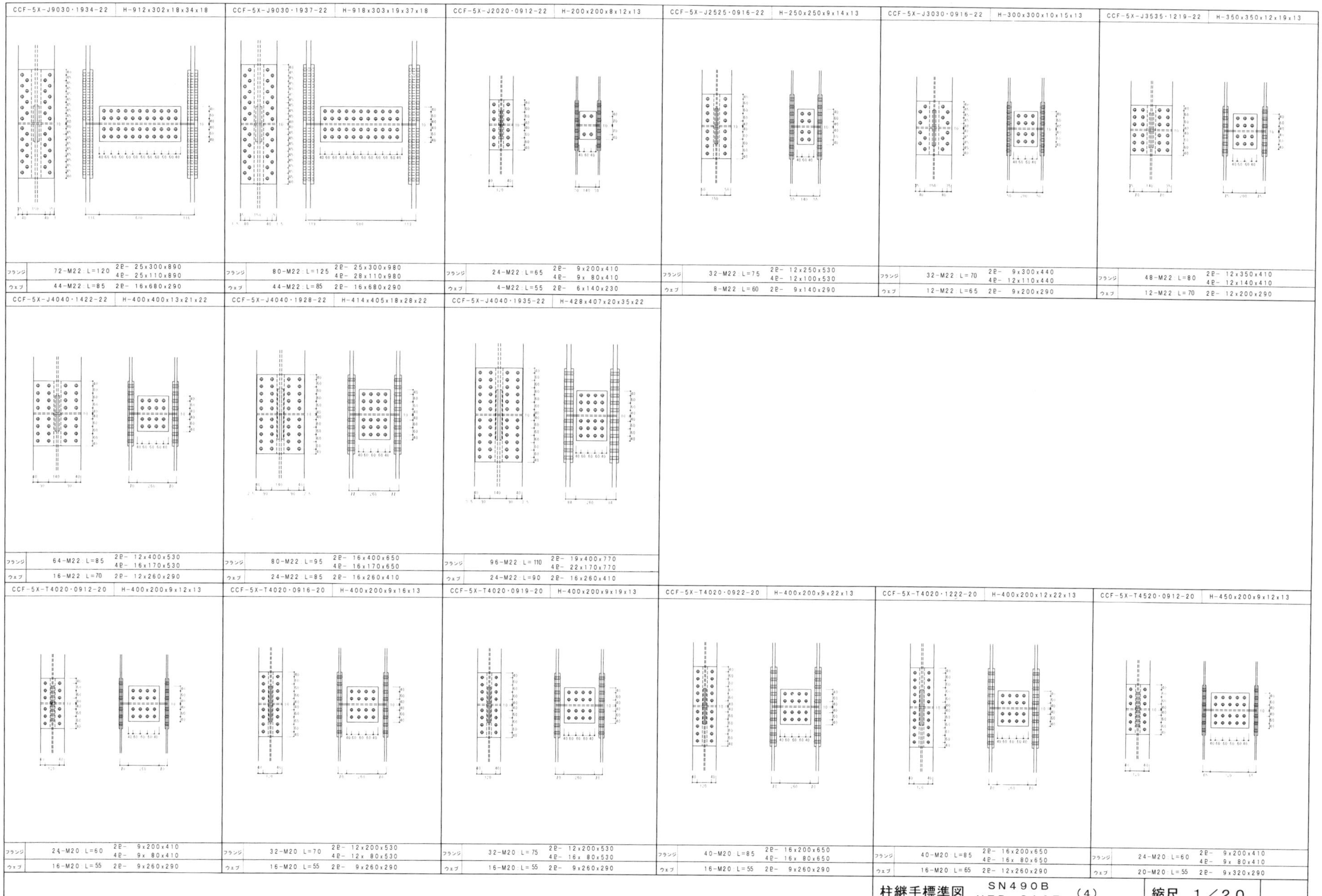

図-3.2.1　柱継手標準図例

鉄骨構造標準接合部委員会 SCSS-H97
建設省住宅局建築指導課 監修

3.2.3 柱継手形状一覧表（フランジ・ウェブ板系列ごとに集約したもの）

表-3.2.1の(a)にフランジボルトの柱部材長手方向の本数を示す．これは鋼種，ボルト径，柱せい（H）がフランジ幅（B）の3倍未満か3倍以上か，およびフランジ板系列（フランジ幅（B）とフランジ厚（t_F））により，フランジボルトの柱部材長手方向の本数が求められる．

表-3.2.1の(b)は，フランジの外添板と内添板の厚さを示したものである．これは，鋼種とボルト径による区分は行わず，柱せい（H）がフランジ幅（B）の3倍未満か3倍以上か，およびフランジ板系列（フランジ幅（B）とフランジ厚（t_F））により，フランジの外添板と内添板の厚さが求められる．

表-3.2.2は，ウェブボルトの列数と柱せい方向本数と柱せい方向のボルトピッチを示したものである．これは鋼種，ボルト径，およびウェブ板系列（柱せい（H）とウェブ厚（t_W））により，ウェブボルトの列数，柱せい方向本数および柱せい方向のボルトピッチが求められる．

表-3.2.3は，ウェブ添板の厚さと高さを示したものである．これはウェブボルトと同様に，鋼種，ボルト径，およびウェブ板系列（柱せい（H）とウェブ厚（t_W））により，ウェブ添板の厚さと高さが求められる．

表-3.2.1　柱継手の形状一覧表

（a）　フランジボルトの柱部材長手方向の本数

鋼種	ボルト径	H ＼ B / t_F	100シリーズ	125シリーズ	150シリーズ	175シリーズ	200シリーズ						250シリーズ						300シリーズ							350シリーズ	400シリーズ		
			9	9	9	12	12	16	19	22	25	28	12	16	19	22	25	28	16	19	22	25	28	34	37	19	22	28	35
SN 400	M22	＜3B	—	—	—	—	3[*4]	3	3	3	3	—	3	3	4	4	4	5	3	4	5	5	6	—	—	2	3	4	4
		3B ≦	—	—	—	—	3	3	3	3	4	4	—	3	4	4	5	5	—	4	5	5	6	7	7	—	—	—	—
	M20	＜3B	—	—	2	2	3[*4]	3	3	4	4	—	3	4	4	5	5	6	4	5[*1]	6	6	7	—	—	3	3	4	5
		3B ≦	—	—	—	—	3	3	4	4	4	5	—	4	5	5	6	6	—	5	6	7	7	8	9	—	—	—	—
	M16	＜3B	2	3	2	3	—	—	—	—	—	—	—	—	—	—	—	—	—	—	—	—	—	—	—	—	—	—	—
		3B ≦	—	—	—	—	—	—	—	—	—	—	—	—	—	—	—	—	—	—	—	—	—	—	—	—	—	—	—
SN 490	M22	＜3B	—	—	—	—	3[*5]	3	4	4	4	—	3	4	5	5	6	6	4	5[*2]	6	7	8	—	—	3	4	5	6
		3B ≦	—	—	—	—	3	3	4	4	5	5	—	4	5	6	6	7	—	6	7	7	8	9	10	—	—	—	—
	M20	＜3B	—	—	2	2	3	4	4	5	6	—	4	5	6	6	7	8	5	7[*3]	8	9	9	—	—	3	5	6	7
		3B ≦	—	—	—	—	3	4	5	5	6	6	—	5	6	7	8	9	—	7	8	9	10	11	12	—	—	—	—
	M16	＜3B	3	4	3	4[*6]	—	—	—	—	—	—	—	—	—	—	—	—	—	—	—	—	—	—	—	—	—	—	—
		3B ≦	—	—	—	—	—	—	—	—	—	—	—	—	—	—	—	—	—	—	—	—	—	—	—	—	—	—	—

＊1　一般H形鋼の $H<600$ は 4
＊2　CCF-5X-J7030・1419-22は 6
＊3　一般H形鋼の $H<600$ は 6
＊4　一般H形鋼の $H=200$ は 2
＊5　CCF-5X-J3020・0912-22は 2
＊6　一般H形鋼の $H=175$ は3

（b）　フランジ添板の厚さ（外添板厚-内添板厚）

H ＼ B / t_F	100シリーズ	125シリーズ	150シリーズ	175シリーズ	200シリーズ						250シリーズ						300シリーズ							350シリーズ	400シリーズ		
	9	9	9	12	12	16	19	22	25	28	12	16	19	22	25	28	16	19	22	25	28	34	37	19	22	28	35
＜3B	16-0	12-0	9-9	9-9	9-9	12-12	12-16	16-16	16-16	—	9-9	12-12	12-16	16-16	16-19	19-19	12-12[*2]	12-16[*1]	16-19	19-19	19-22	—	—	12-12	12-16	16-16	19-22
3B ≦	—	—	—	—	9-12	12-12	16-16	16-16	16-19	19-19	—	12-12	16-16	16-19	19-19	19-22	—	16-16	16-19	19-19	19-22	25-25	25-28	—	—	—	—

＊1　一般H形鋼の $H<600$ は12-12
＊2　一般H形鋼の $H=300$ は9-12

共通事項：B，H はシリーズ寸法に，t_F は常用寸法に読み替える．
（一般H形鋼の断面寸法は，表中の最寄りの寸法に読み替える．ただし中間の場合は大きい方とする．）

表-3.2.2　柱継手の形状一覧表

ウェブボルトの列数-せい方向本数（せい方向ピッチ）

鋼種	ボルト径	H / t_W	100シリーズ	125シリーズ	150シリーズ	175シリーズ	200シリーズ	250シリーズ	300シリーズ	350シリーズ	400シリーズ	450シリーズ	500シリーズ	550シリーズ	600シリーズ	650シリーズ	700シリーズ	750シリーズ	800シリーズ	850シリーズ	900シリーズ
SN400	M22	9					1-2(60)	2-2(60)	1-3(60)	2-3(60)	1-4(60)	1-5(60)	1-5(60)	1-6(60)	1-6(60)	1-6(90)	1-7(60)	1-7(90)			
		12								2-3(60)	2-3(90)	1-5(60)	2-4(90)*1	2-4(90)	1-7(60)	1-8(60)	1-8(60)	1-9(60)			
		14									2-3(90)						1-9(60)	1-10(60)	2-6(90)	1-11(60)	
		16																	2-7(90)	2-8(90)	2-8(90)
		19									2-4(60)										2-10(60)
	M20	6			2-1		1-2(60)	2-2(60)	1-3(60)	1-4(60)											
		9				2-1	1-2(60)	2-2(60)	1-3(60)*2	2-3(60)	2-3(90)	1-5(60)	1-6(60)	1-7(60)	1-7(60)	1-8(60)	1-8(60)	1-9(60)			
		12								2-3(60)	2-3(90)	2-5(60)	2-4(90)*3	2-6(60)	2-5(90)	2-7(60)	2-6(90)	2-6(90)			
		14									2-4(60)						2-7(60)	2-8(60)	2-8(60)	2-8(90)	
		16																	2-8(60)	2-9(60)	2-9(60)
		19									3-4(60)										2-11(60)
	M16	6	2-1	2-1	3-1		2-2(60)	2-2(90)	2-3(60)	2-3(90)											
		9				3-1															
SN490	M22	9					1-2(60)	2-2(60)	2-2(120)*4	2-3(60)	2-3(90)	2-5(60)	1-6(60)	1-7(60)	1-7(60)	1-8(60)	1-9(60)	1-9(60)			
		12								2-3(60)	2-4(60)	2-5(60)	2-5(60)	2-6(60)	2-6(60)	2-7(60)	2-6(90)	2-7(90)			
		14									2-4(60)						2-7(60)	2-8(60)	2-8(60)	2-9(60)	
		16																	2-9(60)	2-10(60)	2-10(60)
		19									3-4(60)										2-11(60)
	M20	6			2-1		1-2(60)	2-2(60)	2-2(120)	1-4(60)											
		9				3-1	2-2(60)	2-2(60)	2-3(60)	2-3(60)	2-4(60)	2-5(60)	2-5(60)	2-6(60)	2-5(90)	2-6(90)	2-6(90)	2-7(90)			
		12								3-3(60)	2-4(60)	2-5(60)	2-6(60)*5	2-6(60)	2-7(60)	2-7(60)	2-8(60)	2-8(60)			
		14									3-3(90)						2-8(60)	2-9(60)	2-10(60)	2-10(60)	
		16																	2-10(60)	2-11(60)	2-12(60)
		19									4-4(60)										3-10(60)
	M16	6	2-1	3-1	3-1		2-2(60)	3-2(60)	2-3(60)	2-4(60)											
		9				4-1															

＊1　CCF-4X-J5030・1219-22は1-6(60)とする
＊2　CCF-4X-J3030・0916-20は2-2(120)とする
＊3　CCF-4X-J5030・1219-20は1-6(60)とする
＊4　CCF-5X-J3030・0916-22は2-3(60)とする
＊5　CCF-5X-J5030・1219-20およびCCF-5X-T5025・1228-20は2-5(60)とする

H はシリーズ寸法に，t_W は常用寸法に読み替える．
（一般H形鋼の断面寸法は，表中の最寄りの寸法に読み替える．ただし中間の場合は大きい方とする．）

表-3.2.3　柱継手の形状一覧表

ウェブの添板厚×添板高さ

鋼種	ボルト径	H ＼ t_W	100シリーズ	125シリーズ	150シリーズ	175シリーズ	200シリーズ	250シリーズ	300シリーズ	350シリーズ	400シリーズ	450シリーズ	500シリーズ	550シリーズ	600シリーズ	650シリーズ	700シリーズ	750シリーズ	800シリーズ	850シリーズ	900シリーズ
SN400	M22	9					6×140	9×140	9×200	12×200	9×260	9×320	9×320	9×380	9×380	6×530	9×440	6×620			
		12								12×200	12×260	9×320	9×350*1	12×350	12×440	9×500	12×500	9×560			
		14									12×260						9×560	9×620	12×530	12×680	
		16																	12×620	12×710	12×710
		19									16×260										16×560
	M20	6			9×80		6×140	9×140	6×200	6×260											
		9				9×80	6×140	9×140	9×200	12×200	9×260	9×320	9×380	9×440	9×440	9×500	9×500	9×560			
		12								12×200	9×260	12×320	9×350*2	12×380	9×440	12×440	9×530	9×530			
		14									12×260						16×440	12×500	16×500	9×710	
		16																	16×500	16×560	16×560
		19									16×260										16×680
	M16	6	9×80	6×80	9×80		6×140	9×170	6×200	6×260											
		9				9×80															
SN490	M22	9					6×140	9×140	9×200	12×200	9×260	9×350	9×380	6×440	9×440	9×500	9×560	9×560			
		12								12×200	12×260	12×320	12×320	12×380	12×380	12×440	9×530	12×620			
		14									12×260						16×440	12×500	16×500	16×560	
		16																	16×560	16×620	16×620
		19									16×260										16×680
	M20	6			9×80		6×140	9×140	6×200	6×260											
		9				9×80	6×140	9×140	9×200	12×200	9×260	9×320	9×320	9×380	9×440	6×530	9×530	6×620			
		12							12×200	12×200	12×260	9×320	12×380*3	12×380	12×440	12×440	12×500	12×500			
		14									12×260						12×500	12×560	12×620	12×620	
		16																	12×620	12×680	12×740
		19									16×260										16×620
	M16	6	9×80	6×80	9×80		6×140	9×140	6×200	6×260											
		9				9×80															

＊1　CCF-4X-J5030・1219-22は9×380とする

＊2　CCF-4X-J5030・1219-20は9×380とする

＊3　CCF-5X-J5030・1219-20は12×320とする

H はシリーズ寸法に，t_W は常用寸法に読み替える.

（一般H形鋼の断面寸法は，表中の最寄りの寸法に読み替える．ただし中間の場合は大きい方とする.）

3.3 梁端溶接部

梁端溶接部諸元表では，設計において部材断面を選択する際に必要なH形鋼の断面性能と梁端溶接部の諸元が示されている．なお，表示項目および表の使い方は，諸元表の前に解説されている．

3.3.1 諸　元　表

（1）　表示内容

H形鋼性能および仕口部の諸元表には，次のような諸元が示されている．

部材断面について

部材断面寸法：母材断面の寸法

質量：1 m当りの質量（有効3桁）．

軸力 N_{y0} および A_0：短期の許容軸力（有効3桁）および断面積（有効4桁）．

曲げ（強軸）M_{y0} および Z_0：強軸まわりに関する短期許容曲げモーメント（有効3桁）および強軸まわりに関する断面係数（有効3桁）．

せん断力 Q_{y0} および A_{0w}：短期の許容せん断力（有効3桁）およびせん断に関する断面積（有効4桁）．

曲げ（弱軸）M_{y0} および Z_0：弱軸まわりに関する短期の許容曲げモーメント（有効3桁）および弱軸まわりに関する断面係数（有効3桁）．

全塑性モーメント M_{p0} および Z_{p0}：全塑性モーメントおよび塑性断面係数（有効3桁）．

i_x および i_y：強軸および弱軸に関する断面2次半径（有効3桁）．

i_y^* および η：許容曲げ応力度算定にかかわる数値（有効3桁）．

部材種別：梁，柱別，かつSN材とSSまたはSM材別に表示．ここで，SS材はSS 400材，SM材はSM 490材を示す．なお，梁継手の対象となっていない断面については，梁に対する種別を表示していない．

L_1：均等に横補剛する場合の横補剛を必要としない最大梁長さ（小数3桁目を切り捨て）．

L_2：主として梁端部に近い部分に横補剛を行う場合の最大横補剛間隔（小数3桁目を切り捨て）．

最小スパン：梁継手および柱継手のせん断力に対する α 値を満たす最小スパン長のうち大きい方を表示（小数2桁目に切り上げ）．

仕口部について

隅肉 S：数値は隅肉サイズ．ウェブ板厚が16 mmを超える場合には，K形開先の完全溶込み溶接．

曲げモーメント M_y および Z：設計用短期許容曲げモーメント（有効3桁）および設計用断面係数（有効3桁）．

Q_y，${}_dA_W$：設計用短期許容せん断力（有効3桁）および設計用せん断断面積（有効4桁）．

N_y，${}_dA$：設計用短期許容軸力（有効3桁）および設計用断面積（有効4桁）．

M_u：継手の最大曲げ強さ（有効3桁）．

α_J：M_u を梁母材の全塑性モーメントで除した値（小数1桁目に切り捨て．**2.2**参照）．

L_q：せん断に対する α 値（日本建築センター「建築物の構造規定1994」の技術慣行による値）

を満たす最小スパン長（小数２桁目に切り上げ）．

仕口呼称：仕口呼称は，仕口固有呼称であり，呼称の付け方は 1.4 に説明されている．

性能・諸元表は，一般 H 形鋼と定形 H 形鋼のグループごとにまとめられている．それぞれのグループは，使用する高力ボルトの呼び径ごとにまとめられ，太罫で仕切られている．さらに梁せい，梁幅の昇位順に並べられ，定形 H 形鋼のグループは，各梁せいごとに細罫で仕切られている．

表示されている数値の有効桁数（2.2「数値の取扱い」参照）は上述のとおりであるが，数値を見やすくするために小数点位置および小数点以下の桁数を揃えて表示してある．

（2） 表の使い方

（a） 全塑性モーメント M_p

梁部材の場合には，表中の M_{p0} をそのまま用いればよい．すなわち

$$M_p = M_{p0}$$

軸力と曲げモーメントを受ける部材の全塑性モーメントは，次式により算定する．

$$\frac{N}{N_y} \leqq \frac{A_W}{2A_0} \quad \text{のとき} \quad M_p = M_{p0}$$

$$\frac{N}{N_y} > \frac{A_W}{2A_0} \quad \text{のとき} \quad M_p = 1.14\left(1-\frac{N}{N_y}\right)M_{p0}$$

なお，上式は強軸まわりに曲げモーメントを受ける H 形断面材に対する式である．

（b） 仕口部の存在応力の検定

この表に示された仕口は，2.6 に解説されている設計方法で設計されており，溶接部に対して改めて検定を行う必要はない．しかし，仕口の性能は，母材断面に対する断面性能は有していないので，原則として，次の検定を行って安全を確認する必要がある．梁部材端部の仕口部など軸力を考慮する必要がない場合は $N_J=0$ として下式を適用すればよいが，傾斜した梁や梁貫通型の柱端部では軸力を考慮する必要がある．

① 曲げモーメントについて

$$\left.\begin{aligned} &\frac{N_J}{N_y/1.5}+\frac{M_J}{M_y/1.5} \leqq 1 \quad \text{（長期）} \\ &\frac{N_J}{N_y}+\frac{M_J}{M_y} \leqq 1 \quad \text{（短期）} \end{aligned}\right\} \qquad (3.3.1)$$

ここに，N_J, M_J は，仕口部に存在する曲げモーメント，軸力

② せん断力について

$$\left.\begin{aligned} &\frac{Q_J}{Q_y/1.5} \leqq \sqrt{1-\left(\frac{N_J}{N_y/1.5}\right)^2} \quad \text{（長期）} \\ &\frac{Q_J}{Q_y} \leqq \sqrt{1-\left(\frac{N_J}{N_y}\right)^2} \quad \text{（短期）} \end{aligned}\right\} \qquad (3.3.2)$$

ここに，Q_J は仕口部に存在するせん断力

（c） 第１種保有耐力接合[注1]の確認

第１種保有耐力接合とするために，せん断スパン長に対して次の式によって確認を行う必要がある．

$$L \geqq L_q \quad (L_q：継手部の\,\alpha\,値を満たす最小梁長さ) \tag{3.3.3}$$

ここに，L は梁長さ

（d） 横補剛の検定（第1種保有耐力横補剛[注1]）

部材長が，$L > L_1$ の場合には，次のいずれかに従って梁に横補剛を行う必要がある．

• 均等に横補剛を行う場合：必要な補剛数は次式で求める．

$$n \geqq \frac{L - L_1}{20\, i_y}$$

• 主として梁端部に近い部分に横補剛を行う場合：降伏モーメントを超える曲げモーメントが作用する領域（図-3.3.1）において，L_2 の間隔で横補剛を行う．なお，弾性領域においては，「鋼構造設計規準」（5章式（5.7））に基づいて行う．

なお，$L \leqq L_1$ の場合には，保有耐力横補剛を行う必要はない．

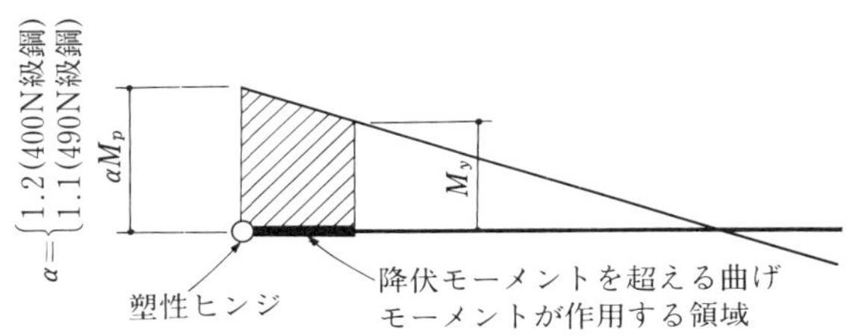

図-3.3.1 梁端の塑性化域

表CS　梁端溶接部諸元表（1/10）

400N級鋼

●仕口部（一般H形鋼）

●鉄骨構造標準接合部委員会SCSS－H97
建設省住宅局建築指導課監修

部材断面寸法	母材 質量 kg/m	母材 軸力 N_{y0} kN	母材 軸力 A_0 cm²	母材 曲げ(強軸) M_{y0} kNm	母材 曲げ(強軸) Z_0 cm³	母材 せん断力 Q_{y0} kN	母材 せん断力 A_{0w} cm²	母材 曲げ(弱軸) M_{y0} kNm	母材 曲げ(弱軸) Z_0 cm³	母材 全塑性モーメント M_{p0} kNm	母材 全塑性モーメント Z_{p0} cm³	母材 その他の諸元 i_x cm	母材 その他の諸元 i_x cm	母材 その他の諸元 i_y^* cm	母材 その他の諸元 η	母材 部材種別 梁 SS材	母材 部材種別 梁 SN材	母材 部材種別 柱 SS材	母材 部材種別 柱 SN材	母材 横補剛長さ L_1 m	母材 横補剛長さ L_2 m	母材 最小スパン m	仕口部 隅肉 S mm	仕口部 曲げモーメント M_y kNm	仕口部 曲げモーメント $_dZ$ cm³	仕口部 せん断力 Q_y kN	仕口部 せん断力 $_dA_W$ cm²	仕口部 軸力 N_y kN	仕口部 軸力 $_dA$ cm²	仕口部 保有耐力 M_u kNm	仕口部 保有耐力 a_J	仕口部 保有耐力 L_q m	仕口呼称
H－100×100×6×8	16.9	507	21.59	17.7	75.6	68.3	5.04	6.28	26.7	20.3	86.4	4.18	2.49	2.75	3.44	FA	FA	FA	FA	4.23	1.62	0.58	5	16.0	68.3	35.8	2.64	438	18.64	30.2	1.4	0.87	CSW－4X－J1010•0609
H－125×125×6.5×9	23.6	705	30.00	31.5	134	94.3	6.955	11.00	46.9	35.7	152	5.29	3.13	3.45	3.84			FA	FA	5.32	2.04	0.70											
H－148×100×6×9	20.7	619	26.35	31.8	135	105.0	7.80	7.06	30.1	36.1	154	6.17	2.39	2.71	4.46	FA	FA	FA	FA	4.07	1.53	0.61	5	28.4	120.0	73.2	5.40	549	23.40	53.3	1.4	0.76	CSW－4X－J1510•0609
H－150×150×7×10	31.1	931	39.65	50.8	216	123.0	9.10	17.60	75.1	57.1	243	6.40	3.77	4.15	4.15			FA	FA	6.41	2.45	0.86											
H－175×175×7.5×11	40.4	1200	51.43	77.7	331	155.0	11.48	26.40	112.0	87.0	370	7.50	4.37	4.80	4.36			FA	FA	7.44	2.75	1.00											
H－200×100×5.5×8	20.9	626	26.67	42.4	181	137.0	10.12	6.28	26.7	48.2	205	8.23	2.24	2.63	6.57	FA	FA	FA	FA	3.81	1.00	0.67	5	35.8	152	85.0	6.27	523	22.27	66.7	1.3	0.87	CSW－4X－J2010•0609
H－194×150×6×9	29.9	895	38.11	63.6	271	143.0	10.56	15.80	67.6	70.7	301	8.30	3.65	4.09	5.87	FA	FA	FA	FA	6.20	1.74	1.01	5	56.9	242	86.2	6.36	783	33.36	104.0	1.4	1.26	CSW－4X－J2015•0609
H－200×200×8×12	49.9	1490	63.53	110.0	472	191.0	14.08	37.60	160.0	123.0	525	8.62	5.02	5.50	4.59			FA	FA	8.54	3.00	1.36											
H－250×125×6×9	29.0	868	36.97	74.5	317	188.0	13.92	11.00	47.0	84.1	358	10.40	2.82	3.30	7.33	FA	FA	FA	FA	4.80	1.13	0.81	5	64.1	272	131.0	9.72	757	32.22	119.0	1.4	0.98	CSW－4X－J2512•0609
H－244×175×7×11	43.6	1300	55.49	116.0	495	210.0	15.54	26.40	112.0	129.0	550	10.40	4.21	4.72	5.99	FA	FA	FA	FA	7.16	1.98	1.17	5	102.0	438	144.0	10.64	1150	49.14	188.0	1.4	1.37	CSW－4X－J2517•0612
H－250×250×9×14	71.8	2140	91.43	202.0	860	271.0	19.98	68.50	292.0	223.0	953	10.80	6.32	6.91	4.93			FA	FA	10.74	3.50	1.61											
H－300×150×6.5×9	36.7	1090	46.78	112.0	481	248.0	18.33	15.90	67.7	127.0	542	12.40	3.29	3.87	8.61	FA	FA	FB	FB	5.60	1.13	1.03	5	94.6	402	186.0	13.78	958	40.78	175.0	1.3	1.05	CSW－4X－J3015•0609
H－294×200×8×12	55.8	1660	71.05	177.0	756	293.0	21.60	37.60	160.0	197.0	842	12.50	4.75	5.38	6.59	FA	FA	FA	FA	8.08	2.05	1.41	6	157.0	671	217.0	16.00	1500	64.00	290.0	1.4	1.40	CSW－4X－J3020•0912
H－300×300×10×15	93.0	2780	118.50	316.0	1350	366.0	27.00	105.00	450.0	348.0	1480	13.10	7.55	8.28	5.52			FB	FA	12.84	3.75	1.99											
H－350×175×7×11	49.4	1470	62.91	181.0	771	311.0	22.96	26.40	112.0	203.0	864	14.60	3.96	4.60	8.35	FA	FA	FC	FC	6.73	1.38	1.37	5	156.0	665	245.0	18.06	1320	56.56	288.0	1.4	1.27	CSW－4X－J3517•0612
H－340×250×9×14	78.1	2330	99.53	293.0	1250	380.0	28.08	68.50	292.0	324.0	1380	14.60	6.05	6.79	6.60	FA	FA	FA	FA	10.30	2.58	1.70	7	266.0	1130	295.0	21.78	2150	91.78	489.0	1.5	1.68	CSW－4X－J3525•0916
H－350×350×12×19	135.0	4030	171.90	535.0	2280	507.0	37.44	182.00	776.0	591.0	2520	15.20	8.89	9.71	5.11			FA	FA	15.12	4.75	2.32											
H－400×200×8×13	65.4	1950	83.37	275.0	1170	405.0	29.92	40.70	174.0	308.0	1310	16.80	4.56	5.29	8.13	FA	FA	FC	FC	7.76	1.63	1.57	6	242.0	1030	329.0	24.32	1790	76.31	447.0	1.4	1.43	CSW－4X－J4020•0912
H－390×300×10×16	105.0	3130	133.30	456.0	1940	485.0	35.80	112.00	480.0	503.0	2140	16.90	7.35	8.19	6.66	FB	FA	FA	FB	12.50	3.08	2.17	8	420.0	1780	390.0	28.80	2930	124.80	772.0	1.5	1.97	CSW－4X－J4030•0916
H－400×400×13×21	172.0	5130	218.70	782.0	3330	631.0	46.54	263.00	1120.0	863.0	3670	17.50	10.10	11.00	5.25			FB	FA	17.21	5.25	2.77											
H－414×405×18×28	232.0	6940	295.40	1050.0	4480	874.0	64.44	360.00	1530.0	1180.0	5030	17.70	10.20	11.20	4.10			FB	FA	17.43	6.67	2.82											
H－428×407×20×35	283.0	8470	360.70	1300.0	5570	971.0	71.60	454.00	1930.0	1480.0	6310	18.20	10.40	11.40	3.42			FA	FA	17.76	6.80	3.19											
H－450×200×9×14	74.9	2240	95.43	343.0	1460	515.0	37.98	43.90	187.0	388.0	1650	18.60	4.43	5.23	8.40	FA	FA	FC	FC	7.53	1.56	1.61	7	299.0	1270	429.0	31.68	2060	87.68	559.0	1.4	1.38	CSW－4X－J4520•0916
H－440×300×11×18	121.0	3610	153.90	584.0	2490	602.0	44.44	126.00	540.0	647.0	2760	18.90	7.26	8.16	6.65	FA	FA	FA	FA	12.34	3.07	2.34	8	535.0	2270	498.0	36.74	3400	144.70	984.0	1.5	1.99	CSW－4X－J4530•1219
H－500×200×10×16	88.1	2630	112.30	440.0	1870	634.0	46.80	50.20	214.0	500.0	2130	20.40	4.36	5.20	8.13	FA	FA	FC	FC	7.42	1.60	1.68	8	384.0	1630	539.0	39.80	2430	103.80	722.0	1.4	1.42	CSW－4X－J5020•0916
H－488×300×11×18	125.0	3740	159.20	663.0	2820	674.0	49.72	126.00	540.0	736.0	3130	20.80	7.14	8.10	7.32	FA	FA	FA	FB	12.14	2.77	2.45	8	603.0	2560	570.0	42.02	3520	150.00	1110.0	1.5	1.98	CSW－4X－J5030•1219
H－600×200×11×17	103.0	3090	131.70	591.0	2520	844.0	62.26	53.40	227.0	682.0	2900	24.00	4.16	5.09	8.98	FA	FA	FD	FD	7.07	1.42	1.76	8	504.0	2140	740.0	54.56	2880	122.50	953.0	1.3	1.41	CSW－4X－J6020•1216
H－588×300×12×20	147.0	4390	187.20	914.0	3890	892.0	65.76	141.00	601.0	1020.0	4350	24.70	6.94	8.01	7.85	FA	FA	FC	FB	11.80	2.56	2.53	9	827.0	3520	778.0	57.36	4160	177.30	1530.0	1.4	2.01	CSW－4X－J6030•1219
H－700×300×13×24	182.0	5440	231.50	1320.0	5640	1150.0	84.76	169.00	721.0	1480.0	6340	29.20	6.83	7.95	7.73	FA	FA	FD	FD	11.62	2.58	2.96	10	1190.0	5080	1020.0	75.65	5160	219.60	2220.0	1.4	2.22	CSW－4X－J7030•1425
H－800×300×14×26	207.0	6190	263.50	1680.0	7160	1420.0	104.70	183.00	781.0	1900.0	8100	33.00	6.67	7.87	8.08	FA	FA	FD	FD	11.34	2.44	3.02	10	1490.0	6370	1280.0	94.92	5890	250.90	2790.0	1.4	2.26	CSW－4X－J8030•1425
H－890×299×15×23	210.0	6270	266.90	1780.0	7610	1710.0	126.60	161.00	687.0	2050.0	8750	35.60	6.20	7.59	9.83	FA	FA	FD	FD	10.55	1.94	2.78	11	1540.0	6580	1570.0	116.10	5960	253.60	2920.0	1.4	2.00	CSW－4X－J9030•1622
H－900×300×16×28	240.0	7180	305.80	2110.0	8990	1830.0	135.00	197.00	842.0	2410.0	10300	36.40	6.43	7.75	8.31	FA	FA	FD	FD	10.93	2.34	3.07	12	1860.0	7930	1680.0	123.80	6850	291.80	3510.0	1.4	2.20	CSW－4X－J9030•1628
H－912×302×18×34	283.0	8460	360.10	2530.0	10800	2060.0	151.90	243.00	1040.0	2890.0	12300	36.90	6.59	7.90	7.01	FA	FA	FC	FC	11.21	2.82	3.02	K開先	2390.0	10200	1890.0	139.30	8090	344.60	4680.0	1.6	2.35	CSW－4X－J9030•1934
H－918×303×19×37	304.0	9100	387.40	2740.0	11700	2170.0	160.40	266.00	1140.0	3140.0	13400	37.20	6.67	7.96	6.52	FA	FA	FB	FB	11.34	3.06	3.10	K開先	2600.0	11000	1990.0	147.00	8720	371.20	5080.0	1.6	2.41	CSW－4X－J9030•1937

表CS 梁端溶接部諸元表 (2/10)

●仕口部 (定形H形鋼)

400N級鋼

●鉄骨構造標準接合部委員会SCSS－H97
建設省住宅局建築指導課監修

部材断面寸法	母材 質量 kg/m	軸力 N_{y0} kN	軸力 A_0 cm²	曲げ(強軸) M_{y0} kNm	曲げ(強軸) Z_0 cm³	せん断力 Q_{y0} kN	せん断力 A_{0w} cm²	曲げ(弱軸) M_{y0} kNm	曲げ(弱軸) Z_0 cm³	全塑性モーメント M_{p0} kNm	全塑性モーメント Z_{p0} cm³	その他の諸元 i_x cm	その他の諸元 i_x cm	その他の諸元 i_y^* cm	その他の諸元 η	部材種別 梁 SS材	部材種別 梁 SN材	部材種別 柱 SS材	部材種別 柱 SN材	横補剛長さ L_1 m	横補剛長さ L_2 m	最小スパン m	仕口部 隅肉 S mm	曲げモーメント M_y kNm	曲げモーメント $_dZ$ cm³	せん断力 Q_y kN	せん断力 $_dA_W$ cm²	軸力 N_y kN	軸力 $_dA$ cm²	保有耐力 M_u kNm	保有耐力 a_J	保有耐力 L_q m	仕口呼称
H－400×200×9×12	65.4	1950	83.29	265.0	1130	459.0	33.84	37.60	160.0	299.0	1280	16.50	4.39	5.20	8.66	FA	FA	FA	FB	7.46	1.50	1.34	7	228.0	971	373.0	27.54	1770	75.53	425.0	1.4	1.23	CSW－4X－T4020•0912
H－400×200×9×16	77.4	2310	98.57	326.0	1390	449.0	33.12	50.20	214.0	366.0	1560	16.80	4.66	5.35	6.69	FA	FA	FA	FA	7.92	2.00	1.69	7	292.0	1240	363.0	26.82	2130	90.82	542.0	1.4	1.54	CSW－4X－T4020•0916
H－400×200×9×19	86.4	2580	110.00	371.0	1580	442.0	32.58	59.60	254.0	415.0	1770	17.00	4.80	5.43	5.71	FA	FA	FA	FA	8.17	2.38	1.96	7	338.0	1430	356.0	26.28	2400	102.20	627.0	1.5	1.79	CSW－4X－T4020•0919
H－400×200×9×22	95.4	2850	121.50	414.0	1760	434.0	32.04	69.00	294.0	463.0	1970	17.00	4.92	5.49	4.99	FA	FA	FA	FA	8.36	2.75	2.24	7	382.0	1620	349.0	25.74	2670	113.70	712.0	1.5	2.03	CSW－4X－T4020•0922
H－400×200×12×22	104.0	3100	132.20	428.0	1820	579.0	42.72	69.00	294.0	486.0	2070	16.60	4.72	5.41	4.92	FA	FA	FA	FA	8.02	2.75	1.76	9	386.0	1640	465.0	34.32	2870	122.30	725.0	1.4	1.60	CSW－4X－T4020•1222
H－450×200×9×12	68.9	2060	87.79	307.0	1310	520.0	38.34	37.60	160.0	350.0	1490	18.30	4.27	5.13	9.62	FA	FA	FC	FC	7.27	1.34	1.44	7	262.0	1110	434.0	32.04	1880	80.03	492.0	1.4	1.24	CSW－4X－T4520•0912
H－450×200×9×16	80.9	2420	103.10	378.0	1610	510.0	37.62	50.20	214.0	425.0	1810	18.80	4.55	5.30	7.45	FA	FA	FC	FC	7.75	1.78	1.79	7	335.0	1420	424.0	31.32	2240	95.32	624.0	1.4	1.54	CSW－4X－T4520•0916
H－450×200×9×19	89.9	2690	114.50	429.0	1830	503.0	37.08	59.60	254.0	481.0	2050	19.00	4.71	5.38	6.37	FA	FA	FC	FB	8.01	2.12	2.07	7	388.0	1650	417.0	30.78	2500	106.70	721.0	1.4	1.77	CSW－4X－T4520•0919
H－450×200×9×22	98.9	2960	126.00	479.0	2040	495.0	36.54	69.00	294.0	536.0	2280	19.10	4.83	5.44	5.57	FA	FA	FC	FB	8.21	2.45	2.35	7	439.0	1870	410.0	30.24	2770	118.20	817.0	1.5	2.00	CSW－4X－T4520•0922
H－450×200×12×16	90.8	2710	115.60	397.0	1690	680.0	50.16	50.30	214.0	456.0	1940	18.10	4.30	5.18	7.28	FA	FA	FA	FA	7.32	1.78	1.44	9	341.0	1450	566.0	41.76	2480	105.70	644.0	1.4	1.24	CSW－4X－T4520•1216
H－450×200×12×19	99.6	2980	126.90	448.0	1910	670.0	49.44	59.70	254.0	511.0	2180	18.40	4.47	5.28	6.26	FA	FA	FA	FA	7.61	2.12	1.65	9	394.0	1670	556.0	41.04	2750	117.00	741.0	1.4	1.41	CSW－4X－T4520•1219
H－450×200×12×22	108.0	3240	138.20	497.0	2120	661.0	48.72	69.00	294.0	565.0	2410	18.60	4.61	5.36	5.48	FA	FA	FA	FA	7.85	2.45	1.86	9	445.0	1890	547.0	40.32	3010	128.30	836.0	1.4	1.58	CSW－4X－T4520•1222
H－450×200×12×25	117.0	3510	149.50	544.0	2320	651.0	48.00	78.40	334.0	618.0	2630	18.70	4.73	5.42	4.88	FA	FA	FA	FA	8.04	2.78	2.08	9	494.0	2100	537.0	39.60	3280	139.60	930.0	1.5	1.76	CSW－4X－T4520•1225
H－450×250×9×12	78.3	2340	99.79	367.0	1570	520.0	38.34	58.80	250.0	411.0	1750	18.80	5.60	6.55	9.83	FB	FA	FC	FC	9.52	1.67	1.69	7	323.0	1370	434.0	32.04	2160	92.03	598.0	1.4	1.45	CSW－4X－T4525•0912
H－450×250×9×16	93.5	2790	119.10	457.0	1950	510.0	37.62	78.30	334.0	507.0	2160	19.20	5.92	6.73	7.57	FA	FA	FC	FC	10.07	2.23	2.13	7	414.0	1760	424.0	31.32	2610	111.30	763.0	1.5	1.83	CSW－4X－T4525•0916
H－450×250×9×19	105.0	3130	133.50	522.0	2220	503.0	37.08	93.00	396.0	577.0	2460	19.30	6.09	6.82	6.46	FA	FA	FC	FB	10.36	2.64	2.48	7	480.0	2040	417.0	30.78	2950	125.70	885.0	1.5	2.12	CSW－4X－T4525•0919
H－450×250×9×22	116.0	3470	148.00	585.0	2490	495.0	36.54	107.00	459.0	647.0	2750	19.50	6.22	6.88	5.63	FA	FA	FC	FB	10.59	3.06	2.84	7	545.0	2320	410.0	30.24	3290	140.20	1000.0	1.5	2.41	CSW－4X－T4525•0922
H－450×250×12×22	126.0	3760	160.20	602.0	2560	661.0	48.72	107.00	459.0	676.0	2880	19.00	5.98	6.79	5.56	FA	FA	FA	FA	10.18	3.06	2.22	9	550.0	2340	547.0	40.32	3530	150.30	1020.0	1.5	1.89	CSW－4X－T4525•1222
H－450×250×12×25	137.0	4090	174.50	662.0	2820	651.0	48.00	122.00	521.0	743.0	3160	19.10	6.11	6.86	4.94	FA	FA	FA	FA	10.40	3.48	2.50	9	612.0	2600	537.0	39.60	3860	164.60	1140.0	1.5	2.12	CSW－4X－T4525•1225
H－450×250×12×28	148.0	4430	188.70	721.0	3070	641.0	47.28	137.00	584.0	810.0	3450	19.10	6.22	6.91	4.44	FA	FA	FA	FA	10.58	3.89	2.78	9	673.0	2860	527.0	38.88	4200	178.80	1250.0	1.5	2.35	CSW－4X－T4525•1228
H－500×200×9×12	72.4	2160	92.29	352.0	1500	581.0	42.84	37.60	160.0	403.0	1720	20.20	4.17	5.07	10.60	FA	FA	FD	FD	7.09	1.20	1.47	7	298.0	1270	495.0	36.54	1980	84.53	562.0	1.3	1.25	CSW－4X－T5020•0912
H－500×200×9×16	84.4	2520	107.60	431.0	1840	571.0	42.12	50.20	214.0	487.0	2080	20.70	4.46	5.25	8.20	FA	FA	FD	FD	7.58	1.60	1.82	7	380.0	1610	485.0	35.82	2340	99.82	710.0	1.4	1.54	CSW－4X－T5020•0916
H－500×200×9×19	93.4	2790	119.00	490.0	2090	564.0	41.58	59.60	254.0	550.0	2340	20.90	4.62	5.34	7.02	FA	FA	FD	FD	7.85	1.90	2.09	7	440.0	1870	478.0	35.28	2610	111.20	818.0	1.4	1.76	CSW－4X－T5020•0919
H－500×200×9×22	102.0	3060	130.50	546.0	2330	556.0	41.04	69.00	294.0	611.0	2600	21.10	4.74	5.40	6.14	FA	FA	FD	FD	8.07	2.20	2.37	7	498.0	2120	471.0	34.74	2880	122.70	926.0	1.5	1.99	CSW－4X－T5020•0922
H－500×200×12×16	95.5	2850	121.60	456.0	1940	761.0	56.16	50.30	214.0	526.0	2240	20.00	4.20	5.12	7.99	FA	FA	FA	FA	7.14	1.60	1.42	9	388.0	1650	647.0	47.76	2620	111.70	735.0	1.3	1.25	CSW－4X－T5020•1216
H－500×200×12×19	104.0	3120	132.90	513.0	2180	752.0	55.44	59.70	254.0	587.0	2500	20.30	4.37	5.23	6.88	FA	FA	FA	FA	7.44	1.90	1.62	9	447.0	1900	638.0	47.04	2890	123.00	844.0	1.4	1.41	CSW－4X－T5020•1219
H－500×200×12×22	113.0	3380	144.20	568.0	2420	742.0	54.72	69.10	294.0	648.0	2760	20.50	4.52	5.31	6.03	FA	FA	FA	FA	7.68	2.20	1.82	9	505.0	2150	628.0	46.32	3150	134.30	950.0	1.4	1.58	CSW－4X－T5020•1222
H－500×200×12×25	122.0	3650	155.50	623.0	2650	732.0	54.00	78.50	334.0	708.0	3010	20.60	4.64	5.38	5.38	FA	FA	FA	FA	7.89	2.50	2.02	9	562.0	2390	618.0	45.60	3420	145.60	1050.0	1.4	1.75	CSW－4X－T5020•1225
H－500×250×9×12	81.9	2450	104.30	419.0	1780	581.0	42.84	58.80	250.0	471.0	2010	20.70	5.48	6.49	10.80	FB	FA	FD	FD	9.32	1.50	1.72	7	365.0	1550	495.0	36.54	2260	96.53	679.0	1.4	1.46	CSW－4X－T5025•0912
H－500×250×9×16	97.0	2900	123.60	520.0	2210	571.0	42.12	78.40	334.0	578.0	2460	21.20	5.81	6.67	8.34	FA	FA	FD	FD	9.88	2.00	2.16	7	468.0	1990	485.0	35.82	2720	115.80	864.0	1.4	1.82	CSW－4X－T5025•0916
H－500×250×9×19	108.0	3240	138.00	593.0	2530	564.0	41.58	93.00	396.0	657.0	2800	21.40	5.99	6.77	7.13	FA	FA	FD	FD	10.19	2.38	2.50	7	543.0	2310	478.0	35.28	3060	130.20	1000.0	1.5	2.10	CSW－4X－T5025•0919
H－500×250×9×22	120.0	3580	152.50	664.0	2830	556.0	41.04	107.00	459.0	735.0	3130	21.50	6.13	6.84	6.22	FA	FA	FD	FD	10.43	2.75	2.84	7	616.0	2620	471.0	34.74	3400	144.70	1130.0	1.5	2.39	CSW－4X－T5025•0922
H－500×250×12×22	130.0	3900	166.20	687.0	2920	742.0	54.72	107.00	459.0	772.0	3290	21.00	5.88	6.74	6.13	FA	FA	FA	FA	9.99	2.75	2.16	9	623.0	2650	628.0	46.32	3670	156.30	1160.0	1.5	1.88	CSW－4X－T5025•1222
H－500×250×12×25	142.0	4240	180.50	755.0	3220	732.0	54.00	122.00	521.0	847.0	3610	21.10	6.01	6.81	5.45	FA	FA	FA	FA	10.22	3.13	2.42	9	694.0	2950	618.0	45.60	4000	170.60	1290.0	1.5	2.10	CSW－4X－T5025•1225
H－500×250×12×28	153.0	4570	194.70	822.0	3500	722.0	53.28	137.00	584.0	922.0	3930	21.20	6.12	6.87	4.90	FA	FA	FA	FA	10.41	3.50	2.68	9	763.0	3240	608.0	44.88	4340	184.80	1420.0	1.5	2.32	CSW－4X－T5025•1228
H－550×200×9×12	76.0	2270	96.79	398.0	1700	642.0	47.34	37.60	160.0	458.0	1950	22.00	4.07	5.01	11.50	FA	FA	FD	FD	6.93	1.10	1.55	7	335.0	1420	556.0	41.04	2090	89.03	635.0	1.3	1.26	CSW－4X－T5520•0912
H－550×200×9×16	88.0	2630	112.10	487.0	2070	632.0	46.62	50.20	214.0	552.0	2350	22.60	4.37	5.20	8.93	FA	FA	FD	FD	7.43	1.46	1.90	7	426.0	1810	547.0	40.32	2450	104.30	798.0	1.4	1.55	CSW－4X－T5520•0916
H－550×200×9×19	97.0	2900	123.50	551.0	2350	625.0	46.08	59.60	254.0	621.0	2640	22.90	4.53	5.29	7.66	FA	FA	FD	FD	7.71	1.73	2.18	7	493.0	2090	539.0	39.78	2720	115.70	918.0	1.4	1.76	CSW－4X－T5520•0919
H－550×200×9×22	106.0	3170	135.00	615.0	2620	617.0	45.54	69.00	294.0	689.0	2940	23.10	4.66	5.36	6.71	FA	FA	FD	FD	7.93	2.00	2.46	7	557.0	2370	532.0	39.24	2990	127.20	1030.0	1.5	1.98	CSW－4X－T5520•0922

表CS　梁端溶接部諸元表（3/10）

400N級鋼

●仕口部（定形H形鋼）

●鉄骨構造標準接合部委員会SCSS－H97
建設省住宅局建築指導課監修

部材断面寸法	母材 質量	母材 軸力		母材 曲げ(強軸)		母材 せん断力		母材 曲げ(弱軸)		母材 全塑性モーメント		母材 その他の諸元				母材 部材種別 梁		母材 部材種別 柱		母材 横補剛長さ		母材 最小スパン	仕口部 隅肉	仕口部 曲げモーメント		仕口部 せん断力		仕口部 軸力		仕口部 保有耐力			仕口呼称
	kg/m	N_{y0} kN	A_0 cm²	M_{y0} kNm	Z_0 cm³	Q_{y0} kN	A_{0w} cm²	M_{y0} kNm	Z_0 cm³	M_{p0} kNm	Z_{p0} cm³	i_x cm	i_x cm	$i_y{}^*$ cm	η	SS材	SN材	SS材	SN材	L_1 m	L_2 m	m	S mm	M_y kNm	$_dZ$ cm³	Q_y kN	$_dA_W$ cm²	N_y kN	$_dA$ cm²	M_u kNm	a_J	L_q m	
H－550×200×12×16	100.0	2990	127.60	516.0	2200	843.0	62.16	50.30	214.0	599.0	2550	21.80	4.10	5.06	8.69	FA	FA	FB	FB	6.97	1.46	1.51	9	436.0	1850	729.0	53.76	2760	117.70	831.0	1.3	1.26	CSW－4X－T5520•1216
H－550×200×12×19	109.0	3260	138.90	580.0	2470	833.0	61.44	59.70	254.0	667.0	2840	22.10	4.28	5.17	7.48	FA	FA	FA	FB	7.28	1.73	1.71	9	503.0	2140	719.0	53.04	3030	129.00	950.0	1.4	1.42	CSW－4X－T5520•1219
H－550×200×12×22	118.0	3520	150.20	642.0	2740	823.0	60.72	69.10	294.0	734.0	3130	22.40	4.43	5.26	6.57	FA	FA	FA	FA	7.53	2.00	1.91	9	567.0	2410	709.0	52.32	3290	140.30	1060.0	1.4	1.59	CSW－4X－T5520•1222
H－550×200×12×25	127.0	3790	161.50	703.0	2990	814.0	60.00	78.50	334.0	801.0	3410	22.60	4.55	5.33	5.86	FA	FA	FA	FA	7.74	2.28	2.12	9	630.0	2680	700.0	51.60	3560	151.60	1180.0	1.4	1.75	CSW－4X－T5520•1225
H－550×250×9×12	85.4	2550	108.80	472.0	2010	642.0	47.34	58.80	250.0	534.0	2270	22.50	5.36	6.42	11.80	FB	FA	FD	FD	9.12	1.37	1.80	7	409.0	1740	556.0	41.04	2370	101.00	764.0	1.4	1.47	CSW－4X－T5525•0912
H－550×250×9×16	101.0	3000	128.10	584.0	2490	632.0	46.62	78.40	334.0	652.0	2780	23.10	5.71	6.62	9.10	FA	FA	FD	FD	9.71	1.82	2.25	7	524.0	2220	547.0	40.32	2820	120.30	969.0	1.4	1.83	CSW－4X－T5525•0916
H－550×250×9×19	112.0	3340	142.50	666.0	2840	625.0	46.08	93.00	396.0	739.0	3150	23.40	5.89	6.72	7.78	FA	FA	FD	FD	10.03	2.16	2.59	7	607.0	2580	539.0	39.78	3160	134.70	1120.0	1.5	2.10	CSW－4X－T5525•0919
H－550×250×9×22	123.0	3680	157.00	746.0	3180	617.0	45.54	107.00	459.0	826.0	3520	23.60	6.04	6.80	6.80	FA	FA	FD	FD	10.28	2.50	2.94	7	689.0	2930	532.0	39.24	3500	149.20	1270.0	1.5	2.38	CSW－4X－T5525•0922
H－550×250×12×22	135.0	4040	172.20	773.0	3290	823.0	60.72	107.00	459.0	871.0	3710	22.90	5.77	6.69	6.69	FA	FA	FA	FB	9.82	2.50	2.26	9	698.0	2970	709.0	52.32	3810	162.30	1300.0	1.4	1.88	CSW－4X－T5525•1222
H－550×250×12×25	146.0	4380	186.50	850.0	3620	814.0	60.00	122.00	522.0	955.0	4070	23.10	5.91	6.76	5.95	FA	FA	FA	FA	10.06	2.85	2.52	9	777.0	3310	700.0	51.60	4150	176.60	1440.0	1.5	2.09	CSW－4X－T5525•1225
H－550×250×12×28	158.0	4710	200.70	926.0	3940	804.0	59.28	137.00	584.0	1030.0	4420	23.20	6.03	6.82	5.36	FA	FA	FA	FA	10.26	3.19	2.79	9	855.0	3630	690.0	50.88	4480	190.80	1590.0	1.5	2.30	CSW－4X－T5525•1228
H－600×200×9×12	79.5	2380	101.30	446.0	1900	703.0	51.84	37.70	160.0	516.0	2200	23.70	3.98	4.95	12.40	FB	FA	FD	FD	6.77	1.00	1.54	7	373.0	1580	617.0	45.54	2190	93.53	710.0	1.3	1.28	CSW－4X－T6020•0912
H－600×200×9×16	91.5	2730	116.60	544.0	2320	693.0	51.12	50.20	214.0	619.0	2640	24.40	4.28	5.15	9.65	FB	FA	FD	FD	7.28	1.34	1.88	7	473.0	2010	608.0	44.82	2550	108.80	889.0	1.4	1.56	CSW－4X－T6020•0916
H－600×200×9×19	101.0	3000	128.00	615.0	2620	686.0	50.58	59.60	254.0	695.0	2960	24.80	4.45	5.25	8.29	FB	FA	FD	FD	7.57	1.59	2.14	7	546.0	2320	600.0	44.28	2820	120.20	1020.0	1.4	1.77	CSW－4X－T6020•0919
H－600×200×9×22	110.0	3270	139.50	685.0	2920	678.0	50.04	69.00	294.0	770.0	3280	25.00	4.59	5.33	7.26	FB	FA	FD	FD	7.81	1.84	2.40	7	618.0	2630	593.0	43.74	3090	131.70	1150.0	1.4	1.99	CSW－4X－T6020•0922
H－600×200×12×16	105.0	3130	133.60	580.0	2470	924.0	68.16	50.30	214.0	676.0	2880	23.50	4.00	5.00	9.37	FA	FA	FC	FC	6.81	1.34	1.59	9	486.0	2070	810.0	59.76	2900	123.70	929.0	1.3	1.28	CSW－4X－T6020•1216
H－600×200×12×19	114.0	3400	144.90	650.0	2770	915.0	67.44	59.70	254.0	750.0	3200	23.90	4.19	5.12	8.08	FA	FA	FC	FC	7.13	1.59	1.79	9	559.0	2380	801.0	59.04	3170	135.00	1060.0	1.4	1.44	CSW－4X－T6020•1219
H－600×200×12×22	123.0	3670	156.20	719.0	3060	905.0	66.72	69.10	294.0	824.0	3510	24.20	4.34	5.21	7.11	FA	FA	FC	FC	7.38	1.84	2.00	9	630.0	2680	791.0	58.32	3430	146.30	1190.0	1.4	1.60	CSW－4X－T6020•1222
H－600×200×12×25	131.0	3930	167.50	786.0	3350	895.0	66.00	78.50	334.0	898.0	3820	24.50	4.47	5.29	6.34	FA	FA	FC	FB	7.60	2.09	2.21	9	700.0	2980	781.0	57.60	3700	157.60	1310.0	1.4	1.76	CSW－4X－T6020•1225
H－600×200×12×28	140.0	4200	178.70	852.0	3630	885.0	65.28	87.90	374.0	970.0	4130	24.70	4.58	5.35	5.73	FA	FA	FC	FB	7.78	2.34	2.43	9	768.0	3270	771.0	56.88	3960	168.80	1440.0	1.4	1.93	CSW－4X－T6020•1228
H－600×250×9×16	104.0	3110	132.60	651.0	2770	693.0	51.12	78.40	334.0	729.0	3100	25.00	5.61	6.57	9.86	FB	FA	FD	FD	9.54	1.67	2.21	7	580.0	2470	608.0	44.82	2930	124.80	1070.0	1.4	1.84	CSW－4X－T6025•0916
H－600×250×9×19	115.0	3450	147.00	741.0	3150	686.0	50.58	93.10	396.0	825.0	3510	25.40	5.80	6.68	8.43	FB	FA	FD	FD	9.87	1.98	2.53	7	672.0	2860	600.0	44.28	3270	139.20	1240.0	1.5	2.10	CSW－4X－T6025•0919
H－600×250×12×19	129.0	3850	163.90	776.0	3300	915.0	67.44	93.10	397.0	880.0	3750	24.60	5.50	6.54	8.26	FA	FA	FC	FC	9.35	1.98	2.10	9	685.0	2910	801.0	59.04	3610	154.00	1280.0	1.4	1.68	CSW－4X－T6025•1219
H－600×250×12×22	140.0	4180	178.20	863.0	3670	905.0	66.72	107.00	459.0	974.0	4150	24.90	5.68	6.64	7.24	FA	FA	FC	FC	9.65	2.30	2.36	9	774.0	3290	791.0	58.32	3950	168.30	1440.0	1.4	1.89	CSW－4X－T6025•1222
H－600×250×12×25	151.0	4520	192.50	948.0	4040	895.0	66.00	122.00	522.0	1060.0	4540	25.10	5.82	6.72	6.45	FA	FA	FC	FB	9.90	2.61	2.63	9	862.0	3670	781.0	57.60	4290	182.60	1600.0	1.5	2.09	CSW－4X－T6025•1225
H－600×250×12×28	162.0	4850	206.70	1030.0	4390	885.0	65.28	137.00	584.0	1150.0	4930	25.20	5.94	6.78	5.81	FA	FA	FC	FB	10.11	2.92	2.90	9	948.0	4030	771.0	56.88	4620	196.80	1760.0	1.5	2.30	CSW－4X－T6025•1228
H－600×300×9×19	130.0	3900	166.00	866.0	3690	686.0	50.58	134.00	570.0	954.0	4060	25.80	7.18	8.11	8.54	FB	FA	FD	FD	12.21	2.38	2.93	7	798.0	3390	600.0	44.28	3710	158.20	1460.0	1.5	2.43	CSW－4X－T6030•0919
H－600×300×12×19	144.0	4290	182.90	901.0	3840	915.0	67.44	134.00	571.0	1010.0	4300	25.10	6.84	7.96	8.38	FA	FA	FC	FC	11.63	2.38	2.41	9	810.0	3450	801.0	59.04	4060	173.00	1500.0	1.4	1.93	CSW－4X－T6030•1219
H－600×300×12×22	157.0	4700	200.20	1000.0	4290	905.0	66.72	155.00	661.0	1120.0	4780	25.30	7.04	8.07	7.33	FA	FA	FC	FC	11.97	2.75	2.72	9	918.0	3910	791.0	58.32	4470	190.30	1690.0	1.5	2.17	CSW－4X－T6030•1222
H－600×300×12×25	171.0	5110	217.50	1110.0	4730	895.0	66.00	176.00	751.0	1230.0	5260	25.50	7.20	8.15	6.52	FA	FA	FC	FB	12.24	3.13	3.04	9	1020.0	4350	781.0	57.60	4870	207.60	1890.0	1.5	2.42	CSW－4X－T6030•1225
H－600×300×12×28	184.0	5510	234.70	1210.0	5160	885.0	65.28	197.00	841.0	1340.0	5730	25.70	7.33	8.22	5.87	FA	FA	FC	FB	12.46	3.50	3.37	9	1120.0	4790	771.0	56.88	5280	224.80	2080.0	1.5	2.67	CSW－4X－T6030•1228
H－650×200×9×12	83.0	2480	105.80	496.0	2110	764.0	56.34	37.70	160.0	577.0	2460	25.50	3.89	4.90	13.30	FC	FC	FD	FD	6.63	0.93	1.61	7	412.0	1750	678.0	50.04	2300	98.03	789.0	1.3	1.30	CSW－4X－T6520•0912
H－650×200×9×16	95.0	2840	121.10	602.0	2570	754.0	55.62	50.20	214.0	689.0	2930	26.20	4.20	5.10	10.40	FC	FC	FD	FD	7.15	1.24	1.96	7	521.0	2220	669.0	49.32	2660	113.30	983.0	1.4	1.58	CSW－4X－T6520•0916
H－650×200×9×19	104.0	3110	132.50	681.0	2900	747.0	55.08	59.60	254.0	771.0	3280	26.70	4.38	5.21	8.91	FC	FC	FD	FD	7.44	1.47	2.22	7	601.0	2560	661.0	48.78	2930	124.70	1120.0	1.4	1.79	CSW－4X－T6520•0919
H－650×200×9×22	113.0	3380	144.00	757.0	3220	739.0	54.54	69.00	294.0	853.0	3630	27.00	4.52	5.29	7.81	FC	FC	FD	FD	7.68	1.70	2.49	7	680.0	2890	654.0	48.24	3200	136.20	1260.0	1.4	2.00	CSW－4X－T6520•0922
H－650×200×12×16	110.0	3280	139.60	645.0	2750	1000.0	74.16	50.30	214.0	756.0	3220	25.30	3.92	4.94	10.00	FA	FA	FD	FD	6.67	1.24	1.67	9	537.0	2280	892.0	65.76	3040	129.70	1030.0	1.3	1.30	CSW－4X－T6520•1216
H－650×200×12×19	118.0	3540	150.90	722.0	3070	996.0	73.44	59.70	254.0	837.0	3570	25.70	4.11	5.07	8.66	FA	FA	FD	FD	6.98	1.47	1.88	9	617.0	2620	882.0	65.04	3310	141.00	1170.0	1.4	1.46	CSW－4X－T6520•1219
H－650×200×12×22	127.0	3810	162.20	797.0	3400	986.0	72.72	69.10	294.0	918.0	3910	26.10	4.26	5.16	7.63	FA	FA	FD	FD	7.25	1.70	2.09	9	695.0	2960	872.0	64.32	3570	152.30	1310.0	1.4	1.61	CSW－4X－T6520•1222
H－650×200×12×25	136.0	4070	173.50	871.0	3710	976.0	72.00	78.50	334.0	998.0	4250	26.40	4.39	5.24	6.81	FA	FA	FD	FD	7.47	1.93	2.30	9	772.0	3280	862.0	63.60	3840	163.60	1450.0	1.4	1.77	CSW－4X－T6520•1225
H－650×200×12×28	145.0	4340	184.70	944.0	4020	967.0	71.28	87.90	374.0	1070.0	4580	26.60	4.50	5.31	6.16	FA	FA	FD	FD	7.66	2.16	2.52	9	847.0	3600	853.0	62.88	4100	174.80	1590.0	1.4	1.93	CSW－4X－T6520•1228

表CS　梁端溶接部諸元表（4/10）

400N級鋼

●仕口部（定形H形鋼）

●鉄骨構造標準接合部委員会SCSS－H97
建設省住宅局建築指導課監修

部材断面寸法	質量	母材 軸力		曲げ(強軸)		せん断力		曲げ(弱軸)		全塑性モーメント		その他の諸元				部材種別 梁		部材種別 柱		横補剛長さ		最小スパン	仕口部 隅肉	曲げモーメント		せん断力		軸力		保有耐力			仕口呼称
	kg/m	N_{y0} kN	A_0 cm²	M_{y0} kNm	Z_0 cm³	Q_{y0} kN	A_{0w} cm²	M_{y0} kNm	Z_0 cm³	M_{p0} kNm	Z_{p0} cm³	i_x cm	i_x cm	i_y^* cm	η	SS材	SN材	SS材	SN材	L_1 m	L_2 m	m	S mm	M_y kNm	$_dZ$ cm³	Q_y kN	$_dA_W$ cm²	N_y kN	$_dA$ cm²	M_u kNm	a_J	L_q m	
H－650×250×9×16	108.0	3220	137.10	719.0	3060	754.0	55.62	78.40	334.0	808.0	3440	26.90	5.52	6.52	10.60	FC	FC	FD	FD	9.38	1.54	2.29	7	638.0	2710	669.0	49.32	3030	129.30	1180.0	1.4	1.85	CSW－4X－T6525•0916
H－650×250×9×19	119.0	3560	151.50	817.0	3480	747.0	55.08	93.10	396.0	912.0	3880	27.30	5.72	6.63	9.08	FC	FC	FD	FD	9.72	1.83	2.62	7	738.0	3140	661.0	48.78	3370	143.70	1360.0	1.4	2.11	CSW－4X－T6525•0919
H－650×250×12×19	133.0	3990	169.90	859.0	3660	996.0	73.44	93.20	397.0	978.0	4160	26.40	5.40	6.48	8.87	FA	FA	FD	FD	9.19	1.83	2.19	9	754.0	3210	882.0	65.04	3760	160.00	1410.0	1.4	1.70	CSW－4X－T6525•1219
H－650×250×12×22	145.0	4320	184.20	954.0	4060	986.0	72.72	107.00	459.0	1080.0	4600	26.80	5.58	6.59	7.78	FA	FA	FD	FD	9.49	2.12	2.45	9	852.0	3620	872.0	64.32	4090	174.30	1590.0	1.4	1.90	CSW－4X－T6525•1222
H－650×250×12×25	156.0	4660	198.50	1040.0	4460	976.0	72.00	122.00	522.0	1180.0	5030	27.00	5.73	6.67	6.94	FA	FA	FD	FD	9.75	2.41	2.72	9	948.0	4030	862.0	63.60	4430	188.60	1760.0	1.4	2.10	CSW－4X－T6525•1225
H－650×250×12×28	167.0	4990	212.70	1140.0	4850	967.0	71.28	137.00	584.0	1280.0	5460	27.20	5.86	6.74	6.26	FA	FA	FD	FD	9.96	2.70	3.00	9	1040.0	4430	853.0	62.88	4760	202.80	1940.0	1.5	2.30	CSW－4X－T6525•1228
H－700×200×9×12	87.6	2620	111.60	557.0	2370	825.0	60.84	37.70	161.0	651.0	2770	27.30	3.79	4.80	14.00	FD	FD	FD	FD	6.45	0.86	1.63	7	452.0	1920	739.0	54.54	2400	102.50	870.0	1.3	1.35	CSW－4X－T7020•0912
H－700×200×9×16	99.6	2980	126.90	673.0	2860	815.0	60.12	50.20	214.0	771.0	3280	28.10	4.11	5.02	11.00	FD	FD	FD	FD	6.99	1.15	1.97	7	571.0	2420	730.0	53.82	2760	117.80	1070.0	1.3	1.62	CSW－4X－T7020•0916
H－700×200×9×19	109.0	3250	138.40	757.0	3220	808.0	59.58	59.60	254.0	861.0	3660	28.60	4.28	5.13	9.45	FD	FD	FD	FD	7.29	1.36	2.22	7	658.0	2800	722.0	53.28	3030	129.20	1230.0	1.4	1.82	CSW－4X－T7020•0919
H－700×200×9×22	118.0	3520	149.80	841.0	3580	801.0	59.04	69.00	294.0	949.0	4040	28.90	4.43	5.22	8.30	FD	FD	FD	FD	7.54	1.58	2.48	7	743.0	3160	715.0	52.74	3300	140.70	1380.0	1.4	2.03	CSW－4X－T7020•0922
H－700×200×12×22	133.0	3980	169.50	888.0	3780	1060.0	78.72	69.20	295.0	1020.0	4360	27.90	4.17	5.09	8.10	FA	FA	FD	FD	7.09	1.58	2.11	9	761.0	3240	954.0	70.32	3720	158.30	1440.0	1.4	1.65	CSW－4X－T7020•1222
H－700×200×12×25	142.0	4240	180.80	968.0	4120	1050.0	78.00	78.60	335.0	1110.0	4730	28.30	4.30	5.17	7.24	FA	FA	FD	FD	7.32	1.79	2.31	9	845.0	3590	944.0	69.60	3980	169.60	1590.0	1.4	1.80	CSW－4X－T7020•1225
H－700×200×12×28	151.0	4510	192.10	1040.0	4460	1040.0	77.28	88.00	375.0	1190.0	5100	28.50	4.42	5.24	6.55	FA	FA	FD	FD	7.51	2.00	2.52	9	926.0	3940	934.0	68.88	4250	180.80	1740.0	1.4	1.96	CSW－4X－T7020•1228
H－700×250×9×16	112.0	3350	142.90	798.0	3400	815.0	60.12	78.40	334.0	900.0	3830	28.90	5.40	6.43	11.30	FD	FD	FD	FD	9.19	1.43	2.29	7	696.0	2960	730.0	53.82	3140	133.80	1290.0	1.4	1.89	CSW－4X－T7025•0916
H－700×250×9×19	124.0	3690	157.40	905.0	3850	808.0	59.58	93.10	396.0	1010.0	4310	29.30	5.61	6.55	9.65	FD	FD	FD	FD	9.54	1.70	2.61	7	805.0	3420	722.0	53.28	3480	148.20	1490.0	1.4	2.15	CSW－4X－T7025•0919
H－700×250×12×19	139.0	4160	177.20	954.0	4060	1070.0	79.44	93.20	397.0	1090.0	4640	28.30	5.29	6.39	9.42	FA	FA	FD	FD	9.00	1.70	2.21	9	824.0	3510	963.0	71.04	3900	166.00	1550.0	1.4	1.73	CSW－4X－T7025•1219
H－700×250×12×22	150.0	4500	191.50	1050.0	4500	1060.0	78.72	107.00	459.0	1200.0	5110	28.70	5.48	6.51	8.28	FA	FA	FD	FD	9.31	1.97	2.46	9	931.0	3960	954.0	70.32	4230	180.30	1740.0	1.4	1.93	CSW－4X－T7025•1222
H－700×250×12×25	162.0	4830	205.80	1160.0	4940	1050.0	78.00	122.00	522.0	1310.0	5580	29.00	5.63	6.60	7.39	FA	FA	FD	FD	9.58	2.24	2.72	9	1030.0	4410	944.0	69.60	4570	194.60	1930.0	1.4	2.12	CSW－4X－T7025•1225
H－700×250×14×25	172.0	5140	218.80	1190.0	5070	1230.0	91.00	122.00	522.0	1350.0	5790	28.50	5.46	6.52	7.30	FA	FA	FC	FC	9.29	2.24	2.52	10	1040.0	4440	1100.0	81.20	4840	206.20	1960.0	1.4	1.89	CSW－4X－T7025•1425
H－700×250×14×28	183.0	5470	232.90	1280.0	5490	1220.0	90.16	137.00	585.0	1460.0	6240	28.70	5.60	6.60	6.60	FA	FA	FC	FC	9.53	2.50	2.76	10	1140.0	4880	1090.0	80.36	5170	220.30	2150.0	1.4	2.06	CSW－4X－T7025•1428
H－700×300×9×19	138.0	4140	176.40	1050.0	4480	808.0	59.58	134.00	570.0	1160.0	4960	29.80	6.97	7.98	9.80	FD	FD	FD	FD	11.85	2.04	3.00	7	953.0	4050	722.0	53.28	3930	167.20	1750.0	1.5	2.47	CSW－4X－T7030•0919
H－700×300×12×19	154.0	4610	196.20	1100.0	4690	1070.0	79.44	134.00	571.0	1240.0	5290	28.90	6.61	7.81	9.59	FA	FA	FD	FD	11.24	2.04	2.52	9	972.0	4130	963.0	71.04	4340	185.00	1810.0	1.4	1.97	CSW－4X－T7030•1219
H－700×300×12×22	168.0	5010	213.50	1220.0	5230	1060.0	78.72	155.00	661.0	1370.0	5860	29.30	6.81	7.93	8.41	FA	FA	FD	FD	11.59	2.36	2.82	9	1100.0	4680	954.0	70.32	4750	202.30	2040.0	1.4	2.21	CSW－4X－T7030•1222
H－700×300×14×22	178.0	5320	226.60	1250.0	5360	1240.0	91.84	155.00	661.0	1420.0	6070	28.80	6.62	7.84	8.31	FA	FA	FC	FC	11.25	2.36	2.61	10	1110.0	4720	1110.0	82.04	5020	214.00	2070.0	1.4	1.96	CSW－4X－T7030•1422
H－700×300×14×25	191.0	5720	243.80	1380.0	5880	1230.0	91.00	176.00	751.0	1550.0	6630	29.10	6.80	7.94	7.41	FA	FA	FC	FC	11.56	2.68	2.89	10	1230.0	5260	1100.0	81.20	5430	231.20	2290.0	1.4	2.17	CSW－4X－T7030•1425
H－700×300×14×28	205.0	6130	260.90	1500.0	6390	1220.0	90.16	197.00	841.0	1680.0	7180	29.30	6.95	8.03	6.69	FA	FA	FC	FC	11.83	3.00	3.18	10	1360.0	5780	1090.0	80.36	5830	248.30	2520.0	1.4	2.37	CSW－4X－T7030•1428
H－750×200×9×12	91.2	2720	116.10	611.0	2600	886.0	65.34	37.70	161.0	718.0	3060	29.00	3.72	4.75	14.80	FD	FD	FD	FD	6.33	0.80	1.71	7	493.0	2100	801.0	59.04	2510	107.00	954.0	1.3	1.37	CSW－4X－T7520•0912
H－750×200×9×16	103.0	3080	131.40	736.0	3130	876.0	64.62	50.20	214.0	847.0	3610	29.90	4.04	4.97	11.70	FD	FD	FD	FD	6.87	1.07	2.04	7	621.0	2640	791.0	58.32	2870	122.30	1170.0	1.3	1.64	CSW－4X－T7520•0916
H－750×200×9×19	112.0	3350	142.90	827.0	3520	869.0	64.08	59.60	254.0	943.0	4020	30.40	4.22	5.09	10.00	FD	FD	FD	FD	7.17	1.27	2.30	7	715.0	3040	783.0	57.78	3140	133.70	1340.0	1.4	1.84	CSW－4X－T7520•0919
H－750×200×12×19	129.0	3850	164.20	884.0	3760	1150.0	85.44	59.80	255.0	1030.0	4400	29.30	3.94	4.94	9.74	FA	FA	FD	FD	6.70	1.27	1.98	9	737.0	3130	1040.0	77.04	3590	153.00	1410.0	1.3	1.51	CSW－4X－T7520•1219
H－750×200×12×22	138.0	4120	175.50	972.0	4140	1140.0	84.72	69.20	295.0	1120.0	4800	29.70	4.10	5.04	8.60	FA	FA	FD	FD	6.97	1.47	2.18	9	829.0	3520	1030.0	76.32	3860	164.30	1570.0	1.4	1.67	CSW－4X－T7520•1222
H－750×200×12×25	147.0	4380	186.80	1050.0	4510	1130.0	84.00	78.60	335.0	1210.0	5190	30.10	4.23	5.13	7.70	FA	FA	FD	FD	7.20	1.67	2.39	9	919.0	3910	1020.0	75.60	4120	175.60	1740.0	1.4	1.82	CSW－4X－T7520•1225
H－750×200×12×28	155.0	4650	198.10	1140.0	4870	1120.0	83.28	88.00	375.0	1310.0	5580	30.40	4.35	5.20	6.97	FA	FA	FD	FD	7.40	1.87	2.60	9	1000.0	4280	1010.0	74.88	4390	186.80	1900.0	1.4	1.98	CSW－4X－T7520•1228
H－750×250×12×16	133.0	3970	168.90	929.0	3950	1160.0	86.16	78.50	334.0	1070.0	4580	29.60	4.97	6.19	11.60	FA	FA	FD	FD	8.46	1.34	2.03	9	779.0	3310	1050.0	77.76	3700	157.70	1480.0	1.3	1.56	CSW－4X－T7525•1216
H－750×250×12×19	144.0	4300	183.20	1040.0	4440	1150.0	85.44	93.20	397.0	1190.0	5090	30.10	5.20	6.34	10.00	FA	FA	FD	FD	8.85	1.59	2.29	9	896.0	3810	1040.0	77.04	4040	172.00	1690.0	1.4	1.75	CSW－4X－T7525•1219
H－750×250×12×22	155.0	4640	197.50	1150.0	4920	1140.0	84.72	107.00	459.0	1310.0	5600	30.60	5.39	6.46	8.81	FA	FA	FD	FD	9.17	1.84	2.54	9	1010.0	4300	1030.0	76.32	4370	186.30	1890.0	1.4	1.95	CSW－4X－T7525•1222
H－750×250×14×22	166.0	4970	211.60	1190.0	5070	1340.0	98.84	108.00	460.0	1370.0	5850	30.00	5.21	6.37	8.68	FA	FA	FD	FD	8.87	1.84	2.38	10	1020.0	4350	1200.0	89.04	4670	199.00	1930.0	1.4	1.74	CSW－4X－T7525•1422
H－750×250×14×25	177.0	5300	225.80	1300.0	5540	1320.0	98.00	122.00	522.0	1490.0	6340	30.30	5.38	6.47	7.76	FA	FA	FD	FD	9.15	2.09	2.61	10	1130.0	4830	1190.0	88.20	5010	213.20	2130.0	1.4	1.91	CSW－4X－T7525•1425
H－750×250×14×28	188.0	5630	239.90	1400.0	5990	1310.0	97.16	137.00	585.0	1600.0	6840	30.60	5.52	6.55	7.02	FA	FA	FD	FD	9.39	2.34	2.85	10	1240.0	5300	1180.0	87.36	5340	227.30	2330.0	1.4	2.08	CSW－4X－T7525•1428

表CS　梁端溶接部諸元表（5/10）

400N級鋼

●仕口部（定形H形鋼）

●鉄骨構造標準接合部委員会SCSS－H97
建設省住宅局建築指導課監修

部材断面寸法	質量	母材 軸力		曲げ(強軸)		せん断力		曲げ(弱軸)		全塑性モーメント		その他の諸元				部材種別 梁		部材種別 柱		横補剛長さ		最小スパン	仕口部 隅肉	曲げモーメント		せん断力		軸力		保有耐力			仕口呼称
		N_{y0}	A_0	M_{y0}	Z_0	Q_{y0}	A_{0w}	M_{y0}	Z_0	M_{p0}	Z_{p0}	i_x	i_x	i_y^*	η	SS材	SN材	SS材	SN材	L_1	L_2		S	M_y	$_dZ$	Q_y	$_dA_W$	N_y	$_dA$	M_u	a_J	L_q	
	kg/m	kN	cm²	kNm	cm³	kN	cm²	kNm	cm³	kNm	cm³	cm	cm	cm						m	m	m	mm	kNm	cm³	kN	cm²	kN	cm²	kNm		m	
H－800×250×14×22	172.0	5130	218.60	1290.0	5520	1430.0	105.80	108.00	460.0	1500.0	6380	31.80	5.13	6.31	9.18	FA	FA	FD	FD	8.72	1.72	2.34	10	1100.0	4710	1300.0	96.04	4840	206.00	2090.0	1.3	1.76	CSW－4X－T8025•1422
H－800×250×14×25	183.0	5470	232.80	1410.0	6020	1420.0	105.00	122.00	523.0	1620.0	6920	32.20	5.30	6.42	8.22	FA	FA	FD	FD	9.01	1.96	2.57	10	1220.0	5220	1290.0	95.20	5170	220.20	2310.0	1.4	1.93	CSW－4X－T8025•1425
H－800×250×16×25	195.0	5820	247.80	1450.0	6200	1620.0	120.00	122.00	523.0	1690.0	7200	31.60	5.14	6.34	8.11	FA	FA	FC	FC	8.74	1.96	2.34	12	1250.0	5330	1470.0	108.80	5490	233.80	2390.0	1.4	1.76	CSW－4X－T8025•1625
H－800×250×16×28	206.0	6150	261.80	1570.0	6680	1610.0	119.00	137.00	586.0	1810.0	7720	32.00	5.29	6.43	7.35	FA	FA	FC	FC	8.99	2.19	2.54	12	1370.0	5840	1460.0	107.80	5820	247.80	2600.0	1.4	1.90	CSW－4X－T8025•1628
H－800×300×14×22	189.0	5650	240.60	1490.0	6350	1430.0	105.80	155.00	661.0	1700.0	7240	32.50	6.42	7.73	9.37	FA	FA	FD	FD	10.92	2.07	2.66	10	1300.0	5540	1300.0	96.04	5350	228.00	2430.0	1.4	2.00	CSW－4X－T8030•1422
H－800×300×16×22	201.0	6000	255.70	1530.0	6530	1640.0	121.00	155.00	662.0	1760.0	7520	32.00	6.23	7.63	9.24	FA	FA	FC	FC	10.60	2.07	2.42	12	1320.0	5650	1480.0	109.70	5680	241.70	2510.0	1.4	1.82	CSW－4X－T8030•1622
H－800×300×16×25	214.0	6410	272.80	1670.0	7130	1620.0	120.00	176.00	752.0	1910.0	8170	32.30	6.43	7.75	8.27	FA	FA	FC	FC	10.94	2.35	2.65	12	1470.0	6270	1470.0	108.80	6080	258.80	2770.0	1.4	1.99	CSW－4X－T8030•1625
H－800×300×16×28	228.0	6810	289.80	1810.0	7730	1610.0	119.00	197.00	842.0	2060.0	8800	32.70	6.60	7.85	7.48	FA	FA	FC	FC	11.23	2.63	2.89	12	1610.0	6880	1460.0	107.80	6480	275.80	3030.0	1.4	2.16	CSW－4X－T8030•1628
H－850×250×14×22	177.0	5300	225.60	1400.0	5980	1530.0	112.80	108.00	460.0	1630.0	6940	33.60	5.05	6.26	9.68	FA	FA	FD	FD	8.59	1.62	2.42	10	1190.0	5070	1390.0	103.00	5000	213.00	2260.0	1.3	1.79	CSW－4X－T8525•1422
H－850×250×14×25	188.0	5630	239.80	1530.0	6510	1510.0	112.00	122.00	523.0	1760.0	7510	34.00	5.22	6.37	8.67	FA	FA	FD	FD	8.88	1.84	2.65	10	1320.0	5620	1380.0	102.20	5330	227.20	2490.0	1.4	1.95	CSW－4X－T8525•1425
H－850×250×16×25	201.0	6010	255.80	1570.0	6720	1730.0	128.00	122.00	523.0	1830.0	7830	33.40	5.06	6.29	8.55	FA	FA	FD	FD	8.60	1.84	2.42	12	1350.0	5750	1580.0	116.80	5680	241.80	2580.0	1.4	1.78	CSW－4X－T8525•1625
H－850×250×16×28	212.0	6340	269.80	1700.0	7240	1720.0	127.00	137.00	586.0	1970.0	8390	33.80	5.21	6.38	7.75	FA	FA	FD	FD	8.86	2.06	2.62	12	1470.0	6290	1570.0	115.80	6010	255.80	2810.0	1.4	1.92	CSW－4X－T8525•1628
H－900×250×16×19	185.0	5530	235.70	1430.0	6110	1870.0	137.90	93.60	399.0	1700.0	7280	34.10	4.60	5.96	11.30	FA	FA	FD	FD	7.82	1.32	2.10	12	1170.0	4990	1710.0	126.70	5210	221.70	2280.0	1.3	1.52	CSW－4X－T9025•1619
H－900×250×16×22	196.0	5860	249.70	1570.0	6680	1850.0	137.00	108.00	461.0	1850.0	7880	34.70	4.80	6.11	10.00	FA	FA	FD	FD	8.17	1.53	2.30	12	1310.0	5590	1700.0	125.70	5540	235.70	2530.0	1.3	1.66	CSW－4X－T9025•1622
H－900×250×16×25	207.0	6190	263.80	1700.0	7250	1840.0	136.00	123.00	524.0	1990.0	8480	35.20	4.98	6.24	8.98	FA	FA	FD	FD	8.47	1.74	2.50	12	1450.0	6170	1690.0	124.80	5870	249.80	2780.0	1.3	1.80	CSW－4X－T9025•1625
H－900×250×16×28	218.0	6520	277.80	1830.0	7810	1830.0	135.00	137.00	586.0	2130.0	9070	35.60	5.13	6.34	8.15	FA	FA	FD	FD	8.73	1.95	2.70	12	1580.0	6750	1680.0	123.80	6200	263.80	3020.0	1.4	1.94	CSW－4X－T9025•1628
H－900×300×16×19	200.0	5980	254.70	1620.0	6930	1870.0	137.90	134.00	572.0	1900.0	8110	35.00	5.81	7.35	11.60	FA	FA	FD	FD	9.87	1.59	2.34	12	1360.0	5810	1710.0	126.70	5650	240.70	2620.0	1.3	1.70	CSW－4X－T9030•1619
H－900×300×16×22	213.0	6380	271.70	1790.0	7620	1850.0	137.00	155.00	662.0	2070.0	8840	35.50	6.05	7.51	10.20	FA	FA	FD	FD	10.28	1.84	2.58	12	1530.0	6530	1700.0	125.70	6050	257.70	2920.0	1.4	1.87	CSW－4X－T9030•1622
H－900×300×16×25	227.0	6780	288.80	1950.0	8310	1840.0	136.00	176.00	752.0	2240.0	9570	36.00	6.25	7.64	9.17	FA	FA	FD	FD	10.63	2.09	2.82	12	1700.0	7240	1690.0	124.80	6450	274.80	3220.0	1.4	2.03	CSW－4X－T9030•1625
H－900×300×16×28	240.0	7180	305.80	2110.0	8990	1830.0	135.00	197.00	842.0	2410.0	10300	36.40	6.43	7.75	8.31	FA	FA	FD	FD	10.93	2.34	3.07	12	1860.0	7930	1680.0	123.80	6850	291.80	3510.0	1.4	2.20	CSW－4X－T9030•1628

表CS　梁端溶接部諸元表（6/10）

490N級鋼

●仕口部（一般Ｈ形鋼）

●鉄骨構造標準接合部委員会SCSS－H97
建設省住宅局建築指導課監修

部材断面寸法	母材 質量	軸力		曲げ(強軸)		せん断力		曲げ(弱軸)		全塑性モーメント		その他の諸元				部材種別				横補剛長さ		最小スパン	仕口部 隅肉	曲げモーメント		せん断力		軸力		保有耐力			仕口呼称
		N_{y0}	A_0	M_{y0}	Z_0	Q_{y0}	A_{0w}	M_{y0}	Z_0	M_{p0}	Z_{p0}	i_x	i_x	i_y^*	η	梁 SM材	梁 SN材	柱 SM材	柱 SN材	L_1	L_2		S	M_y	$_dZ$	Q_y	$_dA_W$	N_y	$_dA$	M_u	a_J	L_q	
	kg/m	kN	cm²	kNm	cm³	kN	cm²	kNm	cm³	kNm	cm³	cm	cm	cm						m	m	m	mm	kNm	cm³	kN	cm²	kN	cm²	kNm		m	
H－100×100×6×8	16.9	701	21.59	24.5	75.6	94.5	5.04	8.7	26.7	28.0	86.4	4.18	2.49	2.75	3.44	FA	FA	FA	FA	3.24	1.25	0.61	5	22.2	68.3	49.5	2.64	605	18.64	37.0	1.3	0.91	CSW－5X－J1010•0609
H－125×125×6.5×9	23.6	975	30.00	43.6	134	130.0	6.955	15.2	46.9	49.3	152	5.29	3.13	3.45	3.84			FA	FA	4.07	1.57	0.73											
H－148×100×6×9	20.7	856	26.35	44.0	135	146.0	7.80	9.8	30.1	50.0	154	6.17	2.39	2.71	4.46	FA	FA	FA	FA	3.11	1.20	0.64	5	39.3	120	101.0	5.40	760	23.40	65.3	1.3	0.79	CSW－5X－J1510•0609
H－150×150×7×10	31.1	1280	39.65	70.3	216	170.0	9.10	24.3	75.1	78.9	243	6.40	3.77	4.15	4.15			FA	FA	4.90	1.89	0.89											
H－175×175×7.5×11	40.4	1670	51.43	107.0	331	215.0	11.48	36.5	112.0	120.0	370	7.50	4.37	4.80	4.36			FA	FA	5.69	2.19	1.04											
H－200×100×5.5×8	20.9	866	26.67	58.6	181	189.0	10.12	8.7	26.7	66.6	205	8.23	2.24	2.63	6.57	FA	FA	FA	FB	2.92	0.80	0.70	5	49.5	152	117.0	6.27	723	22.27	81.7	1.2	0.91	CSW－5X－J2010•0609
H－194×150×6×9	29.9	1230	38.11	87.9	271	198.0	10.56	21.9	67.6	97.8	301	8.30	3.65	4.09	5.87	FB	FA	FB	FB	4.75	1.40	1.05	5	78.7	242	119.0	6.36	1080	33.36	127.0	1.3	1.31	CSW－5X－J2015•0609
H－200×200×8×12	49.9	2060	63.53	153.0	472	264.0	14.08	52.0	160.0	170.0	525	8.62	5.02	5.50	4.59			FB	FA	6.53	2.40	1.42											
H－250×125×6×9	29.0	1200	36.97	103.0	317	261.0	13.92	15.2	47.0	116.0	358	10.40	2.82	3.30	7.33	FA	FA	FB	FB	3.67	0.90	0.84	5	88.7	272	182.0	9.72	1040	32.22	145.0	1.2	1.02	CSW－5X－J2512•0609
H－244×175×7×11	43.6	1800	55.49	160.0	495	291.0	15.54	36.5	112.0	178.0	550	10.40	4.21	4.72	5.99	FB	FA	FA	FB	5.48	1.58	1.22	5	142.0	438	199.0	10.64	1590	49.14	231.0	1.2	1.43	CSW－5X－J2517•0612
H－250×250×9×14	71.8	2970	91.43	279.0	860	374.0	19.98	94.8	292.0	309.0	953	10.80	6.32	6.91	4.93			FB	FA	8.22	2.80	1.68											
H－300×150×6.5×9	36.7	1520	46.78	156.0	481	343.0	18.33	21.9	67.7	176.0	542	12.40	3.29	3.87	8.61	FB	FA	FD	FD	4.29	0.90	1.07	5	130.0	402	258.0	13.78	1320	40.78	214.0	1.2	1.09	CSW－5X－J3015•0609
H－294×200×8×12	55.8	2300	71.05	245.0	756	405.0	21.60	52.0	160.0	273.0	842	12.50	4.75	5.38	6.59	FB	FA	FB	FB	6.18	1.64	1.47	6	218.0	671	300.0	16.00	2080	64.00	355.0	1.2	1.46	CSW　5X－J3020•0912
H－300×300×10×15	93.0	3840	118.50	437.0	1350	506.0	27.00	146.0	450.0	482.0	1480	13.10	7.55	8.28	5.52			FB	FB	9.82	3.00	2.07											
H－350×175×7×11	49.4	2040	62.91	250.0	771	430.0	22.96	36.5	112.0	280.0	864	14.60	3.96	4.60	8.35	FB	FA	FD	FD	5.15	1.10	1.42	5	216.0	665	338.0	18.06	1830	56.56	353.0	1.2	1.32	CSW－5X－J3517•0612
H－340×250×9×14	78.1	3230	99.53	405.0	1250	526.0	28.08	94.8	292.0	449.0	1380	14.60	6.05	6.79	6.60	FB	FA	FB	FB	7.88	2.06	1.77	7	368.0	1130	408.0	21.78	2980	91.78	600.0	1.3	1.75	CSW－5X－J3525•0916
H－350×350×12×19	135.0	5580	171.90	740.0	2280	702.0	37.44	252.0	776.0	817.0	2520	15.20	8.89	9.71	5.11			FB	FA	11.56	3.80	2.41											
H－400×200×8×13	65.4	2700	83.37	381.0	1170	561.0	29.92	56.4	174.0	426.0	1310	16.80	4.56	5.29	8.13	FB	FA	FD	FD	5.94	1.30	1.63	6	335.0	1030	456.0	24.32	2480	76.31	548.0	1.2	1.49	CSW－5X－J4020•0912
H－390×300×10×16	105.0	4330	133.30	631.0	1940	671.0	35.80	156.0	480.0	695.0	2140	16.90	7.35	8.19	6.66	FB	FA	FB	FB	9.56	2.47	2.19	8	581.0	1780	540.0	28.80	4050	124.80	946.0	1.3	2.05	CSW－5X－J4030•0916
H－400×400×13×21	172.0	7100	218.70	1080.0	3330	873.0	46.54	364.0	1120.0	1190.0	3670	17.50	10.10	11.00	5.25			FB	FB	13.17	4.20	2.98											
H－414×405×18×28	232.0	9600	295.40	1450.0	4480	1200.0	64.44	497.0	1530.0	1630.0	5030	17.70	10.20	11.20	4.10			FA	FA	13.33	5.13	2.94											
H－428×407×20×35	283.0	11700	360.70	1810.0	5570	1340.0	71.60	628.0	1930.0	2050.0	6310	18.20	10.40	11.40	3.42			FA	FA	13.59	5.23	3.33											
H－450×200×9×14	74.9	3100	95.43	475.0	1460	712.0	37.98	60.7	187.0	536.0	1650	18.60	4.43	5.23	8.40	FA	FA	FD	FD	5.76	1.25	1.68	7	414.0	1270	594.0	31.68	2840	87.68	684.0	1.2	1.44	CSW－5X－J4520•0916
H－440×300×11×18	121.0	5000	153.90	808.0	2490	833.0	44.44	175.0	540.0	895.0	2760	18.90	7.26	8.16	6.65	FB	FA	FB	FB	9.44	2.46	2.44	8	740.0	2270	689.0	36.74	4700	144.70	1200.0	1.3	2.07	CSW－5X－J4530•1219
H－500×200×10×16	88.1	3640	112.30	608.0	1870	878.0	46.80	69.4	214.0	692.0	2130	20.40	4.36	5.20	8.13	FA	FA	FD	FD	5.68	1.28	1.82	8	531.0	1630	746.0	39.80	3370	103.80	885.0	1.2	1.48	CSW－5X－J5020•0916
H－488×300×11×18	125.0	5170	159.20	917.0	2820	932.0	49.72	175.0	540.0	1010.0	3130	20.80	7.14	8.10	7.32	FB	FA	FD	FD	9.28	2.22	2.55	8	835.0	2560	788.0	42.02	4870	150.00	1360.0	1.3	2.06	CSW－5X－J5030•1219
H－600×200×11×17	103.0	4280	131.70	818.0	2520	1160.0	62.26	73.9	227.0	943.0	2900	24.00	4.16	5.09	8.98	FB	FA	FD	FD	5.41	1.14	1.77	8	698.0	2140	1020.0	54.56	3980	122.50	1160.0	1.2	1.47	CSW－5X－J6020•1216
H－588×300×12×20	147.0	6080	187.20	1260.0	3890	1230.0	65.76	195.0	601.0	1410.0	4350	24.70	6.94	8.01	7.85	FA	FA	FD	FD	9.02	2.05	2.54	9	1140.0	3520	1070.0	57.36	5760	177.30	1870.0	1.3	2.10	CSW－5X－J6030•1219
H－700×300×13×24	182.0	7520	231.50	1830.0	5640	1590.0	84.76	234.0	721.0	2050.0	6340	29.20	6.83	7.95	7.73	FA	FA	FD	FD	8.89	2.06	2.83	10	1650.0	5080	1410.0	75.65	7130	219.60	2720.0	1.3	2.31	CSW－5X－J7030•1425
H－800×300×14×26	207.0	8560	263.50	2320.0	7160	1960.0	104.70	253.0	781.0	2630.0	8100	33.00	6.67	7.87	8.08	FB	FA	FD	FD	8.68	1.95	3.03	10	2070.0	6370	1780.0	94.92	8150	250.90	3410.0	1.2	2.36	CSW－5X－J8030•1425
H－890×299×15×23	210.0	8670	266.90	2470.0	7610	2370.0	126.60	223.0	687.0	2840.0	8750	35.60	6.20	7.59	9.83	FC	FC	FD	FD	8.07	1.55	2.78	11	2140.0	6580	2170.0	116.10	8240	253.60	3580.0	1.2	2.08	CSW－5X－J9030•1622
H－900×300×16×28	240.0	9930	305.80	2920.0	8990	2530.0	135.00	273.0	842.0	3340.0	10300	36.40	6.43	7.75	8.31	FB	FA	FD	FD	8.36	1.87	3.06	12	2580.0	7930	2320.0	123.80	9480	291.80	4300.0	1.2	2.30	CSW－5X－J9030•1628
H－912×302×18×34	283.0	11700	360.10	3490.0	10800	2850.0	151.90	336.0	1040.0	4000.0	12300	36.90	6.59	7.90	7.01	FA	FA	FD	FD	8.58	2.26	3.26	K開先	3310.0	10200	2610.0	139.30	11200	344.60	5730.0	1.4	2.45	CSW－5X－J9030•1934
H－918×303×19×37	304.0	12500	387.40	3790.0	11700	3000.0	160.40	369.0	1140.0	4340.0	13400	37.20	6.67	7.96	6.52	FA	FA	FD	FD	8.67	2.45	3.35	K開先	3600.0	11000	2750.0	147.00	12000	371.20	6230.0	1.4	2.51	CSW－5X－J9030•1937

●仕口部（定形Ｈ形鋼）

表CS　梁端溶接部諸元表（7/10）

490N級鋼

●鉄骨構造標準接合部委員会SCSS－H97
建設省住宅局建築指導課監修

部材断面寸法	母材 質量 kg/m	母材 軸力 N_{y0} kN	母材 軸力 A_0 cm²	母材 曲げ(強軸) M_{y0} kNm	母材 曲げ(強軸) Z_0 cm³	母材 せん断力 Q_{y0} kN	母材 せん断力 A_{0w} cm²	母材 曲げ(弱軸) M_{y0} kNm	母材 曲げ(弱軸) Z_0 cm³	母材 全塑性モーメント M_{p0} kNm	母材 全塑性モーメント Z_{p0} cm³	母材 その他の諸元 i_x cm	母材 その他の諸元 i_x cm	母材 その他の諸元 i_y^* cm	母材 その他の諸元 η	母材 部材種別 梁 SM材	母材 部材種別 梁 SN材	母材 部材種別 柱 SM材	母材 部材種別 柱 SN材	母材 横補剛長さ L_1 m	母材 横補剛長さ L_2 m	母材 最小スパン m	仕口部 隅肉 S mm	仕口部 曲げモーメント M_y kNm	仕口部 曲げモーメント $_dZ$ cm³	仕口部 せん断力 Q_y kN	仕口部 せん断力 $_dA_W$ cm²	仕口部 軸力 N_y kN	仕口部 軸力 $_dA$ cm²	仕口部 保有耐力 M_u kNm	仕口部 保有耐力 a_J	仕口部 保有耐力 L_q m	仕口呼称
H－400×200×9×12	65.4	2700	83.29	366.0	1130	634.0	33.84	52.1	160.0	414.0	1280	16.50	4.39	5.20	8.66	FB	FA	FD	FD	5.71	1.20	1.40	7	315.0	971	516.0	27.54	2450	75.53	521.0	1.2	1.28	CSW－5X－T4020•0912
H－400×200×9×16	77.4	3200	98.57	452.0	1390	621.0	33.12	69.4	214.0	506.0	1560	16.80	4.66	5.35	6.69	FA	FA	FC	FD	6.06	1.60	1.76	7	403.0	1240	503.0	26.82	2950	90.82	664.0	1.3	1.61	CSW－5X－T4020•0916
H－400×200×9×19	86.4	3570	110.00	513.0	1580	611.0	32.58	82.4	254.0	574.0	1770	17.00	4.80	5.43	5.71	FA	FA	FC	FC	6.25	1.90	2.04	7	467.0	1430	493.0	26.28	3320	102.20	769.0	1.3	1.86	CSW－5X－T4020•0919
H－400×200×9×22	95.4	3940	121.50	573.0	1760	601.0	32.04	95.4	294.0	641.0	1970	17.00	4.92	5.49	4.99	FA	FA	FC	FC	6.40	2.20	2.33	7	529.0	1620	482.0	25.74	3690	113.70	872.0	1.3	2.12	CSW－5X－T4020•0922
H－400×200×12×22	104.0	4290	132.20	591.0	1820	801.0	42.72	95.5	294.0	672.0	2070	16.60	4.72	5.41	4.92	FA	FA	FA	FA	6.14	2.20	1.83	9	534.0	1640	643.0	34.32	3970	122.30	888.0	1.3	1.67	CSW－5X－T4020•1222
H－450×200×9×12	68.9	2850	87.79	425.0	1310	719.0	38.34	52.1	160.0	484.0	1490	18.30	4.27	5.13	9.62	FB	FA	FD	FD	5.56	1.07	1.50	7	363.0	1110	601.0	32.04	2600	80.03	603.0	1.2	1.29	CSW－5X－T4520•0912
H－450×200×9×16	80.9	3340	103.10	523.0	1610	705.0	37.62	69.4	214.0	588.0	1810	18.80	4.55	5.30	7.45	FA	FA	FD	FD	5.92	1.43	1.87	7	464.0	1420	587.0	31.32	3090	95.32	765.0	1.2	1.60	CSW－5X－T4520•0916
H－450×200×9×19	89.9	3720	114.50	594.0	1830	695.0	37.08	82.4	254.0	665.0	2050	19.00	4.71	5.38	6.37	FA	FA	FD	FD	6.12	1.69	2.15	7	537.0	1650	577.0	30.78	3470	106.70	884.0	1.3	1.84	CSW－5X－T4520•0919
H－450×200×9×22	98.9	4090	126.00	663.0	2040	685.0	36.54	95.4	294.0	742.0	2280	19.10	4.83	5.44	5.57	FA	FA	FD	FD	6.28	1.96	2.45	7	608.0	1870	567.0	30.24	3840	118.20	1000.0	1.3	2.09	CSW－5X－T4520•0922
H－450×200×12×16	90.8	3750	115.60	549.0	1690	941.0	50.16	69.5	214.0	631.0	1940	18.10	4.30	5.18	7.28	FA	FA	FA	FB	5.60	1.43	1.50	9	472.0	1450	783.0	41.76	3430	105.70	789.0	1.2	1.29	CSW－5X－T4520•1216
H－450×200×12×19	99.6	4120	126.90	619.0	1910	927.0	49.44	82.5	254.0	707.0	2180	18.40	4.47	5.28	6.26	FA	FA	FA	FA	5.82	1.69	1.72	9	545.0	1670	770.0	41.04	3800	117.00	907.0	1.2	1.47	CSW－5X－T4520•1219
H－450×200×12×22	108.0	4490	138.20	687.0	2120	914.0	48.72	95.5	294.0	782.0	2410	18.60	4.61	5.36	5.48	FA	FA	FA	FA	6.00	1.96	1.94	9	615.0	1890	756.0	40.32	4170	128.30	1020.0	1.3	1.65	CSW－5X－T4520•1222
H－450×200×12×25	117.0	4850	149.50	753.0	2320	900.0	48.00	108.0	334.0	855.0	2630	18.70	4.73	5.42	4.88	FA	FA	FA	FA	6.15	2.23	2.17	9	684.0	2100	743.0	39.60	4530	139.60	1130.0	1.3	1.84	CSW－5X－T4520•1225
H－450×250×9×12	78.3	3240	99.79	508.0	1570	719.0	38.34	81.3	250.0	569.0	1750	18.80	5.60	6.55	9.83	FC	FB	FD	FD	7.28	1.34	1.76	7	446.0	1370	601.0	32.04	2990	92.03	732.0	1.2	1.51	CSW－5X－T4525•0912
H－450×250×9×16	93.5	3860	119.10	632.0	1950	705.0	37.62	108.0	334.0	701.0	2160	19.20	5.92	6.73	7.57	FB	FA	FD	FD	7.70	1.78	2.22	7	573.0	1760	587.0	31.32	3610	111.30	935.0	1.3	1.91	CSW－5X－T4525•0916
H－450×250×9×19	105.0	4330	133.50	722.0	2220	695.0	37.08	128.0	396.0	799.0	2460	19.30	6.09	6.82	6.46	FA	FA	FD	FD	7.92	2.12	2.58	7	664.0	2040	577.0	30.78	4080	125.70	1080.0	1.3	2.21	CSW－5X－T4525•0919
H－450×250×9×22	116.0	4800	148.00	809.0	2490	685.0	36.54	149.0	459.0	895.0	2750	19.50	6.22	6.88	5.63	FA	FA	FD	FD	8.10	2.45	2.95	7	754.0	2320	567.0	30.24	4550	140.20	1230.0	1.3	2.52	CSW－5X－T4525•0922
H－450×250×12×22	126.0	5200	160.20	833.0	2560	914.0	48.72	149.0	459.0	935.0	2880	19.00	5.98	6.79	5.56	FA	FA	FA	FA	7.78	2.45	2.32	9	761.0	2340	756.0	40.32	4880	150.30	1250.0	1.3	1.97	CSW－5X－T4525•1222
H－450×250×12×25	137.0	5660	174.50	916.0	2820	900.0	48.00	169.0	521.0	1020.0	3160	19.10	6.11	6.86	4.94	FA	FA	FA	FA	7.95	2.78	2.60	9	847.0	2600	743.0	39.60	5340	164.60	1390.0	1.3	2.21	CSW－5X－T4525•1225
H－450×250×12×28	148.0	6130	188.70	997.0	3070	887.0	47.28	189.0	584.0	1120.0	3450	19.10	6.22	6.91	4.44	FA	FA	FA	FA	8.09	3.11	2.90	9	931.0	2860	729.0	38.88	5810	178.80	1540.0	1.3	2.45	CSW－5X－T4525•1228
H－500×200×9×12	72.4	2990	92.29	487.0	1500	803.0	42.84	52.1	160.0	557.0	1720	20.20	4.17	5.07	10.60	FB	FA	FD	FD	5.42	0.96	1.59	7	412.0	1270	685.0	36.54	2740	84.53	689.0	1.2	1.30	CSW－5X－T5020•0912
H－500×200×9×16	84.4	3490	107.60	597.0	1840	790.0	42.12	69.4	214.0	674.0	2080	20.70	4.46	5.25	8.20	FB	FA	FD	FD	5.80	1.28	1.97	7	526.0	1610	672.0	35.82	3240	99.82	869.0	1.2	1.60	CSW－5X－T5020•0916
H－500×200×9×19	93.4	3860	119.00	677.0	2090	780.0	41.58	82.4	254.0	760.0	2340	20.90	4.62	5.34	7.02	FB	FA	FD	FD	6.01	1.52	2.26	7	608.0	1870	661.0	35.28	3610	111.20	1000.0	1.3	1.83	CSW－5X－T5020•0919
H－500×200×9×22	102.0	4240	130.50	755.0	2330	770.0	41.04	95.4	294.0	846.0	2600	21.10	4.74	5.40	6.14	FA	FA	FD	FD	6.17	1.76	2.56	7	689.0	2120	651.0	34.74	3980	122.70	1130.0	1.3	2.07	CSW－5X－T5020•0922
H－500×200×12×16	95.5	3950	121.60	630.0	1940	1050.0	56.16	69.5	214.0	727.0	2240	20.00	4.20	5.12	7.99	FA	FA	FB	FB	5.46	1.28	1.54	9	537.0	1650	896.0	47.76	3630	111.70	901.0	1.2	1.30	CSW－5X－T5020•1216
H－500×200×12×19	104.0	4310	132.90	709.0	2180	1040.0	55.44	82.5	254.0	812.0	2500	20.30	4.37	5.23	6.88	FA	FA	FB	FB	5.69	1.52	1.75	9	619.0	1900	882.0	47.04	3990	123.00	1030.0	1.2	1.47	CSW－5X－T5020•1219
H－500×200×12×22	113.0	4680	144.20	786.0	2420	1020.0	54.72	95.5	294.0	896.0	2760	20.50	4.52	5.31	6.03	FA	FA	FB	FB	5.88	1.76	1.96	9	699.0	2150	869.0	46.32	4360	134.30	1160.0	1.2	1.65	CSW－5X－T5020•1222
H－500×200×12×25	122.0	5050	155.50	861.0	2650	1010.0	54.00	108.0	334.0	979.0	3010	20.60	4.64	5.38	5.38	FA	FA	FB	FB	6.03	2.00	2.18	9	777.0	2390	855.0	45.60	4730	145.60	1290.0	1.3	1.83	CSW－5X－T5020•1225
H－500×250×9×12	81.9	3380	104.30	580.0	1780	803.0	42.84	81.3	250.0	652.0	2010	20.70	5.48	6.49	10.80	FC	FB	FD	FD	7.13	1.20	1.86	7	505.0	1550	685.0	36.54	3130	96.53	832.0	1.2	1.52	CSW－5X－T5025•0912
H－500×250×9×16	97.0	4010	123.60	719.0	2210	790.0	42.12	108.0	334.0	800.0	2460	21.20	5.81	6.67	8.34	FB	FA	FD	FD	7.56	1.60	2.33	7	648.0	1990	672.0	35.82	3760	115.80	1050.0	1.3	1.90	CSW－5X－T5025•0916
H－500×250×9×19	108.0	4480	138.00	820.0	2530	780.0	41.58	128.0	396.0	909.0	2800	21.40	5.99	6.77	7.13	FB	FA	FD	FD	7.79	1.90	2.70	7	751.0	2310	661.0	35.28	4230	130.20	1220.0	1.3	2.19	CSW－5X－T5025•0919
H－500×250×9×22	120.0	4950	152.50	919.0	2830	770.0	41.04	149.0	459.0	1010.0	3130	21.50	6.13	6.84	6.22	FA	FA	FD	FD	7.98	2.20	3.08	7	852.0	2620	651.0	34.74	4700	144.70	1390.0	1.3	2.49	CSW－5X－T5025•0922
H－500×250×12×22	130.0	5400	166.20	950.0	2920	1020.0	54.72	149.0	459.0	1060.0	3290	21.00	5.88	6.74	6.13	FA	FA	FB	FB	7.64	2.20	2.33	9	862.0	2650	869.0	46.32	5080	156.30	1420.0	1.3	1.96	CSW－5X－T5025•1222
H－500×250×12×25	142.0	5860	180.50	1040.0	3220	1010.0	54.00	169.0	521.0	1170.0	3610	21.10	6.01	6.81	5.45	FA	FA	FB	FB	7.82	2.50	2.61	9	960.0	2950	855.0	45.60	5540	170.60	1580.0	1.3	2.19	CSW－5X－T5025•1225
H－500×250×12×28	153.0	6320	194.70	1130.0	3500	999.0	53.28	189.0	584.0	1270.0	3930	21.20	6.12	6.87	4.90	FA	FA	FA	FB	7.96	2.80	2.79	9	1050.0	3240	842.0	44.88	6000	184.80	1740.0	1.3	2.42	CSW－5X－T5025•1228
H－550×200×9×12	76.0	3140	96.79	551.0	1700	888.0	47.34	52.1	160.0	634.0	1950	22.00	4.07	5.01	11.50	FC	FC	FD	FD	5.30	0.88	1.67	7	463.0	1420	770.0	41.04	2890	89.03	778.0	1.2	1.32	CSW－5X－T5520•0912
H－550×200×9×16	88.0	3640	112.10	673.0	2070	874.0	46.62	69.4	214.0	763.0	2350	22.60	4.37	5.20	8.93	FC	FC	FD	FD	5.68	1.17	2.06	7	589.0	1810	756.0	40.32	3390	104.30	977.0	1.2	1.61	CSW－5X－T5520•0916
H－550×200×9×19	97.0	4010	123.50	763.0	2350	864.0	46.08	82.4	254.0	859.0	2640	22.90	4.53	5.29	7.66	FC	FC	FD	FD	5.90	1.39	2.36	7	681.0	2090	746.0	39.78	3760	115.70	1120.0	1.3	1.84	CSW－5X－T5520•0919
H－550×200×9×22	106.0	4380	135.00	850.0	2620	854.0	45.54	95.4	294.0	954.0	2940	23.10	4.66	5.36	6.71	FC	FC	FD	FD	6.07	1.60	2.67	7	771.0	2370	736.0	39.24	4130	127.20	1270.0	1.3	2.07	CSW－5X－T5520•0922

表CS　梁端溶接部諸元表（8/10）

490N級鋼

●仕口部（定形Ｈ形鋼）

●鉄骨構造標準接合部委員会SCSS－H97
建設省住宅局建築指導課監修

部材断面寸法	質量	母材 軸力 N_{y0}	軸力 A_0	曲げ(強軸) M_{y0}	曲げ(強軸) Z_0	せん断力 Q_{y0}	せん断力 A_{0w}	曲げ(弱軸) M_{y0}	曲げ(弱軸) Z_0	全塑性モーメント M_{p0}	全塑性モーメント Z_{p0}	その他の諸元 i_x	i_x	i_y^*	η	部材種別 梁 SM材	梁 SN材	柱 SM材	柱 SN材	横補剛長さ L_1	L_2	最小スパン	仕口部 隅肉 S	曲げモーメント M_y	$_dZ$	せん断力 Q_y	$_dA_W$	軸力 N_y	$_dA$	保有耐力 M_u	a_J	L_q	仕口呼称
	kg/m	kN	cm²	kNm	cm³	kN	cm²	kNm	cm³	kNm	cm³	cm	cm	cm						m	m	m	mm	kNm	cm³	kN	cm²	kN	cm²	kNm		m	
H−550×200×12×16	100.0	4140	127.60	714.0	2200	1160.0	62.16	69.6	214.0	829.0	2550	21.80	4.10	5.06	8.69	FA	FA	FD	FD	5.33	1.17	1.57	9	604.0	1850	1000.0	53.76	3820	117.70	1010.0	1.2	1.31	CSW−5X−T5520•1216
H−550×200×12×19	109.0	4510	138.90	803.0	2470	1150.0	61.44	82.6	254.0	923.0	2840	22.10	4.28	5.17	7.48	FA	FA	FD	FD	5.57	1.39	1.78	9	695.0	2140	995.0	53.04	4190	129.00	1160.0	1.2	1.48	CSW−5X−T5520•1219
H−550×200×12×22	118.0	4880	150.20	889.0	2740	1130.0	60.72	95.6	294.0	1010.0	3130	22.40	4.43	5.26	6.57	FA	FA	FD	FD	5.76	1.60	1.99	9	785.0	2410	981.0	52.32	4560	140.30	1300.0	1.2	1.65	CSW−5X−T5520•1222
H−550×200×12×25	127.0	5240	161.50	973.0	2990	1120.0	60.00	108.0	334.0	1100.0	3410	22.60	4.55	5.33	5.86	FA	FA	FD	FD	5.92	1.82	2.21	9	872.0	2680	968.0	51.60	4920	151.60	1450.0	1.3	1.83	CSW−5X−T5520•1225
H−550×250×9×12	85.4	3530	108.80	653.0	2010	888.0	47.34	81.3	250.0	739.0	2270	22.50	5.36	6.42	11.80	FC	FC	FD	FD	6.98	1.10	1.95	7	566.0	1740	770.0	41.04	3280	101.00	936.0	1.2	1.53	CSW−5X−T5525•0912
H−550×250×9×16	101.0	4160	128.10	808.0	2490	874.0	46.62	108.0	334.0	902.0	2780	23.10	5.71	6.62	9.10	FC	FC	FD	FD	7.42	1.46	2.44	7	724.0	2220	756.0	40.32	3910	120.30	1180.0	1.3	1.90	CSW−5X−T5525•0916
H−550×250×9×19	112.0	4630	142.50	921.0	2840	864.0	46.08	128.0	396.0	1020.0	3150	23.40	5.89	6.72	7.78	FC	FC	FD	FD	7.67	1.73	2.81	7	840.0	2580	746.0	39.78	4380	134.70	1370.0	1.3	2.19	CSW−5X−T5525•0919
H−550×250×9×22	123.0	5100	157.00	1030.0	3180	854.0	45.54	149.0	459.0	1140.0	3520	23.60	6.04	6.80	6.80	FC	FC	FD	FD	7.86	2.00	3.19	7	952.0	2930	736.0	39.24	4850	149.20	1550.0	1.3	2.48	CSW−5X−T5525•0922
H−550×250×12×22	135.0	5590	172.20	1070.0	3290	1130.0	60.72	149.0	459.0	1200.0	3710	22.90	5.77	6.69	6.69	FA	FA	FD	FD	7.51	2.00	2.36	9	966.0	2970	981.0	52.32	5270	162.30	1590.0	1.3	1.96	CSW−5X−T5525•1222
H−550×250×12×25	146.0	6050	186.50	1170.0	3620	1120.0	60.00	169.0	522.0	1320.0	4070	23.10	5.91	6.76	5.95	FA	FA	FD	FD	7.69	2.28	2.63	9	1070.0	3310	968.0	51.60	5730	176.60	1770.0	1.3	2.18	CSW−5X−T5525•1225
H−550×250×12×28	158.0	6520	200.70	1280.0	3940	1110.0	59.28	189.0	584.0	1430.0	4420	23.20	6.03	6.82	5.36	FA	FA	FD	FD	7.84	2.55	2.91	9	1180.0	3630	954.0	50.88	6200	190.80	1950.0	1.3	2.40	CSW−5X−T5525•1228
H−600×200×9×12	79.5	3290	101.30	617.0	1900	972.0	51.84	52.1	160.0	714.0	2200	23.70	3.98	4.95	12.40	FD	FD	FD	FD	5.18	0.80	1.66	7	516.0	1580	854.0	45.54	3040	93.53	870.0	1.2	1.34	CSW−5X−T6020•0912
H−600×200×9×16	91.5	3780	116.60	752.0	2320	959.0	51.12	69.4	214.0	856.0	2640	24.40	4.28	5.15	9.65	FD	FD	FD	FD	5.57	1.07	2.02	7	654.0	2010	840.0	44.82	3530	108.80	1080.0	1.2	1.63	CSW−5X−T6020•0916
H−600×200×9×19	101.0	4160	128.00	851.0	2620	949.0	50.58	82.4	254.0	961.0	2960	24.80	4.45	5.25	8.29	FD	FD	FD	FD	5.79	1.27	2.31	7	756.0	2320	830.0	44.28	3900	120.20	1250.0	1.3	1.85	CSW−5X−T6020•0919
H−600×200×9×22	110.0	4530	139.50	948.0	2920	938.0	50.04	95.4	294.0	1060.0	3280	25.00	4.59	5.33	7.26	FD	FD	FD	FD	5.97	1.47	2.59	7	855.0	2630	820.0	43.74	4280	131.70	1410.0	1.3	2.07	CSW−5X−T6020•0922
H−600×200×12×16	105.0	4340	133.60	802.0	2470	1270.0	68.16	69.6	214.0	935.0	2880	23.50	4.00	5.00	9.37	FA	FA	FD	FD	5.21	1.07	1.60	9	673.0	2070	1120.0	59.76	4020	123.70	1130.0	1.2	1.33	CSW−5X−T6020•1216
H−600×200×12×19	114.0	4700	144.90	899.0	2770	1260.0	67.44	82.6	254.0	1030.0	3200	23.90	4.19	5.12	8.08	FA	FA	FD	FD	5.45	1.27	1.80	9	773.0	2380	1100.0	59.04	4380	135.00	1290.0	1.2	1.50	CSW−5X−T6020•1219
H−600×200×12×22	123.0	5070	156.20	994.0	3060	1250.0	66.72	95.6	294.0	1140.0	3510	24.20	4.34	5.21	7.11	FA	FA	FD	FD	5.65	1.47	2.01	9	872.0	2680	1090.0	58.32	4750	146.30	1450.0	1.2	1.66	CSW−5X−T6020•1222
H−600×200×12×25	131.0	5440	167.50	1080.0	3350	1230.0	66.00	108.0	334.0	1240.0	3820	24.50	4.47	5.29	6.34	FA	FA	FD	FD	5.81	1.67	2.22	9	969.0	2980	1080.0	57.60	5120	157.60	1610.0	1.3	1.83	CSW−5X−T6020•1225
H−600×200×12×28	140.0	5800	178.70	1170.0	3630	1220.0	65.28	121.0	374.0	1340.0	4130	24.70	4.58	5.35	5.73	FA	FA	FD	FD	5.95	1.87	2.44	9	1060.0	3270	1060.0	56.88	5480	168.80	1770.0	1.3	2.01	CSW−5X−T6020•1228
H−600×250×9×16	104.0	4300	132.60	900.0	2770	959.0	51.12	108.0	334.0	1000.0	3100	25.00	5.61	6.57	9.86	FD	FD	FD	FD	7.30	1.34	2.38	7	802.0	2470	840.0	44.82	4050	124.80	1310.0	1.3	1.91	CSW−5X−T6025•0916
H−600×250×9×19	115.0	4770	147.00	1020.0	3150	949.0	50.58	128.0	396.0	1140.0	3510	25.40	5.80	6.68	8.43	FD	FD	FD	FD	7.55	1.59	2.73	7	930.0	2860	830.0	44.28	4520	139.20	1520.0	1.3	2.19	CSW−5X−T6025•0919
H−600×250×12×19	129.0	5320	163.90	1070.0	3300	1260.0	67.44	128.0	397.0	1210.0	3750	24.60	5.50	6.54	8.26	FA	FA	FD	FD	7.15	1.59	2.12	9	947.0	2910	1100.0	59.04	5000	154.00	1570.0	1.2	1.76	CSW−5X−T6025•1219
H−600×250×12×22	140.0	5790	178.20	1190.0	3670	1250.0	66.72	149.0	459.0	1340.0	4150	24.90	5.68	6.64	7.24	FA	FA	FD	FD	7.38	1.84	2.37	9	1070.0	3290	1090.0	58.32	5470	168.30	1770.0	1.3	1.97	CSW−5X−T6025•1222
H−600×250×12×25	151.0	6250	192.50	1310.0	4040	1230.0	66.00	169.0	522.0	1470.0	4540	25.10	5.82	6.72	6.45	FA	FA	FD	FD	7.57	2.09	2.64	9	1190.0	3670	1080.0	57.60	5930	182.60	1960.0	1.3	2.18	CSW−5X−T6025•1225
H−600×250×12×28	162.0	6710	206.70	1420.0	4390	1220.0	65.28	189.0	584.0	1600.0	4930	25.20	5.94	6.78	5.81	FA	FA	FD	FD	7.73	2.34	2.91	9	1310.0	4030	1060.0	56.88	6390	196.80	2160.0	1.3	2.40	CSW−5X−T6025•1228
H−600×300×9×19	130.0	5390	166.00	1190.0	3690	949.0	50.58	185.0	570.0	1320.0	4060	25.80	7.18	8.11	8.54	FD	FD	FD	FD	9.34	1.90	3.16	7	1100.0	3390	830.0	44.28	5140	158.20	1790.0	1.3	2.53	CSW−5X−T6030•0919
H−600×300×12×19	144.0	5940	182.90	1240.0	3840	1260.0	67.44	185.0	571.0	1390.0	4300	25.10	6.84	7.96	8.38	FB	FA	FD	FD	8.90	1.90	2.43	9	1120.0	3450	1100.0	59.04	5620	173.00	1840.0	1.3	2.01	CSW−5X−T6030•1219
H−600×300×12×22	157.0	6500	200.20	1390.0	4290	1250.0	66.72	214.0	661.0	1550.0	4780	25.30	7.04	8.07	7.33	FA	FA	FD	FD	9.15	2.20	2.74	9	1270.0	3910	1090.0	58.32	6180	190.30	2080.0	1.3	2.27	CSW−5X−T6030•1222
H−600×300×12×25	171.0	7060	217.50	1530.0	4730	1230.0	66.00	243.0	751.0	1700.0	5260	25.50	7.20	8.15	6.52	FA	FA	FD	FD	9.36	2.50	3.06	9	1410.0	4350	1080.0	57.60	6740	207.60	2320.0	1.3	2.52	CSW−5X−T6030•1225
H−600×300×12×28	184.0	7620	234.70	1670.0	5160	1220.0	65.28	273.0	841.0	1860.0	5730	25.70	7.33	8.22	5.87	FA	FA	FD	FD	9.53	2.80	3.38	9	1550.0	4790	1060.0	56.88	7300	224.80	2550.0	1.3	2.78	CSW−5X−T6030•1228
H−650×200×9×12	83.0	3430	105.80	686.0	2110	1050.0	56.34	52.1	160.0	798.0	2460	25.50	3.89	4.90	13.30	FD	FD	FD	FD	5.07	0.74	1.74	7	570.0	1750	938.0	50.04	3180	98.03	966.0	1.2	1.36	CSW−5X−T6520•0912
H−650×200×9×16	95.0	3930	121.10	833.0	2570	1040.0	55.62	69.4	214.0	953.0	2930	26.20	4.20	5.10	10.40	FD	FD	FD	FD	5.47	0.99	2.11	7	721.0	2220	925.0	49.32	3680	113.30	1200.0	1.2	1.64	CSW−5X−T6520•0916
H−650×200×9×19	104.0	4300	132.50	941.0	2900	1030.0	55.08	82.4	254.0	1060.0	3280	26.70	4.38	5.21	8.91	FD	FD	FD	FD	5.69	1.17	2.40	7	832.0	2560	915.0	48.78	4050	124.70	1380.0	1.2	1.86	CSW−5X−T6520•0919
H−650×200×9×22	113.0	4670	144.00	1040.0	3220	1020.0	54.54	95.4	294.0	1180.0	3630	27.00	4.52	5.29	7.81	FD	FD	FD	FD	5.88	1.36	2.69	7	941.0	2890	905.0	48.24	4420	136.20	1550.0	1.3	2.08	CSW−5X−T6520•0922
H−650×200×12×16	110.0	4530	139.60	892.0	2750	1390.0	74.16	69.6	214.0	1040.0	3220	25.30	3.92	4.94	10.00	FB	FA	FD	FD	5.10	0.99	1.65	9	743.0	2280	1230.0	65.76	4210	129.70	1260.0	1.2	1.35	CSW−5X−T6520•1216
H−650×200×12×19	118.0	4900	150.90	999.0	3070	1370.0	73.44	82.6	254.0	1150.0	3570	25.70	4.11	5.07	8.66	FA	FA	FD	FD	5.34	1.17	1.85	9	854.0	2620	1220.0	65.04	4580	141.00	1430.0	1.2	1.52	CSW−5X−T6520•1219
H−650×200×12×22	127.0	5270	162.20	1100.0	3400	1360.0	72.72	95.6	294.0	1270.0	3910	26.10	4.26	5.16	7.63	FA	FA	FD	FD	5.54	1.36	2.06	9	962.0	2960	1200.0	64.32	4950	152.30	1610.0	1.2	1.68	CSW−5X−T6520•1222
H−650×200×12×25	136.0	5630	173.50	1200.0	3710	1350.0	72.00	108.0	334.0	1380.0	4250	26.40	4.39	5.24	6.81	FA	FA	FD	FD	5.71	1.54	2.26	9	1060.0	3280	1190.0	63.60	5310	163.60	1780.0	1.2	1.85	CSW−5X−T6520•1225
H−650×200×12×28	145.0	6000	184.70	1300.0	4020	1330.0	71.28	121.0	374.0	1480.0	4580	26.60	4.50	5.31	6.16	FA	FA	FD	FD	5.86	1.73	2.48	9	1170.0	3600	1170.0	62.88	5680	174.80	1950.0	1.3	2.02	CSW−5X−T6520•1228

表CS　梁端溶接部諸元表（9/10）

●仕口部（定形H形鋼）

490N級鋼

●鉄骨構造標準接合部委員会SCSS－H97
建設省住宅局建築指導課監修

部材断面寸法	母材 質量	軸力		曲げ(強軸)		せん断力		曲げ(弱軸)		全塑性モーメント		その他の諸元				部材種別 梁		柱		横補剛長さ		最小スパン	仕口部 隅肉	曲げモーメント		せん断力		軸力		保有耐力			仕口呼称
	kg/m	N_{y0} kN	A_0 cm²	M_{y0} kNm	Z_0 cm³	Q_{y0} kN	A_{0w} cm²	M_{y0} kNm	Z_0 cm³	M_{p0} kNm	Z_{p0} cm³	i_x cm	i_x cm	i_y^* cm	η	SM材	SN材	SM材	SN材	L_1 m	L_2 m	m	S mm	M_y kNm	$_dZ$ cm³	Q_y kN	$_dA_W$ cm²	N_y kN	$_dA$ cm²	M_u kNm	a_J	L_q m	
H－650×250×9×16	108.0	4450	137.10	994.0	3060	1040.0	55.62	108.0	334.0	1110.0	3440	26.90	5.52	6.52	10.60	FD	FD	FD	FD	7.18	1.24	2.48	7	882.0	2710	925.0	49.32	4200	129.30	1450.0	1.2	1.93	CSW－5X－T6525•0916
H－650×250×9×19	119.0	4920	151.50	1130.0	3480	1030.0	55.08	128.0	396.0	1260.0	3880	27.30	5.72	6.63	9.08	FD	FD	FD	FD	7.44	1.47	2.84	7	1020.0	3140	915.0	48.78	4670	143.70	1670.0	1.3	2.20	CSW－5X－T6525•0919
H－650×250×12×19	133.0	5520	169.90	1180.0	3660	1370.0	73.44	128.0	397.0	1350.0	4160	26.40	5.40	6.48	8.87	FA	FA	FD	FD	7.03	1.47	2.16	9	1040.0	3210	1220.0	65.04	5200	160.00	1730.0	1.2	1.77	CSW－5X－T6525•1219
H－650×250×12×22	145.0	5980	184.20	1320.0	4060	1360.0	72.72	149.0	459.0	1490.0	4600	26.80	5.58	6.59	7.78	FA	FA	FD	FD	7.26	1.70	2.42	9	1170.0	3620	1200.0	64.32	5660	174.30	1950.0	1.3	1.98	CSW－5X－T6525•1222
H－650×250×12×25	156.0	6440	198.50	1450.0	4460	1350.0	72.00	169.0	522.0	1630.0	5030	27.00	5.73	6.67	6.94	FA	FA	FD	FD	7.46	1.93	2.68	9	1310.0	4030	1190.0	63.60	6120	188.60	2160.0	1.3	2.19	CSW－5X－T6525•1225
H－650×250×12×28	167.0	6910	212.70	1570.0	4850	1330.0	71.28	189.0	584.0	1770.0	5460	27.20	5.86	6.74	6.26	FA	FA	FD	FD	7.62	2.16	2.95	9	1440.0	4430	119.00	62.88	6590	202.80	2380.0	1.3	2.40	CSW－5X－T6525•1228
H－700×200×9×12	87.6	3620	111.60	771.0	2370	1140.0	60.84	52.2	161.0	900.0	2770	27.30	3.79	4.80	14.00	FD	FD	FD	FD	4.94	0.69	1.85	8	639.0	1960	1020.0	54.54	3330	102.50	1100.0	1.2	1.41	CSW－5X－T7020•0912
H－700×200×9×16	99.6	4120	126.90	930.0	2860	1120.0	60.12	69.5	214.0	1060.0	3280	28.10	4.11	5.02	11.00	FD	FD	FD	FD	5.34	0.92	2.23	7	789.0	2420	1000.0	53.82	3820	117.80	1320.0	1.2	1.69	CSW－5X－T7020•0916
H－700×200×9×19	109.0	4490	138.40	1040.0	3220	1110.0	59.58	82.5	254.0	1190.0	3660	28.60	4.28	5.13	9.45	FD	FD	FD	FD	5.57	1.09	2.52	7	910.0	2800	999.0	53.28	4200	129.20	1510.0	1.2	1.90	CSW－5X－T7020•0919
H－700×200×9×22	118.0	4860	149.80	1160.0	3580	1100.0	59.04	95.5	294.0	1310.0	4040	28.90	4.43	5.22	8.30	FD	FD	FD	FD	5.76	1.26	2.82	7	1020.0	3160	989.0	52.74	4570	140.70	1700.0	1.2	2.12	CSW－5X－T7020•0922
H－700×200×12×22	133.0	5500	169.50	1220.0	3780	1470.0	78.72	95.7	295.0	1410.0	4360	27.90	4.17	5.09	8.10	FB	FA	FD	FD	5.42	1.26	2.28	9	1050.0	3240	1310.0	70.32	5140	158.30	1770.0	1.2	1.72	CSW－5X－T7020•1222
H－700×200×12×25	142.0	5870	180.80	1330.0	4120	1460.0	78.00	108.0	335.0	1530.0	4730	28.30	4.30	5.17	7.24	FB	FA	FD	FD	5.60	1.43	2.51	9	1160.0	3590	1300.0	69.60	5510	169.60	1950.0	1.2	1.88	CSW－5X－T7020•1225
H－700×200×12×28	151.0	6240	192.10	1440.0	4460	1450.0	77.28	121.0	375.0	1650.0	5100	28.50	4.42	5.24	6.55	FB	FA	FD	FD	5.75	1.60	2.74	9	1280.0	3940	1290.0	68.88	5870	180.80	2140.0	1.2	2.04	CSW－5X－T7020•1228
H－700×250×9×16	112.0	4640	142.90	1100.0	3400	1120.0	60.12	108.0	334.0	1240.0	3830	28.90	5.40	6.43	11.30	FD	FD	FD	FD	7.03	1.15	2.60	7	963.0	2960	1000.0	53.82	4340	133.80	1590.0	1.2	1.97	CSW－5X－T7025•0916
H－700×250×9×19	124.0	5110	157.40	1250.0	3850	1110.0	59.58	128.0	396.0	1400.0	4310	29.30	5.61	6.55	9.65	FD	FD	FD	FD	7.30	1.36	2.97	7	1110.0	3420	999.0	53.28	4810	148.20	1830.0	1.3	2.24	CSW－5X－T7025•0919
H－700×250×12×19	139.0	5750	177.20	1320.0	4060	1490.0	79.44	128.0	397.0	1500.0	4640	28.30	5.29	6.39	9.42	FC	FC	FD	FD	6.88	1.36	2.40	9	1140.0	3510	1330.0	71.04	5390	166.00	1900.0	1.2	1.81	CSW－5X－T7025•1219
H－700×250×12×22	150.0	6220	191.50	1460.0	4500	1470.0	78.72	149.0	459.0	1660.0	5110	28.70	5.48	6.51	8.28	FB	FA	FD	FD	7.12	1.58	2.67	9	1280.0	3960	1310.0	70.32	5860	180.30	2130.0	1.2	2.01	CSW－5X－T7025•1222
H－700×250×12×25	162.0	6680	205.80	1600.0	4940	1460.0	78.00	169.0	522.0	1810.0	5580	29.00	5.63	6.60	7.39	FB	FA	FD	FD	7.32	1.79	2.96	9	1430.0	4410	1300.0	69.60	6320	194.60	2370.0	1.3	2.21	CSW－5X－T7025•1225
H－700×250×14×25	172.0	7110	218.80	1640.0	5070	1700.0	91.00	169.0	522.0	1880.0	5790	28.50	5.46	6.52	7.30	FA	FA	FD	FD	7.11	1.79	2.41	10	1440.0	4440	1520.0	81.20	6700	206.20	2400.0	1.2	1.97	CSW－5X－T7025•1425
H－700×250×14×28	183.0	7570	232.90	1780.0	5490	1690.0	90.16	190.0	585.0	2020.0	6240	28.70	5.60	6.60	6.60	FA	FA	FD	FD	7.29	2.00	2.63	10	1580.0	4880	1500.0	80.36	7160	220.30	2630.0	1.2	2.15	CSW－5X－T7025•1428
H－700×300×9×19	138.0	5730	176.40	1450.0	4480	1110.0	59.58	185.0	570.0	1610.0	4960	29.80	6.97	7.98	9.80	FD	FD	FD	FD	9.06	1.63	3.41	7	1310.0	4050	999.0	53.28	5430	167.20	2140.0	1.3	2.57	CSW－5X－T7030•0919
H－700×300×12×19	154.0	6370	196.20	1520.0	4690	1490.0	79.44	185.0	571.0	1710.0	5290	28.90	6.61	7.81	9.59	FC	FC	FD	FD	8.59	1.63	2.73	9	1340.0	4130	1330.0	71.04	6010	185.00	2210.0	1.2	2.06	CSW－5X－T7030•1219
H－700×300×12×22	168.0	6930	213.50	1690.0	5230	1470.0	78.72	214.0	661.0	1900.0	5860	29.30	6.81	7.93	8.41	FB	FA	FD	FD	8.86	1.89	3.06	9	1520.0	4680	1310.0	70.32	6570	202.30	2500.0	1.3	2.30	CSW－5X－T7030•1222
H－700×300×14×22	178.0	7360	226.60	1740.0	5360	1720.0	91.84	214.0	661.0	1970.0	6070	28.80	6.62	7.84	8.31	FA	FA	FD	FD	8.61	1.89	2.50	10	1530.0	4720	1530.0	82.04	6950	214.00	2530.0	1.2	2.05	CSW－5X－T7030•1422
H－700×300×14×25	191.0	7920	243.80	1910.0	5880	1700.0	91.00	244.0	751.0	2150.0	6630	29.10	6.80	7.94	7.41	FA	FA	FD	FD	8.84	2.15	2.76	10	1710.0	5260	1520.0	81.20	7510	231.20	2810.0	1.3	2.26	CSW－5X－T7030•1425
H－700×300×14×28	205.0	8480	260.90	2070.0	6390	1690.0	90.16	273.0	841.0	2330.0	7180	29.30	6.95	8.03	6.69	FA	FA	FD	FD	9.05	2.40	3.03	10	1880.0	5780	1500.0	80.36	8070	248.30	3090.0	1.3	2.47	CSW－5X－T7030•1428
H－750×200×9×12	91.2	3770	116.10	846.0	2600	1220.0	65.34	52.2	161.0	993.0	3060	29.00	3.72	4.75	14.80	FD	FD	FD	FD	4.84	0.64	1.86	8	699.0	2150	1100.0	59.04	3470	107.00	1210.0	1.2	1.43	CSW－5X－T7520•0912
H－750×200×9×16	103.0	4270	131.40	1010.0	3130	1210.0	64.62	69.5	214.0	1170.0	3610	29.90	4.04	4.97	11.70	FD	FD	FD	FD	5.25	0.86	2.22	7	859.0	2640	1090.0	58.32	3970	122.30	1440.0	1.2	1.71	CSW－5X－T7520•0916
H－750×200×9×19	112.0	4640	142.90	1140.0	3520	1200.0	64.08	82.5	254.0	1300.0	4020	30.40	4.22	5.09	10.00	FD	FD	FD	FD	5.49	1.02	2.51	7	989.0	3040	1080.0	57.78	4340	133.70	1640.0	1.2	1.92	CSW－5X－T7520•0919
H－750×200×12×19	129.0	5330	164.20	1220.0	3760	1600.0	85.44	82.7	255.0	1420.0	4400	29.30	3.94	4.94	9.74	FC	FC	FD	FD	5.12	1.02	2.15	9	1020.0	3130	1440.0	77.04	4970	153.00	1730.0	1.2	1.58	CSW－5X－T7520•1219
H－750×200×12×22	138.0	5700	175.50	1340.0	4140	1580.0	84.72	95.7	295.0	1550.0	4800	29.70	4.10	5.04	8.60	FC	FC	FD	FD	5.33	1.18	2.37	9	1140.0	3520	1430.0	76.32	5340	164.30	1930.0	1.2	1.74	CSW－5X－T7520•1222
H－750×200×12×25	147.0	6070	186.80	1460.0	4510	1570.0	84.00	108.0	335.0	1680.0	5190	30.10	4.23	5.13	7.70	FC	FC	FD	FD	5.51	1.34	2.60	9	1270.0	3910	1410.0	75.60	5700	175.60	2130.0	1.2	1.90	CSW－5X－T7520•1225
H－750×200×12×28	155.0	6430	198.10	1580.0	4870	1560.0	83.28	121.0	375.0	1810.0	5580	30.40	4.35	5.20	6.97	FC	FC	FD	FD	5.66	1.50	2.83	9	1390.0	4280	1400.0	74.88	6070	186.80	2330.0	1.2	2.06	CSW－5X－T7520•1228
H－750×250×12×16	133.0	5490	168.90	1280.0	3950	1610.0	86.16	108.0	334.0	1480.0	4580	29.60	4.97	6.19	11.60	FC	FC	FD	FD	6.47	1.07	2.21	9	1070.0	3310	1450.0	77.76	5120	157.70	1810.0	1.2	1.63	CSW－5X－T7525•1216
H－750×250×12×19	144.0	5950	183.20	1440.0	4440	1600.0	85.44	128.0	397.0	1650.0	5090	30.10	5.20	6.34	10.00	FC	FC	FD	FD	6.77	1.27	2.48	9	1240.0	3810	1440.0	77.04	5590	172.00	2070.0	1.2	1.83	CSW－5X－T7525•1219
H－750×250×12×22	155.0	6410	197.50	1590.0	4920	1580.0	84.72	149.0	459.0	1810.0	5600	30.60	5.39	6.46	8.81	FC	FC	FD	FD	7.01	1.47	2.76	9	1390.0	4300	1430.0	76.32	6050	186.30	2320.0	1.2	2.03	CSW－5X－T7525•1222
H－750×250×14×22	166.0	6870	211.60	1640.0	5070	1850.0	98.84	149.0	460.0	1890.0	5850	30.00	5.21	6.37	8.68	FA	FA	FD	FD	6.78	1.47	2.27	10	1410.0	4350	1670.0	89.04	6460	199.00	2360.0	1.2	1.82	CSW－5X－T7525•1422
H－750×250×14×25	177.0	7330	225.80	1790.0	5540	1830.0	98.00	169.0	522.0	2060.0	6340	30.30	5.38	6.47	7.76	FA	FA	FD	FD	7.00	1.67	2.49	10	1570.0	4830	1650.0	88.20	6920	213.20	2610.0	1.2	1.99	CSW－5X－T7525•1425
H－750×250×14×28	188.0	7790	239.90	1940.0	5990	1820.0	97.16	190.0	585.0	2220.0	6840	30.60	5.52	6.55	7.02	FA	FA	FD	FD	7.18	1.87	2.72	10	1720.0	5300	1630.0	87.36	7380	227.30	2860.0	1.2	2.16	CSW－5X－T7525•1428

表CS 梁端溶接部諸元表（10/10）

●仕口部（定形Ｈ形鋼）

490N級鋼

●鉄骨構造標準接合部委員会SCSS－H97
建設省住宅局建築指導課監修

部材断面寸法	母材 質量	母材 軸力		母材 曲げ(強軸)		母材 せん断力		母材 曲げ(弱軸)		母材 全塑性モーメント		母材 その他の諸元				母材 部材種別 梁		母材 部材種別 柱		母材 横補剛長さ		母材 最小スパン	仕口部 隅肉	仕口部 曲げモーメント		仕口部 せん断力		仕口部 軸力		仕口部 保有耐力			仕口呼称
	kg/m	N_{y0} kN	A_0 cm²	M_{y0} kNm	Z_0 cm³	Q_{y0} kN	A_{0w} cm²	M_{y0} kNm	Z_0 cm³	M_{p0} kNm	Z_{p0} cm³	i_x cm	i_x cm	i_y^* cm	η	SM材	SN材	SM材	SN材	L_1 m	L_2 m	m	S mm	M_y kNm	${}_dZ$ cm³	Q_y kN	${}_dA_W$ cm²	N_y kN	${}_dA$ cm²	M_u kNm	a_J	L_q m	
H－800×250×14×22	172.0	7100	218.60	1790.0	5520	1980.0	105.80	149.0	460.0	2070.0	6380	31.80	5.13	6.31	9.18	FB	FA	FD	FD	6.67	1.38	2.35	10	1530.0	4710	1800.0	96.04	6690	206.00	2560.0	1.2	1.84	CSW－5X－T8025•1422
H－800×250×14×25	183.0	7560	232.80	1950.0	6020	1970.0	105.00	169.0	523.0	2240.0	6920	32.20	5.30	6.42	8.22	FB	FA	FD	FD	6.89	1.57	2.57	10	1690.0	5220	1780.0	95.20	7150	220.20	2830.0	1.2	2.01	CSW－5X－T8025•1425
H－800×250×16×25	195.0	8050	247.80	2010.0	6200	2250.0	120.00	170.0	523.0	2330.0	7200	31.60	5.14	6.34	8.11	FA	FA	FD	FD	6.68	1.57	2.34	12	1730.0	5330	2040.0	108.80	7590	233.80	2920.0	1.2	1.83	CSW－5X－T8025•1625
H－800×250×16×28	206.0	8500	261.80	2170.0	6680	2230.0	119.00	190.0	586.0	2500.0	7720	32.00	5.29	6.43	7.35	FA	FA	FD	FD	6.88	1.75	2.54	12	1890.0	5840	2020.0	107.80	8050	247.80	3190.0	1.2	1.98	CSW－5X－T8025•1628
H－800×300×14×22	189.0	7820	240.60	2060.0	6350	1980.0	105.80	214.0	661.0	2350.0	7240	32.50	6.42	7.73	9.37	FB	FA	FD	FD	8.35	1.65	2.66	10	1800.0	5540	1800.0	96.04	7410	228.00	2980.0	1.2	2.08	CSW－5X－T8030•1422
H－800×300×16×22	201.0	8310	255.70	2120.0	6530	2260.0	121.00	215.0	662.0	2440.0	7520	32.00	6.23	7.63	9.24	FA	FA	FD	FD	8.11	1.65	2.42	12	1830.0	5650	2050.0	109.70	7850	241.70	3080.0	1.2	1.90	CSW－5X－T8030•1622
H－800×300×16×25	214.0	8860	272.80	2310.0	7130	2250.0	120.00	244.0	752.0	2650.0	8170	32.30	6.43	7.75	8.27	FA	FA	FD	FD	8.36	1.88	2.66	12	2030.0	6270	2040.0	108.80	8410	258.80	3400.0	1.2	2.07	CSW－5X－T8030•1625
H－800×300×16×28	228.0	9410	289.80	2510.0	7730	2230.0	119.00	273.0	842.0	2860.0	8800	32.70	6.60	7.85	7.48	FA	FA	FD	FD	8.59	2.10	2.90	12	2230.0	6880	2020.0	107.80	8960	275.80	3720.0	1.3	2.26	CSW－5X－T8030•1628
H－850×250×14×22	177.0	7330	225.60	1940.0	5980	2110.0	112.80	149.0	460.0	2250.0	6940	33.60	5.05	6.26	9.68	FC	FC	FD	FD	6.57	1.30	2.34	10	1640.0	5070	1930.0	103.00	6920	213.00	2770.0	1.2	1.86	CSW－5X－T8525•1422
H－850×250×14×25	188.0	7790	239.80	2110.0	6510	2100.0	112.00	169.0	523.0	2430.0	7510	34.00	5.22	6.37	8.67	FC	FC	FD	FD	6.79	1.48	2.55	10	1820.0	5620	1910.0	102.20	7380	227.20	3050.0	1.2	2.03	CSW－5X－T8525•1425
H－850×250×16×25	201.0	8310	255.80	2180.0	6720	2400.0	128.00	170.0	523.0	2540.0	7830	33.40	5.06	6.29	8.55	FA	FA	FD	FD	6.58	1.48	2.42	12	1860.0	5750	2190.0	116.80	7850	241.80	3160.0	1.2	1.85	CSW－5X－T8525•1625
H－850×250×16×28	212.0	8760	269.80	2350.0	7240	2380.0	127.00	190.0	586.0	2720.0	8390	33.80	5.21	6.38	7.75	FA	FA	FD	FD	6.78	1.65	2.62	12	2040.0	6290	2170.0	115.80	8310	255.80	3440.0	1.2	2.00	CSW－5X－T8525•1628
H－900×250×16×19	185.0	7660	235.70	1980.0	6110	2580.0	137.90	129.0	399.0	2360.0	7280	34.10	4.60	5.96	11.30	FB	FA	FD	FD	5.98	1.06	2.10	13	1640.0	5070	2370.0	126.70	7200	221.70	2860.0	1.2	1.59	CSW－5X－T9025•1619
H－900×250×16×22	196.0	8110	249.70	2170.0	6680	2560.0	137.00	149.0	461.0	2560.0	7880	34.70	4.80	6.11	10.00	FB	FA	FD	FD	6.25	1.23	2.30	12	1810.0	5590	2350.0	125.70	7660	235.70	3100.0	1.2	1.73	CSW－5X－T9025•1622
H－900×250×16×25	207.0	8570	263.80	2350.0	7250	2550.0	136.00	170.0	524.0	2750.0	8480	35.20	4.98	6.24	8.98	FB	FA	FD	FD	6.48	1.39	2.50	12	2000.0	6170	2340.0	124.80	8110	249.80	3400.0	1.2	1.88	CSW－5X－T9025•1625
H－900×250×16×28	218.0	9020	277.80	2530.0	7810	2530.0	135.00	190.0	586.0	2940.0	9070	35.60	5.13	6.34	8.15	FB	FA	FD	FD	6.68	1.56	2.70	12	2190.0	6750	2320.0	123.80	8570	263.80	3710.0	1.2	2.02	CSW－5X－T9025•1628
H－900×300×16×19	200.0	8270	254.70	2250.0	6930	2580.0	137.90	185.0	572.0	2630.0	8110	35.00	5.81	7.35	11.60	FB	FA	FD	FD	7.55	1.27	2.34	12	1890.0	5810	2370.0	126.70	7820	240.70	3210.0	1.2	1.77	CSW－5X－T9030•1619
H－900×300×16×22	213.0	8830	271.70	2470.0	7620	2560.0	137.00	215.0	662.0	2870.0	8840	35.50	6.05	7.51	10.20	FB	FA	FD	FD	7.86	1.47	2.58	12	2120.0	6530	2350.0	125.70	8370	257.70	3580.0	1.2	1.94	CSW－5X－T9030•1622
H－900×300×16×25	227.0	9380	288.80	2700.0	8310	2550.0	136.00	244.0	752.0	3110.0	9570	36.00	6.25	7.64	9.17	FB	FA	FD	FD	8.13	1.67	2.82	12	2350.0	7240	2340.0	124.80	8930	274.80	3940.0	1.2	2.12	CSW－5X－T9030•1625
H－900×300×16×28	240.0	9930	305.80	2920.0	8990	2530.0	135.00	273.0	842.0	3340.0	10300	36.40	6.43	7.75	8.31	FB	FA	FD	FD	8.36	1.87	3.06	12	2580.0	7930	2320.0	123.80	9480	291.80	4300.0	1.2	2.30	CSW－5X－T9030•1628

3.4 パネルゾーン

ダブラープレートと水平スチフナの諸元表を示す.

柱および梁材に両方共にH形鋼の強軸を用いる場合の断面組合せを，表PN 1に示す．表中につけた番号は，パネルにつけた通し番号である.

ここで対象とした柱梁は同じ鋼種とし，その組合せの条件としては，下記に示すものとした.

- 梁フランジ幅が柱フランジ幅以下となる.
- 水平スチフナの板厚は柱フランジ板厚の2サイズアップまででおさまる.
- 梁の断面係数は，柱の断面係数の2.5倍以下で0.5倍以上とする.

これらの組合せについて必要となるダブラープレートの板厚および枚数と水平スチフナ厚を表PN 2に示す.

表PN 2中で，＜　＞中の数字は表PN 1に示したパネルの通し番号である．また，t_sは水平スチフナ厚で，内柱・外柱・上内・上外，の文字は図-3.4.1に示す部位を表す.

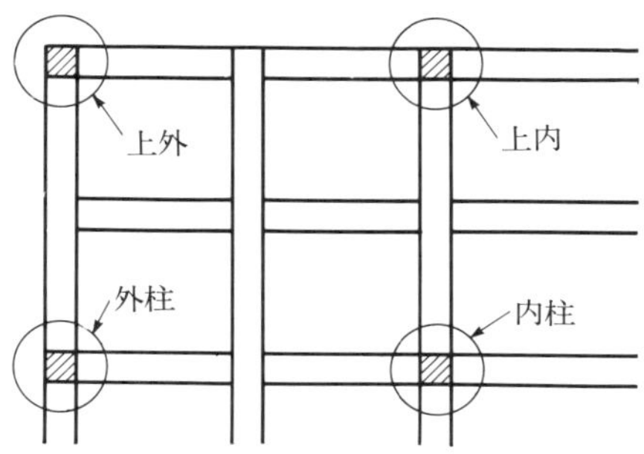

表 PN 1　パネル用柱梁の組合せ（1/3）

梁＼柱	H-125×125×6.5×9×8	H-150×150×7×10×8	H-175×175×7.5×11×13	H-194×150×6×9×8	H-200×200×8×12×13	H-244×175×7×11×13	H-250×250×9×14×13	H-294×200×8×12×13	H-300×300×10×15×13	H-340×250×9×14×13	H-350×350×12×19×13	H-390×300×10×16×13	H-400×400×13×21×22	H-414×405×18×28×22	H-428×407×20×35×22	H-440×300×11×18×13	H-488×300×11×18×13
H-250×125×6×9×8	1	2	3	4	5	6											
H-300×150×6.5×9×13		7	8	9	10	11	12	13									
H-350×175×7×11×13			14		15	16	17	18	19	20							
H-400×200×8×13×13					21		22	23	24	25	26	27					
H-450×200×9×14×13							28	29	30	31	32	33				34	35
H-500×200×10×16×13							36	37	38	39	40	41	42			43	44
H-600×200×11×17×13									45	46	47	48	49	50		51	52
H-588×300×12×20×13											53	54	55	56	57	58	59
H-700×300×13×24×18											60		61	62	63		
H-800×300×14×26×18														64	65		
H-890×299×15×23×18													66	67	68		
H-900×300×16×28×18														69	70		
H-912×302×18×34×18															71		
H-918×303×19×37×18															72		
H-400×200×9×12×13					73		74	75	76	77		78					
H-400×200×9×16×13							79	80	81	82	83	84				85	
H-400×200×9×19×13							86		87	88	89	90				91	92
H-400×200×9×22×13											93	94	95			96	97
H-400×200×12×22×13											98	99	100			101	102
H-450×200×9×12×13							103	104	105	106	107	108				109	
H-450×200×9×16×13							110	111	112	113	114	115				116	117
H-450×200×9×19×13							118		119	120	121	122	123			124	125
H-450×200×9×22×13											126	127	128			129	130
H-450×200×12×16×13							131	132	133	134	135	136	137			138	139
H-450×200×12×19×13							140		141	142	143	144	145			146	147
H-450×200×12×22×13											148	149	150			151	152
H-450×200×12×25×13											153		154	155			
H-450×250×9×12×13							156		157	158	159	160				161	162
H-450×250×9×16×13							163		164	165	166	167	168			169	170
H-450×250×9×19×13									171		172	173	174			175	176
H-450×250×9×22×13											177	178	179	180		181	182
H-450×250×12×22×13											183	184	185	186		187	188
H-450×250×12×25×13											189		190	191	192		
H-450×250×12×28×13														193	194		
H-500×200×9×12×13							195	196	197	198	199	200				201	202
H-500×200×9×16×13							203	204	205	206	207	208	209			210	211
H-500×200×9×19×13							212		213	214	215	216	217			218	219
H-500×200×9×22×13											220	221	222	223		224	225
H-500×200×12×16×13							226		227	228	229	230	231			232	233
H-500×200×12×19×13									234	235	236	237	238			239	240
H-500×200×12×22×13											241	242	243	244		245	246
H-500×200×12×25×13											247		248	249			
H-500×250×9×12×13							250		251	252	253	254	255			256	257
H-500×250×9×16×13									258	259	260	261	262			263	264
H-500×250×9×19×13									265		266	267	268	269		270	271
H-500×250×9×22×13											272	273	274	275	276	277	278
H-500×250×12×22×13											279	280	281	282	283	284	285
H-500×250×12×25×13											286		287	288	289		
H-500×250×12×28×13														290	291		
H-550×200×9×12×13							292	293	294	295	296	297	298			299	300

表 PN 1　パネル用柱梁の組合せ（2/3）

梁＼柱	H-125×125×6.5×9×8	H-150×150×7×10×8	H-175×175×7.5×11×13	H-194×150×6×9×8	H-200×200×8×12×13	H-244×175×7×11×13	H-250×250×9×14×13	H-294×200×8×12×13	H-300×300×10×15×13	H-340×250×9×14×13	H-350×350×12×19×13	H-390×300×10×16×13	H-400×400×13×21×22	H-414×405×18×28×22	H-428×407×20×35×22	H-440×300×11×18×13	H-488×300×11×18×13
H-550×200×9×16×13							301		302	303	304	305	306			307	308
H-550×200×9×19×13									309	310	311	312	313	314		315	316
H-550×200×9×22×13											317	318	319	320		321	322
H-550×200×12×16×13									323	324	325	326	327			328	329
H-550×200×12×19×13									330	331	332	333	334	335		336	337
H-550×200×12×22×13											338	339	340	341		342	343
H-550×200×12×25×13											344		345	346	347		
H-550×250×9×12×13							348		349	350	351	352	353			354	355
H-550×250×9×16×13									356	357	358	359	360	361		362	363
H-550×250×9×19×13									364		365	366	367	368	369	370	371
H-550×250×9×22×13											372	373	374	375	376	377	378
H-550×250×12×22×13											379	380	381	382	383	384	385
H-550×250×12×25×13											386		387	388	389		
H-550×250×12×28×13														390	391		
H-600×200×9×12×13							392		393	394	395	396	397			398	399
H-600×200×9×16×13									400	401	402	403	404	405		406	407
H-600×200×9×19×13									408	409	410	411	412	413		414	415
H-600×200×9×22×13											416	417	418	419	420	421	422
H-600×200×12×16×13									423	424	425	426	427	428		429	430
H-600×200×12×19×13									431	432	433	434	435	436		437	438
H-600×200×12×22×13											439	440	441	442	443	444	445
H-600×200×12×25×13											446		447	448	449		
H-600×200×12×28×13														450	451		
H-600×250×9×16×13									452	453	454	455	456	457		458	459
H-600×250×9×19×13									460		461	462	463	464	465	466	467
H-600×250×12×19×13									468		469	470	471	472	473	474	475
H-600×250×12×22×13											476	477	478	479	480	481	482
H-600×250×12×25×13											483		484	485	486		
H-600×250×12×28×13														487	488		
H-600×300×9×19×13											489	490	491	492	493	494	495
H-600×300×12×19×13											496	497	498	499	500	501	502
H-600×300×12×22×13											503		504	505	506		
H-600×300×12×25×13											507		508	509	510		
H-600×300×12×28×13														511	512		
H-650×200×9×12×13							513		514	515	516	517	518			519	520
H-650×200×9×16×13									521	522	523	524	525	526		527	528
H-650×200×9×19×13									529	530	531	532	533	534	535	536	537
H-650×200×9×22×13											538	539	540	541	542	543	544
H-650×200×12×16×13									545	546	547	548	549	550		551	552
H-650×200×12×19×13									553	554	555	556	557	558	559	560	561
H-650×200×12×22×13											562	563	564	565	566	567	568
H-650×200×12×25×13											569		570	571	572		
H-650×200×12×28×13														573	574		
H-650×250×9×16×13									575	576	577	578	579	580	581	582	583
H-650×250×9×19×13											584	585	586	587	588	589	590
H-650×250×12×19×13											591	592	593	594	595	596	597
H-650×250×12×22×13											598	599	600	601	602	603	604
H-650×250×12×25×13											605		606	607	608		
H-650×250×12×28×13														609	610		
H-700×200×9×12×18									611	612	613	614	615	616		617	618

表 PN 1　パネル用柱梁の組合せ（3/3）

梁＼柱	H-125×125×6.5×9×8	H-150×150×7×10×8	H-175×175×7.5×11×13	H-194×150×6×9×8	H-200×200×8×12×13	H-244×175×7×11×13	H-250×250×9×14×13	H-294×200×8×12×13	H-300×300×10×15×13	H-340×250×9×14×13	H-350×350×12×19×13	H-390×300×10×16×13	H-400×400×13×21×22	H-414×405×18×28×22	H-428×407×20×35×22	H-440×300×11×18×13	H-488×300×11×18×13
H-700×200×9×16×18									619	620	621	622	623	624	625	626	627
H-700×200×9×19×18									628		629	630	631	632	633	634	635
H-700×200×9×22×18											636	637	638	639	640	641	642
H-700×200×12×22×18											643	644	645	646	647	648	649
H-700×200×12×25×18											650		651	652	653		
H-700×200×12×28×18														654	655		
H-700×250×9×16×18											656	657	658	659	660	661	662
H-700×250×9×19×18											663	664	665	666	667	668	669
H-700×250×12×19×18											670	671	672	673	674	675	676
H-700×250×12×22×18											677	678	679	680	681	682	683
H-700×250×12×25×18											684		685	686	687		
H-700×250×14×25×18											688		689	690	691		
H-700×250×14×28×18														692	693		
H-700×300×9×19×18											694	695	696	697	698	699	700
H-700×300×12×19×18											701	702	703	704	705	706	707
H-700×300×12×22×18											708		709	710	711		
H-700×300×14×22×18											712		713	714	715		
H-700×300×14×25×18													716	717	718		
H-700×300×14×28×18														719	720		
H-750×200×9×12×18									721	722	723	724	725	726		727	728
H-750×200×9×16×18									729		730	731	732	733	734	735	736
H-750×200×9×19×18											737	738	739	740	741	742	743
H-750×200×12×19×18											744	745	746	747	748	749	750
H-750×200×12×22×18											751	752	753	754	755	756	757
H-750×200×12×25×18											758		759	760	761		
H-750×200×12×28×18														762	763		
H-750×250×12×16×18											764	765	766	767	768	769	770
H-750×250×12×19×18											771	772	773	774	775	776	777
H-750×250×12×22×18											778		779	780	781	782	783
H-750×250×14×22×18											784		785	786	787	788	789
H-750×250×14×25×18											790		791	792	793		
H-750×250×14×28×18														794	795		
H-800×250×14×22×18											796		797	798	799	800	801
H-800×250×14×25×18													802	803	804		
H-800×250×16×25×18													805	806	807		
H-800×250×16×28×18														808	809		
H-800×300×14×22×18													810	811	812		
H-800×300×16×22×18													813	814	815		
H-800×300×16×25×18													816	817	818		
H-800×300×16×28×18														819	820		
H-850×250×14×22×18													821	822	823	824	825
H-850×250×14×25×18													826	827	828		
H-850×250×16×25×18													829	830	831		
H-850×250×16×28×18														832	833		
H-900×250×16×19×18													834	835	836	837	838
H-900×250×16×22×18													839	840	841		842
H-900×250×16×25×18													843	844	845		
H-900×250×16×28×18														846	847		
H-900×300×16×19×18													848	849	850		851
H-900×300×16×22×18													852	853	854		
H-900×300×16×25×18													855	856	857		
H-900×300×16×28×18														858	859		

●鉄骨構造標準接合部委員会 SCSS-H97
建設省住宅局建築指導課監修

表 PN 2　ダブラープレートおよび水平スチフナ（1/26）

梁＼柱		H-125×125×6.5×9×8	H-150×150×7×10×8	H-175×175×7.5×11×13	H-194×150×6×9×8	H-200×200×8×12×13	H-244×175×7×11×13
H-250×125×6×9×8	内柱	1-PL6	2-PL6	2-PL9	2-PL6	2-PL6	2-PL6
	外柱	1-PL6	1-PL6	1-PL6	1-PL6	1-PL6	1-PL6
	上内	----	1-PL6	1-PL6	1-PL6	1-PL6	1-PL6
	上外	----	1-PL6	1-PL6	1-PL6	1-PL6	1-PL6
	t_s	12＜1＞	9＜2＞	9＜3＞	9＜4＞	9＜5＞	9＜6＞
H-300×150×6.5×9×13	内柱		2-PL6	2-PL6	2-PL6	2-PL9	2-PL6
	外柱		2-PL6	1-PL6	1-PL6	1-PL6	1-PL6
	上内		- - -	1-PL6	1-PL6	1-PL6	1-PL6
	上外		- - -	1-PL6	1-PL6	1-PL6	1-PL6
	t_s		12＜7＞	9＜8＞	12＜9＞	9＜10＞	9＜11＞
H-350×175×7×11×13	内柱			2-PL6		2-PL6	2-PL6
	外柱			2-PL6		2-PL6	1-PL6
	上内			1-PL6		1-PL6	1-PL6
	上外			1-PL6		1-PL6	1-PL6
	t_s			12＜14＞		12＜15＞	12＜16＞
H-400×200×8×13×13	内柱					2-PL6	
	外柱					2-PL6	
	上内					1-PL6	
	上外					1-PL6	
	t_s					16＜21＞	
H-400×200×9×12×13	内柱					2-PL6	
	外柱					2-PL6	
	上内					1-PL6	
	上外					1-PL6	
	t_s					16＜73＞	

表 PN 2　ダブラープレートおよび水平スチフナ（2/26）

梁＼柱		H-250×250×9×14×13	H-294×200×8×12×13	H-300×300×10×15×13	H-340×250×9×14×13	H-350×350×12×19×13	H-390×300×10×16×13
H-300×150×6.5×9×13	内柱	2-PL6	2-PL6				
	外柱	1-PL6	- - -				
	上内	2-PL6	1-PL6				
	上外	1-PL6	- - -				
	t_s	9＜12＞	9＜13＞				
H-350×175×7×11×13	内柱	2-PL9	2-PL9	2-PL6	2-PL6		
	外柱	1-PL6	1-PL6	1-PL6	1-PL6		
	上内	1-PL6	1-PL6	2-PL6	1-PL6		
	上外	1-PL6	1-PL6	1-PL6	1-PL6		
	t_s	12＜17＞	12＜18＞	12＜19＞	12＜20＞		
H-400×200×8×13×13	内柱	2-PL9	2-PL6	2-PL9	2-PL9	2-PL6	2-PL6
	外柱	2-PL6	1-PL6	1-PL6	1-PL6	- - -	1-PL6
	上内	1-PL6	1-PL6	1-PL6	1-PL6	2-PL6	2-PL6
	上外	1-PL6	1-PL6	1-PL6	1-PL6	- - -	1-PL6
	t_s	16＜22＞	16＜23＞	16＜24＞	16＜25＞	16＜26＞	16＜27＞
H-450×200×9×14×13	内柱	2-PL9	2-PL6	2-PL12	2-PL9	2-PL9	2-PL9
	外柱	2-PL6	2-PL6	1-PL6	1-PL6	1-PL6	1-PL6
	上内	1-PL6	- - -	1-PL6	1-PL6	2-PL6	1-PL6
	上外	1-PL6	- - -	1-PL6	1-PL6	1-PL6	1-PL6
	t_s	16＜28＞	16＜29＞	16＜30＞	16＜31＞	16＜32＞	16＜33＞
H-500×200×10×16×13	内柱	2-PL6	2-PL6	2-PL9	2-PL6	2-PL12	2-PL9
	外柱	2-PL6	2-PL6	2-PL6	2-PL6	1-PL6	1-PL6
	上内	1-PL6	- - -	1-PL6	1-PL6	2-PL6	1-PL6
	上外	1-PL6	- - -	1-PL6	1-PL6	1-PL6	1-PL6
	t_s	16＜36＞	19＜37＞	16＜38＞	16＜39＞	16＜40＞	16＜41＞
H-600×200×11×17×13	内柱			2-PL6	2-PL6	2-PL12	2-PL9
	外柱			2-PL6	2-PL6	1-PL6	1-PL6
	上内			1-PL6	- - -	1-PL6	1-PL6
	上外			1-PL6	- - -	1-PL6	1-PL6
	t_s			19＜45＞	19＜46＞	19＜47＞	19＜48＞
H-588×300×12×20×13	内柱					2-PL12	2-PL9
	外柱					2-PL9	2-PL9
	上内					1-PL6	1-PL6
	上外					1-PL6	1-PL6
	t_s					22＜53＞	22＜54＞
H-700×300×13×24×18	内柱					2-PL9	
	外柱					2-PL9	
	上内					1-PL6	
	上外					1-PL6	
	t_s					25＜60＞	
H-400×200×9×12×13	内柱	2-PL9	2-PL6	2-PL9	2-PL9		2-PL6
	外柱	2-PL6	1-PL6	1-PL6	1-PL6		1-PL6
	上内	1-PL6	1-PL6	1-PL6	1-PL6		2-PL6
	上外	1-PL6	1-PL6	1-PL6	1-PL6		1-PL6
	t_s	12＜74＞	16＜75＞	12＜76＞	12＜77＞		12＜78＞
H-400×200×9×16×13	内柱	2-PL9	2-PL6	2-PL12	2-PL9	2-PL9	2-PL9
	外柱	2-PL6	2-PL6	2-PL6	1-PL6	1-PL6	1-PL6
	上内	1-PL6	1-PL6	2-PL6	1-PL6	2-PL6	2-PL6
	上外	1-PL6	1-PL6	2-PL6	1-PL6	1-PL6	1-PL6
	t_s	16＜79＞	19＜80＞	16＜81＞	16＜82＞	16＜83＞	16＜84＞
H-400×200×9×19×13	内柱	2-PL9		2-PL12	2-PL9	2-PL12	2-PL12
	外柱	2-PL9		2-PL6	2-PL6	1-PL6	1-PL6
	上内	1-PL6		2-PL6	1-PL6	2-PL6	2-PL6
	上外	1-PL6		2-PL6	1-PL6	1-PL6	1-PL6
	t_s	19＜86＞		19＜87＞	19＜88＞	19＜89＞	19＜90＞

表 PN 2　ダブラープレートおよび水平スチフナ（3/26）

梁＼柱		H-250×250×9×14×13	H-294×200×8×12×13	H-300×300×10×15×13	H-340×250×9×14×13	H-350×350×12×19×13	H-390×300×10×16×13
H-400×200×9×22×13	内柱					2-PL16	2-PL12
	外柱					2-PL6	2-PL6
	上内					2-PL6	2-PL6
	上外					2-PL6	2-PL6
	t_s					22＜93＞	22＜94＞
H-400×200×12×22×13	内柱					2-PL16	2-PL12
	外柱					2-PL6	2-PL6
	上内					2-PL6	2-PL6
	上外					2-PL6	2-PL6
	t_s					22＜98＞	22＜99＞
H-450×200×9×12×13	内柱	2-PL9	2-PL6	2-PL9	2-PL9	2-PL6	2-PL6
	外柱	2-PL6	1-PL6	1-PL6	1-PL6	- - -	1-PL6
	上内	1-PL6	- - -	1-PL6	1-PL6	2-PL6	1-PL6
	上外	1-PL6	- - -	1-PL6	1-PL6	- - -	1-PL6
	t_s	12＜103＞	16＜104＞	12＜105＞	12＜106＞	12＜107＞	12＜108＞
H-450×200×9×16×13	内柱	2-PL9	2-PL6	2-PL12	2-PL9	2-PL9	2-PL9
	外柱	2-PL6	2-PL6	2-PL6	1-PL6	1-PL6	1-PL6
	上内	1-PL6	1-PL6	1-PL6	1-PL6	2-PL6	1-PL6
	上外	1-PL6	1-PL6	1-PL6	1-PL6	1-PL6	1-PL6
	t_s	16＜110＞	19＜111＞	16＜112＞	16＜113＞	16＜114＞	16＜115＞
H-450×200×9×19×13	内柱	2-PL9		2-PL12	2-PL9	2-PL12	2-PL12
	外柱	2-PL9		2-PL6	2-PL6	1-PL6	1-PL6
	上内	1-PL6		1-PL6	1-PL6	2-PL6	1-PL6
	上外	1-PL6		1-PL6	1-PL6	1-PL6	1-PL6
	t_s	19＜118＞		19＜119＞	19＜120＞	19＜121＞	19＜122＞
H-450×200×9×22×13	内柱					2-PL16	2-PL12
	外柱					2-PL6	2-PL6
	上内					2-PL6	1-PL6
	上外					2-PL6	1-PL6
	t_s					22＜126＞	22＜127＞
H-450×200×12×16×13	内柱	2-PL9	2-PL6	2-PL12	2-PL9	2-PL12	2-PL9
	外柱	2-PL9	2-PL6	2-PL6	2-PL6	1-PL6	1-PL6
	上内	1-PL6	1-PL6	1-PL6	1-PL6	2-PL6	1-PL6
	上外	1-PL6	1-PL6	1-PL6	1-PL6	1-PL6	1-PL6
	t_s	16＜131＞	19＜132＞	16＜133＞	16＜134＞	16＜135＞	16＜136＞
H-450×200×12×19×13	内柱	2-PL9		2-PL12	2-PL9	2-PL12	2-PL12
	外柱	2-PL9		2-PL6	2-PL6	1-PL6	1-PL6
	上内	1-PL6		1-PL6	1-PL6	2-PL6	1-PL6
	上外	1-PL6		1-PL6	1-PL6	1-PL6	1-PL6
	t_s	19＜140＞		19＜141＞	19＜142＞	19＜143＞	19＜144＞
H-450×200×12×22×13	内柱					2-PL16	2-PL12
	外柱					2-PL6	2-PL6
	上内					2-PL6	1-PL6
	上外					2-PL6	1-PL6
	t_s					22＜148＞	22＜149＞
H-450×200×12×25×13	内柱					2-PL16	
	外柱					2-PL6	
	上内					2-PL6	
	上外					2-PL6	
	t_s					25＜153＞	
H-450×250×9×12×13	内柱	2-PL9		2-PL12	2-PL9	2-PL9	2-PL9
	外柱	2-PL6		2-PL6	1-PL6	1-PL6	1-PL6
	上内	1-PL6		1-PL6	1-PL6	2-PL6	1-PL6
	上外	1-PL6		1-PL6	1-PL6	1-PL6	1-PL6
	t_s	12＜156＞		12＜157＞	12＜158＞	12＜159＞	12＜160＞

表 PN 2　ダブラープレートおよび水平スチフナ（4/26）

梁＼柱		H-250×250×9×14×13	H-294×200×8×12×13	H-300×300×10×15×13	H-340×250×9×14×13	H-350×350×12×19×13	H-390×300×10×16×13
H-450×250×9×16×13	内柱	2-PL9		2-PL12	2-PL9	2-PL12	2-PL12
	外柱	2-PL9		2-PL6	2-PL6	1-PL6	1-PL6
	上内	1-PL6		1-PL6	1-PL6	2-PL6	1-PL6
	上外	1-PL6		1-PL6	1-PL6	1-PL6	1-PL6
	t_s	19＜163＞		16＜164＞	19＜165＞	16＜166＞	16＜167＞
H-450×250×9×19×13	内柱			2-PL12		2-PL16	2-PL12
	外柱			2-PL9		2-PL6	2-PL6
	上内			1-PL6		2-PL6	1-PL6
	上外			1-PL6		2-PL6	1-PL6
	t_s			19＜171＞		19＜172＞	19＜173＞
H-450×250×9×22×13	内柱					2-PL16	2-PL12
	外柱					2-PL6	2-PL6
	上内					2-PL6	1-PL6
	上外					2-PL6	1-PL6
	t_s					22＜177＞	22＜178＞
H-450×250×12×22×13	内柱					2-PL16	2-PL12
	外柱					2-PL6	2-PL6
	上内					2-PL6	1-PL6
	上外					2-PL6	1-PL6
	t_s					22＜183＞	22＜184＞
H-450×250×12×25×13	内柱					2-PL16	
	外柱					2-PL9	
	上内					2-PL6	
	上外					2-PL6	
	t_s					25＜189＞	
H-500×200×9×12×13	内柱	2-PL6	2-PL6	2-PL9	2-PL6	2-PL9	2-PL6
	外柱	2-PL6	2-PL6	1-PL6	1-PL6	1-PL6	1-PL6
	上内	1-PL6	---	1-PL6	1-PL6	2-PL6	1-PL6
	上外	1-PL6	---	1-PL6	1-PL6	1-PL6	1-PL6
	t_s	12＜195＞	16＜196＞	12＜197＞	12＜198＞	12＜199＞	12＜200＞
H-500×200×9×16×13	内柱	2-PL6	2-PL6	2-PL9	2-PL6	2-PL9	2-PL9
	外柱	2-PL6	2-PL6	2-PL6	2-PL6	1-PL6	1-PL6
	上内	1-PL6	---	1-PL6	1-PL6	2-PL6	1-PL6
	上外	1-PL6	---	1-PL6	1-PL6	1-PL6	1-PL6
	t_s	16＜203＞	19＜204＞	16＜205＞	16＜206＞	16＜207＞	16＜208＞
H-500×200×9×19×13	内柱	2-PL6		2-PL9	2-PL6	2-PL12	2-PL12
	外柱	2-PL6		2-PL6	2-PL6	1-PL6	1-PL6
	上内	1-PL6		1-PL6	1-PL6	2-PL6	1-PL6
	上外	1-PL6		1-PL6	1-PL6	1-PL6	1-PL6
	t_s	19＜212＞		19＜213＞	19＜214＞	19＜215＞	19＜216＞
H-500×200×9×22×13	内柱					2-PL16	2-PL12
	外柱					2-PL6	2-PL6
	上内					2-PL6	1-PL6
	上外					2-PL6	1-PL6
	t_s					22＜220＞	22＜221＞
H-500×200×12×16×13	内柱	2-PL6		2-PL9	2-PL6	2-PL12	2-PL9
	外柱	2-PL6		2-PL6	2-PL6	1-PL6	1-PL6
	上内	1-PL6		1-PL6	1-PL6	2-PL6	1-PL6
	上外	1-PL6		1-PL6	1-PL6	1-PL6	1-PL6
	t_s	16＜226＞		16＜227＞	16＜228＞	16＜229＞	16＜230＞
H-500×200×12×19×13	内柱			2-PL9	2-PL6	2-PL12	2-PL12
	外柱			2-PL6	2-PL6	1-PL6	1-PL6
	上内			1-PL6	1-PL6	2-PL6	1-PL6
	上外			1-PL6	1-PL6	1-PL6	1-PL6
	t_s			19＜234＞	19＜235＞	19＜236＞	19＜237＞

●鉄骨構造標準接合部委員会 SCSS-H97
建設省住宅局建築指導課監修

表 PN 2　ダブラープレートおよび水平スチフナ（5/26）

梁 ＼ 柱		H-250×250×9×14×13	H-294×200×8×12×13	H-300×300×10×15×13	H-340×250×9×14×13	H-350×350×12×19×13	H-390×300×10×16×13
H-500×200×12×22×13	内柱					2-PL16	2-PL12
	外柱					2-PL6	2-PL6
	上内					2-PL6	1-PL6
	上外					2-PL6	1-PL6
	t_s					22＜241＞	22＜242＞
H-500×200×12×25×13	内柱					2-PL16	
	外柱					2-PL6	
	上内					2-PL6	
	上外					2-PL6	
	t_s					25＜247＞	
H-500×250×9×12×13	内柱	2-PL6		2-PL9	2-PL6	2-PL9	2-PL9
	外柱	2-PL6		2-PL6	1-PL6	1-PL6	1-PL6
	上内	1-PL6		1-PL6	1-PL6	2-PL6	1-PL6
	上外	1-PL6		1-PL6	1-PL6	1-PL6	1-PL6
	t_s	12＜250＞		12＜251＞	12＜252＞	12＜253＞	12＜254＞
H-500×250×9×16×13	内柱			2-PL9	2-PL6	2-PL12	2-PL9
	外柱			2-PL6	2-PL6	1-PL6	1-PL6
	上内			1-PL6	1-PL6	2-PL6	1-PL6
	上外			1-PL6	1-PL6	1-PL6	1-PL6
	t_s			16＜258＞	19＜259＞	16＜260＞	16＜261＞
H-500×250×9×19×13	内柱			2-PL9		2-PL16	2-PL12
	外柱			2-PL9		2-PL6	2-PL6
	上内			1-PL6		2-PL6	1-PL6
	上外			1-PL6		2-PL6	1-PL6
	t_s			19＜265＞		19＜266＞	19＜267＞
H-500×250×9×22×13	内柱					2-PL16	2-PL12
	外柱					2-PL6	2-PL6
	上内					2-PL6	1-PL6
	上外					2-PL6	1-PL6
	t_s					22＜272＞	22＜273＞
H-500×250×12×22×13	内柱					2-PL16	2-PL12
	外柱					2-PL6	2-PL6
	上内					2-PL6	1-PL6
	上外					2-PL6	1-PL6
	t_s					22＜279＞	22＜280＞
H-500×250×12×25×13	内柱					2-PL16	
	外柱					2-PL9	
	上内					2-PL6	
	上外					2-PL6	
	t_s					25＜286＞	
H-550×200×9×12×13	内柱	2-PL6	1-PL6	2-PL9	2-PL6	2-PL9	2-PL6
	外柱	2-PL6	1-PL6	1-PL6	1-PL6	1-PL6	1-PL6
	上内	- - -	- - -	1-PL6	1-PL6	1-PL6	1-PL6
	上外	- - -	- - -	1-PL6	1-PL6	1-PL6	1-PL6
	t_s	12＜292＞	16＜293＞	12＜294＞	12＜295＞	12＜296＞	12＜297＞
H-550×200×9×16×13	内柱	2-PL6		2-PL9	2-PL6	2-PL12	2-PL9
	外柱	2-PL6		2-PL6	2-PL6	1-PL6	1-PL6
	上内	- - -		1-PL6	1-PL6	1-PL6	1-PL6
	上外	- - -		1-PL6	1-PL6	1-PL6	1-PL6
	t_s	16＜301＞		16＜302＞	16＜303＞	16＜304＞	16＜305＞
H-550×200×9×19×13	内柱			2-PL9	2-PL6	2-PL12	2-PL9
	外柱			2-PL6	2-PL6	1-PL6	1-PL6
	上内			1-PL6	1-PL6	1-PL6	1-PL6
	上外			1-PL6	1-PL6	1-PL6	1-PL6
	t_s			19＜309＞	19＜310＞	19＜311＞	19＜312＞

表 PN 2　ダブラープレートおよび水平スチフナ（6/26）

梁 ＼ 柱		H-250×250×9×14×13	H-294×200×8×12×13	H-300×300×10×15×13	H-340×250×9×14×13	H-350×350×12×19×13	H-390×300×10×16×13
H-550×200×9×22×13	内柱					2-PL12	2-PL9
	外柱					2-PL6	2-PL6
	上内					1-PL6	1-PL6
	上外					1-PL6	1-PL6
	t_s					22＜317＞	22＜318＞
H-550×200×12×16×13	内柱			2-PL9	2-PL6	2-PL12	2-PL9
	外柱			2-PL6	2-PL6	1-PL6	1-PL6
	上内			1-PL6	1-PL6	1-PL6	1-PL6
	上外			1-PL6	1-PL6	1-PL6	1-PL6
	t_s			16＜323＞	16＜324＞	16＜325＞	16＜326＞
H-550×200×12×19×13	内柱			2-PL9	2-PL6	2-PL12	2-PL9
	外柱			2-PL6	2-PL6	2-PL6	2-PL6
	上内			1-PL6	1-PL6	1-PL6	1-PL6
	上外			1-PL6	1-PL6	1-PL6	1-PL6
	t_s			19＜330＞	19＜331＞	19＜332＞	19＜333＞
H-550×200×12×22×13	内柱					2-PL12	2-PL9
	外柱					2-PL6	2-PL6
	上内					1-PL6	1-PL6
	上外					1-PL6	1-PL6
	t_s					22＜338＞	22＜339＞
H-550×200×12×25×13	内柱					2-PL12	
	外柱					2-PL6	
	上内					1-PL6	
	上外					1-PL6	
	t_s					25＜344＞	
H-550×250×9×12×13	内柱	2-PL6		2-PL9	2-PL6	2-PL9	2-PL9
	外柱	2-PL6		2-PL6	1-PL6	1-PL6	1-PL6
	上内	- - -		1-PL6	1-PL6	1-PL6	1-PL6
	上外	- - -		1-PL6	1-PL6	1-PL6	1-PL6
	t_s	12＜348＞		12＜349＞	12＜350＞	12＜351＞	12＜352＞
H-550×250×9×16×13	内柱			2-PL9	2-PL6	2-PL12	2-PL9
	外柱			2-PL6	2-PL6	2-PL6	2-PL6
	上内			1-PL6	1-PL6	1-PL6	1-PL6
	上外			1-PL6	1-PL6	1-PL6	1-PL6
	t_s			16＜356＞	19＜357＞	16＜358＞	16＜359＞
H-550×250×9×19×13	内柱			2-PL9		2-PL12	2-PL9
	外柱			2-PL9		2-PL6	2-PL6
	上内			1-PL6		1-PL6	1-PL6
	上外			1-PL6		1-PL6	1-PL6
	t_s			19＜364＞		19＜365＞	19＜366＞
H-550×250×9×22×13	内柱					2-PL12	2-PL9
	外柱					2-PL6	2-PL6
	上内					1-PL6	1-PL6
	上外					1-PL6	1-PL6
	t_s					22＜372＞	22＜373＞
H-550×250×12×22×13	内柱					2-PL12	2-PL9
	外柱					2-PL9	2-PL6
	上内					1-PL6	1-PL6
	上外					1-PL6	1-PL6
	t_s					22＜379＞	22＜380＞
H-550×250×12×25×13	内柱					2-PL12	
	外柱					2-PL9	
	上内					1-PL6	
	上外					1-PL6	
	t_s					25＜386＞	

表 PN 2　ダブラープレートおよび水平スチフナ（7/26）

●鉄骨構造標準接合部委員会 SCSS-H97
建設省住宅局建築指導課監修

梁 ＼ 柱		H-250×250×9×14×13	H-294×200×8×12×13	H-300×300×10×15×13	H-340×250×9×14×13	H-350×350×12×19×13	H-390×300×10×16×13
H-600×200×9×12×13	内柱	2-PL6		2-PL6	2-PL6	2-PL9	2-PL9
	外柱	2-PL6		1-PL6	1-PL6	1-PL6	1-PL6
	上内	- - -		1-PL6	- - -	1-PL6	1-PL6
	上外	- - -		1-PL6	- - -	1-PL6	1-PL6
	t_s	12＜392＞		12＜393＞	12＜394＞	12＜395＞	12＜396＞
H-600×200×9×16×13	内柱			2-PL6	2-PL6	2-PL12	2-PL9
	外柱			2-PL6	2-PL6	1-PL6	1-PL6
	上内			1-PL6	- - -	1-PL6	1-PL6
	上外			1-PL6	- - -	1-PL6	1-PL6
	t_s			16＜400＞	16＜401＞	16＜402＞	16＜403＞
H-600×200×9×19×13	内柱			2-PL6	2-PL6	2-PL12	2-PL9
	外柱			2-PL6	2-PL6	1-PL6	1-PL6
	上内			1-PL6	- - -	1-PL6	1-PL6
	上外			1-PL6	- - -	1-PL6	1-PL6
	t_s			19＜408＞	19＜409＞	19＜410＞	19＜411＞
H-600×200×9×22×13	内柱					2-PL12	2-PL9
	外柱					2-PL6	2-PL6
	上内					1-PL6	1-PL6
	上外					1-PL6	1-PL6
	t_s					22＜416＞	22＜417＞
H-600×200×12×16×13	内柱			2-PL6	2-PL6	2-PL12	2-PL9
	外柱			2-PL6	2-PL6	1-PL6	1-PL6
	上内			1-PL6	- - -	1-PL6	1-PL6
	上外			1-PL6	- - -	1-PL6	1-PL6
	t_s			16＜423＞	16＜424＞	16＜425＞	16＜426＞
H-600×200×12×19×13	内柱			2-PL6	2-PL6	2-PL12	2-PL9
	外柱			2-PL6	2-PL6	2-PL6	2-PL6
	上内			1-PL6	- - -	1-PL6	1-PL6
	上外			1-PL6	- - -	1-PL6	1-PL6
	t_s			19＜431＞	19＜432＞	19＜433＞	19＜434＞
H-600×200×12×22×13	内柱					2-PL12	2-PL9
	外柱					2-PL6	2-PL6
	上内					1-PL6	1-PL6
	上外					1-PL6	1-PL6
	t_s					22＜439＞	22＜440＞
H-600×200×12×25×13	内柱					2-PL12	
	外柱					2-PL6	
	上内					1-PL6	
	上外					1-PL6	
	t_s					25＜446＞	
H-600×250×9×16×13	内柱			2-PL6	2-PL6	2-PL12	2-PL9
	外柱			2-PL6	2-PL6	2-PL6	2-PL6
	上内			1-PL6	- - -	1-PL6	1-PL6
	上外			1-PL6	- - -	1-PL6	1-PL6
	t_s			16＜452＞	19＜453＞	16＜454＞	16＜455＞
H-600×250×9×19×13	内柱			2-PL6		2-PL12	2-PL9
	外柱			2-PL6		2-PL6	2-PL6
	上内			1-PL6		1-PL6	1-PL6
	上外			1-PL6		1-PL6	1-PL6
	t_s			19＜460＞		19＜461＞	19＜462＞
H-600×250×12×19×13	内柱			2-PL6		2-PL12	2-PL9
	外柱			2-PL6		2-PL6	2-PL6
	上内			1-PL6		1-PL6	1-PL6
	上外			1-PL6		1-PL6	1-PL6
	t_s			19＜468＞		19＜469＞	19＜470＞

表 PN 2　ダブラープレートおよび水平スチフナ（8/26）

梁 ＼ 柱		H-250×250×9×14×13	H-294×200×8×12×13	H-300×300×10×15×13	H-340×250×9×14×13	H-350×350×12×19×13	H-390×300×10×16×13
H-600×250×12×22×13	内柱					2-PL12	2-PL9
	外柱					2-PL9	2-PL9
	上内					1-PL6	1-PL6
	上外					1-PL6	1-PL6
	t_s					22＜476＞	22＜477＞
H-600×250×12×25×13	内柱					2-PL12	
	外柱					2-PL9	
	上内					1-PL6	
	上外					1-PL6	
	t_s					25＜483＞	
H-600×300×9×19×13	内柱					2-PL12	2-PL9
	外柱					2-PL9	2-PL9
	上内					1-PL6	1-PL6
	上外					1-PL6	1-PL6
	t_s					19＜489＞	22＜490＞
H-600×300×12×19×13	内柱					2-PL12	2-PL9
	外柱					2-PL9	2-PL9
	上内					1-PL6	1-PL6
	上外					1-PL6	1-PL6
	t_s					19＜496＞	22＜497＞
H-600×300×12×22×13	内柱					2-PL12	
	外柱					2-PL9	
	上内					1-PL6	
	上外					1-PL6	
	t_s					22＜503＞	
H-600×300×12×25×13	内柱					2-PL12	
	外柱					2-PL12	
	上内					1-PL6	
	上外					1-PL6	
	t_s					25＜507＞	
H-650×200×9×12×13	内柱	1-PL6		2-PL6	2-PL6	2-PL9	2-PL6
	外柱	1-PL6		1-PL6	1-PL6	1-PL6	1-PL6
	上内	－ － －		－ － －	－ － －	1-PL6	1-PL6
	上外	－ － －		－ － －	－ － －	1-PL6	1-PL6
	t_s	12＜513＞		12＜514＞	12＜515＞	12＜516＞	12＜517＞
H-650×200×9×16×13	内柱			2-PL6	2-PL6	2-PL9	2-PL6
	外柱			2-PL6	2-PL6	1-PL6	1-PL6
	上内			－ － －	－ － －	1-PL6	1-PL6
	上外			－ － －	－ － －	1-PL6	1-PL6
	t_s			16＜521＞	16＜522＞	16＜523＞	16＜524＞
H-650×200×9×19×13	内柱			2-PL6	2-PL6	2-PL9	2-PL6
	外柱			2-PL6	2-PL6	2-PL6	1-PL6
	上内			－ － －	－ － －	1-PL6	1-PL6
	上外			－ － －	－ － －	1-PL6	1-PL6
	t_s			19＜529＞	19＜530＞	19＜531＞	19＜532＞
H-650×200×9×22×13	内柱					2-PL9	2-PL6
	外柱					2-PL6	2-PL6
	上内					1-PL6	1-PL6
	上外					1-PL6	1-PL6
	t_s					22＜538＞	22＜539＞
H-650×200×12×16×13	内柱			2-PL6	2-PL6	2-PL9	2-PL6
	外柱			2-PL6	2-PL6	1-PL6	1-PL6
	上内			－ － －	－ － －	1-PL6	1-PL6
	上外			－ － －	－ － －	1-PL6	1-PL6
	t_s			16＜545＞	16＜546＞	16＜547＞	16＜548＞

●鉄骨構造標準接合部委員会 SCSS-H97
建設省住宅局建築指導課監修

表 PN 2　ダブラープレートおよび水平スチフナ（9/26）

梁 ＼ 柱		H-250×250×9×14×13	H-294×200×8×12×13	H-300×300×10×15×13	H-340×250×9×14×13	H-350×350×12×19×13	H-390×300×10×16×13
H-650×200×12×19×13	内柱			2-PL6	2-PL6	2-PL9	2-PL6
	外柱			2-PL6	2-PL6	2-PL6	2-PL6
	上内			- - -	- - -	1-PL6	1-PL6
	上外			- - -	- - -	1-PL6	1-PL6
	t_s			19＜553＞	19＜554＞	19＜555＞	19＜556＞
H-650×200×12×22×13	内柱					2-PL9	2-PL6
	外柱					2-PL6	2-PL6
	上内					1-PL6	1-PL6
	上外					1-PL6	1-PL6
	t_s					22＜562＞	22＜563＞
H-650×200×12×25×13	内柱					2-PL9	
	外柱					2-PL6	
	上内					1-PL6	
	上外					1-PL6	
	t_s					25＜569＞	
H-650×250×9×16×13	内柱			2-PL6	2-PL6	2-PL9	2-PL6
	外柱			2-PL6	2-PL6	2-PL6	2-PL6
	上内			- - -	- - -	1-PL6	1-PL6
	上外			- - -	- - -	1-PL6	1-PL6
	t_s			16＜575＞	19＜576＞	16＜577＞	16＜578＞
H-650×250×9×19×13	内柱					2-PL9	2-PL6
	外柱					2-PL6	2-PL6
	上内					1-PL6	1-PL6
	上外					1-PL6	1-PL6
	t_s					19＜584＞	19＜585＞
H-650×250×12×19×13	内柱					2-PL9	2-PL6
	外柱					2-PL6	2-PL6
	上内					1-PL6	1-PL6
	上外					1-PL6	1-PL6
	t_s					19＜591＞	19＜592＞
H-650×250×12×22×13	内柱					2-PL9	2-PL6
	外柱					2-PL9	2-PL6
	上内					1-PL6	1-PL6
	上外					1-PL6	1-PL6
	t_s					22＜598＞	22＜599＞
H-650×250×12×25×13	内柱					2-PL9	
	外柱					2-PL9	
	上内					1-PL6	
	上外					1-PL6	
	t_s					25＜605＞	
H-700×200×9×12×18	内柱			2-PL6	1-PL6	2-PL9	2-PL6
	外柱			1-PL6	1-PL6	1-PL6	1-PL6
	上内			- - -	- - -	1-PL6	- - -
	上外			- - -	- - -	1-PL6	- - -
	t_s			12＜611＞	12＜612＞	12＜613＞	12＜614＞
H-700×200×9×16×18	内柱			2-PL6	1-PL6	2-PL9	2-PL6
	外柱			2-PL6	1-PL6	1-PL6	1-PL6
	上内			- - -	- - -	1-PL6	- - -
	上外			- - -	- - -	1-PL6	- - -
	t_s			16＜619＞	16＜620＞	16＜621＞	16＜622＞
H-700×200×9×19×18	内柱			2-PL6		2-PL9	2-PL6
	外柱			2-PL6		2-PL6	2-PL6
	上内			- - -		1-PL6	- - -
	上外			- - -		1-PL6	- - -
	t_s			19＜628＞		19＜629＞	19＜630＞

表 PN 2　ダブラープレートおよび水平スチフナ（10/26）

梁＼柱		H-250×250×9×14×13	H-294×200×8×12×13	H-300×300×10×15×13	H-340×250×9×14×13	H-350×350×12×19×13	H-390×300×10×16×13
H-700×200×9×22×18	内柱					2-PL9	2-PL6
	外柱					2-PL6	2-PL6
	上内					1-PL6	- - -
	上外					1-PL6	- - -
	t_s					22＜636＞	22＜637＞
H-700×200×12×22×18	内柱					2-PL9	2-PL6
	外柱					2-PL6	2-PL6
	上内					1-PL6	- - -
	上外					1-PL6	- - -
	t_s					22＜643＞	22＜644＞
H-700×200×12×25×18	内柱					2-PL9	
	外柱					2-PL6	
	上内					1-PL6	
	上外					1-PL6	
	t_s					25＜650＞	
H-700×250×9×16×18	内柱					2-PL9	2-PL6
	外柱					2-PL6	2-PL6
	上内					1-PL6	- - -
	上外					1-PL6	- - -
	t_s					16＜656＞	16＜657＞
H-700×250×9×19×18	内柱					2-PL9	2-PL6
	外柱					2-PL6	2-PL6
	上内					1-PL6	- - -
	上外					1-PL6	- - -
	t_s					19＜663＞	19＜664＞
H-700×250×12×19×18	内柱					2-PL9	2-PL6
	外柱					2-PL6	2-PL6
	上内					1-PL6	- - -
	上外					1-PL6	- - -
	t_s					19＜670＞	19＜671＞
H-700×250×12×22×18	内柱					2-PL9	2-PL6
	外柱					2-PL9	2-PL6
	上内					1-PL6	- - -
	上外					1-PL6	- - -
	t_s					22＜677＞	22＜678＞
H-700×250×12×25×18	内柱					2-PL9	
	外柱					2-PL9	
	上内					1-PL6	
	上外					1-PL6	
	t_s					25＜684＞	
H-700×250×14×25×18	内柱					2-PL9	
	外柱					2-PL9	
	上内					1-PL6	
	上外					1-PL6	
	t_s					25＜688＞	
H-700×300×9×19×18	内柱					2-PL9	2-PL6
	外柱					2-PL9	2-PL6
	上内					1-PL6	- - -
	上外					1-PL6	- - -
	t_s					19＜694＞	22＜695＞
H-700×300×12×19×18	内柱					2-PL9	2-PL6
	外柱					2-PL9	2-PL6
	上内					1-PL6	- - -
	上外					1-PL6	- - -
	t_s					19＜701＞	22＜702＞

表 PN 2　ダブラープレートおよび水平スチフナ（11/26）

●鉄骨構造標準接合部委員会 SCSS-H97
建設省住宅局建築指導課監修

梁 ＼ 柱		H-250×250×9×14×13	H-294×200×8×12×13	H-300×300×10×15×13	H-340×250×9×14×13	H-350×350×12×19×13	H-390×300×10×16×13
H-700×300×12×22×18	内柱					2-PL9	
	外柱					2-PL9	
	上内					1-PL6	
	上外					1-PL6	
	t_s					22＜708＞	
H-700×300×14×22×18	内柱					2-PL9	
	外柱					2-PL9	
	上内					1-PL6	
	上外					1-PL6	
	t_s					22＜712＞	
H-750×200×9×12×18	内柱			2-PL6	1-PL6	2-PL9	2-PL6
	外柱			2-PL6	1-PL6	1-PL6	1-PL6
	上内			- - -	- - -	1-PL6	- - -
	上外			- - -	- - -	1-PL6	- - -
	t_s			12＜721＞	12＜722＞	12＜723＞	12＜724＞
H-750×200×9×16×18	内柱			2-PL6		2-PL9	2-PL6
	外柱			2-PL6		1-PL6	1-PL6
	上内			- - -		1-PL6	- - -
	上外			- - -		1-PL6	- - -
	t_s			16＜729＞		16＜730＞	16＜731＞
H-750×200×9×19×18	内柱					2-PL9	2-PL6
	外柱					2-PL6	2-PL6
	上内					1-PL6	- - -
	上外					1-PL6	- - -
	t_s					19＜737＞	19＜738＞
H-750×200×12×19×18	内柱					2-PL9	2-PL6
	外柱					2-PL6	2-PL6
	上内					1-PL6	- - -
	上外					1-PL6	- - -
	t_s					19＜744＞	19＜745＞
H-750×200×12×22×18	内柱					2-PL9	2-PL6
	外柱					2-PL6	2-PL6
	上内					1-PL6	- - -
	上外					1-PL6	- - -
	t_s					22＜751＞	22＜752＞
H-750×200×12×25×18	内柱					2-PL9	
	外柱					2-PL9	
	上内					1-PL6	
	上外					1-PL6	
	t_s					25＜758＞	
H-750×250×12×16×18	内柱					2-PL9	2-PL6
	外柱					2-PL6	2-PL6
	上内					1-PL6	- - -
	上外					1-PL6	- - -
	t_s					16＜764＞	16＜765＞
H-750×250×12×19×18	内柱					2-PL9	2-PL6
	外柱					2-PL6	2-PL6
	上内					1-PL6	- - -
	上外					1-PL6	- - -
	t_s					19＜771＞	19＜772＞
H-750×250×12×22×18	内柱					2-PL9	
	外柱					2-PL9	
	上内					1-PL6	
	上外					1-PL6	
	t_s					22＜778＞	

表 PN 2　ダブラープレートおよび水平スチフナ（12/26）

梁 ＼ 柱		H-250×250×9×14×13	H-294×200×8×12×13	H-300×300×10×15×13	H-340×250×9×14×13	H-350×350×12×19×13	H-390×300×10×16×13
H-750×250×14×22×18	内柱					2-PL9	
	外柱					2-PL9	
	上内					1-PL6	
	上外					1-PL6	
	t_s					22<784>	
H-750×250×14×25×18	内柱					2-PL9	
	外柱					2-PL9	
	上内					1-PL6	
	上外					1-PL6	
	t_s					25<790>	
H-800×250×14×22×18	内柱					2-PL6	
	外柱					2-PL6	
	上内					－－－	
	上外					－－－	
	t_s					22<796>	

表 PN 2　ダブラープレートおよび水平スチフナ（13/26）

●鉄骨構造標準接合部委員会 SCSS-H97
建設省住宅局建築指導課監修

梁 ＼ 柱		H-400×400×13×21×22	H-414×405×18×28×22	H-428×407×20×35×22	H-440×300×11×18×13	H-488×300×11×18×13
H-450×200×9×14×13	内柱				2-PL6	2-PL6
	外柱				---	---
	上内				2-PL6	2-PL6
	上外				---	---
	t_s				16＜34＞	16＜35＞
H-500×200×10×16×13	内柱	2-PL9			2-PL9	2-PL6
	外柱	1-PL6			1-PL6	---
	上内	2-PL6			1-PL6	1-PL6
	上外	1-PL6			1-PL6	---
	t_s	16＜42＞			16＜43＞	16＜44＞
H-600×200×11×17×13	内柱	2-PL9	2-PL6		2-PL9	2-PL9
	外柱	1-PL6	---		1-PL6	1-PL6
	上内	2-PL6	2-PL6		1-PL6	1-PL6
	上外	1-PL6	---		1-PL6	1-PL6
	t_s	19＜49＞	19＜50＞		19＜51＞	19＜52＞
H-588×300×12×20×13	内柱	2-PL16	2-PL16	2-PL16	2-PL9	2-PL9
	外柱	2-PL6	1-PL6	1-PL6	2-PL6	2-PL6
	上内	2-PL6	2-PL6	2-PL9	1-PL6	1-PL6
	上外	2-PL6	1-PL6	1-PL6	1-PL6	1-PL6
	t_s	22＜55＞	22＜56＞	22＜57＞	22＜58＞	22＜59＞
H-700×300×13×24×18	内柱	2-PL12	2-PL16	2-PL19		
	外柱	2-PL9	2-PL6	2-PL6		
	上内	1-PL6	1-PL6	2-PL6		
	上外	1-PL6	1-PL6	2-PL6		
	t_s	25＜61＞	25＜62＞	25＜63＞		
H-800×300×14×26×18	内柱		2-PL12	2-PL16		
	外柱		2-PL9	2-PL6		
	上内		1-PL6	1-PL6		
	上外		1-PL6	1-PL6		
	t_s		28＜64＞	28＜65＞		
H-890×299×15×23×18	内柱	2-PL9	2-PL9	2-PL12		
	外柱	2-PL9	2-PL6	2-PL6		
	上内	1-PL6	---	1-PL6		
	上外	1-PL6	---	1-PL6		
	t_s	25＜66＞	25＜67＞	25＜68＞		
H-900×300×16×28×18	内柱		2-PL9	2-PL12		
	外柱		2-PL9	2-PL9		
	上内		---	1-PL6		
	上外		---	1-PL6		
	t_s		28＜69＞	28＜70＞		
H-912×302×18×34×18	内柱			2-PL12		
	外柱			2-PL12		
	上内			1-PL6		
	上外			1-PL6		
	t_s			36＜71＞		
H-918×303×19×37×18	内柱			2-PL12		
	外柱			2-PL12		
	上内			1-PL6		
	上外			1-PL6		
	t_s			40＜72＞		
H-400×200×9×16×13	内柱				2-PL6	
	外柱				1-PL6	
	上内				2-PL6	
	上外				1-PL6	
	t_s				16＜85＞	

表 PN 2　ダブラープレートおよび水平スチフナ（14/26）

梁＼柱		H-400×400×13×21×22	H-414×405×18×28×22	H-428×407×20×35×22	H-440×300×11×18×13	H-488×300×11×18×13
H-400×200×9×19×13	内柱				2-PL9	2-PL6
	外柱				1-PL6	1-PL6
	上内				2-PL6	2-PL6
	上外				1-PL6	1-PL6
	t_s				19＜91＞	19＜92＞
H-400×200×9×22×13	内柱	2-PL12			2-PL9	2-PL9
	外柱	1-PL6			1-PL6	1-PL6
	上内	2-PL9			2-PL6	2-PL6
	上外	1-PL6			1-PL6	1-PL6
	t_s	22＜95＞			22＜96＞	22＜97＞
H-400×200×12×22×13	内柱	2-PL12			2-PL12	2-PL9
	外柱	1-PL6			1-PL6	1-PL6
	上内	2-PL9			2-PL6	2-PL6
	上外	1-PL6			1-PL6	1-PL6
	t_s	22＜100＞			22＜101＞	22＜102＞
H-450×200×9×12×13	内柱				2-PL6	
	外柱				- - -	
	上内				2-PL6	
	上外				- - -	
	t_s				12＜109＞	
H-450×200×9×16×13	内柱				2-PL6	2-PL6
	外柱				1-PL6	- - -
	上内				2-PL6	2-PL6
	上外				1-PL6	- - -
	t_s				16＜116＞	16＜117＞
H-450×200×9×19×13	内柱	2-PL9			2-PL9	2-PL9
	外柱	1-PL6			1-PL6	1-PL6
	上内	2-PL9			2-PL6	2-PL6
	上外	1-PL6			1-PL6	1-PL6
	t_s	19＜123＞			19＜124＞	19＜125＞
H-450×200×9×22×13	内柱	2-PL12			2-PL12	2-PL9
	外柱	1-PL6			1-PL6	1-PL6
	上内	2-PL9			2-PL6	2-PL6
	上外	1-PL6			1-PL6	1-PL6
	t_s	22＜128＞			22＜129＞	22＜130＞
H-450×200×12×16×13	内柱	2-PL9			2-PL9	2-PL6
	外柱	1-PL6			1-PL6	- - -
	上内	2-PL9			2-PL6	2-PL6
	上外	1-PL6			1-PL6	- - -
	t_s	16＜137＞			16＜138＞	16＜139＞
H-450×200×12×19×13	内柱	2-PL9			2-PL9	2-PL9
	外柱	1-PL6			1-PL6	1-PL6
	上内	2-PL9			2-PL6	2-PL6
	上外	1-PL6			1-PL6	1-PL6
	t_s	19＜145＞			19＜146＞	19＜147＞
H-450×200×12×22×13	内柱	2-PL12			2-PL12	2-PL9
	外柱	1-PL6			1-PL6	1-PL6
	上内	2-PL9			2-PL6	2-PL6
	上外	1-PL6			1-PL6	1-PL6
	t_s	22＜150＞			22＜151＞	22＜152＞
H-450×200×12×25×13	内柱	2-PL16	2-PL12			
	外柱	1-PL6	1-PL6			
	上内	2-PL9	2-PL9			
	上外	1-PL6	1-PL6			
	t_s	25＜154＞	25＜155＞			

表PN 2　ダブラープレートおよび水平スチフナ（15/26）

梁 ＼ 柱		H-400×400×13×21×22	H-414×405×18×28×22	H-428×407×20×35×22	H-440×300×11×18×13	H-488×300×11×18×13
H-450×250×9×12×13	内柱				2-PL6	2-PL6
	外柱				1-PL6	- - -
	上内				2-PL6	2-PL6
	上外				1-PL6	- - -
	t_s				12＜161＞	12＜162＞
H-450×250×9×16×13	内柱	2-PL9			2-PL9	2-PL9
	外柱	1-PL6			1-PL6	1-PL6
	上内	2-PL9			2-PL6	2-PL6
	上外	1-PL6			1-PL6	1-PL6
	t_s	16＜168＞			16＜169＞	16＜170＞
H-450×250×9×19×13	内柱	2-PL12			2-PL12	2-PL9
	外柱	1-PL6			1-PL6	1-PL6
	上内	2-PL9			2-PL6	2-PL6
	上外	1-PL6			1-PL6	1-PL6
	t_s	19＜174＞			19＜175＞	19＜176＞
H-450×250×9×22×13	内柱	2-PL16	2-PL12		2-PL16	2-PL12
	外柱	2-PL6	1-PL6		2-PL6	1-PL6
	上内	2-PL9	2-PL9		2-PL6	2-PL6
	上外	2-PL6	1-PL6		2-PL6	1-PL6
	t_s	22＜179＞	22＜180＞		22＜181＞	22＜182＞
H-450×250×12×22×13	内柱	2-PL16	2-PL12		2-PL16	2-PL12
	外柱	2-PL6	1-PL6		2-PL6	1-PL6
	上内	2-PL9	2-PL9		2-PL6	2-PL6
	上外	2-PL6	1-PL6		2-PL6	1-PL6
	t_s	22＜185＞	22＜186＞		22＜187＞	22＜188＞
H-450×250×12×25×13	内柱	2-PL19	2-PL16	2-PL12		
	外柱	2-PL6	1-PL6	1-PL6		
	上内	2-PL9	2-PL9	2-PL12		
	上外	2-PL6	1-PL6	1-PL6		
	t_s	25＜190＞	25＜191＞	25＜192＞		
H-450×250×12×28×13	内柱		2-PL16	2-PL16		
	外柱		2-PL6	1-PL6		
	上内		2-PL9	2-PL12		
	上外		2-PL6	1-PL6		
	t_s		28＜193＞	28＜194＞		
H-500×200×9×12×13	内柱				2-PL6	1-PL6
	外柱				- - -	- - -
	上内				1-PL6	1-PL6
	上外				- - -	- - -
	t_s				12＜201＞	12＜202＞
H-500×200×9×16×13	内柱	2-PL9			2-PL9	2-PL6
	外柱	1-PL6			1-PL6	- - -
	上内	2-PL6			1-PL6	1-PL6
	上外	1-PL6			1-PL6	- - -
	t_s	16＜209＞			16＜210＞	16＜211＞
H-500×200×9×19×13	内柱	2-PL9			2-PL9	2-PL9
	外柱	1-PL6			1-PL6	1-PL6
	上内	2-PL6			1-PL6	1-PL6
	上外	1-PL6			1-PL6	1-PL6
	t_s	19＜217＞			19＜218＞	19＜219＞
H-500×200×9×22×13	内柱	2-PL12	2-PL9		2-PL12	2-PL9
	外柱	1-PL6	- - -		1-PL6	1-PL6
	上内	2-PL6	2-PL9		1-PL6	1-PL6
	上外	1-PL6	- - -		1-PL6	1-PL6
	t_s	22＜222＞	22＜223＞		22＜224＞	22＜225＞

表 PN 2　ダブラープレートおよび水平スチフナ（16/26）

梁＼柱		H-400×400×13×21×22	H-414×405×18×28×22	H-428×407×20×35×22	H-440×300×11×18×13	H-488×300×11×18×13
H-500×200×12×16×13	内柱	2-PL9			2-PL9	2-PL6
	外柱	1-PL6			1-PL6	1-PL6
	上内	2-PL6			1-PL6	1-PL6
	上外	1-PL6			1-PL6	1-PL6
	t_s	16＜231＞			16＜232＞	16＜233＞
H-500×200×12×19×13	内柱	2-PL12			2-PL9	2-PL9
	外柱	1-PL6			1-PL6	1-PL6
	上内	2-PL6			1-PL6	1-PL6
	上外	1-PL6			1-PL6	1-PL6
	t_s	19＜238＞			19＜239＞	19＜240＞
H-500×200×12×22×13	内柱	2-PL12	2-PL9		2-PL12	2-PL9
	外柱	1-PL6	- - -		1-PL6	1-PL6
	上内	2-PL6	2-PL9		1-PL6	1-PL6
	上外	1-PL6	- - -		1-PL6	1-PL6
	t_s	22＜243＞	22＜244＞		22＜245＞	22＜246＞
H-500×200×12×25×13	内柱	2-PL16	2-PL12			
	外柱	2-PL6	1-PL6			
	上内	2-PL6	2-PL9			
	上外	2-PL6	1-PL6			
	t_s	25＜248＞	25＜249＞			
H-500×250×9×12×13	内柱	2-PL9			2-PL6	2-PL6
	外柱	- - -			1-PL6	- - -
	上内	2-PL6			1-PL6	1-PL6
	上外	- - -			1-PL6	- - -
	t_s	12＜255＞			12＜256＞	12＜257＞
H-500×250×9×16×13	内柱	2-PL12			2-PL9	2-PL9
	外柱	1-PL6			1-PL6	1-PL6
	上内	2-PL6			1-PL6	1-PL6
	上外	1-PL6			1-PL6	1-PL6
	t_s	16＜262＞			16＜263＞	16＜264＞
H-500×250×9×19×13	内柱	2-PL12	2-PL9		2-PL12	2-PL12
	外柱	1-PL6	- - -		1-PL6	1-PL6
	上内	2-PL6	2-PL9		1-PL6	1-PL6
	上外	1-PL6	- - -		1-PL6	1-PL6
	t_s	19＜268＞	19＜269＞		19＜270＞	19＜271＞
H-500×250×9×22×13	内柱	2-PL16	2-PL12	2-PL12	2-PL12	2-PL12
	外柱	2-PL6	1-PL6	- - -	2-PL6	1-PL6
	上内	2-PL6	2-PL9	2-PL12	1-PL6	1-PL6
	上外	2-PL6	1-PL6	- - -	1-PL6	1-PL6
	t_s	22＜274＞	22＜275＞	22＜276＞	22＜277＞	22＜278＞
H-500×250×12×22×13	内柱	2-PL16	2-PL12	2-PL12	2-PL12	2-PL12
	外柱	2-PL6	1-PL6	1-PL6	2-PL6	1-PL6
	上内	2-PL6	2-PL9	2-PL12	1-PL6	1-PL6
	上外	2-PL6	1-PL6	1-PL6	1-PL6	1-PL6
	t_s	22＜281＞	22＜282＞	22＜283＞	22＜284＞	22＜285＞
H-500×250×12×25×13	内柱	2-PL19	2-PL16	2-PL16		
	外柱	2-PL6	1-PL6	1-PL6		
	上内	2-PL6	2-PL9	2-PL12		
	上外	2-PL6	1-PL6	1-PL6		
	t_s	25＜287＞	25＜288＞	25＜289＞		
H-500×250×12×28×13	内柱		2-PL16	2-PL16		
	外柱		2-PL6	1-PL6		
	上内		2-PL9	2-PL12		
	上外		2-PL6	1-PL6		
	t_s		28＜290＞	28＜291＞		

●鉄骨構造標準接合部委員会 SCSS-H97
建設省住宅局建築指導課監修

表 PN 2　ダブラープレートおよび水平スチフナ（17/26）

梁＼柱		H-400×400×13×21×22	H-414×405×18×28×22	H-428×407×20×35×22	H-440×300×11×18×13	H-488×300×11×18×13
H-550×200×9×12×13	内柱	2-PL6			2-PL6	2-PL6
	外柱	- - -			- - -	- - -
	上内	2-PL6			1-PL6	1-PL6
	上外	- - -			- - -	- - -
	t_s	12<298>			12<299>	12<300>
H-550×200×9×16×13	内柱	2-PL9			2-PL9	2-PL6
	外柱	1-PL6			1-PL6	- - -
	上内	2-PL6			1-PL6	1-PL6
	上外	1-PL6			1-PL6	- - -
	t_s	16<306>			16<307>	16<308>
H-550×200×9×19×13	内柱	2-PL9	2-PL6		2-PL9	2-PL9
	外柱	1-PL6	- - -		1-PL6	1-PL6
	上内	2-PL6	2-PL6		1-PL6	1-PL6
	上外	1-PL6	- - -		1-PL6	1-PL6
	t_s	19<313>	19<314>		19<315>	19<316>
H-550×200×9×22×13	内柱	2-PL12	2-PL9		2-PL12	2-PL9
	外柱	1-PL6	- - -		1-PL6	1-PL6
	上内	2-PL6	2-PL6		1-PL6	1-PL6
	上外	1-PL6	- - -		1-PL6	1-PL6
	t_s	22<319>	22<320>		22<321>	22<322>
H-550×200×12×16×13	内柱	2-PL9			2-PL9	2-PL6
	外柱	1-PL6			1-PL6	1-PL6
	上内	2-PL6			1-PL6	1-PL6
	上外	1-PL6			1-PL6	1-PL6
	t_s	16<327>			16<328>	16<329>
H-550×200×12×19×13	内柱	2-PL12	2-PL9		2-PL9	2-PL9
	外柱	1-PL6	- - -		1-PL6	1-PL6
	上内	2-PL6	2-PL6		1-PL6	1-PL6
	上外	1-PL6	- - -		1-PL6	1-PL6
	t_s	19<334>	19<335>		19<336>	19<337>
H-550×200×12×22×13	内柱	2-PL12	2-PL9		2-PL12	2-PL9
	外柱	1-PL6	- - -		1-PL6	1-PL6
	上内	2-PL6	2-PL6		1-PL6	1-PL6
	上外	1-PL6	- - -		1-PL6	1-PL6
	t_s	22<340>	22<341>		22<342>	22<343>
H-550×200×12×25×13	内柱	2-PL16	2-PL12	2-PL9		
	外柱	2-PL6	1-PL6	- - -		
	上内	2-PL6	2-PL6	2-PL9		
	上外	2-PL6	1-PL6	- - -		
	t_s	25<345>	25<346>	25<347>		
H-550×250×9×12×13	内柱	2-PL9			2-PL9	2-PL6
	外柱	- - -			1-PL6	- - -
	上内	2-PL6			1-PL6	1-PL6
	上外	- - -			1-PL6	- - -
	t_s	12<353>			12<354>	12<355>
H-550×250×9×16×13	内柱	2-PL12	2-PL9		2-PL9	2-PL9
	外柱	1-PL6	- - -		1-PL6	1-PL6
	上内	2-PL6	2-PL6		1-PL6	1-PL6
	上外	1-PL6	- - -		1-PL6	1-PL6
	t_s	16<360>	16<361>		16<362>	16<363>
H-550×250×9×19×13	内柱	2-PL12	2-PL9	2-PL9	2-PL9	2-PL12
	外柱	1-PL6	- - -	- - -	1-PL6	1-PL6
	上内	2-PL6	2-PL6	2-PL9	1-PL6	1-PL6
	上外	1-PL6	- - -	- - -	1-PL6	1-PL6
	t_s	19<367>	19<368>	19<369>	19<370>	19<371>

表 PN 2　ダブラープレートおよび水平スチフナ（18/26）

梁＼柱		H-400×400×13×21×22	H-414×405×18×28×22	H-428×407×20×35×22	H-440×300×11×18×13	H-488×300×11×18×13
H-550×250×9×22×13	内柱	2-PL16	2-PL12	2-PL12	2-PL12	2-PL12
	外柱	2-PL6	1-PL6	- - -	2-PL6	1-PL6
	上内	2-PL6	2-PL6	2-PL9	1-PL6	1-PL6
	上外	2-PL6	1-PL6	- - -	1-PL6	1-PL6
	t_s	22＜374＞	22＜375＞	22＜376＞	22＜377＞	22＜378＞
H-550×250×12×22×13	内柱	2-PL16	2-PL12	2-PL12	2-PL12	2-PL12
	外柱	2-PL6	1-PL6	1-PL6	2-PL6	2-PL6
	上内	2-PL6	2-PL6	2-PL9	1-PL6	1-PL6
	上外	2-PL6	1-PL6	1-PL6	1-PL6	1-PL6
	t_s	22＜381＞	22＜382＞	22＜383＞	22＜384＞	22＜385＞
H-550×250×12×25×13	内柱	2-PL16	2-PL16	2-PL16		
	外柱	2-PL6	1-PL6	1-PL6		
	上内	2-PL6	2-PL6	2-PL9		
	上外	2-PL6	1-PL6	1-PL6		
	t_s	25＜387＞	25＜388＞	25＜389＞		
H-550×250×12×28×13	内柱		2-PL19	2-PL16		
	外柱		2-PL6	1-PL6		
	上内		2-PL6	2-PL9		
	上外		2-PL6	1-PL6		
	t_s		28＜390＞	28＜391＞		
H-600×200×9×12×13	内柱	2-PL6			2-PL6	2-PL6
	外柱	- - -			- - -	- - -
	上内	2-PL6			1-PL6	1-PL6
	上外	- - -			- - -	- - -
	t_s	12＜397＞			12＜398＞	12＜399＞
H-600×200×9×16×13	内柱	2-PL9	2-PL6		2-PL9	2-PL6
	外柱	1-PL6	- - -		1-PL6	- - -
	上内	2-PL6	2-PL6		1-PL6	1-PL6
	上外	1-PL6	- - -		1-PL6	- - -
	t_s	16＜404＞	16＜405＞		16＜406＞	16＜407＞
H-600×200×9×19×13	内柱	2-PL9	2-PL9		2-PL9	2-PL9
	外柱	1-PL6	- - -		1-PL6	1-PL6
	上内	2-PL6	2-PL6		1-PL6	1-PL6
	上外	1-PL6	- - -		1-PL6	1-PL6
	t_s	19＜412＞	19＜413＞		19＜414＞	19＜415＞
H-600×200×9×22×13	内柱	2-PL12	2-PL9	2-PL9	2-PL9	2-PL9
	外柱	1-PL6	- - -	- - -	1-PL6	1-PL6
	上内	2-PL6	2-PL6	2-PL6	1-PL6	1-PL6
	上外	1-PL6	- - -	- - -	1-PL6	1-PL6
	t_s	22＜418＞	22＜419＞	22＜420＞	22＜421＞	22＜422＞
H-600×200×12×16×13	内柱	2-PL9	2-PL6		2-PL9	2-PL9
	外柱	1-PL6	- - -		1-PL6	1-PL6
	上内	2-PL6	2-PL6		1-PL6	1-PL6
	上外	1-PL6	- - -		1-PL6	1-PL6
	t_s	16＜427＞	16＜428＞		16＜429＞	16＜430＞
H-600×200×12×19×13	内柱	2-PL12	2-PL9		2-PL9	2-PL9
	外柱	1-PL6	- - -		1-PL6	1-PL6
	上内	2-PL6	2-PL6		1-PL6	1-PL6
	上外	1-PL6	- - -		1-PL6	1-PL6
	t_s	19＜435＞	19＜436＞		19＜437＞	19＜438＞
H-600×200×12×22×13	内柱	2-PL12	2-PL9	2-PL9	2-PL9	2-PL9
	外柱	1-PL6	- - -	- - -	1-PL6	1-PL6
	上内	2-PL6	2-PL6	2-PL6	1-PL6	1-PL6
	上外	1-PL6	- - -	- - -	1-PL6	1-PL6
	t_s	22＜441＞	22＜442＞	22＜443＞	22＜444＞	22＜445＞

表 PN 2　ダブラープレートおよび水平スチフナ（19/26）

●鉄骨構造標準接合部委員会 SCSS-H97
建設省住宅局建築指導課監修

梁＼柱		H-400×400×13×21×22	H-414×405×18×28×22	H-428×407×20×35×22	H-440×300×11×18×13	H-488×300×11×18×13
H-600×200×12×25×13	内柱	2-PL16	2-PL12	2-PL12		
	外柱	2-PL6	1-PL6	- - -		
	上内	2-PL6	2-PL6	2-PL9		
	上外	2-PL6	1-PL6	- - -		
	t_s	25<447>	25<448>	25<449>		
H-600×200×12×28×13	内柱		2-PL16	2-PL12		
	外柱		1-PL6	1-PL6		
	上内		2-PL6	2-PL9		
	上外		1-PL6	1-PL6		
	t_s		28<450>	28<451>		
H-600×250×9×16×13	内柱	2-PL12	2-PL9		2-PL9	2-PL9
	外柱	1-PL6	- - -		1-PL6	1-PL6
	上内	2-PL6	2-PL6		1-PL6	1-PL6
	上外	1-PL6	- - -		1-PL6	1-PL6
	t_s	16<456>	16<457>		16<458>	16<459>
H-600×250×9×19×13	内柱	2-PL16	2-PL12	2-PL9	2-PL9	2-PL9
	外柱	1-PL6	1-PL6	- - -	1-PL6	1-PL6
	上内	2-PL6	2-PL6	2-PL6	1-PL6	1-PL6
	上外	1-PL6	1-PL6	- - -	1-PL6	1-PL6
	t_s	19<463>	19<464>	19<465>	19<466>	19<467>
H-600×250×12×19×13	内柱	2-PL16	2-PL12	2-PL9	2-PL9	2-PL9
	外柱	2-PL6	1-PL6	- - -	2-PL6	1-PL6
	上内	2-PL6	2-PL6	2-PL6	1-PL6	1-PL6
	上外	2-PL6	1-PL6	- - -	1-PL6	1-PL6
	t_s	19<471>	19<472>	19<473>	19<474>	19<475>
H-600×250×12×22×13	内柱	2-PL16	2-PL16	2-PL12	2-PL9	2-PL9
	外柱	2-PL6	1-PL6	1-PL6	2-PL6	2-PL6
	上内	2-PL6	2-PL6	2-PL6	1-PL6	1-PL6
	上外	2-PL6	1-PL6	1-PL6	1-PL6	1-PL6
	t_s	22<478>	22<479>	22<480>	22<481>	22<482>
H-600×250×12×25×13	内柱	2-PL16	2-PL16	2-PL16		
	外柱	2-PL6	1-PL6	1-PL6		
	上内	2-PL6	2-PL6	2-PL9		
	上外	2-PL6	1-PL6	1-PL6		
	t_s	25<484>	25<485>	25<486>		
H-600×250×12×28×13	内柱		2-PL19	2-PL16		
	外柱		2-PL6	1-PL6		
	上内		2-PL6	2-PL9		
	上外		2-PL6	1-PL6		
	t_s		28<487>	28<488>		
H-600×300×9×19×13	内柱	2-PL16	2-PL16	2-PL12	2-PL9	2-PL9
	外柱	2-PL6	1-PL6	1-PL6	2-PL6	2-PL6
	上内	2-PL6	2-PL6	2-PL6	1-PL6	1-PL6
	上外	2-PL6	1-PL6	1-PL6	1-PL6	1-PL6
	t_s	19<491>	19<492>	19<493>	22<494>	22<495>
H-600×300×12×19×13	内柱	2-PL16	2-PL16	2-PL12	2-PL9	2-PL9
	外柱	2-PL6	1-PL6	1-PL6	2-PL6	2-PL6
	上内	2-PL6	2-PL6	2-PL6	1-PL6	1-PL6
	上外	2-PL6	1-PL6	1-PL6	1-PL6	1-PL6
	t_s	19<498>	19<499>	19<500>	22<501>	22<502>
H-600×300×12×22×13	内柱	2-PL16	2-PL16	2-PL16		
	外柱	2-PL9	2-PL6	1-PL6		
	上内	2-PL6	2-PL6	2-PL6		
	上外	2-PL6	2-PL6	1-PL6		
	t_s	22<504>	22<505>	22<506>		

表 PN 2　ダブラープレートおよび水平スチフナ（20/26）

梁 ＼ 柱		H-400×400×13×21×22	H-414×405×18×28×22	H-428×407×20×35×22	H-440×300×11×18×13	H-488×300×11×18×13
H-600×300×12×25×13	内柱	2-PL16	2-PL19	2-PL19		
	外柱	2-PL9	2-PL6	2-PL6		
	上内	2-PL6	2-PL6	2-PL9		
	上外	2-PL6	2-PL6	2-PL6		
	t_s	25＜508＞	25＜509＞	25＜510＞		
H-600×300×12×28×13	内柱		2-PL19	2-PL22		
	外柱		2-PL9	2-PL6		
	上内		2-PL6	2-PL9		
	上外		2-PL6	2-PL6		
	t_s		28＜511＞	28＜512＞		
H-650×200×9×12×13	内柱	2-PL6			2-PL6	2-PL6
	外柱	- - -			- - -	- - -
	上内	1-PL6			1-PL6	1-PL6
	上外	- - -			- - -	- - -
	t_s	12＜518＞			12＜519＞	12＜520＞
H-650×200×9×16×13	内柱	2-PL9	2-PL6		2-PL9	2-PL6
	外柱	1-PL6	- - -		1-PL6	1-PL6
	上内	1-PL6	1-PL6		1-PL6	1-PL6
	上外	1-PL6	- - -		1-PL6	1-PL6
	t_s	16＜525＞	16＜526＞		16＜527＞	16＜528＞
H-650×200×9×19×13	内柱	2-PL12	2-PL9	2-PL6	2-PL9	2-PL9
	外柱	1-PL6	- - -	- - -	1-PL6	1-PL6
	上内	1-PL6	1-PL6	2-PL6	1-PL6	1-PL6
	上外	1-PL6	- - -	- - -	1-PL6	1-PL6
	t_s	19＜533＞	19＜534＞	19＜535＞	19＜536＞	19＜537＞
H-650×200×9×22×13	内柱	2-PL12	2-PL9	2-PL9	2-PL9	2-PL9
	外柱	1-PL6	- - -	- - -	1-PL6	1-PL6
	上内	1-PL6	2-PL6	2-PL6	1-PL6	1-PL6
	上外	1-PL6	- - -	- - -	1-PL6	1-PL6
	t_s	22＜540＞	22＜541＞	22＜542＞	22＜543＞	22＜544＞
H-650×200×12×16×13	内柱	2-PL9	2-PL6		2-PL9	2-PL9
	外柱	1-PL6	- - -		1-PL6	1-PL6
	上内	1-PL6	1-PL6		1-PL6	1-PL6
	上外	1-PL6	- - -		1-PL6	1-PL6
	t_s	16＜549＞	16＜550＞		16＜551＞	16＜552＞
H-650×200×12×19×13	内柱	2-PL12	2-PL9	2-PL9	2-PL9	2-PL9
	外柱	1-PL6	- - -	- - -	1-PL6	1-PL6
	上内	1-PL6	1-PL6	2-PL6	1-PL6	1-PL6
	上外	1-PL6	- - -	- - -	1-PL6	1-PL6
	t_s	19＜557＞	19＜558＞	19＜559＞	19＜560＞	19＜561＞
H-650×200×12×22×13	内柱	2-PL12	2-PL12	2-PL9	2-PL9	2-PL9
	外柱	1-PL6	1-PL6	- - -	1-PL6	1-PL6
	上内	1-PL6	2-PL6	2-PL6	1-PL6	1-PL6
	上外	1-PL6	1-PL6	- - -	1-PL6	1-PL6
	t_s	22＜564＞	22＜565＞	22＜566＞	22＜567＞	22＜568＞
H-650×200×12×25×13	内柱	2-PL12	2-PL12	2-PL12		
	外柱	2-PL6	1-PL6	- - -		
	上内	1-PL6	2-PL6	2-PL6		
	上外	1-PL6	1-PL6	- - -		
	t_s	25＜570＞	25＜571＞	25＜572＞		
H-650×200×12×28×13	内柱		2-PL16	2-PL12		
	外柱		1-PL6	1-PL6		
	上内		2-PL6	2-PL6		
	上外		1-PL6	1-PL6		
	t_s		28＜573＞	28＜574＞		

表 PN 2　ダブラープレートおよび水平スチフナ（21/26）

梁 ＼ 柱		H-400×400×13×21×22	H-414×405×18×28×22	H-428×407×20×35×22	H-440×300×11×18×13	H-488×300×11×18×13
H-650×250×9×16×13	内柱	2-PL12	2-PL9	2-PL6	2-PL9	2-PL9
	外柱	1-PL6	- - -	- - -	1-PL6	1-PL6
	上内	1-PL6	1-PL6	2-PL6	1-PL6	1-PL6
	上外	1-PL6	- - -	- - -	1-PL6	1-PL6
	t_s	16<579>	16<580>	16<581>	16<582>	16<583>
H-650×250×9×19×13	内柱	2-PL12	2-PL12	2-PL9	2-PL9	2-PL9
	外柱	1-PL6	1-PL6	- - -	1-PL6	1-PL6
	上内	1-PL6	1-PL6	2-PL6	1-PL6	1-PL6
	上外	1-PL6	1-PL6	- - -	1-PL6	1-PL6
	t_s	19<586>	19<587>	19<588>	19<589>	19<590>
H-650×250×12×19×13	内柱	2-PL12	2-PL12	2-PL12	2-PL9	2-PL9
	外柱	2-PL6	1-PL6	- - -	2-PL6	1-PL6
	上内	1-PL6	1-PL6	2-PL6	1-PL6	1-PL6
	上外	1-PL6	1-PL6	- - -	1-PL6	1-PL6
	t_s	19<593>	19<594>	19<595>	19<596>	19<597>
H-650×250×12×22×13	内柱	2-PL12	2-PL16	2-PL12	2-PL9	2-PL9
	外柱	2-PL6	1-PL6	1-PL6	2-PL6	2-PL6
	上内	1-PL6	2-PL6	2-PL6	1-PL6	1-PL6
	上外	1-PL6	1-PL6	1-PL6	1-PL6	1-PL6
	t_s	22<600>	22<601>	22<602>	22<603>	22<604>
H-650×250×12×25×13	内柱	2-PL12	2-PL16	2-PL16		
	外柱	2-PL6	2-PL6	1-PL6		
	上内	1-PL6	2-PL6	2-PL6		
	上外	1-PL6	2-PL6	1-PL6		
	t_s	25<606>	25<607>	25<608>		
H-650×250×12×28×13	内柱		2-PL16	2-PL16		
	外柱		2-PL6	1-PL6		
	上内		2-PL6	2-PL6		
	上外		2-PL6	1-PL6		
	t_s		28<609>	28<610>		
H-700×200×9×12×18	内柱	2-PL6	1-PL6		2-PL6	2-PL6
	外柱	- - -	- - -		- - -	- - -
	上内	1-PL6	1-PL6		1-PL6	1-PL6
	上外	- - -	- - -		- - -	- - -
	t_s	12<615>	12<616>		12<617>	12<618>
H-700×200×9×16×18	内柱	2-PL9	2-PL6	2-PL6	2-PL6	2-PL6
	外柱	1-PL6	- - -	- - -	1-PL6	1-PL6
	上内	1-PL6	1-PL6	2-PL6	1-PL6	1-PL6
	上外	1-PL6	- - -	- - -	1-PL6	1-PL6
	t_s	16<623>	16<624>	16<625>	16<626>	16<627>
H-700×200×9×19×18	内柱	2-PL12	2-PL9	2-PL6	2-PL6	2-PL6
	外柱	1-PL6	- - -	- - -	1-PL6	1-PL6
	上内	1-PL6	1-PL6	2-PL6	1-PL6	1-PL6
	上外	1-PL6	- - -	- - -	1-PL6	1-PL6
	t_s	19<631>	19<632>	19<633>	19<634>	19<635>
H-700×200×9×22×18	内柱	2-PL12	2-PL9	2-PL9	2-PL6	2-PL6
	外柱	1-PL6	- - -	- - -	1-PL6	1-PL6
	上内	1-PL6	1-PL6	2-PL6	1-PL6	1-PL6
	上外	1-PL6	- - -	- - -	1-PL6	1-PL6
	t_s	22<638>	22<639>	22<640>	22<641>	22<642>
H-700×200×12×22×18	内柱	2-PL12	2-PL12	2-PL9	2-PL6	2-PL6
	外柱	2-PL6	1-PL6	- - -	2-PL6	1-PL6
	上内	1-PL6	1-PL6	2-PL6	1-PL6	1-PL6
	上外	1-PL6	1-PL6	- - -	1-PL6	1-PL6
	t_s	22<645>	22<646>	22<647>	22<648>	22<649>

●鉄骨構造標準接合部委員会 SCSS-H97
建設省住宅局建築指導課監修

表 PN 2　ダブラープレートおよび水平スチフナ（22/26）

梁 ＼ 柱		H-400×400×13×21×22	H-414×405×18×28×22	H-428×407×20×35×22	H-440×300×11×18×13	H-488×300×11×18×13
H-700×200×12×25×18	内柱	2-PL12	2-PL12	2-PL12		
	外柱	2-PL6	1-PL6	1-PL6		
	上内	1-PL6	1-PL6	2-PL6		
	上外	1-PL6	1-PL6	1-PL6		
	t_s	25＜651＞	25＜652＞	25＜653＞		
H-700×200×12×28×18	内柱		2-PL16	2-PL12		
	外柱		1-PL6	1-PL6		
	上内		1-PL6	2-PL6		
	上外		1-PL6	1-PL6		
	t_s		28＜654＞	28＜655＞		
H-700×250×9×16×18	内柱	2-PL12	2-PL9	2-PL9	2-PL6	2-PL6
	外柱	1-PL6	- - -	- - -	1-PL6	1-PL6
	上内	1-PL6	1-PL6	2-PL6	1-PL6	1-PL6
	上外	1-PL6	- - -	- - -	1-PL6	1-PL6
	t_s	16＜658＞	16＜659＞	16＜660＞	16＜661＞	16＜662＞
H-700×250×9×19×18	内柱	2-PL12	2-PL12	2-PL9	2-PL6	2-PL6
	外柱	2-PL6	1-PL6	- - -	2-PL6	1-PL6
	上内	1-PL6	1-PL6	2-PL6	1-PL6	1-PL6
	上外	1-PL6	1-PL6	- - -	1-PL6	1-PL6
	t_s	19＜665＞	19＜666＞	19＜667＞	19＜668＞	19＜669＞
H-700×250×12×19×18	内柱	2-PL12	2-PL12	2-PL12	2-PL6	2-PL6
	外柱	2-PL6	1-PL6	- - -	2-PL6	1-PL6
	上内	1-PL6	1-PL6	2-PL6	1-PL6	1-PL6
	上外	1-PL6	1-PL6	- - -	1-PL6	1-PL6
	t_s	19＜672＞	19＜673＞	19＜674＞	19＜675＞	19＜676＞
H-700×250×12×22×18	内柱	2-PL12	2-PL16	2-PL12	2-PL6	2-PL6
	外柱	2-PL6	1-PL6	1-PL6	2-PL6	2-PL6
	上内	1-PL6	1-PL6	2-PL6	1-PL6	1-PL6
	上外	1-PL6	1-PL6	1-PL6	1-PL6	1-PL6
	t_s	22＜679＞	22＜680＞	22＜681＞	22＜682＞	22＜683＞
H-700×250×12×25×18	内柱	2-PL12	2-PL16	2-PL16		
	外柱	2-PL9	2-PL6	1-PL6		
	上内	1-PL6	1-PL6	2-PL6		
	上外	1-PL6	1-PL6	1-PL6		
	t_s	25＜685＞	25＜686＞	25＜687＞		
H-700×250×14×25×18	内柱	2-PL12	2-PL16	2-PL16		
	外柱	2-PL9	2-PL6	1-PL6		
	上内	1-PL6	1-PL6	2-PL6		
	上外	1-PL6	1-PL6	1-PL6		
	t_s	25＜689＞	25＜690＞	25＜691＞		
H-700×250×14×28×18	内柱		2-PL16	2-PL19		
	外柱		2-PL6	2-PL6		
	上内		1-PL6	2-PL6		
	上外		1-PL6	2-PL6		
	t_s		28＜692＞	28＜693＞		
H-700×300×9×19×18	内柱	2-PL12	2-PL16	2-PL12	2-PL6	2-PL6
	外柱	2-PL6	1-PL6	1-PL6	2-PL6	2-PL6
	上内	1-PL6	1-PL6	2-PL6	1-PL6	1-PL6
	上外	1-PL6	1-PL6	1-PL6	1-PL6	1-PL6
	t_s	19＜696＞	19＜697＞	19＜698＞	22＜699＞	22＜700＞
H-700×300×12×19×18	内柱	2-PL12	2-PL16	2-PL16	2-PL6	2-PL6
	外柱	2-PL6	1-PL6	1-PL6	2-PL6	2-PL6
	上内	1-PL6	1-PL6	2-PL6	1-PL6	1-PL6
	上外	1-PL6	1-PL6	1-PL6	1-PL6	1-PL6
	t_s	19＜703＞	19＜704＞	19＜705＞	22＜706＞	22＜707＞

●鉄骨構造標準接合部委員会 SCSS-H97
建設省住宅局建築指導課監修

表 PN 2　ダブラープレートおよび水平スチフナ（23/26）

梁＼柱		H-400×400×13×21×22	H-414×405×18×28×22	H-428×407×20×35×22	H-440×300×11×18×13	H-488×300×11×18×13
H-700×300×12×22×18	内柱	2-PL12	2-PL16	2-PL16		
	外柱	2-PL9	2-PL6	1-PL6		
	上内	1-PL6	1-PL6	2-PL6		
	上外	1-PL6	1-PL6	1-PL6		
	t_s	22＜709＞	22＜710＞	22＜711＞		
H-700×300×14×22×18	内柱	2-PL12	2-PL16	2-PL19		
	外柱	2-PL9	2-PL6	2-PL6		
	上内	1-PL6	1-PL6	2-PL6		
	上外	1-PL6	1-PL6	2-PL6		
	t_s	22＜713＞	22＜714＞	22＜715＞		
H-700×300×14×25×18	内柱	2-PL12	2-PL16	2-PL19		
	外柱	2-PL9	2-PL6	2-PL6		
	上内	1-PL6	1-PL6	2-PL6		
	上外	1-PL6	1-PL6	2-PL6		
	t_s	25＜716＞	25＜717＞	25＜718＞		
H-700×300×14×28×18	内柱		2-PL16	2-PL19		
	外柱		2-PL9	2-PL6		
	上内		1-PL6	2-PL6		
	上外		1-PL6	2-PL6		
	t_s		28＜719＞	28＜720＞		
H-750×200×9×12×18	内柱	2-PL6	1-PL6		2-PL6	2-PL6
	外柱	- - -	- - -		- - -	- - -
	上内	1-PL6	1-PL6		- - -	- - -
	上外	- - -	- - -		- - -	- - -
	t_s	12＜725＞	12＜726＞		12＜727＞	12＜728＞
H-750×200×9×16×18	内柱	2-PL9	2-PL6	2-PL6	2-PL6	2-PL6
	外柱	1-PL6	- - -	- - -	1-PL6	1-PL6
	上内	1-PL6	1-PL6	1-PL6	- - -	- - -
	上外	1-PL6	- - -	- - -	- - -	- - -
	t_s	16＜732＞	16＜733＞	16＜734＞	16＜735＞	16＜736＞
H-750×200×9×19×18	内柱	2-PL12	2-PL9	2-PL6	2-PL6	2-PL6
	外柱	1-PL6	- - -	- - -	1-PL6	1-PL6
	上内	1-PL6	1-PL6	1-PL6	- - -	- - -
	上外	1-PL6	- - -	- - -	- - -	- - -
	t_s	19＜739＞	19＜740＞	19＜741＞	19＜742＞	19＜743＞
H-750×200×12×19×18	内柱	2-PL12	2-PL9	2-PL9	2-PL6	2-PL6
	外柱	1-PL6	- - -	- - -	1-PL6	1-PL6
	上内	1-PL6	1-PL6	1-PL6	- - -	- - -
	上外	1-PL6	- - -	- - -	- - -	- - -
	t_s	19＜746＞	19＜747＞	19＜748＞	19＜749＞	19＜750＞
H-750×200×12×22×18	内柱	2-PL12	2-PL12	2-PL9	2-PL6	2-PL6
	外柱	2-PL6	1-PL6	- - -	2-PL6	1-PL6
	上内	1-PL6	1-PL6	1-PL6	- - -	- - -
	上外	1-PL6	1-PL6	- - -	- - -	- - -
	t_s	22＜753＞	22＜754＞	22＜755＞	22＜756＞	22＜757＞
H-750×200×12×25×18	内柱	2-PL12	2-PL12	2-PL12		
	外柱	2-PL6	1-PL6	1-PL6		
	上内	1-PL6	1-PL6	1-PL6		
	上外	1-PL6	1-PL6	1-PL6		
	t_s	25＜759＞	25＜760＞	25＜761＞		
H-750×200×12×28×18	内柱		2-PL12	2-PL16		
	外柱		1-PL6	1-PL6		
	上内		1-PL6	1-PL6		
	上外		1-PL6	1-PL6		
	t_s		28＜762＞	28＜763＞		

表 PN 2　ダブラープレートおよび水平スチフナ（24/26）

梁＼柱		H-400×400×13×21×22	H-414×405×18×28×22	H-428×407×20×35×22	H-440×300×11×18×13	H-488×300×11×18×13
H-750×250×12×16×18	内柱	2-PL12	2-PL12	2-PL9	2-PL6	2-PL6
	外柱	1-PL6	1-PL6	- - -	1-PL6	1-PL6
	上内	1-PL6	1-PL6	1-PL6	- - -	- - -
	上外	1-PL6	1-PL6	- - -	- - -	- - -
	t_s	16<766>	16<767>	16<768>	16<769>	16<770>
H-750×250×12×19×18	内柱	2-PL12	2-PL12	2-PL12	2-PL6	2-PL6
	外柱	2-PL6	1-PL6	1-PL6	2-PL6	1-PL6
	上内	1-PL6	1-PL6	1-PL6	- - -	- - -
	上外	1-PL6	1-PL6	1-PL6	- - -	- - -
	t_s	19<773>	19<774>	19<775>	19<776>	19<777>
H-750×250×12×22×18	内柱	2-PL12	2-PL12	2-PL16	2-PL6	2-PL6
	外柱	2-PL6	1-PL6	1-PL6	2-PL6	2-PL6
	上内	1-PL6	1-PL6	1-PL6	- - -	- - -
	上外	1-PL6	1-PL6	1-PL6	- - -	- - -
	t_s	22<779>	22<780>	22<781>	22<782>	22<783>
H-750×250×14×22×18	内柱	2-PL12	2-PL12	2-PL16	2-PL6	2-PL6
	外柱	2-PL6	1-PL6	1-PL6	2-PL6	2-PL6
	上内	1-PL6	1-PL6	1-PL6	- - -	- - -
	上外	1-PL6	1-PL6	1-PL6	- - -	- - -
	t_s	22<785>	22<786>	22<787>	22<788>	22<789>
H-750×250×14×25×18	内柱	2-PL12	2-PL12	2-PL16		
	外柱	2-PL9	2-PL6	1-PL6		
	上内	1-PL6	1-PL6	1-PL6		
	上外	1-PL6	1-PL6	1-PL6		
	t_s	25<791>	25<792>	25<793>		
H-750×250×14×28×18	内柱		2-PL12	2-PL16		
	外柱		2-PL6	2-PL6		
	上内		1-PL6	1-PL6		
	上外		1-PL6	1-PL6		
	t_s		28<794>	28<795>		
H-800×250×14×22×18	内柱	2-PL9	2-PL12	2-PL16	2-PL6	2-PL6
	外柱	2-PL6	1-PL6	1-PL6	2-PL6	2-PL6
	上内	1-PL6	1-PL6	1-PL6	- - -	- - -
	上外	1-PL6	1-PL6	1-PL6	- - -	- - -
	t_s	22<797>	22<798>	22<799>	22<800>	22<801>
H-800×250×14×25×18	内柱	2-PL9	2-PL12	2-PL16		
	外柱	2-PL9	2-PL6	1-PL6		
	上内	1-PL6	1-PL6	1-PL6		
	上外	1-PL6	1-PL6	1-PL6		
	t_s	25<802>	25<803>	25<804>		
H-800×250×16×25×18	内柱	2-PL9	2-PL12	2-PL16		
	外柱	2-PL9	2-PL6	2-PL6		
	上内	1-PL6	1-PL6	1-PL6		
	上外	1-PL6	1-PL6	1-PL6		
	t_s	25<805>	25<806>	25<807>		
H-800×250×16×28×18	内柱		2-PL12	2-PL16		
	外柱		2-PL6	2-PL6		
	上内		1-PL6	1-PL6		
	上外		1-PL6	1-PL6		
	t_s		28<808>	28<809>		
H-800×300×14×22×18	内柱	2-PL9	2-PL12	2-PL16		
	外柱	2-PL9	2-PL6	2-PL6		
	上内	1-PL6	1-PL6	1-PL6		
	上外	1-PL6	1-PL6	1-PL6		
	t_s	22<810>	22<811>	22<812>		

表 PN 2　ダブラープレートおよび水平スチフナ（25/26）

梁＼柱		H-400×400×13×21×22	H-414×405×18×28×22	H-428×407×20×35×22	H-440×300×11×18×13	H-488×300×11×18×13
H-800×300×16×22×18	内柱	2-PL9	2-PL12	2-PL16		
	外柱	2-PL9	2-PL6	2-PL6		
	上内	1-PL6	1-PL6	1-PL6		
	上外	1-PL6	1-PL6	1-PL6		
	t_s	22<813>	22<814>	22<815>		
H-800×300×16×25×18	内柱	2-PL9	2-PL12	2-PL16		
	外柱	2-PL9	2-PL9	2-PL6		
	上内	1-PL6	1-PL6	1-PL6		
	上外	1-PL6	1-PL6	1-PL6		
	t_s	25<816>	25<817>	25<818>		
H-800×300×16×28×18	内柱		2-PL12	2-PL16		
	外柱		2-PL9	2-PL9		
	上内		1-PL6	1-PL6		
	上外		1-PL6	1-PL6		
	t_s		28<819>	28<820>		
H-850×250×14×22×18	内柱	2-PL9	2-PL12	2-PL16	2-PL6	2-PL6
	外柱	2-PL6	2-PL6	1-PL6	2-PL6	2-PL6
	上内	1-PL6	1-PL6	1-PL6	- - -	- - -
	上外	1-PL6	1-PL6	1-PL6	- - -	- - -
	t_s	22<821>	22<822>	22<823>	22<824>	22<825>
H-850×250×14×25×18	内柱	2-PL9	2-PL12	2-PL16		
	外柱	2-PL9	2-PL6	2-PL6		
	上内	1-PL6	1-PL6	1-PL6		
	上外	1-PL6	1-PL6	1-PL6		
	t_s	25<826>	25<827>	25<828>		
H-850×250×16×25×18	内柱	2-PL9	2-PL12	2-PL16		
	外柱	2-PL9	2-PL6	2-PL6		
	上内	1-PL6	1-PL6	1-PL6		
	上外	1-PL6	1-PL6	1-PL6		
	t_s	25<829>	25<830>	25<831>		
H-850×250×16×28×18	内柱		2-PL12	2-PL16		
	外柱		2-PL6	2-PL6		
	上内		1-PL6	1-PL6		
	上外		1-PL6	1-PL6		
	t_s		28<832>	28<833>		
H-900×250×16×19×18	内柱	2-PL9	2-PL9	2-PL12	2-PL6	2-PL6
	外柱	2-PL6	1-PL6	1-PL6	2-PL6	2-PL6
	上内	- - -	- - -	1-PL6	- - -	- - -
	上外	- - -	- - -	1-PL6	- - -	- - -
	t_s	19<834>	19<835>	19<836>	19<837>	19<838>
H-900×250×16×22×18	内柱	2-PL9	2-PL9	2-PL12		2-PL6
	外柱	2-PL9	2-PL6	1-PL6		2-PL6
	上内	- - -	- - -	1-PL6		- - -
	上外	- - -	- - -	1-PL6		- - -
	t_s	22<839>	22<840>	22<841>		22<842>
H-900×250×16×25×18	内柱	2-PL9	2-PL9	2-PL12		
	外柱	2-PL9	2-PL6	2-PL6		
	上内	1-PL6	- - -	1-PL6		
	上外	1-PL6	- - -	1-PL6		
	t_s	25<843>	25<844>	25<845>		
H-900×250×16×28×18	内柱		2-PL9	2-PL12		
	外柱		2-PL9	2-PL6		
	上内		- - -	1-PL6		
	上外		- - -	1-PL6		
	t_s		28<846>	28<847>		

●鉄骨構造標準接合部委員会 SCSS-H97
建設省住宅局建築指導課監修

表 PN 2　ダブラープレートおよび水平スチフナ（26/26）

梁＼柱		H-400×400×13×21×22	H-414×405×18×28×22	H-428×407×20×35×22	H-440×300×11×18×13	H-488×300×11×18×13
H-900×300×16×19×18	内柱	2-PL9	2-PL9	2-PL12		2-PL6
	外柱	2-PL9	2-PL6	2-PL6		2-PL6
	上内	- - -	- - -	1-PL6		- - -
	上外	- - -	- - -	1-PL6		- - -
	t_s	19＜848＞	19＜849＞	19＜850＞		22＜851＞
H-900×300×16×22×18	内柱	2-PL9	2-PL9	2-PL12		
	外柱	2-PL9	2-PL6	2-PL6		
	上内	- - -	- - -	1-PL6		
	上外	- - -	- - -	1-PL6		
	t_s	22＜852＞	22＜853＞	22＜854＞		
H-900×300×16×25×18	内柱	2-PL9	2-PL9	2-PL12		
	外柱	2-PL9	2-PL9	2-PL6		
	上内	1-PL6	- - -	1-PL6		
	上外	1-PL6	- - -	1-PL6		
	t_s	25＜855＞	25＜856＞	25＜857＞		
H-900×300×16×28×18	内柱		2-PL9	2-PL12		
	外柱		2-PL9	2-PL9		
	上内		- - -	1-PL6		
	上外		- - -	1-PL6		
	t_s		28＜858＞	28＜859＞		

第4章　参考資料

4.1 弱軸方向柱梁仕口の設計

4.1.1 弱軸方向剛接合（図-4.1.1）

弱軸方向柱梁剛接合部は，次のように標準化する．

i） 梁継手

弱軸方向梁のH形鋼のサイズにより3章に示した梁継手詳細を利用する．ただし，フランジ板厚とプレートAの板厚が1mm以上異なる場合はフィラーを挿入する．

ii） ブラケット部

プレートAの厚さは3.4に示した板厚，または弱軸方向梁のフランジ厚さのいずれか大きい寸法とする．

柱との取合接合部は，図-4.1.1のように柱フランジと接合される部分は完全溶込み溶接，ウェブは隅肉溶接とする．完全溶込み溶接の開先は表-2.6.1によってよい．

ブラケットの持出し長さは，フランジ継手の添板長さと運搬，その他を考慮して決めるので特に定めず，l として特記することにした（図-4.1.2）．

プレートBは梁ウェブと等厚以上の常用板厚とし，1mm以上の板厚差があるときはウェブ添板下に所要のフィラーを挿入する．

パネル補強のためのプレートCは2.7.2に示した板厚を用いるが，この補強を行う場合には仕口部の梁のせいをなるべく等しくする．仕口部での梁せいをそろえる一つの方法として図-4.1.3(a) のようなハンチ梁の採用が考えられる．どうしても等しくできない場合には梁せいの差は水平スチフナの溶接が可能な大きさとし，少なくとも10cm以上とする．

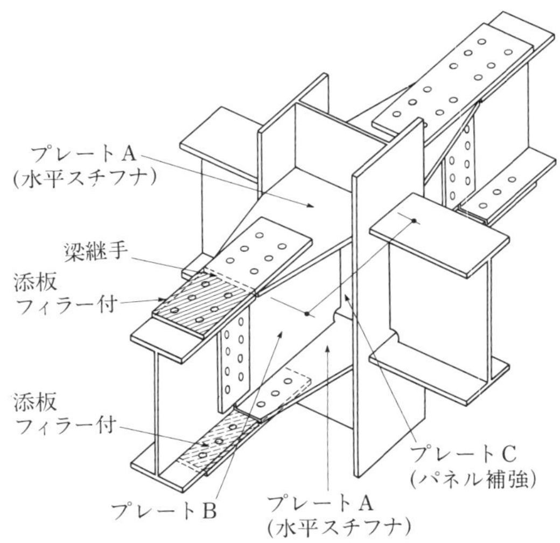

図-4.1.1

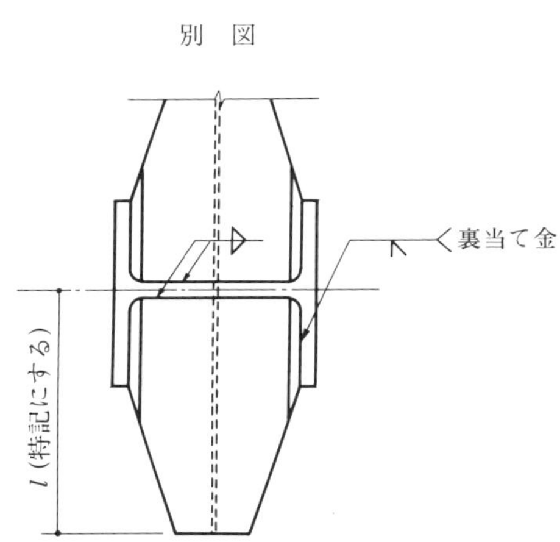

図-4.1.2

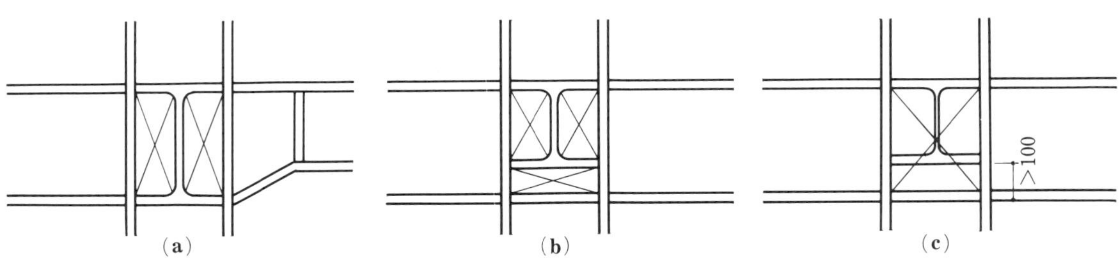

図-4.1.3

さらに図-4.1.3(b) に示す形状でパネル補強を行う場合は加工に非常に手間がかかる上に，溶接入熱も大きくなる．そのため図-4.1.3(c) のように，プレートを1枚として2.7.2の図-2.7.14(b) に示すように，プレートCに弱軸方向梁のウェブおよび下フランジを取り付ける方法も考えられる．ただし，この場合には弱軸方向の梁に作用しているせん断力を柱に伝達できるようにプレートCの板厚が決定されなければならない．

なお，このような場合で弱軸方向の梁せいが強軸のそれより大きい場合は，標準化の対象としていない．

4.1.2 弱軸方向ピン接合（図-4.1.4）

弱軸方向柱梁ピン接合は次のように標準化する．ただし，弱軸方向の梁せいが強軸方向の梁せいより大きい場合は標準化の対象としていない．

i） ピン仕口

弱軸方向梁のH形鋼のサイズにより，2.8の小梁仕口ディテールを準用する．

ii） プレートB

梁ウェブと等厚以上の常用板厚を用い，板厚差が1 mmを超える場合はフィラーを挿入する．

iii） パネルゾーン

プレートA（水平スチフナ），プレートC（パネル補強）は2.7による．

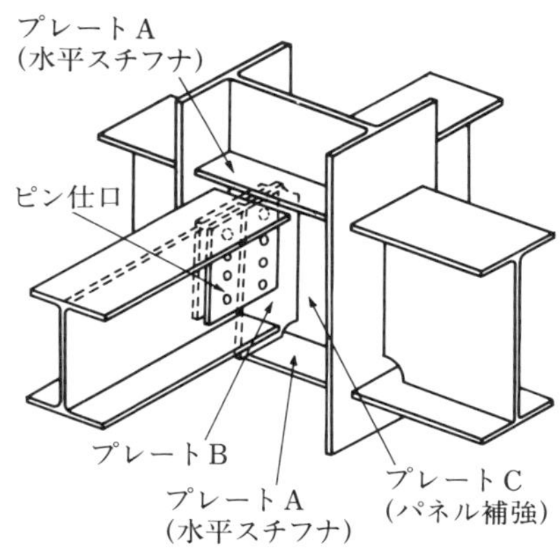

図-4.1.4

4.2 横補剛として用いる場合の小梁の配置

大梁の変形能力を確保するための横補剛として小梁を用いる場合は，以下に示す小梁間隔およびガセットプレートの強度，剛性の検討が必要となる．この場合，横補剛は原則として第1種保有耐力横補剛[1]を前提とすると，横補剛間隔の設定について次の2つの方法がある．

(1) 大梁全長にわたって均等間隔で横補剛（小梁）を設ける方法

小梁本数が次式を満たしているかを検討する．

$$n \geqq \frac{\lambda_y - 170}{20} \quad \text{(400 N 級鋼の場合)} \tag{4.2.1}$$

$$n \geqq \frac{\lambda_y - 130}{20} \quad \text{(490 N 級鋼の場合)} \tag{4.2.2}$$

ここで，λ_y：大梁の弱軸に関する細長比（$=L/i_y$）

i_y：大梁の弱軸に関する断面2次半径（mm）

L：大梁の長さ（mm）

n：小梁本数

上式を使う場合，本書の継手標準図（あるいは表）の母材欄のL_1（$n=0$の場合の最大梁長さ）より大梁の長さが長い場合には，上式で算定される小梁の本数を配置すればよいことになる．

（2） 主として梁端部に近い部分に横補剛（小梁）を設ける方法（図-4.2.1 参照）

図-4.2.1 の領域に設ける小梁間隔は次式で算定する．

$$l_b \leqq 250\frac{A_F}{H} \quad かつ \quad l_b \leqq 65\,i_y \quad (400\,\text{N 級鋼の場合}) \qquad (4.2.3)$$

$$l_b \leqq 200\frac{A_F}{H} \quad かつ \quad l_b \leqq 50\,i_y \quad (490\,\text{N 級鋼の場合}) \qquad (4.2.4)$$

ここで，l_b：小梁間隔（cm）

A_F：大梁圧縮側フランジ断面積（cm^2）

H：大梁のせい（cm）

i_y：大梁の弱軸に関する断面 2 次半径（cm）

本書の標準接合部の図あるいは表には，式（4.2.3），（4.2.4）を満足する l_b が最大間隔 L_2 として示されているので，この L_2 以下の間隔で小梁を配置すればよいことになる．なお，残りの弾性域においては「鋼構造設計規準」に基づいて横補剛を行えばよい．

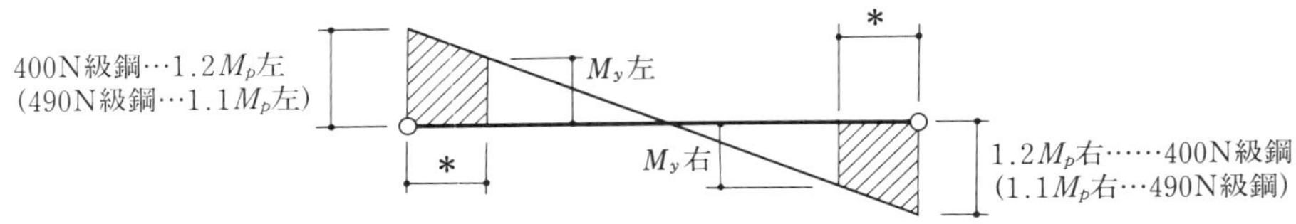

図-4.2.1

4.3 横補剛として小梁を用いる場合のガセットプレートの強度と剛性

横補剛材として用いた小梁を接合するためのガセットプレートの強度，剛性は，次式で算定した値を目安として設計すればよい．

$$P = 0.02\frac{\sigma_y \cdot A}{2} \qquad (4.3.1)$$

$$K \geqq 5.0\frac{\sigma_y \cdot A}{2} \cdot \frac{1}{l_b} \qquad (4.3.2)$$

ここで，P：大梁圧縮側フランジに作用させる横力（N）

A：大梁の全断面積（mm^2）

σ_y：部材の材料強度（N/mm^2）

K：ガセットプレートの剛性（N/mm）

l_b：小梁間隔（mm）

通常，大梁のフランジ上面は床スラブあるいは母屋等で拘束されているので，フランジ下面について検討すればよい．すなわち，図-4.3.1 の作用力 P による曲げモーメント M および剛性 $K=P/\delta$ が確保されているかを検討すればよい．

ここで，P：式（4.3.1）で算定される作用力（N）

K：式（4.3.2）で算定される剛性（N/mm）

図-4.3.1 のような継手に対しては，図-4.3.1(b) のような応力分布を仮定して，このときに高力ボルトおよび，ガセットプレート，頭付きスタッドが安全か否かを検討する．さらにこ

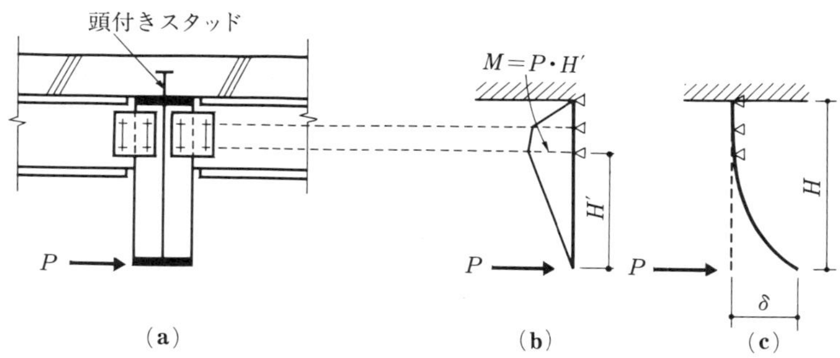

図-4.3.1

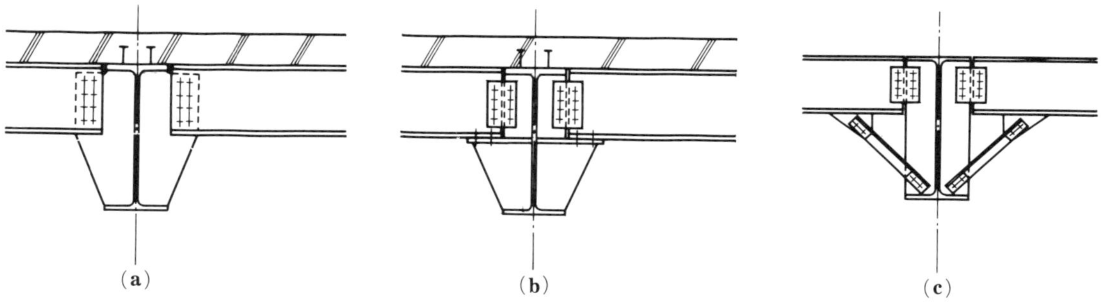

図-4.3.2

のときの下フランジの水平方向変位 δ（図-4.3.1(c)）を計算して $K=P/\delta$ を求め，式（4.3.2）を満足するか否かを検討する．

一般に大梁の断面サイズが大きくなってくると一般の小梁の接合方法では横座屈止めとしての強度，剛性が不足してくる傾向があるため，図-4.3.2(a)(b)(c) に示す方法などが考えられている．これらの方法についても図-4.3.1(b) と同様な方法で，接合部の強度，剛性の検討を行う必要がある．

4.4 小梁による大梁のねじれ変形

大梁の片側だけに小梁が取り付けられた場合，大梁にはねじれ変形が発生する．この変形が大きいと外壁の取付け等で問題が発生することになる．

ここで，等分布荷重が作用している小梁を取り上げると，存在応力またはたわみ制限で断面が算定されることになるが，たわみ制限で考えると，中央のたわみがスパンの 1/300 となった場合，小梁の材端の回転角は 4/375 となる．大梁のねじれ剛性を 0 と仮定すると，この小梁の材端回転角がねじれ変形となる．すなわち，小梁による大梁のねじれ変形は最大で 4/375 となる．大梁のせいを 600 mm とすると大梁の上下のフランジの水平方向のずれは ±3.2 mm であり，このように大梁のねじれ抵抗を無視してもそれほど問題となる値とはならない．しかし，さらに大梁せいが大きいと，無視できないねじれ変形量となる場合が考えられるが，そのような場合には，小梁の断面サイズ（剛性）を上げて，小梁のたわみを小さくし，小梁の材端回転角をより小さくするなどの設計上の対処が必要である．

なお，大梁・小梁と一体化したコンクリートスラブがある場合には，コンクリートスラブの拘束により一段とねじれ変形量は小さくなるので，ねじれ変形は無視してもよい．

さらに，ねじれ変形・ねじれ応力が問題となる場合には，個々の状況に応じた検討をする必要がある．

4.5 積算用諸元表

部材断面について

継手呼称：継手呼称は，梁継手または柱継手固有の呼称であり，呼称の付け方は本文 **1.4** に説明されている．

部材断面寸法：母材断面の寸法

径 *D*：高力ボルトの呼び径

フランジボルト，ウェブボルトについて

ボルト総数：継手 1 か所に必要なフランジボルトの総数およびウェブボルトの総数

首下，質量：フランジボルトまたはウェブボルトとして使用する JIS 六角ボルト（2 種，F 10 T）およびトルシア形ボルトの首下長さおよびそれぞれの総質量

添板について

板厚，質量：継手 1 か所に使用する外フランジ添板，内フランジ添板ならびにウェブ添板の板厚とそれぞれの総質量

部材端溶接部（仕口部）について

フランジ溶接長：フランジ溶接部の 6 mm 換算の溶接長

レ形開先鋼裏当ての場合（裏当て金の欄）とレ形裏はつり（板厚 20 mm 未満）あるいは K 形開先（20 mm 以上）（裏はつりの欄）の場合の換算長を表示

隅肉 *S*：ウェブの隅肉サイズ．ウェブ板厚が 16 mm を超える場合には，K 形開先と表示

ウェブ溶接長：隅肉溶接あるいは K 形開先の完全溶込み溶接の 6 mm 換算溶接長

なお，換算溶接長は，サイズ 6 mm の隅肉溶接との断面積比から算定するものとし，営繕協会「鉄骨設計標準図」の「付 7．溶接継目の 6 mm 換算率」を参考とし，本書の開先標準に合わせた精算によった．隅肉溶接の場合の断面積（*A*）およびサイズ 6 mm の隅肉溶接への換算率（*K*）は，図-4.5.1 に示すものとした．レ形開先で裏当て金使用の継目は，図-4.5.2，レ形開先で裏はつりの場合および K 形開先の場合の継目は，図-4.5.3 によった．

諸元表は，一般 H 形鋼と定形 H 形鋼のグループごとにまとめられている．それぞれのグループは，使用する高力ボルトの呼び径ごとにまとめられ，太罫で仕切られている．さらに梁せい，

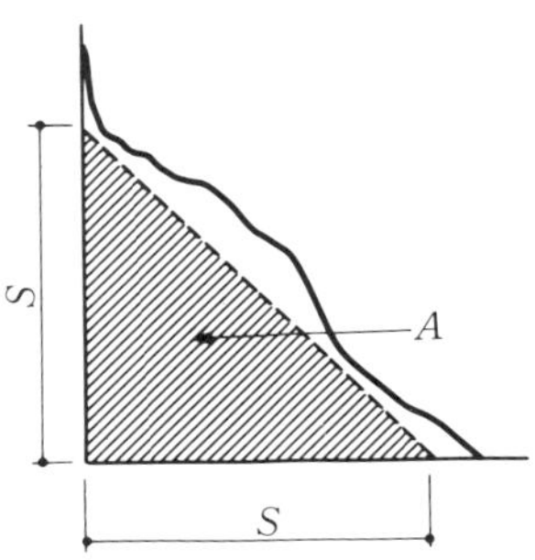

$$K=\frac{A}{21.78}$$

$$A=\frac{1.1^2\times S^2}{2}$$

$$=\frac{1.21\,S^2}{2}$$

図-4.5.1 隅肉溶接継目

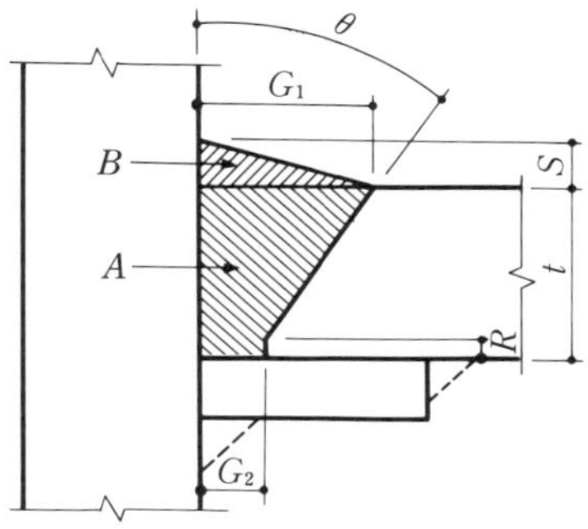

$$K=\frac{A+B}{21.78}$$

$$A=G_2\cdot R+\frac{(G_1+G_2)(t-R)}{2}$$

$$B=\frac{G_1\cdot S}{2}$$

$$G_1=G_2+(t-R)\tan\theta$$

$S=t/4$（ただし，$S\leqq 10$ mm）

図-4.5.2　レ形開先裏当て金使用の完全溶込み溶接継目

(**a**)　$6\ \text{mm}\leqq t\leqq 19\ \text{mm}$

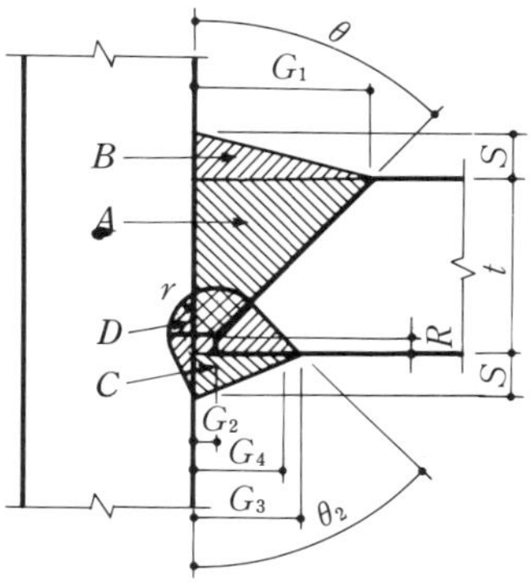

$$K=\frac{A+B+C+D}{21.78}\qquad r=\begin{cases}4\ \text{mm}：t\leqq 9\\ 6\ \text{mm}：t>9\end{cases}$$

$$G_1=G_2+(t-R)\tan\theta_1$$

$$G_4=G_2+r/\cos\theta_2$$

$$G_3=G_4+R\tan\theta_2$$

$S=t/4$（ただし，$S\leqq 10$ mm）

$$A=\frac{(G_1+G_2)(t-R)}{2}$$

$$B=\frac{G_1\cdot S}{2}$$

$$C=\frac{G_3\cdot S}{2}$$

$$D=\frac{\pi r^2(\pi-\theta_2)}{2\cdot\pi}+\frac{r^2\tan\theta_2}{2}+\frac{(G_3+G_4)R}{2}+\frac{(r-G_2)(R+S)}{2}$$

(**b**)　$19\ \text{mm}<t\leqq 32\ \text{mm}$

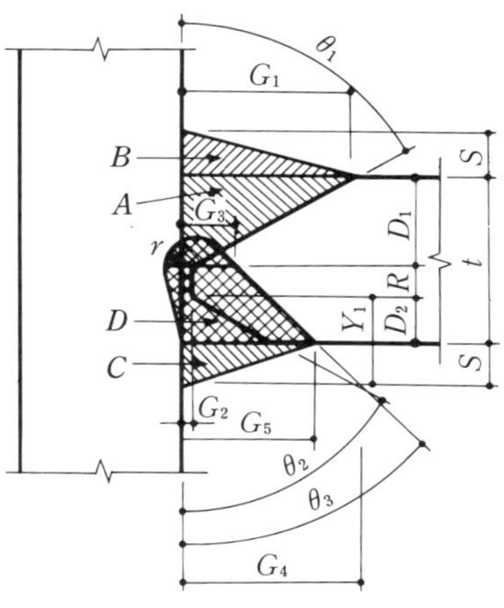

$$K=\frac{A+B+C+D}{21.78}\qquad r=9\ \text{mm}$$

$S=t/4$（ただし，$S\leqq 10$ mm）

$A=(G_1+G_2)D_1/2$　　$G_1=D_1\tan\theta_1+G_2$

$B=G_1\cdot S/2$　　$G_3=r/\cos\theta_3+G_2$

$C=G_5\cdot S/2$　　$Y_1=\dfrac{r/\cos\theta_3+R\tan\theta_3}{\tan\theta_2-\tan\theta_3}$

$Y_1\geqq D_2$ の場合

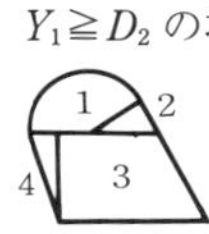

$$G_5=(R+D_2)\tan\theta_3+G_3$$

$$D=\pi r^2(\pi-\theta_3)/(2\pi)+r^2\tan(\theta_3)/2+(G_3+G_5)(R+D_2)/2+(r-G_2)\cdot(R+D_2)/2$$

$Y_1<D_2$ の場合

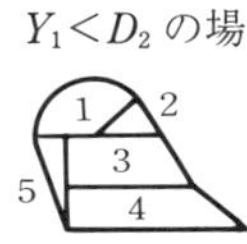

$$G_4=(R+Y_1)\tan\theta_3+G_3$$

$$G_5=G_2+D_2\tan\theta_2$$

$$D=\pi r^2(\pi-\theta_3)/(2\pi)+r^2\tan(\theta_3)/2+(G_3+G_4)(R+Y_1)/2+(G_4+G_5)\cdot(D_2-Y_1)/2+(r-G_2)(R+D_2)/2$$

図-4.5.3　レ形開先裏はつりおよびK形開先完全溶込み溶接継目

梁幅の昇位順に並べられ，定形H形鋼のグループは，各梁せいごとに細罫で仕切られている．また，質量および換算長の値は，それぞれ丸めて小数2桁で表示してある．

表-4.5.1　梁継手積算用諸元表 (1/10)

400N級鋼

●梁継手（一般H形鋼）

継手呼称	部材断面寸法	径 D	ボルト総数	フランジボルト JISボルト 首下 mm	フランジボルト JISボルト 質量 kg	フランジボルト トルシア形 首下 mm	フランジボルト トルシア形 質量 kg	フランジ添板 外フランジ 板厚 mm	フランジ添板 外フランジ 質量 kg	フランジ添板 内フランジ 板厚 mm	フランジ添板 内フランジ 質量 kg	ウェブボルト ボルト総数	ウェブボルト JISボルト 首下 mm	ウェブボルト JISボルト 質量 kg	ウェブボルト トルシア形 首下 mm	ウェブボルト トルシア形 質量 kg	ウェブ添板 板厚 mm	ウェブ添板 質量 kg	仕口部 フランジ溶接長 裏当て金 m	仕口部 フランジ溶接長 裏はつり m	仕口部 隅肉 S mm	仕口部 ウェブ溶接長 m
GGF-4X-J1010·0609-16	H-100×100×6×8	M16	16	55	3.60	50	3.31	16	7.28	–	0.00	4	55	0.90	50	0.83	9	2.47	0.73	0.73	5	0.12
GGF-4X-J1510·0609-16	H-148×100×6×9	M16	16	55	3.60	50	3.31	16	7.28	–	0.00	4	50	0.87	45	0.80	6	2.19	0.86	0.82	5	0.18
GGF-4X-J2010·0609-16	H-200×100×5.5×8	M16	16	55	3.60	50	3.31	16	7.28	–	0.00	4	50	0.87	45	0.80	6	2.24	0.73	0.73	5	0.26
GGF-4X-J2015·0609-16	H-194×150×6×9	M16	16	55	3.60	50	3.31	9	6.15	9	4.92	4	50	0.87	45	0.80	6	3.03	1.29	1.23	5	0.24
GGF-4X-J2512·0609-16	H-250×125×6×9	M16	24	50	5.21	45	4.78	12	9.66	–	0.00	8	50	1.74	45	1.59	6	4.64	1.07	1.03	5	0.32
GGF-4X-J2517·0612-16	H-244×175×7×11	M16	24	60	5.59	55	5.16	9	10.14	9	8.11	8	50	1.74	45	1.59	6	4.64	1.99	2.59	5	0.31
GGF-4X-J3015·0609-16	H-300×150×6.5×9	M16	16	55	3.60	50	3.31	9	6.15	9	4.92	6	50	1.30	45	1.19	6	3.20	1.29	1.23	5	0.39
GGF-4X-J3517·0612-16	H-350×175×7×11	M16	24	60	5.59	55	5.16	9	10.14	9	8.11	8	50	1.74	45	1.59	6	4.16	1.99	2.59	5	0.46
GGF-4X-J2015·0609-20	H-194×150×6×9	M20	16	60	6.16	55	5.66	9	6.15	9	4.92	4	55	1.49	50	1.36	6	3.03	1.29	1.23	5	0.24
GGF-4X-J2517·0612-20	H-244×175×7×11	M20	16	65	6.37	60	5.87	9	7.17	9	5.74	4	60	1.54	55	1.42	9	3.36	1.99	2.59	5	0.31
GGF-4X-J3015·0609-20	H-300×150×6.5×9	M20	16	60	6.16	55	5.66	9	6.15	9	4.92	4	55	1.49	50	1.36	6	3.20	1.29	1.23	5	0.39
GGF-4X-J3020·0912-20	H-294×200×8×12	M20	24	65	9.55	60	8.81	9	11.59	9	9.27	6	60	2.31	55	2.12	9	4.80	2.57	3.22	6	0.54
GGF-4X-J3517·0612-20	H-350×175×7×11	M20	16	65	6.37	60	5.87	9	7.17	9	5.74	6	55	2.24	50	2.05	6	4.16	1.99	2.59	5	0.46
GGF-4X-J3525·0916-20	H-340×250×9×14	M20	32	75	13.50	70	12.58	12	24.96	12	19.97	12	60	4.62	55	4.25	9	8.20	4.03	4.76	7	0.85
GGF-4X-J4020·0912-20	H-400×200×8×13	M20	24	65	9.55	60	8.81	9	11.59	9	9.27	8	60	3.08	55	2.83	9	6.25	2.89	3.50	6	0.75
GGF-4X-J4030·0916-20	H-390×300×10×16	M20	32	75	13.50	70	12.58	12	24.87	12	18.24	8	65	3.18	60	2.94	9	6.25	5.90	6.73	8	1.27
GGF-4X-J4520·0916-20	H-450×200×9×14	M20	24	75	10.13	70	9.43	12	15.45	12	12.36	10	60	3.85	55	3.54	9	7.69	3.22	3.81	7	1.15
GGF-4X-J4530·1219-20	H-440×300×11×18	M20	32	75	13.50	70	12.58	12	24.87	12	18.24	10	65	3.98	60	3.67	9	7.69	7.07	7.89	8	1.44
GGF-4X-J5020·0916-20	H-500×200×10×16	M20	24	75	10.13	70	9.43	12	15.45	12	12.36	10	65	3.98	60	3.67	9	7.69	3.93	4.49	8	1.66
GGF-4X-J5030·1219-20	H-488×300×11×18	M20	32	75	13.50	70	12.58	12	24.87	12	18.24	16	70	6.56	65	6.08	12	19.12	7.07	7.89	8	1.61
GGF-4X-J6020·1216-20	H-600×200×11×17	M20	24	75	10.13	70	9.43	12	15.45	12	12.36	16	65	6.37	60	5.87	9	18.03	4.32	4.86	8	2.01
GGF-4X-J6030·1219-20	H-588×300×12×20	M20	40	85	17.88	80	16.76	12	29.96	16	29.29	16	65	6.37	60	5.87	9	18.03	8.33	9.02	9	2.47
GGF-4X-J7030·1425-20	H-700×300×13×24	M20	48	95	22.66	90	21.36	19	55.48	19	40.69	18	65	7.16	60	6.61	9	13.45	11.15	11.46	10	3.62
GGF-4X-J8030·1425-20	H-800×300×14×26	M20	48	100	23.23	95	21.98	19	55.48	19	40.69	28	75	11.82	70	11.00	12	33.87	12.70	12.82	10	4.16
GGF-4X-J9030·1622-20	H-890×299×15×23	M20	48	95	22.66	90	21.36	16	46.72	19	40.69	32	75	13.50	70	12.58	12	38.79	10.37	10.78	11	5.67
GGF-4X-J9030·1628-20	H-900×300×16×28	M20	56	105	27.78	100	26.38	19	63.54	22	53.95	32	75	13.50	70	12.58	12	38.79	14.35	14.26	12	6.75
GGF-4X-J9030·1934-20	H-912×302×18×34	M20	64	120	34.11	115	32.64	25	94.20	25	69.08	44	85	19.67	80	18.44	16	49.54	20.01	19.25	K開先	11.16
GGF-4X-J9030·1937-20	H-918×303×19×37	M20	72	125	39.31	120	37.66	25	104.80	28	86.07	44	85	19.67	80	18.44	16	49.54	23.19	22.07	K開先	11.91
GGF-4X-J3020·0912-22	H-294×200×8×12	M22	24	70	13.32	65	12.19	9	11.59	9	9.27	4	60	2.10	55	1.91	6	3.20	2.57	3.22	6	0.54
GGF-4X-J3525·0916-22	H-340×250×9×14	M22	24	80	14.04	75	12.91	12	19.31	12	15.45	6	65	3.24	60	2.96	9	4.80	4.03	4.76	7	0.85
GGF-4X-J4020·0912-22	H-400×200×8×13	M22	24	70	13.32	65	12.19	9	11.59	9	9.27	6	65	3.24	60	2.96	9	6.25	2.89	3.50	6	0.75
GGF-4X-J4030·0916-22	H-390×300×10×16	M22	24	80	14.04	75	12.91	12	19.78	12	14.51	6	70	3.33	65	3.05	9	6.25	5.90	6.73	8	1.27
GGF-4X-J4520·0916-22	H-450×200×9×14	M22	24	80	14.04	75	12.91	12	15.45	12	12.36	8	75	4.56	70	4.18	12	8.33	3.22	3.81	7	1.15
GGF-4X-J4530·1219-22	H-440×300×11×18	M22	32	80	18.72	75	17.22	12	24.87	12	18.24	10	70	5.55	65	5.08	9	7.69	7.07	7.89	8	1.44
GGF-4X-J5020·0916-22	H-500×200×10×16	M22	24	80	14.04	75	12.91	12	15.45	12	12.36	8	70	4.44	65	4.06	9	8.41	3.93	4.49	8	1.66
GGF-4X-J5030·1219-22	H-488×300×11×18	M22	32	80	18.72	75	17.22	12	24.87	12	18.24	10	75	5.70	70	5.23	12	10.25	7.07	7.89	8	1.61
GGF-4X-J6020·1216-22	H-600×200×11×17	M22	24	80	14.04	75	12.91	12	15.45	12	12.36	14	70	7.77	65	7.11	9	10.57	4.32	4.86	8	2.01
GGF-4X-J6030·1219-22	H-588×300×12×20	M22	32	90	19.68	85	18.18	12	24.87	16	24.32	14	70	7.77	65	7.11	9	10.57	8.33	9.02	9	2.47
GGF-4X-J7030·1425-22	H-700×300×13×24	M22	40	100	25.76	95	23.92	19	47.43	19	34.78	18	70	9.99	65	9.14	9	13.45	11.15	11.46	10	3.62
GGF-4X-J8030·1425-22	H-800×300×14×26	M22	40	105	26.36	100	24.52	19	47.43	19	34.78	20	80	11.70	75	10.76	12	19.86	12.70	12.82	10	4.16
GGF-4X-J9030·1622-22	H-890×299×15×23	M22	40	100	25.76	95	23.92	16	39.94	19	34.78	24	80	14.04	75	12.91	12	23.70	10.37	10.78	11	5.67
GGF-4X-J9030·1628-22	H-900×300×16×28	M22	48	110	32.35	105	30.14	19	55.48	22	47.11	24	80	14.04	75	12.91	12	23.70	14.35	14.26	12	6.75
GGF-4X-J9030·1934-22	H-912×302×18×34	M22	56	125	40.26	120	37.69	25	83.60	25	61.31	40	90	24.60	85	22.72	16	45.17	20.01	19.25	K開先	11.16
GGF-4X-J9030·1937-22	H-918×303×19×37	M22	56	130	41.10	125	38.53	25	83.60	28	68.67	40	90	24.60	85	22.72	16	45.17	23.19	22.07	K開先	11.91

●梁継手（定形H形鋼）

継手呼称	部材断面寸法	径 D	ボルト総数	フランジボルト JISボルト 首下 mm	フランジボルト JISボルト 質量 kg	フランジボルト トルシア形 首下 mm	フランジボルト トルシア形 質量 kg	フランジ添板 外フランジ 板厚 mm	フランジ添板 外フランジ 質量 kg	フランジ添板 内フランジ 板厚 mm	フランジ添板 内フランジ 質量 kg	ウェブボルト ボルト総数	ウェブボルト JISボルト 首下 mm	ウェブボルト JISボルト 質量 kg	ウェブボルト トルシア形 首下 mm	ウェブボルト トルシア形 質量 kg	ウェブ添板 板厚 mm	ウェブ添板 質量 kg	仕口部 フランジ溶接長 裏当て金 m	仕口部 フランジ溶接長 裏はつり m	仕口部 隅肉 S mm	仕口部 ウェブ溶接長 m
GGF-4X-T4020·0912-20	H-400×200×9×12	M20	24	65	9.55	60	8.81	9	11.59	9	9.27	8	60	3.08	55	2.83	9	6.25	2.57	3.22	7	1.02
GGF-4X-T4020·0916-20	H-400×200×9×16	M20	24	75	10.13	70	9.43	12	15.45	12	12.36	8	60	3.08	55	2.83	9	6.25	3.93	4.49	7	1.00
GGF-4X-T4020·0919-20	H-400×200×9×19	M20	24	80	10.44	75	9.74	12	15.45	16	16.48	8	60	3.08	55	2.83	9	6.25	5.13	5.68	7	0.99
GGF-4X-T4020·0922-20	H-400×200×9×22	M20	32	90	14.69	85	13.82	16	26.63	16	21.30	8	60	3.08	55	2.83	9	6.25	6.46	6.80	7	0.97
GGF-4X-T4020·1222-20	H-400×200×12×22	M20	32	90	14.69	85	13.82	16	26.63	16	21.30	12	65	4.78	60	4.40	9	10.65	6.46	6.80	9	1.60
GGF-4X-T4520·0912-20	H-450×200×9×12	M20	24	65	9.55	60	8.81	9	11.59	9	9.27	10	60	3.85	55	3.54	9	7.69	2.57	3.22	7	1.16
GGF-4X-T4520·0916-20	H-450×200×9×16	M20	24	75	10.13	70	9.43	12	15.45	12	12.36	10	60	3.85	55	3.54	9	7.69	3.93	4.49	7	1.14
GGF-4X-T4520·0919-20	H-450×200×9×19	M20	24	80	10.44	75	9.74	12	15.45	16	16.48	10	60	3.85	55	3.54	9	7.69	5.13	5.68	7	1.12
GGF-4X-T4520·0922-20	H-450×200×9×22	M20	32	90	14.69	85	13.82	16	26.63	16	21.30	10	60	3.85	55	3.54	9	7.69	6.46	6.80	7	1.11
GGF-4X-T4520·1216-20	H-450×200×12×16	M20	24	75	10.13	70	9.43	12	15.45	12	12.36	12	65	4.78	60	4.40	9	13.11	3.93	4.49	9	1.88
GGF-4X-T4520·1219-20	H-450×200×12×19	M20	24	80	10.44	75	9.74	12	15.45	16	16.48	12	65	4.78	60	4.40	9	13.11	5.13	5.68	9	1.85
GGF-4X-T4520·1222-20	H-450×200×12×22	M20	32	90	14.69	85	13.82	16	26.63	16	21.30	12	65	4.78	60	4.40	9	13.11	6.46	6.80	9	1.83
GGF-4X-T4520·1225-20	H-450×200×12×25	M20	32	90	14.69	85	13.82	16	26.63	16	21.30	12	65	4.78	60	4.40	9	13.11	7.94	8.09	9	1.80
GGF-4X-T4525·0912-20	H-450×250×9×12	M20	24	65	9.55	60	8.81	9	14.48	9	11.59	10	60	3.85	55	3.54	9	7.69	3.21	4.02	7	1.16
GGF-4X-T4525·0916-20	H-450×250×9×16	M20	32	75	13.50	70	12.58	12	24.96	12	19.97	10	60	3.85	55	3.54	9	7.69	4.92	5.61	7	1.14
GGF-4X-T4525·0919-20	H-450×250×9×19	M20	32	80	13.92	75	12.99	12	24.96	16	26.63	10	60	3.85	55	3.54	9	7.69	6.41	7.10	7	1.12
GGF-4X-T4525·0922-20	H-450×250×9×22	M20	40	90	18.36	85	17.28	16	40.82	16	32.66	10	60	3.85	55	3.54	9	7.69	8.08	8.50	7	1.11
GGF-4X-T4525·1222-20	H-450×250×12×22	M20	40	90	18.36	85	17.28	16	40.82	16	32.66	12	65	4.78	60	4.40	9	13.11	8.08	8.50	9	1.83

表−4.5.1　梁継手積算用諸元表 (2/10)

●梁継手（定形H形鋼）

400N級鋼

継手呼称	部材断面寸法	径 D	フランジボルト ボルト総数	JISボルト 首下 mm	JISボルト 質量 kg	トルシア形 首下 mm	トルシア形 質量 kg	フランジ添板 外フランジ 板厚 mm	外フランジ 質量 kg	内フランジ 板厚 mm	内フランジ 質量 kg	ウェブボルト ボルト総数	JISボルト 首下 mm	JISボルト 質量 kg	トルシア形 首下 mm	トルシア形 質量 kg	ウェブ添板 板厚 mm	ウェブ添板 質量 kg	仕口部 フランジ溶接長 裏当て金 m	フランジ溶接長 裏はつり m	隅肉 S mm	ウェ溶接ブ長 m
GGF-4X-T4525•1225-20	H-450×250×12×25	M20	40	95	18.88	90	17.80	16	40.82	19	38.78	12	65	4.78	60	4.40	9	13.11	9.93	10.11	9	1.80
GGF-4X-T4525•1228-20	H-450×250×12×28	M20	48	100	23.23	95	21.98	19	57.42	19	45.94	12	65	4.78	60	4.40	9	13.11	11.96	11.89	9	1.77
GGF-4X-T5020•0912-20	H-500×200×9×12	M20	24	65	9.55	60	8.81	9	11.59	9	9.27	10	60	3.85	55	3.54	9	7.69	2.57	3.22	7	1.30
GGF-4X-T5020•0916-20	H-500×200×9×16	M20	24	75	10.13	70	9.43	12	15.45	12	12.36	10	60	3.85	55	3.54	9	7.69	3.93	4.49	7	1.27
GGF-4X-T5020•0919-20	H-500×200×9×19	M20	24	80	10.44	75	9.74	12	15.45	16	16.48	10	60	3.85	55	3.54	9	7.69	5.13	5.68	7	1.26
GGF-4X-T5020•0922-20	H-500×200×9×22	M20	32	90	14.69	85	13.82	16	26.63	16	21.30	10	60	3.85	55	3.54	9	7.69	6.46	6.80	7	1.24
GGF-4X-T5020•1216-20	H-500×200×12×16	M20	24	75	10.13	70	9.43	12	15.45	12	12.36	16	70	6.56	65	6.08	12	19.12	3.93	4.49	9	2.11
GGF-4X-T5020•1219-20	H-500×200×12×19	M20	24	80	10.44	75	9.74	12	15.45	16	16.48	16	70	6.56	65	6.08	12	19.12	5.13	5.68	9	2.08
GGF-4X-T5020•1222-20	H-500×200×12×22	M20	32	90	14.69	85	13.82	16	26.63	16	21.30	16	70	6.56	65	6.08	12	19.12	6.46	6.80	9	2.05
GGF-4X-T5020•1225-20	H-500×200×12×25	M20	32	90	14.69	85	13.82	16	26.63	16	21.30	16	70	6.56	65	6.08	12	19.12	7.94	8.09	9	2.02
GGF-4X-T5025•0912-20	H-500×250×9×12	M20	24	65	9.55	60	8.81	9	14.48	9	11.59	10	60	3.85	55	3.54	9	7.69	3.21	4.02	7	1.30
GGF-4X-T5025•0916-20	H-500×250×9×16	M20	32	75	13.50	70	12.58	12	24.96	12	19.97	10	60	3.85	55	3.54	9	7.69	4.92	5.61	7	1.27
GGF-4X-T5025•0919-20	H-500×250×9×19	M20	32	80	13.92	75	12.99	12	24.96	16	26.63	10	60	3.85	55	3.54	9	7.69	6.41	7.10	7	1.26
GGF-4X-T5025•0922-20	H-500×250×9×22	M20	40	90	18.36	85	17.28	16	40.82	16	32.66	10	60	3.85	55	3.54	9	7.69	8.08	8.50	7	1.24
GGF-4X-T5025•1222-20	H-500×250×12×22	M20	40	90	18.36	85	17.28	16	40.82	16	32.66	16	70	6.56	65	6.08	12	19.12	8.08	8.50	9	2.05
GGF-4X-T5025•1225-20	H-500×250×12×25	M20	40	95	18.88	90	17.80	16	40.82	19	38.78	16	70	6.56	65	6.08	12	19.12	9.93	10.11	9	2.02
GGF-4X-T5025•1228-20	H-500×250×12×28	M20	48	100	23.23	95	21.98	19	57.42	19	45.94	16	70	6.56	65	6.08	12	19.12	11.96	11.89	9	2.00
GGF-4X-T5520•0912-20	H-550×200×9×12	M20	24	65	9.55	60	8.81	9	11.59	9	9.27	12	60	4.62	55	4.25	9	9.13	2.57	3.22	7	1.43
GGF-4X-T5520•0916-20	H-550×200×9×16	M20	24	75	10.13	70	9.43	12	15.45	12	12.36	12	60	4.62	55	4.25	9	9.13	3.93	4.49	7	1.41
GGF-4X-T5520•0919-20	H-550×200×9×19	M20	24	80	10.44	75	9.74	12	15.45	16	16.48	12	60	4.62	55	4.25	9	9.13	5.13	5.68	7	1.39
GGF-4X-T5520•0922-20	H-550×200×9×22	M20	32	90	14.69	85	13.82	16	26.63	16	21.30	12	60	4.62	55	4.25	9	9.13	6.46	6.80	7	1.38
GGF-4X-T5520•1216-20	H-550×200×12×16	M20	24	75	10.13	70	9.43	12	15.45	12	12.36	16	70	6.56	65	6.08	12	19.12	3.93	4.49	9	2.33
GGF-4X-T5520•1219-20	H-550×200×12×19	M20	24	80	10.44	75	9.74	12	15.45	16	16.48	16	70	6.56	65	6.08	12	19.12	5.13	5.68	9	2.30
GGF-4X-T5520•1222-20	H-550×200×12×22	M20	32	90	14.69	85	13.82	16	26.63	16	21.30	16	70	6.56	65	6.08	12	19.12	6.46	6.80	9	2.28
GGF-4X-T5520•1225-20	H-550×200×12×25	M20	32	90	14.69	85	13.82	16	26.63	16	21.30	16	70	6.56	65	6.08	12	19.12	7.94	8.09	9	2.25
GGF-4X-T5525•0912-20	H-550×250×9×12	M20	24	65	9.55	60	8.81	9	14.48	9	11.59	12	60	4.62	55	4.25	9	9.13	3.21	4.02	7	1.43
GGF-4X-T5525•0916-20	H-550×250×9×16	M20	32	75	13.50	70	12.58	12	24.96	12	19.97	12	60	4.62	55	4.25	9	9.13	4.92	5.61	7	1.41
GGF-4X-T5525•0919-20	H-550×250×9×19	M20	32	80	13.92	75	12.99	12	24.96	16	26.63	12	60	4.62	55	4.25	9	9.13	6.41	7.10	7	1.39
GGF-4X-T5525•0922-20	H-550×250×9×22	M20	40	90	18.36	85	17.28	16	40.82	16	32.66	12	60	4.62	55	4.25	9	9.13	8.08	8.50	7	1.38
GGF-4X-T5525•1222-20	H-550×250×12×22	M20	40	90	18.36	85	17.28	16	40.82	16	32.66	16	70	6.56	65	6.08	12	19.12	8.08	8.50	9	2.28
GGF-4X-T5525•1225-20	H-550×250×12×25	M20	40	95	18.88	90	17.80	16	40.82	19	38.78	16	70	6.56	65	6.08	12	19.12	9.93	10.11	9	2.25
GGF-4X-T5525•1228-20	H-550×250×12×28	M20	48	100	23.23	95	21.98	19	57.42	19	45.94	16	70	6.56	65	6.08	12	19.12	11.96	11.89	9	2.22
GGF-4X-T6020•0912-20	H-600×200×9×12	M20	24	70	9.84	65	9.12	9	11.59	12	12.36	14	60	5.39	55	4.96	9	10.57	2.57	3.22	7	1.57
GGF-4X-T6020•0916-20	H-600×200×9×16	M20	24	75	10.13	70	9.43	12	15.45	12	12.36	14	60	5.39	55	4.96	9	10.57	3.93	4.49	7	1.55
GGF-4X-T6020•0919-20	H-600×200×9×19	M20	32	85	14.30	80	13.41	16	26.63	16	21.30	14	60	5.39	55	4.96	9	10.57	5.13	5.68	7	1.53
GGF-4X-T6020•0922-20	H-600×200×9×22	M20	32	90	14.69	85	13.82	16	26.63	16	21.30	14	60	5.39	55	4.96	9	10.57	6.46	6.80	7	1.51
GGF-4X-T6020•1216-20	H-600×200×12×16	M20	24	75	10.13	70	9.43	12	15.45	12	12.36	16	65	6.37	60	5.87	9	18.03	3.93	4.49	9	2.56
GGF-4X-T6020•1219-20	H-600×200×12×19	M20	32	85	14.30	80	13.41	16	26.63	16	21.30	16	65	6.37	60	5.87	9	18.03	5.13	5.68	9	2.53
GGF-4X-T6020•1222-20	H-600×200×12×22	M20	32	90	14.69	85	13.82	16	26.63	16	21.30	16	65	6.37	60	5.87	9	18.03	6.46	6.80	9	2.50
GGF-4X-T6020•1225-20	H-600×200×12×25	M20	32	95	15.10	90	14.24	16	26.63	19	25.30	16	65	6.37	60	5.87	9	18.03	7.94	8.09	9	2.47
GGF-4X-T6020•1228-20	H-600×200×12×28	M20	40	100	19.36	95	18.32	19	38.78	19	31.02	16	65	6.37	60	5.87	9	18.03	9.57	9.51	9	2.45
GGF-4X-T6025•0916-20	H-600×250×9×16	M20	32	75	13.50	70	12.58	12	24.96	12	19.97	14	60	5.39	55	4.96	9	10.57	4.92	5.61	7	1.55
GGF-4X-T6025•0919-20	H-600×250×9×19	M20	32	80	13.92	75	12.99	12	24.96	16	26.63	14	60	5.39	55	4.96	9	10.57	6.41	7.10	7	1.53
GGF-4X-T6025•1219-20	H-600×250×12×19	M20	32	80	13.92	75	12.99	12	24.96	16	26.63	16	65	6.37	60	5.87	9	18.03	6.41	7.10	9	2.53
GGF-4X-T6025•1222-20	H-600×250×12×22	M20	40	90	18.36	85	17.28	16	40.82	16	32.66	16	65	6.37	60	5.87	9	18.03	8.08	8.50	9	2.50
GGF-4X-T6025•1225-20	H-600×250×12×25	M20	40	95	18.88	90	17.80	16	40.82	19	38.78	16	65	6.37	60	5.87	9	18.03	9.93	10.11	9	2.47
GGF-4X-T6025•1228-20	H-600×250×12×28	M20	48	100	23.23	95	21.98	19	57.42	19	45.94	16	65	6.37	60	5.87	9	18.03	11.96	11.89	9	2.45
GGF-4X-T6030•0919-20	H-600×300×9×19	M20	40	80	17.40	75	16.24	12	29.96	16	29.29	14	60	5.39	55	4.96	9	10.57	7.69	8.52	7	1.53
GGF-4X-T6030•1219-20	H-600×300×12×19	M20	40	80	17.40	75	16.24	12	29.96	16	29.29	16	65	6.37	60	5.87	9	18.03	7.69	8.52	9	2.53
GGF-4X-T6030•1222-20	H-600×300×12×22	M20	48	90	22.03	85	20.74	16	46.72	19	40.69	16	65	6.37	60	5.87	9	18.03	9.69	10.20	9	2.50
GGF-4X-T6030•1225-20	H-600×300×12×25	M20	48	100	23.23	95	21.98	19	55.48	19	40.69	16	65	6.37	60	5.87	9	18.03	11.91	12.13	9	2.47
GGF-4X-T6030•1228-20	H-600×300×12×28	M20	56	105	27.78	100	26.38	19	63.54	22	53.95	16	65	6.37	60	5.87	9	18.03	14.35	14.26	9	2.45
GGF-4X-T6520•0912-20	H-650×200×9×12	M20	24	70	9.84	65	9.12	9	11.59	12	12.36	12	55	4.48	50	4.09	6	8.49	2.57	3.22	7	1.70
GGF-4X-T6520•0916-20	H-650×200×9×16	M20	24	75	10.13	70	9.43	12	15.45	12	12.36	12	55	4.48	50	4.09	6	8.49	3.93	4.49	7	1.68
GGF-4X-T6520•0919-20	H-650×200×9×19	M20	32	85	14.30	80	13.41	16	26.63	16	21.30	12	55	4.48	50	4.09	6	8.49	5.13	5.68	7	1.67
GGF-4X-T6520•0922-20	H-650×200×9×22	M20	32	90	14.69	85	13.82	16	26.63	16	21.30	12	55	4.48	50	4.09	6	8.49	6.46	6.80	7	1.65
GGF-4X-T6520•1216-20	H-650×200×12×16	M20	24	75	10.13	70	9.43	12	15.45	12	12.36	16	65	6.37	60	5.87	9	12.01	3.93	4.49	9	2.78
GGF-4X-T6520•1219-20	H-650×200×12×19	M20	32	85	14.30	80	13.41	16	26.63	16	21.30	16	65	6.37	60	5.87	9	12.01	5.13	5.68	9	2.75
GGF-4X-T6520•1222-20	H-650×200×12×22	M20	32	90	14.69	85	13.82	16	26.63	16	21.30	16	65	6.37	60	5.87	9	12.01	6.46	6.80	9	2.73
GGF-4X-T6520•1225-20	H-650×200×12×25	M20	32	95	15.10	90	14.24	16	26.63	19	25.30	16	65	6.37	60	5.87	9	12.01	7.94	8.09	9	2.70
GGF-4X-T6520•1228-20	H-650×200×12×28	M20	40	100	19.36	95	18.32	19	38.78	19	31.02	16	65	6.37	60	5.87	9	12.01	9.57	9.51	9	2.67
GGF-4X-T6525•0916-20	H-650×250×9×16	M20	32	75	13.50	70	12.58	12	24.96	12	19.97	12	55	4.48	50	4.09	6	8.49	4.92	5.61	7	1.68
GGF-4X-T6525•0919-20	H-650×250×9×19	M20	32	80	13.92	75	12.99	12	24.96	16	26.63	12	55	4.48	50	4.09	6	8.49	6.41	7.10	7	1.67
GGF-4X-T6525•1219-20	H-650×250×12×19	M20	32	80	13.92	75	12.99	12	24.96	16	26.63	16	65	6.37	60	5.87	9	12.01	6.41	7.10	9	2.75
GGF-4X-T6525•1222-20	H-650×250×12×22	M20	40	90	18.36	85	17.28	16	40.82	16	32.66	16	65	6.37	60	5.87	9	12.01	8.08	8.50	9	2.73
GGF-4X-T6525•1225-20	H-650×250×12×25	M20	40	95	18.88	90	17.80	16	40.82	19	38.78	16	65	6.37	60	5.87	9	12.01	9.93	10.11	9	2.70
GGF-4X-T6525•1228-20	H-650×250×12×28	M20	48	100	23.23	95	21.98	19	57.42	19	45.94	16	65	6.37	60	5.87	9	12.01	11.96	11.89	9	2.67
GGF-4X-T7020•0912-20	H-700×200×9×12	M20	24	70	9.84	65	9.12	9	11.59	12	12.36	16	60	6.16	55	5.66	9	12.01	2.57	3.22	7	1.84
GGF-4X-T7020•0916-20	H-700×200×9×16	M20	24	75	10.13	70	9.43	12	15.45	12	12.36	16	60	6.16	55	5.66	9	12.01	3.93	4.49	7	1.82
GGF-4X-T7020•0919-20	H-700×200×9×19	M20	32	85	14.30	80	13.41	16	26.63	16	21.30	16	60	6.16	55	5.66	9	12.01	5.13	5.68	7	1.80

表-4.5.1　梁継手積算用諸元表 (3/10)

400N級鋼

●梁継手（定形H形鋼）

継手呼称	部材断面寸法	径 D	フランジボルト ボルト総数	フランジボルト JISボルト 首下 mm	フランジボルト JISボルト 質量 kg	フランジボルト トルシア形 首下 mm	フランジボルト トルシア形 質量 kg	フランジ添板 外フランジ 板厚 mm	フランジ添板 外フランジ 質量 kg	フランジ添板 内フランジ 板厚 mm	フランジ添板 内フランジ 質量 kg	ウェブボルト ボルト総数	ウェブボルト JISボルト 首下 mm	ウェブボルト JISボルト 質量 kg	ウェブボルト トルシア形 首下 mm	ウェブボルト トルシア形 質量 kg	ウェブ添板 板厚 mm	ウェブ添板 質量 kg	仕口部 フランジ溶接長 裏当て金 m	仕口部 フランジ溶接長 裏はつり m	仕口部 隅肉 S mm	仕口部 ウェブ溶接長 m
GGF-4X-T7020・0922-20	H-700×200×9×22	M20	32	90	14.69	85	13.82	16	26.63	16	21.30	16	60	6.16	55	5.66	9	12.01	6.46	6.80	7	1.79
GGF-4X-T7020・1222-20	H-700×200×12×22	M20	32	90	14.69	85	13.82	16	26.63	16	21.30	18	65	7.16	60	6.61	9	13.45	6.46	6.80	9	2.95
GGF-4X-T7020・1225-20	H-700×200×12×25	M20	32	95	15.10	90	14.24	16	26.63	19	25.30	18	65	7.16	60	6.61	9	13.45	7.94	8.09	9	2.92
GGF-4X-T7020・1228-20	H-700×200×12×28	M20	40	100	19.36	95	18.32	19	38.78	19	31.02	18	65	7.16	60	6.61	9	13.45	9.57	9.51	9	2.90
GGF-4X-T7025・0916-20	H-700×250×9×16	M20	32	75	13.50	70	12.58	12	24.96	12	19.97	16	60	6.16	55	5.66	9	12.01	4.92	5.61	7	1.82
GGF-4X-T7025・0919-20	H-700×250×9×19	M20	32	80	13.92	75	12.99	12	24.96	16	26.63	16	60	6.16	55	5.66	9	12.01	6.41	7.10	7	1.80
GGF-4X-T7025・1219-20	H-700×250×12×19	M20	32	80	13.92	75	12.99	12	24.96	16	26.63	18	65	7.16	60	6.61	9	13.45	6.41	7.10	9	2.98
GGF-4X-T7025・1222-20	H-700×250×12×22	M20	40	90	18.36	85	17.28	16	40.82	16	32.66	18	65	7.16	60	6.61	9	13.45	8.08	8.50	9	2.95
GGF-4X-T7025・1225-20	H-700×250×12×25	M20	40	95	18.88	90	17.80	16	40.82	19	38.78	18	65	7.16	60	6.61	9	13.45	9.93	10.11	9	2.92
GGF-4X-T7025・1425-20	H-700×250×14×25	M20	40	95	18.88	90	17.80	16	40.82	19	38.78	18	65	7.16	60	6.61	9	13.45	9.93	10.11	10	3.61
GGF-4X-T7025・1428-20	H-700×250×14×28	M20	48	100	23.23	95	21.98	19	57.42	19	45.94	18	65	7.16	60	6.61	9	13.45	11.96	11.89	10	3.58
GGF-4X-T7030・0919-20	H-700×300×9×19	M20	40	80	17.40	75	16.24	12	29.96	16	29.29	16	60	6.16	55	5.66	9	12.01	7.69	8.52	7	1.80
GGF-4X-T7030・1219-20	H-700×300×12×19	M20	40	80	17.40	75	16.24	12	29.96	16	29.29	18	65	7.16	60	6.61	9	13.45	7.69	8.52	9	2.98
GGF-4X-T7030・1222-20	H-700×300×12×22	M20	48	90	22.03	85	20.74	16	46.72	19	40.69	18	65	7.16	60	6.61	9	13.45	9.69	10.20	9	2.95
GGF-4X-T7030・1422-20	H-700×300×14×22	M20	48	90	22.03	85	20.74	16	46.72	19	40.69	18	65	7.16	60	6.61	9	13.45	9.69	10.20	10	3.64
GGF-4X-T7030・1425-20	H-700×300×14×25	M20	48	100	23.23	95	21.98	19	55.48	19	40.69	18	65	7.16	60	6.61	9	13.45	11.91	12.13	10	3.61
GGF-4X-T7030・1428-20	H-700×300×14×28	M20	56	105	27.78	100	26.38	19	63.54	22	53.95	18	65	7.16	60	6.61	9	13.45	14.35	14.26	10	3.58
GGF-4X-T7520・0912-20	H-750×200×9×12	M20	24	70	9.84	65	9.12	9	11.59	12	12.36	14	55	5.22	50	4.77	6	9.93	2.57	3.22	7	1.98
GGF-4X-T7520・0916-20	H-750×200×9×16	M20	24	75	10.13	70	9.43	12	15.45	12	12.36	14	55	5.22	50	4.77	6	9.93	3.93	4.49	7	1.95
GGF-4X-T7520・0919-20	H-750×200×9×19	M20	32	85	14.30	80	13.41	16	26.63	16	21.30	14	55	5.22	50	4.77	6	9.93	5.13	5.68	7	1.94
GGF-4X-T7520・1219-20	H-750×200×12×19	M20	32	85	14.30	80	13.41	16	26.63	16	21.30	20	65	7.96	60	7.34	9	14.89	5.13	5.68	9	3.20
GGF-4X-T7520・1222-20	H-750×200×12×22	M20	32	90	14.69	85	13.82	16	26.63	16	21.30	20	65	7.96	60	7.34	9	14.89	6.46	6.80	9	3.18
GGF-4X-T7520・1225-20	H-750×200×12×25	M20	32	95	15.10	90	14.24	16	26.63	19	25.30	20	65	7.96	60	7.34	9	14.89	7.94	8.09	9	3.15
GGF-4X-T7520・1228-20	H-750×200×12×28	M20	40	100	19.36	95	18.32	19	38.78	19	31.02	20	65	7.96	60	7.34	9	14.89	9.57	9.51	9	3.12
GGF-4X-T7525・1216-20	H-750×250×12×16	M20	32	75	13.50	70	12.58	12	24.96	12	19.97	20	65	7.96	60	7.34	9	14.89	4.92	5.61	9	3.23
GGF-4X-T7525・1219-20	H-750×250×12×19	M20	40	85	17.88	80	16.76	16	40.82	16	32.66	20	65	7.96	60	7.34	9	14.89	6.41	7.10	9	3.20
GGF-4X-T7525・1222-20	H-750×250×12×22	M20	40	90	18.36	85	17.28	16	40.82	19	38.78	20	65	7.96	60	7.34	9	14.89	8.08	8.50	9	3.18
GGF-4X-T7525・1422-20	H-750×250×14×22	M20	40	90	18.36	85	17.28	16	40.82	19	38.78	20	65	7.96	60	7.34	9	14.89	8.08	8.50	10	3.92
GGF-4X-T7525・1425-20	H-750×250×14×25	M20	48	100	23.23	95	21.98	19	57.42	19	45.94	20	65	7.96	60	7.34	9	14.89	9.93	10.11	10	3.89
GGF-4X-T7525・1428-20	H-750×250×14×28	M20	48	105	23.81	100	22.61	19	57.42	22	53.19	20	65	7.96	60	7.34	9	14.89	11.96	11.89	10	3.86
GGF-4X-T8025・1422-20	H-800×250×14×22	M20	40	90	18.36	85	17.28	16	40.82	19	38.78	28	75	11.82	70	11.00	12	33.87	8.08	8.50	10	4.20
GGF-4X-T8025・1425-20	H-800×250×14×25	M20	48	100	23.23	95	21.98	19	57.42	19	45.94	28	75	11.82	70	11.00	12	33.87	9.93	10.11	10	4.17
GGF-4X-T8025・1625-20	H-800×250×16×25	M20	48	100	23.23	95	21.98	19	57.42	19	45.94	28	75	11.82	70	11.00	12	33.87	9.93	10.11	12	6.00
GGF-4X-T8025・1628-20	H-800×250×16×28	M20	48	105	23.81	100	22.61	19	57.42	22	53.19	28	75	11.82	70	11.00	12	33.87	11.96	11.89	12	5.95
GGF-4X-T8030・1422-20	H-800×300×14×22	M20	48	90	22.03	85	20.74	16	46.72	19	40.69	28	75	11.82	70	11.00	12	33.87	9.69	10.20	10	4.20
GGF-4X-T8030・1622-20	H-800×300×16×22	M20	48	90	22.03	85	20.74	16	46.72	19	40.69	28	75	11.82	70	11.00	12	33.87	9.69	10.20	12	6.05
GGF-4X-T8030・1625-20	H-800×300×16×25	M20	48	100	23.23	95	21.98	19	55.48	19	40.69	28	75	11.82	70	11.00	12	33.87	11.91	12.13	12	6.00
GGF-4X-T8030・1628-20	H-800×300×16×28	M20	56	105	27.78	100	26.38	19	63.54	22	53.95	28	75	11.82	70	11.00	12	33.87	14.35	14.26	12	5.95
GGF-4X-T8525・1422-20	H-850×250×14×22	M20	40	90	18.36	85	17.28	16	40.82	19	38.78	28	75	11.82	70	11.00	12	33.87	8.08	8.50	10	4.48
GGF-4X-T8525・1425-20	H-850×250×14×25	M20	48	100	23.23	95	21.98	19	57.42	19	45.94	28	75	11.82	70	11.00	12	33.87	9.93	10.11	10	4.44
GGF-4X-T8525・1625-20	H-850×250×16×25	M20	48	100	23.23	95	21.98	19	57.42	19	45.94	32	75	13.50	70	12.58	12	38.79	9.93	10.11	12	6.40
GGF-4X-T8525・1628-20	H-850×250×16×28	M20	48	105	23.81	100	22.61	19	57.42	22	53.19	32	75	13.50	70	12.58	12	38.79	11.96	11.89	12	6.35
GGF-4X-T9025・1619-20	H-900×250×16×19	M20	40	85	17.88	80	16.76	16	40.82	16	32.66	32	75	13.50	70	12.58	12	38.79	6.41	7.10	12	6.90
GGF-4X-T9025・1622-20	H-900×250×16×22	M20	40	90	18.36	85	17.28	16	40.82	19	38.78	32	75	13.50	70	12.58	12	38.79	8.08	8.50	12	6.85
GGF-4X-T9025・1625-20	H-900×250×16×25	M20	48	100	23.23	95	21.98	19	57.42	19	45.94	32	75	13.50	70	12.58	12	38.79	9.93	10.11	12	6.80
GGF-4X-T9025・1628-20	H-900×250×16×28	M20	48	105	23.81	100	22.61	19	57.42	22	53.19	32	75	13.50	70	12.58	12	38.79	11.96	11.89	12	6.75
GGF-4X-T9030・1619-20	H-900×300×16×19	M20	40	85	17.88	80	16.76	16	39.94	16	29.29	32	75	13.50	70	12.58	12	38.79	7.69	8.52	12	6.90
GGF-4X-T9030・1622-20	H-900×300×16×22	M20	48	90	22.03	85	20.74	16	46.72	19	40.69	32	75	13.50	70	12.58	12	38.79	9.69	10.20	12	6.85
GGF-4X-T9030・1625-20	H-900×300×16×25	M20	56	100	27.10	95	25.65	19	63.54	19	46.59	32	75	13.50	70	12.58	12	38.79	11.91	12.13	12	6.80
GGF-4X-T9030・1628-20	H-900×300×16×28	M20	56	105	27.78	100	26.38	19	63.54	22	53.95	32	75	13.50	70	12.58	12	38.79	14.35	14.26	12	6.75
GGF-4X-T4020・0912-22	H-400×200×9×12	M22	24	70	13.32	65	12.19	9	11.59	9	9.27	6	65	3.24	60	2.96	9	6.25	2.57	3.22	7	1.02
GGF-4X-T4020・0916-22	H-400×200×9×16	M22	24	80	14.04	75	12.91	12	15.45	12	12.36	6	65	3.24	60	2.96	9	6.25	3.93	4.49	7	1.00
GGF-4X-T4020・0919-22	H-400×200×9×19	M22	24	85	14.40	80	13.27	12	15.45	16	16.48	6	65	3.24	60	2.96	9	6.25	5.13	5.68	7	0.99
GGF-4X-T4020・0922-22	H-400×200×9×22	M22	24	95	15.12	90	13.99	16	20.60	16	16.48	6	65	3.24	60	2.96	9	6.25	6.46	6.80	7	0.97
GGF-4X-T4020・1222-22	H-400×200×12×22	M22	24	95	15.12	90	13.99	16	20.60	16	16.48	8	75	4.56	70	4.18	12	8.33	6.46	6.80	9	1.60
GGF-4X-T4520・0912-22	H-450×200×9×12	M22	24	70	13.32	65	12.19	9	11.59	9	9.27	8	75	4.56	70	4.18	12	8.33	2.57	3.22	7	1.16
GGF-4X-T4520・0916-22	H-450×200×9×16	M22	24	80	14.04	75	12.91	12	15.45	12	12.36	8	75	4.56	70	4.18	12	8.33	3.93	4.49	7	1.14
GGF-4X-T4520・0919-22	H-450×200×9×19	M22	24	85	14.40	80	13.27	12	15.45	16	16.48	8	75	4.56	70	4.18	12	8.33	5.13	5.68	7	1.12
GGF-4X-T4520・0922-22	H-450×200×9×22	M22	24	95	15.12	90	13.99	16	20.60	16	16.48	8	75	4.56	70	4.18	12	8.33	6.46	6.80	7	1.11
GGF-4X-T4520・1216-22	H-450×200×12×16	M22	24	80	14.04	75	12.91	12	15.45	12	12.36	10	70	5.55	65	5.08	9	7.69	3.93	4.49	9	1.88
GGF-4X-T4520・1219-22	H-450×200×12×19	M22	24	85	14.40	80	13.27	12	15.45	16	16.48	10	70	5.55	65	5.08	9	7.69	5.13	5.68	9	1.85
GGF-4X-T4520・1222-22	H-450×200×12×22	M22	24	95	15.12	90	13.99	16	20.60	16	16.48	10	70	5.55	65	5.08	9	7.69	6.46	6.80	9	1.83
GGF-4X-T4520・1225-22	H-450×200×12×25	M22	24	95	15.12	90	13.99	16	20.60	16	16.48	10	70	5.55	65	5.08	9	7.69	7.94	8.09	9	1.80
GGF-4X-T4525・0912-22	H-450×250×9×12	M22	24	70	13.32	65	12.19	9	14.48	9	11.59	8	75	4.56	70	4.18	12	8.33	3.21	4.02	7	1.16
GGF-4X-T4525・0916-22	H-450×250×9×16	M22	24	80	14.04	75	12.91	12	19.31	12	15.45	8	75	4.56	70	4.18	12	8.33	4.92	5.61	7	1.14
GGF-4X-T4525・0919-22	H-450×250×9×19	M22	32	85	19.20	80	17.70	12	24.96	16	26.63	8	75	4.56	70	4.18	12	8.33	6.41	7.10	7	1.12
GGF-4X-T4525・0922-22	H-450×250×9×22	M22	32	95	20.16	90	18.66	16	33.28	16	26.63	8	75	4.56	70	4.18	12	8.33	8.08	8.50	7	1.11
GGF-4X-T4525・1222-22	H-450×250×12×22	M22	32	95	20.16	90	18.66	16	33.28	16	26.63	10	70	5.55	65	5.08	9	7.69	8.08	8.50	9	1.83
GGF-4X-T4525・1225-22	H-450×250×12×25	M22	32	100	20.61	95	19.14	16	33.28	19	31.62	10	70	5.55	65	5.08	9	7.69	9.93	10.11	9	1.80

表−4.5.1　梁継手積算用諸元表 (4/10)

●梁継手（定形H形鋼）

400N級鋼

継手呼称	部材断面寸法	径 D	ボルト総数	フランジボルト JISボルト 首下	質量	トルシア形 首下	質量	フランジ添板 外フランジ 板厚	質量	内フランジ 板厚	質量	ウェブボルト ボルト総数	JISボルト 首下	質量	トルシア形 首下	質量	ウェブ添板 板厚	質量	仕口部 フランジ溶接長 裏当て金	裏はつり	隅肉 S	ウェ溶接長
				mm	kg	mm	kg	mm	kg	mm	kg		mm	kg	mm	kg	mm	kg	m	m	mm	m
GGF−4X−T4525•1228−22	H−450×250×12×28	M22	40	105	26.36	100	24.52	19	48.47	19	38.78	10	70	5.55	65	5.08	9	7.69	11.96	11.89	9	1.77
GGF−4X−T5020•0912−22	H−500×200×9×12	M22	24	70	13.32	65	12.19	9	11.59	9	9.27	8	65	4.32	60	3.94	9	8.41	2.57	3.22	7	1.30
GGF−4X−T5020•0916−22	H−500×200×9×16	M22	24	80	14.04	75	12.91	12	15.45	12	12.36	8	65	4.32	60	3.94	9	8.41	3.93	4.49	7	1.27
GGF−4X−T5020•0919−22	H−500×200×9×19	M22	24	85	14.40	80	13.27	12	15.45	16	16.48	8	65	4.32	60	3.94	9	8.41	5.13	5.68	7	1.26
GGF−4X−T5020•0922−22	H−500×200×9×22	M22	24	95	15.12	90	13.99	16	20.60	16	16.48	8	65	4.32	60	3.94	9	8.41	6.46	6.80	7	1.24
GGF−4X−T5020•1216−22	H−500×200×12×16	M22	24	80	14.04	75	12.91	12	15.45	12	12.36	10	75	5.70	70	5.23	12	10.25	3.93	4.49	9	2.11
GGF−4X−T5020•1219−22	H−500×200×12×19	M22	24	85	14.40	80	13.27	12	15.45	16	16.48	10	75	5.70	70	5.23	12	10.25	5.13	5.68	9	2.08
GGF−4X−T5020•1222−22	H−500×200×12×22	M22	24	95	15.12	90	13.99	16	20.60	16	16.48	10	75	5.70	70	5.23	12	10.25	6.46	6.80	9	2.05
GGF−4X−T5020•1225−22	H−500×200×12×25	M22	24	95	15.12	90	13.99	16	20.60	16	16.48	10	75	5.70	70	5.23	12	10.25	7.94	8.09	9	2.02
GGF−4X−T5025•0912−22	H−500×250×9×12	M22	24	70	13.32	65	12.19	9	14.48	9	11.59	8	65	4.32	60	3.94	9	8.41	3.21	4.02	7	1.30
GGF−4X−T5025•0916−22	H−500×250×9×16	M22	24	80	14.04	75	12.91	12	19.31	12	15.45	8	65	4.32	60	3.94	9	8.41	4.92	5.61	7	1.27
GGF−4X−T5025•0919−22	H−500×250×9×19	M22	32	85	19.20	80	17.70	12	24.96	16	26.63	8	65	4.32	60	3.94	9	8.41	6.41	7.10	7	1.26
GGF−4X−T5025•0922−22	H−500×250×9×22	M22	32	95	20.16	90	18.66	16	33.28	16	26.63	8	65	4.32	60	3.94	9	8.41	8.08	8.50	7	1.24
GGF−4X−T5025•1222−22	H−500×250×12×22	M22	32	95	20.16	90	18.66	16	33.28	16	26.63	10	75	5.70	70	5.23	12	10.25	8.08	8.50	9	2.05
GGF−4X−T5025•1225−22	H−500×250×12×25	M22	32	100	20.61	95	19.14	16	33.28	19	31.62	10	75	5.70	70	5.23	12	10.25	9.93	10.11	9	2.02
GGF−4X−T5025•1228−22	H−500×250×12×28	M22	40	105	26.36	100	24.52	19	48.47	19	38.78	10	75	5.70	70	5.23	12	10.25	11.96	11.89	9	2.00
GGF−4X−T5520•0912−22	H−550×200×9×12	M22	24	70	13.32	65	12.19	9	11.59	9	9.27	8	60	4.20	55	3.82	6	7.05	2.57	3.22	7	1.43
GGF−4X−T5520•0916−22	H−550×200×9×16	M22	24	80	14.04	75	12.91	12	15.45	12	12.36	8	60	4.20	55	3.82	6	7.05	3.93	4.49	7	1.41
GGF−4X−T5520•0919−22	H−550×200×9×19	M22	24	85	14.40	80	13.27	12	15.45	16	16.48	8	60	4.20	55	3.82	6	7.05	5.13	5.68	7	1.39
GGF−4X−T5520•0922−22	H−550×200×9×22	M22	24	95	15.12	90	13.99	16	20.60	16	16.48	8	60	4.20	55	3.82	6	7.05	6.46	6.80	7	1.38
GGF−4X−T5520•1216−22	H−550×200×12×16	M22	24	80	14.04	75	12.91	12	15.45	12	12.36	12	75	6.84	70	6.28	12	12.17	3.93	4.49	9	2.33
GGF−4X−T5520•1219−22	H−550×200×12×19	M22	24	85	14.40	80	13.27	12	15.45	16	16.48	12	75	6.84	70	6.28	12	12.17	5.13	5.68	9	2.30
GGF−4X−T5520•1222−22	H−550×200×12×22	M22	24	95	15.12	90	13.99	16	20.60	16	16.48	12	75	6.84	70	6.28	12	12.17	6.46	6.80	9	2.28
GGF−4X−T5520•1225−22	H−550×200×12×25	M22	24	95	15.12	90	13.99	16	20.60	16	16.48	12	75	6.84	70	6.28	12	12.17	7.94	8.09	9	2.25
GGF−4X−T5525•0912−22	H−550×250×9×12	M22	24	70	13.32	65	12.19	9	14.48	9	11.59	8	60	4.20	55	3.82	6	7.05	3.21	4.02	7	1.43
GGF−4X−T5525•0916−22	H−550×250×9×16	M22	24	80	14.04	75	12.91	12	19.31	12	15.45	8	60	4.20	55	3.82	6	7.05	4.92	5.61	7	1.41
GGF−4X−T5525•0919−22	H−550×250×9×19	M22	32	85	19.20	80	17.70	12	24.96	16	26.63	8	60	4.20	55	3.82	6	7.05	6.41	7.10	7	1.39
GGF−4X−T5525•0922−22	H−550×250×9×22	M22	32	95	20.16	90	18.66	16	33.28	16	26.63	8	60	4.20	55	3.82	6	7.05	8.08	8.50	7	1.38
GGF−4X−T5525•1222−22	H−550×250×12×22	M22	32	95	20.16	90	18.66	16	33.28	16	26.63	12	75	6.84	70	6.28	12	12.17	8.08	8.50	9	2.28
GGF−4X−T5525•1225−22	H−550×250×12×25	M22	32	100	20.61	95	19.14	16	33.28	19	31.62	12	75	6.84	70	6.28	12	12.17	9.93	10.11	9	2.25
GGF−4X−T5525•1228−22	H−550×250×12×28	M22	40	105	26.36	100	24.52	19	48.47	19	38.78	12	75	6.84	70	6.28	12	12.17	11.96	11.89	9	2.22
GGF−4X−T6020•0912−22	H−600×200×9×12	M22	24	75	13.68	70	12.55	9	11.59	12	12.36	10	65	5.40	60	4.93	9	10.57	2.57	3.22	7	1.57
GGF−4X−T6020•0916−22	H−600×200×9×16	M22	24	80	14.04	75	12.91	12	15.45	12	12.36	10	65	5.40	60	4.93	9	10.57	3.93	4.49	7	1.55
GGF−4X−T6020•0919−22	H−600×200×9×19	M22	24	90	14.76	85	13.63	16	20.60	16	16.48	10	65	5.40	60	4.93	9	10.57	5.13	5.68	7	1.53
GGF−4X−T6020•0922−22	H−600×200×9×22	M22	24	95	15.12	90	13.99	16	20.60	16	16.48	10	65	5.40	60	4.93	9	10.57	6.46	6.80	7	1.51
GGF−4X−T6020•1216−22	H−600×200×12×16	M22	24	80	14.04	75	12.91	12	15.45	12	12.36	14	70	7.77	65	7.11	9	10.57	3.93	4.49	9	2.56
GGF−4X−T6020•1219−22	H−600×200×12×19	M22	24	90	14.76	85	13.63	16	20.60	16	16.48	14	70	7.77	65	7.11	9	10.57	5.13	5.68	9	2.53
GGF−4X−T6020•1222−22	H−600×200×12×22	M22	24	95	15.12	90	13.99	16	20.60	16	16.48	14	70	7.77	65	7.11	9	10.57	6.46	6.80	9	2.50
GGF−4X−T6020•1225−22	H−600×200×12×25	M22	32	100	20.61	95	19.14	16	26.63	19	25.30	14	70	7.77	65	7.11	9	10.57	7.94	8.09	9	2.47
GGF−4X−T6020•1228−22	H−600×200×12×28	M22	32	105	21.09	100	19.62	19	31.62	19	25.30	14	70	7.77	65	7.11	9	10.57	9.57	9.51	9	2.45
GGF−4X−T6025•0916−22	H−600×250×9×16	M22	24	80	14.04	75	12.91	12	19.31	12	15.45	10	65	5.40	60	4.93	9	10.57	4.92	5.61	7	1.55
GGF−4X−T6025•0919−22	H−600×250×9×19	M22	32	85	19.20	80	17.70	12	24.96	16	26.63	10	65	5.40	60	4.93	9	10.57	6.41	7.10	7	1.53
GGF−4X−T6025•1219−22	H−600×250×12×19	M22	32	85	19.20	80	17.70	12	24.96	16	26.63	14	70	7.77	65	7.11	9	10.57	6.41	7.10	9	2.53
GGF−4X−T6025•1222−22	H−600×250×12×22	M22	32	95	20.16	90	18.66	16	33.28	16	26.63	14	70	7.77	65	7.11	9	10.57	8.08	8.50	9	2.50
GGF−4X−T6025•1225−22	H−600×250×12×25	M22	32	100	20.61	95	19.14	16	33.28	19	31.62	14	70	7.77	65	7.11	9	10.57	9.93	10.11	9	2.47
GGF−4X−T6025•1228−22	H−600×250×12×28	M22	40	105	26.36	100	24.52	19	48.47	19	38.78	14	70	7.77	65	7.11	9	10.57	11.96	11.89	9	2.45
GGF−4X−T6030•0919−22	H−600×300×9×19	M22	32	85	19.20	80	17.70	12	24.87	16	24.32	10	65	5.40	60	4.93	9	10.57	7.69	8.52	7	1.53
GGF−4X−T6030•1219−22	H−600×300×12×19	M22	32	85	19.20	80	17.70	12	24.87	16	24.32	14	70	7.77	65	7.11	9	10.57	7.69	8.52	9	2.53
GGF−4X−T6030•1222−22	H−600×300×12×22	M22	40	95	25.20	90	23.32	16	39.94	19	34.78	14	70	7.77	65	7.11	9	10.57	9.69	10.20	9	2.50
GGF−4X−T6030•1225−22	H−600×300×12×25	M22	40	105	26.36	100	24.52	19	47.43	19	34.78	14	70	7.77	65	7.11	9	10.57	11.91	12.13	9	2.47
GGF−4X−T6030•1228−22	H−600×300×12×28	M22	48	110	32.35	105	30.14	19	55.48	22	47.11	14	70	7.77	65	7.11	9	10.57	14.35	14.26	9	2.45
GGF−4X−T6520•0912−22	H−650×200×9×12	M22	24	75	13.68	70	12.55	9	11.59	12	12.36	12	60	6.30	55	5.74	6	8.49	2.57	3.22	7	1.70
GGF−4X−T6520•0916−22	H−650×200×9×16	M22	24	80	14.04	75	12.91	12	15.45	12	12.36	12	60	6.30	55	5.74	6	8.49	3.93	4.49	7	1.68
GGF−4X−T6520•0919−22	H−650×200×9×19	M22	24	90	14.76	85	13.63	16	20.60	16	16.48	12	60	6.30	55	5.74	6	8.49	5.13	5.68	7	1.67
GGF−4X−T6520•0922−22	H−650×200×9×22	M22	24	95	15.12	90	13.99	16	20.60	16	16.48	12	60	6.30	55	5.74	6	8.49	6.46	6.80	7	1.65
GGF−4X−T6520•1216−22	H−650×200×12×16	M22	24	80	14.04	75	12.91	12	15.45	12	12.36	14	75	7.98	70	7.32	12	14.09	3.93	4.49	9	2.78
GGF−4X−T6520•1219−22	H−650×200×12×19	M22	24	90	14.76	85	13.63	16	20.60	16	16.48	14	75	7.98	70	7.32	12	14.09	5.13	5.68	9	2.75
GGF−4X−T6520•1222−22	H−650×200×12×22	M22	24	95	15.12	90	13.99	16	20.60	16	16.48	14	75	7.98	70	7.32	12	14.09	6.46	6.80	9	2.73
GGF−4X−T6520•1225−22	H−650×200×12×25	M22	32	100	20.61	95	19.14	16	26.63	19	25.30	14	75	7.98	70	7.32	12	14.09	7.94	8.09	9	2.70
GGF−4X−T6520•1228−22	H−650×200×12×28	M22	32	105	21.09	100	19.62	19	31.62	19	25.30	14	75	7.98	70	7.32	12	14.09	9.57	9.51	9	2.67
GGF−4X−T6525•0916−22	H−650×250×9×16	M22	24	80	14.04	75	12.91	12	19.31	12	15.45	12	60	6.30	55	5.74	6	8.49	4.92	5.61	7	1.68
GGF−4X−T6525•0919−22	H−650×250×9×19	M22	32	85	19.20	80	17.70	12	24.96	16	26.63	12	60	6.30	55	5.74	6	8.49	6.41	7.10	7	1.67
GGF−4X−T6525•1219−22	H−650×250×12×19	M22	32	85	19.20	80	17.70	12	24.96	16	26.63	14	75	7.98	70	7.32	12	14.09	6.41	7.10	9	2.75
GGF−4X−T6525•1222−22	H−650×250×12×22	M22	32	95	20.16	90	18.66	16	33.28	16	26.63	14	75	7.98	70	7.32	12	14.09	8.08	8.50	9	2.73
GGF−4X−T6525•1225−22	H−650×250×12×25	M22	32	100	20.61	95	19.14	16	33.28	19	31.62	14	75	7.98	70	7.32	12	14.09	9.93	10.11	9	2.70
GGF−4X−T6525•1228−22	H−650×250×12×28	M22	40	105	26.36	100	24.52	19	48.47	19	38.78	14	75	7.98	70	7.32	12	14.09	11.96	11.89	9	2.67
GGF−4X−T7020•0912−22	H−700×200×9×12	M22	24	75	13.68	70	12.55	9	11.59	12	12.36	12	65	6.48	60	5.92	9	12.73	2.57	3.22	7	1.84
GGF−4X−T7020•0916−22	H−700×200×9×16	M22	24	80	14.04	75	12.91	12	15.45	12	12.36	12	65	6.48	60	5.92	9	12.73	3.93	4.49	7	1.82
GGF−4X−T7020•0919−22	H−700×200×9×19	M22	24	90	14.76	85	13.63	16	20.60	16	16.48	12	65	6.48	60	5.92	9	12.73	5.13	5.68	7	1.80
GGF−4X−T7020•0922−22	H−700×200×9×22	M22	24	95	15.12	90	13.99	16	20.60	16	16.48	12	65	6.48	60	5.92	9	12.73	6.46	6.80	7	1.79

表−4.5.1　梁継手積算用諸元表 (5/10)

400N級鋼

●梁継手（定形H形鋼）

継手呼称	部材断面寸法	径 D	フランジボルト ボルト総数	フランジボルト JISボルト 首下 mm	フランジボルト JISボルト 質量 kg	フランジボルト トルシア形 首下 mm	フランジボルト トルシア形 質量 kg	フランジ添板 外フランジ 板厚 mm	フランジ添板 外フランジ 質量 kg	フランジ添板 内フランジ 板厚 mm	フランジ添板 内フランジ 質量 kg	ウェブボルト ボルト総数	ウェブボルト JISボルト 首下 mm	ウェブボルト JISボルト 質量 kg	ウェブボルト トルシア形 首下 mm	ウェブボルト トルシア形 質量 kg	ウェブ添板 板厚 mm	ウェブ添板 質量 kg	仕口部 フランジ溶接長 裏当て金 m	仕口部 フランジ溶接長 裏はつり m	仕口部 隅肉 S mm	仕口部 ウェブ溶接長 m
GGF−4X−T7020・1222−22	H−700×200×12×22	M22	24	95	15.12	90	13.99	16	20.60	16	16.48	16	75	9.12	70	8.37	12	16.01	6.46	6.80	9	2.95
GGF−4X−T7020・1225−22	H−700×200×12×25	M22	32	100	20.61	95	19.14	16	26.63	19	25.30	16	75	9.12	70	8.37	12	16.01	7.94	8.09	9	2.92
GGF−4X−T7020・1228−22	H−700×200×12×28	M22	32	105	21.09	100	19.62	19	31.62	19	25.30	16	75	9.12	70	8.37	12	16.01	9.57	9.51	9	2.90
GGF−4X−T7025・0916−22	H−700×250×9×16	M22	24	80	14.04	75	12.91	12	19.31	12	15.45	12	65	6.48	60	5.92	9	12.73	4.92	5.61	7	1.82
GGF−4X−T7025・0919−22	H−700×250×9×19	M22	32	85	19.20	80	17.70	12	24.96	16	26.63	12	65	6.48	60	5.92	9	12.73	6.41	7.10	7	1.80
GGF−4X−T7025・1219−22	H−700×250×12×19	M22	32	85	19.20	80	17.70	12	24.96	16	26.63	16	75	9.12	70	8.37	12	16.01	6.41	7.10	9	2.98
GGF−4X−T7025・1222−22	H−700×250×12×22	M22	32	95	20.16	90	18.66	16	33.28	16	26.63	16	75	9.12	70	8.37	12	16.01	8.08	8.50	9	2.95
GGF−4X−T7025・1225−22	H−700×250×12×25	M22	32	100	20.61	95	19.14	16	33.28	19	31.62	16	75	9.12	70	8.37	12	16.01	9.93	10.11	9	2.92
GGF−4X−T7025・1425−22	H−700×250×14×25	M22	32	100	20.61	95	19.14	16	33.28	19	31.62	18	70	9.99	65	9.14	9	13.45	9.93	10.11	10	3.61
GGF−4X−T7025・1428−22	H−700×250×14×28	M22	40	105	26.36	100	24.52	19	48.47	19	38.78	18	70	9.99	65	9.14	9	13.45	11.96	11.89	10	3.58
GGF−4X−T7030・0919−22	H−700×300×9×19	M22	32	85	19.20	80	17.70	12	24.87	16	24.32	12	65	6.48	60	5.92	9	12.73	7.69	8.52	7	1.80
GGF−4X−T7030・1219−22	H−700×300×12×19	M22	32	85	19.20	80	17.70	12	24.87	16	24.32	16	75	9.12	70	8.37	12	16.01	7.69	8.52	9	2.98
GGF−4X−T7030・1222−22	H−700×300×12×22	M22	40	95	25.20	90	23.32	16	39.94	19	34.78	16	75	9.12	70	8.37	12	16.01	9.69	10.20	9	2.95
GGF−4X−T7030・1422−22	H−700×300×14×22	M22	40	95	25.20	90	23.32	16	39.94	19	34.78	18	70	9.99	65	9.14	9	13.45	9.69	10.20	10	3.64
GGF−4X−T7030・1425−22	H−700×300×14×25	M22	40	105	26.36	100	24.52	19	47.43	19	34.78	18	70	9.99	65	9.14	9	13.45	11.91	12.13	10	3.61
GGF−4X−T7030・1428−22	H−700×300×14×28	M22	48	110	32.35	105	30.14	19	55.48	22	47.11	18	70	9.99	65	9.14	9	13.45	14.35	14.26	10	3.58
GGF−4X−T7520・0912−22	H−750×200×9×12	M22	24	75	13.68	70	12.55	9	11.59	12	12.36	12	65	6.48	60	5.92	9	12.73	2.57	3.22	7	1.98
GGF−4X−T7520・0916−22	H−750×200×9×16	M22	24	80	14.04	75	12.91	12	15.45	12	12.36	12	65	6.48	60	5.92	9	12.73	3.93	4.49	7	1.95
GGF−4X−T7520・0919−22	H−750×200×9×19	M22	24	90	14.76	85	13.63	16	20.60	16	16.48	12	65	6.48	60	5.92	9	12.73	5.13	5.68	7	1.94
GGF−4X−T7520・1219−22	H−750×200×12×19	M22	24	90	14.76	85	13.63	16	20.60	16	16.48	14	70	7.77	65	7.11	9	14.89	5.13	5.68	9	3.20
GGF−4X−T7520・1222−22	H−750×200×12×22	M22	24	95	15.12	90	13.99	16	20.60	16	16.48	14	70	7.77	65	7.11	9	14.89	6.46	6.80	9	3.18
GGF−4X−T7520・1225−22	H−750×200×12×25	M22	32	100	20.61	95	19.14	16	26.63	19	25.30	14	70	7.77	65	7.11	9	14.89	7.94	8.09	9	3.15
GGF−4X−T7520・1228−22	H−750×200×12×28	M22	32	105	21.09	100	19.62	19	31.62	19	25.30	14	70	7.77	65	7.11	9	14.89	9.57	9.51	9	3.12
GGF−4X−T7525・1216−22	H−750×250×12×16	M22	24	80	14.04	75	12.91	12	19.31	12	15.45	14	70	7.77	65	7.11	9	14.89	4.92	5.61	9	3.23
GGF−4X−T7525・1219−22	H−750×250×12×19	M22	32	90	19.68	85	18.18	16	33.28	16	26.63	14	70	7.77	65	7.11	9	14.89	6.41	7.10	9	3.20
GGF−4X−T7525・1222−22	H−750×250×12×22	M22	32	95	20.16	90	18.66	16	33.28	19	31.62	14	70	7.77	65	7.11	9	14.89	8.08	8.50	9	3.18
GGF−4X−T7525・1422−22	H−750×250×14×22	M22	32	95	20.16	90	18.66	16	33.28	19	31.62	18	80	10.53	75	9.68	12	17.94	8.08	8.50	10	3.92
GGF−4X−T7525・1425−22	H−750×250×14×25	M22	40	105	26.36	100	24.52	19	48.47	19	38.78	18	80	10.53	75	9.68	12	17.94	9.93	10.11	10	3.89
GGF−4X−T7525・1428−22	H−750×250×14×28	M22	40	110	26.96	105	25.12	19	48.47	22	44.90	18	80	10.53	75	9.68	12	17.94	11.96	11.89	10	3.86
GGF−4X−T8025・1422−22	H−800×250×14×22	M22	32	95	20.16	90	18.66	16	33.28	19	31.62	20	80	11.70	75	10.76	12	19.86	8.08	8.50	10	4.20
GGF−4X−T8025・1425−22	H−800×250×14×25	M22	40	105	26.36	100	24.52	19	48.47	19	38.78	20	80	11.70	75	10.76	12	19.86	9.93	10.11	10	4.17
GGF−4X−T8025・1625−22	H−800×250×16×25	M22	40	105	26.36	100	24.52	19	48.47	19	38.78	20	80	11.70	75	10.76	12	19.86	9.93	10.11	12	6.00
GGF−4X−T8025・1628−22	H−800×250×16×28	M22	40	110	26.96	105	25.12	19	48.47	22	44.90	20	80	11.70	75	10.76	12	19.86	11.96	11.89	12	5.95
GGF−4X−T8030・1422−22	H−800×300×14×22	M22	40	95	25.20	90	23.32	16	39.94	19	34.78	20	80	11.70	75	10.76	12	19.86	9.69	10.20	10	4.20
GGF−4X−T8030・1622−22	H−800×300×16×22	M22	40	95	25.20	90	23.32	16	39.94	19	34.78	20	80	11.70	75	10.76	12	19.86	9.69	10.20	12	6.05
GGF−4X−T8030・1625−22	H−800×300×16×25	M22	40	105	26.36	100	24.52	19	47.43	19	34.78	20	80	11.70	75	10.76	12	19.86	11.91	12.13	12	6.00
GGF−4X−T8030・1628−22	H−800×300×16×28	M22	48	110	32.35	105	30.14	19	55.48	22	47.11	20	80	11.70	75	10.76	12	19.86	14.35	14.26	12	5.95
GGF−4X−T8525・1422−22	H−850×250×14×22	M22	32	95	20.16	90	18.66	16	33.28	19	31.62	20	80	11.70	75	10.76	12	19.86	8.08	8.50	10	4.48
GGF−4X−T8525・1425−22	H−850×250×14×25	M22	40	105	26.36	100	24.52	19	48.47	19	38.78	20	80	11.70	75	10.76	12	19.86	9.93	10.11	10	4.44
GGF−4X−T8525・1625−22	H−850×250×16×25	M22	40	105	26.36	100	24.52	19	48.47	19	38.78	22	80	12.87	75	11.84	12	21.78	9.93	10.11	12	6.40
GGF−4X−T8525・1628−22	H−850×250×16×28	M22	40	110	26.96	105	25.12	19	48.47	22	44.90	22	80	12.87	75	11.84	12	21.78	11.96	11.89	12	6.35
GGF−4X−T9025・1619−22	H−900×250×16×19	M22	32	90	19.68	85	18.18	16	33.28	16	26.63	24	80	14.04	75	12.91	12	23.70	6.41	7.10	12	6.90
GGF−4X−T9025・1622−22	H−900×250×16×22	M22	32	95	20.16	90	18.66	16	33.28	19	31.62	24	80	14.04	75	12.91	12	23.70	8.08	8.50	12	6.85
GGF−4X−T9025・1625−22	H−900×250×16×25	M22	40	105	26.36	100	24.52	19	48.47	19	38.78	24	80	14.04	75	12.91	12	23.70	9.93	10.11	12	6.80
GGF−4X−T9025・1628−22	H−900×250×16×28	M22	40	110	26.96	105	25.12	19	48.47	22	44.90	24	80	14.04	75	12.91	12	23.70	11.96	11.89	12	6.75
GGF−4X−T9030・1619−22	H−900×300×16×19	M22	32	90	19.68	85	18.18	16	33.16	16	24.32	24	80	14.04	75	12.91	12	23.70	7.69	8.52	12	6.90
GGF−4X−T9030・1622−22	H−900×300×16×22	M22	40	95	25.20	90	23.32	16	39.94	19	34.78	24	80	14.04	75	12.91	12	23.70	9.69	10.20	12	6.85
GGF−4X−T9030・1625−22	H−900×300×16×25	M22	40	105	26.36	100	24.52	19	47.43	19	34.78	24	80	14.04	75	12.91	12	23.70	11.91	12.13	12	6.80
GGF−4X−T9030・1628−22	H−900×300×16×28	M22	48	110	32.35	105	30.14	19	55.48	22	47.11	24	80	14.04	75	12.91	12	23.70	14.35	14.26	12	6.75

表−4.5.1　梁継手積算用諸元表 (6/10)

●梁継手（一般H形鋼）　　　　490N級鋼

継手呼称	部材断面寸法	径 D	フランジボルト ボルト総数	フランジボルト JISボルト 首下 mm	フランジボルト JISボルト 質量 kg	フランジボルト トルシア形 首下 mm	フランジボルト トルシア形 質量 kg	フランジ添板 外フランジ 板厚 mm	フランジ添板 外フランジ 質量 kg	フランジ添板 内フランジ 板厚 mm	フランジ添板 内フランジ 質量 kg	ウェブボルト ボルト総数	ウェブボルト JISボルト 首下 mm	ウェブボルト JISボルト 質量 kg	ウェブボルト トルシア形 首下 mm	ウェブボルト トルシア形 質量 kg	ウェブ添板 板厚 mm	ウェブ添板 質量 kg	仕口部 フランジ溶接長 裏当て金 m	仕口部 フランジ溶接長 裏はつり m	仕口部 隅肉 S mm	仕口部 ウェブ溶接長 m
GGF-5X-J1010・0609-16	H-100×100×6×8	M16	24	55	5.40	50	4.97	16	10.30	−	0.00	4	55	0.90	50	0.83	9	2.47	0.73	0.73	5	0.12
GGF-5X-J1510・0609-16	H-148×100×6×9	M16	24	55	5.40	50	4.97	16	10.30	−	0.00	6	50	1.30	45	1.19	6	3.09	0.86	0.82	5	0.18
GGF-5X-J2010・0609-16	H-200×100×5.5×8	M16	24	55	5.40	50	4.97	16	10.30	−	0.00	8	50	1.74	45	1.59	6	3.82	0.73	0.73	5	0.26
GGF-5X-J2015・0609-16	H-194×150×6×9	M16	24	55	5.40	50	4.97	9	8.69	9	6.95	8	50	1.74	45	1.59	6	4.62	1.29	1.23	5	0.24
GGF-5X-J2512・0609-16	H-250×125×6×9	M16	32	50	6.94	45	6.37	12	12.48	−	0.00	8	50	1.74	45	1.59	6	4.64	1.07	1.03	5	0.32
GGF-5X-J2517・0612-16	H-244×175×7×11	M16	32	60	7.46	55	6.88	9	13.11	9	10.48	12	55	2.70	50	2.48	9	8.11	1.99	2.59	5	0.31
GGF-5X-J3015・0609-16	H-300×150×6.5×9	M16	24	55	5.40	50	4.97	9	8.69	9	6.95	12	50	2.60	45	2.39	6	5.46	1.29	1.23	5	0.39
GGF-5X-J3517・0612-16	H-350×175×7×11	M16	32	60	7.46	55	6.88	9	13.11	9	10.48	12	50	2.60	45	2.39	6	7.10	1.99	2.59	5	0.46
GGF-5X-J2015・0609-20	H-194×150×6×9	M20	16	60	6.16	55	5.66	9	6.15	9	4.92	4	55	1.49	50	1.36	6	3.03	1.29	1.23	5	0.24
GGF-5X-J2517・0612-20	H-244×175×7×11	M20	16	65	6.37	60	5.87	9	7.17	9	5.74	8	60	3.08	55	2.83	9	5.74	1.99	2.59	5	0.31
GGF-5X-J3015・0609-20	H-300×150×6.5×9	M20	16	60	6.16	55	5.66	9	6.15	9	4.92	6	55	2.24	50	2.05	6	3.20	1.29	1.23	5	0.39
GGF-5X-J3020・0912-20	H-294×200×8×12	M20	24	65	9.55	60	8.81	9	11.59	9	9.27	8	55	2.98	50	2.73	6	5.46	2.57	3.22	6	0.54
GGF-5X-J3517・0612-20	H-350×175×7×11	M20	16	65	6.37	60	5.87	9	7.17	9	5.74	8	55	2.24	50	2.05	6	4.16	1.99	2.59	5	0.46
GGF-5X-J3525・0916-20	H-340×250×9×14	M20	40	75	16.88	70	15.72	12	30.62	12	24.49	12	60	4.62	55	4.25	9	8.20	4.03	4.76	7	0.85
GGF-5X-J4020・0912-20	H-400×200×8×13	M20	24	65	9.55	60	8.81	9	11.59	9	9.27	12	60	4.62	55	4.25	9	10.65	2.89	3.50	6	0.75
GGF-5X-J4030・0916-20	H-390×300×10×16	M20	40	75	16.88	70	15.72	12	29.96	12	21.97	12	65	4.78	60	4.40	9	10.65	5.90	6.73	8	1.27
GGF-5X-J4520・0916-20	H-450×200×9×14	M20	32	75	13.50	70	12.58	12	19.97	12	15.98	12	60	4.62	55	4.25	9	13.11	3.22	3.81	7	1.15
GGF-5X-J4530・1219-20	H-440×300×11×18	M20	48	75	20.26	70	18.86	12	35.04	12	25.70	20	65	7.96	60	7.34	9	13.11	7.07	7.89	8	1.44
GGF-5X-J5020・0916-20	H-500×200×10×16	M20	32	75	13.50	70	12.58	12	19.97	12	15.98	12	65	4.78	60	4.40	9	9.13	3.93	4.49	8	1.66
GGF-5X-J5030・1219-20	H-488×300×11×18	M20	48	75	20.26	70	18.86	12	35.04	12	25.70	16	70	6.56	65	6.08	12	19.12	7.07	7.89	8	1.61
GGF-5X-J6020・1216-20	H-600×200×11×17	M20	32	75	13.50	70	12.58	12	19.97	12	15.98	24	70	9.84	65	9.12	12	20.76	4.32	4.86	8	2.01
GGF-5X-J6030・1219-20	H-588×300×12×20	M20	56	85	25.03	80	23.46	12	40.13	16	39.24	24	70	9.84	65	9.12	12	20.76	8.33	9.02	9	2.47
GGF-5X-J7030・1425-20	H-700×300×13×24	M20	72	95	33.98	90	32.04	19	79.65	19	58.41	32	70	13.12	65	12.16	12	27.32	11.15	11.46	10	3.62
GGF-5X-J8030・1425-20	H-800×300×14×26	M20	72	100	34.85	95	32.98	19	79.65	19	58.41	36	75	15.19	70	14.15	12	30.60	12.70	12.82	10	4.16
GGF-5X-J9030・1622-20	H-890×299×15×23	M20	64	95	30.21	90	28.48	16	60.29	19	52.50	48	75	20.26	70	18.86	12	40.43	10.37	10.78	11	5.67
GGF-5X-J9030・1628-20	H-900×300×16×28	M20	80	105	39.68	100	37.68	19	87.70	22	74.47	48	75	20.26	70	18.86	12	40.43	14.35	14.26	12	6.75
GGF-5X-J9030・1934-20	H-912×302×18×34	M20	88	120	46.90	115	44.88	25	125.99	25	92.39	48	75	20.26	70	18.86	12	40.43	20.01	19.25	K開先	11.16
GGF-5X-J9030・1937-20	H-918×303×19×37	M20	96	125	52.42	120	50.21	25	136.59	28	112.19	48	80	20.88	75	19.49	12	40.43	23.19	22.07	K開先	11.91
GGF-5X-J3020・0912-22	H-294×200×8×12	M22	24	70	13.32	65	12.19	9	11.59	9	9.27	6	65	3.24	60	2.96	9	4.80	2.57	3.22	6	0.54
GGF-5X-J3525・0916-22	H-340×250×9×14	M22	32	80	18.72	75	17.22	12	24.96	12	19.97	12	65	6.48	60	5.92	9	8.20	4.03	4.76	7	0.85
GGF-5X-J4020・0912-22	H-400×200×8×13	M22	24	70	13.32	65	12.19	9	11.59	9	9.27	8	65	4.32	60	3.94	9	6.25	2.89	3.50	6	0.75
GGF-5X-J4030・0916-22	H-390×300×10×16	M22	32	80	18.72	75	17.22	12	24.87	12	18.24	12	70	6.66	65	6.10	9	10.65	5.90	6.73	8	1.27
GGF-5X-J4520・0916-22	H-450×200×9×14	M22	24	80	14.04	75	12.91	12	15.45	12	12.36	10	65	5.40	60	4.93	9	7.69	3.22	3.81	7	1.15
GGF-5X-J4530・1219-22	H-440×300×11×18	M22	40	80	23.40	75	21.52	12	29.96	12	21.97	10	70	5.55	65	5.08	9	7.69	7.07	7.89	8	1.44
GGF-5X-J5020・0916-22	H-500×200×10×16	M22	24	80	14.04	75	12.91	12	15.45	12	12.36	12	70	6.66	65	6.10	9	9.13	3.93	4.49	8	1.66
GGF-5X-J5030・1219-22	H-488×300×11×18	M22	40	80	23.40	75	21.52	12	29.96	12	21.97	12	70	6.66	65	6.10	9	9.13	7.07	7.89	8	1.61
GGF-5X-J6020・1216-22	H-600×200×11×17	M22	24	80	14.04	75	12.91	12	15.45	12	12.36	20	70	11.10	65	10.16	9	18.03	4.32	4.86	8	2.01
GGF-5X-J6030・1219-22	H-588×300×12×20	M22	40	90	24.60	85	22.72	12	29.96	16	29.29	20	70	11.10	65	10.16	9	18.03	8.33	9.02	9	2.47
GGF-5X-J7030・1425-22	H-700×300×13×24	M22	56	100	36.06	95	33.49	19	63.54	19	46.59	24	75	13.68	70	12.55	12	28.96	11.15	11.46	10	3.62
GGF-5X-J8030・1425-22	H-800×300×14×26	M22	56	105	36.90	100	34.33	19	63.54	19	46.59	28	80	16.38	75	15.06	12	33.87	12.70	12.82	10	4.16
GGF-5X-J9030・1622-22	H-890×299×15×23	M22	56	100	36.06	95	33.49	16	53.51	19	46.59	40	85	24.00	80	22.12	16	45.17	10.37	10.78	11	5.67
GGF-5X-J9030・1628-22	H-900×300×16×28	M22	64	110	43.14	105	40.19	19	71.59	22	60.79	40	90	24.60	85	22.72	16	45.17	14.35	14.26	12	6.75
GGF-5X-J9030・1934-22	H-912×302×18×34	M22	72	125	51.77	120	48.46	25	104.80	25	76.85	44	90	27.06	85	24.99	12	37.15	20.01	19.25	K開先	11.16
GGF-5X-J9030・1937-22	H-918×303×19×37	M22	80	130	58.72	125	55.04	25	115.40	28	94.78	44	90	27.06	85	24.99	12	37.15	23.19	22.07	K開先	11.91

●梁継手（定形H形鋼）

継手呼称	部材断面寸法	径 D	フランジボルト ボルト総数	フランジボルト JISボルト 首下 mm	フランジボルト JISボルト 質量 kg	フランジボルト トルシア形 首下 mm	フランジボルト トルシア形 質量 kg	フランジ添板 外フランジ 板厚 mm	フランジ添板 外フランジ 質量 kg	フランジ添板 内フランジ 板厚 mm	フランジ添板 内フランジ 質量 kg	ウェブボルト ボルト総数	ウェブボルト JISボルト 首下 mm	ウェブボルト JISボルト 質量 kg	ウェブボルト トルシア形 首下 mm	ウェブボルト トルシア形 質量 kg	ウェブ添板 板厚 mm	ウェブ添板 質量 kg	仕口部 フランジ溶接長 裏当て金 m	仕口部 フランジ溶接長 裏はつり m	仕口部 隅肉 S mm	仕口部 ウェブ溶接長 m
GGF-5X-T4020・0912-20	H-400×200×9×12	M20	24	65	9.55	60	8.81	9	11.59	9	9.27	12	60	4.62	55	4.25	9	10.65	2.57	3.22	7	1.02
GGF-5X-T4020・0916-20	H-400×200×9×16	M20	32	75	13.50	70	12.58	12	19.97	12	15.98	12	60	4.62	55	4.25	9	10.65	3.93	4.49	7	1.00
GGF-5X-T4020・0919-20	H-400×200×9×19	M20	32	80	13.92	75	12.99	12	19.97	16	21.30	12	60	4.62	55	4.25	9	10.65	5.13	5.68	7	0.99
GGF-5X-T4020・0922-20	H-400×200×9×22	M20	40	90	18.36	85	17.28	16	32.66	16	26.12	12	60	4.62	55	4.25	9	10.65	6.46	6.80	7	0.97
GGF-5X-T4020・1222-20	H-400×200×12×22	M20	40	90	18.36	85	17.28	16	32.66	16	26.12	16	70	6.56	65	6.08	12	14.21	6.46	6.80	9	1.60
GGF-5X-T4520・0912-20	H-450×200×9×12	M20	24	65	9.55	60	8.81	9	11.59	9	9.27	12	60	4.62	55	4.25	9	13.11	2.57	3.22	7	1.16
GGF-5X-T4520・0916-20	H-450×200×9×16	M20	32	75	13.50	70	12.58	12	19.97	12	15.98	12	60	4.62	55	4.25	9	13.11	3.93	4.49	7	1.14
GGF-5X-T4520・0919-20	H-450×200×9×19	M20	32	80	13.92	75	12.99	12	19.97	16	21.30	12	60	4.62	55	4.25	9	13.11	5.13	5.68	7	1.12
GGF-5X-T4520・0922-20	H-450×200×9×22	M20	40	90	18.36	85	17.28	16	32.66	16	26.12	12	60	4.62	55	4.25	9	13.11	6.46	6.80	7	1.11
GGF-5X-T4520・1216-20	H-450×200×12×16	M20	32	75	13.50	70	12.58	12	19.97	12	15.98	20	65	7.96	60	7.34	9	13.11	3.93	4.49	9	1.88
GGF-5X-T4520・1219-20	H-450×200×12×19	M20	32	80	13.92	75	12.99	12	19.97	16	21.30	20	65	7.96	60	7.34	9	13.11	5.13	5.68	9	1.85
GGF-5X-T4520・1222-20	H-450×200×12×22	M20	40	90	18.36	85	17.28	16	32.66	16	26.12	20	65	7.96	60	7.34	9	13.11	6.46	6.80	9	1.83
GGF-5X-T4520・1225-20	H-450×200×12×25	M20	48	90	22.03	85	20.74	16	38.68	16	30.95	20	65	7.96	60	7.34	9	13.11	7.94	8.09	9	1.80
GGF-5X-T4525・0912-20	H-450×250×9×12	M20	32	65	12.74	60	11.74	9	18.72	9	14.98	12	60	4.62	55	4.25	9	13.11	3.21	4.02	7	1.16
GGF-5X-T4525・0916-20	H-450×250×9×16	M20	40	75	16.88	70	15.72	12	30.62	12	24.49	12	60	4.62	55	4.25	9	13.11	4.92	5.61	7	1.14
GGF-5X-T4525・0919-20	H-450×250×9×19	M20	48	80	20.88	75	19.49	12	36.27	16	38.68	12	60	4.62	55	4.25	9	13.11	6.41	7.10	7	1.12
GGF-5X-T4525・0922-20	H-450×250×9×22	M20	48	90	22.03	85	20.74	16	48.36	16	38.68	12	60	4.62	55	4.25	9	13.11	8.08	8.50	7	1.11
GGF-5X-T4525・1222-20	H-450×250×12×22	M20	48	90	22.03	85	20.74	16	48.36	16	38.68	20	65	7.96	60	7.34	9	13.11	8.08	8.50	9	1.83
GGF-5X-T4525・1225-20	H-450×250×12×25	M20	56	95	26.43	90	24.92	16	55.89	19	53.10	20	65	7.96	60	7.34	9	13.11	9.93	10.11	9	1.80
GGF-5X-T4525・1228-20	H-450×250×12×28	M20	64	100	30.98	95	29.31	19	75.32	19	60.26	20	65	7.96	60	7.34	9	13.11	11.96	11.89	9	1.77

表-4.5.1　梁継手積算用諸元表 (7/10)

●梁継手（定形H形鋼）

490N級鋼

継手呼称	部材断面寸法	径 D	フランジボルト ボルト総数	JISボルト 首下	JISボルト 質量	トルシア形 首下	トルシア形 質量	フランジ添板 外フランジ 板厚	外フランジ 質量	内フランジ 板厚	内フランジ 質量	ウェブボルト ボルト総数	JISボルト 首下	JISボルト 質量	トルシア形 首下	トルシア形 質量	ウェブ添板 板厚	ウェブ添板 質量	仕口部 フランジ溶接長 裏当て金	フランジ溶接長 裏はつり	隅肉 S	ウェブ溶接長
				mm	kg	mm	kg	mm	kg	mm	kg		mm	kg	mm	kg	mm	kg	m	m	mm	m
GGF-5X-T5020・0912-20	H-500×200×9×12	M20	24	65	9.55	60	8.81	9	11.59	9	9.27	12	60	4.62	55	4.25	9	9.13	2.57	3.22	7	1.30
GGF-5X-T5020・0916-20	H-500×200×9×16	M20	32	75	13.50	70	12.58	12	19.97	12	15.98	12	60	4.62	55	4.25	9	9.13	3.93	4.49	7	1.27
GGF-5X-T5020・0919-20	H-500×200×9×19	M20	32	80	13.92	75	12.99	12	19.97	16	21.30	12	60	4.62	55	4.25	9	9.13	5.13	5.68	7	1.26
GGF-5X-T5020・0922-20	H-500×200×9×22	M20	40	90	18.36	85	17.28	16	32.66	16	26.12	12	60	4.62	55	4.25	9	9.13	6.46	6.80	7	1.24
GGF-5X-T5020・1216-20	H-500×200×12×16	M20	32	75	13.50	70	12.58	12	19.97	12	15.98	20	70	8.20	65	7.60	12	17.48	3.93	4.49	9	2.11
GGF-5X-T5020・1219-20	H-500×200×12×19	M20	32	80	13.92	75	12.99	12	19.97	16	21.30	20	70	8.20	65	7.60	12	17.48	5.13	5.68	9	2.08
GGF-5X-T5020・1222-20	H-500×200×12×22	M20	40	90	18.36	85	17.28	16	32.66	16	26.12	20	70	8.20	65	7.60	12	17.48	6.46	6.80	9	2.05
GGF-5X-T5020・1225-20	H-500×200×12×25	M20	48	90	22.03	85	20.74	16	38.68	16	30.95	20	70	8.20	65	7.60	12	17.48	7.94	8.09	9	2.02
GGF-5X-T5025・0912-20	H-500×250×9×12	M20	32	65	12.74	60	11.74	9	18.72	9	14.98	12	60	4.62	55	4.25	9	9.13	3.21	4.02	7	1.30
GGF-5X-T5025・0916-20	H-500×250×9×16	M20	40	75	16.88	70	15.72	12	30.62	12	24.49	12	60	4.62	55	4.25	9	9.13	4.92	5.61	7	1.27
GGF-5X-T5025・0919-20	H-500×250×9×19	M20	48	80	20.88	75	19.49	12	36.27	16	38.68	12	60	4.62	55	4.25	9	9.13	6.41	7.10	7	1.26
GGF-5X-T5025・0922-20	H-500×250×9×22	M20	48	90	22.03	85	20.74	16	48.36	16	38.68	12	60	4.62	55	4.25	9	9.13	8.08	8.50	7	1.24
GGF-5X-T5025・1222-20	H-500×250×12×22	M20	48	90	22.03	85	20.74	16	48.36	16	38.68	20	70	8.20	65	7.60	12	17.48	8.08	8.50	9	2.05
GGF-5X-T5025・1225-20	H-500×250×12×25	M20	56	95	26.43	90	24.92	16	55.89	19	53.10	20	70	8.20	65	7.60	12	17.48	9.93	10.11	9	2.02
GGF-5X-T5025・1228-20	H-500×250×12×28	M20	64	100	30.98	95	29.31	19	75.32	19	60.26	20	70	8.20	65	7.60	12	17.48	11.96	11.89	9	2.00
GGF-5X-T5520・0912-20	H-550×200×9×12	M20	24	65	9.55	60	8.81	9	11.59	9	9.27	14	55	5.22	50	4.77	6	7.05	2.57	3.22	7	1.43
GGF-5X-T5520・0916-20	H-550×200×9×16	M20	32	75	13.50	70	12.58	12	19.97	12	15.98	14	55	5.22	50	4.77	6	7.05	3.93	4.49	7	1.41
GGF-5X-T5520・0919-20	H-550×200×9×19	M20	32	80	13.92	75	12.99	12	19.97	16	21.30	14	55	5.22	50	4.77	6	7.05	5.13	5.68	7	1.39
GGF-5X-T5520・0922-20	H-550×200×9×22	M20	40	90	18.36	85	17.28	16	32.66	16	26.12	14	55	5.22	50	4.77	6	7.05	6.46	6.80	7	1.38
GGF-5X-T5520・1216-20	H-550×200×12×16	M20	32	75	13.50	70	12.58	12	19.97	12	15.98	24	70	9.84	65	9.12	12	20.76	3.93	4.49	9	2.33
GGF-5X-T5520・1219-20	H-550×200×12×19	M20	32	80	13.92	75	12.99	12	19.97	16	21.30	24	70	9.84	65	9.12	12	20.76	5.13	5.68	9	2.30
GGF-5X-T5520・1222-20	H-550×200×12×22	M20	40	90	18.36	85	17.28	16	32.66	16	26.12	24	70	9.84	65	9.12	12	20.76	6.46	6.80	9	2.28
GGF-5X-T5520・1225-20	H-550×200×12×25	M20	48	90	22.03	85	20.74	16	38.68	16	30.95	24	70	9.84	65	9.12	12	20.76	7.94	8.09	9	2.25
GGF-5X-T5525・0912-20	H-550×250×9×12	M20	32	65	12.74	60	11.74	9	18.72	9	14.98	14	55	5.22	50	4.77	6	7.05	3.21	4.02	7	1.43
GGF-5X-T5525・0916-20	H-550×250×9×16	M20	40	75	16.88	70	15.72	12	30.62	12	24.49	14	55	5.22	50	4.77	6	7.05	4.92	5.61	7	1.41
GGF-5X-T5525・0919-20	H-550×250×9×19	M20	48	80	20.88	75	19.49	12	36.27	16	38.68	14	55	5.22	50	4.77	6	7.05	6.41	7.10	7	1.39
GGF-5X-T5525・0922-20	H-550×250×9×22	M20	48	90	22.03	85	20.74	16	48.36	16	38.68	14	55	5.22	50	4.77	6	7.05	8.08	8.50	7	1.38
GGF-5X-T5525・1222-20	H-550×250×12×22	M20	48	90	22.03	85	20.74	16	48.36	16	38.68	24	70	9.84	65	9.12	12	20.76	8.08	8.50	9	2.28
GGF-5X-T5525・1225-20	H-550×250×12×25	M20	56	95	26.43	90	24.92	16	55.89	19	53.10	24	70	9.84	65	9.12	12	20.76	9.93	10.11	9	2.25
GGF-5X-T5525・1228-20	H-550×250×12×28	M20	64	100	30.98	95	29.31	19	75.32	19	60.26	24	70	9.84	65	9.12	12	20.76	11.96	11.89	9	2.22
GGF-5X-T6020・0912-20	H-600×200×9×12	M20	24	70	9.84	65	9.12	9	11.59	12	12.36	16	60	6.16	55	5.66	9	18.03	2.57	3.22	7	1.57
GGF-5X-T6020・0916-20	H-600×200×9×16	M20	32	75	13.50	70	12.58	12	19.97	12	15.98	16	60	6.16	55	5.66	9	18.03	3.93	4.49	7	1.55
GGF-5X-T6020・0919-20	H-600×200×9×19	M20	40	85	17.88	80	16.76	16	32.66	16	26.12	16	60	6.16	55	5.66	9	18.03	5.13	5.68	7	1.53
GGF-5X-T6020・0922-20	H-600×200×9×22	M20	40	90	18.36	85	17.28	16	32.66	16	26.12	16	60	6.16	55	5.66	9	18.03	6.46	6.80	7	1.51
GGF-5X-T6020・1216-20	H-600×200×12×16	M20	32	75	13.50	70	12.58	12	19.97	12	15.98	24	70	9.84	65	9.12	12	20.76	3.93	4.49	9	2.56
GGF-5X-T6020・1219-20	H-600×200×12×19	M20	40	85	17.88	80	16.76	16	32.66	16	26.12	24	70	9.84	65	9.12	12	20.76	5.13	5.68	9	2.53
GGF-5X-T6020・1222-20	H-600×200×12×22	M20	40	90	18.36	85	17.28	16	32.66	16	26.12	24	70	9.84	65	9.12	12	20.76	6.46	6.80	9	2.50
GGF-5X-T6020・1225-20	H-600×200×12×25	M20	48	95	22.66	90	21.36	16	38.68	19	36.75	24	70	9.84	65	9.12	12	20.76	7.94	8.09	9	2.47
GGF-5X-T6020・1228-20	H-600×200×12×28	M20	48	100	23.23	95	21.98	19	45.94	19	36.75	24	70	9.84	65	9.12	12	20.76	9.57	9.51	9	2.45
GGF-5X-T6025・0916-20	H-600×250×9×16	M20	40	75	16.88	70	15.72	12	30.62	12	24.49	16	60	6.16	55	5.66	9	18.03	4.92	5.61	7	1.55
GGF-5X-T6025・0919-20	H-600×250×9×19	M20	48	80	20.88	75	19.49	12	36.27	16	38.68	16	60	6.16	55	5.66	9	18.03	6.41	7.10	7	1.53
GGF-5X-T6025・1219-20	H-600×250×12×19	M20	48	80	20.88	75	19.49	12	36.27	16	38.68	24	70	9.84	65	9.12	12	20.76	6.41	7.10	9	2.53
GGF-5X-T6025・1222-20	H-600×250×12×22	M20	48	90	22.03	85	20.74	16	48.36	16	38.68	24	70	9.84	65	9.12	12	20.76	8.08	8.50	9	2.50
GGF-5X-T6025・1225-20	H-600×250×12×25	M20	56	95	26.43	90	24.92	16	55.89	19	53.10	24	70	9.84	65	9.12	12	20.76	9.93	10.11	9	2.47
GGF-5X-T6025・1228-20	H-600×250×12×28	M20	64	100	30.98	95	29.31	19	75.32	19	60.26	24	70	9.84	65	9.12	12	20.76	11.96	11.89	9	2.45
GGF-5X-T6030・0919-20	H-600×300×9×19	M20	56	80	24.36	75	22.74	12	40.13	16	39.24	16	60	6.16	55	5.66	9	18.03	7.69	8.52	7	1.53
GGF-5X-T6030・1219-20	H-600×300×12×19	M20	56	80	24.36	75	22.74	12	40.13	16	39.24	24	70	9.84	65	9.12	12	20.76	7.69	8.52	9	2.53
GGF-5X-T6030・1222-20	H-600×300×12×22	M20	64	90	29.38	85	27.65	16	60.29	19	52.50	24	70	9.84	65	9.12	12	20.76	9.69	10.20	9	2.50
GGF-5X-T6030・1225-20	H-600×300×12×25	M20	72	100	34.85	95	32.98	19	79.65	19	58.41	24	70	9.84	65	9.12	12	20.76	11.91	12.13	9	2.47
GGF-5X-T6030・1228-20	H-600×300×12×28	M20	72	105	35.71	100	33.91	19	79.65	22	67.63	24	70	9.84	65	9.12	12	20.76	14.35	14.26	9	2.45
GGF-5X-T6520・0912-20	H-650×200×9×12	M20	24	70	9.84	65	9.12	9	11.59	12	12.36	16	60	6.16	55	5.66	9	12.01	2.57	3.22	7	1.70
GGF-5X-T6520・0916-20	H-650×200×9×16	M20	32	75	13.50	70	12.58	12	19.97	12	15.98	16	60	6.16	55	5.66	9	12.01	3.93	4.49	7	1.68
GGF-5X-T6520・0919-20	H-650×200×9×19	M20	40	85	17.88	80	16.76	16	32.66	16	26.12	16	60	6.16	55	5.66	9	12.01	5.13	5.68	7	1.67
GGF-5X-T6520・0922-20	H-650×200×9×22	M20	40	90	18.36	85	17.28	16	32.66	16	26.12	16	60	6.16	55	5.66	9	12.01	6.46	6.80	7	1.65
GGF-5X-T6520・1216-20	H-650×200×12×16	M20	32	75	13.50	70	12.58	12	19.97	12	15.98	28	70	11.48	65	10.64	12	24.04	3.93	4.49	9	2.78
GGF-5X-T6520・1219-20	H-650×200×12×19	M20	40	85	17.88	80	16.76	16	32.66	16	26.12	28	70	11.48	65	10.64	12	24.04	5.13	5.68	9	2.75
GGF-5X-T6520・1222-20	H-650×200×12×22	M20	40	90	18.36	85	17.28	16	32.66	16	26.12	28	70	11.48	65	10.64	12	24.04	6.46	6.80	9	2.73
GGF-5X-T6520・1225-20	H-650×200×12×25	M20	48	95	22.66	90	21.36	16	38.68	19	36.75	28	70	11.48	65	10.64	12	24.04	7.94	8.09	9	2.70
GGF-5X-T6520・1228-20	H-650×200×12×28	M20	48	100	23.23	95	21.98	19	45.94	19	36.75	28	70	11.48	65	10.64	12	24.04	9.57	9.51	9	2.67
GGF-5X-T6525・0916-20	H-650×250×9×16	M20	40	75	16.88	70	15.72	12	30.62	12	24.49	16	60	6.16	55	5.66	9	12.01	4.92	5.61	7	1.68
GGF-5X-T6525・0919-20	H-650×250×9×19	M20	48	80	20.88	75	19.49	12	36.27	16	38.68	16	60	6.16	55	5.66	9	12.01	6.41	7.10	7	1.67
GGF-5X-T6525・1219-20	H-650×250×12×19	M20	48	80	20.88	75	19.49	12	36.27	16	38.68	28	70	11.48	65	10.64	12	24.04	6.41	7.10	9	2.75
GGF-5X-T6525・1222-20	H-650×250×12×22	M20	48	90	22.03	85	20.74	16	48.36	16	38.68	28	70	11.48	65	10.64	12	24.04	8.08	8.50	9	2.73
GGF-5X-T6525・1225-20	H-650×250×12×25	M20	56	95	26.43	90	24.92	16	55.89	19	53.10	28	70	11.48	65	10.64	12	24.04	9.93	10.11	9	2.70
GGF-5X-T6525・1228-20	H-650×250×12×28	M20	64	100	30.98	95	29.31	19	75.32	19	60.26	28	70	11.48	65	10.64	12	24.04	11.96	11.89	9	2.67
GGF-5X-T7020・0912-20	H-700×200×9×12	M20	24	70	9.84	65	9.12	9	11.59	12	12.36	18	55	6.71	50	6.14	6	8.97	2.57	3.22	7	1.84
GGF-5X-T7020・0916-20	H-700×200×9×16	M20	32	75	13.50	70	12.58	12	19.97	12	15.98	18	55	6.71	50	6.14	6	8.97	3.93	4.49	7	1.82
GGF-5X-T7020・0919-20	H-700×200×9×19	M20	40	85	17.88	80	16.76	16	32.66	16	26.12	18	55	6.71	50	6.14	6	8.97	5.13	5.68	7	1.80
GGF-5X-T7020・0922-20	H-700×200×9×22	M20	40	90	18.36	85	17.28	16	32.66	16	26.12	18	55	6.71	50	6.14	6	8.97	6.46	6.80	7	1.79
GGF-5X-T7020・1222-20	H-700×200×12×22	M20	40	90	18.36	85	17.28	16	32.66	16	26.12	32	65	12.74	60	11.74	9	20.49	6.46	6.80	9	2.95
GGF-5X-T7020・1225-20	H-700×200×12×25	M20	48	95	22.66	90	21.36	16	38.68	19	36.75	32	65	12.74	60	11.74	9	20.49	7.94	8.09	9	2.92
GGF-5X-T7020・1228-20	H-700×200×12×28	M20	48	100	23.23	95	21.98	19	45.94	19	36.75	32	65	12.74	60	11.74	9	20.49	9.57	9.51	9	2.90
GGF-5X-T7025・0916-20	H-700×250×9×16	M20	40	75	16.88	70	15.72	12	30.62	12	24.49	18	55	6.71	50	6.14	6	8.97	4.92	5.61	7	1.82
GGF-5X-T7025・0919-20	H-700×250×9×19	M20	48	80	20.88	75	19.49	12	36.27	16	38.68	18	55	6.71	50	6.14	6	8.97	6.41	7.10	7	1.80

表-4.5.1　梁継手積算用諸元表 (8/10)

●梁継手（定形H形鋼）

490N級鋼

継手呼称	部材断面寸法	径 D	フランジボルト ボルト総数	フランジボルト JISボルト 首下 mm	フランジボルト JISボルト 質量 kg	フランジボルト トルシア形 首下 mm	フランジボルト トルシア形 質量 kg	フランジ添板 外フランジ 板厚 mm	フランジ添板 外フランジ 質量 kg	フランジ添板 内フランジ 板厚 mm	フランジ添板 内フランジ 質量 kg	ウェブボルト ボルト総数	ウェブボルト JISボルト 首下 mm	ウェブボルト JISボルト 質量 kg	ウェブボルト トルシア形 首下 mm	ウェブボルト トルシア形 質量 kg	ウェブ添板 板厚 mm	ウェブ添板 質量 kg	仕口部 フランジ溶接長 裏当て金 m	仕口部 フランジ溶接長 裏はつり m	仕口部 隅肉 S mm	仕口部 ウエブ溶接長 m
GGF-5X-T7025・1219-20	H-700×250×12×19	M20	48	80	20.88	75	19.49	12	36.27	16	38.68	32	65	12.74	60	11.74	9	20.49	6.41	7.10	9	2.98
GGF-5X-T7025・1222-20	H-700×250×12×22	M20	48	90	22.03	85	20.74	16	48.36	16	38.68	32	65	12.74	60	11.74	9	20.49	8.08	8.50	9	2.95
GGF-5X-T7025・1225-20	H-700×250×12×25	M20	56	95	26.43	90	24.92	16	55.89	19	53.10	32	65	12.74	60	11.74	9	20.49	9.93	10.11	9	2.92
GGF-5X-T7025・1425-20	H-700×250×14×25	M20	56	95	26.43	90	24.92	16	55.89	19	53.10	32	75	13.50	70	12.58	12	27.32	9.93	10.11	10	3.61
GGF-5X-T7025・1428-20	H-700×250×14×28	M20	64	100	30.98	95	29.31	19	75.32	19	60.26	32	75	13.50	70	12.58	12	27.32	11.96	11.89	10	3.58
GGF-5X-T7030・0919-20	H-700×300×9×19	M20	56	80	24.36	75	22.74	12	40.13	16	39.24	18	55	6.71	50	6.14	6	8.97	7.69	8.52	7	1.80
GGF-5X-T7030・1219-20	H-700×300×12×19	M20	56	80	24.36	75	22.74	12	40.13	16	39.24	32	65	12.74	60	11.74	9	20.49	7.69	8.52	9	2.98
GGF-5X-T7030・1222-20	H-700×300×12×22	M20	64	90	29.38	85	27.65	16	60.29	19	52.50	32	65	12.74	60	11.74	9	20.49	9.69	10.20	9	2.95
GGF-5X-T7030・1422-20	H-700×300×14×22	M20	64	90	29.38	85	27.65	16	60.29	19	52.50	32	75	13.50	70	12.58	12	27.32	9.69	10.20	10	3.64
GGF-5X-T7030・1425-20	H-700×300×14×25	M20	72	100	34.85	95	32.98	19	79.65	19	58.41	32	75	13.50	70	12.58	12	27.32	11.91	12.13	10	3.61
GGF-5X-T7030・1428-20	H-700×300×14×28	M20	72	105	35.71	100	33.91	19	79.65	22	67.63	32	75	13.50	70	12.58	12	27.32	14.35	14.26	10	3.58
GGF-5X-T7520・0912-20	H-750×200×9×12	M20	24	70	9.84	65	9.12	9	11.59	12	12.36	20	55	7.46	50	6.82	6	9.93	2.57	3.22	7	1.98
GGF-5X-T7520・0916-20	H-750×200×9×16	M20	32	75	13.50	70	12.58	12	19.97	12	15.98	20	55	7.46	50	6.82	6	9.93	3.93	4.49	7	1.95
GGF-5X-T7520・0919-20	H-750×200×9×19	M20	40	85	17.88	80	16.76	16	32.66	16	26.12	20	55	7.46	50	6.82	6	9.93	5.13	5.68	7	1.94
GGF-5X-T7520・1219-20	H-750×200×12×19	M20	40	85	17.88	80	16.76	16	32.66	16	26.12	28	65	11.14	60	10.28	9	25.41	5.13	5.68	9	3.20
GGF-5X-T7520・1222-20	H-750×200×12×22	M20	40	90	18.36	85	17.28	16	32.66	16	26.12	28	65	11.14	60	10.28	9	25.41	6.46	6.80	9	3.18
GGF-5X-T7520・1225-20	H-750×200×12×25	M20	48	95	22.66	90	21.36	16	38.68	19	36.75	28	65	11.14	60	10.28	9	25.41	7.94	8.09	9	3.15
GGF-5X-T7520・1228-20	H-750×200×12×28	M20	48	100	23.23	95	21.98	19	45.94	19	36.75	28	65	11.14	60	10.28	9	25.41	9.57	9.51	9	3.12
GGF-5X-T7525・1216-20	H-750×250×12×16	M20	40	75	16.88	70	15.72	12	30.62	12	24.49	28	65	11.14	60	10.28	9	25.41	4.92	5.61	9	3.23
GGF-5X-T7525・1219-20	H-750×250×12×19	M20	48	85	21.46	80	20.11	16	48.36	16	38.68	28	65	11.14	60	10.28	9	25.41	6.41	7.10	9	3.20
GGF-5X-T7525・1222-20	H-750×250×12×22	M20	56	90	25.70	85	24.19	16	55.89	19	53.10	28	65	11.14	60	10.28	9	25.41	8.08	8.50	9	3.18
GGF-5X-T7525・1422-20	H-750×250×14×22	M20	56	90	25.70	85	24.19	16	55.89	19	53.10	36	75	15.19	70	14.15	12	30.60	8.08	8.50	10	3.92
GGF-5X-T7525・1425-20	H-750×250×14×25	M20	64	100	30.98	95	29.31	19	75.32	19	60.26	36	75	15.19	70	14.15	12	30.60	9.93	10.11	10	3.89
GGF-5X-T7525・1428-20	H-750×250×14×28	M20	72	105	35.71	100	33.91	19	84.27	22	78.06	36	75	15.19	70	14.15	12	30.60	11.96	11.89	10	3.86
GGF-5X-T8025・1422-20	H-800×250×14×22	M20	56	90	25.70	85	24.19	16	55.89	19	53.10	36	75	15.19	70	14.15	12	30.60	8.08	8.50	10	4.20
GGF-5X-T8025・1425-20	H-800×250×14×25	M20	64	100	30.98	95	29.31	19	75.32	19	60.26	36	75	15.19	70	14.15	12	30.60	9.93	10.11	10	4.17
GGF-5X-T8025・1625-20	H-800×250×16×25	M20	64	100	30.98	95	29.31	19	75.32	19	60.26	40	75	16.88	70	15.72	12	33.87	9.93	10.11	12	6.00
GGF-5X-T8025・1628-20	H-800×250×16×28	M20	72	105	35.71	100	33.91	19	84.27	22	78.06	40	75	16.88	70	15.72	12	33.87	11.96	11.89	12	5.95
GGF-5X-T8030・1422-20	H-800×300×14×22	M20	64	90	29.38	85	27.65	16	60.29	19	52.50	36	75	15.19	70	14.15	12	30.60	9.69	10.20	10	4.20
GGF-5X-T8030・1622-20	H-800×300×16×22	M20	64	90	29.38	85	27.65	16	60.29	19	52.50	40	75	16.88	70	15.72	12	33.87	9.69	10.20	12	6.05
GGF-5X-T8030・1625-20	H-800×300×16×25	M20	72	100	34.85	95	32.98	19	79.65	19	58.41	40	75	16.88	70	15.72	12	33.87	11.91	12.13	12	6.00
GGF-5X-T8030・1628-20	H-800×300×16×28	M20	72	105	35.71	100	33.91	19	79.65	22	67.63	40	75	16.88	70	15.72	12	33.87	14.35	14.26	12	5.95
GGF-5X-T8525・1422-20	H-850×250×14×22	M20	56	90	25.70	85	24.19	16	55.89	19	53.10	40	75	16.88	70	15.72	12	33.87	8.08	8.50	10	4.48
GGF-5X-T8525・1425-20	H-850×250×14×25	M20	64	100	30.98	95	29.31	19	75.32	19	60.26	40	75	16.88	70	15.72	12	33.87	9.93	10.11	10	4.44
GGF-5X-T8525・1625-20	H-850×250×16×25	M20	64	100	30.98	95	29.31	19	75.32	19	60.26	40	75	16.88	70	15.72	12	33.87	9.93	10.11	12	6.40
GGF-5X-T8525・1628-20	H-850×250×16×28	M20	72	105	35.71	100	33.91	19	84.27	22	78.06	40	75	16.88	70	15.72	12	33.87	11.96	11.89	12	6.35
GGF-5X-T9025・1619-20	H-900×250×16×19	M20	48	85	21.46	80	20.11	16	48.36	16	38.68	48	75	20.26	70	18.86	12	40.43	6.41	7.10	12	6.90
GGF-5X-T9025・1622-20	H-900×250×16×22	M20	56	90	25.70	85	24.19	16	55.89	19	53.10	48	75	20.26	70	18.86	12	40.43	8.08	8.50	12	6.85
GGF-5X-T9025・1625-20	H-900×250×16×25	M20	64	100	30.98	95	29.31	19	75.32	19	60.26	48	75	20.26	70	18.86	12	40.43	9.93	10.11	12	6.80
GGF-5X-T9025・1628-20	H-900×250×16×28	M20	72	105	35.71	100	33.91	19	84.27	22	78.06	48	75	20.26	70	18.86	12	40.43	11.96	11.89	12	6.75
GGF-5X-T9030・1619-20	H-900×300×16×19	M20	56	85	25.03	80	23.46	16	53.51	16	39.24	48	75	20.26	70	18.86	12	40.43	7.69	8.52	12	6.90
GGF-5X-T9030・1622-20	H-900×300×16×22	M20	64	90	29.38	85	27.65	16	60.29	19	52.50	48	75	20.26	70	18.86	12	40.43	9.69	10.20	12	6.85
GGF-5X-T9030・1625-20	H-900×300×16×25	M20	72	100	34.85	95	32.98	19	79.65	19	58.41	48	75	20.26	70	18.86	12	40.43	11.91	12.13	12	6.80
GGF-5X-T9030・1628-20	H-900×300×16×28	M20	80	105	39.68	100	37.68	19	87.70	22	74.47	48	75	20.26	70	18.86	12	40.43	14.35	14.26	12	6.75
GGF-5X-T4020・0912-22	H-400×200×9×12	M22	24	70	13.32	65	12.19	9	11.59	9	9.27	8	65	4.32	60	3.94	9	6.25	2.57	3.22	7	1.02
GGF-5X-T4020・0916-22	H-400×200×9×16	M22	24	80	14.04	75	12.91	12	15.45	12	12.36	8	65	4.32	60	3.94	9	6.25	3.93	4.49	7	1.00
GGF-5X-T4020・0919-22	H-400×200×9×19	M22	32	85	19.20	80	17.70	12	19.97	16	21.30	8	65	4.32	60	3.94	9	6.25	5.13	5.68	7	0.99
GGF-5X-T4020・0922-22	H-400×200×9×22	M22	32	95	20.16	90	18.66	16	26.63	16	21.30	8	65	4.32	60	3.94	9	6.25	6.46	6.80	7	0.97
GGF-5X-T4020・1222-22	H-400×200×12×22	M22	32	95	20.16	90	18.66	16	26.63	16	21.30	12	75	6.84	70	6.28	12	14.21	6.46	6.80	9	1.60
GGF-5X-T4520・0912-22	H-450×200×9×12	M22	24	70	13.32	65	12.19	9	11.59	9	9.27	10	65	5.40	60	4.93	9	7.69	2.57	3.22	7	1.16
GGF-5X-T4520・0916-22	H-450×200×9×16	M22	24	80	14.04	75	12.91	12	15.45	12	12.36	10	65	5.40	60	4.93	9	7.69	3.93	4.49	7	1.14
GGF-5X-T4520・0919-22	H-450×200×9×19	M22	32	85	19.20	80	17.70	12	19.97	16	21.30	10	65	5.40	60	4.93	9	7.69	5.13	5.68	7	1.12
GGF-5X-T4520・0922-22	H-450×200×9×22	M22	32	95	20.16	90	18.66	16	26.63	16	21.30	10	65	5.40	60	4.93	9	7.69	6.46	6.80	7	1.11
GGF-5X-T4520・1216-22	H-450×200×12×16	M22	24	80	14.04	75	12.91	12	15.45	12	12.36	12	70	6.66	65	6.10	9	13.11	3.93	4.49	9	1.88
GGF-5X-T4520・1219-22	H-450×200×12×19	M22	32	85	19.20	80	17.70	12	19.97	16	21.30	12	70	6.66	65	6.10	9	13.11	5.13	5.68	9	1.85
GGF-5X-T4520・1222-22	H-450×200×12×22	M22	32	95	20.16	90	18.66	16	26.63	16	21.30	12	70	6.66	65	6.10	9	13.11	6.46	6.80	9	1.83
GGF-5X-T4520・1225-22	H-450×200×12×25	M22	32	95	20.16	90	18.66	16	26.63	16	21.30	12	70	6.66	65	6.10	9	13.11	7.94	8.09	9	1.80
GGF-5X-T4525・0912-22	H-450×250×9×12	M22	24	70	13.32	65	12.19	9	14.48	9	11.59	10	65	5.40	60	4.93	9	7.69	3.21	4.02	7	1.16
GGF-5X-T4525・0916-22	H-450×250×9×16	M22	32	80	18.72	75	17.22	12	24.96	12	19.97	10	65	5.40	60	4.93	9	7.69	4.92	5.61	7	1.14
GGF-5X-T4525・0919-22	H-450×250×9×19	M22	40	85	24.00	80	22.12	12	30.62	16	32.66	10	65	5.40	60	4.93	9	7.69	6.41	7.10	7	1.12
GGF-5X-T4525・0922-22	H-450×250×9×22	M22	40	95	25.20	90	23.32	16	40.82	16	32.66	10	65	5.40	60	4.93	9	7.69	8.08	8.50	7	1.11
GGF-5X-T4525・1222-22	H-450×250×12×22	M22	40	95	25.20	90	23.32	16	40.82	16	32.66	12	70	6.66	65	6.10	9	13.11	8.08	8.50	9	1.83
GGF-5X-T4525・1225-22	H-450×250×12×25	M22	48	100	30.91	95	28.70	16	48.36	19	45.94	12	70	6.66	65	6.10	9	13.11	9.93	10.11	9	1.80
GGF-5X-T4525・1228-22	H-450×250×12×28	M22	48	105	31.63	100	29.42	19	57.42	19	45.94	12	70	6.66	65	6.10	9	13.11	11.96	11.89	9	1.77
GGF-5X-T5020・0912-22	H-500×200×9×12	M22	24	70	13.32	65	12.19	9	11.59	9	9.27	12	65	6.48	60	5.92	9	9.13	2.57	3.22	7	1.30
GGF-5X-T5020・0916-22	H-500×200×9×16	M22	24	80	14.04	75	12.91	12	15.45	12	12.36	12	65	6.48	60	5.92	9	9.13	3.93	4.49	7	1.27
GGF-5X-T5020・0919-22	H-500×200×9×19	M22	32	85	19.20	80	17.70	12	19.97	16	21.30	12	65	6.48	60	5.92	9	9.13	5.13	5.68	7	1.26
GGF-5X-T5020・0922-22	H-500×200×9×22	M22	32	95	20.16	90	18.66	16	26.63	16	21.30	12	65	6.48	60	5.92	9	9.13	6.46	6.80	7	1.24
GGF-5X-T5020・1216-22	H-500×200×12×16	M22	24	80	14.04	75	12.91	12	15.45	12	12.36	16	70	8.88	65	8.13	9	14.34	3.93	4.49	9	2.11
GGF-5X-T5020・1219-22	H-500×200×12×19	M22	32	85	19.20	80	17.70	12	19.97	16	21.30	16	70	8.88	65	8.13	9	14.34	5.13	5.68	9	2.08
GGF-5X-T5020・1222-22	H-500×200×12×22	M22	32	95	20.16	90	18.66	16	26.63	16	21.30	16	70	8.88	65	8.13	9	14.34	6.46	6.80	9	2.05

表-4.5.1　梁継手積算用諸元表 (9/10)

490N級鋼

●梁継手（定形H形鋼）

継手呼称	部材断面寸法	径 D	ボルト総数	フランジボルト JISボルト 首下 mm	JISボルト 質量 kg	トルシア形 首下 mm	トルシア形 質量 kg	フランジ添板 外フランジ 板厚 mm	外フランジ 質量 kg	内フランジ 板厚 mm	内フランジ 質量 kg	ウェブボルト ボルト総数	JISボルト 首下 mm	JISボルト 質量 kg	トルシア形 首下 mm	トルシア形 質量 kg	ウェブ添板 板厚 mm	ウェブ添板 質量 kg	仕口部 フランジ溶接長 裏当て金 m	フランジ溶接長 裏はつり m	隅肉 S mm	ウェブ溶接長 m
GGF-5X-T5020･1225-22	H-500×200×12×25	M22	32	95	20.16	90	18.66	16	26.63	16	21.30	16	70	8.88	65	8.13	9	14.34	7.94	8.09	9	2.02
GGF-5X-T5025･0912-22	H-500×250×9×12	M22	24	70	13.32	65	12.19	9	14.48	9	11.59	12	65	6.48	60	5.92	9	9.13	3.21	4.02	7	1.30
GGF-5X-T5025･0916-22	H-500×250×9×16	M22	32	80	18.72	75	17.22	12	24.96	12	19.97	12	65	6.48	60	5.92	9	9.13	4.92	5.61	7	1.27
GGF-5X-T5025･0919-22	H-500×250×9×19	M22	40	85	24.00	80	22.12	12	30.62	16	32.66	12	65	6.48	60	5.92	9	9.13	6.41	7.10	7	1.26
GGF-5X-T5025･0922-22	H-500×250×9×22	M22	40	95	25.20	90	23.32	16	40.82	16	32.66	12	65	6.48	60	5.92	9	9.13	8.08	8.50	7	1.24
GGF-5X-T5025･1222-22	H-500×250×12×22	M22	40	95	25.20	90	23.32	16	40.82	16	32.66	16	70	8.88	65	8.13	9	14.34	8.08	8.50	9	2.05
GGF-5X-T5025･1225-22	H-500×250×12×25	M22	48	100	30.91	95	28.70	16	48.36	19	45.94	16	70	8.88	65	8.13	9	14.34	9.93	10.11	9	2.02
GGF-5X-T5025･1228-22	H-500×250×12×28	M22	48	105	31.63	100	29.42	19	57.42	19	45.94	16	70	8.88	65	8.13	9	14.34	11.96	11.89	9	2.00
GGF-5X-T5520･0912-22	H-550×200×9×12	M22	24	70	13.32	65	12.19	9	11.59	9	9.27	12	65	6.48	60	5.92	9	9.13	2.57	3.22	7	1.43
GGF-5X-T5520･0916-22	H-550×200×9×16	M22	24	80	14.04	75	12.91	12	15.45	12	12.36	12	65	6.48	60	5.92	9	9.13	3.93	4.49	7	1.41
GGF-5X-T5520･0919-22	H-550×200×9×19	M22	32	85	19.20	80	17.70	12	19.97	16	21.30	12	65	6.48	60	5.92	9	9.13	5.13	5.68	7	1.39
GGF-5X-T5520･0922-22	H-550×200×9×22	M22	32	95	20.16	90	18.66	16	26.63	16	21.30	12	65	6.48	60	5.92	9	9.13	6.46	6.80	7	1.38
GGF-5X-T5520･1216-22	H-550×200×12×16	M22	24	80	14.04	75	12.91	12	15.45	12	12.36	24	75	13.68	70	12.55	12	20.76	3.93	4.49	9	2.33
GGF-5X-T5520･1219-22	H-550×200×12×19	M22	32	85	19.20	80	17.70	12	19.97	16	21.30	24	75	13.68	70	12.55	12	20.76	5.13	5.68	9	2.30
GGF-5X-T5520･1222-22	H-550×200×12×22	M22	32	95	20.16	90	18.66	16	26.63	16	21.30	24	75	13.68	70	12.55	12	20.76	6.46	6.80	9	2.28
GGF-5X-T5520･1225-22	H-550×200×12×25	M22	32	95	20.16	90	18.66	16	26.63	16	21.30	24	75	13.68	70	12.55	12	20.76	7.94	8.09	9	2.25
GGF-5X-T5525･0912-22	H-550×250×9×12	M22	24	70	13.32	65	12.19	9	14.48	9	11.59	12	65	6.48	60	5.92	9	9.13	3.21	4.02	7	1.43
GGF-5X-T5525･0916-22	H-550×250×9×16	M22	32	80	18.72	75	17.22	12	24.96	12	19.97	12	65	6.48	60	5.92	9	9.13	4.92	5.61	7	1.41
GGF-5X-T5525･0919-22	H-550×250×9×19	M22	40	85	24.00	80	22.12	12	30.62	16	32.66	12	65	6.48	60	5.92	9	9.13	6.41	7.10	7	1.39
GGF-5X-T5525･0922-22	H-550×250×9×22	M22	40	95	25.20	90	23.32	16	40.82	16	32.66	12	65	6.48	60	5.92	9	9.13	8.08	8.50	7	1.38
GGF-5X-T5525･1222-22	H-550×250×12×22	M22	40	95	25.20	90	23.32	16	40.82	16	32.66	24	75	13.68	70	12.55	12	20.76	8.08	8.50	9	2.28
GGF-5X-T5525･1225-22	H-550×250×12×25	M22	48	100	30.91	95	28.70	16	48.36	19	45.94	24	75	13.68	70	12.55	12	20.76	9.93	10.11	9	2.25
GGF-5X-T5525･1228-22	H-550×250×12×28	M22	48	105	31.63	100	29.42	19	57.42	19	45.94	24	75	13.68	70	12.55	12	20.76	11.96	11.89	9	2.22
GGF-5X-T6020･0912-22	H-600×200×9×12	M22	24	75	13.68	70	12.55	9	11.59	12	12.36	14	65	7.56	60	6.90	9	10.57	2.57	3.22	7	1.57
GGF-5X-T6020･0916-22	H-600×200×9×16	M22	24	80	14.04	75	12.91	12	15.45	12	12.36	14	65	7.56	60	6.90	9	10.57	3.93	4.49	7	1.55
GGF-5X-T6020･0919-22	H-600×200×9×19	M22	32	90	19.68	85	18.18	16	26.63	16	21.30	14	65	7.56	60	6.90	9	10.57	5.13	5.68	7	1.53
GGF-5X-T6020･0922-22	H-600×200×9×22	M22	32	95	20.16	90	18.66	16	26.63	16	21.30	14	65	7.56	60	6.90	9	10.57	6.46	6.80	7	1.51
GGF-5X-T6020･1216-22	H-600×200×12×16	M22	24	80	14.04	75	12.91	12	15.45	12	12.36	20	70	11.10	65	10.16	9	18.03	3.93	4.49	9	2.56
GGF-5X-T6020･1219-22	H-600×200×12×19	M22	32	90	19.68	85	18.18	16	26.63	16	21.30	20	70	11.10	65	10.16	9	18.03	5.13	5.68	9	2.53
GGF-5X-T6020･1222-22	H-600×200×12×22	M22	32	95	20.16	90	18.66	16	26.63	16	21.30	20	70	11.10	65	10.16	9	18.03	6.46	6.80	9	2.50
GGF-5X-T6020･1225-22	H-600×200×12×25	M22	40	100	25.76	95	23.92	16	32.66	19	31.02	20	70	11.10	65	10.16	9	18.03	7.94	8.09	9	2.47
GGF-5X-T6020･1228-22	H-600×200×12×28	M22	40	105	26.36	100	24.52	19	38.78	19	31.02	20	70	11.10	65	10.16	9	18.03	9.57	9.51	9	2.45
GGF-5X-T6025･0916-22	H-600×250×9×16	M22	32	80	18.72	75	17.22	12	24.96	12	19.97	14	65	7.56	60	6.90	9	10.57	4.92	5.61	7	1.55
GGF-5X-T6025･0919-22	H-600×250×9×19	M22	40	85	24.00	80	22.12	12	30.62	16	32.66	14	65	7.56	60	6.90	9	10.57	6.41	7.10	7	1.53
GGF-5X-T6025･1219-22	H-600×250×12×19	M22	40	85	24.00	80	22.12	12	30.62	16	32.66	20	70	11.10	65	10.16	9	18.03	6.41	7.10	9	2.53
GGF-5X-T6025･1222-22	H-600×250×12×22	M22	40	95	25.20	90	23.32	16	40.82	16	32.66	20	70	11.10	65	10.16	9	18.03	8.08	8.50	9	2.50
GGF-5X-T6025･1225-22	H-600×250×12×25	M22	48	100	30.91	95	28.70	16	48.36	19	45.94	20	70	11.10	65	10.16	9	18.03	9.93	10.11	9	2.47
GGF-5X-T6025･1228-22	H-600×250×12×28	M22	48	105	31.63	100	29.42	19	57.42	19	45.94	20	70	11.10	65	10.16	9	18.03	11.96	11.89	9	2.45
GGF-5X-T6030･0919-22	H-600×300×9×19	M22	40	85	24.00	80	22.12	12	29.96	16	29.29	14	65	7.56	60	6.90	9	10.57	7.69	8.52	7	1.53
GGF-5X-T6030･1219-22	H-600×300×12×19	M22	40	85	24.00	80	22.12	12	29.96	16	29.29	20	70	11.10	65	10.16	9	18.03	7.69	8.52	9	2.53
GGF-5X-T6030･1222-22	H-600×300×12×22	M22	48	95	30.24	90	27.98	16	46.72	19	40.69	20	70	11.10	65	10.16	9	18.03	9.69	10.20	9	2.50
GGF-5X-T6030･1225-22	H-600×300×12×25	M22	56	105	36.90	100	34.33	19	63.54	19	46.59	20	70	11.10	65	10.16	9	18.03	11.91	12.13	9	2.47
GGF-5X-T6030･1228-22	H-600×300×12×28	M22	64	110	43.14	105	40.19	19	71.59	22	60.79	20	70	11.10	65	10.16	9	18.03	14.35	14.26	9	2.45
GGF-5X-T6520･0912-22	H-650×200×9×12	M22	24	75	13.68	70	12.55	9	11.59	12	12.36	16	65	8.64	60	7.89	9	12.01	2.57	3.22	7	1.70
GGF-5X-T6520･0916-22	H-650×200×9×16	M22	24	80	14.04	75	12.91	12	15.45	12	12.36	16	65	8.64	60	7.89	9	12.01	3.93	4.49	7	1.68
GGF-5X-T6520･0919-22	H-650×200×9×19	M22	32	90	19.68	85	18.18	16	26.63	16	21.30	16	65	8.64	60	7.89	9	12.01	5.13	5.68	7	1.67
GGF-5X-T6520･0922-22	H-650×200×9×22	M22	32	95	20.16	90	18.66	16	26.63	16	21.30	16	65	8.64	60	7.89	9	12.01	6.46	6.80	7	1.65
GGF-5X-T6520･1216-22	H-650×200×12×16	M22	24	80	14.04	75	12.91	12	15.45	12	12.36	20	75	11.40	70	10.46	12	24.04	3.93	4.49	9	2.78
GGF-5X-T6520･1219-22	H-650×200×12×19	M22	32	90	19.68	85	18.18	16	26.63	16	21.30	20	75	11.40	70	10.46	12	24.04	5.13	5.68	9	2.75
GGF-5X-T6520･1222-22	H-650×200×12×22	M22	32	95	20.16	90	18.66	16	26.63	16	21.30	20	75	11.40	70	10.46	12	24.04	6.46	6.80	9	2.73
GGF-5X-T6520･1225-22	H-650×200×12×25	M22	40	100	25.76	95	23.92	16	32.66	19	31.02	20	75	11.40	70	10.46	12	24.04	7.94	8.09	9	2.70
GGF-5X-T6520･1228-22	H-650×200×12×28	M22	40	105	26.36	100	24.52	19	38.78	19	31.02	20	75	11.40	70	10.46	12	24.04	9.57	9.51	9	2.67
GGF-5X-T6525･0916-22	H-650×250×9×16	M22	32	80	18.72	75	17.22	12	24.96	12	19.97	16	65	8.64	60	7.89	9	12.01	4.92	5.61	7	1.68
GGF-5X-T6525･0919-22	H-650×250×9×19	M22	40	85	24.00	80	22.12	12	30.62	16	32.66	16	65	8.64	60	7.89	9	12.01	6.41	7.10	7	1.67
GGF-5X-T6525･1219-22	H-650×250×12×19	M22	40	85	24.00	80	22.12	12	30.62	16	32.66	20	75	11.40	70	10.46	12	24.04	6.41	7.10	9	2.75
GGF-5X-T6525･1222-22	H-650×250×12×22	M22	40	95	25.20	90	23.32	16	40.82	16	32.66	20	75	11.40	70	10.46	12	24.04	8.08	8.50	9	2.73
GGF-5X-T6525･1225-22	H-650×250×12×25	M22	48	100	30.91	95	28.70	16	48.36	19	45.94	20	75	11.40	70	10.46	12	24.04	9.93	10.11	9	2.70
GGF-5X-T6525･1228-22	H-650×250×12×28	M22	48	105	31.63	100	29.42	19	57.42	19	45.94	20	75	11.40	70	10.46	12	24.04	11.96	11.89	9	2.67
GGF-5X-T7020･0912-22	H-700×200×9×12	M22	24	75	13.68	70	12.55	9	11.59	12	12.36	16	65	8.64	60	7.89	9	12.01	2.57	3.22	7	1.84
GGF-5X-T7020･0916-22	H-700×200×9×16	M22	24	80	14.04	75	12.91	12	15.45	12	12.36	16	65	8.64	60	7.89	9	12.01	3.93	4.49	7	1.82
GGF-5X-T7020･0919-22	H-700×200×9×19	M22	32	90	19.68	85	18.18	16	26.63	16	21.30	16	65	8.64	60	7.89	9	12.01	5.13	5.68	7	1.80
GGF-5X-T7020･0922-22	H-700×200×9×22	M22	32	95	20.16	90	18.66	16	26.63	16	21.30	16	65	8.64	60	7.89	9	12.01	6.46	6.80	7	1.79
GGF-5X-T7020･1222-22	H-700×200×12×22	M22	32	95	20.16	90	18.66	16	26.63	16	21.30	18	70	9.99	65	9.14	9	13.45	6.46	6.80	9	2.95
GGF-5X-T7020･1225-22	H-700×200×12×25	M22	40	100	25.76	95	23.92	16	32.66	19	31.02	18	70	9.99	65	9.14	9	13.45	7.94	8.09	9	2.92
GGF-5X-T7020･1228-22	H-700×200×12×28	M22	40	105	26.36	100	24.52	19	38.78	19	31.02	18	70	9.99	65	9.14	9	13.45	9.57	9.51	9	2.90
GGF-5X-T7025･0916-22	H-700×250×9×16	M22	32	80	18.72	75	17.22	12	24.96	12	19.97	16	65	8.64	60	7.89	9	12.01	4.92	5.61	7	1.82
GGF-5X-T7025･0919-22	H-700×250×9×19	M22	40	85	24.00	80	22.12	12	30.62	16	32.66	16	65	8.64	60	7.89	9	12.01	6.41	7.10	7	1.80
GGF-5X-T7025･1219-22	H-700×250×12×19	M22	40	85	24.00	80	22.12	12	30.62	16	32.66	18	70	9.99	65	9.14	9	13.45	6.41	7.10	9	2.98
GGF-5X-T7025･1222-22	H-700×250×12×22	M22	40	95	25.20	90	23.32	16	40.82	16	32.66	18	70	9.99	65	9.14	9	13.45	8.08	8.50	9	2.95
GGF-5X-T7025･1225-22	H-700×250×12×25	M22	48	100	30.91	95	28.70	16	48.36	19	45.94	18	70	9.99	65	9.14	9	13.45	9.93	10.11	9	2.92
GGF-5X-T7025･1425-22	H-700×250×14×25	M22	48	100	30.91	95	28.70	16	48.36	19	45.94	24	80	14.04	75	12.91	12	28.96	9.93	10.11	10	3.61
GGF-5X-T7025･1428-22	H-700×250×14×28	M22	48	105	31.63	100	29.42	19	57.42	19	45.94	24	80	14.04	75	12.91	12	28.96	11.96	11.89	10	3.58
GGF-5X-T7030･0919-22	H-700×300×9×19	M22	40	85	24.00	80	22.12	12	29.96	16	29.29	16	65	8.64	60	7.89	9	12.01	7.69	8.52	7	1.80
GGF-5X-T7030･1219-22	H-700×300×12×19	M22	40	85	24.00	80	22.12	12	29.96	16	29.29	18	70	9.99	65	9.14	9	13.45	7.69	8.52	9	2.98

表−4.5.1　梁継手積算用諸元表 (10/10)

●梁継手（定形Ｈ形鋼）

490N級鋼

継手呼称	部材断面寸法	径	フランジボルト					フランジ添板				ウェブボルト					ウェブ添板		仕口部			
			ボルト総数	JISボルト		トルシア形		外フランジ		内フランジ		ボルト総数	JISボルト		トルシア形		板厚	質量	フランジ溶接長		隅肉	ウェブ溶接長
		D		首下	質量	首下	質量	板厚	質量	板厚	質量		首下	質量	首下	質量			裏当て金	裏はつり	S	
				mm	kg	mm	kg	mm	kg	mm	kg		mm	kg	mm	kg	mm	kg	m	m	mm	m
GGF−5X−T7030•1222−22	H−700×300×12×22	M22	48	95	30.24	90	27.98	16	46.72	19	40.69	18	70	9.99	65	9.14	9	13.45	9.69	10.20	9	2.95
GGF−5X−T7030•1422−22	H−700×300×14×22	M22	48	95	30.24	90	27.98	16	46.72	19	40.69	24	80	14.04	75	12.91	12	28.96	9.69	10.20	10	3.64
GGF−5X−T7030•1425−22	H−700×300×14×25	M22	56	105	36.90	100	34.33	19	63.54	19	46.59	24	80	14.04	75	12.91	12	28.96	11.91	12.13	10	3.61
GGF−5X−T7030•1428−22	H−700×300×14×28	M22	64	110	43.14	105	40.19	19	71.59	22	60.79	24	80	14.04	75	12.91	12	28.96	14.35	14.26	10	3.58
GGF−5X−T7520•0912−22	H−750×200×9×12	M22	24	75	13.68	70	12.55	9	11.59	12	12.36	18	65	9.72	60	8.87	9	13.45	2.57	3.22	7	1.98
GGF−5X−T7520•0916−22	H−750×200×9×16	M22	24	80	14.04	75	12.91	12	15.45	12	12.36	18	65	9.72	60	8.87	9	13.45	3.93	4.49	7	1.95
GGF−5X−T7520•0919−22	H−750×200×9×19	M22	32	90	19.68	85	18.18	16	26.63	16	21.30	18	65	9.72	60	8.87	9	13.45	5.13	5.68	7	1.94
GGF−5X−T7520•1219−22	H−750×200×12×19	M22	32	90	19.68	85	18.18	16	26.63	16	21.30	20	70	11.10	65	10.16	9	14.89	5.13	5.68	9	3.20
GGF−5X−T7520•1222−22	H−750×200×12×22	M22	32	95	20.16	90	18.66	16	26.63	16	21.30	20	70	11.10	65	10.16	9	14.89	6.46	6.80	9	3.18
GGF−5X−T7520•1225−22	H−750×200×12×25	M22	40	100	25.76	95	23.92	16	32.66	19	31.02	20	70	11.10	65	10.16	9	14.89	7.94	8.09	9	3.15
GGF−5X−T7520•1228−22	H−750×200×12×28	M22	40	105	26.36	100	24.52	19	38.78	19	31.02	20	70	11.10	65	10.16	9	14.89	9.57	9.51	9	3.12
GGF−5X−T7525•1216−22	H−750×250×12×16	M22	32	80	18.72	75	17.22	12	24.96	12	19.97	20	70	11.10	65	10.16	9	14.89	4.92	5.61	9	3.23
GGF−5X−T7525•1219−22	H−750×250×12×19	M22	40	90	24.60	85	22.72	16	40.82	16	32.66	20	70	11.10	65	10.16	9	14.89	6.41	7.10	9	3.20
GGF−5X−T7525•1222−22	H−750×250×12×22	M22	48	95	30.24	90	27.98	16	48.36	19	45.94	20	70	11.10	65	10.16	9	14.89	8.08	8.50	9	3.18
GGF−5X−T7525•1422−22	H−750×250×14×22	M22	48	95	30.24	90	27.98	16	48.36	19	45.94	28	70	15.54	65	14.22	9	25.41	8.08	8.50	10	3.92
GGF−5X−T7525•1425−22	H−750×250×14×25	M22	48	105	31.63	100	29.42	19	57.42	19	45.94	28	70	15.54	65	14.22	9	25.41	9.93	10.11	10	3.89
GGF−5X−T7525•1428−22	H−750×250×14×28	M22	56	110	37.74	105	35.17	19	66.37	22	61.48	28	70	15.54	65	14.22	9	25.41	11.96	11.89	10	3.86
GGF−5X−T8025•1422−22	H−800×250×14×22	M22	48	95	30.24	90	27.98	16	48.36	19	45.94	28	80	16.38	75	15.06	12	33.87	8.08	8.50	10	4.20
GGF−5X−T8025•1425−22	H−800×250×14×25	M22	48	105	31.63	100	29.42	19	57.42	19	45.94	28	80	16.38	75	15.06	12	33.87	9.93	10.11	10	4.17
GGF−5X−T8025•1625−22	H−800×250×16×25	M22	48	105	31.63	100	29.42	19	57.42	19	45.94	36	90	22.14	85	20.45	16	40.79	9.93	10.11	12	6.00
GGF−5X−T8025•1628−22	H−800×250×16×28	M22	56	110	37.74	105	35.17	19	66.37	22	61.48	36	90	22.14	85	20.45	16	40.79	11.96	11.89	12	5.95
GGF−5X−T8030•1422−22	H−800×300×14×22	M22	48	95	30.24	90	27.98	16	46.72	19	40.69	28	80	16.38	75	15.06	12	33.87	9.69	10.20	10	4.20
GGF−5X−T8030•1622−22	H−800×300×16×22	M22	48	95	30.24	90	27.98	16	46.72	19	40.69	36	90	22.14	85	20.45	16	40.79	9.69	10.20	12	6.05
GGF−5X−T8030•1625−22	H−800×300×16×25	M22	56	105	36.90	100	34.33	19	63.54	19	46.59	36	90	22.14	85	20.45	16	40.79	11.91	12.13	12	6.00
GGF−5X−T8030•1628−22	H−800×300×16×28	M22	64	110	43.14	105	40.19	19	71.59	22	60.79	36	90	22.14	85	20.45	16	40.79	14.35	14.26	12	5.95
GGF−5X−T8525•1422−22	H−850×250×14×22	M22	48	95	30.24	90	27.98	16	48.36	19	45.94	32	70	17.76	65	16.26	9	29.09	8.08	8.50	10	4.48
GGF−5X−T8525•1425−22	H−850×250×14×25	M22	48	105	31.63	100	29.42	19	57.42	19	45.94	32	70	17.76	65	16.26	9	29.09	9.93	10.11	10	4.44
GGF−5X−T8525•1625−22	H−850×250×16×25	M22	48	105	31.63	100	29.42	19	57.42	19	45.94	32	80	18.72	75	17.22	12	38.79	9.93	10.11	12	6.40
GGF−5X−T8525•1628−22	H−850×250×16×28	M22	56	110	37.74	105	35.17	19	66.37	22	61.48	32	80	18.72	75	17.22	12	38.79	11.96	11.89	12	6.35
GGF−5X−T9025•1619−22	H−900×250×16×19	M22	40	90	24.60	85	22.72	16	40.82	16	32.66	40	90	24.60	85	22.72	16	45.17	6.41	7.10	12	6.90
GGF−5X−T9025•1622−22	H−900×250×16×22	M22	48	95	30.24	90	27.98	16	48.36	19	45.94	40	90	24.60	85	22.72	16	45.17	8.08	8.50	12	6.85
GGF−5X−T9025•1625−22	H−900×250×16×25	M22	48	105	31.63	100	29.42	19	57.42	19	45.94	40	90	24.60	85	22.72	16	45.17	9.93	10.11	12	6.80
GGF−5X−T9025•1628−22	H−900×250×16×28	M22	56	110	37.74	105	35.17	19	66.37	22	61.48	40	90	24.60	85	22.72	16	45.17	11.96	11.89	12	6.75
GGF−5X−T9030•1619−22	H−900×300×16×19	M22	48	90	29.52	85	27.26	16	46.72	16	34.26	40	90	24.60	85	22.72	16	45.17	7.69	8.52	12	6.90
GGF−5X−T9030•1622−22	H−900×300×16×22	M22	56	95	35.28	90	32.65	16	53.51	19	46.59	40	90	24.60	85	22.72	16	45.17	9.69	10.20	12	6.85
GGF−5X−T9030•1625−22	H−900×300×16×25	M22	56	105	36.90	100	34.33	19	63.54	19	46.59	40	90	24.60	85	22.72	16	45.17	11.91	12.13	12	6.80
GGF−5X−T9030•1628−22	H−900×300×16×28	M22	64	110	43.14	105	40.19	19	71.59	22	60.79	40	90	24.60	85	22.72	16	45.17	14.35	14.26	12	6.75

表-4.5.2　柱継手積算用諸元表（1/10）

400N級鋼

●柱継手（一般H形鋼）

継手呼称	部材断面寸法	径 D	フランジボルト					フランジ添板				ウェブボルト					ウェブ添板	
			ボルト総数	JISボルト		トルシア形		外フランジ		内フランジ		ボルト総数	JISボルト		トルシア形		板厚	質量
				首下	質量	首下	質量	板厚	質量	板厚	質量		首下	質量	首下	質量		
				mm	kg	mm	kg	mm	kg	mm	kg		mm	kg	mm	kg	mm	kg
CCF-4X-J1010·0609-16	H-100×100×6×8	M16	16	55	3.60	50	3.31	16	7.28	0	0.00	4	55	0.90	50	0.83	9	2.47
CCF-4X-J1212·0609-16	H-125×125×6.5×9	M16	24	50	5.21	45	4.78	12	9.66	0	0.00	4	50	0.87	45	0.80	6	2.64
CCF-4X-J1510·0609-16	H-148×100×6×9	M16	16	55	3.60	50	3.31	16	7.28	0	0.00	6	55	1.35	50	1.24	9	4.63
CCF-4X-J1515·0609-16	H-150×150×7×10	M16	16	60	3.73	55	3.44	9	6.15	9	4.92	6	55	1.35	50	1.24	9	4.63
CCF-4X-J1717·0912-16	H-175×175×7.5×11	M16	24	60	5.59	55	5.16	9	10.14	9	8.11	6	55	1.35	50	1.24	9	4.63
CCF-4X-J2010·0609-16	H-200×100×5.5×8	M16	16	55	3.60	50	3.31	16	7.28	0	0.00	8	50	1.74	45	1.59	6	3.82
CCF-4X-J2015·0609-16	H-194×150×6×9	M16	16	55	3.60	50	3.31	9	6.15	9	4.92	8	50	1.74	45	1.59	6	4.62
CCF-4X-J2512·0609-16	H-250×125×6×9	M16	24	50	5.21	45	4.78	12	9.66	0	0.00	8	55	1.80	50	1.66	9	6.97
CCF-4X-J2517·0612-16	H-244×175×7×11	M16	24	60	5.59	55	5.16	9	10.14	9	8.11	8	55	1.80	50	1.66	9	6.97
CCF-4X-J3015·0609-16	H-300×150×6.5×9	M16	16	55	3.60	50	3.31	9	6.15	9	4.92	12	50	2.60	45	2.39	6	5.46
CCF-4X-J3517·0612-16	H-350×175×7×11	M16	24	60	5.59	55	5.16	9	10.14	9	8.11	12	50	2.60	45	2.39	6	7.10
CCF-4X-J1515·0609-20	H-150×150×7×10	M20	16	65	6.37	60	5.87	9	6.15	9	4.92	4	60	1.54	55	1.42	9	3.96
CCF-4X-J1717·0912-20	H-175×175×7.5×11	M20	16	65	6.37	60	5.87	9	7.17	9	5.74	4	60	1.54	55	1.42	9	3.28
CCF-4X-J2015·0609-20	H-194×150×6×9	M20	16	60	6.16	55	5.66	9	6.15	9	4.92	4	55	1.49	50	1.36	6	3.03
CCF-4X-J2020·0912-20	H-200×200×8×12	M20	16	65	6.37	60	5.87	9	8.20	9	6.56	4	55	1.49	50	1.36	6	3.03
CCF-4X-J2517·0612-20	H-244×175×7×11	M20	16	65	6.37	60	5.87	9	7.17	9	5.74	8	60	3.08	55	2.83	9	5.74
CCF-4X-J2525·0916-20	H-250×250×9×14	M20	32	75	13.50	70	12.58	12	24.96	12	19.97	8	60	3.08	55	2.83	9	5.74
CCF-4X-J3015·0609-20	H-300×150×6.5×9	M20	16	60	6.16	55	5.66	9	6.15	9	4.92	6	55	2.24	50	2.05	6	3.20
CCF-4X-J3020·0912-20	H-294×200×8×12	M20	24	65	9.55	60	8.81	9	11.59	9	9.27	6	60	2.31	55	2.12	9	4.80
CCF-4X-J3030·0916-20	H-300×300×10×15	M20	32	70	13.12	65	12.16	9	18.65	12	18.24	8	65	3.18	60	2.94	9	8.20
CCF-4X-J3517·0612-20	H-350×175×7×11	M20	16	65	6.37	60	5.87	9	7.17	9	5.74	8	55	2.98	50	2.73	6	4.16
CCF-4X-J3525·0916-20	H-340×250×9×14	M20	32	75	13.50	70	12.58	12	24.96	12	19.97	12	70	4.92	65	4.56	12	10.93
CCF-4X-J3535·1219-20	H-350×350×12×19	M20	48	80	20.88	75	19.49	12	27.04	12	21.63	12	70	4.92	65	4.56	12	10.93
CCF-4X-J4020·0912-20	H-400×200×8×13	M20	24	65	9.55	60	8.81	9	11.59	9	9.27	12	60	4.62	55	4.25	9	10.65
CCF-4X-J4030·0916-20	H-390×300×10×16	M20	32	75	13.50	70	12.58	12	24.87	12	18.24	12	65	4.78	60	4.40	9	10.65
CCF-4X-J4040·1422-20	H-400×400×13×21	M20	48	85	21.46	80	20.11	12	30.90	16	35.02	16	70	6.56	65	6.08	12	14.21
CCF-4X-J4040·1928-20	H-414×405×18×28	M20	64	95	30.21	90	28.48	16	53.25	16	45.27	24	85	10.73	80	10.06	16	26.78
CCF-4X-J4040·1935-20	H-428×407×20×35	M20	80	110	40.72	105	38.72	19	77.56	22	76.33	24	85	10.73	80	10.06	16	26.78
CCF-4X-J4520·0916-20	H-450×200×9×14	M20	24	75	10.13	70	9.43	12	15.45	12	12.36	10	60	3.85	55	3.54	9	7.69
CCF-4X-J4530·1219-20	H-440×300×11×18	M20	32	75	13.50	70	12.58	12	24.87	12	18.24	20	70	8.20	65	7.60	12	17.48
CCF-4X-J5020·0916-20	H-500×200×10×16	M20	24	75	10.13	70	9.43	12	15.45	12	12.36	12	65	4.78	60	4.40	9	9.13
CCF-4X-J5030·1219-20	H-488×300×11×18	M20	32	75	13.50	70	12.58	12	24.87	12	18.24	12	65	4.78	60	4.40	9	9.13
CCF-4X-J6020·1216-20	H-600×200×11×17	M20	24	75	10.13	70	9.43	12	15.45	12	12.36	20	65	7.96	60	7.34	9	18.03
CCF-4X-J6030·1219-20	H-588×300×12×20	M20	40	85	17.88	80	16.76	12	29.96	16	29.29	20	65	7.96	60	7.34	9	18.03
CCF-4X-J7030·1425-20	H-700×300×13×24	M20	48	95	22.66	90	21.36	19	55.48	19	40.69	28	80	12.18	75	11.37	16	32.05
CCF-4X-J8030·1425-20	H-800×300×14×26	M20	48	100	23.23	95	21.98	19	55.48	19	40.69	32	80	13.92	75	12.99	16	36.42
CCF-4X-J9030·1622-20	H-890×299×15×23	M20	48	95	22.66	90	21.36	16	46.72	19	40.69	36	80	15.66	75	14.62	16	40.79
CCF-4X-J9030·1628-20	H-900×300×16×28	M20	56	105	27.78	100	26.38	19	63.54	22	53.95	36	85	16.09	80	15.08	16	40.79
CCF-4X-J9030·1934-20	H-912×302×18×34	M20	64	120	34.11	115	32.64	25	94.20	25	69.08	44	85	19.67	80	18.44	16	49.54
CCF-4X-J9030·1937-20	H-918×303×19×37	M20	72	125	39.31	120	37.66	25	104.80	28	86.07	44	85	19.67	80	18.44	16	49.54
CCF-4X-J2020·0912-22	H-200×200×8×12	M22	16	70	8.88	65	8.13	9	8.20	9	6.56	4	60	2.10	55	1.91	6	2.24
CCF-4X-J2525·0916-22	H-250×250×9×14	M22	24	80	14.04	75	12.91	12	19.31	12	15.45	8	65	4.32	60	3.94	9	5.74
CCF-4X-J3020·0912-22	H-294×200×8×12	M22	24	70	13.32	65	12.19	9	11.59	9	9.27	6	65	3.24	60	2.96	9	4.80
CCF-4X-J3030·0916-22	H-300×300×10×15	M22	24	75	13.68	70	12.55	9	14.84	12	14.51	6	70	3.33	65	3.05	9	4.80
CCF-4X-J3525·0916-22	H-340×250×9×14	M22	24	80	14.04	75	12.91	12	19.31	12	15.45	12	75	6.84	70	6.28	12	10.93
CCF-4X-J3535·1219-22	H-350×350×12×19	M22	32	85	19.20	80	17.70	12	19.12	12	15.30	12	75	6.84	70	6.28	12	10.93
CCF-4X-J4020·0912-22	H-400×200×8×13	M22	24	70	13.32	65	12.19	9	11.59	9	9.27	8	65	4.32	60	3.94	9	6.25
CCF-4X-J4030·0916-22	H-390×300×10×16	M22	24	80	14.04	75	12.91	12	19.78	12	14.51	8	70	4.44	65	4.06	9	6.25
CCF-4X-J4040·1422-22	H-400×400×13×21	M22	48	90	29.52	85	27.26	12	30.90	16	35.02	12	75	6.84	70	6.28	12	14.21
CCF-4X-J4040·1928-22	H-414×405×18×28	M22	64	100	41.22	95	38.27	16	53.25	16	45.27	16	90	9.84	85	9.09	16	18.94
CCF-4X-J4040·1935-22	H-428×407×20×35	M22	64	115	44.10	110	41.15	19	63.24	22	62.24	16	90	9.84	85	9.09	16	18.94
CCF-4X-J4520·0916-22	H-450×200×9×14	M22	24	80	14.04	75	12.91	12	15.45	12	12.36	10	65	5.40	60	4.93	9	7.69
CCF-4X-J4530·1219-22	H-440×300×11×18	M22	32	80	18.72	75	17.22	12	24.87	12	18.24	10	70	5.55	65	5.08	9	7.69
CCF-4X-J5020·0916-22	H-500×200×10×16	M22	24	80	14.04	75	12.91	12	15.45	12	12.36	10	70	5.55	65	5.08	9	7.69
CCF-4X-J5030·1219-22	H-488×300×11×18	M22	32	80	18.72	75	17.22	12	24.87	12	18.24	12	70	6.66	65	6.10	9	9.13
CCF-4X-J6020·1216-22	H-600×200×11×17	M22	24	80	14.04	75	12.91	12	15.45	12	12.36	14	75	7.98	70	7.32	12	14.09
CCF-4X-J6030·1219-22	H-588×300×12×20	M22	32	90	19.68	85	18.18	12	24.87	16	24.32	14	75	7.98	70	7.32	12	14.09
CCF-4X-J7030·1425-22	H-700×300×13×24	M22	40	100	25.76	95	23.92	19	47.43	19	34.78	18	70	9.99	65	9.14	9	13.45
CCF-4X-J8030·1425-22	H-800×300×14×26	M22	40	105	26.36	100	24.52	19	47.43	19	34.78	24	80	14.04	75	12.91	12	28.96
CCF-4X-J9030·1622-22	H-890×299×15×23	M22	40	100	25.76	95	23.92	16	39.94	19	34.78	32	80	18.72	75	17.22	12	38.79
CCF-4X-J9030·1628-22	H-900×300×16×28	M22	48	110	32.35	105	30.14	19	55.48	22	47.11	32	80	18.72	75	17.22	12	38.79
CCF-4X-J9030·1934-22	H-912×302×18×34	M22	56	125	40.26	120	37.69	25	83.60	25	61.31	40	90	24.60	85	22.72	16	45.17
CCF-4X-J9030·1937-22	H-918×303×19×37	M22	56	130	41.10	125	38.53	25	83.60	28	68.67	40	90	24.60	85	22.72	16	45.17

表−4.5.2　柱継手積算用諸元表 (2/10)

●柱継手（定形H形鋼）

400N級鋼

継手呼称	部材断面寸法	径 D	フランジボルト ボルト総数	フランジボルト JISボルト 首下 mm	JISボルト 質量 kg	トルシア形 首下 mm	トルシア形 質量 kg	フランジ添板 外フランジ 板厚 mm	外フランジ 質量 kg	内フランジ 板厚 mm	内フランジ 質量 kg	ウェブボルト ボルト総数	ウェブボルト JISボルト 首下 mm	JISボルト 質量 kg	トルシア形 首下 mm	トルシア形 質量 kg	ウェブ添板 板厚 mm	ウェブ添板 質量 kg
CCF−4X−T4020・0912−20	H−400×200×9×12	M20	24	65	9.55	60	8.81	9	11.59	9	9.27	12	60	4.62	55	4.25	9	10.65
CCF−4X−T4020・0916−20	H−400×200×9×16	M20	24	75	10.13	70	9.43	12	15.45	12	12.36	12	60	4.62	55	4.25	9	10.65
CCF−4X−T4020・0919−20	H−400×200×9×19	M20	24	80	10.44	75	9.74	12	15.45	16	16.48	12	60	4.62	55	4.25	9	10.65
CCF−4X−T4020・0922−20	H−400×200×9×22	M20	32	90	14.69	85	13.82	16	26.63	16	21.30	12	60	4.62	55	4.25	9	10.65
CCF−4X−T4020・1222−20	H−400×200×12×22	M20	32	90	14.69	85	13.82	16	26.63	16	21.30	12	65	4.78	60	4.40	9	10.65
CCF−4X−T4520・0912−20	H−450×200×9×12	M20	24	65	9.55	60	8.81	9	11.59	9	9.27	10	60	3.85	55	3.54	9	7.69
CCF−4X−T4520・0916−20	H−450×200×9×16	M20	24	75	10.13	70	9.43	12	15.45	12	12.36	10	60	3.85	55	3.54	9	7.69
CCF−4X−T4520・0919−20	H−450×200×9×19	M20	24	80	10.44	75	9.74	12	15.45	16	16.48	10	60	3.85	55	3.54	9	7.69
CCF−4X−T4520・0922−20	H−450×200×9×22	M20	32	90	14.69	85	13.82	16	26.63	16	21.30	10	60	3.85	55	3.54	9	7.69
CCF−4X−T4520・1216−20	H−450×200×12×16	M20	24	75	10.13	70	9.43	12	15.45	12	12.36	20	70	8.20	65	7.60	12	17.48
CCF−4X−T4520・1219−20	H−450×200×12×19	M20	24	80	10.44	75	9.74	12	15.45	16	16.48	20	70	8.20	65	7.60	12	17.48
CCF−4X−T4520・1222−20	H−450×200×12×22	M20	32	90	14.69	85	13.82	16	26.63	16	21.30	20	70	8.20	65	7.60	12	17.48
CCF−4X−T4520・1225−20	H−450×200×12×25	M20	32	90	14.69	85	13.82	16	26.63	16	21.30	20	70	8.20	65	7.60	12	17.48
CCF−4X−T4525・0912−20	H−450×250×9×12	M20	24	65	9.55	60	8.81	9	14.48	9	11.59	10	60	3.85	55	3.54	9	7.69
CCF−4X−T4525・0916−20	H−450×250×9×16	M20	32	75	13.50	70	12.58	12	24.96	12	19.97	10	60	3.85	55	3.54	9	7.69
CCF−4X−T4525・0919−20	H−450×250×9×19	M20	32	80	13.92	75	12.99	12	24.96	16	26.63	10	60	3.85	55	3.54	9	7.69
CCF−4X−T4525・0922−20	H−450×250×9×22	M20	40	90	18.36	85	17.28	16	40.82	16	32.66	10	60	3.85	55	3.54	9	7.69
CCF−4X−T4525・1222−20	H−450×250×12×22	M20	40	90	18.36	85	17.28	16	40.82	16	32.66	20	70	8.20	65	7.60	12	17.48
CCF−4X−T4525・1225−20	H−450×250×12×25	M20	40	95	18.88	90	17.80	16	40.82	19	38.78	20	70	8.20	65	7.60	12	17.48
CCF−4X−T4525・1228−20	H−450×250×12×28	M20	48	100	23.23	95	21.98	19	57.42	19	45.94	20	70	8.20	65	7.60	12	17.48
CCF−4X−T5020・0912−20	H−500×200×9×12	M20	24	65	9.55	60	8.81	9	11.59	9	9.27	12	60	4.62	55	4.25	9	9.13
CCF−4X−T5020・0916−20	H−500×200×9×16	M20	24	75	10.13	70	9.43	12	15.45	12	12.36	12	60	4.62	55	4.25	9	9.13
CCF−4X−T5020・0919−20	H−500×200×9×19	M20	24	80	10.44	75	9.74	12	15.45	16	16.48	12	60	4.62	55	4.25	9	9.13
CCF−4X−T5020・0922−20	H−500×200×9×22	M20	32	90	14.69	85	13.82	16	26.63	16	21.30	12	60	4.62	55	4.25	9	9.13
CCF−4X−T5020・1216−20	H−500×200×12×16	M20	24	75	10.13	70	9.43	12	15.45	12	12.36	16	65	6.37	60	5.87	9	14.34
CCF−4X−T5020・1219−20	H−500×200×12×19	M20	24	80	10.44	75	9.74	12	15.45	16	16.48	16	65	6.37	60	5.87	9	14.34
CCF−4X−T5020・1222−20	H−500×200×12×22	M20	32	90	14.69	85	13.82	16	26.63	16	21.30	16	65	6.37	60	5.87	9	14.34
CCF−4X−T5020・1225−20	H−500×200×12×25	M20	32	90	14.69	85	13.82	16	26.63	16	21.30	16	65	6.37	60	5.87	9	14.34
CCF−4X−T5025・0912−20	H−500×250×9×12	M20	24	65	9.55	60	8.81	9	14.48	9	11.59	12	60	4.62	55	4.25	9	9.13
CCF−4X−T5025・0916−20	H−500×250×9×16	M20	32	75	13.50	70	12.58	12	24.96	12	19.97	12	60	4.62	55	4.25	9	9.13
CCF−4X−T5025・0919−20	H−500×250×9×19	M20	32	80	13.92	75	12.99	12	24.96	16	26.63	12	60	4.62	55	4.25	9	9.13
CCF−4X−T5025・0922−20	H−500×250×9×22	M20	40	90	18.36	85	17.28	16	40.82	16	32.66	12	60	4.62	55	4.25	9	9.13
CCF−4X−T5025・1222−20	H−500×250×12×22	M20	40	90	18.36	85	17.28	16	40.82	16	32.66	16	65	6.37	60	5.87	9	14.34
CCF−4X−T5025・1225−20	H−500×250×12×25	M20	40	95	18.88	90	17.80	16	40.82	19	38.78	16	65	6.37	60	5.87	9	14.34
CCF−4X−T5025・1228−20	H−500×250×12×28	M20	48	100	23.23	95	21.98	19	57.42	19	45.94	16	65	6.37	60	5.87	9	14.34
CCF−4X−T5520・0912−20	H−550×200×9×12	M20	24	65	9.55	60	8.81	9	11.59	9	9.27	14	60	5.39	55	4.96	9	10.57
CCF−4X−T5520・0916−20	H−550×200×9×16	M20	24	75	10.13	70	9.43	12	15.45	12	12.36	14	60	5.39	55	4.96	9	10.57
CCF−4X−T5520・0919−20	H−550×200×9×19	M20	24	80	10.44	75	9.74	12	15.45	16	16.48	14	60	5.39	55	4.96	9	10.57
CCF−4X−T5520・0922−20	H−550×200×9×22	M20	32	90	14.69	85	13.82	16	26.63	16	21.30	14	60	5.39	55	4.96	9	10.57
CCF−4X−T5520・1216−20	H−550×200×12×16	M20	24	75	10.13	70	9.43	12	15.45	12	12.36	24	70	9.84	65	9.12	12	20.76
CCF−4X−T5520・1219−20	H−550×200×12×19	M20	24	80	10.44	75	9.74	12	15.45	16	16.48	24	70	9.84	65	9.12	12	20.76
CCF−4X−T5520・1222−20	H−550×200×12×22	M20	32	90	14.69	85	13.82	16	26.63	16	21.30	24	70	9.84	65	9.12	12	20.76
CCF−4X−T5520・1225−20	H−550×200×12×25	M20	32	90	14.69	85	13.82	16	26.63	16	21.30	24	70	9.84	65	9.12	12	20.76
CCF−4X−T5525・0912−20	H−550×250×9×12	M20	24	65	9.55	60	8.81	9	14.48	9	11.59	14	60	5.39	55	4.96	9	10.57
CCF−4X−T5525・0916−20	H−550×250×9×16	M20	32	75	13.50	70	12.58	12	24.96	12	19.97	14	60	5.39	55	4.96	9	10.57
CCF−4X−T5525・0919−20	H−550×250×9×19	M20	32	80	13.92	75	12.99	12	24.96	16	26.63	14	60	5.39	55	4.96	9	10.57
CCF−4X−T5525・0922−20	H−550×250×9×22	M20	40	90	18.36	85	17.28	16	40.82	16	32.66	14	60	5.39	55	4.96	9	10.57
CCF−4X−T5525・1222−20	H−550×250×12×22	M20	40	90	18.36	85	17.28	16	40.82	16	32.66	24	70	9.84	65	9.12	12	20.76
CCF−4X−T5525・1225−20	H−550×250×12×25	M20	40	95	18.88	90	17.80	16	40.82	19	38.78	24	70	9.84	65	9.12	12	20.76
CCF−4X−T5525・1228−20	H−550×250×12×28	M20	48	100	23.23	95	21.98	19	57.42	19	45.94	24	70	9.84	65	9.12	12	20.76
CCF−4X−T6020・0912−20	H−600×200×9×12	M20	24	70	9.84	65	9.12	9	11.59	12	12.36	14	60	5.39	55	4.96	9	10.57
CCF−4X−T6020・0916−20	H−600×200×9×16	M20	24	75	10.13	70	9.43	12	15.45	12	12.36	14	60	5.39	55	4.96	9	10.57
CCF−4X−T6020・0919−20	H−600×200×9×19	M20	32	85	14.30	80	13.41	16	26.63	16	21.30	14	60	5.39	55	4.96	9	10.57
CCF−4X−T6020・0922−20	H−600×200×9×22	M20	32	90	14.69	85	13.82	16	26.63	16	21.30	14	60	5.39	55	4.96	9	10.57
CCF−4X−T6020・1216−20	H−600×200×12×16	M20	24	75	10.13	70	9.43	12	15.45	12	12.36	20	65	7.96	60	7.34	9	18.03
CCF−4X−T6020・1219−20	H−600×200×12×19	M20	32	85	14.30	80	13.41	16	26.63	16	21.30	20	65	7.96	60	7.34	9	18.03
CCF−4X−T6020・1222−20	H−600×200×12×22	M20	32	90	14.69	85	13.82	16	26.63	16	21.30	20	65	7.96	60	7.34	9	18.03
CCF−4X−T6020・1225−20	H−600×200×12×25	M20	32	95	15.10	90	14.24	16	26.63	19	25.30	20	65	7.96	60	7.34	9	18.03
CCF−4X−T6020・1228−20	H−600×200×12×28	M20	40	100	19.36	95	18.32	19	38.78	19	31.02	20	65	7.96	60	7.34	9	18.03
CCF−4X−T6025・0916−20	H−600×250×9×16	M20	32	75	13.50	70	12.58	12	24.96	12	19.97	14	60	5.39	55	4.96	9	10.57
CCF−4X−T6025・0919−20	H−600×250×9×19	M20	32	80	13.92	75	12.99	12	24.96	16	26.63	14	60	5.39	55	4.96	9	10.57
CCF−4X−T6025・1219−20	H−600×250×12×19	M20	32	80	13.92	75	12.99	12	24.96	16	26.63	20	65	7.96	60	7.34	9	18.03
CCF−4X−T6025・1222−20	H−600×250×12×22	M20	40	90	18.36	85	17.28	16	40.82	16	32.66	20	65	7.96	60	7.34	9	18.03
CCF−4X−T6025・1225−20	H−600×250×12×25	M20	40	95	18.88	90	17.80	16	40.82	19	38.78	20	65	7.96	60	7.34	9	18.03
CCF−4X−T6025・1228−20	H−600×250×12×28	M20	48	100	23.23	95	21.98	19	57.42	19	45.94	20	65	7.96	60	7.34	9	18.03
CCF−4X−T6030・0919−20	H−600×300×9×19	M20	40	80	17.40	75	16.24	12	29.96	16	29.29	14	60	5.39	55	4.96	9	10.57
CCF−4X−T6030・1219−20	H−600×300×12×19	M20	40	80	17.40	75	16.24	12	29.96	16	29.29	20	65	7.96	60	7.34	9	18.03
CCF−4X−T6030・1222−20	H−600×300×12×22	M20	48	90	22.03	85	20.74	16	46.72	19	40.69	20	65	7.96	60	7.34	9	18.03
CCF−4X−T6030・1225−20	H−600×300×12×25	M20	48	100	23.23	95	21.98	19	55.48	19	40.69	20	65	7.96	60	7.34	9	18.03
CCF−4X−T6030・1228−20	H−600×300×12×28	M20	56	105	27.78	100	26.38	19	63.54	22	53.95	20	65	7.96	60	7.34	9	18.03

表−4.5.2 柱継手積算用諸元表 (3/10)

400N級鋼

●柱継手（定形H形鋼）

継手呼称	部材断面寸法	径 D	ボルト総数	フランジボルト JISボルト 首下 mm	JISボルト 質量 kg	トルシア形 首下 mm	トルシア形 質量 kg	フランジ添板 外フランジ 板厚 mm	外フランジ 質量 kg	内フランジ 板厚 mm	内フランジ 質量 kg	ウェブボルト ボルト総数	JISボルト 首下 mm	JISボルト 質量 kg	トルシア形 首下 mm	トルシア形 質量 kg	ウェブ添板 板厚 mm	ウェブ添板 質量 kg
CCF−4X−T6520·0912−20	H−650×200×9×12	M20	24	70	9.84	65	9.12	9	11.59	12	12.36	16	60	6.16	55	5.66	9	12.01
CCF−4X−T6520·0916−20	H−650×200×9×16	M20	24	75	10.13	70	9.43	12	15.45	12	12.36	16	60	6.16	55	5.66	9	12.01
CCF−4X−T6520·0919−20	H−650×200×9×19	M20	32	85	14.30	80	13.41	16	26.63	16	21.30	16	60	6.16	55	5.66	9	12.01
CCF−4X−T6520·0922−20	H−650×200×9×22	M20	32	90	14.69	85	13.82	16	26.63	16	21.30	16	60	6.16	55	5.66	9	12.01
CCF−4X−T6520·1216−20	H−650×200×12×16	M20	24	75	10.13	70	9.43	12	15.45	12	12.36	28	70	11.48	65	10.64	12	24.04
CCF−4X−T6520·1219−20	H−650×200×12×19	M20	32	85	14.30	80	13.41	16	26.63	16	21.30	28	70	11.48	65	10.64	12	24.04
CCF−4X−T6520·1222−20	H−650×200×12×22	M20	32	90	14.69	85	13.82	16	26.63	16	21.30	28	70	11.48	65	10.64	12	24.04
CCF−4X−T6520·1225−20	H−650×200×12×25	M20	32	95	15.10	90	14.24	16	26.63	19	25.30	28	70	11.48	65	10.64	12	24.04
CCF−4X−T6520·1228−20	H−650×200×12×28	M20	40	100	19.36	95	18.32	19	38.78	19	31.02	28	70	11.48	65	10.64	12	24.04
CCF−4X−T6525·0916−20	H−650×250×9×16	M20	32	75	13.50	70	12.58	12	24.96	12	19.97	16	60	6.16	55	5.66	9	12.01
CCF−4X−T6525·0919−20	H−650×250×9×19	M20	32	80	13.92	75	12.99	12	24.96	16	26.63	16	60	6.16	55	5.66	9	12.01
CCF−4X−T6525·1219−20	H−650×250×12×19	M20	32	80	13.92	75	12.99	12	24.96	16	26.63	28	70	11.48	65	10.64	12	24.04
CCF−4X−T6525·1222−20	H−650×250×12×22	M20	40	90	18.36	85	17.28	16	40.82	16	32.66	28	70	11.48	65	10.64	12	24.04
CCF−4X−T6525·1225−20	H−650×250×12×25	M20	40	95	18.88	90	17.80	16	40.82	19	38.78	28	70	11.48	65	10.64	12	24.04
CCF−4X−T6525·1228−20	H−650×250×12×28	M20	48	100	23.23	95	21.98	19	57.42	19	45.94	28	70	11.48	65	10.64	12	24.04
CCF−4X−T7020·0912−20	H−700×200×9×12	M20	24	70	9.84	65	9.12	9	11.59	12	12.36	16	60	6.16	55	5.66	9	12.01
CCF−4X−T7020·0916−20	H−700×200×9×16	M20	24	75	10.13	70	9.43	12	15.45	12	12.36	16	60	6.16	55	5.66	9	12.01
CCF−4X−T7020·0919−20	H−700×200×9×19	M20	32	85	14.30	80	13.41	16	26.63	16	21.30	16	60	6.16	55	5.66	9	12.01
CCF−4X−T7020·0922−20	H−700×200×9×22	M20	32	90	14.69	85	13.82	16	26.63	16	21.30	16	60	6.16	55	5.66	9	12.01
CCF−4X−T7020·1222−20	H−700×200×12×22	M20	32	90	14.69	85	13.82	16	26.63	16	21.30	24	65	9.55	60	8.81	9	21.72
CCF−4X−T7020·1225−20	H−700×200×12×25	M20	32	95	15.10	90	14.24	16	26.63	19	25.30	24	65	9.55	60	8.81	9	21.72
CCF−4X−T7020·1228−20	H−700×200×12×28	M20	40	100	19.36	95	18.32	19	38.78	19	31.02	24	65	9.55	60	8.81	9	21.72
CCF−4X−T7025·0916−20	H−700×250×9×16	M20	32	75	13.50	70	12.58	12	24.96	12	19.97	16	60	6.16	55	5.66	9	12.01
CCF−4X−T7025·0919−20	H−700×250×9×19	M20	32	80	13.92	75	12.99	12	24.96	16	26.63	16	60	6.16	55	5.66	9	12.01
CCF−4X−T7025·1219−20	H−700×250×12×19	M20	32	80	13.92	75	12.99	12	24.96	16	26.63	24	65	9.55	60	8.81	9	21.72
CCF−4X−T7025·1222−20	H−700×250×12×22	M20	40	90	18.36	85	17.28	16	40.82	16	32.66	24	65	9.55	60	8.81	9	21.72
CCF−4X−T7025·1225−20	H−700×250×12×25	M20	40	95	18.88	90	17.80	16	40.82	19	38.78	24	65	9.55	60	8.81	9	21.72
CCF−4X−T7025·1425−20	H−700×250×14×25	M20	40	95	18.88	90	17.80	16	40.82	19	38.78	28	80	12.18	75	11.37	16	32.05
CCF−4X−T7025·1428−20	H−700×250×14×28	M20	48	100	23.23	95	21.98	19	57.42	19	45.94	28	80	12.18	75	11.37	16	32.05
CCF−4X−T7030·0919−20	H−700×300×9×19	M20	40	80	17.40	75	16.24	12	29.96	16	29.29	16	60	6.16	55	5.66	9	12.01
CCF−4X−T7030·1219−20	H−700×300×12×19	M20	40	80	17.40	75	16.24	12	29.96	16	29.29	24	65	9.55	60	8.81	9	21.72
CCF−4X−T7030·1222−20	H−700×300×12×22	M20	48	90	22.03	85	20.74	16	46.72	19	40.69	24	65	9.55	60	8.81	9	21.72
CCF−4X−T7030·1422−20	H−700×300×14×22	M20	48	90	22.03	85	20.74	16	46.72	19	40.69	28	80	12.18	75	11.37	16	32.05
CCF−4X−T7030·1425−20	H−700×300×14×25	M20	48	100	23.23	95	21.98	19	55.48	19	40.69	28	80	12.18	75	11.37	16	32.05
CCF−4X−T7030·1428−20	H−700×300×14×28	M20	56	105	27.78	100	26.38	19	63.54	22	53.95	28	80	12.18	75	11.37	16	32.05
CCF−4X−T7520·0912−20	H−750×200×9×12	M20	24	70	9.84	65	9.12	9	11.59	12	12.36	18	60	6.93	55	6.37	9	13.45
CCF−4X−T7520·0916−20	H−750×200×9×16	M20	24	75	10.13	70	9.43	12	15.45	12	12.36	18	60	6.93	55	6.37	9	13.45
CCF−4X−T7520·0919−20	H−750×200×9×19	M20	32	85	14.30	80	13.41	16	26.63	16	21.30	18	60	6.93	55	6.37	9	13.45
CCF−4X−T7520·1219−20	H−750×200×12×19	M20	32	85	14.30	80	13.41	16	26.63	16	21.30	24	65	9.55	60	8.81	9	21.72
CCF−4X−T7520·1222−20	H−750×200×12×22	M20	32	90	14.69	85	13.82	16	26.63	16	21.30	24	65	9.55	60	8.81	9	21.72
CCF−4X−T7520·1225−20	H−750×200×12×25	M20	32	95	15.10	90	14.24	16	26.63	19	25.30	24	65	9.55	60	8.81	9	21.72
CCF−4X−T7520·1228−20	H−750×200×12×28	M20	40	100	19.36	95	18.32	19	38.78	19	31.02	24	65	9.55	60	8.81	9	21.72
CCF−4X−T7525·1216−20	H−750×250×12×16	M20	32	75	13.50	70	12.58	12	24.96	12	19.97	24	65	9.55	60	8.81	9	21.72
CCF−4X−T7525·1219−20	H−750×250×12×19	M20	40	85	17.88	80	16.76	16	40.82	16	32.66	24	65	9.55	60	8.81	9	21.72
CCF−4X−T7525·1222−20	H−750×250×12×22	M20	40	90	18.36	85	17.28	16	40.82	19	38.78	24	65	9.55	60	8.81	9	21.72
CCF−4X−T7525·1422−20	H−750×250×14×22	M20	40	90	18.36	85	17.28	16	40.82	19	38.78	32	75	13.50	70	12.58	12	27.32
CCF−4X−T7525·1425−20	H−750×250×14×25	M20	48	100	23.23	95	21.98	19	57.42	19	45.94	32	75	13.50	70	12.58	12	27.32
CCF−4X−T7525·1428−20	H−750×250×14×28	M20	48	105	23.81	100	22.61	19	57.42	22	53.19	32	75	13.50	70	12.58	12	27.32
CCF−4X−T8025·1422−20	H−800×250×14×22	M20	40	90	18.36	85	17.28	16	40.82	19	38.78	32	80	13.92	75	12.99	16	36.42
CCF−4X−T8025·1425−20	H−800×250×14×25	M20	48	100	23.23	95	21.98	19	57.42	19	45.94	32	80	13.92	75	12.99	16	36.42
CCF−4X−T8025·1625−20	H−800×250×16×25	M20	48	100	23.23	95	21.98	19	57.42	19	45.94	32	85	14.30	80	13.41	16	36.42
CCF−4X−T8025·1628−20	H−800×250×16×28	M20	48	105	23.81	100	22.61	19	57.42	22	53.19	32	85	14.30	80	13.41	16	36.42
CCF−4X−T8030·1422−20	H−800×300×14×22	M20	48	90	22.03	85	20.74	16	46.72	19	40.69	32	80	13.92	75	12.99	16	36.42
CCF−4X−T8030·1622−20	H−800×300×16×22	M20	48	90	22.03	85	20.74	16	46.72	19	40.69	32	85	14.30	80	13.41	16	36.42
CCF−4X−T8030·1625−20	H−800×300×16×25	M20	48	100	23.23	95	21.98	19	55.48	19	40.69	32	85	14.30	80	13.41	16	36.42
CCF−4X−T8030·1628−20	H−800×300×16×28	M20	56	105	27.78	100	26.38	19	63.54	22	53.95	32	85	14.30	80	13.41	16	36.42
CCF−4X−T8525·1422−20	H−850×250×14×22	M20	40	90	18.36	85	17.28	16	40.82	19	38.78	32	65	12.74	60	11.74	9	29.09
CCF−4X−T8525·1425−20	H−850×250×14×25	M20	48	100	23.23	95	21.98	19	57.42	19	45.94	32	65	12.74	60	11.74	9	29.09
CCF−4X−T8525·1625−20	H−850×250×16×25	M20	48	100	23.23	95	21.98	19	57.42	19	45.94	36	85	16.09	80	15.08	16	40.79
CCF−4X−T8525·1628−20	H−850×250×16×28	M20	48	105	23.81	100	22.61	19	57.42	22	53.19	36	85	16.09	80	15.08	16	40.79
CCF−4X−T9025·1619−20	H−900×250×16×19	M20	40	85	17.88	80	16.76	16	40.82	16	32.66	36	85	16.09	80	15.08	16	40.79
CCF−4X−T9025·1622−20	H−900×250×16×22	M20	40	90	18.36	85	17.28	16	40.82	19	38.78	36	85	16.09	80	15.08	16	40.79
CCF−4X−T9025·1625−20	H−900×250×16×25	M20	48	100	23.23	95	21.98	19	57.42	19	45.94	36	85	16.09	80	15.08	16	40.79
CCF−4X−T9025·1628−20	H−900×250×16×28	M20	48	105	23.81	100	22.61	19	57.42	22	53.19	36	85	16.09	80	15.08	16	40.79
CCF−4X−T9030·1619−20	H−900×300×16×19	M20	40	85	17.88	80	16.76	16	39.94	16	29.29	36	85	16.09	80	15.08	16	40.79
CCF−4X−T9030·1622−20	H−900×300×16×22	M20	48	90	22.03	85	20.74	16	46.72	19	40.69	36	85	16.09	80	15.08	16	40.79
CCF−4X−T9030·1625−20	H−900×300×16×25	M20	56	100	27.10	95	25.65	19	63.54	19	46.59	36	85	16.09	80	15.08	16	40.79
CCF−4X−T9030·1628−20	H−900×300×16×28	M20	56	105	27.78	100	26.38	19	63.54	22	53.95	36	85	16.09	80	15.08	16	40.79

表−4.5.2　柱継手積算用諸元表 (4/10)

●柱継手（定形H形鋼）

400N級鋼

継手呼称	部材断面寸法	径 *D*	フランジボルト					フランジ添板				ウェブボルト					ウェブ添板	
			ボルト総数	JISボルト		トルシア形		外フランジ		内フランジ		ボルト総数	JISボルト		トルシア形		板厚	質量
				首下	質量	首下	質量	板厚	質量	板厚	質量		首下	質量	首下	質量		
				mm	kg	mm	kg	mm	kg	mm	kg		mm	kg	mm	kg	mm	kg
CCF−4X−T4020･0912−22	H−400×200×9×12	M22	24	70	13.32	65	12.19	9	11.59	9	9.27	8	65	4.32	60	3.94	9	6.25
CCF−4X−T4020･0916−22	H−400×200×9×16	M22	24	80	14.04	75	12.91	12	15.45	12	12.36	8	65	4.32	60	3.94	9	6.25
CCF−4X−T4020･0919−22	H−400×200×9×19	M22	24	85	14.40	80	13.27	12	15.45	16	16.48	8	65	4.32	60	3.94	9	6.25
CCF−4X−T4020･0922−22	H−400×200×9×22	M22	24	95	15.12	90	13.99	16	20.60	16	16.48	8	65	4.32	60	3.94	9	6.25
CCF−4X−T4020･1222−22	H−400×200×12×22	M22	24	95	15.12	90	13.99	16	20.60	16	16.48	12	75	6.84	70	6.28	12	14.21
CCF−4X−T4520･0912−22	H−450×200×9×12	M22	24	70	13.32	65	12.19	9	11.59	9	9.27	10	65	5.40	60	4.93	9	7.69
CCF−4X−T4520･0916−22	H−450×200×9×16	M22	24	80	14.04	75	12.91	12	15.45	12	12.36	10	65	5.40	60	4.93	9	7.69
CCF−4X−T4520･0919−22	H−450×200×9×19	M22	24	85	14.40	80	13.27	12	15.45	16	16.48	10	65	5.40	60	4.93	9	7.69
CCF−4X−T4520･0922−22	H−450×200×9×22	M22	24	95	15.12	90	13.99	16	20.60	16	16.48	10	65	5.40	60	4.93	9	7.69
CCF−4X−T4520･1216−22	H−450×200×12×16	M22	24	80	14.04	75	12.91	12	15.45	12	12.36	10	70	5.55	65	5.08	9	7.69
CCF−4X−T4520･1219−22	H−450×200×12×19	M22	24	85	14.40	80	13.27	12	15.45	16	16.48	10	70	5.55	65	5.08	9	7.69
CCF−4X−T4520･1222−22	H−450×200×12×22	M22	24	95	15.12	90	13.99	16	20.60	16	16.48	10	70	5.55	65	5.08	9	7.69
CCF−4X−T4520･1225−22	H−450×200×12×25	M22	24	95	15.12	90	13.99	16	20.60	16	16.48	10	70	5.55	65	5.08	9	7.69
CCF−4X−T4525･0912−22	H−450×250×9×12	M22	24	70	13.32	65	12.19	9	14.48	9	11.59	10	65	5.40	60	4.93	9	7.69
CCF−4X−T4525･0916−22	H−450×250×9×16	M22	24	80	14.04	75	12.91	12	19.31	12	15.45	10	65	5.40	60	4.93	9	7.69
CCF−4X−T4525･0919−22	H−450×250×9×19	M22	32	85	19.20	80	17.70	12	24.96	16	26.63	10	65	5.40	60	4.93	9	7.69
CCF−4X−T4525･0922−22	H−450×250×9×22	M22	32	95	20.16	90	18.66	16	33.28	16	26.63	10	65	5.40	60	4.93	9	7.69
CCF−4X−T4525･1222−22	H−450×250×12×22	M22	32	95	20.16	90	18.66	16	33.28	16	26.63	10	70	5.55	65	5.08	9	7.69
CCF−4X−T4525･1225−22	H−450×250×12×25	M22	32	100	20.61	95	19.14	16	33.28	19	31.62	10	70	5.55	65	5.08	9	7.69
CCF−4X−T4525･1228−22	H−450×250×12×28	M22	40	105	26.36	100	24.52	19	48.47	19	38.78	10	70	5.55	65	5.08	9	7.69
CCF−4X−T5020･0912−22	H−500×200×9×12	M22	24	70	13.32	65	12.19	9	11.59	9	9.27	10	65	5.40	60	4.93	9	7.69
CCF−4X−T5020･0916−22	H−500×200×9×16	M22	24	80	14.04	75	12.91	12	15.45	12	12.36	10	65	5.40	60	4.93	9	7.69
CCF−4X−T5020･0919−22	H−500×200×9×19	M22	24	85	14.40	80	13.27	12	15.45	16	16.48	10	65	5.40	60	4.93	9	7.69
CCF−4X−T5020･0922−22	H−500×200×9×22	M22	24	95	15.12	90	13.99	16	20.60	16	16.48	10	65	5.40	60	4.93	9	7.69
CCF−4X−T5020･1216−22	H−500×200×12×16	M22	24	80	14.04	75	12.91	12	15.45	12	12.36	16	70	8.88	65	8.13	9	14.34
CCF−4X−T5020･1219−22	H−500×200×12×19	M22	24	85	14.40	80	13.27	12	15.45	16	16.48	16	70	8.88	65	8.13	9	14.34
CCF−4X−T5020･1222−22	H−500×200×12×22	M22	24	95	15.12	90	13.99	16	20.60	16	16.48	16	70	8.88	65	8.13	9	14.34
CCF−4X−T5020･1225−22	H−500×200×12×25	M22	24	95	15.12	90	13.99	16	20.60	16	16.48	16	70	8.88	65	8.13	9	14.34
CCF−4X−T5025･0912−22	H−500×250×9×12	M22	24	70	13.32	65	12.19	9	14.48	9	11.59	10	65	5.40	60	4.93	9	7.69
CCF−4X−T5025･0916−22	H−500×250×9×16	M22	24	80	14.04	75	12.91	12	19.31	12	15.45	10	65	5.40	60	4.93	9	7.69
CCF−4X−T5025･0919−22	H−500×250×9×19	M22	32	85	19.20	80	17.70	12	24.96	16	26.63	10	65	5.40	60	4.93	9	7.69
CCF−4X−T5025･0922−22	H−500×250×9×22	M22	32	95	20.16	90	18.66	16	33.28	16	26.63	10	65	5.40	60	4.93	9	7.69
CCF−4X−T5025･1222−22	H−500×250×12×22	M22	32	95	20.16	90	18.66	16	33.28	16	26.63	16	70	8.88	65	8.13	9	14.34
CCF−4X−T5025･1225−22	H−500×250×12×25	M22	32	100	20.61	95	19.14	16	33.28	19	31.62	16	70	8.88	65	8.13	9	14.34
CCF−4X−T5025･1228−22	H−500×250×12×28	M22	40	105	26.36	100	24.52	19	48.47	19	38.78	16	70	8.88	65	8.13	9	14.34
CCF−4X−T5520･0912−22	H−550×200×9×12	M22	24	70	13.32	65	12.19	9	11.59	9	9.27	12	65	6.48	60	5.92	9	9.13
CCF−4X−T5520･0916−22	H−550×200×9×16	M22	24	80	14.04	75	12.91	12	15.45	12	12.36	12	65	6.48	60	5.92	9	9.13
CCF−4X−T5520･0919−22	H−550×200×9×19	M22	24	85	14.40	80	13.27	12	15.45	16	16.48	12	65	6.48	60	5.92	9	9.13
CCF−4X−T5520･0922−22	H−550×200×9×22	M22	24	95	15.12	90	13.99	16	20.60	16	16.48	12	65	6.48	60	5.92	9	9.13
CCF−4X−T5520･1216−22	H−550×200×12×16	M22	24	80	14.04	75	12.91	12	15.45	12	12.36	16	75	9.12	70	8.37	12	19.12
CCF−4X−T5520･1219−22	H−550×200×12×19	M22	24	85	14.40	80	13.27	12	15.45	16	16.48	16	75	9.12	70	8.37	12	19.12
CCF−4X−T5520･1222−22	H−550×200×12×22	M22	24	95	15.12	90	13.99	16	20.60	16	16.48	16	75	9.12	70	8.37	12	19.12
CCF−4X−T5520･1225−22	H−550×200×12×25	M22	24	95	15.12	90	13.99	16	20.60	16	16.48	16	75	9.12	70	8.37	12	19.12
CCF−4X−T5525･0912−22	H−550×250×9×12	M22	24	70	13.32	65	12.19	9	14.48	9	11.59	12	65	6.48	60	5.92	9	9.13
CCF−4X−T5525･0916−22	H−550×250×9×16	M22	24	80	14.04	75	12.91	12	19.31	12	15.45	12	65	6.48	60	5.92	9	9.13
CCF−4X−T5525･0919−22	H−550×250×9×19	M22	32	85	19.20	80	17.70	12	24.96	16	26.63	12	65	6.48	60	5.92	9	9.13
CCF−4X−T5525･0922−22	H−550×250×9×22	M22	32	95	20.16	90	18.66	16	33.28	16	26.63	12	65	6.48	60	5.92	9	9.13
CCF−4X−T5525･1222−22	H−550×250×12×22	M22	32	95	20.16	90	18.66	16	33.28	16	26.63	16	75	9.12	70	8.37	12	19.12
CCF−4X−T5525･1225−22	H−550×250×12×25	M22	32	100	20.61	95	19.14	16	33.28	19	31.62	16	75	9.12	70	8.37	12	19.12
CCF−4X−T5525･1228−22	H−550×250×12×28	M22	40	105	26.36	100	24.52	19	48.47	19	38.78	16	75	9.12	70	8.37	12	19.12
CCF−4X−T6020･0912−22	H−600×200×9×12	M22	24	75	13.68	70	12.55	9	11.59	12	12.36	12	65	6.48	60	5.92	9	9.13
CCF−4X−T6020･0916−22	H−600×200×9×16	M22	24	80	14.04	75	12.91	12	15.45	12	12.36	12	65	6.48	60	5.92	9	9.13
CCF−4X−T6020･0919−22	H−600×200×9×19	M22	24	90	14.76	85	13.63	16	20.60	16	16.48	12	65	6.48	60	5.92	9	9.13
CCF−4X−T6020･0922−22	H−600×200×9×22	M22	24	95	15.12	90	13.99	16	20.60	16	16.48	12	65	6.48	60	5.92	9	9.13
CCF−4X−T6020･1216−22	H−600×200×12×16	M22	24	80	14.04	75	12.91	12	15.45	12	12.36	14	75	7.98	70	7.32	12	14.09
CCF−4X−T6020･1219−22	H−600×200×12×19	M22	24	90	14.76	85	13.63	16	20.60	16	16.48	14	75	7.98	70	7.32	12	14.09
CCF−4X−T6020･1222−22	H−600×200×12×22	M22	24	95	15.12	90	13.99	16	20.60	16	16.48	14	75	7.98	70	7.32	12	14.09
CCF−4X−T6020･1225−22	H−600×200×12×25	M22	32	100	20.61	95	19.14	16	26.63	19	25.30	14	75	7.98	70	7.32	12	14.09
CCF−4X−T6020･1228−22	H−600×200×12×28	M22	32	105	21.09	100	19.62	19	31.62	19	25.30	14	75	7.98	70	7.32	12	14.09
CCF−4X−T6025･0916−22	H−600×250×9×16	M22	24	80	14.04	75	12.91	12	19.31	12	15.45	12	65	6.48	60	5.92	9	9.13
CCF−4X−T6025･0919−22	H−600×250×9×19	M22	32	85	19.20	80	17.70	12	24.96	16	26.63	12	65	6.48	60	5.92	9	9.13
CCF−4X−T6025･1219−22	H−600×250×12×19	M22	32	85	19.20	80	17.70	12	24.96	16	26.63	14	75	7.98	70	7.32	12	14.09
CCF−4X−T6025･1222−22	H−600×250×12×22	M22	32	95	20.16	90	18.66	16	33.28	16	26.63	14	75	7.98	70	7.32	12	14.09
CCF−4X−T6025･1225−22	H−600×250×12×25	M22	32	100	20.61	95	19.14	16	33.28	19	31.62	14	75	7.98	70	7.32	12	14.09
CCF−4X−T6025･1228−22	H−600×250×12×28	M22	40	105	26.36	100	24.52	19	48.47	19	38.78	14	75	7.98	70	7.32	12	14.09
CCF−4X−T6030･0919−22	H−600×300×9×19	M22	32	85	19.20	80	17.70	12	24.87	16	24.32	12	65	6.48	60	5.92	9	9.13
CCF−4X−T6030･1219−22	H−600×300×12×19	M22	32	85	19.20	80	17.70	12	24.87	16	24.32	14	75	7.98	70	7.32	12	14.09
CCF−4X−T6030･1222−22	H−600×300×12×22	M22	40	95	25.20	90	23.32	16	39.94	19	34.78	14	75	7.98	70	7.32	12	14.09
CCF−4X−T6030･1225−22	H−600×300×12×25	M22	40	105	26.36	100	24.52	19	47.43	19	34.78	14	75	7.98	70	7.32	12	14.09
CCF−4X−T6030･1228−22	H−600×300×12×28	M22	48	110	32.35	105	30.14	19	55.48	22	47.11	14	75	7.98	70	7.32	12	14.09

400N級鋼

●柱継手（定形H形鋼）

継手呼称	部材断面寸法	径 D	フランジボルト ボルト総数	フランジボルト JISボルト 首下 mm	フランジボルト JISボルト 質量 kg	フランジボルト トルシア形 首下 mm	フランジボルト トルシア形 質量 kg	フランジ添板 外フランジ 板厚 mm	フランジ添板 外フランジ 質量 kg	フランジ添板 内フランジ 板厚 mm	フランジ添板 内フランジ 質量 kg	ウェブボルト ボルト総数	ウェブボルト JISボルト 首下 mm	ウェブボルト JISボルト 質量 kg	ウェブボルト トルシア形 首下 mm	ウェブボルト トルシア形 質量 kg	ウェブ添板 板厚 mm	ウェブ添板 質量 kg
CCF−4X−T6520•0912−22	H−650×200×9×12	M22	24	75	13.68	70	12.55	9	11.59	12	12.36	12	60	6.30	55	5.74	6	8.49
CCF−4X−T6520•0916−22	H−650×200×9×16	M22	24	80	14.04	75	12.91	12	15.45	12	12.36	12	60	6.30	55	5.74	6	8.49
CCF−4X−T6520•0919−22	H−650×200×9×19	M22	24	90	14.76	85	13.63	16	20.60	16	16.48	12	60	6.30	55	5.74	6	8.49
CCF−4X−T6520•0922−22	H−650×200×9×22	M22	24	95	15.12	90	13.99	16	20.60	16	16.48	12	60	6.30	55	5.74	6	8.49
CCF−4X−T6520•1216−22	H−650×200×12×16	M22	24	80	14.04	75	12.91	12	15.45	12	12.36	16	70	8.88	65	8.13	9	12.01
CCF−4X−T6520•1219−22	H−650×200×12×19	M22	24	90	14.76	85	13.63	16	20.60	16	16.48	16	70	8.88	65	8.13	9	12.01
CCF−4X−T6520•1222−22	H−650×200×12×22	M22	24	95	15.12	90	13.99	16	20.60	16	16.48	16	70	8.88	65	8.13	9	12.01
CCF−4X−T6520•1225−22	H−650×200×12×25	M22	32	100	20.61	95	19.14	16	26.63	19	25.30	16	70	8.88	65	8.13	9	12.01
CCF−4X−T6520•1228−22	H−650×200×12×28	M22	32	105	21.09	100	19.62	19	31.62	19	25.30	16	70	8.88	65	8.13	9	12.01
CCF−4X−T6525•0916−22	H−650×250×9×16	M22	24	80	14.04	75	12.91	12	19.31	12	15.45	12	60	6.30	55	5.74	6	8.49
CCF−4X−T6525•0919−22	H−650×250×9×19	M22	32	85	19.20	80	17.70	12	24.96	16	26.63	12	60	6.30	55	5.74	6	8.49
CCF−4X−T6525•1219−22	H−650×250×12×19	M22	32	85	19.20	80	17.70	12	24.96	16	26.63	16	70	8.88	65	8.13	9	12.01
CCF−4X−T6525•1222−22	H−650×250×12×22	M22	32	95	20.16	90	18.66	16	33.28	16	26.63	16	70	8.88	65	8.13	9	12.01
CCF−4X−T6525•1225−22	H−650×250×12×25	M22	32	100	20.61	95	19.14	16	33.28	19	31.62	16	70	8.88	65	8.13	9	12.01
CCF−4X−T6525•1228−22	H−650×250×12×28	M22	40	105	26.36	100	24.52	19	48.47	19	38.78	16	70	8.88	65	8.13	9	12.01
CCF−4X−T7020•0912−22	H−700×200×9×12	M22	24	75	13.68	70	12.55	9	11.59	12	12.36	14	65	7.56	60	6.90	9	10.57
CCF−4X−T7020•0916−22	H−700×200×9×16	M22	24	80	14.04	75	12.91	12	15.45	12	12.36	14	65	7.56	60	6.90	9	10.57
CCF−4X−T7020•0919−22	H−700×200×9×19	M22	24	90	14.76	85	13.63	16	20.60	16	16.48	14	65	7.56	60	6.90	9	10.57
CCF−4X−T7020•0922−22	H−700×200×9×22	M22	24	95	15.12	90	13.99	16	20.60	16	16.48	14	65	7.56	60	6.90	9	10.57
CCF−4X−T7020•1222−22	H−700×200×12×22	M22	24	95	15.12	90	13.99	16	20.60	16	16.48	16	75	9.12	70	8.37	12	16.01
CCF−4X−T7020•1225−22	H−700×200×12×25	M22	32	100	20.61	95	19.14	16	26.63	19	25.30	16	75	9.12	70	8.37	12	16.01
CCF−4X−T7020•1228−22	H−700×200×12×28	M22	32	105	21.09	100	19.62	19	31.62	19	25.30	16	75	9.12	70	8.37	12	16.01
CCF−4X−T7025•0916−22	H−700×250×9×16	M22	24	80	14.04	75	12.91	12	19.31	12	15.45	14	65	7.56	60	6.90	9	10.57
CCF−4X−T7025•0919−22	H−700×250×9×19	M22	32	85	19.20	80	17.70	12	24.96	16	26.63	14	65	7.56	60	6.90	9	10.57
CCF−4X−T7025•1219−22	H−700×250×12×19	M22	32	85	19.20	80	17.70	12	24.96	16	26.63	16	75	9.12	70	8.37	12	16.01
CCF−4X−T7025•1222−22	H−700×250×12×22	M22	32	95	20.16	90	18.66	16	33.28	16	26.63	16	75	9.12	70	8.37	12	16.01
CCF−4X−T7025•1225−22	H−700×250×12×25	M22	32	100	20.61	95	19.14	16	33.28	19	31.62	16	75	9.12	70	8.37	12	16.01
CCF−4X−T7025•1425−22	H−700×250×14×25	M22	32	100	20.61	95	19.14	16	33.28	19	31.62	18	70	9.99	65	9.14	9	13.45
CCF−4X−T7025•1428−22	H−700×250×14×28	M22	40	105	26.36	100	24.52	19	48.47	19	38.78	18	70	9.99	65	9.14	9	13.45
CCF−4X−T7030•0919−22	H−700×300×9×19	M22	32	85	19.20	80	17.70	12	24.87	16	24.32	14	65	7.56	60	6.90	9	10.57
CCF−4X−T7030•1219−22	H−700×300×12×19	M22	32	85	19.20	80	17.70	12	24.87	16	24.32	16	75	9.12	70	8.37	12	16.01
CCF−4X−T7030•1222−22	H−700×300×12×22	M22	40	95	25.20	90	23.32	16	39.94	19	34.78	16	75	9.12	70	8.37	12	16.01
CCF−4X−T7030•1422−22	H−700×300×14×22	M22	40	95	25.20	90	23.32	16	39.94	19	34.78	18	70	9.99	65	9.14	9	13.45
CCF−4X−T7030•1425−22	H−700×300×14×25	M22	40	105	26.36	100	24.52	19	47.43	19	34.78	18	70	9.99	65	9.14	9	13.45
CCF−4X−T7030•1428−22	H−700×300×14×28	M22	48	110	32.35	105	30.14	19	55.48	22	47.11	18	70	9.99	65	9.14	9	13.45
CCF−4X−T7520•0912−22	H−750×200×9×12	M22	24	75	13.68	70	12.55	9	11.59	12	12.36	14	60	7.35	55	6.69	6	9.93
CCF−4X−T7520•0916−22	H−750×200×9×16	M22	24	80	14.04	75	12.91	12	15.45	12	12.36	14	60	7.35	55	6.69	6	9.93
CCF−4X−T7520•0919−22	H−750×200×9×19	M22	24	90	14.76	85	13.63	16	20.60	16	16.48	14	60	7.35	55	6.69	6	9.93
CCF−4X−T7520•1219−22	H−750×200×12×19	M22	24	90	14.76	85	13.63	16	20.60	16	16.48	18	70	9.99	65	9.14	9	13.45
CCF−4X−T7520•1222−22	H−750×200×12×22	M22	24	95	15.12	90	13.99	16	20.60	16	16.48	18	70	9.99	65	9.14	9	13.45
CCF−4X−T7520•1225−22	H−750×200×12×25	M22	32	100	20.61	95	19.14	16	26.63	19	25.30	18	70	9.99	65	9.14	9	13.45
CCF−4X−T7520•1228−22	H−750×200×12×28	M22	32	105	21.09	100	19.62	19	31.62	19	25.30	18	70	9.99	65	9.14	9	13.45
CCF−4X−T7525•1216−22	H−750×250×12×16	M22	24	80	14.04	75	12.91	12	19.31	12	15.45	18	70	9.99	65	9.14	9	13.45
CCF−4X−T7525•1219−22	H−750×250×12×19	M22	32	90	19.68	85	18.18	16	33.28	16	26.63	18	70	9.99	65	9.14	9	13.45
CCF−4X−T7525•1222−22	H−750×250×12×22	M22	32	95	20.16	90	18.66	16	33.28	19	31.62	18	70	9.99	65	9.14	9	13.45
CCF−4X−T7525•1422−22	H−750×250×14×22	M22	32	95	20.16	90	18.66	16	33.28	19	31.62	20	70	11.10	65	10.16	9	14.89
CCF−4X−T7525•1425−22	H−750×250×14×25	M22	40	105	26.36	100	24.52	19	48.47	19	38.78	20	70	11.10	65	10.16	9	14.89
CCF−4X−T7525•1428−22	H−750×250×14×28	M22	40	110	26.96	105	25.12	19	48.47	22	44.90	20	70	11.10	65	10.16	9	14.89
CCF−4X−T8025•1422−22	H−800×250×14×22	M22	32	95	20.16	90	18.66	16	33.28	19	31.62	24	80	14.04	75	12.91	12	28.96
CCF−4X−T8025•1425−22	H−800×250×14×25	M22	40	105	26.36	100	24.52	19	48.47	19	38.78	24	80	14.04	75	12.91	12	28.96
CCF−4X−T8025•1625−22	H−800×250×16×25	M22	40	105	26.36	100	24.52	19	48.47	19	38.78	28	80	16.38	75	15.06	12	33.87
CCF−4X−T8025•1628−22	H−800×250×16×28	M22	40	110	26.96	105	25.12	19	48.47	22	44.90	28	80	16.38	75	15.06	12	33.87
CCF−4X−T8030•1422−22	H−800×300×14×22	M22	40	95	25.20	90	23.32	16	39.94	19	34.78	24	80	14.04	75	12.91	12	28.96
CCF−4X−T8030•1622−22	H−800×300×16×22	M22	40	95	25.20	90	23.32	16	39.94	19	34.78	28	80	16.38	75	15.06	12	33.87
CCF−4X−T8030•1625−22	H−800×300×16×25	M22	40	105	26.36	100	24.52	19	47.43	19	34.78	28	80	16.38	75	15.06	12	33.87
CCF−4X−T8030•1628−22	H−800×300×16×28	M22	48	110	32.35	105	30.14	19	55.48	22	47.11	28	80	16.38	75	15.06	12	33.87
CCF−4X−T8525•1422−22	H−850×250×14×22	M22	32	95	20.16	90	18.66	16	33.28	19	31.62	22	80	12.87	75	11.84	12	21.78
CCF−4X−T8525•1425−22	H−850×250×14×25	M22	40	105	26.36	100	24.52	19	48.47	19	38.78	22	80	12.87	75	11.84	12	21.78
CCF−4X−T8525•1625−22	H−850×250×16×25	M22	40	105	26.36	100	24.52	19	48.47	19	38.78	32	80	18.72	75	17.22	12	38.79
CCF−4X−T8525•1628−22	H−850×250×16×28	M22	40	110	26.96	105	25.12	19	48.47	22	44.90	32	80	18.72	75	17.22	12	38.79
CCF−4X−T9025•1619−22	H−900×250×16×19	M22	32	90	19.68	85	18.18	16	33.28	16	26.63	32	80	18.72	75	17.22	12	38.79
CCF−4X−T9025•1622−22	H−900×250×16×22	M22	32	95	20.16	90	18.66	16	33.28	19	31.62	32	80	18.72	75	17.22	12	38.79
CCF−4X−T9025•1625−22	H−900×250×16×25	M22	40	105	26.36	100	24.52	19	48.47	19	38.78	32	80	18.72	75	17.22	12	38.79
CCF−4X−T9025•1628−22	H−900×250×16×28	M22	40	110	26.96	105	25.12	19	48.47	22	44.90	32	80	18.72	75	17.22	12	38.79
CCF−4X−T9030•1619−22	H−900×300×16×19	M22	32	90	19.68	85	18.18	16	33.16	16	24.32	32	80	18.72	75	17.22	12	38.79
CCF−4X−T9030•1622−22	H−900×300×16×22	M22	40	95	25.20	90	23.32	16	39.94	19	34.78	32	80	18.72	75	17.22	12	38.79
CCF−4X−T9030•1625−22	H−900×300×16×25	M22	40	105	26.36	100	24.52	19	47.43	19	34.78	32	80	18.72	75	17.22	12	38.79
CCF−4X−T9030•1628−22	H−900×300×16×28	M22	48	110	32.35	105	30.14	19	55.48	22	47.11	32	80	18.72	75	17.22	12	38.79

表−4.5.2　柱継手積算用諸元表 (6/10)

●柱継手（一般H形鋼）

490N級鋼

継手呼称	部材断面寸法	径 D	フランジボルト					フランジ添板				ウェブボルト					ウェブ添板	
			ボルト総数	JISボルト		トルシア形		外フランジ		内フランジ		ボルト総数	JISボルト		トルシア形		板厚	質量
				首下	質量	首下	質量	板厚	質量	板厚	質量		首下	質量	首下	質量		
				mm	kg	mm	kg	mm	kg	mm	kg		mm	kg	mm	kg	mm	kg
CCF−5X−J1010•0609−16	H−100×100×6×8	M16	24	55	5.40	50	4.97	16	10.30	0	0.00	4	55	0.90	50	0.83	9	2.47
CCF−5X−J1212•0609−16	H−125×125×6.5×9	M16	32	50	6.94	45	6.37	12	12.48	0	0.00	6	50	1.30	45	1.19	6	3.54
CCF−5X−J1510•0609−16	H−148×100×6×9	M16	24	55	5.40	50	4.97	16	10.30	0	0.00	6	55	1.35	50	1.24	9	4.63
CCF−5X−J1515•0609−16	H−150×150×7×10	M16	24	60	5.59	55	5.16	9	8.69	9	6.95	6	55	1.35	50	1.24	9	4.63
CCF−5X−J1717•0912−16	H−175×175×7.5×11	M16	24	60	5.59	55	5.16	9	10.14	9	8.11	8	55	1.80	50	1.66	9	5.99
CCF−5X−J2010•0609−16	H−200×100×5.5×8	M16	24	55	5.40	50	4.97	16	10.30	0	0.00	8	50	1.74	45	1.59	6	3.82
CCF−5X−J2015•0609−16	H−194×150×6×9	M16	24	55	5.40	50	4.97	9	8.69	9	6.95	8	50	1.74	45	1.59	6	4.62
CCF−5X−J2512•0609−16	H−250×125×6×9	M16	32	50	6.94	45	6.37	12	12.48	0	0.00	12	55	2.70	50	2.48	9	8.11
CCF−5X−J2517•0612−16	H−244×175×7×11	M16	32	60	7.46	55	6.88	9	13.11	9	10.48	12	55	2.70	50	2.48	9	8.11
CCF−5X−J3015•0609−16	H−300×150×6.5×9	M16	24	55	5.40	50	4.97	9	8.69	9	6.95	12	50	2.60	45	2.39	6	5.46
CCF−5X−J3517•0612−16	H−350×175×7×11	M16	32	60	7.46	55	6.88	9	13.11	9	10.48	16	50	3.47	45	3.18	6	7.10
CCF−5X−J1515•0609−20	H−150×150×7×10	M20	16	65	6.37	60	5.87	9	6.15	9	4.92	4	60	1.54	55	1.42	9	3.96
CCF−5X−J1717•0912−20	H−175×175×7.5×11	M20	16	65	6.37	60	5.87	9	7.17	9	5.74	6	60	2.31	55	2.12	9	4.63
CCF−5X−J2015•0609−20	H−194×150×6×9	M20	16	60	6.16	55	5.66	9	6.15	9	4.92	4	55	1.49	50	1.36	6	3.03
CCF−5X−J2020•0912−20	H−200×200×8×12	M20	24	65	9.55	60	8.81	9	11.59	9	9.27	8	55	2.98	50	2.73	6	4.62
CCF−5X−J2517•0612−20	H−244×175×7×11	M20	16	65	6.37	60	5.87	9	7.17	9	5.74	8	60	3.08	55	2.83	9	5.74
CCF−5X−J2525•0916−20	H−250×250×9×14	M20	40	75	16.88	70	15.72	12	30.62	12	24.49	8	60	3.08	55	2.83	9	5.74
CCF−5X−J3015•0609−20	H−300×150×6.5×9	M20	16	60	6.16	55	5.66	9	6.15	9	4.92	8	55	2.98	50	2.73	6	5.46
CCF−5X−J3020•0912−20	H−294×200×8×12	M20	24	65	9.55	60	8.81	9	11.59	9	9.27	12	60	4.62	55	4.25	9	8.20
CCF−5X−J3030•0916−20	H−300×300×10×15	M20	40	70	16.40	65	15.20	9	22.47	12	21.97	12	65	4.78	60	4.40	9	8.20
CCF−5X−J3517•0612−20	H−350×175×7×11	M20	16	65	6.37	60	5.87	9	7.17	9	5.74	8	55	2.98	50	2.73	6	4.16
CCF−5X−J3525•0916−20	H−340×250×9×14	M20	40	75	16.88	70	15.72	12	30.62	12	24.49	12	70	4.92	65	4.56	12	10.93
CCF−5X−J3535•1219−20	H−350×350×12×19	M20	48	80	20.88	75	19.49	12	27.04	12	21.63	18	70	7.38	65	6.84	12	15.45
CCF−5X−J4020•0912−20	H−400×200×8×13	M20	24	65	9.55	60	8.81	9	11.59	9	9.27	16	60	6.16	55	5.66	9	10.65
CCF−5X−J4030•0916−20	H−390×300×10×16	M20	40	75	16.88	70	15.72	12	29.96	12	21.97	16	65	6.37	60	5.87	9	10.65
CCF−5X−J4040•1422−20	H−400×400×13×21	M20	80	85	35.76	80	33.52	12	48.98	16	55.52	18	70	7.38	65	6.84	12	20.08
CCF−5X−J4040•1928−20	H−414×405×18×28	M20	96	95	45.31	90	42.72	16	77.37	16	65.76	32	85	14.30	80	13.41	16	34.62
CCF−5X−J4040•1935−20	H−428×407×20×35	M20	112	110	57.01	105	54.21	19	106.19	22	104.52	32	85	14.30	80	13.41	16	34.62
CCF−5X−J4520•0916−20	H−450×200×9×14	M20	32	75	13.50	70	12.58	12	19.97	12	15.98	20	60	7.70	55	7.08	9	13.11
CCF−5X−J4530•1219−20	H−440×300×11×18	M20	48	75	20.26	70	18.86	12	35.04	12	25.70	20	65	7.96	60	7.34	9	13.11
CCF−5X−J5020•0916−20	H−500×200×10×16	M20	32	75	13.50	70	12.58	12	19.97	12	15.98	20	65	7.96	60	7.34	9	13.11
CCF−5X−J5030•1219−20	H−488×300×11×18	M20	48	75	20.26	70	18.86	12	35.04	12	25.70	20	70	8.20	65	7.60	12	17.48
CCF−5X−J6020•1216−20	H−600×200×11×17	M20	32	75	13.50	70	12.58	12	19.97	12	15.98	28	70	11.48	65	10.64	12	24.04
CCF−5X−J6030•1219−20	H−588×300×12×20	M20	56	85	25.03	80	23.46	12	40.13	16	39.24	28	70	11.48	65	10.64	12	24.04
CCF−5X−J7030•1425−20	H−700×300×13×24	M20	72	95	33.98	90	32.04	19	79.65	19	58.41	32	70	13.12	65	12.16	12	27.32
CCF−5X−J8030•1425−20	H−800×300×14×26	M20	72	100	34.85	95	32.98	19	79.65	19	58.41	40	75	16.88	70	15.72	12	33.87
CCF−5X−J9030•1622−20	H−890×299×15×23	M20	64	95	30.21	90	28.48	16	60.29	19	52.50	48	75	20.26	70	18.86	12	40.43
CCF−5X−J9030•1628−20	H−900×300×16×28	M20	80	105	39.68	100	37.68	19	87.70	22	74.47	48	75	20.26	70	18.86	12	40.43
CCF−5X−J9030•1934−20	H−912×302×18×34	M20	88	120	46.90	115	44.88	25	125.99	25	92.39	60	85	26.82	80	25.14	16	63.86
CCF−5X−J9030•1937−20	H−918×303×19×37	M20	96	125	52.42	120	50.21	25	136.59	28	112.19	60	85	26.82	80	25.14	16	63.86
CCF−5X−J2020•0912−22	H−200×200×8×12	M22	24	70	13.32	65	12.19	9	11.59	9	9.27	4	60	2.10	55	1.91	6	2.24
CCF−5X−J2525•0916−22	H−250×250×9×14	M22	32	80	18.72	75	17.22	12	24.96	12	19.97	8	65	4.32	60	3.94	9	5.74
CCF−5X−J3020•0912−22	H−294×200×8×12	M22	16	70	8.88	65	8.13	9	8.20	9	6.56	8	65	4.32	60	3.94	9	8.20
CCF−5X−J3030•0916−22	H−300×300×10×15	M22	32	75	18.24	70	16.74	9	18.65	12	18.24	12	70	6.66	65	6.10	9	8.20
CCF−5X−J3525•0916−22	H−340×250×9×14	M22	32	80	18.72	75	17.22	12	24.96	12	19.97	12	75	6.84	70	6.28	12	10.93
CCF−5X−J3535•1219−22	H−350×350×12×19	M22	48	85	28.80	80	26.54	12	27.04	12	21.63	12	75	6.84	70	6.28	12	10.93
CCF−5X−J4020•0912−22	H−400×200×8×13	M22	24	70	13.32	65	12.19	9	11.59	9	9.27	12	65	6.48	60	5.92	9	10.65
CCF−5X−J4030•0916−22	H−390×300×10×16	M22	32	80	18.72	75	17.22	12	24.87	12	18.24	12	70	6.66	65	6.10	9	10.65
CCF−5X−J4040•1422−22	H−400×400×13×21	M22	64	90	39.36	85	36.35	12	39.94	16	45.27	16	75	9.12	70	8.37	12	14.21
CCF−5X−J4040•1928−22	H−414×405×18×28	M22	80	100	51.52	95	47.84	16	65.31	16	55.52	24	90	14.76	85	13.63	16	26.78
CCF−5X−J4040•1935−22	H−428×407×20×35	M22	96	115	66.14	110	61.73	19	91.88	22	90.43	24	90	14.76	85	13.63	16	26.78
CCF−5X−J4520•0916−22	H−450×200×9×14	M22	24	80	14.04	75	12.91	12	15.45	12	12.36	16	65	8.64	60	7.89	9	14.34
CCF−5X−J4530•1219−22	H−440×300×11×18	M22	40	80	23.40	75	21.52	12	29.96	12	21.97	20	75	11.40	70	10.46	12	17.48
CCF−5X−J5020•0916−22	H−500×200×10×16	M22	24	80	14.04	75	12.91	12	15.45	12	12.36	12	70	6.66	65	6.10	9	9.13
CCF−5X−J5030•1219−22	H−488×300×11×18	M22	40	80	23.40	75	21.52	12	29.96	12	21.97	20	75	11.40	70	10.46	12	17.48
CCF−5X−J6020•1216−22	H−600×200×11×17	M22	24	80	14.04	75	12.91	12	15.45	12	12.36	24	75	13.68	70	12.55	12	20.76
CCF−5X−J6030•1219−22	H−588×300×12×20	M22	40	90	24.60	85	22.72	12	29.96	16	29.29	24	75	13.68	70	12.55	12	20.76
CCF−5X−J7030•1425−22	H−700×300×13×24	M22	56	100	36.06	95	33.49	19	63.54	19	46.59	28	85	16.80	80	15.48	16	32.05
CCF−5X−J8030•1425−22	H−800×300×14×26	M22	56	105	36.90	100	34.33	19	63.54	19	46.59	32	85	19.20	80	17.70	16	36.42
CCF−5X−J9030•1622−22	H−890×299×15×23	M22	56	100	36.06	95	33.49	16	53.51	19	46.59	40	85	24.00	80	22.12	16	45.17
CCF−5X−J9030•1628−22	H−900×300×16×28	M22	64	110	43.14	105	40.19	19	71.59	22	60.79	40	90	24.60	85	22.72	16	45.17
CCF−5X−J9030•1934−22	H−912×302×18×34	M22	72	125	51.77	120	48.46	25	104.80	25	76.85	44	90	27.06	85	24.99	16	49.54
CCF−5X−J9030•1937−22	H−918×303×19×37	M22	80	130	58.72	125	55.04	25	115.40	28	94.78	44	90	27.06	85	24.99	16	49.54

表-4.5.2 柱継手積算用諸元表 (7/10)

●柱継手（定形H形鋼）　　490N級鋼

継手呼称	部材断面寸法	径 D	フランジボルト ボルト総数	フランジボルト JISボルト 首下 mm	フランジボルト JISボルト 質量 kg	フランジボルト トルシア形 首下 mm	フランジボルト トルシア形 質量 kg	フランジ添板 外フランジ 板厚 mm	フランジ添板 外フランジ 質量 kg	フランジ添板 内フランジ 板厚 mm	フランジ添板 内フランジ 質量 kg	ウェブボルト ボルト総数	ウェブボルト JISボルト 首下 mm	ウェブボルト JISボルト 質量 kg	ウェブボルト トルシア形 首下 mm	ウェブボルト トルシア形 質量 kg	ウェブ添板 板厚 mm	ウェブ添板 質量 kg
CCF-5X-T4020･0912-20	H-400×200×9×12	M20	24	65	9.55	60	8.81	9	11.59	9	9.27	16	60	6.16	55	5.66	9	10.65
CCF-5X-T4020･0916-20	H-400×200×9×16	M20	32	75	13.50	70	12.58	12	19.97	12	15.98	16	60	6.16	55	5.66	9	10.65
CCF-5X-T4020･0919-20	H-400×200×9×19	M20	32	80	13.92	75	12.99	12	19.97	16	21.30	16	60	6.16	55	5.66	9	10.65
CCF-5X-T4020･0922-20	H-400×200×9×22	M20	40	90	18.36	85	17.28	16	32.66	16	26.12	16	60	6.16	55	5.66	9	10.65
CCF-5X-T4020･1222-20	H-400×200×12×22	M20	40	90	18.36	85	17.28	16	32.66	16	26.12	16	70	6.56	65	6.08	12	14.21
CCF-5X-T4520･0912-20	H-450×200×9×12	M20	24	65	9.55	60	8.81	9	11.59	9	9.27	20	60	7.70	55	7.08	9	13.11
CCF-5X-T4520･0916-20	H-450×200×9×16	M20	32	75	13.50	70	12.58	12	19.97	12	15.98	20	60	7.70	55	7.08	9	13.11
CCF-5X-T4520･0919-20	H-450×200×9×19	M20	32	80	13.92	75	12.99	12	19.97	16	21.30	20	60	7.70	55	7.08	9	13.11
CCF-5X-T4520･0922-20	H-450×200×9×22	M20	40	90	18.36	85	17.28	16	32.66	16	26.12	20	60	7.70	55	7.08	9	13.11
CCF-5X-T4520･1216-20	H-450×200×12×16	M20	32	75	13.50	70	12.58	12	19.97	12	15.98	20	65	7.96	60	7.34	9	13.11
CCF-5X-T4520･1219-20	H-450×200×12×19	M20	32	80	13.92	75	12.99	12	19.97	16	21.30	20	65	7.96	60	7.34	9	13.11
CCF-5X-T4520･1222-20	H-450×200×12×22	M20	40	90	18.36	85	17.28	16	32.66	16	26.12	20	65	7.96	60	7.34	9	13.11
CCF-5X-T4520･1225-20	H-450×200×12×25	M20	48	90	22.03	85	20.74	16	38.68	16	30.95	20	65	7.96	60	7.34	9	13.11
CCF-5X-T4525･0912-20	H-450×250×9×12	M20	32	65	12.74	60	11.74	9	18.72	9	14.98	20	60	7.70	55	7.08	9	13.11
CCF-5X-T4525･0916-20	H-450×250×9×16	M20	40	75	16.88	70	15.72	12	30.62	12	24.49	20	60	7.70	55	7.08	9	13.11
CCF-5X-T4525･0919-20	H-450×250×9×19	M20	48	80	20.88	75	19.49	12	36.27	16	38.68	20	60	7.70	55	7.08	9	13.11
CCF-5X-T4525･0922-20	H-450×250×9×22	M20	48	90	22.03	85	20.74	16	48.36	16	38.68	20	60	7.70	55	7.08	9	13.11
CCF-5X-T4525･1222-20	H-450×250×12×22	M20	48	90	22.03	85	20.74	16	48.36	16	38.68	20	65	7.96	60	7.34	9	13.11
CCF-5X-T4525･1225-20	H-450×250×12×25	M20	56	95	26.43	90	24.92	16	55.89	19	53.10	20	65	7.96	60	7.34	9	13.11
CCF-5X-T4525･1228-20	H-450×250×12×28	M20	64	100	30.98	95	29.31	19	75.32	19	60.26	20	65	7.96	60	7.34	9	13.11
CCF-5X-T5020･0912-20	H-500×200×9×12	M20	24	65	9.55	60	8.81	9	11.59	9	9.27	20	60	7.70	55	7.08	9	13.11
CCF-5X-T5020･0916-20	H-500×200×9×16	M20	32	75	13.50	70	12.58	12	19.97	12	15.98	20	60	7.70	55	7.08	9	13.11
CCF-5X-T5020･0919-20	H-500×200×9×19	M20	32	80	13.92	75	12.99	12	19.97	16	21.30	20	60	7.70	55	7.08	9	13.11
CCF-5X-T5020･0922-20	H-500×200×9×22	M20	40	90	18.36	85	17.28	16	32.66	16	26.12	20	60	7.70	55	7.08	9	13.11
CCF-5X-T5020･1216-20	H-500×200×12×16	M20	32	75	13.50	70	12.58	12	19.97	12	15.98	24	70	9.84	65	9.12	12	20.76
CCF-5X-T5020･1219-20	H-500×200×12×19	M20	32	80	13.92	75	12.99	12	19.97	16	21.30	24	70	9.84	65	9.12	12	20.76
CCF-5X-T5020･1222-20	H-500×200×12×22	M20	40	90	18.36	85	17.28	16	32.66	16	26.12	24	70	9.84	65	9.12	12	20.76
CCF-5X-T5020･1225-20	H-500×200×12×25	M20	48	90	22.03	85	20.74	16	38.68	16	30.95	24	70	9.84	65	9.12	12	20.76
CCF-5X-T5025･0912-20	H-500×250×9×12	M20	32	65	12.74	60	11.74	9	18.72	9	14.98	20	60	7.70	55	7.08	9	13.11
CCF-5X-T5025･0916-20	H-500×250×9×16	M20	40	75	16.88	70	15.72	12	30.62	12	24.49	20	60	7.70	55	7.08	9	13.11
CCF-5X-T5025･0919-20	H-500×250×9×19	M20	48	80	20.88	75	19.49	12	36.27	16	38.68	20	60	7.70	55	7.08	9	13.11
CCF-5X-T5025･0922-20	H-500×250×9×22	M20	48	90	22.03	85	20.74	16	48.36	16	38.68	20	60	7.70	55	7.08	9	13.11
CCF-5X-T5025･1222-20	H-500×250×12×22	M20	48	90	22.03	85	20.74	16	48.36	16	38.68	24	70	9.84	65	9.12	12	20.76
CCF-5X-T5025･1225-20	H-500×250×12×25	M20	56	95	26.43	90	24.92	16	55.89	19	53.10	24	70	9.84	65	9.12	12	20.76
CCF-5X-T5025･1228-20	H-500×250×12×28	M20	64	100	30.98	95	29.31	19	75.32	19	60.26	20	70	8.20	65	7.60	12	17.48
CCF-5X-T5520･0912-20	H-550×200×9×12	M20	24	65	9.55	60	8.81	9	11.59	9	9.27	24	60	9.24	55	8.50	9	15.57
CCF-5X-T5520･0916-20	H-550×200×9×16	M20	32	75	13.50	70	12.58	12	19.97	12	15.98	24	60	9.24	55	8.50	9	15.57
CCF-5X-T5520･0919-20	H-550×200×9×19	M20	32	80	13.92	75	12.99	12	19.97	16	21.30	24	60	9.24	55	8.50	9	15.57
CCF-5X-T5520･0922-20	H-550×200×9×22	M20	40	90	18.36	85	17.28	16	32.66	16	26.12	24	60	9.24	55	8.50	9	15.57
CCF-5X-T5520･1216-20	H-550×200×12×16	M20	32	75	13.50	70	12.58	12	19.97	12	15.98	24	70	9.84	65	9.12	12	20.76
CCF-5X-T5520･1219-20	H-550×200×12×19	M20	32	80	13.92	75	12.99	12	19.97	16	21.30	24	70	9.84	65	9.12	12	20.76
CCF-5X-T5520･1222-20	H-550×200×12×22	M20	40	90	18.36	85	17.28	16	32.66	16	26.12	24	70	9.84	65	9.12	12	20.76
CCF-5X-T5520･1225-20	H-550×200×12×25	M20	48	90	22.03	85	20.74	16	38.68	16	30.95	24	70	9.84	65	9.12	12	20.76
CCF-5X-T5525･0912-20	H-550×250×9×12	M20	32	65	12.74	60	11.74	9	18.72	9	14.98	24	60	9.24	55	8.50	9	15.57
CCF-5X-T5525･0916-20	H-550×250×9×16	M20	40	75	16.88	70	15.72	12	30.62	12	24.49	24	60	9.24	55	8.50	9	15.57
CCF-5X-T5525･0919-20	H-550×250×9×19	M20	48	80	20.88	75	19.49	12	36.27	16	38.68	24	60	9.24	55	8.50	9	15.57
CCF-5X-T5525･0922-20	H-550×250×9×22	M20	48	90	22.03	85	20.74	16	48.36	16	38.68	24	60	9.24	55	8.50	9	15.57
CCF-5X-T5525･1222-20	H-550×250×12×22	M20	48	90	22.03	85	20.74	16	48.36	16	38.68	24	70	9.84	65	9.12	12	20.76
CCF-5X-T5525･1225-20	H-550×250×12×25	M20	56	95	26.43	90	24.92	16	55.89	19	53.10	24	70	9.84	65	9.12	12	20.76
CCF-5X-T5525･1228-20	H-550×250×12×28	M20	64	100	30.98	95	29.31	19	75.32	19	60.26	24	70	9.84	65	9.12	12	20.76
CCF-5X-T6020･0912-20	H-600×200×9×12	M20	24	70	9.84	65	9.12	9	11.59	12	12.36	20	60	7.70	55	7.08	9	18.03
CCF-5X-T6020･0916-20	H-600×200×9×16	M20	32	75	13.50	70	12.58	12	19.97	12	15.98	20	60	7.70	55	7.08	9	18.03
CCF-5X-T6020･0919-20	H-600×200×9×19	M20	40	85	17.88	80	16.76	16	32.66	16	26.12	20	60	7.70	55	7.08	9	18.03
CCF-5X-T6020･0922-20	H-600×200×9×22	M20	40	90	18.36	85	17.28	16	32.66	16	26.12	20	60	7.70	55	7.08	9	18.03
CCF-5X-T6020･1216-20	H-600×200×12×16	M20	32	75	13.50	70	12.58	12	19.97	12	15.98	28	70	11.48	65	10.64	12	24.04
CCF-5X-T6020･1219-20	H-600×200×12×19	M20	40	85	17.88	80	16.76	16	32.66	16	26.12	28	70	11.48	65	10.64	12	24.04
CCF-5X-T6020･1222-20	H-600×200×12×22	M20	40	90	18.36	85	17.28	16	32.66	16	26.12	28	70	11.48	65	10.64	12	24.04
CCF-5X-T6020･1225-20	H-600×200×12×25	M20	48	95	22.66	90	21.36	16	38.68	19	36.75	28	70	11.48	65	10.64	12	24.04
CCF-5X-T6020･1228-20	H-600×200×12×28	M20	48	100	23.23	95	21.98	19	45.94	19	36.75	28	70	11.48	65	10.64	12	24.04
CCF-5X-T6025･0916-20	H-600×250×9×16	M20	40	75	16.88	70	15.72	12	30.62	12	24.49	20	60	7.70	55	7.08	9	18.03
CCF-5X-T6025･0919-20	H-600×250×9×19	M20	48	80	20.88	75	19.49	12	36.27	16	38.68	20	60	7.70	55	7.08	9	18.03
CCF-5X-T6025･1219-20	H-600×250×12×19	M20	48	80	20.88	75	19.49	12	36.27	16	38.68	28	70	11.48	65	10.64	12	24.04
CCF-5X-T6025･1222-20	H-600×250×12×22	M20	48	90	22.03	85	20.74	16	48.36	16	38.68	28	70	11.48	65	10.64	12	24.04
CCF-5X-T6025･1225-20	H-600×250×12×25	M20	56	95	26.43	90	24.92	16	55.89	19	53.10	28	70	11.48	65	10.64	12	24.04
CCF-5X-T6025･1228-20	H-600×250×12×28	M20	64	100	30.98	95	29.31	19	75.32	19	60.26	28	70	11.48	65	10.64	12	24.04
CCF-5X-T6030･0919-20	H-600×300×9×19	M20	56	80	24.36	75	22.74	12	40.13	16	39.24	20	60	7.70	55	7.08	9	18.03
CCF-5X-T6030･1219-20	H-600×300×12×19	M20	56	80	24.36	75	22.74	12	40.13	16	39.24	28	70	11.48	65	10.64	12	24.04
CCF-5X-T6030･1222-20	H-600×300×12×22	M20	64	90	29.38	85	27.65	16	60.29	19	52.50	28	70	11.48	65	10.64	12	24.04
CCF-5X-T6030･1225-20	H-600×300×12×25	M20	72	100	34.85	95	32.98	19	79.65	19	58.41	28	70	11.48	65	10.64	12	24.04
CCF-5X-T6030･1228-20	H-600×300×12×28	M20	72	105	35.71	100	33.91	19	79.65	22	67.63	28	70	11.48	65	10.64	12	24.04

表−4.5.2 柱継手積算用諸元表 (8/10)

●柱継手（定形H形鋼）

490N級鋼

継手呼称	部材断面寸法	径 D	フランジボルト					フランジ添板				ウェブボルト					ウェブ添板	
			ボルト総数	JISボルト		トルシア形		外フランジ		内フランジ		ボルト総数	JISボルト		トルシア形		板厚	質量
				首下	質量	首下	質量	板厚	質量	板厚	質量		首下	質量	首下	質量		
				mm	kg	mm	kg	mm	kg	mm	kg		mm	kg	mm	kg	mm	kg
CCF−5X−T6520•0912−20	H−650×200×9×12	M20	24	70	9.84	65	9.12	9	11.59	12	12.36	24	55	8.95	50	8.18	6	14.48
CCF−5X−T6520•0916−20	H−650×200×9×16	M20	32	75	13.50	70	12.58	12	19.97	12	15.98	24	55	8.95	50	8.18	6	14.48
CCF−5X−T6520•0919−20	H−650×200×9×19	M20	40	85	17.88	80	16.76	16	32.66	16	26.12	24	55	8.95	50	8.18	6	14.48
CCF−5X−T6520•0922−20	H−650×200×9×22	M20	40	90	18.36	85	17.28	16	32.66	16	26.12	24	55	8.95	50	8.18	6	14.48
CCF−5X−T6520•1216−20	H−650×200×12×16	M20	32	75	13.50	70	12.58	12	19.97	12	15.98	28	70	11.48	65	10.64	12	24.04
CCF−5X−T6520•1219−20	H−650×200×12×19	M20	40	85	17.88	80	16.76	16	32.66	16	26.12	28	70	11.48	65	10.64	12	24.04
CCF−5X−T6520•1222−20	H−650×200×12×22	M20	40	90	18.36	85	17.28	16	32.66	16	26.12	28	70	11.48	65	10.64	12	24.04
CCF−5X−T6520•1225−20	H−650×200×12×25	M20	48	95	22.66	90	21.36	16	38.68	19	36.75	28	70	11.48	65	10.64	12	24.04
CCF−5X−T6520•1228−20	H−650×200×12×28	M20	48	100	23.23	95	21.98	19	45.94	19	36.75	28	70	11.48	65	10.64	12	24.04
CCF−5X−T6525•0916−20	H−650×250×9×16	M20	40	75	16.88	70	15.72	12	30.62	12	24.49	24	55	8.95	50	8.18	6	14.48
CCF−5X−T6525•0919−20	H−650×250×9×19	M20	48	80	20.88	75	19.49	12	36.27	16	38.68	24	55	8.95	50	8.18	6	14.48
CCF−5X−T6525•1219−20	H−650×250×12×19	M20	48	80	20.88	75	19.49	12	36.27	16	38.68	28	70	11.48	65	10.64	12	24.04
CCF−5X−T6525•1222−20	H−650×250×12×22	M20	48	90	22.03	85	20.74	16	48.36	16	38.68	28	70	11.48	65	10.64	12	24.04
CCF−5X−T6525•1225−20	H−650×250×12×25	M20	56	95	26.43	90	24.92	16	55.89	19	53.10	28	70	11.48	65	10.64	12	24.04
CCF−5X−T6525•1228−20	H−650×250×12×28	M20	64	100	30.98	95	29.31	19	75.32	19	60.26	28	70	11.48	65	10.64	12	24.04
CCF−5X−T7020•0912−20	H−700×200×9×12	M20	24	70	9.84	65	9.12	9	11.59	12	12.36	24	60	9.24	55	8.50	9	21.72
CCF−5X−T7020•0916−20	H−700×200×9×16	M20	32	75	13.50	70	12.58	12	19.97	12	15.98	24	60	9.24	55	8.50	9	21.72
CCF−5X−T7020•0919−20	H−700×200×9×19	M20	40	85	17.88	80	16.76	16	32.66	16	26.12	24	60	9.24	55	8.50	9	21.72
CCF−5X−T7020•0922−20	H−700×200×9×22	M20	40	90	18.36	85	17.28	16	32.66	16	26.12	24	60	9.24	55	8.50	9	21.72
CCF−5X−T7020•1222−20	H−700×200×12×22	M20	40	90	18.36	85	17.28	16	32.66	16	26.12	32	70	13.12	65	12.16	12	27.32
CCF−5X−T7020•1225−20	H−700×200×12×25	M20	48	95	22.66	90	21.36	16	38.68	19	36.75	32	70	13.12	65	12.16	12	27.32
CCF−5X−T7020•1228−20	H−700×200×12×28	M20	48	100	23.23	95	21.98	19	45.94	19	36.75	32	70	13.12	65	12.16	12	27.32
CCF−5X−T7025•0916−20	H−700×250×9×16	M20	40	75	16.88	70	15.72	12	30.62	12	24.49	24	60	9.24	55	8.50	9	21.72
CCF−5X−T7025•0919−20	H−700×250×9×19	M20	48	80	20.88	75	19.49	12	36.27	16	38.68	24	60	9.24	55	8.50	9	21.72
CCF−5X−T7025•1219−20	H−700×250×12×19	M20	48	80	20.88	75	19.49	12	36.27	16	38.68	32	70	13.12	65	12.16	12	27.32
CCF−5X−T7025•1222−20	H−700×250×12×22	M20	48	90	22.03	85	20.74	16	48.36	16	38.68	32	70	13.12	65	12.16	12	27.32
CCF−5X−T7025•1225−20	H−700×250×12×25	M20	56	95	26.43	90	24.92	16	55.89	19	53.10	32	70	13.12	65	12.16	12	27.32
CCF−5X−T7025•1425−20	H−700×250×14×25	M20	56	95	26.43	90	24.92	16	55.89	19	53.10	32	75	13.50	70	12.58	12	27.32
CCF−5X−T7025•1428−20	H−700×250×14×28	M20	64	100	30.98	95	29.31	19	75.32	19	60.26	32	75	13.50	70	12.58	12	27.32
CCF−5X−T7030•0919−20	H−700×300×9×19	M20	56	80	24.36	75	22.74	12	40.13	16	39.24	24	60	9.24	55	8.50	9	21.72
CCF−5X−T7030•1219−20	H−700×300×12×19	M20	56	80	24.36	75	22.74	12	40.13	16	39.24	32	70	13.12	65	12.16	12	27.32
CCF−5X−T7030•1222−20	H−700×300×12×22	M20	64	90	29.38	85	27.65	16	60.29	19	52.50	32	70	13.12	65	12.16	12	27.32
CCF−5X−T7030•1422−20	H−700×300×14×22	M20	64	90	29.38	85	27.65	16	60.29	19	52.50	32	75	13.50	70	12.58	12	27.32
CCF−5X−T7030•1425−20	H−700×300×14×25	M20	72	100	34.85	95	32.98	19	79.65	19	58.41	32	75	13.50	70	12.58	12	27.32
CCF−5X−T7030•1428−20	H−700×300×14×28	M20	72	105	35.71	100	33.91	19	79.65	22	67.63	32	75	13.50	70	12.58	12	27.32
CCF−5X−T7520•0912−20	H−750×200×9×12	M20	24	70	9.84	65	9.12	9	11.59	12	12.36	28	55	10.44	50	9.55	6	16.94
CCF−5X−T7520•0916−20	H−750×200×9×16	M20	32	75	13.50	70	12.58	12	19.97	12	15.98	28	55	10.44	50	9.55	6	16.94
CCF−5X−T7520•0919−20	H−750×200×9×19	M20	40	85	17.88	80	16.76	16	32.66	16	26.12	28	55	10.44	50	9.55	6	16.94
CCF−5X−T7520•1219−20	H−750×200×12×19	M20	40	85	17.88	80	16.76	16	32.66	16	26.12	32	70	13.12	65	12.16	12	27.32
CCF−5X−T7520•1222−20	H−750×200×12×22	M20	40	90	18.36	85	17.28	16	32.66	16	26.12	32	70	13.12	65	12.16	12	27.32
CCF−5X−T7520•1225−20	H−750×200×12×25	M20	48	95	22.66	90	21.36	16	38.68	19	36.75	32	70	13.12	65	12.16	12	27.32
CCF−5X−T7520•1228−20	H−750×200×12×28	M20	48	100	23.23	95	21.98	19	45.94	19	36.75	32	70	13.12	65	12.16	12	27.32
CCF−5X−T7525•1216−20	H−750×250×12×16	M20	40	75	16.88	70	15.72	12	30.62	12	24.49	32	70	13.12	65	12.16	12	27.32
CCF−5X−T7525•1219−20	H−750×250×12×19	M20	48	85	21.46	80	20.11	16	48.36	16	38.68	32	70	13.12	65	12.16	12	27.32
CCF−5X−T7525•1222−20	H−750×250×12×22	M20	56	90	25.70	85	24.19	16	55.89	19	53.10	32	70	13.12	65	12.16	12	27.32
CCF−5X−T7525•1422−20	H−750×250×14×22	M20	56	90	25.70	85	24.19	16	55.89	19	53.10	36	75	15.19	70	14.15	12	30.60
CCF−5X−T7525•1425−20	H−750×250×14×25	M20	64	100	30.98	95	29.31	19	75.32	19	60.26	36	75	15.19	70	14.15	12	30.60
CCF−5X−T7525•1428−20	H−750×250×14×28	M20	72	105	35.71	100	33.91	19	84.27	22	78.06	36	75	15.19	70	14.15	12	30.60
CCF−5X−T8025•1422−20	H−800×250×14×22	M20	56	90	25.70	85	24.19	16	55.89	19	53.10	40	75	16.88	70	15.72	12	33.87
CCF−5X−T8025•1425−20	H−800×250×14×25	M20	64	100	30.98	95	29.31	19	75.32	19	60.26	40	75	16.88	70	15.72	12	33.87
CCF−5X−T8025•1625−20	H−800×250×16×25	M20	64	100	30.98	95	29.31	19	75.32	19	60.26	40	75	16.88	70	15.72	12	33.87
CCF−5X−T8025•1628−20	H−800×250×16×28	M20	72	105	35.71	100	33.91	19	84.27	22	78.06	40	75	16.88	70	15.72	12	33.87
CCF−5X−T8030•1422−20	H−800×300×14×22	M20	64	90	29.38	85	27.65	16	60.29	19	52.50	40	75	16.88	70	15.72	12	33.87
CCF−5X−T8030•1622−20	H−800×300×16×22	M20	64	90	29.38	85	27.65	16	60.29	19	52.50	40	75	16.88	70	15.72	12	33.87
CCF−5X−T8030•1625−20	H−800×300×16×25	M20	72	100	34.85	95	32.98	19	79.65	19	58.41	40	75	16.88	70	15.72	12	33.87
CCF−5X−T8030•1628−20	H−800×300×16×28	M20	72	105	35.71	100	33.91	19	79.65	22	67.63	40	75	16.88	70	15.72	12	33.87
CCF−5X−T8525•1422−20	H−850×250×14×22	M20	56	90	25.70	85	24.19	16	55.89	19	53.10	40	75	16.88	70	15.72	12	33.87
CCF−5X−T8525•1425−20	H−850×250×14×25	M20	64	100	30.98	95	29.31	19	75.32	19	60.26	40	75	16.88	70	15.72	12	33.87
CCF−5X−T8525•1625−20	H−850×250×16×25	M20	64	100	30.98	95	29.31	19	75.32	19	60.26	44	75	18.57	70	17.29	12	37.15
CCF−5X−T8525•1628−20	H−850×250×16×28	M20	72	105	35.71	100	33.91	19	84.27	22	78.06	44	75	18.57	70	17.29	12	37.15
CCF−5X−T9025•1619−20	H−900×250×16×19	M20	48	85	21.46	80	20.11	16	48.36	16	38.68	48	75	20.26	70	18.86	12	40.43
CCF−5X−T9025•1622−20	H−900×250×16×22	M20	56	90	25.70	85	24.19	16	55.89	19	53.10	48	75	20.26	70	18.86	12	40.43
CCF−5X−T9025•1625−20	H−900×250×16×25	M20	64	100	30.98	95	29.31	19	75.32	19	60.26	48	75	20.26	70	18.86	12	40.43
CCF−5X−T9025•1628−20	H−900×250×16×28	M20	72	105	35.71	100	33.91	19	84.27	22	78.06	48	75	20.26	70	18.86	12	40.43
CCF−5X−T9030•1619−20	H−900×300×16×19	M20	56	85	25.03	80	23.46	16	53.51	16	39.24	48	75	20.26	70	18.86	12	40.43
CCF−5X−T9030•1622−20	H−900×300×16×22	M20	64	90	29.38	85	27.65	16	60.29	19	52.50	48	75	20.26	70	18.86	12	40.43
CCF−5X−T9030•1625−20	H−900×300×16×25	M20	72	100	34.85	95	32.98	19	79.65	19	58.41	48	75	20.26	70	18.86	12	40.43
CCF−5X−T9030•1628−20	H−900×300×16×28	M20	80	105	39.68	100	37.68	19	87.70	22	74.47	48	75	20.26	70	18.86	12	40.43

表−4.5.2　柱継手積算用諸元表 (9/10)

490N級鋼

●柱継手（定形Ｈ形鋼）

継手呼称	部材断面寸法	径 *D*	フランジボルト					フランジ添板				ウェブボルト					ウェブ添板	
			ボルト総数	JISボルト		トルシア形		外フランジ		内フランジ		ボルト総数	JISボルト		トルシア形		板厚	質量
				首下	質量	首下	質量	板厚	質量	板厚	質量		首下	質量	首下	質量		
				mm	kg	mm	kg	mm	kg	mm	kg		mm	kg	mm	kg	mm	kg
CCF−5X−T4020•0912−22	H−400×200×9×12	M22	24	70	13.32	65	12.19	9	11.59	9	9.27	12	65	6.48	60	5.92	9	10.65
CCF−5X−T4020•0916−22	H−400×200×9×16	M22	24	80	14.04	75	12.91	12	15.45	12	12.36	12	65	6.48	60	5.92	9	10.65
CCF−5X−T4020•0919−22	H−400×200×9×19	M22	32	85	19.20	80	17.70	12	19.97	16	21.30	12	65	6.48	60	5.92	9	10.65
CCF−5X−T4020•0922−22	H−400×200×9×22	M22	32	95	20.16	90	18.66	16	26.63	16	21.30	12	65	6.48	60	5.92	9	10.65
CCF−5X−T4020•1222−22	H−400×200×12×22	M22	32	95	20.16	90	18.66	16	26.63	16	21.30	16	75	9.12	70	8.37	12	14.21
CCF−5X−T4520•0912−22	H−450×200×9×12	M22	24	70	13.32	65	12.19	9	11.59	9	9.27	20	65	10.80	60	9.86	9	13.11
CCF−5X−T4520•0916−22	H−450×200×9×16	M22	24	80	14.04	75	12.91	12	15.45	12	12.36	20	65	10.80	60	9.86	9	13.11
CCF−5X−T4520•0919−22	H−450×200×9×19	M22	32	85	19.20	80	17.70	12	19.97	16	21.30	20	65	10.80	60	9.86	9	13.11
CCF−5X−T4520•0922−22	H−450×200×9×22	M22	32	95	20.16	90	18.66	16	26.63	16	21.30	20	65	10.80	60	9.86	9	13.11
CCF−5X−T4520•1216−22	H−450×200×12×16	M22	24	80	14.04	75	12.91	12	15.45	12	12.36	20	75	11.40	70	10.46	12	17.48
CCF−5X−T4520•1219−22	H−450×200×12×19	M22	32	85	19.20	80	17.70	12	19.97	16	21.30	20	75	11.40	70	10.46	12	17.48
CCF−5X−T4520•1222−22	H−450×200×12×22	M22	32	95	20.16	90	18.66	16	26.63	16	21.30	20	75	11.40	70	10.46	12	17.48
CCF−5X−T4520•1225−22	H−450×200×12×25	M22	32	95	20.16	90	18.66	16	26.63	16	21.30	20	75	11.40	70	10.46	12	17.48
CCF−5X−T4525•0912−22	H−450×250×9×12	M22	24	70	13.32	65	12.19	9	14.48	9	11.59	20	65	10.80	60	9.86	9	13.11
CCF−5X−T4525•0916−22	H−450×250×9×16	M22	32	80	18.72	75	17.22	12	24.96	12	19.97	20	65	10.80	60	9.86	9	13.11
CCF−5X−T4525•0919−22	H−450×250×9×19	M22	40	85	24.00	80	22.12	12	30.62	16	32.66	20	65	10.80	60	9.86	9	13.11
CCF−5X−T4525•0922−22	H−450×250×9×22	M22	40	95	25.20	90	23.32	16	40.82	16	32.66	20	65	10.80	60	9.86	9	13.11
CCF−5X−T4525•1222−22	H−450×250×12×22	M22	40	95	25.20	90	23.32	16	40.82	16	32.66	20	75	11.40	70	10.46	12	17.48
CCF−5X−T4525•1225−22	H−450×250×12×25	M22	48	100	30.91	95	28.70	16	48.36	19	45.94	20	75	11.40	70	10.46	12	17.48
CCF−5X−T4525•1228−22	H−450×250×12×28	M22	48	105	31.63	100	29.42	19	57.42	19	45.94	20	75	11.40	70	10.46	12	17.48
CCF−5X−T5020•0912−22	H−500×200×9×12	M22	24	70	13.32	65	12.19	9	11.59	9	9.27	12	65	6.48	60	5.92	9	9.13
CCF−5X−T5020•0916−22	H−500×200×9×16	M22	24	80	14.04	75	12.91	12	15.45	12	12.36	12	65	6.48	60	5.92	9	9.13
CCF−5X−T5020•0919−22	H−500×200×9×19	M22	32	85	19.20	80	17.70	12	19.97	16	21.30	12	65	6.48	60	5.92	9	9.13
CCF−5X−T5020•0922−22	H−500×200×9×22	M22	32	95	20.16	90	18.66	16	26.63	16	21.30	12	65	6.48	60	5.92	9	9.13
CCF−5X−T5020•1216−22	H−500×200×12×16	M22	24	80	14.04	75	12.91	12	15.45	12	12.36	20	75	11.40	70	10.46	12	17.48
CCF−5X−T5020•1219−22	H−500×200×12×19	M22	32	85	19.20	80	17.70	12	19.97	16	21.30	20	75	11.40	70	10.46	12	17.48
CCF−5X−T5020•1222−22	H−500×200×12×22	M22	32	95	20.16	90	18.66	16	26.63	16	21.30	20	75	11.40	70	10.46	12	17.48
CCF−5X−T5020•1225−22	H−500×200×12×25	M22	32	95	20.16	90	18.66	16	26.63	16	21.30	20	75	11.40	70	10.46	12	17.48
CCF−5X−T5025•0912−22	H−500×250×9×12	M22	24	70	13.32	65	12.19	9	14.48	9	11.59	12	65	6.48	60	5.92	9	9.13
CCF−5X−T5025•0916−22	H−500×250×9×16	M22	32	80	18.72	75	17.22	12	24.96	12	19.97	12	65	6.48	60	5.92	9	9.13
CCF−5X−T5025•0919−22	H−500×250×9×19	M22	40	85	24.00	80	22.12	12	30.62	16	32.66	12	65	6.48	60	5.92	9	9.13
CCF−5X−T5025•0922−22	H−500×250×9×22	M22	40	95	25.20	90	23.32	16	40.82	16	32.66	12	65	6.48	60	5.92	9	9.13
CCF−5X−T5025•1222−22	H−500×250×12×22	M22	40	95	25.20	90	23.32	16	40.82	16	32.66	20	75	11.40	70	10.46	12	17.48
CCF−5X−T5025•1225−22	H−500×250×12×25	M22	48	100	30.91	95	28.70	16	48.36	19	45.94	20	75	11.40	70	10.46	12	17.48
CCF−5X−T5025•1228−22	H−500×250×12×28	M22	48	105	31.63	100	29.42	19	57.42	19	45.94	20	75	11.40	70	10.46	12	17.48
CCF−5X−T5520•0912−22	H−550×200×9×12	M22	24	70	13.32	65	12.19	9	11.59	9	9.27	14	60	7.35	55	6.69	6	7.05
CCF−5X−T5520•0916−22	H−550×200×9×16	M22	24	80	14.04	75	12.91	12	15.45	12	12.36	14	60	7.35	55	6.69	6	7.05
CCF−5X−T5520•0919−22	H−550×200×9×19	M22	32	85	19.20	80	17.70	12	19.97	16	21.30	14	60	7.35	55	6.69	6	7.05
CCF−5X−T5520•0922−22	H−550×200×9×22	M22	32	95	20.16	90	18.66	16	26.63	16	21.30	14	60	7.35	55	6.69	6	7.05
CCF−5X−T5520•1216−22	H−550×200×12×16	M22	24	80	14.04	75	12.91	12	15.45	12	12.36	24	75	13.68	70	12.55	12	20.76
CCF−5X−T5520•1219−22	H−550×200×12×19	M22	32	85	19.20	80	17.70	12	19.97	16	21.30	24	75	13.68	70	12.55	12	20.76
CCF−5X−T5520•1222−22	H−550×200×12×22	M22	32	95	20.16	90	18.66	16	26.63	16	21.30	24	75	13.68	70	12.55	12	20.76
CCF−5X−T5520•1225−22	H−550×200×12×25	M22	32	95	20.16	90	18.66	16	26.63	16	21.30	24	75	13.68	70	12.55	12	20.76
CCF−5X−T5525•0912−22	H−550×250×9×12	M22	24	70	13.32	65	12.19	9	14.48	9	11.59	14	60	7.35	55	6.69	6	7.05
CCF−5X−T5525•0916−22	H−550×250×9×16	M22	32	80	18.72	75	17.22	12	24.96	12	19.97	14	60	7.35	55	6.69	6	7.05
CCF−5X−T5525•0919−22	H−550×250×9×19	M22	40	85	24.00	80	22.12	12	30.62	16	32.66	14	60	7.35	55	6.69	6	7.05
CCF−5X−T5525•0922−22	H−550×250×9×22	M22	40	95	25.20	90	23.32	16	40.82	16	32.66	14	60	7.35	55	6.69	6	7.05
CCF−5X−T5525•1222−22	H−550×250×12×22	M22	40	95	25.20	90	23.32	16	40.82	16	32.66	24	75	13.68	70	12.55	12	20.76
CCF−5X−T5525•1225−22	H−550×250×12×25	M22	48	100	30.91	95	28.70	16	48.36	19	45.94	24	75	13.68	70	12.55	12	20.76
CCF−5X−T5525•1228−22	H−550×250×12×28	M22	48	105	31.63	100	29.42	19	57.42	19	45.94	24	75	13.68	70	12.55	12	20.76
CCF−5X−T6020•0912−22	H−600×200×9×12	M22	24	75	13.68	70	12.55	9	11.59	12	12.36	14	65	7.56	60	6.90	9	10.57
CCF−5X−T6020•0916−22	H−600×200×9×16	M22	24	80	14.04	75	12.91	12	15.45	12	12.36	14	65	7.56	60	6.90	9	10.57
CCF−5X−T6020•0919−22	H−600×200×9×19	M22	32	90	19.68	85	18.18	16	26.63	16	21.30	14	65	7.56	60	6.90	9	10.57
CCF−5X−T6020•0922−22	H−600×200×9×22	M22	32	95	20.16	90	18.66	16	26.63	16	21.30	14	65	7.56	60	6.90	9	10.57
CCF−5X−T6020•1216−22	H−600×200×12×16	M22	24	80	14.04	75	12.91	12	15.45	12	12.36	24	75	13.68	70	12.55	12	20.76
CCF−5X−T6020•1219−22	H−600×200×12×19	M22	32	90	19.68	85	18.18	16	26.63	16	21.30	24	75	13.68	70	12.55	12	20.76
CCF−5X−T6020•1222−22	H−600×200×12×22	M22	32	95	20.16	90	18.66	16	26.63	16	21.30	24	75	13.68	70	12.55	12	20.76
CCF−5X−T6020•1225−22	H−600×200×12×25	M22	40	100	25.76	95	23.92	16	32.66	19	31.02	24	75	13.68	70	12.55	12	20.76
CCF−5X−T6020•1228−22	H−600×200×12×28	M22	40	105	26.36	100	24.52	19	38.78	19	31.02	24	75	13.68	70	12.55	12	20.76
CCF−5X−T6025•0916−22	H−600×250×9×16	M22	32	80	18.72	75	17.22	12	24.96	12	19.97	14	65	7.56	60	6.90	9	10.57
CCF−5X−T6025•0919−22	H−600×250×9×19	M22	40	85	24.00	80	22.12	12	30.62	16	32.66	14	65	7.56	60	6.90	9	10.57
CCF−5X−T6025•1219−22	H−600×250×12×19	M22	40	85	24.00	80	22.12	12	30.62	16	32.66	24	75	13.68	70	12.55	12	20.76
CCF−5X−T6025•1222−22	H−600×250×12×22	M22	40	95	25.20	90	23.32	16	40.82	16	32.66	24	75	13.68	70	12.55	12	20.76
CCF−5X−T6025•1225−22	H−600×250×12×25	M22	48	100	30.91	95	28.70	16	48.36	19	45.94	24	75	13.68	70	12.55	12	20.76
CCF−5X−T6025•1228−22	H−600×250×12×28	M22	48	105	31.63	100	29.42	19	57.42	19	45.94	24	75	13.68	70	12.55	12	20.76
CCF−5X−T6030•0919−22	H−600×300×9×19	M22	40	85	24.00	80	22.12	12	29.96	16	29.29	14	65	7.56	60	6.90	9	10.57
CCF−5X−T6030•1219−22	H−600×300×12×19	M22	40	85	24.00	80	22.12	12	29.96	16	29.29	24	75	13.68	70	12.55	12	20.76
CCF−5X−T6030•1222−22	H−600×300×12×22	M22	48	95	30.24	90	27.98	16	46.72	19	40.69	24	75	13.68	70	12.55	12	20.76
CCF−5X−T6030•1225−22	H−600×300×12×25	M22	56	105	36.90	100	34.33	19	63.54	19	46.59	24	75	13.68	70	12.55	12	20.76
CCF−5X−T6030•1228−22	H−600×300×12×28	M22	64	110	43.14	105	40.19	19	71.59	22	60.79	24	75	13.68	70	12.55	12	20.76

表−4.5.2　柱継手積算用諸元表 (10/10)

●柱継手（定形Ｈ形鋼）

490N級鋼

継手呼称	部材断面寸法	径 *D*	フランジボルト ボルト総数	フランジボルト JISボルト 首下 mm	フランジボルト JISボルト 質量 kg	フランジボルト トルシア形 首下 mm	フランジボルト トルシア形 質量 kg	フランジ添板 外フランジ 板厚 mm	フランジ添板 外フランジ 質量 kg	フランジ添板 内フランジ 板厚 mm	フランジ添板 内フランジ 質量 kg	ウェブボルト ボルト総数	ウェブボルト JISボルト 首下 mm	ウェブボルト JISボルト 質量 kg	ウェブボルト トルシア形 首下 mm	ウェブボルト トルシア形 質量 kg	ウェブ添板 板厚 mm	ウェブ添板 質量 kg
CCF−5X−T6520・0912−22	H−650×200×9×12	M22	24	75	13.68	70	12.55	9	11.59	12	12.36	16	65	8.64	60	7.89	9	12.01
CCF−5X−T6520・0916−22	H−650×200×9×16	M22	24	80	14.04	75	12.91	12	15.45	12	12.36	16	65	8.64	60	7.89	9	12.01
CCF−5X−T6520・0919−22	H−650×200×9×19	M22	32	90	19.68	85	18.18	16	26.63	16	21.30	16	65	8.64	60	7.89	9	12.01
CCF−5X−T6520・0922−22	H−650×200×9×22	M22	32	95	20.16	90	18.66	16	26.63	16	21.30	16	65	8.64	60	7.89	9	12.01
CCF−5X−T6520・1216−22	H−650×200×12×16	M22	24	80	14.04	75	12.91	12	15.45	12	12.36	28	75	15.96	70	14.64	12	24.04
CCF−5X−T6520・1219−22	H−650×200×12×19	M22	32	90	19.68	85	18.18	16	26.63	16	21.30	28	75	15.96	70	14.64	12	24.04
CCF−5X−T6520・1222−22	H−650×200×12×22	M22	32	95	20.16	90	18.66	16	26.63	16	21.30	28	75	15.96	70	14.64	12	24.04
CCF−5X−T6520・1225−22	H−650×200×12×25	M22	40	100	25.76	95	23.92	16	32.66	19	31.02	28	75	15.96	70	14.64	12	24.04
CCF−5X−T6520・1228−22	H−650×200×12×28	M22	40	105	26.36	100	24.52	19	38.78	19	31.02	28	75	15.96	70	14.64	12	24.04
CCF−5X−T6525・0916−22	H−650×250×9×16	M22	32	80	18.72	75	17.22	12	24.96	12	19.97	16	65	8.64	60	7.89	9	12.01
CCF−5X−T6525・0919−22	H−650×250×9×19	M22	40	85	24.00	80	22.12	12	30.62	16	32.66	16	65	8.64	60	7.89	9	12.01
CCF−5X−T6525・1219−22	H−650×250×12×19	M22	40	85	24.00	80	22.12	12	30.62	16	32.66	28	75	15.96	70	14.64	12	24.04
CCF−5X−T6525・1222−22	H−650×250×12×22	M22	40	95	25.20	90	23.32	16	40.82	16	32.66	28	75	15.96	70	14.64	12	24.04
CCF−5X−T6525・1225−22	H−650×250×12×25	M22	48	100	30.91	95	28.70	16	48.36	19	45.94	28	75	15.96	70	14.64	12	24.04
CCF−5X−T6525・1228−22	H−650×250×12×28	M22	48	105	31.63	100	29.42	19	57.42	19	45.94	28	75	15.96	70	14.64	12	24.04
CCF−5X−T7020・0912−22	H−700×200×9×12	M22	24	75	13.68	70	12.55	9	11.59	12	12.36	18	65	9.72	60	8.87	9	13.45
CCF−5X−T7020・0916−22	H−700×200×9×16	M22	24	80	14.04	75	12.91	12	15.45	12	12.36	18	65	9.72	60	8.87	9	13.45
CCF−5X−T7020・0919−22	H−700×200×9×19	M22	32	90	19.68	85	18.18	16	26.63	16	21.30	18	65	9.72	60	8.87	9	13.45
CCF−5X−T7020・0922−22	H−700×200×9×22	M22	32	95	20.16	90	18.66	16	26.63	16	21.30	18	65	9.72	60	8.87	9	13.45
CCF−5X−T7020・1222−22	H−700×200×12×22	M22	32	95	20.16	90	18.66	16	26.63	16	21.30	24	70	13.32	65	12.19	9	21.72
CCF−5X−T7020・1225−22	H−700×200×12×25	M22	40	100	25.76	95	23.92	16	32.66	19	31.02	24	70	13.32	65	12.19	9	21.72
CCF−5X−T7020・1228−22	H−700×200×12×28	M22	40	105	26.36	100	24.52	19	38.78	19	31.02	24	70	13.32	65	12.19	9	21.72
CCF−5X−T7025・0916−22	H−700×250×9×16	M22	32	80	18.72	75	17.22	12	24.96	12	19.97	18	65	9.72	60	8.87	9	13.45
CCF−5X−T7025・0919−22	H−700×250×9×19	M22	40	85	24.00	80	22.12	12	30.62	16	32.66	18	65	9.72	60	8.87	9	13.45
CCF−5X−T7025・1219−22	H−700×250×12×19	M22	40	85	24.00	80	22.12	12	30.62	16	32.66	24	70	13.32	65	12.19	9	21.72
CCF−5X−T7025・1222−22	H−700×250×12×22	M22	40	95	25.20	90	23.32	16	40.82	16	32.66	24	70	13.32	65	12.19	9	21.72
CCF−5X−T7025・1225−22	H−700×250×12×25	M22	48	100	30.91	95	28.70	16	48.36	19	45.94	24	70	13.32	65	12.19	9	21.72
CCF−5X−T7025・1425−22	H−700×250×14×25	M22	48	100	30.91	95	28.70	16	48.36	19	45.94	28	85	16.80	80	15.48	16	32.05
CCF−5X−T7025・1428−22	H−700×250×14×28	M22	48	105	31.63	100	29.42	19	57.42	19	45.94	28	85	16.80	80	15.48	16	32.05
CCF−5X−T7030・0919−22	H−700×300×9×19	M22	40	85	24.00	80	22.12	12	29.96	16	29.29	18	65	9.72	60	8.87	9	13.45
CCF−5X−T7030・1219−22	H−700×300×12×19	M22	40	85	24.00	80	22.12	12	29.96	16	29.29	24	70	13.32	65	12.19	9	21.72
CCF−5X−T7030・1222−22	H−700×300×12×22	M22	48	95	30.24	90	27.98	16	46.72	19	40.69	24	70	13.32	65	12.19	9	21.72
CCF−5X−T7030・1422−22	H−700×300×14×22	M22	48	95	30.24	90	27.98	16	46.72	19	40.69	28	85	16.80	80	15.48	16	32.05
CCF−5X−T7030・1425−22	H−700×300×14×25	M22	56	105	36.90	100	34.33	19	63.54	19	46.59	28	85	16.80	80	15.48	16	32.05
CCF−5X−T7030・1428−22	H−700×300×14×28	M22	64	110	43.14	105	40.19	19	71.59	22	60.79	28	85	16.80	80	15.48	16	32.05
CCF−5X−T7520・0912−22	H−750×200×9×12	M22	24	75	13.68	70	12.55	9	11.59	12	12.36	18	65	9.72	60	8.87	9	13.45
CCF−5X−T7520・0916−22	H−750×200×9×16	M22	24	80	14.04	75	12.91	12	15.45	12	12.36	18	65	9.72	60	8.87	9	13.45
CCF−5X−T7520・0919−22	H−750×200×9×19	M22	32	90	19.68	85	18.18	16	26.63	16	21.30	18	65	9.72	60	8.87	9	13.45
CCF−5X−T7520・1219−22	H−750×200×12×19	M22	32	90	19.68	85	18.18	16	26.63	16	21.30	28	75	15.96	70	14.64	12	33.87
CCF−5X−T7520・1222−22	H−750×200×12×22	M22	32	95	20.16	90	18.66	16	26.63	16	21.30	28	75	15.96	70	14.64	12	33.87
CCF−5X−T7520・1225−22	H−750×200×12×25	M22	40	100	25.76	95	23.92	16	32.66	19	31.02	28	75	15.96	70	14.64	12	33.87
CCF−5X−T7520・1228−22	H−750×200×12×28	M22	40	105	26.36	100	24.52	19	38.78	19	31.02	28	75	15.96	70	14.64	12	33.87
CCF−5X−T7525・1216−22	H−750×250×12×16	M22	32	80	18.72	75	17.22	12	24.96	12	19.97	28	75	15.96	70	14.64	12	33.87
CCF−5X−T7525・1219−22	H−750×250×12×19	M22	40	90	24.60	85	22.72	16	40.82	16	32.66	28	75	15.96	70	14.64	12	33.87
CCF−5X−T7525・1222−22	H−750×250×12×22	M22	48	95	30.24	90	27.98	16	48.36	19	45.94	28	75	15.96	70	14.64	12	33.87
CCF−5X−T7525・1422−22	H−750×250×14×22	M22	48	95	30.24	90	27.98	16	48.36	19	45.94	32	80	18.72	75	17.22	12	27.32
CCF−5X−T7525・1425−22	H−750×250×14×25	M22	48	105	31.63	100	29.42	19	57.42	19	45.94	32	80	18.72	75	17.22	12	27.32
CCF−5X−T7525・1428−22	H−750×250×14×28	M22	56	110	37.74	105	35.17	19	66.37	22	61.48	32	80	18.72	75	17.22	12	27.32
CCF−5X−T8025・1422−22	H−800×250×14×22	M22	48	95	30.24	90	27.98	16	48.36	19	45.94	32	85	19.20	80	17.70	16	36.42
CCF−5X−T8025・1425−22	H−800×250×14×25	M22	48	105	31.63	100	29.42	19	57.42	19	45.94	32	85	19.20	80	17.70	16	36.42
CCF−5X−T8025・1625−22	H−800×250×16×25	M22	48	105	31.63	100	29.42	19	57.42	19	45.94	36	90	22.14	85	20.45	16	40.79
CCF−5X−T8025・1628−22	H−800×250×16×28	M22	56	110	37.74	105	35.17	19	66.37	22	61.48	36	90	22.14	85	20.45	16	40.79
CCF−5X−T8030・1422−22	H−800×300×14×22	M22	48	95	30.24	90	27.98	16	46.72	19	40.69	32	85	19.20	80	17.70	16	36.42
CCF−5X−T8030・1622−22	H−800×300×16×22	M22	48	95	30.24	90	27.98	16	46.72	19	40.69	36	90	22.14	85	20.45	16	40.79
CCF−5X−T8030・1625−22	H−800×300×16×25	M22	56	105	36.90	100	34.33	19	63.54	19	46.59	36	90	22.14	85	20.45	16	40.79
CCF−5X−T8030・1628−22	H−800×300×16×28	M22	64	110	43.14	105	40.19	19	71.59	22	60.79	36	90	22.14	85	20.45	16	40.79
CCF−5X−T8525・1422−22	H−850×250×14×22	M22	48	95	30.24	90	27.98	16	48.36	19	45.94	36	85	21.60	80	19.91	16	40.79
CCF−5X−T8525・1425−22	H−850×250×14×25	M22	48	105	31.63	100	29.42	19	57.42	19	45.94	36	85	21.60	80	19.91	16	40.79
CCF−5X−T8525・1625−22	H−850×250×16×25	M22	48	105	31.63	100	29.42	19	57.42	19	45.94	40	90	24.60	85	22.72	16	45.17
CCF−5X−T8525・1628−22	H−850×250×16×28	M22	56	110	37.74	105	35.17	19	66.37	22	61.48	40	90	24.60	85	22.72	16	45.17
CCF−5X−T9025・1619−22	H−900×250×16×19	M22	40	90	24.60	85	22.72	16	40.82	16	32.66	40	90	24.60	85	22.72	16	45.17
CCF−5X−T9025・1622−22	H−900×250×16×22	M22	48	95	30.24	90	27.98	16	48.36	19	45.94	40	90	24.60	85	22.72	16	45.17
CCF−5X−T9025・1625−22	H−900×250×16×25	M22	48	105	31.63	100	29.42	19	57.42	19	45.94	40	90	24.60	85	22.72	16	45.17
CCF−5X−T9025・1628−22	H−900×250×16×28	M22	56	110	37.74	105	35.17	19	66.37	22	61.48	40	90	24.60	85	22.72	16	45.17
CCF−5X−T9030・1619−22	H−900×300×16×19	M22	48	90	29.52	85	27.26	16	46.72	16	34.26	40	90	24.60	85	22.72	16	45.17
CCF−5X−T9030・1622−22	H−900×300×16×22	M22	56	95	35.28	90	32.65	16	53.51	19	46.59	40	90	24.60	85	22.72	16	45.17
CCF−5X−T9030・1625−22	H−900×300×16×25	M22	56	105	36.90	100	34.33	19	63.54	19	46.59	40	90	24.60	85	22.72	16	45.17
CCF−5X−T9030・1628−22	H−900×300×16×28	M22	64	110	43.14	105	40.19	19	71.59	22	60.79	40	90	24.60	85	22.72	16	45.17

4.6 加工用諸元表

部材断面について

継手呼称：継手呼称は，梁継手または柱継手固有呼称であり，呼称の付け方は本文 1.4 に説明されている．

部材断面寸法：母材断面の寸法

径 D：高力ボルトの呼び径

フランジについて

ボルト総数：継手 1 か所に必要なフランジボルトの総数

$n_F \times m_F$：部材長方向のフランジボルト列数×フランジ幅方向の行数

g_1，g_2：フランジボルトのゲージ寸法

外フランジ，内フランジ：外フランジ添板および内フランジ添板の寸法．＃は，内フランジ添板とフィレットが重なるため面取りするものを表す（2.3.4 参照）．

ウェブについて

ボルト総数：継手 1 か所に必要なウェブボルトの総数

$m_W \times n_W$：部材せい方向のウェブボルト行数×部材長方向のウェブボルト列数

p_C：ウェブボルトせい方向のピッチ．＊は，材軸方向のボルト配置をフランジの配置に対して半ピッチ（30 mm）ずらす．

型：図-2.3.5 に示されているウェブボルト配列のパターン

厚×幅×長さ：ウェブ添板の寸法．幅は部材せい方向の寸法

部材端溶接部（仕口部）について

隅肉 S：ウェブの隅肉サイズ．ウェブ板厚が 16 mm を超える場合には，K 形開先と表示

r：スカラップの半径

諸元表は，一般 H 形鋼と定形 H 形鋼のグループごとにまとめられている．それぞれのグループは，使用する高力ボルトの呼び径ごとにまとめられ，太罫で仕切られている．さらに梁せい，梁幅の昇位順に並べられ，定形 H 形鋼のグループは，各梁せいごとに細罫で仕切られている．

表−4.6.1 梁継手加工用諸元表 (1/10)

●梁継手（一般H形鋼）

400N級鋼

継手呼称	部材断面寸法	径	継手 フランジボルト ボルト		ゲージ		外フランジ	内フランジ	ウェブ ボルト					仕口 隅肉	
		D	総数	$n_F \times m_F$	g_1	g_2	厚×幅×長さ	厚×幅×長さ	総数	$m_W \times n_W$	p_C	型	厚×幅×長さ	S	r
							mm	mm			mm		mm	mm	mm
GGF-4X-J1010·0609-16	H-100×100×6×8	M16	16	2×2	60	−	16×100×290	−	4	1×2	*−	B	9×50×350	5	20
GGF-4X-J1510·0609-16	H-148×100×6×9	M16	16	2×2	60	−	16×100×290	−	4	1×2	−	B	6×80×290	5	20
GGF-4X-J2010·0609-16	H-200×100×5.5×8	M16	16	2×2	60	−	16×100×290	−	4	2×1	60	A	6×140×170	5	35
GGF-4X-J2015·0609-16	H-194×150×6×9	M16	16	2×2	90	−	9×150×290	9×60×290	4	2×1	*60	A	6×140×230	5	35
GGF-4X-J2512·0609-16	H-250×125×6×9	M16	24	3×2	75	−	12×125×410	−	8	2×2	90	D	6×170×290	5	35
GGF-4X-J2517·0612-16	H-244×175×7×11	M16	24	3×2	105	−	9×175×410	9×70×410	8	2×2	90	D	6×170×290	5	35
GGF-4X-J3015·0609-16	H-300×150×6.5×9	M16	16	2×2	90	−	9×150×290	9×60×290	6	3×1	60	A	6×200×170	5	35
GGF-4X-J3517·0612-16	H-350×175×7×11	M16	24	3×2	105	−	9×175×410	9×70×410	8	4×1	60	A	6×260×170	5	35
GGF-4X-J2015·0609-20	H-194×150×6×9	M20	16	2×2	90	−	9×150×290	9×60×290	4	2×1	*60	A	6×140×230	5	35
GGF-4X-J2517·0612-20	H-244×175×7×11	M20	16	2×2	105	−	9×175×290	9×70×290	4	2×1	60	A	9×140×170	5	35
GGF-4X-J3015·0609-20	H-300×150×6.5×9	M20	16	2×2	90	−	9×150×290	9×60×290	4	2×1	120	E	6×200×170	5	35
GGF-4X-J3020·0912-20	H-294×200×8×12	M20	24	3×2	120	−	9×200×410	9×80×410	6	3×1	60	A	9×200×170	6	35
GGF-4X-J3517·0612-20	H-350×175×7×11	M20	16	2×2	105	−	9×175×290	9×70×290	6	3×1	90	C	6×260×170	5	35
GGF-4X-J3525·0916-20	H-340×250×9×14	M20	32	4×2	150	−	12×250×530	12×100×530	12	3×2	60	B	9×200×290	7	35
GGF-4X-J4020·0912-20	H-400×200×8×13	M20	24	3×2	120	−	9×200×410	9×80×410	8	4×1	60	A	9×260×170	6	35
GGF-4X-J4030·0916-20	H-390×300×10×16	M20	32	4×2	150	40	12×300×440	12×110×440	8	4×1	60	A	9×260×170	8	35
GGF-4X-J4520·0916-20	H-450×200×9×14	M20	24	3×2	120	−	12×200×410	12×80×410	10	5×1	60	A	9×320×170	7	35
GGF-4X-J4530·1219-20	H-440×300×11×18	M20	32	4×2	150	40	12×300×440	12×110×440	10	5×1	60	A	9×320×170	8	35
GGF-4X-J5020·0916-20	H-500×200×10×16	M20	24	3×2	120	−	12×200×410	12×80×410	10	5×1	60	A	9×320×170	8	35
GGF-4X-J5030·1219-20	H-488×300×11×18	M20	32	4×2	150	40	12×300×440	12×110×440	16	4×2	90	D	12×350×290	8	35
GGF-4X-J6020·1216-20	H-600×200×11×17	M20	24	3×2	120	−	12×200×410	12×80×410	16	4×2	120	F	9×440×290	8	35
GGF-4X-J6030·1219-20	H-588×300×12×20	M20	40	5×2	150	40	12×300×530	16×110×530	16	4×2	120	F	9×440×290	9	35
GGF-4X-J7030·1425-20	H-700×300×13×24	M20	48	6×2	150	40	19×300×620	19×110×620	18	9×1	60	A	9×560×170	10	35
GGF-4X-J8030·1425-20	H-800×300×14×26	M20	48	6×2	150	40	19×300×620	19×110×620	28	7×2	90	D	12×620×290	10	35
GGF-4X-J9030·1622-20	H-890×299×15×23	M20	48	6×2	150	40	16×300×620	19×110×620	32	8×2	90	D	12×710×290	11	35
GGF-4X-J9030·1628-20	H-900×300×16×28	M20	56	7×2	150	40	19×300×710	22×110×710	32	8×2	90	D	12×710×290	12	35
GGF-4X-J9030·1934-20	H-912×302×18×34	M20	64	8×2	150	40	25×300×800	25×110×800	44	11×2	60	B	16×680×290	K開先	35
GGF-4X-J9030·1937-20	H-918×303×19×37	M20	72	9×2	150	40	25×300×890	28×100×890	44	11×2	60	B	16×680×290	K開先	35
GGF-4X-J3020·0912-22	H-294×200×8×12	M22	24	3×2	120	−	9×200×410	9×80×410	4	2×1	120	E	6×200×170	6	35
GGF-4X-J3525·0916-22	H-340×250×9×14	M22	24	3×2	150	−	12×250×410	12×100×410	6	3×1	60	A	9×200×170	7	35
GGF-4X-J4020·0912-22	H-400×200×8×13	M22	24	3×2	120	−	9×200×410	9×80×410	6	3×1	90	C	9×260×170	6	35
GGF-4X-J4030·0916-22	H-390×300×10×16	M22	24	3×2	150	40	12×300×350	12×110×350	6	3×1	90	C	9×260×170	8	35
GGF-4X-J4520·0916-22	H-450×200×9×14	M22	24	3×2	120	−	12×200×410	12×80×410	8	4×1	60	A	12×260×170	7	35
GGF-4X-J4530·1219-22	H-440×300×11×18	M22	32	4×2	150	40	12×300×440	12×110×440	10	5×1	60	A	9×320×170	8	35
GGF-4X-J5020·0916-22	H-500×200×10×16	M22	24	3×2	120	−	12×200×410	12×80×410	8	4×1	90	C	9×350×170	8	35
GGF-4X-J5030·1219-22	H-488×300×11×18	M22	32	4×2	150	40	12×300×440	12×110×440	10	5×1	60	A	12×320×170	8	35
GGF-4X-J6020·1216-22	H-600×200×11×17	M22	24	3×2	120	−	12×200×410	12×80×410	14	7×1	60	A	9×440×170	8	35
GGF-4X-J6030·1219-22	H-588×300×12×20	M22	32	4×2	150	40	12×300×440	16×110×440	14	7×1	60	A	9×440×170	9	35
GGF-4X-J7030·1425-22	H-700×300×13×24	M22	40	5×2	150	40	19×300×530	19×110×530	18	9×1	60	A	9×560×170	10	35
GGF-4X-J8030·1425-22	H-800×300×14×26	M22	40	5×2	150	40	19×300×530	19×110×530	20	10×1	60	A	12×620×170	10	35
GGF-4X-J9030·1622-22	H-890×299×15×23	M22	40	5×2	150	40	16×300×530	19×110×530	24	12×1	60	A	12×740×170	11	35
GGF-4X-J9030·1628-22	H-900×300×16×28	M22	48	6×2	150	40	19×300×620	22×110×620	24	12×1	60	A	12×740×170	12	35
GGF-4X-J9030·1934-22	H-912×302×18×34	M22	56	7×2	150	40	25×300×710	25×110×710	40	10×2	60	B	16×620×290	K開先	35
GGF-4X-J9030·1937-22	H-918×303×19×37	M22	56	7×2	150	40	25×300×710	28×110×710	40	10×2	60	B	16×620×290	K開先	35

●梁継手（定形H形鋼）

継手呼称	部材断面寸法	径	継手 フランジボルト ボルト		ゲージ		外フランジ	内フランジ	ウェブ ボルト					仕口 隅肉	
		D	総数	$n_F \times m_F$	g_1	g_2	厚×幅×長さ	厚×幅×長さ	総数	$m_W \times n_W$	p_C	型	厚×幅×長さ	S	r
							mm	mm			mm		mm	mm	mm
GGF-4X-T4020·0912-20	H-400×200×9×12	M20	24	3×2	120	−	9×200×410	9×80×410	8	4×1	60	A	9×260×170	7	35
GGF-4X-T4020·0916-20	H-400×200×9×16	M20	24	3×2	120	−	12×200×410	12×80×410	8	4×1	60	A	9×260×170	7	35
GGF-4X-T4020·0919-20	H-400×200×9×19	M20	24	3×2	120	−	12×200×410	16×80×410	8	4×1	60	A	9×260×170	7	35
GGF-4X-T4020·0922-20	H-400×200×9×22	M20	32	4×2	120	−	16×200×530	16×80×530	8	4×1	60	A	9×260×170	7	35
GGF-4X-T4020·1222-20	H-400×200×12×22	M20	32	4×2	120	−	16×200×530	16×80×530	12	3×2	90	D	9×260×290	9	35
GGF-4X-T4520·0912-20	H-450×200×9×12	M20	24	3×2	120	−	9×200×410	9×80×410	10	5×1	60	A	9×320×170	7	35
GGF-4X-T4520·0916-20	H-450×200×9×16	M20	24	3×2	120	−	12×200×410	12×80×410	10	5×1	60	A	9×320×170	7	35
GGF-4X-T4520·0919-20	H-450×200×9×19	M20	24	3×2	120	−	12×200×410	16×80×410	10	5×1	60	A	9×320×170	7	35
GGF-4X-T4520·0922-20	H-450×200×9×22	M20	32	4×2	120	−	16×200×530	16×80×530	10	5×1	60	A	9×320×170	7	35
GGF-4X-T4520·1216-20	H-450×200×12×16	M20	24	3×2	120	−	12×200×410	12×80×410	12	3×2	120	F	9×320×290	9	35
GGF-4X-T4520·1219-20	H-450×200×12×19	M20	24	3×2	120	−	12×200×410	16×80×410	12	3×2	120	F	9×320×290	9	35
GGF-4X-T4520·1222-20	H-450×200×12×22	M20	32	4×2	120	−	16×200×530	16×80×530	12	3×2	120	F	9×320×290	9	35
GGF-4X-T4520·1225-20	H-450×200×12×25	M20	32	4×2	120	−	16×200×530	16×80×530	12	3×2	120	F	9×320×290	9	35
GGF-4X-T4525·0912-20	H-450×250×9×12	M20	24	3×2	150	−	9×250×410	9×100×410	10	5×1	60	A	9×320×170	7	35
GGF-4X-T4525·0916-20	H-450×250×9×16	M20	32	4×2	150	−	12×250×530	12×100×530	10	5×1	60	A	9×320×170	7	35
GGF-4X-T4525·0919-20	H-450×250×9×19	M20	32	4×2	150	−	12×250×530	16×100×530	10	5×1	60	A	9×320×170	7	35
GGF-4X-T4525·0922-20	H-450×250×9×22	M20	40	5×2	150	−	16×250×650	16×100×650	10	5×1	60	A	9×320×170	7	35
GGF-4X-T4525·1222-20	H-450×250×12×22	M20	40	5×2	150	−	16×250×650	16×100×650	12	3×2	120	F	9×320×290	9	35
GGF-4X-T4525·1225-20	H-450×250×12×25	M20	40	5×2	150	−	16×250×650	19×100×650	12	3×2	120	F	9×320×290	9	35

表-4.6.1 梁継手加工用諸元表 (2/10)

400N級鋼

●梁継手（定形H形鋼）

継手呼称	部材断面寸法	径 D	継手 フランジボルト ボルト 総数	継手 フランジボルト ボルト $n_F \times m_F$	継手 フランジボルト ゲージ g_1	継手 フランジボルト ゲージ g_2	継手 外フランジ 厚×幅×長さ mm	継手 内フランジ 厚×幅×長さ mm	継手 ウェブ ボルト 総数	継手 ウェブ ボルト $m_W \times n_W$	継手 ウェブ p_C mm	継手 ウェブ 型	継手 ウェブ 厚×幅×長さ mm	仕口 隅肉 S mm	仕口 r mm
GGF-4X-T4525・1228-20	H-450×250×12×28	M20	48	6×2	150	−	19×250× 770	19×100× 770	12	3×2	120	F	9×320×290	9	35
GGF-4X-T5020・0912-20	H-500×200×9×12	M20	24	3×2	120	−	9×200× 410	9× 80× 410	10	5×1	60	A	9×320×170	7	35
GGF-4X-T5020・0916-20	H-500×200×9×16	M20	24	3×2	120	−	12×200× 410	12× 80× 410	10	5×1	60	A	9×320×170	7	35
GGF-4X-T5020・0919-20	H-500×200×9×19	M20	24	3×2	120	−	12×200× 410	16× 80× 410	10	5×1	60	A	9×320×170	7	35
GGF-4X-T5020・0922-20	H-500×200×9×22	M20	32	4×2	120	−	16×200× 530	16× 80× 530	10	5×1	60	A	9×320×170	7	35
GGF-4X-T5020・1216-20	H-500×200×12×16	M20	24	3×2	120	−	12×200× 410	12× 80× 410	16	4×2	90	D	12×350×290	9	35
GGF-4X-T5020・1219-20	H-500×200×12×19	M20	24	3×2	120	−	12×200× 410	16× 80× 410	16	4×2	90	D	12×350×290	9	35
GGF-4X-T5020・1222-20	H-500×200×12×22	M20	32	4×2	120	−	16×200× 530	16× 80× 530	16	4×2	90	D	12×350×290	9	35
GGF-4X-T5020・1225-20	H-500×200×12×25	M20	32	4×2	120	−	16×200× 530	16× 80× 530	16	4×2	90	D	12×350×290	9	35
GGF-4X-T5025・0912-20	H-500×250×9×12	M20	24	3×2	150	−	9×250× 410	9×100× 410	10	5×1	60	A	9×320×170	7	35
GGF-4X-T5025・0916-20	H-500×250×9×16	M20	32	4×2	150	−	12×250× 530	12×100× 530	10	5×1	60	A	9×320×170	7	35
GGF-4X-T5025・0919-20	H-500×250×9×19	M20	32	4×2	150	−	12×250× 530	16×100× 530	10	5×1	60	A	9×320×170	7	35
GGF-4X-T5025・0922-20	H-500×250×9×22	M20	40	5×2	150	−	16×250× 650	16×100× 650	10	5×1	60	A	9×320×170	7	35
GGF-4X-T5025・1222-20	H-500×250×12×22	M20	40	5×2	150	−	16×250× 650	16×100× 650	16	4×2	90	D	12×350×290	9	35
GGF-4X-T5025・1225-20	H-500×250×12×25	M20	40	5×2	150	−	16×250× 650	19×100× 650	16	4×2	90	D	12×350×290	9	35
GGF-4X-T5025・1228-20	H-500×250×12×28	M20	48	6×2	150	−	19×250× 770	19×100× 770	16	4×2	90	D	12×350×290	9	35
GGF-4X-T5520・0912-20	H-550×200×9×12	M20	24	3×2	120	−	9×200× 410	9× 80× 410	12	6×1	60	A	9×380×170	7	35
GGF-4X-T5520・0916-20	H-550×200×9×16	M20	24	3×2	120	−	12×200× 410	12× 80× 410	12	6×1	60	A	9×380×170	7	35
GGF-4X-T5520・0919-20	H-550×200×9×19	M20	24	3×2	120	−	12×200× 410	16× 80× 410	12	6×1	60	A	9×380×170	7	35
GGF-4X-T5520・0922-20	H-550×200×9×22	M20	32	4×2	120	−	16×200× 530	16× 80× 530	12	6×1	60	A	9×380×170	7	35
GGF-4X-T5520・1216-20	H-550×200×12×16	M20	24	3×2	120	−	12×200× 410	12× 80× 410	16	4×2	90	D	12×350×290	9	35
GGF-4X-T5520・1219-20	H-550×200×12×19	M20	24	3×2	120	−	12×200× 410	16× 80× 410	16	4×2	90	D	12×350×290	9	35
GGF-4X-T5520・1222-20	H-550×200×12×22	M20	32	4×2	120	−	16×200× 530	16× 80× 530	16	4×2	90	D	12×350×290	9	35
GGF-4X-T5520・1225-20	H-550×200×12×25	M20	32	4×2	120	−	16×200× 530	16× 80× 530	16	4×2	90	D	12×350×290	9	35
GGF-4X-T5525・0912-20	H-550×250×9×12	M20	24	3×2	150	−	9×250× 410	9×100× 410	12	6×1	60	A	9×380×170	7	35
GGF-4X-T5525・0916-20	H-550×250×9×16	M20	32	4×2	150	−	12×250× 530	12×100× 530	12	6×1	60	A	9×380×170	7	35
GGF-4X-T5525・0919-20	H-550×250×9×19	M20	32	4×2	150	−	12×250× 530	16×100× 530	12	6×1	60	A	9×380×170	7	35
GGF-4X-T5525・0922-20	H-550×250×9×22	M20	40	5×2	150	−	16×250× 650	16×100× 650	12	6×1	60	A	9×380×170	7	35
GGF-4X-T5525・1222-20	H-550×250×12×22	M20	40	5×2	150	−	16×250× 650	16×100× 650	16	4×2	90	D	12×350×290	9	35
GGF-4X-T5525・1225-20	H-550×250×12×25	M20	40	5×2	150	−	16×250× 650	19×100× 650	16	4×2	90	D	12×350×290	9	35
GGF-4X-T5525・1228-20	H-550×250×12×28	M20	48	6×2	150	−	19×250× 770	19×100× 770	16	4×2	90	D	12×350×290	9	35
GGF-4X-T6020・0912-20	H-600×200×9×12	M20	24	3×2	120	−	9×200× 410	12× 80× 410	14	7×1	60	A	9×440×170	7	35
GGF-4X-T6020・0916-20	H-600×200×9×16	M20	24	3×2	120	−	12×200× 410	12× 80× 410	14	7×1	60	A	9×440×170	7	35
GGF-4X-T6020・0919-20	H-600×200×9×19	M20	32	4×2	120	−	16×200× 530	16× 80× 530	14	7×1	60	A	9×440×170	7	35
GGF-4X-T6020・0922-20	H-600×200×9×22	M20	32	4×2	120	−	16×200× 530	16× 80× 530	14	7×1	60	A	9×440×170	7	35
GGF-4X-T6020・1216-20	H-600×200×12×16	M20	24	3×2	120	−	12×200× 410	16× 80× 410	16	4×2	120	F	9×440×290	9	35
GGF-4X-T6020・1219-20	H-600×200×12×19	M20	32	4×2	120	−	16×200× 530	16× 80× 530	16	4×2	120	F	9×440×290	9	35
GGF-4X-T6020・1222-20	H-600×200×12×22	M20	32	4×2	120	−	16×200× 530	16× 80× 530	16	4×2	120	F	9×440×290	9	35
GGF-4X-T6020・1225-20	H-600×200×12×25	M20	32	4×2	120	−	16×200× 530	19× 80× 530	16	4×2	120	F	9×440×290	9	35
GGF-4X-T6020・1228-20	H-600×200×12×28	M20	40	5×2	120	−	19×200× 650	19× 80× 650	16	4×2	120	F	9×440×290	9	35
GGF-4X-T6025・0916-20	H-600×250×9×16	M20	32	4×2	150	−	12×250× 530	12×100× 530	14	7×1	60	A	9×440×170	7	35
GGF-4X-T6025・0919-20	H-600×250×9×19	M20	32	4×2	150	−	12×250× 530	16×100× 530	14	7×1	60	A	9×440×170	7	35
GGF-4X-T6025・1219-20	H-600×250×12×19	M20	32	4×2	150	−	12×250× 530	16×100× 530	16	4×2	120	F	9×440×290	9	35
GGF-4X-T6025・1222-20	H-600×250×12×22	M20	40	5×2	150	−	16×250× 650	16×100× 650	16	4×2	120	F	9×440×290	9	35
GGF-4X-T6025・1225-20	H-600×250×12×25	M20	40	5×2	150	−	16×250× 650	19×100× 650	16	4×2	120	F	9×440×290	9	35
GGF-4X-T6025・1228-20	H-600×250×12×28	M20	48	6×2	150	−	19×250× 770	19×100× 770	16	4×2	120	F	9×440×290	9	35
GGF-4X-T6030・0919-20	H-600×300×9×19	M20	40	5×2	150	40	12×300× 530	16×110× 530	14	7×1	60	A	9×440×170	7	35
GGF-4X-T6030・1219-20	H-600×300×12×19	M20	40	5×2	150	40	12×300× 530	16×110× 530	16	4×2	120	F	9×440×290	9	35
GGF-4X-T6030・1222-20	H-600×300×12×22	M20	48	6×2	150	40	16×300× 620	19×110× 620	16	4×2	120	F	9×440×290	9	35
GGF-4X-T6030・1225-20	H-600×300×12×25	M20	48	6×2	150	40	19×300× 620	19×110× 620	16	4×2	120	F	9×440×290	9	35
GGF-4X-T6030・1228-20	H-600×300×12×28	M20	56	7×2	150	40	19×300× 710	22×110× 710	16	4×2	120	F	9×440×290	9	35
GGF-4X-T6520・0912-20	H-650×200×9×12	M20	24	3×2	120	−	9×200× 410	12× 80× 410	12	6×1	90	C	6×530×170	7	35
GGF-4X-T6520・0916-20	H-650×200×9×16	M20	24	3×2	120	−	12×200× 410	12× 80× 410	12	6×1	90	C	6×530×170	7	35
GGF-4X-T6520・0919-20	H-650×200×9×19	M20	32	4×2	120	−	16×200× 530	16× 80× 530	12	6×1	90	C	6×530×170	7	35
GGF-4X-T6520・0922-20	H-650×200×9×22	M20	32	4×2	120	−	16×200× 530	16× 80× 530	12	6×1	90	C	6×530×170	7	35
GGF-4X-T6520・1216-20	H-650×200×12×16	M20	24	3×2	120	−	12×200× 410	12× 80× 410	16	8×1	60	A	9×500×170	9	35
GGF-4X-T6520・1219-20	H-650×200×12×19	M20	32	4×2	120	−	16×200× 530	16× 80× 530	16	8×1	60	A	9×500×170	9	35
GGF-4X-T6520・1222-20	H-650×200×12×22	M20	32	4×2	120	−	16×200× 530	16× 80× 530	16	8×1	60	A	9×500×170	9	35
GGF-4X-T6520・1225-20	H-650×200×12×25	M20	32	4×2	120	−	16×200× 530	19× 80× 530	16	8×1	60	A	9×500×170	9	35
GGF-4X-T6520・1228-20	H-650×200×12×28	M20	40	5×2	120	−	19×200× 650	19× 80× 650	16	8×1	60	A	9×500×170	9	35
GGF-4X-T6525・0916-20	H-650×250×9×16	M20	32	4×2	150	−	12×250× 530	12×100× 530	12	6×1	90	C	6×530×170	7	35
GGF-4X-T6525・0919-20	H-650×250×9×19	M20	32	4×2	150	−	12×250× 530	16×100× 530	12	6×1	90	C	6×530×170	7	35
GGF-4X-T6525・1219-20	H-650×250×12×19	M20	32	4×2	150	−	12×250× 530	16×100× 530	16	8×1	60	A	9×500×170	9	35
GGF-4X-T6525・1222-20	H-650×250×12×22	M20	40	5×2	150	−	16×250× 650	16×100× 650	16	8×1	60	A	9×500×170	9	35
GGF-4X-T6525・1225-20	H-650×250×12×25	M20	40	5×2	150	−	16×250× 650	19×100× 650	16	8×1	60	A	9×500×170	9	35
GGF-4X-T6525・1228-20	H-650×250×12×28	M20	48	6×2	150	−	19×250× 770	19×100× 770	16	8×1	60	A	9×500×170	9	35
GGF-4X-T7020・0912-20	H-700×200×9×12	M20	24	3×2	120	−	9×200× 410	#12× 80× 410	16	8×1	60	A	9×500×170	7	35
GGF-4X-T7020・0916-20	H-700×200×9×16	M20	24	3×2	120	−	12×200× 410	#12× 80× 410	16	8×1	60	A	9×500×170	7	35
GGF-4X-T7020・0919-20	H-700×200×9×19	M20	32	4×2	120	−	16×200× 530	#16× 80× 530	16	8×1	60	A	9×500×170	7	35
GGF-4X-T7020・0922-20	H-700×200×9×22	M20	32	4×2	120	−	16×200× 530	#16× 80× 530	16	8×1	60	A	9×500×170	7	35
GGF-4X-T7020・1222-20	H-700×200×12×22	M20	32	4×2	120	−	16×200× 530	#16× 80× 530	18	9×1	60	A	9×500×170	7	35
GGF-4X-T7020・1225-20	H-700×200×12×25	M20	32	4×2	120	−	16×200× 530	#19× 80× 530	18	9×1	60	A	9×560×170	9	35

表−4.6.1　梁継手加工用諸元表 (3/10)

●梁継手（定形H形鋼）　　400N級鋼

継手呼称	部材断面寸法	径	継手											仕口	
			フランジボルト				外フランジ	内フランジ	ウェブ					隅肉	
		D	ボルト		ゲージ		厚×幅×長さ	厚×幅×長さ	ボルト		p_C	型	厚×幅×長さ	S	r
			総数	$n_F \times m_F$	g_1	g_2	mm	mm	総数	$m_W \times n_W$	mm		mm	mm	mm
GGF−4X−T7020・1228−20	H−700×200×12×28	M20	40	5×2	120	−	19×200×650	#19×80×650	18	9×1	60	A	9×560×170	9	35
GGF−4X−T7025・0916−20	H−700×250×9×16	M20	32	4×2	150	−	12×250×530	12×100×530	16	8×1	60	A	9×500×170	7	35
GGF−4X−T7025・0919−20	H−700×250×9×19	M20	32	4×2	150	−	12×250×530	16×100×530	16	8×1	60	A	9×500×170	7	35
GGF−4X−T7025・1219−20	H−700×250×12×19	M20	32	4×2	150	−	12×250×530	16×100×530	18	9×1	60	A	9×560×170	9	35
GGF−4X−T7025・1222−20	H−700×250×12×22	M20	40	5×2	150	−	16×250×650	16×100×650	18	9×1	60	A	9×560×170	9	35
GGF−4X−T7025・1225−20	H−700×250×12×25	M20	40	5×2	150	−	16×250×650	19×100×650	18	9×1	60	A	9×560×170	9	35
GGF−4X−T7025・1425−20	H−700×250×14×25	M20	40	5×2	150	−	16×250×650	19×100×650	18	9×1	60	A	9×560×170	10	35
GGF−4X−T7025・1428−20	H−700×250×14×28	M20	48	6×2	150	−	19×250×770	19×100×770	18	9×1	60	A	9×560×170	10	35
GGF−4X−T7030・0919−20	H−700×300×9×19	M20	40	5×2	150	40	12×300×530	16×110×530	16	8×1	60	A	9×500×170	7	35
GGF−4X−T7030・1219−20	H−700×300×12×19	M20	40	5×2	150	40	12×300×530	16×110×530	18	9×1	60	A	9×560×170	9	35
GGF−4X−T7030・1222−20	H−700×300×12×22	M20	48	6×2	150	40	16×300×620	19×110×620	18	9×1	60	A	9×560×170	9	35
GGF−4X−T7030・1422−20	H−700×300×14×22	M20	48	6×2	150	40	16×300×620	19×110×620	18	9×1	60	A	9×560×170	10	35
GGF−4X−T7030・1425−20	H−700×300×14×25	M20	48	6×2	150	40	19×300×620	19×110×620	18	9×1	60	A	9×560×170	10	35
GGF−4X−T7030・1428−20	H−700×300×14×28	M20	56	7×2	150	40	19×300×710	22×110×710	18	9×1	60	A	9×560×170	10	35
GGF−4X−T7520・0912−20	H−750×200×9×12	M20	24	3×2	120	−	9×200×410	#12×80×410	14	7×1	90	C	6×620×170	7	35
GGF−4X−T7520・0916−20	H−750×200×9×16	M20	24	3×2	120	−	12×200×410	#12×80×410	14	7×1	90	C	6×620×170	7	35
GGF−4X−T7520・0919−20	H−750×200×9×19	M20	32	4×2	120	−	16×200×530	#16×80×530	14	7×1	90	C	6×620×170	7	35
GGF−4X−T7520・1219−20	H−750×200×12×19	M20	32	4×2	120	−	16×200×530	#16×80×530	20	10×1	60	A	9×620×170	9	35
GGF−4X−T7520・1222−20	H−750×200×12×22	M20	32	4×2	120	−	16×200×530	#16×80×530	20	10×1	60	A	9×620×170	9	35
GGF−4X−T7520・1225−20	H−750×200×12×25	M20	32	4×2	120	−	16×200×530	#19×80×530	20	10×1	60	A	9×620×170	9	35
GGF−4X−T7520・1228−20	H−750×200×12×28	M20	40	5×2	120	−	19×200×650	#19×80×650	20	10×1	60	A	9×620×170	9	35
GGF−4X−T7525・1216−20	H−750×250×12×16	M20	32	4×2	150	−	12×250×530	12×100×530	20	10×1	60	A	9×620×170	9	35
GGF−4X−T7525・1219−20	H−750×250×12×19	M20	40	5×2	150	−	16×250×650	16×100×650	20	10×1	60	A	9×620×170	9	35
GGF−4X−T7525・1222−20	H−750×250×12×22	M20	40	5×2	150	−	16×250×650	19×100×650	20	10×1	60	A	9×620×170	9	35
GGF−4X−T7525・1422−20	H−750×250×14×22	M20	40	5×2	150	−	16×250×650	19×100×650	20	10×1	60	A	9×620×170	10	35
GGF−4X−T7525・1425−20	H−750×250×14×25	M20	48	6×2	150	−	19×250×770	19×100×770	20	10×1	60	A	9×620×170	10	35
GGF−4X−T7525・1428−20	H−750×250×14×28	M20	48	6×2	150	−	19×250×770	22×100×770	20	10×1	60	A	9×620×170	10	35
GGF−4X−T8025・1422−20	H−800×250×14×22	M20	40	5×2	150	−	16×250×650	19×100×650	28	7×2	90	D	12×620×290	10	35
GGF−4X−T8025・1425−20	H−800×250×14×25	M20	48	6×2	150	−	19×250×770	19×100×770	28	7×2	90	D	12×620×290	10	35
GGF−4X−T8025・1625−20	H−800×250×16×25	M20	48	6×2	150	−	19×250×770	19×100×770	28	7×2	90	D	12×620×290	12	35
GGF−4X−T8025・1628−20	H−800×250×16×28	M20	48	6×2	150	−	19×250×770	22×100×770	28	7×2	90	D	12×620×290	12	35
GGF−4X−T8030・1422−20	H−800×300×14×22	M20	48	6×2	150	40	16×300×620	19×110×620	28	7×2	90	D	12×620×290	10	35
GGF−4X−T8030・1622−20	H−800×300×16×22	M20	48	6×2	150	40	16×300×620	19×110×620	28	7×2	90	D	12×620×290	12	35
GGF−4X−T8030・1625−20	H−800×300×16×25	M20	48	6×2	150	40	19×300×620	19×110×620	28	7×2	90	D	12×620×290	12	35
GGF−4X−T8030・1628−20	H−800×300×16×28	M20	56	7×2	150	40	19×300×710	22×110×710	28	7×2	90	D	12×620×290	12	35
GGF−4X−T8525・1422−20	H−850×250×14×22	M20	40	5×2	150	−	16×250×650	19×100×650	28	7×2	90	D	12×620×290	10	35
GGF−4X−T8525・1425−20	H−850×250×14×25	M20	48	6×2	150	−	19×250×770	19×100×770	28	7×2	90	D	12×620×290	10	35
GGF−4X−T8525・1625−20	H−850×250×16×25	M20	48	6×2	150	−	19×250×770	19×100×770	32	8×2	90	D	12×710×290	12	35
GGF−4X−T8525・1628−20	H−850×250×16×28	M20	48	6×2	150	−	19×250×770	22×100×770	32	8×2	90	D	12×710×290	12	35
GGF−4X−T9025・1619−20	H−900×250×16×19	M20	40	5×2	150	−	16×250×650	16×100×650	32	8×2	90	D	12×710×290	12	35
GGF−4X−T9025・1622−20	H−900×250×16×22	M20	40	5×2	150	−	16×250×650	19×100×650	32	8×2	90	D	12×710×290	12	35
GGF−4X−T9025・1625−20	H−900×250×16×25	M20	48	6×2	150	−	19×250×770	19×100×770	32	8×2	90	D	12×710×290	12	35
GGF−4X−T9025・1628−20	H−900×250×16×28	M20	48	6×2	150	−	19×250×770	22×100×770	32	8×2	90	D	12×710×290	12	35
GGF−4X−T9030・1619−20	H−900×300×16×19	M20	40	5×2	150	40	16×300×530	16×110×530	32	8×2	90	D	12×710×290	12	35
GGF−4X−T9030・1622−20	H−900×300×16×22	M20	48	6×2	150	40	16×300×620	19×110×620	32	8×2	90	D	12×710×290	12	35
GGF−4X−T9030・1625−20	H−900×300×16×25	M20	56	7×2	150	40	19×300×710	19×110×710	32	8×2	90	D	12×710×290	12	35
GGF−4X−T9030・1628−20	H−900×300×16×28	M20	56	7×2	150	40	19×300×710	22×110×710	32	8×2	90	D	12×710×290	12	35
GGF−4X−T4020・0912−22	H−400×200×9×12	M22	24	3×2	120	−	9×200×410	9×80×410	6	3×1	90	C	9×260×170	7	35
GGF−4X−T4020・0916−22	H−400×200×9×16	M22	24	3×2	120	−	12×200×410	12×80×410	6	3×1	90	C	9×260×170	7	35
GGF−4X−T4020・0919−22	H−400×200×9×19	M22	24	3×2	120	−	12×200×410	16×80×410	6	3×1	90	C	9×260×170	7	35
GGF−4X−T4020・0922−22	H−400×200×9×22	M22	24	3×2	120	−	16×200×410	16×80×410	6	3×1	90	C	9×260×170	7	35
GGF−4X−T4020・1222−22	H−400×200×12×22	M22	24	3×2	120	−	16×200×410	16×80×410	8	4×1	60	A	12×260×170	9	35
GGF−4X−T4520・0912−22	H−450×200×9×12	M22	24	3×2	120	−	9×200×410	9×80×410	8	4×1	60	A	12×260×170	7	35
GGF−4X−T4520・0916−22	H−450×200×9×16	M22	24	3×2	120	−	12×200×410	12×80×410	8	4×1	60	A	12×260×170	7	35
GGF−4X−T4520・0919−22	H−450×200×9×19	M22	24	3×2	120	−	12×200×410	16×80×410	8	4×1	60	A	12×260×170	7	35
GGF−4X−T4520・0922−22	H−450×200×9×22	M22	24	3×2	120	−	16×200×410	16×80×410	8	4×1	60	A	12×260×170	7	35
GGF−4X−T4520・1216−22	H−450×200×12×16	M22	24	3×2	120	−	12×200×410	12×80×410	10	5×1	60	A	9×320×170	9	35
GGF−4X−T4520・1219−22	H−450×200×12×19	M22	24	3×2	120	−	12×200×410	16×80×410	10	5×1	60	A	9×320×170	9	35
GGF−4X−T4520・1222−22	H−450×200×12×22	M22	24	3×2	120	−	16×200×410	16×80×410	10	5×1	60	A	9×320×170	9	35
GGF−4X−T4520・1225−22	H−450×200×12×25	M22	24	3×2	120	−	16×200×410	16×80×410	10	5×1	60	A	9×320×170	9	35
GGF−4X−T4525・0912−22	H−450×250×9×12	M22	24	3×2	150	−	9×250×410	9×100×410	8	4×1	60	A	12×260×170	7	35
GGF−4X−T4525・0916−22	H−450×250×9×16	M22	24	3×2	150	−	12×250×410	12×100×410	8	4×1	60	A	12×260×170	7	35
GGF−4X−T4525・0919−22	H−450×250×9×19	M22	32	4×2	150	−	12×250×530	16×100×530	8	4×1	60	A	12×260×170	7	35
GGF−4X−T4525・0922−22	H−450×250×9×22	M22	32	4×2	150	−	16×250×530	16×100×530	8	4×1	60	A	12×260×170	7	35
GGF−4X−T4525・1222−22	H−450×250×12×22	M22	32	4×2	150	−	16×250×530	16×100×530	10	5×1	60	A	9×320×170	9	35
GGF−4X−T4525・1225−22	H−450×250×12×25	M22	32	4×2	150	−	16×250×530	19×100×530	10	5×1	60	A	9×320×170	9	35
GGF−4X−T4525・1228−22	H−450×250×12×28	M22	40	5×2	150	−	19×250×650	19×100×650	10	5×1	60	A	9×320×170	9	35
GGF−4X−T5020・0912−22	H−500×200×9×12	M22	24	3×2	120	−	9×200×410	9×80×410	8	4×1	90	C	9×350×170	7	35
GGF−4X−T5020・0916−22	H−500×200×9×16	M22	24	3×2	120	−	12×200×410	12×80×410	8	4×1	90	C	9×350×170	7	35
GGF−4X−T5020・0919−22	H−500×200×9×19	M22	24	3×2	120	−	12×200×410	16×80×410	8	4×1	90	C	9×350×170	7	35

表-4.6.1 梁継手加工用諸元表 (4/10)

●梁継手（定形H形鋼）

400N級鋼

継手呼称	部材断面寸法	径	継手											仕口	
			フランジボルト				外フランジ	内フランジ	ウェブ					隅肉	
		D	ボルト		ゲージ		厚×幅×長さ	厚×幅×長さ	ボルト		p_C	型	厚×幅×長さ	S	r
			総数	$n_F \times m_F$	g_1	g_2	mm	mm	総数	$m_W \times n_W$	mm		mm	mm	mm
GGF-4X-T5020･0922-22	H-500×200×9×22	M22	24	3×2	120	−	16×200× 410	16× 80× 410	8	4×1	90	C	9×350×170	7	35
GGF-4X-T5020･1216-22	H-500×200×12×16	M22	24	3×2	120	−	12×200× 410	12× 80× 410	10	5×1	60	A	12×320×170	9	35
GGF-4X-T5020･1219-22	H-500×200×12×19	M22	24	3×2	120	−	12×200× 410	16× 80× 410	10	5×1	60	A	12×320×170	9	35
GGF-4X-T5020･1222-22	H-500×200×12×22	M22	24	3×2	120	−	16×200× 410	16× 80× 410	10	5×1	60	A	12×320×170	9	35
GGF-4X-T5020･1225-22	H-500×200×12×25	M22	24	3×2	120	−	16×200× 410	16× 80× 410	10	5×1	60	A	12×320×170	9	35
GGF-4X-T5025･0912-22	H-500×250×9×12	M22	24	3×2	150	−	9×250× 410	9×100× 410	8	4×1	90	C	9×350×170	7	35
GGF-4X-T5025･0916-22	H-500×250×9×16	M22	24	3×2	150	−	12×250× 410	12×100× 410	8	4×1	90	C	9×350×170	7	35
GGF-4X-T5025･0919-22	H-500×250×9×19	M22	32	4×2	150	−	12×250× 530	16×100× 530	8	4×1	90	C	9×350×170	7	35
GGF-4X-T5025･0922-22	H-500×250×9×22	M22	32	4×2	150	−	16×250× 530	16×100× 530	8	4×1	90	C	9×350×170	7	35
GGF-4X-T5025･1222-22	H-500×250×12×22	M22	32	4×2	150	−	16×250× 530	16×100× 530	10	5×1	60	A	12×320×170	9	35
GGF-4X-T5025･1225-22	H-500×250×12×25	M22	32	4×2	150	−	16×250× 530	19×100× 530	10	5×1	60	A	12×320×170	9	35
GGF-4X-T5025･1228-22	H-500×250×12×28	M22	40	5×2	150	−	19×250× 650	19×100× 650	10	5×1	60	A	12×320×170	9	35
GGF-4X-T5520･0912-22	H-550×200×9×12	M22	24	3×2	120	−	9×200× 410	9× 80× 410	8	4×1	120	E	6×440×170	7	35
GGF-4X-T5520･0916-22	H-550×200×9×16	M22	24	3×2	120	−	12×200× 410	12× 80× 410	8	4×1	120	E	6×440×170	7	35
GGF-4X-T5520･0919-22	H-550×200×9×19	M22	24	3×2	120	−	12×200× 410	16× 80× 410	8	4×1	120	E	6×440×170	7	35
GGF-4X-T5520･0922-22	H-550×200×9×22	M22	24	3×2	120	−	16×200× 410	16× 80× 410	8	4×1	120	E	6×440×170	7	35
GGF-4X-T5520･1216-22	H-550×200×12×16	M22	24	3×2	120	−	12×200× 410	12× 80× 410	12	6×1	60	A	12×380×170	9	35
GGF-4X-T5520･1219-22	H-550×200×12×19	M22	24	3×2	120	−	12×200× 410	16× 80× 410	12	6×1	60	A	12×380×170	9	35
GGF-4X-T5520･1222-22	H-550×200×12×22	M22	24	3×2	120	−	16×200× 410	16× 80× 410	12	6×1	60	A	12×380×170	9	35
GGF-4X-T5520･1225-22	H-550×200×12×25	M22	24	3×2	120	−	16×200× 410	16× 80× 410	12	6×1	60	A	12×380×170	9	35
GGF-4X-T5525･0912-22	H-550×250×9×12	M22	24	3×2	150	−	9×250× 410	9×100× 410	8	4×1	120	E	6×440×170	7	35
GGF-4X-T5525･0916-22	H-550×250×9×16	M22	24	3×2	150	−	12×250× 410	12×100× 410	8	4×1	120	E	6×440×170	7	35
GGF-4X-T5525･0919-22	H-550×250×9×19	M22	32	4×2	150	−	12×250× 530	16×100× 530	8	4×1	120	E	6×440×170	7	35
GGF-4X-T5525･0922-22	H-550×250×9×22	M22	32	4×2	150	−	16×250× 530	16×100× 530	8	4×1	120	E	6×440×170	7	35
GGF-4X-T5525･1222-22	H-550×250×12×22	M22	32	4×2	150	−	16×250× 530	16×100× 530	12	6×1	60	A	12×380×170	9	35
GGF-4X-T5525･1225-22	H-550×250×12×25	M22	32	4×2	150	−	16×250× 530	19×100× 530	12	6×1	60	A	12×380×170	9	35
GGF-4X-T5525･1228-22	H-550×250×12×28	M22	40	5×2	150	−	19×250× 650	19×100× 650	12	6×1	60	A	12×380×170	9	35
GGF-4X-T6020･0912-22	H-600×200×9×12	M22	24	3×2	120	−	9×200× 410	12× 80× 410	10	5×1	90	C	9×440×170	7	35
GGF-4X-T6020･0916-22	H-600×200×9×16	M22	24	3×2	120	−	12×200× 410	12× 80× 410	10	5×1	90	C	9×440×170	7	35
GGF-4X-T6020･0919-22	H-600×200×9×19	M22	24	3×2	120	−	16×200× 410	16× 80× 410	10	5×1	90	C	9×440×170	7	35
GGF-4X-T6020･0922-22	H-600×200×9×22	M22	24	3×2	120	−	16×200× 410	16× 80× 410	10	5×1	90	C	9×440×170	7	35
GGF-4X-T6020･1216-22	H-600×200×12×16	M22	24	3×2	120	−	12×200× 410	12× 80× 410	14	7×1	60	A	9×440×170	9	35
GGF-4X-T6020･1219-22	H-600×200×12×19	M22	24	3×2	120	−	16×200× 410	16× 80× 410	14	7×1	60	A	9×440×170	9	35
GGF-4X-T6020･1222-22	H-600×200×12×22	M22	24	3×2	120	−	16×200× 410	16× 80× 410	14	7×1	60	A	9×440×170	9	35
GGF-4X-T6020･1225-22	H-600×200×12×25	M22	32	4×2	120	−	16×200× 530	19× 80× 530	14	7×1	60	A	9×440×170	9	35
GGF-4X-T6020･1228-22	H-600×200×12×28	M22	32	4×2	120	−	19×200× 530	19× 80× 530	14	7×1	60	A	9×440×170	9	35
GGF-4X-T6025･0916-22	H-600×250×9×16	M22	24	3×2	150	−	12×250× 410	12×100× 410	10	5×1	90	C	9×440×170	7	35
GGF-4X-T6025･0919-22	H-600×250×9×19	M22	32	4×2	150	−	12×250× 530	16×100× 530	10	5×1	90	C	9×440×170	7	35
GGF-4X-T6025･1219-22	H-600×250×12×19	M22	32	4×2	150	−	12×250× 530	16×100× 530	14	7×1	60	A	9×440×170	9	35
GGF-4X-T6025･1222-22	H-600×250×12×22	M22	32	4×2	150	−	16×250× 530	16×100× 530	14	7×1	60	A	9×440×170	9	35
GGF-4X-T6025･1225-22	H-600×250×12×25	M22	32	4×2	150	−	16×250× 530	19×100× 530	14	7×1	60	A	9×440×170	9	35
GGF-4X-T6025･1228-22	H-600×250×12×28	M22	40	5×2	150	−	19×250× 650	19×100× 650	14	7×1	60	A	9×440×170	9	35
GGF-4X-T6030･0919-22	H-600×300×9×19	M22	32	4×2	150	40	12×300× 440	16×110× 440	10	5×1	90	C	9×440×170	7	35
GGF-4X-T6030･1219-22	H-600×300×12×19	M22	32	4×2	150	40	12×300× 440	16×110× 440	14	7×1	60	A	9×440×170	9	35
GGF-4X-T6030･1222-22	H-600×300×12×22	M22	40	5×2	150	40	16×300× 530	19×110× 530	14	7×1	60	A	9×440×170	9	35
GGF-4X-T6030･1225-22	H-600×300×12×25	M22	40	5×2	150	40	19×300× 530	19×110× 530	14	7×1	60	A	9×440×170	9	35
GGF-4X-T6030･1228-22	H-600×300×12×28	M22	48	6×2	150	40	19×300× 620	22×110× 620	14	7×1	60	A	9×440×170	9	35
GGF-4X-T6520･0912-22	H-650×200×9×12	M22	24	3×2	120	−	9×200× 410	12× 80× 410	12	6×1	90	C	6×530×170	7	35
GGF-4X-T6520･0916-22	H-650×200×9×16	M22	24	3×2	120	−	12×200× 410	12× 80× 410	12	6×1	90	C	6×530×170	7	35
GGF-4X-T6520･0919-22	H-650×200×9×19	M22	24	3×2	120	−	16×200× 410	16× 80× 410	12	6×1	90	C	6×530×170	7	35
GGF-4X-T6520･0922-22	H-650×200×9×22	M22	24	3×2	120	−	16×200× 410	16× 80× 410	12	6×1	90	C	6×530×170	7	35
GGF-4X-T6520･1216-22	H-650×200×12×16	M22	24	3×2	120	−	12×200× 410	12× 80× 410	14	7×1	60	A	12×440×170	9	35
GGF-4X-T6520･1219-22	H-650×200×12×19	M22	24	3×2	120	−	16×200× 410	16× 80× 410	14	7×1	60	A	12×440×170	9	35
GGF-4X-T6520･1222-22	H-650×200×12×22	M22	24	3×2	120	−	16×200× 410	16× 80× 410	14	7×1	60	A	12×440×170	9	35
GGF-4X-T6520･1225-22	H-650×200×12×25	M22	32	4×2	120	−	16×200× 530	19× 80× 530	14	7×1	60	A	12×440×170	9	35
GGF-4X-T6520･1228-22	H-650×200×12×28	M22	32	4×2	120	−	19×200× 530	19× 80× 530	14	7×1	60	A	12×440×170	9	35
GGF-4X-T6525･0916-22	H-650×250×9×16	M22	24	3×2	150	−	12×250× 410	12×100× 410	12	6×1	90	C	6×530×170	7	35
GGF-4X-T6525･0919-22	H-650×250×9×19	M22	32	4×2	150	−	12×250× 530	16×100× 530	12	6×1	90	C	6×530×170	7	35
GGF-4X-T6525･1219-22	H-650×250×12×19	M22	32	4×2	150	−	12×250× 530	16×100× 530	14	7×1	60	A	12×440×170	9	35
GGF-4X-T6525･1222-22	H-650×250×12×22	M22	32	4×2	150	−	16×250× 530	16×100× 530	14	7×1	60	A	12×440×170	9	35
GGF-4X-T6525･1225-22	H-650×250×12×25	M22	32	4×2	150	−	16×250× 530	19×100× 530	14	7×1	60	A	12×440×170	9	35
GGF-4X-T6525･1228-22	H-650×250×12×28	M22	40	5×2	150	−	19×250× 650	19×100× 650	14	7×1	60	A	12×440×170	9	35
GGF-4X-T7020･0912-22	H-700×200×9×12	M22	24	3×2	120	−	9×200× 410	#12× 80× 410	12	6×1	90	C	9×530×170	7	35
GGF-4X-T7020･0916-22	H-700×200×9×16	M22	24	3×2	120	−	12×200× 410	#12× 80× 410	12	6×1	90	C	9×530×170	7	35
GGF-4X-T7020･0919-22	H-700×200×9×19	M22	24	3×2	120	−	16×200× 410	#16× 80× 410	12	6×1	90	C	9×530×170	7	35
GGF-4X-T7020･0922-22	H-700×200×9×22	M22	24	3×2	120	−	16×200× 410	#16× 80× 410	12	6×1	90	C	9×530×170	7	35
GGF-4X-T7020･1222-22	H-700×200×12×22	M22	24	3×2	120	−	16×200× 410	#16× 80× 410	16	8×1	60	A	12×500×170	9	35
GGF-4X-T7020･1225-22	H-700×200×12×25	M22	32	4×2	120	−	16×200× 530	#19× 80× 530	16	8×1	60	A	12×500×170	9	35
GGF-4X-T7020･1228-22	H-700×200×12×28	M22	32	4×2	120	−	19×200× 530	#19× 80× 530	16	8×1	60	A	12×500×170	9	35
GGF-4X-T7025･0916-22	H-700×250×9×16	M22	24	3×2	150	−	12×250× 410	12×100× 410	12	6×1	90	C	9×530×170	7	35
GGF-4X-T7025･0919-22	H-700×250×9×19	M22	32	4×2	150	−	12×250× 530	16×100× 530	12	6×1	90	C	9×530×170	7	35
GGF-4X-T7025･1219-22	H-700×250×12×19	M22	32	4×2	150	−	12×250× 530	16×100× 530	16	8×1	60	A	12×500×170	9	35
GGF-4X-T7025･1222-22	H-700×250×12×22	M22	32	4×2	150	−	16×250× 530	16×100× 530	16	8×1	60	A	12×500×170	9	35

表-4.6.1　梁継手加工用諸元表 (5/10)

●梁継手（定形H形鋼）

400N級鋼

継手呼称	部材断面寸法	径	継手											仕口	
			フランジボルト				外フランジ	内フランジ	ウェブ					隅肉	
		D	ボルト		ゲージ		厚×幅×長さ	厚×幅×長さ	ボルト		p_C	型	厚×幅×長さ	S	r
			総数	$n_F \times m_F$	g_1	g_2	mm	mm	総数	$m_W \times n_W$	mm		mm	mm	mm
GGF-4X-T7025・1225-22	H-700×250×12×25	M22	32	4×2	150	−	16×250×530	19×100×530	16	8×1	60	A	12×500×170	9	35
GGF-4X-T7025・1425-22	H-700×250×14×25	M22	32	4×2	150	−	16×250×530	19×100×530	18	9×1	60	A	9×560×170	10	35
GGF-4X-T7025・1428-22	H-700×250×14×28	M22	40	5×2	150	−	19×250×650	19×100×650	18	9×1	60	A	9×560×170	10	35
GGF-4X-T7030・0919-22	H-700×300×9×19	M22	32	4×2	150	40	12×300×440	16×110×440	12	6×1	90	C	9×530×170	7	35
GGF-4X-T7030・1219-22	H-700×300×12×19	M22	32	4×2	150	40	12×300×440	16×110×440	16	8×1	60	A	12×500×170	9	35
GGF-4X-T7030・1222-22	H-700×300×12×22	M22	40	5×2	150	40	16×300×530	19×110×530	16	8×1	60	A	12×500×170	9	35
GGF-4X-T7030・1422-22	H-700×300×14×22	M22	40	5×2	150	40	16×300×530	19×110×530	18	9×1	60	A	9×560×170	10	35
GGF-4X-T7030・1425-22	H-700×300×14×25	M22	40	5×2	150	40	19×300×530	19×110×530	18	9×1	60	A	9×560×170	10	35
GGF-4X-T7030・1428-22	H-700×300×14×28	M22	48	6×2	150	40	19×300×620	22×110×620	18	9×1	60	A	9×560×170	10	35
GGF-4X-T7520・0912-22	H-750×200×9×12	M22	24	3×2	120	−	9×200×410	#12×80×410	12	6×1	90	C	9×530×170	7	35
GGF-4X-T7520・0916-22	H-750×200×9×16	M22	24	3×2	120	−	12×200×410	#12×80×410	12	6×1	90	C	9×530×170	7	35
GGF-4X-T7520・0919-22	H-750×200×9×19	M22	24	3×2	120	−	16×200×410	#16×80×410	12	6×1	90	C	9×530×170	7	35
GGF-4X-T7520・1219-22	H-750×200×12×19	M22	24	3×2	120	−	16×200×410	#16×80×410	14	7×1	90	C	9×620×170	9	35
GGF-4X-T7520・1222-22	H-750×200×12×22	M22	24	3×2	120	−	16×200×410	#16×80×410	14	7×1	90	C	9×620×170	9	35
GGF-4X-T7520・1225-22	H-750×200×12×25	M22	32	4×2	120	−	16×200×530	#19×80×530	14	7×1	90	C	9×620×170	9	35
GGF-4X-T7520・1228-22	H-750×200×12×28	M22	32	4×2	120	−	19×200×530	#19×80×530	14	7×1	90	C	9×620×170	9	35
GGF-4X-T7525・1216-22	H-750×250×12×16	M22	24	3×2	150	−	12×250×410	12×100×410	14	7×1	90	C	9×620×170	9	35
GGF-4X-T7525・1219-22	H-750×250×12×19	M22	32	4×2	150	−	16×250×530	16×100×530	14	7×1	90	C	9×620×170	9	35
GGF-4X-T7525・1222-22	H-750×250×12×22	M22	32	4×2	150	−	16×250×530	19×100×530	14	7×1	90	C	9×620×170	9	35
GGF-4X-T7525・1422-22	H-750×250×14×22	M22	32	4×2	150	−	16×250×530	19×100×530	18	9×1	60	A	12×560×170	10	35
GGF-4X-T7525・1425-22	H-750×250×14×25	M22	40	5×2	150	−	19×250×650	19×100×650	18	9×1	60	A	12×560×170	10	35
GGF-4X-T7525・1428-22	H-750×250×14×28	M22	40	5×2	150	−	19×250×650	22×100×650	18	9×1	60	A	12×560×170	10	35
GGF-4X-T8025・1422-22	H-800×250×14×22	M22	32	4×2	150	−	16×250×530	19×100×530	20	10×1	60	A	12×620×170	10	35
GGF-4X-T8025・1425-22	H-800×250×14×25	M22	40	5×2	150	−	19×250×650	19×100×650	20	10×1	60	A	12×620×170	10	35
GGF-4X-T8025・1625-22	H-800×250×16×25	M22	40	5×2	150	−	19×250×650	19×100×650	20	10×1	60	A	12×620×170	12	35
GGF-4X-T8025・1628-22	H-800×250×16×28	M22	40	5×2	150	−	19×250×650	22×100×650	20	10×1	60	A	12×620×170	12	35
GGF-4X-T8030・1422-22	H-800×300×14×22	M22	40	5×2	150	40	16×300×530	19×110×530	20	10×1	60	A	12×620×170	10	35
GGF-4X-T8030・1622-22	H-800×300×16×22	M22	40	5×2	150	40	16×300×530	19×110×530	20	10×1	60	A	12×620×170	12	35
GGF-4X-T8030・1625-22	H-800×300×16×25	M22	40	5×2	150	40	19×300×530	19×110×530	20	10×1	60	A	12×620×170	12	35
GGF-4X-T8030・1628-22	H-800×300×16×28	M22	48	6×2	150	40	19×300×620	22×110×620	20	10×1	60	A	12×620×170	12	35
GGF-4X-T8525・1422-22	H-850×250×14×22	M22	32	4×2	150	−	16×250×530	19×100×530	20	10×1	60	A	12×620×170	10	35
GGF-4X-T8525・1425-22	H-850×250×14×25	M22	40	5×2	150	−	19×250×650	19×100×650	20	10×1	60	A	12×620×170	10	35
GGF-4X-T8525・1625-22	H-850×250×16×25	M22	40	5×2	150	−	19×250×650	19×100×650	22	11×1	60	A	12×680×170	12	35
GGF-4X-T8525・1628-22	H-850×250×16×28	M22	40	5×2	150	−	19×250×650	22×100×650	22	11×1	60	A	12×680×170	12	35
GGF-4X-T9025・1619-22	H-900×250×16×19	M22	32	4×2	150	−	16×250×530	16×100×530	24	12×1	60	A	12×740×170	12	35
GGF-4X-T9025・1622-22	H-900×250×16×22	M22	32	4×2	150	−	16×250×530	19×100×530	24	12×1	60	A	12×740×170	12	35
GGF-4X-T9025・1625-22	H-900×250×16×25	M22	40	5×2	150	−	19×250×650	19×100×650	24	12×1	60	A	12×740×170	12	35
GGF-4X-T9025・1628-22	H-900×250×16×28	M22	40	5×2	150	−	19×250×650	22×100×650	24	12×1	60	A	12×740×170	12	35
GGF-4X-T9030・1619-22	H-900×300×16×19	M22	32	4×2	150	40	16×300×440	16×110×440	24	12×1	60	A	12×740×170	12	35
GGF-4X-T9030・1622-22	H-900×300×16×22	M22	40	5×2	150	40	16×300×530	19×110×530	24	12×1	60	A	12×740×170	12	35
GGF-4X-T9030・1625-22	H-900×300×16×25	M22	40	5×2	150	40	19×300×530	19×110×530	24	12×1	60	A	12×740×170	12	35
GGF-4X-T9030・1628-22	H-900×300×16×28	M22	48	6×2	150	40	19×300×620	22×110×620	24	12×1	60	A	12×740×170	12	35

表-4.6.1 梁継手加工用諸元表 (6/10)

490N級鋼

●梁継手（一般H形鋼）

継手呼称	部材断面寸法	径 D	継手 フランジボルト ボルト 総数	$n_F×m_F$	ゲージ g_1	g_2	外フランジ 厚×幅×長さ mm	内フランジ 厚×幅×長さ mm	ウェブ ボルト 総数	$m_W×n_W$	p_C mm	型	厚×幅×長さ mm	仕口 隅肉 S mm	r mm
GGF-5X-J1010・0609-16	H-100×100×6×8	M16	24	3×2	60	–	16×100×410	–	4	1×2	*–	B	9×50×350	5	20
GGF-5X-J1510・0609-16	H-148×100×6×9	M16	24	3×2	60	–	16×100×410	–	6	1×3	–	B	6×80×410	5	20
GGF-5X-J2010・0609-16	H-200×100×5.5×8	M16	24	3×2	60	–	16×100×410	–	8	2×2	60	B	6×140×290	5	35
GGF-5X-J2015・0609-16	H-194×150×6×9	M16	24	3×2	90	–	9×150×410	9×60×410	8	2×2	*60	B	6×140×350	5	35
GGF-5X-J2512・0609-16	H-250×125×6×9	M16	32	4×2	75	–	12×125×530	–	8	2×2	90	D	6×170×290	5	35
GGF-5X-J2517・0612-16	H-244×175×7×11	M16	32	4×2	105	–	9×175×530	9×70×530	12	2×3	60	B	9×140×410	5	35
GGF-5X-J3015・0609-16	H-300×150×6.5×9	M16	24	3×2	90	–	9×150×410	9×60×410	12	3×2	60	B	6×200×290	5	35
GGF-5X-J3517・0612-16	H-350×175×7×11	M16	32	4×2	105	–	9×175×530	9×70×530	12	3×2	90	D	6×260×290	5	35
GGF-5X-J2015・0609-20	H-194×150×6×9	M20	16	2×2	90	–	9×150×290	9×60×290	4	2×1	*60	A	6×140×230	5	35
GGF-5X-J2517・0612-20	H-244×175×7×11	M20	16	2×2	105	–	9×175×290	9×70×290	8	2×2	60	B	9×140×290	5	35
GGF-5X-J3015・0609-20	H-300×150×6.5×9	M20	16	2×2	90	–	9×150×290	9×60×290	6	3×1	60	A	6×200×170	5	35
GGF-5X-J3020・0912-20	H-294×200×8×12	M20	24	3×2	120	–	9×200×410	9×80×410	8	2×2	120	F	6×200×290	6	35
GGF-5X-J3517・0612-20	H-350×175×7×11	M20	16	2×2	105	–	9×175×290	9×70×290	6	3×1	90	C	6×260×170	5	35
GGF-5X-J3525・0916-20	H-340×250×9×14	M20	40	5×2	150	–	12×250×650	12×100×650	12	3×2	60	B	9×200×290	7	35
GGF-5X-J4020・0912-20	H-400×200×8×13	M20	24	3×2	120	–	9×200×410	9×80×410	12	3×2	90	D	9×260×290	6	35
GGF-5X-J4030・0916-20	H-390×300×10×16	M20	40	5×2	150	40	12×300×530	12×110×530	12	3×2	90	D	9×260×290	8	35
GGF-5X-J4520・0916-20	H-450×200×9×14	M20	32	4×2	120	–	12×300×530	12×80×530	12	3×2	120	F	9×320×290	7	35
GGF-5X-J4530・1219-20	H-440×300×11×18	M20	48	6×2	150	40	12×300×620	12×110×620	20	5×2	60	B	9×320×290	8	35
GGF-5X-J5020・0916-20	H-500×200×10×16	M20	32	4×2	120	–	12×200×530	12×80×530	12	6×1	60	A	9×380×170	8	35
GGF-5X-J5030・1219-20	H-488×300×11×18	M20	48	6×2	150	40	12×300×620	12×110×620	16	4×2	90	D	12×350×290	8	35
GGF-5X-J6020・1216-20	H-600×200×11×17	M20	32	4×2	120	–	12×200×530	12×80×530	24	6×2	60	B	12×380×290	8	35
GGF-5X-J6030・1219-20	H-588×300×12×20	M20	56	7×2	150	40	12×300×710	16×110×710	24	6×2	60	B	12×380×290	9	35
GGF-5X-J7030・1425-20	H-700×300×13×24	M20	72	9×2	150	40	19×300×890	19×110×890	32	8×2	60	B	12×500×290	10	35
GGF-5X-J8030・1425-20	H-800×300×14×26	M20	72	9×2	150	40	19×300×890	19×110×890	36	9×2	60	B	12×560×290	10	35
GGF-5X-J9030・1622-20	H-890×299×15×23	M20	64	8×2	150	40	16×300×800	19×110×800	48	12×2	60	B	12×740×290	11	35
GGF-5X-J9030・1628-20	H-900×300×16×28	M20	80	10×2	150	40	19×300×980	22×110×980	48	12×2	60	B	12×740×290	12	35
GGF-5X-J9030・1934-20	H-912×302×18×34	M20	88	11×2	150	40	25×300×1070	25×110×1070	48	12×2	60	B	12×740×290	K開先	35
GGF-5X-J9030・1937-20	H-918×303×19×37	M20	96	12×2	150	40	25×300×1160	28×110×1160	48	12×2	60	B	12×740×290	K開先	35
GGF-5X-J-3020・0912-22	H-294×200×8×12	M22	24	3×2	120	–	9×200×410	9×80×410	6	3×1	60	A	9×200×170	6	35
GGF-5X-J-3525・0916-22	H-340×250×9×14	M22	32	4×2	150	–	12×250×530	12×100×530	12	3×2	60	B	9×200×290	7	35
GGF-5X-J-4020・0912-22	H-400×200×8×13	M22	24	3×2	120	–	9×200×410	9×80×410	8	4×1	60	A	9×260×170	6	35
GGF-5X-J-4030・0916-22	H-390×300×10×16	M22	32	4×2	150	40	12×300×440	12×110×440	12	3×2	90	D	9×260×290	8	35
GGF-5X-J-4520・0916-22	H-450×200×9×14	M22	24	3×2	120	–	12×200×410	12×80×410	10	5×1	60	A	9×320×170	7	35
GGF-5X-J-4530・1219-22	H-440×300×11×18	M22	40	5×2	150	40	12×300×530	12×110×530	10	5×1	60	A	9×320×170	8	35
GGF-5X-J-5020・0916-22	H-500×200×10×16	M22	24	3×2	120	–	12×200×410	12×80×410	12	6×1	60	A	9×380×170	8	35
GGF-5X-J-5030・1219-22	H-488×300×11×18	M22	40	5×2	150	40	12×300×530	12×110×530	12	6×1	60	A	9×380×170	8	35
GGF-5X-J-6020・1216-22	H-600×200×11×17	M22	24	3×2	120	–	12×200×410	12×80×410	20	5×2	90	D	9×440×290	8	35
GGF-5X-J-6030・1219-22	H-588×300×12×20	M22	40	5×2	150	40	12×300×530	16×110×530	20	5×2	90	D	9×440×290	9	35
GGF-5X-J-7030・1425-22	H-700×300×13×24	M22	56	7×2	150	40	19×300×710	19×110×710	24	6×2	90	D	12×530×290	10	35
GGF-5X-J-8030・1425-22	H-800×300×14×26	M22	56	7×2	150	40	19×300×710	19×110×710	28	7×2	90	D	12×620×290	10	35
GGF-5X-J-9030・1622-22	H-890×299×15×23	M22	56	7×2	150	40	16×300×710	19×110×710	40	10×2	60	B	16×620×290	11	35
GGF-5X-J-9030・1628-22	H-900×300×16×28	M22	64	8×2	150	40	19×300×800	22×110×800	40	10×2	60	B	16×620×290	12	35
GGF-5X-J-9030・1934-22	H-912×302×18×34	M22	72	9×2	150	40	25×300×890	25×110×890	44	11×2	60	B	12×680×290	K開先	35
GGF-5X-J-9030・1937-22	H-918×303×19×37	M22	80	10×2	150	40	25×300×980	28×110×980	44	11×2	60	B	12×680×290	K開先	35

●梁継手（定形H形鋼）

継手呼称	部材断面寸法	径 D	継手 フランジボルト ボルト 総数	$n_F×m_F$	ゲージ g_1	g_2	外フランジ 厚×幅×長さ mm	内フランジ 厚×幅×長さ mm	ウェブ ボルト 総数	$m_W×n_W$	p_C mm	型	厚×幅×長さ mm	仕口 隅肉 S mm	r mm
GGF-5X-T4020・0912-20	H-400×200×9×12	M20	24	3×2	120	–	9×200×410	9×80×410	12	3×2	90	D	9×260×290	7	35
GGF-5X-T4020・0916-20	H-400×200×9×16	M20	32	4×2	120	–	12×200×530	12×80×530	12	3×2	90	D	9×260×290	7	35
GGF-5X-T4020・0919-20	H-400×200×9×19	M20	32	4×2	120	–	12×200×530	16×80×530	12	3×2	90	D	9×260×290	7	35
GGF-5X-T4020・0922-20	H-400×200×9×22	M20	40	5×2	120	–	16×200×650	16×80×650	12	3×2	90	D	9×260×290	7	35
GGF-5X-T4020・1222-20	H-400×200×12×22	M20	40	5×2	120	–	16×200×650	16×80×650	16	4×2	60	B	12×260×290	9	35
GGF-5X-T4520・0912-20	H-450×200×9×12	M20	24	3×2	120	–	9×200×410	9×80×410	12	3×2	120	F	9×320×290	7	35
GGF-5X-T4520・0916-20	H-450×200×9×16	M20	32	4×2	120	–	12×200×530	12×80×530	12	3×2	120	F	9×320×290	7	35
GGF-5X-T4520・0919-20	H-450×200×9×19	M20	32	4×2	120	–	12×200×530	16×80×530	12	3×2	120	F	9×320×290	7	35
GGF-5X-T4520・0922-20	H-450×200×9×22	M20	40	5×2	120	–	16×200×650	16×80×650	12	3×2	120	F	9×320×290	7	35
GGF-5X-T4520・1216-20	H-450×200×12×16	M20	32	4×2	120	–	12×200×530	12×80×530	20	5×2	60	B	9×320×290	9	35
GGF-5X-T4520・1219-20	H-450×200×12×19	M20	32	4×2	120	–	12×200×530	16×80×530	20	5×2	60	B	9×320×290	9	35
GGF-5X-T4520・1222-20	H-450×200×12×22	M20	40	5×2	120	–	16×200×650	16×80×650	20	5×2	60	B	9×320×290	9	35
GGF-5X-T4520・1225-20	H-450×200×12×25	M20	48	6×2	120	–	16×200×770	16×80×770	20	5×2	60	B	9×320×290	9	35
GGF-5X-T4525・0912-20	H-450×250×9×12	M20	32	4×2	150	–	9×250×530	9×100×530	12	3×2	120	F	9×320×290	7	35
GGF-5X-T4525・0916-20	H-450×250×9×16	M20	40	5×2	150	–	12×250×650	12×100×650	12	3×2	120	F	9×320×290	7	35
GGF-5X-T4525・0919-20	H-450×250×9×19	M20	48	6×2	150	–	12×250×770	16×100×770	12	3×2	120	F	9×320×290	7	35
GGF-5X-T4525・0922-20	H-450×250×9×22	M20	48	6×2	150	–	16×250×770	16×100×770	12	3×2	120	F	9×320×290	7	35
GGF-5X-T4525・1222-20	H-450×250×12×22	M20	48	6×2	150	–	16×250×770	16×100×770	20	5×2	60	B	9×320×290	9	35
GGF-5X-T4525・1225-20	H-450×250×12×25	M20	56	7×2	150	–	16×250×890	19×100×890	20	5×2	60	B	9×320×290	9	35
GGF-5X-T4525・1228-20	H-450×250×12×28	M20	64	8×2	150	–	19×250×1010	19×100×1010	20	5×2	60	B	9×320×290	9	35

表−4.6.1 梁継手加工用諸元表 (7/10)

●梁継手（定形H形鋼）

490N級鋼

継手呼称	部材断面寸法	径 D	継手 フランジボルト ボルト 総数	$n_F \times m_F$	ゲージ g_1	g_2	外フランジ 厚×幅×長さ mm	内フランジ 厚×幅×長さ mm	ウェブ ボルト 総数	$m_W \times n_W$	p_C mm	型	ウェブ 厚×幅×長さ mm	仕口 隅肉 S mm	r mm
GGF−5X−T5020•0912−20	H−500×200×9×12	M20	24	3×2	120	−	9×200× 410	9× 80× 410	12	6×1	60	A	9×380×170	7	35
GGF−5X−T5020•0916−20	H−500×200×9×16	M20	32	4×2	120	−	12×200× 530	12× 80× 530	12	6×1	60	A	9×380×170	7	35
GGF−5X−T5020•0919−20	H−500×200×9×19	M20	32	4×2	120	−	12×200× 530	16× 80× 530	12	6×1	60	A	9×380×170	7	35
GGF−5X−T5020•0922−20	H−500×200×9×22	M20	40	5×2	120	−	16×200× 650	16× 80× 650	12	6×1	60	A	9×380×170	7	35
GGF−5X−T5020•1216−20	H−500×200×12×16	M20	32	4×2	120	−	12×200× 530	12× 80× 530	20	5×2	60	B	12×320×290	9	35
GGF−5X−T5020•1219−20	H−500×200×12×19	M20	32	4×2	120	−	12×200× 530	16× 80× 530	20	5×2	60	B	12×320×290	9	35
GGF−5X−T5020•1222−20	H−500×200×12×22	M20	40	5×2	120	−	16×200× 650	16× 80× 650	20	5×2	60	B	12×320×290	9	35
GGF−5X−T5020•1225−20	H−500×200×12×25	M20	48	6×2	120	−	16×200× 770	16× 80× 770	20	5×2	60	B	12×320×290	9	35
GGF−5X−T5025•0912−20	H−500×250×9×12	M20	32	4×2	150	−	9×250× 530	9×100× 530	12	6×1	60	A	9×380×170	7	35
GGF−5X−T5025•0916−20	H−500×250×9×16	M20	40	5×2	150	−	12×250× 650	12×100× 650	12	6×1	60	A	9×380×170	7	35
GGF−5X−T5025•0919−20	H−500×250×9×19	M20	48	6×2	150	−	12×250× 770	16×100× 770	12	6×1	60	A	9×380×170	7	35
GGF−5X−T5025•0922−20	H−500×250×9×22	M20	48	6×2	150	−	16×250× 770	16×100× 770	12	6×1	60	A	9×380×170	7	35
GGF−5X−T5025•1222−20	H−500×250×12×22	M20	48	6×2	150	−	16×250× 770	16×100× 770	20	5×2	60	B	12×320×290	9	35
GGF−5X−T5025•1225−20	H−500×250×12×25	M20	56	7×2	150	−	16×250× 890	19×100× 890	20	5×2	60	B	12×320×290	9	35
GGF−5X−T5025•1228−20	H−500×250×12×28	M20	64	8×2	150	−	19×250×1010	19×100×1010	20	5×2	60	B	12×320×290	9	35
GGF−5X−T5520•0912−20	H−550×200×9×12	M20	24	3×2	120	−	9×200× 410	9× 80× 410	14	7×1	60	A	6×440×170	7	35
GGF−5X−T5520•0916−20	H−550×200×9×16	M20	32	4×2	120	−	12×200× 530	12× 80× 530	14	7×1	60	A	6×440×170	7	35
GGF−5X−T5520•0919−20	H−550×200×9×19	M20	32	4×2	120	−	12×200× 530	16× 80× 530	14	7×1	60	A	6×440×170	7	35
GGF−5X−T5520•0922−20	H−550×200×9×22	M20	40	5×2	120	−	16×200× 650	16× 80× 650	14	7×1	60	A	6×440×170	7	35
GGF−5X−T5520•1216−20	H−550×200×12×16	M20	32	4×2	120	−	12×200× 530	12× 80× 530	24	6×2	60	B	12×380×290	9	35
GGF−5X−T5520•1219−20	H−550×200×12×19	M20	32	4×2	120	−	12×200× 530	16× 80× 530	24	6×2	60	B	12×380×290	9	35
GGF−5X−T5520•1222−20	H−550×200×12×22	M20	40	5×2	120	−	16×200× 650	16× 80× 650	24	6×2	60	B	12×380×290	9	35
GGF−5X−T5520•1225−20	H−550×200×12×25	M20	48	6×2	120	−	16×200× 770	16× 80× 770	24	6×2	60	B	12×380×290	9	35
GGF−5X−T5525•0912−20	H−550×250×9×12	M20	32	4×2	150	−	9×250× 530	9×100× 530	14	7×1	60	A	6×440×170	7	35
GGF−5X−T5525•0916−20	H−550×250×9×16	M20	40	5×2	150	−	12×250× 650	12×100× 650	14	7×1	60	A	6×440×170	7	35
GGF−5X−T5525•0919−20	H−550×250×9×19	M20	48	6×2	150	−	12×250× 770	16×100× 770	14	7×1	60	A	6×440×170	7	35
GGF−5X−T5525•0922−20	H−550×250×9×22	M20	48	6×2	150	−	16×250× 770	16×100× 770	14	7×1	60	A	6×440×170	7	35
GGF−5X−T5525•1222−20	H−550×250×12×22	M20	48	6×2	150	−	16×250× 770	16×100× 770	24	6×2	60	B	12×380×290	9	35
GGF−5X−T5525•1225−20	H−550×250×12×25	M20	56	7×2	150	−	16×250× 890	19×100× 890	24	6×2	60	B	12×380×290	9	35
GGF−5X−T5525•1228−20	H−550×250×12×28	M20	64	8×2	150	−	19×250×1010	19×100×1010	24	6×2	60	B	12×380×290	9	35
GGF−5X−T6020•0912−20	H−600×200×9×12	M20	24	3×2	120	−	9×200× 410	12× 80× 410	16	4×2	120	F	9×440×290	7	35
GGF−5X−T6020•0916−20	H−600×200×9×16	M20	32	4×2	120	−	12×200× 530	12× 80× 530	16	4×2	120	F	9×440×290	7	35
GGF−5X−T6020•0919−20	H−600×200×9×19	M20	40	5×2	120	−	16×200× 650	16× 80× 650	16	4×2	120	F	9×440×290	7	35
GGF−5X−T6020•0922−20	H−600×200×9×22	M20	40	5×2	120	−	16×200× 650	16× 80× 650	16	4×2	120	F	9×440×290	7	35
GGF−5X−T6020•1216−20	H−600×200×12×16	M20	32	4×2	120	−	12×200× 530	12× 80× 530	24	6×2	60	B	12×380×290	9	35
GGF−5X−T6020•1219−20	H−600×200×12×19	M20	40	5×2	120	−	16×200× 650	16× 80× 650	24	6×2	60	B	12×380×290	9	35
GGF−5X−T6020•1222−20	H−600×200×12×22	M20	40	5×2	120	−	16×200× 650	16× 80× 650	24	6×2	60	B	12×380×290	9	35
GGF−5X−T6020•1225−20	H−600×200×12×25	M20	48	6×2	120	−	16×200× 770	19× 80× 770	24	6×2	60	B	12×380×290	9	35
GGF−5X−T6020•1228−20	H−600×200×12×28	M20	48	6×2	120	−	19×200× 770	19× 80× 770	24	6×2	60	B	12×380×290	9	35
GGF−5X−T6025•0916−20	H−600×250×9×16	M20	40	5×2	150	−	12×250× 650	12×100× 650	16	4×2	120	F	9×440×290	7	35
GGF−5X−T6025•0919−20	H−600×250×9×19	M20	48	6×2	150	−	12×250× 770	16×100× 770	16	4×2	120	F	9×440×290	7	35
GGF−5X−T6025•1219−20	H−600×250×12×19	M20	48	6×2	150	−	12×250× 770	16×100× 770	24	6×2	60	B	12×380×290	9	35
GGF−5X−T6025•1222−20	H−600×250×12×22	M20	48	6×2	150	−	16×250× 770	16×100× 770	24	6×2	60	B	12×380×290	9	35
GGF−5X−T6025•1225−20	H−600×250×12×25	M20	56	7×2	150	−	16×250× 890	19×100× 890	24	6×2	60	B	12×380×290	9	35
GGF−5X−T6025•1228−20	H−600×250×12×28	M20	64	8×2	150	−	19×250×1010	19×100×1010	24	6×2	60	B	12×380×290	9	35
GGF−5X−T6030•0919−20	H−600×300×9×19	M20	56	7×2	150	40	12×300× 710	16×110× 710	16	4×2	120	F	9×440×290	7	35
GGF−5X−T6030•1219−20	H−600×300×12×19	M20	56	7×2	150	40	12×300× 710	16×110× 710	24	6×2	60	B	12×380×290	9	35
GGF−5X−T6030•1222−20	H−600×300×12×22	M20	64	8×2	150	40	16×300× 800	19×110× 800	24	6×2	60	B	12×380×290	9	35
GGF−5X−T6030•1225−20	H−600×300×12×25	M20	72	9×2	150	40	19×300× 890	19×110× 890	24	6×2	60	B	12×380×290	9	35
GGF−5X−T6030•1228−20	H−600×300×12×28	M20	72	9×2	150	40	19×300× 890	22×110× 890	24	6×2	60	B	12×380×290	9	35
GGF−5X−T6520•0912−20	H−650×200×9×12	M20	24	3×2	120	−	9×200× 410	12× 80× 410	16	8×1	60	A	9×500×170	7	35
GGF−5X−T6520•0916−20	H−650×200×9×16	M20	32	4×2	120	−	12×200× 530	12× 80× 530	16	8×1	60	A	9×500×170	7	35
GGF−5X−T6520•0919−20	H−650×200×9×19	M20	40	5×2	120	−	16×200× 650	16× 80× 650	16	8×1	60	A	9×500×170	7	35
GGF−5X−T6520•0922−20	H−650×200×9×22	M20	40	5×2	120	−	16×200× 650	16× 80× 650	16	8×1	60	A	9×500×170	7	35
GGF−5X−T6520•1216−20	H−650×200×12×16	M20	32	4×2	120	−	12×200× 530	12× 80× 530	28	7×2	60	B	12×440×290	9	35
GGF−5X−T6520•1219−20	H−650×200×12×19	M20	40	5×2	120	−	16×200× 650	16× 80× 650	28	7×2	60	B	12×440×290	9	35
GGF−5X−T6520•1222−20	H−650×200×12×22	M20	40	5×2	120	−	16×200× 650	16× 80× 650	28	7×2	60	B	12×440×290	9	35
GGF−5X−T6520•1225−20	H−650×200×12×25	M20	48	6×2	120	−	16×200× 770	19× 80× 770	28	7×2	60	B	12×440×290	9	35
GGF−5X−T6520•1228−20	H−650×200×12×28	M20	48	6×2	120	−	19×200× 770	19× 80× 770	28	7×2	60	B	12×440×290	9	35
GGF−5X−T6525•0916−20	H−650×250×9×16	M20	40	5×2	150	−	12×250× 650	12×100× 650	16	8×1	60	A	9×500×170	7	35
GGF−5X−T6525•0919−20	H−650×250×9×19	M20	48	6×2	150	−	12×250× 770	16×100× 770	16	8×1	60	A	9×500×170	7	35
GGF−5X−T6525•1219−20	H−650×250×12×19	M20	48	6×2	150	−	12×250× 770	16×100× 770	28	7×2	60	B	12×440×290	9	35
GGF−5X−T6525•1222−20	H−650×250×12×22	M20	48	6×2	150	−	16×250× 770	16×100× 770	28	7×2	60	B	12×440×290	9	35
GGF−5X−T6525•1225−20	H−650×250×12×25	M20	56	7×2	150	−	16×250× 890	19×100× 890	28	7×2	60	B	12×440×290	9	35
GGF−5X−T6525•1228−20	H−650×250×12×28	M20	64	8×2	150	−	19×250×1010	19×100×1010	28	7×2	60	B	12×440×290	9	35
GGF−5X−T7020•0912−20	H−700×200×9×12	M20	24	3×2	120	−	9×200× 410	#12× 80× 410	18	9×1	60	A	6×560×170	8	35
GGF−5X−T7020•0916−20	H−700×200×9×16	M20	32	4×2	120	−	12×200× 530	#12× 80× 530	18	9×1	60	A	6×560×170	7	35
GGF−5X−T7020•0919−20	H−700×200×9×19	M20	40	5×2	120	−	16×200× 650	#16× 80× 650	18	9×1	60	A	6×560×170	7	35
GGF−5X−T7020•0922−20	H−700×200×9×22	M20	40	5×2	120	−	16×200× 650	#16× 80× 650	18	9×1	60	A	6×560×170	7	35
GGF−5X−T7020•1222−20	H−700×200×12×22	M20	40	5×2	120	−	16×200× 650	#16× 80× 650	32	8×2	60	B	9×500×290	9	35
GGF−5X−T7020•1225−20	H−700×200×12×25	M20	48	6×2	120	−	16×200× 770	#19× 80× 770	32	8×2	60	B	9×500×290	9	35
GGF−5X−T7020•1228−20	H−700×200×12×28	M20	48	6×2	120	−	19×200× 770	#19× 80× 770	32	8×2	60	B	9×500×290	9	35

表-4.6.1　梁継手加工用諸元表 (8/10)

490N級鋼

●梁継手（定形H形鋼）

継手呼称	部材断面寸法	径 D	継手 フランジボルト ボルト 総数	$n_F \times m_F$	ゲージ g_1	g_2	外フランジ 厚×幅×長さ mm	内フランジ 厚×幅×長さ mm	ウェブ ボルト 総数	$m_W \times n_W$	p_C mm	型	厚×幅×長さ mm	仕口 隅肉 S mm	r mm
GGF-5X-T7025•0916-20	H-700×250×9×16	M20	40	5×2	150	–	12×250× 650	12×100× 650	18	9×1	60	A	6×560×170	7	35
GGF-5X-T7025•0919-20	H-700×250×9×19	M20	48	6×2	150	–	12×250× 770	16×100× 770	18	9×1	60	A	6×560×170	7	35
GGF-5X-T7025•1219-20	H-700×250×12×19	M20	48	6×2	150	–	12×250× 770	16×100× 770	32	8×2	60	B	9×500×290	9	35
GGF-5X-T7025•1222-20	H-700×250×12×22	M20	48	6×2	150	–	16×250× 770	16×100× 770	32	8×2	60	B	9×500×290	9	35
GGF-5X-T7025•1225-20	H-700×250×12×25	M20	56	7×2	150	–	16×250× 890	19×100× 890	32	8×2	60	B	9×500×290	9	35
GGF-5X-T7025•1425-20	H-700×250×14×25	M20	56	7×2	150	–	16×250× 890	19×100× 890	32	8×2	60	B	12×500×290	10	35
GGF-5X-T7025•1428-20	H-700×250×14×28	M20	64	8×2	150	–	19×250×1010	19×100×1010	32	8×2	60	B	12×500×290	10	35
GGF-5X-T7030•0919-20	H-700×300×9×19	M20	56	7×2	150	40	12×300× 710	16×110× 710	18	9×1	60	A	6×560×170	7	35
GGF-5X-T7030•1219-20	H-700×300×12×19	M20	56	7×2	150	40	12×300× 710	16×110× 710	32	8×2	60	B	9×500×290	9	35
GGF-5X-T7030•1222-20	H-700×300×12×22	M20	64	8×2	150	40	16×300× 800	19×110× 800	32	8×2	60	B	9×500×290	9	35
GGF-5X-T7030•1422-20	H-700×300×14×22	M20	64	8×2	150	40	16×300× 800	19×110× 800	32	8×2	60	B	12×500×290	10	35
GGF-5X-T7030•1425-20	H-700×300×14×25	M20	72	9×2	150	40	19×300× 890	19×110× 890	32	8×2	60	B	12×500×290	10	35
GGF-5X-T7030•1428-20	H-700×300×14×28	M20	72	9×2	150	40	19×300× 890	22×110× 890	32	8×2	60	B	12×500×290	10	35
GGF-5X-T7520•0912-20	H-750×200×9×12	M20	24	3×2	120	–	9×200× 410	#12× 80× 410	20	10×1	60	A	6×620×170	8	35
GGF-5X-T7520•0916-20	H-750×200×9×16	M20	32	4×2	120	–	12×200× 530	#12× 80× 530	20	10×1	60	A	6×620×170	7	35
GGF-5X-T7520•0919-20	H-750×200×9×19	M20	40	5×2	120	–	16×200× 650	#16× 80× 650	20	10×1	60	A	6×620×170	7	35
GGF-5X-T7520•1219-20	H-750×200×12×19	M20	40	5×2	120	–	16×200× 650	#16× 80× 650	28	7×2	90	D	9×620×290	9	35
GGF-5X-T7520•1222-20	H-750×200×12×22	M20	40	5×2	120	–	16×200× 650	#16× 80× 650	28	7×2	90	D	9×620×290	9	35
GGF-5X-T7520•1225-20	H-750×200×12×25	M20	48	6×2	120	–	16×200× 770	#19× 80× 770	28	7×2	90	D	9×620×290	9	35
GGF-5X-T7520•1228-20	H-750×200×12×28	M20	48	6×2	120	–	19×200× 770	#19× 80× 770	28	7×2	90	D	9×620×290	9	35
GGF-5X-T7525•1216-20	H-750×250×12×16	M20	40	5×2	150	–	12×250× 650	12×100× 650	28	7×2	90	D	9×620×290	9	35
GGF-5X-T7525•1219-20	H-750×250×12×19	M20	48	6×2	150	–	16×250× 770	16×100× 770	28	7×2	90	D	9×620×290	9	35
GGF-5X-T7525•1222-20	H-750×250×12×22	M20	56	7×2	150	–	16×250× 890	19×100× 890	28	7×2	90	D	9×620×290	9	35
GGF-5X-T7525•1422-20	H-750×250×14×22	M20	56	7×2	150	–	16×250× 890	19×100× 890	36	9×2	60	B	12×560×290	10	35
GGF-5X-T7525•1425-20	H-750×250×14×25	M20	64	8×2	150	–	19×250×1010	19×100×1010	36	9×2	60	B	12×560×290	10	35
GGF-5X-T7525•1428-20	H-750×250×14×28	M20	72	9×2	150	–	19×250×1130	22×100×1130	36	9×2	60	B	12×560×290	10	35
GGF-5X-T8025•1422-20	H-800×250×14×22	M20	56	7×2	150	–	16×250× 890	19×100× 890	36	9×2	60	B	12×560×290	10	35
GGF-5X-T8025•1425-20	H-800×250×14×25	M20	64	8×2	150	–	19×250×1010	19×100×1010	36	9×2	60	B	12×560×290	10	35
GGF-5X-T8025•1625-20	H-800×250×16×25	M20	64	8×2	150	–	19×250×1010	19×100×1010	40	10×2	60	B	12×620×290	12	35
GGF-5X-T8025•1628-20	H-800×250×16×28	M20	72	9×2	150	–	19×250×1130	22×100×1130	40	10×2	60	B	12×620×290	12	35
GGF-5X-T8030•1422-20	H-800×300×14×22	M20	64	8×2	150	40	16×300× 800	19×110× 800	36	9×2	60	B	12×560×290	10	35
GGF-5X-T8030•1622-20	H-800×300×16×22	M20	64	8×2	150	40	16×300× 800	19×110× 800	40	10×2	60	B	12×620×290	12	35
GGF-5X-T8030•1625-20	H-800×300×16×25	M20	72	9×2	150	40	19×300× 890	19×110× 890	40	10×2	60	B	12×620×290	12	35
GGF-5X-T8030•1628-20	H-800×300×16×28	M20	72	9×2	150	40	19×300× 890	22×110× 890	40	10×2	60	B	12×620×290	12	35
GGF-5X-T8525•1422-20	H-850×250×14×22	M20	56	7×2	150	–	16×250× 890	19×100× 890	40	10×2	60	B	12×620×290	10	35
GGF-5X-T8525•1425-20	H-850×250×14×25	M20	64	8×2	150	–	19×250×1010	19×100×1010	40	10×2	60	B	12×620×290	10	35
GGF-5X-T8525•1625-20	H-850×250×16×25	M20	64	8×2	150	–	19×250×1010	19×100×1010	40	10×2	60	B	12×620×290	12	35
GGF-5X-T8525•1628-20	H-850×250×16×28	M20	72	9×2	150	–	19×250×1130	22×100×1130	40	10×2	60	B	12×620×290	12	35
GGF-5X-T9025•1619-20	H-900×250×16×19	M20	48	6×2	150	–	16×250× 770	16×100× 770	48	12×2	60	B	12×740×290	13	35
GGF-5X-T9025•1622-20	H-900×250×16×22	M20	56	7×2	150	–	16×250× 890	19×100× 890	48	12×2	60	B	12×740×290	12	35
GGF-5X-T9025•1625-20	H-900×250×16×25	M20	64	8×2	150	–	19×250×1010	19×100×1010	48	12×2	60	B	12×740×290	12	35
GGF-5X-T9025•1628-20	H-900×250×16×28	M20	72	9×2	150	–	19×250×1130	22×100×1130	48	12×2	60	B	12×740×290	12	35
GGF-5X-T9030•1619-20	H-900×300×16×19	M20	56	7×2	150	40	16×300× 710	16×110× 710	48	12×2	60	B	12×740×290	12	35
GGF-5X-T9030•1622-20	H-900×300×16×22	M20	64	8×2	150	40	16×300× 800	19×110× 800	48	12×2	60	B	12×740×290	12	35
GGF-5X-T9030•1625-20	H-900×300×16×25	M20	72	9×2	150	40	19×300× 890	19×110× 890	48	12×2	60	B	12×740×290	12	35
GGF-5X-T9030•1628-20	H-900×300×16×28	M20	80	10×2	150	40	19×300× 980	22×110× 980	48	12×2	60	B	12×740×290	12	35
GGF-5X-T4020•0912-22	H-400×200×9×12	M22	24	3×2	120	–	9×200× 410	9× 80× 410	8	4×1	60	A	9×260×170	7	35
GGF-5X-T4020•0916-22	H-400×200×9×16	M22	24	3×2	120	–	12×200× 410	12× 80× 410	8	4×1	60	A	9×260×170	7	35
GGF-5X-T4020•0919-22	H-400×200×9×19	M22	32	4×2	120	–	12×200× 530	16× 80× 530	8	4×1	60	A	9×260×170	7	35
GGF-5X-T4020•0922-22	H-400×200×9×22	M22	32	4×2	120	–	16×200× 530	16× 80× 530	8	4×1	60	A	9×260×170	7	35
GGF-5X-T4020•1222-22	H-400×200×12×22	M22	32	4×2	120	–	16×200× 530	16× 80× 530	12	3×2	90	D	12×260×290	9	35
GGF-5X-T4520•0912-22	H-450×200×9×12	M22	24	3×2	120	–	9×200× 410	9× 80× 410	10	5×1	60	A	9×320×170	7	35
GGF-5X-T4520•0916-22	H-450×200×9×16	M22	24	3×2	120	–	12×200× 410	12× 80× 410	10	5×1	60	A	9×320×170	7	35
GGF-5X-T4520•0919-22	H-450×200×9×19	M22	32	4×2	120	–	12×200× 530	16× 80× 530	10	5×1	60	A	9×320×170	7	35
GGF-5X-T4520•0922-22	H-450×200×9×22	M22	32	4×2	120	–	16×200× 530	16× 80× 530	10	5×1	60	A	9×320×170	7	35
GGF-5X-T4520•1216-22	H-450×200×12×16	M22	24	3×2	120	–	12×200× 410	12× 80× 410	12	3×2	120	F	9×320×290	9	35
GGF-5X-T4520•1219-22	H-450×200×12×19	M22	32	4×2	120	–	12×200× 530	16× 80× 530	12	3×2	120	F	9×320×290	9	35
GGF-5X-T4520•1222-22	H-450×200×12×22	M22	32	4×2	120	–	16×200× 530	16× 80× 530	12	3×2	120	F	9×320×290	9	35
GGF-5X-T4520•1225-22	H-450×200×12×25	M22	32	4×2	120	–	16×200× 530	16× 80× 530	12	3×2	120	F	9×320×290	9	35
GGF-5X-T4525•0912-22	H-450×250×9×12	M22	24	3×2	150	–	9×250× 410	9×100× 410	10	5×1	60	A	9×320×170	7	35
GGF-5X-T4525•0916-22	H-450×250×9×16	M22	32	4×2	150	–	12×250× 530	12×100× 530	10	5×1	60	A	9×320×170	7	35
GGF-5X-T4525•0919-22	H-450×250×9×19	M22	40	5×2	150	–	12×250× 650	16×100× 650	10	5×1	60	A	9×320×170	7	35
GGF-5X-T4525•0922-22	H-450×250×9×22	M22	40	5×2	150	–	16×250× 650	16×100× 650	10	5×1	60	A	9×320×170	7	35
GGF-5X-T4525•1222-22	H-450×250×12×22	M22	40	5×2	150	–	16×250× 650	16×100× 650	12	3×2	120	F	9×320×290	9	35
GGF-5X-T4525•1225-22	H-450×250×12×25	M22	48	6×2	150	–	16×250× 770	19×100× 770	12	3×2	120	F	9×320×290	9	35
GGF-5X-T4525•1228-22	H-450×250×12×28	M22	48	6×2	150	–	19×250× 770	19×100× 770	12	3×2	120	F	9×320×290	9	35
GGF-5X-T5020•0912-22	H-500×200×9×12	M22	24	3×2	120	–	9×200× 410	9× 80× 410	12	6×1	60	A	9×380×170	7	35
GGF-5X-T5020•0916-22	H-500×200×9×16	M22	24	3×2	120	–	12×200× 410	12× 80× 410	12	6×1	60	A	9×380×170	7	35
GGF-5X-T5020•0919-22	H-500×200×9×19	M22	32	4×2	120	–	12×200× 530	16× 80× 530	12	6×1	60	A	9×380×170	7	35

表−4.6.1　梁継手加工用諸元表 (9/10)

●梁継手（定形H形鋼）

490N級鋼

継手呼称	部材断面寸法	径	継手											仕口	
			フランジボルト				外フランジ	内フランジ	ウェブ					隅肉	
		D	ボルト		ゲージ		厚×幅×長さ	厚×幅×長さ	ボルト		p_C	型	厚×幅×長さ	S	r
			総数	$n_F \times m_F$	g_1	g_2	mm	mm	総数	$m_W \times n_W$	mm		mm	mm	mm
GGF−5X−T5020•0922−22	H−500×200×9×22	M22	32	4×2	120	−	16×200×530	16×80×530	12	6×1	60	A	9×380×170	7	35
GGF−5X−T5020•1216−22	H−500×200×12×16	M22	24	3×2	120	−	12×200×410	12×80×410	16	4×2	90	D	9×350×290	9	35
GGF−5X−T5020•1219−22	H−500×200×12×19	M22	32	4×2	120	−	12×200×530	16×80×530	16	4×2	90	D	9×350×290	9	35
GGF−5X−T5020•1222−22	H−500×200×12×22	M22	32	4×2	120	−	16×200×530	16×80×530	16	4×2	90	D	9×350×290	9	35
GGF−5X−T5020•1225−22	H−500×200×12×25	M22	32	4×2	120	−	16×200×530	16×80×530	16	4×2	90	D	9×350×290	9	35
GGF−5X−T5025•0912−22	H−500×250×9×12	M22	24	3×2	150	−	9×250×410	9×100×410	12	6×1	60	A	9×380×170	7	35
GGF−5X−T5025•0916−22	H−500×250×9×16	M22	32	4×2	150	−	12×250×530	12×100×530	12	6×1	60	A	9×380×170	7	35
GGF−5X−T5025•0919−22	H−500×250×9×19	M22	40	5×2	150	−	12×250×650	16×100×650	12	6×1	60	A	9×380×170	7	35
GGF−5X−T5025•0922−22	H−500×250×9×22	M22	40	5×2	150	−	16×250×650	16×100×650	12	6×1	60	A	9×380×170	7	35
GGF−5X−T5025•1222−22	H−500×250×12×22	M22	40	5×2	150	−	16×250×650	16×100×650	16	4×2	90	D	9×350×290	9	35
GGF−5X−T5025•1225−22	H−500×250×12×25	M22	48	6×2	150	−	16×250×770	19×100×770	16	4×2	90	D	9×350×290	9	35
GGF−5X−T5025•1228−22	H−500×250×12×28	M22	48	6×2	150	−	19×250×770	19×100×770	16	4×2	90	D	9×350×290	9	35
GGF−5X−T5520•0912−22	H−550×200×9×12	M22	24	3×2	120	−	9×200×410	9×80×410	12	6×1	60	A	9×380×170	7	35
GGF−5X−T5520•0916−22	H−550×200×9×16	M22	24	3×2	120	−	12×200×410	12×80×410	12	6×1	60	A	9×380×170	7	35
GGF−5X−T5520•0919−22	H−550×200×9×19	M22	32	4×2	120	−	12×200×530	16×80×530	12	6×1	60	A	9×380×170	7	35
GGF−5X−T5520•0922−22	H−550×200×9×22	M22	32	4×2	120	−	16×200×530	16×80×530	12	6×1	60	A	9×380×170	7	35
GGF−5X−T5520•1216−22	H−550×200×12×16	M22	24	3×2	120	−	12×200×410	12×80×410	24	6×2	60	B	12×380×290	9	35
GGF−5X−T5520•1219−22	H−550×200×12×19	M22	32	4×2	120	−	12×200×530	16×80×530	24	6×2	60	B	12×380×290	9	35
GGF−5X−T5520•1222−22	H−550×200×12×22	M22	32	4×2	120	−	16×200×530	16×80×530	24	6×2	60	B	12×380×290	9	35
GGF−5X−T5520•1225−22	H−550×200×12×25	M22	32	4×2	120	−	16×200×530	16×80×530	24	6×2	60	B	12×380×290	9	35
GGF−5X−T5525•0912−22	H−550×250×9×12	M22	24	3×2	150	−	9×250×410	9×100×410	12	6×1	60	A	9×380×170	7	35
GGF−5X−T5525•0916−22	H−550×250×9×16	M22	32	4×2	150	−	12×250×530	12×100×530	12	6×1	60	A	9×380×170	7	35
GGF−5X−T5525•0919−22	H−550×250×9×19	M22	40	5×2	150	−	12×250×650	16×100×650	12	6×1	60	A	9×380×170	7	35
GGF−5X−T5525•0922−22	H−550×250×9×22	M22	40	5×2	150	−	16×250×650	16×100×650	12	6×1	60	A	9×380×170	7	35
GGF−5X−T5525•1222−22	H−550×250×12×22	M22	40	5×2	150	−	16×250×650	16×100×650	24	6×2	60	B	12×380×290	9	35
GGF−5X−T5525•1225−22	H−550×250×12×25	M22	48	6×2	150	−	16×250×770	19×100×770	24	6×2	60	B	12×380×290	9	35
GGF−5X−T5525•1228−22	H−550×250×12×28	M22	48	6×2	150	−	19×250×770	19×100×770	24	6×2	60	B	12×380×290	9	35
GGF−5X−T6020•0912−22	H−600×200×9×12	M22	24	3×2	120	−	9×200×410	12×80×410	14	7×1	60	A	9×440×170	7	35
GGF−5X−T6020•0916−22	H−600×200×9×16	M22	24	3×2	120	−	12×200×410	12×80×410	14	7×1	60	A	9×440×170	7	35
GGF−5X−T6020•0919−22	H−600×200×9×19	M22	32	4×2	120	−	16×200×530	16×80×530	14	7×1	60	A	9×440×170	7	35
GGF−5X−T6020•0922−22	H−600×200×9×22	M22	32	4×2	120	−	16×200×530	16×80×530	14	7×1	60	A	9×440×170	7	35
GGF−5X−T6020•1216−22	H−600×200×12×16	M22	24	3×2	120	−	12×200×410	12×80×410	20	5×2	90	D	9×440×290	9	35
GGF−5X−T6020•1219−22	H−600×200×12×19	M22	32	4×2	120	−	16×200×530	16×80×530	20	5×2	90	D	9×440×290	9	35
GGF−5X−T6020•1222−22	H−600×200×12×22	M22	32	4×2	120	−	16×200×530	16×80×530	20	5×2	90	D	9×440×290	9	35
GGF−5X−T6020•1225−22	H−600×200×12×25	M22	40	5×2	120	−	16×200×650	19×80×650	20	5×2	90	D	9×440×290	9	35
GGF−5X−T6020•1228−22	H−600×200×12×28	M22	40	5×2	120	−	19×200×650	19×80×650	20	5×2	90	D	9×440×290	9	35
GGF−5X−T6025•0916−22	H−600×250×9×16	M22	32	4×2	150	−	12×250×530	12×100×530	14	7×1	60	A	9×440×170	7	35
GGF−5X−T6025•0919−22	H−600×250×9×19	M22	40	5×2	150	−	12×250×650	16×100×650	14	7×1	60	A	9×440×170	7	35
GGF−5X−T6025•1219−22	H−600×250×12×19	M22	40	5×2	150	−	12×250×650	16×100×650	20	5×2	90	D	9×440×290	9	35
GGF−5X−T6025•1222−22	H−600×250×12×22	M22	40	5×2	150	−	16×250×650	16×100×650	20	5×2	90	D	9×440×290	9	35
GGF−5X−T6025•1225−22	H−600×250×12×25	M22	48	6×2	150	−	16×250×770	19×100×770	20	5×2	90	D	9×440×290	9	35
GGF−5X−T6025•1228−22	H−600×250×12×28	M22	48	6×2	150	−	19×250×770	19×100×770	20	5×2	90	D	9×440×290	9	35
GGF−5X−T6030•0919−22	H−600×300×9×19	M22	40	5×2	150	40	12×300×530	16×110×530	14	7×1	60	A	9×440×170	7	35
GGF−5X−T6030•1219−22	H−600×300×12×19	M22	40	5×2	150	40	12×300×530	16×110×530	20	5×2	90	D	9×440×290	9	35
GGF−5X−T6030•1222−22	H−600×300×12×22	M22	48	6×2	150	40	16×300×620	19×110×620	20	5×2	90	D	9×440×290	9	35
GGF−5X−T6030•1225−22	H−600×300×12×25	M22	56	7×2	150	40	19×300×710	19×110×710	20	5×2	90	D	9×440×290	9	35
GGF−5X−T6030•1228−22	H−600×300×12×28	M22	64	8×2	150	40	19×300×800	22×110×800	20	5×2	90	D	9×440×290	9	35
GGF−5X−T6520•0912−22	H−650×200×9×12	M22	24	3×2	120	−	9×200×410	12×80×410	16	8×1	60	A	9×500×170	7	35
GGF−5X−T6520•0916−22	H−650×200×9×16	M22	24	3×2	120	−	12×200×410	12×80×410	16	8×1	60	A	9×500×170	7	35
GGF−5X−T6520•0919−22	H−650×200×9×19	M22	32	4×2	120	−	16×200×530	16×80×530	16	8×1	60	A	9×500×170	7	35
GGF−5X−T6520•0922−22	H−650×200×9×22	M22	32	4×2	120	−	16×200×530	16×80×530	16	8×1	60	A	9×500×170	7	35
GGF−5X−T6520•1216−22	H−650×200×12×16	M22	24	3×2	120	−	12×200×410	12×80×410	20	5×2	90	D	12×440×290	9	35
GGF−5X−T6520•1219−22	H−650×200×12×19	M22	32	4×2	120	−	16×200×530	16×80×530	20	5×2	90	D	12×440×290	9	35
GGF−5X−T6520•1222−22	H−650×200×12×22	M22	32	4×2	120	−	16×200×530	16×80×530	20	5×2	90	D	12×440×290	9	35
GGF−5X−T6520•1225−22	H−650×200×12×25	M22	40	5×2	120	−	16×200×650	19×80×650	20	5×2	90	D	12×440×290	9	35
GGF−5X−T6520•1228−22	H−650×200×12×28	M22	40	5×2	120	−	19×200×650	19×80×650	20	5×2	90	D	12×440×290	9	35
GGF−5X−T6525•0916−22	H−650×250×9×16	M22	32	4×2	150	−	12×250×530	12×100×530	16	8×1	60	A	9×500×170	7	35
GGF−5X−T6525•0919−22	H−650×250×9×19	M22	40	5×2	150	−	12×250×650	16×100×650	16	8×1	60	A	9×500×170	7	35
GGF−5X−T6525•1219−22	H−650×250×12×19	M22	40	5×2	150	−	12×250×650	16×100×650	20	5×2	90	D	12×440×290	9	35
GGF−5X−T6525•1222−22	H−650×250×12×22	M22	40	5×2	150	−	16×250×650	16×100×650	20	5×2	90	D	12×440×290	9	35
GGF−5X−T6525•1225−22	H−650×250×12×25	M22	48	6×2	150	−	16×250×770	19×100×770	20	5×2	90	D	12×440×290	9	35
GGF−5X−T6525•1228−22	H−650×250×12×28	M22	48	6×2	150	−	19×250×770	19×100×770	20	5×2	90	D	12×440×290	9	35
GGF−5X−T7020•0912−22	H−700×200×9×12	M22	24	3×2	120	−	9×200×410	#12×80×410	16	8×1	60	A	9×500×170	8	35
GGF−5X−T7020•0916−22	H−700×200×9×16	M22	24	3×2	120	−	12×200×410	#12×80×410	16	8×1	60	A	9×500×170	7	35
GGF−5X−T7020•0919−22	H−700×200×9×19	M22	32	4×2	120	−	16×200×530	#16×80×530	16	8×1	60	A	9×500×170	7	35
GGF−5X−T7020•0922−22	H−700×200×9×22	M22	32	4×2	120	−	16×200×530	#16×80×530	16	8×1	60	A	9×500×170	7	35
GGF−5X−T7020•1222−22	H−700×200×12×22	M22	32	4×2	120	−	16×200×530	#16×80×530	18	9×1	60	A	9×560×170	9	35
GGF−5X−T7020•1225−22	H−700×200×12×25	M22	40	5×2	120	−	16×200×650	#19×80×650	18	9×1	60	A	9×560×170	9	35
GGF−5X−T7020•1228−22	H−700×200×12×28	M22	40	5×2	120	−	19×200×650	#19×80×650	18	9×1	60	A	9×560×170	9	35
GGF−5X−T7025•0916−22	H−700×250×9×16	M22	32	4×2	150	−	12×250×530	12×100×530	16	8×1	60	A	9×500×170	7	35
GGF−5X−T7025•0919−22	H−700×250×9×19	M22	40	5×2	150	−	12×250×650	16×100×650	16	8×1	60	A	9×500×170	7	35
GGF−5X−T7025•1219−22	H−700×250×12×19	M22	40	5×2	150	−	12×250×650	16×100×650	18	9×1	60	A	9×560×170	9	35
GGF−5X−T7025•1222−22	H−700×250×12×22	M22	40	5×2	150	−	16×250×650	16×100×650	18	9×1	60	A	9×560×170	9	35

表-4.6.1　梁継手加工用諸元表 (10/10)

490N級鋼

●梁継手（定形H形鋼）

継手呼称	部材断面寸法	径	継手											仕口	
			フランジボルト				外フランジ	内フランジ	ウェブ					隅肉	
			ボルト		ゲージ		厚×幅×長さ	厚×幅×長さ	ボルト		p_C	型	厚×幅×長さ	S	r
		D	総数	$n_F \times m_F$	g_1	g_2	mm	mm	総数	$m_W \times n_W$	mm		mm	mm	mm
GGF-5X-T7025•1225-22	H-700×250×12×25	M22	48	6×2	150	−	16×250× 770	19×100× 770	18	9×1	60	A	9×560×170	9	35
GGF-5X-T7025•1425-22	H-700×250×14×25	M22	48	6×2	150	−	16×250× 770	19×100× 770	24	6×2	90	D	12×530×290	10	35
GGF-5X-T7025•1428-22	H-700×250×14×28	M22	48	6×2	150	−	19×250× 770	19×100× 770	24	6×2	90	D	12×530×290	10	35
GGF-5X-T7030•0919-22	H-700×300×9×19	M22	40	5×2	150	40	12×300× 530	16×110× 530	16	8×1	60	A	9×500×170	7	35
GGF-5X-T7030•1219-22	H-700×300×12×19	M22	40	5×2	150	40	12×300× 530	16×110× 530	18	9×1	60	A	9×560×170	9	35
GGF-5X-T7030•1222-22	H-700×300×12×22	M22	48	6×2	150	40	16×300× 620	19×110× 620	18	9×1	60	A	9×560×170	9	35
GGF-5X-T7030•1422-22	H-700×300×14×22	M22	48	6×2	150	40	16×300× 620	19×110× 620	24	6×2	90	D	12×530×290	10	35
GGF-5X-T7030•1425-22	H-700×300×14×25	M22	56	7×2	150	40	19×300× 710	19×110× 710	24	6×2	90	D	12×530×290	10	35
GGF-5X-T7030•1428-22	H-700×300×14×28	M22	64	8×2	150	40	19×300× 800	22×110× 800	24	6×2	90	D	12×530×290	10	35
GGF-5X-T7520•0912-22	H-750×200×9×12	M22	24	3×2	120	−	9×200× 410	#12× 80 × 410	18	9×1	60	A	9×560×170	8	35
GGF-5X-T7520•0916-22	H-750×200×9×16	M22	24	3×2	120	−	12×200× 410	#12× 80 × 410	18	9×1	60	A	9×560×170	7	35
GGF-5X-T7520•0919-22	H-750×200×9×19	M22	32	4×2	120	−	16×200× 530	#16× 80 × 530	18	9×1	60	A	9×560×170	7	35
GGF-5X-T7520•1219-22	H-750×200×12×19	M22	32	4×2	120	−	16×200× 530	#16× 80 × 530	20	10×1	60	A	9×620×170	9	35
GGF-5X-T7520•1222-22	H-750×200×12×22	M22	32	4×2	120	−	16×200× 530	#16× 80 × 530	20	10×1	60	A	9×620×170	9	35
GGF-5X-T7520•1225-22	H-750×200×12×25	M22	40	5×2	120	−	16×200× 650	#19× 80 × 650	20	10×1	60	A	9×620×170	9	35
GGF-5X-T7520•1228-22	H-750×200×12×28	M22	40	5×2	120	−	19×200× 650	#19× 80 × 650	20	10×1	60	A	9×620×170	9	35
GGF-5X-T7525•1216-22	H-750×250×12×16	M22	32	4×2	150	−	12×250× 530	12×100× 530	20	10×1	60	A	9×620×170	9	35
GGF-5X-T7525•1219-22	H-750×250×12×19	M22	40	5×2	150	−	16×250× 650	16×100× 650	20	10×1	60	A	9×620×170	9	35
GGF-5X-T7525•1222-22	H-750×250×12×22	M22	48	6×2	150	−	16×250× 770	19×100× 770	20	10×1	60	A	9×620×170	9	35
GGF-5X-T7525•1422-22	H-750×250×14×22	M22	48	6×2	150	−	16×250× 770	19×100× 770	28	7×2	90	D	9×620×290	10	35
GGF-5X-T7525•1425-22	H-750×250×14×25	M22	48	6×2	150	−	19×250× 770	19×100× 770	28	7×2	90	D	9×620×290	10	35
GGF-5X-T7525•1428-22	H-750×250×14×28	M22	56	7×2	150	−	19×250× 890	22×100× 890	28	7×2	90	D	9×620×290	10	35
GGF-5X-T8025•1422-22	H-800×250×14×22	M22	48	6×2	150	−	16×250× 770	19×100× 770	28	7×2	90	D	12×620×290	10	35
GGF-5X-T8025•1425-22	H-800×250×14×25	M22	48	6×2	150	−	19×250× 770	19×100× 770	28	7×2	90	D	12×620×290	10	35
GGF-5X-T8025•1625-22	H-800×250×16×25	M22	48	6×2	150	−	19×250× 770	19×100× 770	36	9×2	60	B	16×560×290	12	35
GGF-5X-T8025•1628-22	H-800×250×16×28	M22	56	7×2	150	−	19×250× 890	22×100× 890	36	9×2	60	B	16×560×290	12	35
GGF-5X-T8030•1422-22	H-800×300×14×22	M22	48	6×2	150	40	16×300× 620	19×110× 620	28	7×2	90	D	12×620×290	10	35
GGF-5X-T8030•1622-22	H-800×300×16×22	M22	48	6×2	150	40	16×300× 620	19×110× 620	36	9×2	60	B	16×560×290	12	35
GGF-5X-T8030•1625-22	H-800×300×16×25	M22	56	7×2	150	40	19×300× 710	19×110× 710	36	9×2	60	B	16×560×290	12	35
GGF-5X-T8030•1628-22	H-800×300×16×28	M22	64	8×2	150	40	19×300× 800	22×110× 890	36	9×2	60	B	16×560×290	12	35
GGF-5X-T8525•1422-22	H-850×250×14×22	M22	48	6×2	150	−	16×250× 770	19×100× 770	32	8×2	90	D	9×710×290	10	35
GGF-5X-T8525•1425-22	H-850×250×14×25	M22	48	6×2	150	−	19×250× 770	19×100× 770	32	8×2	90	D	9×710×290	10	35
GGF-5X-T8525•1625-22	H-850×250×16×25	M22	48	6×2	150	−	19×250× 770	19×100× 770	32	8×2	90	D	12×710×290	12	35
GGF-5X-T8525•1628-22	H-850×250×16×28	M22	56	7×2	150	−	19×250× 890	22×100× 890	32	8×2	90	D	12×710×290	12	35
GGF-5X-T9025•1619-22	H-900×250×16×19	M22	40	5×2	150	−	16×250× 650	16×100× 650	40	10×2	60	B	16×620×290	13	35
GGF-5X-T9025•1622-22	H-900×250×16×22	M22	48	6×2	150	−	16×250× 770	19×100× 770	40	10×2	60	B	16×620×290	12	35
GGF-5X-T9025•1625-22	H-900×250×16×25	M22	48	6×2	150	−	19×250× 770	19×100× 770	40	10×2	60	B	16×620×290	12	35
GGF-5X-T9025•1628-22	H-900×250×16×28	M22	56	7×2	150	−	19×250× 890	22×100× 890	40	10×2	60	B	16×620×290	12	35
GGF-5X-T9030•1619-22	H-900×300×16×19	M22	48	6×2	150	40	16×300× 620	16×110× 620	40	10×2	60	B	16×620×290	12	35
GGF-5X-T9030•1622-22	H-900×300×16×22	M22	56	7×2	150	40	16×300× 710	19×110× 710	40	10×2	60	B	16×620×290	12	35
GGF-5X-T9030•1625-22	H-900×300×16×25	M22	56	7×2	150	40	19×300× 710	19×110× 710	40	10×2	60	B	16×620×290	12	35
GGF-5X-T9030•1628-22	H-900×300×16×28	M22	64	8×2	150	40	19×300× 800	22×110× 800	40	10×2	60	B	16×620×290	12	35

表−4.6.2　柱継手加工用諸元表 (1/10)

●柱継手（一般Ｈ形鋼）

400N級鋼

継手呼称	部材断面寸法	径 D	継手 フランジボルト ボルト 総数	$n_F \times m_F$	ゲージ g_1	g_2	外フランジ 厚×幅×長さ mm	内フランジ 厚×幅×長さ mm	ウェブ ボルト 総数	$m_W \times n_W$	p_C mm	型	厚×幅×長さ mm
CCF−4X−J1010•0609−16	H−100×100×6×8	M16	16	2×2	60	−	16×100×290	−	4	1×2	*−	B	9×50×350
CCF−4X−J1212•0609−16	H−125×125×6.5×9	M16	24	3×2	75	−	12×125×410	−	4	1×2	*−	B	6×80×350
CCF−4X−J1510•0609−16	H−148×100×6×9	M16	16	2×2	60	−	16×100×290	−	6	1×3	−	B	9×80×410
CCF−4X−J1515•0609−16	H−150×150×7×10	M16	16	2×2	90	−	9×150×290	9×60×290	6	1×3	*−	B	9×80×470
CCF−4X−J1717•0912−16	H−175×175×7.5×11	M16	24	3×2	105	−	9×175×410	9×70×410	6	1×3	−	B	9×80×410
CCF−4X−J2010•0609−16	H−200×100×5.5×8	M16	16	2×2	60	−	16×100×290	−	8	2×2	60	B	6×140×290
CCF−4X−J2015•0609−16	H−194×150×6×9	M16	16	2×2	90	−	9×150×290	9×60×290	8	2×2	•60	B	6×140×350
CCF−4X−J2512•0609−16	H−250×125×6×9	M16	24	3×2	75	−	12×125×410	−	8	2×2	90	D	9×170×290
CCF−4X−J2517•0612−16	H−244×175×7×11	M16	24	3×2	105	−	9×175×410	9×70×410	8	2×2	90	D	9×170×290
CCF−4X−J3015•0609−16	H−300×150×6.5×9	M16	16	2×2	90	−	9×150×290	9×60×290	12	3×2	60	B	6×200×290
CCF−4X−J3517•0612−16	H−350×175×7×11	M16	24	3×2	105	−	9×175×410	9×70×410	12	3×2	90	D	6×260×290
CCF−4X−J1515•0609−20	H−150×150×7×10	M20	16	2×2	90	−	9×150×290	9×60×290	4	1×2	*−	B	9×80×350
CCF−4X−J1717•0912−20	H−175×175×7.5×11	M20	16	2×2	105	−	9×175×290	9×70×290	4	1×2	−	B	9×80×290
CCF−4X−J2015•0609−20	H−194×150×6×9	M20	16	2×2	90	−	9×150×290	9×60×290	4	2×1	•60	A	6×140×230
CCF−4X−J2020•0912−20	H−200×200×8×12	M20	16	2×2	120	−	9×200×290	9×80×290	4	2×1	•60	A	6×140×230
CCF−4X−J2517•0612−20	H−244×175×7×11	M20	16	2×2	105	−	9×175×290	9×70×290	8	2×2	60	B	9×140×290
CCF−4X−J2525•0916−20	H−250×250×9×14	M20	32	4×2	150	−	12×250×530	12×100×530	8	2×2	60	B	9×140×290
CCF−4X−J3015•0609−20	H−300×150×6.5×9	M20	16	2×2	90	−	9×150×290	9×60×290	6	3×1	60	A	6×200×170
CCF−4X−J3020•0912−20	H−294×200×8×12	M20	24	3×2	120	−	9×200×410	9×80×410	6	3×1	60	A	9×200×170
CCF−4X−J3030•0916−20	H−300×300×10×15	M20	32	4×2	150	40	9×300×440	12×110×440	8	2×2	120	F	9×200×290
CCF−4X−J3517•0612−20	H−350×175×7×11	M20	16	2×2	105	−	9×175×290	9×70×290	8	4×1	60	A	6×260×170
CCF−4X−J3525•0916−20	H−340×250×9×14	M20	32	4×2	150	−	12×250×530	12×100×530	12	3×2	60	B	12×200×290
CCF−4X−J3535•1219−20	H−350×350×12×19	M20	48	3×4	140	70	12×350×410	12×140×410	12	3×2	60	B	12×200×290
CCF−4X−J4020•0912−20	H−400×200×8×13	M20	24	3×2	120	−	9×200×410	9×80×410	12	3×2	90	D	9×260×290
CCF−4X−J4030•0916−20	H−390×300×10×16	M20	32	4×2	150	40	12×300×440	12×110×440	12	3×2	90	D	9×260×290
CCF−4X−J4040•1422−20	H−400×400×13×21	M20	48	3×4	140	90	12×400×410	16×170×410	16	4×2	60	B	12×260×290
CCF−4X−J4040•1928−20	H−414×405×18×28	M20	64	4×4	140	90	16×400×530	16×170×530	24	4×3	60	B	16×260×410
CCF−4X−J4040•1935−20	H−428×407×20×35	M20	80	5×4	140	90	19×400×650	22×170×650	24	4×3	60	B	16×260×410
CCF−4X−J4520•0916−20	H−450×200×9×14	M20	24	3×2	120	−	12×200×410	12×80×410	10	5×1	60	A	9×320×170
CCF−4X−J4530•1219−20	H−440×300×11×18	M20	32	4×2	150	40	12×300×440	12×110×440	20	5×2	60	B	12×320×290
CCF−4X−J5020•0916−20	H−500×200×10×16	M20	24	3×2	120	−	12×200×410	12×80×410	12	6×1	60	A	9×380×170
CCF−4X−J5030•1219−20	H−488×300×11×18	M20	32	4×2	150	40	12×300×440	12×110×440	12	6×1	60	A	9×380×170
CCF−4X−J6020•1216−20	H−600×200×11×17	M20	24	3×2	120	−	12×200×410	12×80×410	20	5×2	90	D	9×440×290
CCF−4X−J6030•1219−20	H−588×300×12×20	M20	40	5×2	150	40	12×300×530	16×110×530	20	5×2	90	D	9×440×290
CCF−4X−J7030•1425−20	H−700×300×13×24	M20	48	6×2	150	40	19×300×620	19×110×620	28	7×2	60	B	16×440×290
CCF−4X−J8030•1425−20	H−800×300×14×26	M20	48	6×2	150	40	19×300×620	19×110×620	32	8×2	60	B	16×500×290
CCF−4X−J9030•1622−20	H−890×299×15×23	M20	48	6×2	150	40	16×300×620	19×110×620	36	9×2	60	B	16×560×290
CCF−4X−J9030•1628−20	H−900×300×16×28	M20	56	7×2	150	40	19×300×710	22×110×710	36	9×2	60	B	16×560×290
CCF−4X−J9030•1934−20	H−912×302×18×34	M20	64	8×2	150	40	25×300×800	25×110×800	44	11×2	60	B	16×680×290
CCF−4X−J9030•1937−20	H−918×303×19×37	M20	72	9×2	150	40	25×300×890	28×110×890	44	11×2	60	B	16×680×290
CCF−4X−J2020•0912−22	H−200×200×8×12	M22	16	2×2	120	−	9×200×290	9×80×290	4	2×1	•60	A	6×140×230
CCF−4X−J2525•0916−22	H−250×250×9×14	M22	24	3×2	150	−	12×250×410	12×100×410	8	2×2	60	B	9×140×290
CCF−4X−J3020•0912−22	H−294×200×8×12	M22	24	3×2	120	−	9×200×410	9×80×410	6	3×1	60	A	9×200×170
CCF−4X−J3030•0916−22	H−300×300×10×15	M22	24	3×2	150	40	9×300×350	12×110×350	6	3×1	60	A	9×200×170
CCF−4X−J3525•0916−22	H−340×250×9×14	M22	24	3×2	150	−	12×250×410	12×100×410	12	3×2	60	B	12×200×290
CCF−4X−J3535•1219−22	H−350×350×12×19	M22	32	2×4	140	70	12×350×290	12×140×290	12	3×2	60	B	12×200×290
CCF−4X−J4020•0912−22	H−400×200×8×13	M22	24	3×2	120	−	9×200×410	9×80×410	8	4×1	60	A	9×260×170
CCF−4X−J4030•0916−22	H−390×300×10×16	M22	24	3×2	150	40	12×300×350	12×110×350	8	4×1	60	A	9×260×170
CCF−4X−J4040•1422−22	H−400×400×13×21	M22	48	3×4	140	90	12×400×410	16×170×410	12	3×2	90	D	12×260×290
CCF−4X−J4040•1928−22	H−414×405×18×28	M22	64	4×4	140	90	16×400×530	16×170×530	16	4×2	60	B	16×260×290
CCF−4X−J4040•1935−22	H−428×407×20×35	M22	64	4×4	140	90	19×400×530	22×170×530	16	4×2	60	B	16×260×290
CCF−4X−J4520•0916−22	H−450×200×9×14	M22	24	3×2	120	−	12×200×410	12×80×410	10	5×1	60	A	9×320×170
CCF−4X−J4530•1219−22	H−440×300×11×18	M22	32	4×2	150	40	12×300×440	12×110×440	10	5×1	60	A	9×320×170
CCF−4X−J5020•0916−22	H−500×200×10×16	M22	24	3×2	120	−	12×200×410	12×80×410	10	5×1	60	A	9×320×170
CCF−4X−J5030•1219−22	H−488×300×11×18	M22	32	4×2	150	40	12×300×440	12×110×440	12	6×1	60	A	9×380×170
CCF−4X−J6020•1216−22	H−600×200×11×17	M22	24	3×2	120	−	12×200×410	12×80×410	14	7×1	60	A	12×440×170
CCF−4X−J6030•1219−22	H−588×300×12×20	M22	32	4×2	150	40	12×300×440	16×110×440	14	7×1	60	A	12×440×170
CCF−4X−J7030•1425−22	H−700×300×13×24	M22	40	5×2	150	40	19×300×530	19×110×530	18	9×1	60	A	9×560×170
CCF−4X−J8030•1425−22	H−800×300×14×26	M22	40	5×2	150	40	19×300×530	19×110×530	24	6×2	90	D	12×530×290
CCF−4X−J9030•1622−22	H−890×299×15×23	M22	40	5×2	150	40	16×300×530	19×110×530	32	8×2	90	D	12×710×290
CCF−4X−J9030•1628−22	H−900×300×16×28	M22	48	6×2	150	40	19×300×620	22×110×620	32	8×2	90	D	12×710×290
CCF−4X−J9030•1934−22	H−912×302×18×34	M22	56	7×2	150	40	25×300×710	25×110×710	40	10×2	60	B	16×620×290
CCF−4X−J9030•1937−22	H−918×303×19×37	M22	56	7×2	150	40	25×300×710	28×110×710	40	10×2	60	B	16×620×290

表-4.6.2 柱継手加工用諸元表 (2/10)

●柱継手（定形H形鋼）

400N級鋼

継手呼称	部材断面寸法	径 D	継手										
			フランジボルト				外フランジ	内フランジ	ウェブ				
			ボルト		ゲージ		厚×幅×長さ	厚×幅×長さ	ボルト		p_C	型	厚×幅×長さ
			総数	$n_F \times m_F$	g_1	g_2	mm	mm	総数	$m_W \times n_W$	mm		mm
CCF−4X−T4020•0912−20	H−400×200×9×12	M20	24	3×2	120	−	9×200×410	9× 80×410	12	3×2	90	D	9×260×290
CCF−4X−T4020•0916−20	H−400×200×9×16	M20	24	3×2	120	−	12×200×410	12× 80×410	12	3×2	90	D	9×260×290
CCF−4X−T4020•0919−20	H−400×200×9×19	M20	24	3×2	120	−	12×200×410	16× 80×410	12	3×2	90	D	9×260×290
CCF−4X−T4020•0922−20	H−400×200×9×22	M20	32	4×2	120	−	16×200×530	16× 80×530	12	3×2	90	D	9×260×290
CCF−4X−T4020•1222−20	H−400×200×12×22	M20	32	4×2	120	−	16×200×530	16× 80×530	12	3×2	90	D	9×260×290
CCF−4X−T4520•0912−20	H−450×200×9×12	M20	24	3×2	120	−	9×200×410	9× 80×410	10	5×1	60	A	9×320×170
CCF−4X−T4520•0916−20	H−450×200×9×16	M20	24	3×2	120	−	12×200×410	12× 80×410	10	5×1	60	A	9×320×170
CCF−4X−T4520•0919−20	H−450×200×9×19	M20	24	3×2	120	−	12×200×410	16× 80×410	10	5×1	60	A	9×320×170
CCF−4X−T4520•0922−20	H−450×200×9×22	M20	32	4×2	120	−	16×200×530	16× 80×530	10	5×1	60	A	9×320×170
CCF−4X−T4520•1216−20	H−450×200×12×16	M20	24	3×2	120	−	12×200×410	12× 80×410	20	5×2	60	B	12×320×290
CCF−4X−T4520•1219−20	H−450×200×12×19	M20	24	3×2	120	−	12×200×410	16× 80×410	20	5×2	60	B	12×320×290
CCF−4X−T4520•1222−20	H−450×200×12×22	M20	32	4×2	120	−	16×200×530	16× 80×530	20	5×2	60	B	12×320×290
CCF−4X−T4520•1225−20	H−450×200×12×25	M20	32	4×2	120	−	16×200×530	16× 80×530	20	5×2	60	B	12×320×290
CCF−4X−T4525•0912−20	H−450×250×9×12	M20	24	3×2	150	−	9×250×410	9×100×410	10	5×1	60	A	9×320×170
CCF−4X−T4525•0916−20	H−450×250×9×16	M20	32	4×2	150	−	12×250×530	12×100×530	10	5×1	60	A	9×320×170
CCF−4X−T4525•0919−20	H−450×250×9×19	M20	32	4×2	150	−	12×250×530	16×100×530	10	5×1	60	A	9×320×170
CCF−4X−T4525•0922−20	H−450×250×9×22	M20	40	5×2	150	−	16×250×650	16×100×650	10	5×1	60	A	9×320×170
CCF−4X−T4525•1222−20	H−450×250×12×22	M20	40	5×2	150	−	16×250×650	16×100×650	20	5×2	60	B	12×320×290
CCF−4X−T4525•1225−20	H−450×250×12×25	M20	40	5×2	150	−	16×250×650	19×100×650	20	5×2	60	B	12×320×290
CCF−4X−T4525•1228−20	H−450×250×12×28	M20	48	6×2	150	−	19×250×770	19×100×770	20	5×2	60	B	12×320×290
CCF−4X−T5020•0912−20	H−500×200×9×12	M20	24	3×2	120	−	9×200×410	9× 80×410	12	6×1	60	A	9×380×170
CCF−4X−T5020•0916−20	H−500×200×9×16	M20	24	3×2	120	−	12×200×410	12× 80×410	12	6×1	60	A	9×380×170
CCF−4X−T5020•0919−20	H−500×200×9×19	M20	24	3×2	120	−	12×200×410	16× 80×410	12	6×1	60	A	9×380×170
CCF−4X−T5020•0922−20	H−500×200×9×22	M20	32	4×2	120	−	16×200×530	16× 80×530	12	6×1	60	A	9×380×170
CCF−4X−T5020•1216−20	H−500×200×12×16	M20	24	3×2	120	−	12×200×410	12× 80×410	16	4×2	90	D	9×350×290
CCF−4X−T5020•1219−20	H−500×200×12×19	M20	24	3×2	120	−	12×200×410	16× 80×410	16	4×2	90	D	9×350×290
CCF−4X−T5020•1222−20	H−500×200×12×22	M20	32	4×2	120	−	16×200×530	16× 80×530	16	4×2	90	D	9×350×290
CCF−4X−T5020•1225−20	H−500×200×12×25	M20	32	4×2	120	−	16×200×530	16× 80×530	16	4×2	90	D	9×350×290
CCF−4X−T5025•0912−20	H−500×250×9×12	M20	24	3×2	150	−	9×250×410	9×100×410	12	6×1	60	A	9×380×170
CCF−4X−T5025•0916−20	H−500×250×9×16	M20	32	4×2	150	−	12×250×530	12×100×530	12	6×1	60	A	9×380×170
CCF−4X−T5025•0919−20	H−500×250×9×19	M20	32	4×2	150	−	12×250×530	16×100×530	12	6×1	60	A	9×380×170
CCF−4X−T5025•0922−20	H−500×250×9×22	M20	40	5×2	150	−	16×250×650	16×100×650	12	6×1	60	A	9×380×170
CCF−4X−T5025•1222−20	H−500×250×12×22	M20	40	5×2	150	−	16×250×650	16×100×650	16	4×2	90	D	9×350×290
CCF−4X−T5025•1225−20	H−500×250×12×25	M20	40	5×2	150	−	16×250×650	19×100×650	16	4×2	90	D	9×350×290
CCF−4X−T5025•1228−20	H−500×250×12×28	M20	48	6×2	150	−	19×250×770	19×100×770	16	4×2	90	D	9×350×290
CCF−4X−T5520•0912−20	H−550×200×9×12	M20	24	3×2	120	−	9×200×410	9× 80×410	14	7×1	60	A	9×440×170
CCF−4X−T5520•0916−20	H−550×200×9×16	M20	24	3×2	120	−	12×200×410	12× 80×410	14	7×1	60	A	9×440×170
CCF−4X−T5520•0919−20	H−550×200×9×19	M20	24	3×2	120	−	12×200×410	16× 80×410	14	7×1	60	A	9×440×170
CCF−4X−T5520•0922−20	H−550×200×9×22	M20	32	4×2	120	−	16×200×530	16× 80×530	14	7×1	60	A	9×440×170
CCF−4X−T5520•1216−20	H−550×200×12×16	M20	24	3×2	120	−	12×200×410	12× 80×410	24	6×2	60	B	12×380×290
CCF−4X−T5520•1219−20	H−550×200×12×19	M20	24	3×2	120	−	12×200×410	16× 80×410	24	6×2	60	B	12×380×290
CCF−4X−T5520•1222−20	H−550×200×12×22	M20	32	4×2	120	−	16×200×530	16× 80×530	24	6×2	60	B	12×380×290
CCF−4X−T5520•1225−20	H−550×200×12×25	M20	32	4×2	120	−	16×200×530	16× 80×530	24	6×2	60	B	12×380×290
CCF−4X−T5525•0912−20	H−550×250×9×12	M20	24	3×2	150	−	9×250×410	9×100×410	14	7×1	60	A	9×440×170
CCF−4X−T5525•0916−20	H−550×250×9×16	M20	32	4×2	150	−	12×250×530	12×100×530	14	7×1	60	A	9×440×170
CCF−4X−T5525•0919−20	H−550×250×9×19	M20	32	4×2	150	−	12×250×530	16×100×530	14	7×1	60	A	9×440×170
CCF−4X−T5525•0922−20	H−550×250×9×22	M20	40	5×2	150	−	16×250×650	16×100×650	14	7×1	60	A	9×440×170
CCF−4X−T5525•1222−20	H−550×250×12×22	M20	40	5×2	150	−	16×250×650	16×100×650	24	6×2	60	B	12×380×290
CCF−4X−T5525•1225−20	H−550×250×12×25	M20	40	5×2	150	−	16×250×650	19×100×650	24	6×2	60	B	12×380×290
CCF−4X−T5525•1228−20	H−550×250×12×28	M20	48	6×2	150	−	19×250×770	19×100×770	24	6×2	60	B	12×380×290
CCF−4X−T6020•0912−20	H−600×200×9×12	M20	24	3×2	120	−	9×200×410	12× 80×410	14	7×1	60	A	9×440×170
CCF−4X−T6020•0916−20	H−600×200×9×16	M20	24	3×2	120	−	12×200×410	12× 80×410	14	7×1	60	A	9×440×170
CCF−4X−T6020•0919−20	H−600×200×9×19	M20	32	4×2	120	−	16×200×530	16× 80×530	14	7×1	60	A	9×440×170
CCF−4X−T6020•0922−20	H−600×200×9×22	M20	32	4×2	120	−	16×200×530	16× 80×530	14	7×1	60	A	9×440×170
CCF−4X−T6020•1216−20	H−600×200×12×16	M20	24	3×2	120	−	12×200×410	12× 80×410	20	5×2	90	D	9×440×290
CCF−4X−T6020•1219−20	H−600×200×12×19	M20	32	4×2	120	−	16×200×530	16× 80×530	20	5×2	90	D	9×440×290
CCF−4X−T6020•1222−20	H−600×200×12×22	M20	32	4×2	120	−	16×200×530	16× 80×530	20	5×2	90	D	9×440×290
CCF−4X−T6020•1225−20	H−600×200×12×25	M20	32	4×2	120	−	16×200×530	19× 80×530	20	5×2	90	D	9×440×290
CCF−4X−T6020•1228−20	H−600×200×12×28	M20	40	5×2	120	−	19×200×650	19× 80×650	20	5×2	90	D	9×440×290
CCF−4X−T6025•0916−20	H−600×250×9×16	M20	32	4×2	150	−	12×250×530	12×100×530	14	7×1	60	A	9×440×170
CCF−4X−T6025•0919−20	H−600×250×9×19	M20	32	4×2	150	−	12×250×530	16×100×530	14	7×1	60	A	9×440×170
CCF−4X−T6025•1219−20	H−600×250×12×19	M20	32	4×2	150	−	12×250×530	16×100×530	20	5×2	90	D	9×440×290
CCF−4X−T6025•1222−20	H−600×250×12×22	M20	40	5×2	150	−	16×250×650	16×100×650	20	5×2	90	D	9×440×290
CCF−4X−T6025•1225−20	H−600×250×12×25	M20	40	5×2	150	−	16×250×650	19×100×650	20	5×2	90	D	9×440×290
CCF−4X−T6025•1228−20	H−600×250×12×28	M20	48	6×2	150	−	19×250×770	19×100×770	20	5×2	90	D	9×440×290
CCF−4X−T6030•0919−20	H−600×300×9×19	M20	40	5×2	150	40	12×300×530	16×110×530	14	7×1	60	A	9×440×170
CCF−4X−T6030•1219−20	H−600×300×12×19	M20	40	5×2	150	40	12×300×530	16×110×530	20	5×2	90	D	9×440×290
CCF−4X−T6030•1222−20	H−600×300×12×22	M20	48	6×2	150	40	16×300×620	19×110×620	20	5×2	90	D	9×440×290
CCF−4X−T6030•1225−20	H−600×300×12×25	M20	48	6×2	150	40	19×300×620	19×110×620	20	5×2	90	D	9×440×290
CCF−4X−T6030•1228−20	H−600×300×12×28	M20	56	7×2	150	40	19×300×710	22×110×710	20	5×2	90	D	9×440×290

表−4.6.2　柱継手加工用諸元表 (3/10)

●柱継手（定形H形鋼）　　400N級鋼

継手呼称	部材断面寸法	径 D	継手										
			フランジボルト				外フランジ	内フランジ	ウェブ				
			ボルト		ゲージ		厚×幅×長さ	厚×幅×長さ	ボルト		P_C	型	厚×幅×長さ
			総数	$n_F \times m_F$	g_1	g_2	mm	mm	総数	$m_W \times n_W$	mm		mm
CCF−4X−T6520•0912−20	H−650×200×9×12	M20	24	3×2	120	−	9×200×410	12× 80×410	16	8×1	60	A	9×500×170
CCF−4X−T6520•0916−20	H−650×200×9×16	M20	24	3×2	120	−	12×200×410	12× 80×410	16	8×1	60	A	9×500×170
CCF−4X−T6520•0919−20	H−650×200×9×19	M20	32	4×2	120	−	16×200×530	16× 80×530	16	8×1	60	A	9×500×170
CCF−4X−T6520•0922−20	H−650×200×9×22	M20	32	4×2	120	−	16×200×530	16× 80×530	16	8×1	60	A	9×500×170
CCF−4X−T6520•1216−20	H−650×200×12×16	M20	24	3×2	120	−	12×200×410	12× 80×410	28	7×2	60	B	12×440×290
CCF−4X−T6520•1219−20	H−650×200×12×19	M20	32	4×2	120	−	16×200×530	16× 80×530	28	7×2	60	B	12×440×290
CCF−4X−T6520•1222−20	H−650×200×12×22	M20	32	4×2	120	−	16×200×530	16× 80×530	28	7×2	60	B	12×440×290
CCF−4X−T6520•1225−20	H−650×200×12×25	M20	32	4×2	120	−	16×200×530	19× 80×530	28	7×2	60	B	12×440×290
CCF−4X−T6520•1228−20	H−650×200×12×28	M20	40	5×2	120	−	19×200×650	19× 80×650	28	7×2	60	B	12×440×290
CCF−4X−T6525•0916−20	H−650×250×9×16	M20	32	4×2	150	−	12×250×530	12×100×530	16	8×1	60	A	9×500×170
CCF−4X−T6525•0919−20	H−650×250×9×19	M20	32	4×2	150	−	12×250×530	16×100×530	16	8×1	60	A	9×500×170
CCF−4X−T6525•1219−20	H−650×250×12×19	M20	32	4×2	150	−	12×250×530	16×100×530	28	7×2	60	B	12×440×290
CCF−4X−T6525•1222−20	H−650×250×12×22	M20	40	5×2	150	−	16×250×650	16×100×650	28	7×2	60	B	12×440×290
CCF−4X−T6525•1225−20	H−650×250×12×25	M20	40	5×2	150	−	16×250×650	19×100×650	28	7×2	60	B	12×440×290
CCF−4X−T6525•1228−20	H−650×250×12×28	M20	48	6×2	150	−	19×250×770	19×100×770	28	7×2	60	B	12×440×290
CCF−4X−T7020•0912−20	H−700×200×9×12	M20	24	3×2	120	−	9×200×410	#12× 80×410	16	8×1	60	A	9×500×170
CCF−4X−T7020•0916−20	H−700×200×9×16	M20	24	3×2	120	−	12×200×410	#12× 80×410	16	8×1	60	A	9×500×170
CCF−4X−T7020•0919−20	H−700×200×9×19	M20	32	4×2	120	−	16×200×530	#16× 80×530	16	8×1	60	A	9×500×170
CCF−4X−T7020•0922−20	H−700×200×9×22	M20	32	4×2	120	−	16×200×530	#16× 80×530	16	8×1	60	A	9×500×170
CCF−4X−T7020•1222−20	H−700×200×12×22	M20	32	4×2	120	−	16×200×530	#16× 80×530	24	6×2	90	D	9×530×290
CCF−4X−T7020•1225−20	H−700×200×12×25	M20	32	4×2	120	−	16×200×530	#19× 80×530	24	6×2	90	D	9×530×290
CCF−4X−T7020•1228−20	H−700×200×12×28	M20	40	5×2	120	−	19×200×650	#19× 80×650	24	6×2	90	D	9×530×290
CCF−4X−T7025•0916−20	H−700×250×9×16	M20	32	4×2	150	−	12×250×530	12×100×530	16	8×1	60	A	9×500×170
CCF−4X−T7025•0919−20	H−700×250×9×19	M20	32	4×2	150	−	12×250×530	16×100×530	16	8×1	60	A	9×500×170
CCF−4X−T7025•1219−20	H−700×250×12×19	M20	32	4×2	150	−	12×250×530	16×100×530	24	6×2	90	D	9×530×290
CCF−4X−T7025•1222−20	H−700×250×12×22	M20	40	5×2	150	−	16×250×650	16×100×650	24	6×2	90	D	9×530×290
CCF−4X−T7025•1225−20	H−700×250×12×25	M20	40	5×2	150	−	16×250×650	19×100×650	24	6×2	90	D	9×530×290
CCF−4X−T7025•1425−20	H−700×250×14×25	M20	40	5×2	150	−	16×250×650	19×100×650	28	7×2	60	B	16×440×290
CCF−4X−T7025•1428−20	H−700×250×14×28	M20	48	6×2	150	−	19×250×770	19×100×770	28	7×2	60	B	16×440×290
CCF−4X−T7030•0919−20	H−700×300×9×19	M20	40	5×2	150	40	12×300×530	16×110×530	16	8×1	60	A	9×500×170
CCF−4X−T7030•1219−20	H−700×300×12×19	M20	40	5×2	150	40	12×300×530	16×110×530	24	6×2	90	D	9×530×290
CCF−4X−T7030•1222−20	H−700×300×12×22	M20	48	6×2	150	40	16×300×620	19×110×620	24	6×2	90	D	9×530×290
CCF−4X−T7030•1422−20	H−700×300×14×22	M20	48	6×2	150	40	16×300×620	19×110×620	28	7×2	60	B	16×440×290
CCF−4X−T7030•1425−20	H−700×300×14×25	M20	48	6×2	150	40	19×300×620	19×110×620	28	7×2	60	B	16×440×290
CCF−4X−T7030•1428−20	H−700×300×14×28	M20	56	7×2	150	40	19×300×710	22×110×710	28	7×2	60	B	16×440×290
CCF−4X−T7520•0912−20	H−750×200×9×12	M20	24	3×2	120	−	9×200×410	#12× 80×410	18	9×1	60	A	9×560×170
CCF−4X−T7520•0916−20	H−750×200×9×16	M20	24	3×2	120	−	12×200×410	#12× 80×410	18	9×1	60	A	9×560×170
CCF−4X−T7520•0919−20	H−750×200×9×19	M20	32	4×2	120	−	16×200×530	#16× 80×530	18	9×1	60	A	9×560×170
CCF−4X−T7520•1219−20	H−750×200×12×19	M20	32	4×2	120	−	16×200×530	#16× 80×530	24	6×2	90	D	9×530×290
CCF−4X−T7520•1222−20	H−750×200×12×22	M20	32	4×2	120	−	16×200×530	#16× 80×530	24	6×2	90	D	9×530×290
CCF−4X−T7520•1225−20	H−750×200×12×25	M20	32	4×2	120	−	16×200×530	#19× 80×530	24	6×2	90	D	9×530×290
CCF−4X−T7520•1228−20	H−750×200×12×28	M20	40	5×2	120	−	19×200×650	#19× 80×650	24	6×2	90	D	9×530×290
CCF−4X−T7525•1216−20	H−750×250×12×16	M20	32	4×2	150	−	12×250×530	12×100×530	24	6×2	90	D	9×530×290
CCF−4X−T7525•1219−20	H−750×250×12×19	M20	40	5×2	150	−	16×250×650	16×100×650	24	6×2	90	D	9×530×290
CCF−4X−T7525•1222−20	H−750×250×12×22	M20	40	5×2	150	−	16×250×650	19×100×650	24	6×2	90	D	9×530×290
CCF−4X−T7525•1422−20	H−750×250×14×22	M20	40	5×2	150	−	16×250×650	19×100×650	32	8×2	60	B	12×500×290
CCF−4X−T7525•1425−20	H−750×250×14×25	M20	48	6×2	150	−	19×250×770	19×100×770	32	8×2	60	B	12×500×290
CCF−4X−T7525•1428−20	H−750×250×14×28	M20	48	6×2	150	−	19×250×770	22×100×770	32	8×2	60	B	12×500×290
CCF−4X−T8025•1422−20	H−800×250×14×22	M20	40	5×2	150	−	16×250×650	19×100×650	32	8×2	60	B	16×500×290
CCF−4X−T8025•1425−20	H−800×250×14×25	M20	48	6×2	150	−	19×250×770	19×100×770	32	8×2	60	B	16×500×290
CCF−4X−T8025•1625−20	H−800×250×16×25	M20	48	6×2	150	−	19×250×770	19×100×770	32	8×2	60	B	16×500×290
CCF−4X−T8025•1628−20	H−800×250×16×28	M20	48	6×2	150	−	19×250×770	22×100×770	32	8×2	60	B	16×500×290
CCF−4X−T8030•1422−20	H−800×300×14×22	M20	48	6×2	150	40	16×300×620	19×110×620	32	8×2	60	B	16×500×290
CCF−4X−T8030•1622−20	H−800×300×16×22	M20	48	6×2	150	40	16×300×620	19×110×620	32	8×2	60	B	16×500×290
CCF−4X−T8030•1625−20	H−800×300×16×25	M20	48	6×2	150	40	19×300×620	19×110×620	32	8×2	60	B	16×500×290
CCF−4X−T8030•1628−20	H−800×300×16×28	M20	56	7×2	150	40	19×300×710	22×110×710	32	8×2	60	B	16×500×290
CCF−4X−T8525•1422−20	H−850×250×14×22	M20	40	5×2	150	−	16×250×650	19×100×650	32	8×2	90	D	9×710×290
CCF−4X−T8525•1425−20	H−850×250×14×25	M20	48	6×2	150	−	19×250×770	19×100×770	32	8×2	90	D	9×710×290
CCF−4X−T8525•1625−20	H−850×250×16×25	M20	48	6×2	150	−	19×250×770	19×100×770	36	9×2	60	B	16×560×290
CCF−4X−T8525•1628−20	H−850×250×16×28	M20	48	6×2	150	−	19×250×770	22×100×770	36	9×2	60	B	16×560×290
CCF−4X−T9025•1619−20	H−900×250×16×19	M20	40	5×2	150	−	16×250×650	16×100×650	36	9×2	60	B	16×560×290
CCF−4X−T9025•1622−20	H−900×250×16×22	M20	40	5×2	150	−	16×250×650	19×100×650	36	9×2	60	B	16×560×290
CCF−4X−T9025•1625−20	H−900×250×16×25	M20	48	6×2	150	−	19×250×770	19×100×770	36	9×2	60	B	16×560×290
CCF−4X−T9025•1628−20	H−900×250×16×28	M20	48	6×2	150	−	19×250×770	22×100×770	36	9×2	60	B	16×560×290
CCF−4X−T9030•1619−20	H−900×300×16×19	M20	40	5×2	150	40	16×300×530	16×110×530	36	9×2	60	B	16×560×290
CCF−4X−T9030•1622−20	H−900×300×16×22	M20	48	6×2	150	40	16×300×620	19×110×620	36	9×2	60	B	16×560×290
CCF−4X−T9030•1625−20	H−900×300×16×25	M20	56	7×2	150	40	19×300×710	19×110×710	36	9×2	60	B	16×560×290
CCF−4X−T9030•1628−20	H−900×300×16×28	M20	56	7×2	150	40	19×300×710	22×110×710	36	9×2	60	B	16×560×290

表-4.6.2　柱継手加工用諸元表 (4/10)

400N級鋼

●柱継手（定形H形鋼）

継手呼称	部材断面寸法	径	継手										
			フランジボルト				外フランジ	内フランジ	ウェブ				
		D	ボルト		ゲージ		厚×幅×長さ	厚×幅×長さ	ボルト		p_C	型	厚×幅×長さ
			総数	$n_F \times m_F$	g_1	g_2	mm	mm	総数	$m_W \times n_W$	mm		mm
CCF-4X-T4020・0912-22	H-400×200×9×12	M22	24	3×2	120	–	9×200×410	9× 80×410	8	4×1	60	A	9×260×170
CCF-4X-T4020・0916-22	H-400×200×9×16	M22	24	3×2	120	–	12×200×410	12× 80×410	8	4×1	60	A	9×260×170
CCF-4X-T4020・0919-22	H-400×200×9×19	M22	24	3×2	120	–	12×200×410	16× 80×410	8	4×1	60	A	9×260×170
CCF-4X-T4020・0922-22	H-400×200×9×22	M22	24	3×2	120	–	16×200×410	16× 80×410	8	4×1	60	A	9×260×170
CCF-4X-T4020・1222-22	H-400×200×12×22	M22	24	3×2	120	–	16×200×410	16× 80×410	12	3×2	90	D	12×260×290
CCF-4X-T4520・0912-22	H-450×200×9×12	M22	24	3×2	120	–	9×200×410	9× 80×410	10	5×1	60	A	9×320×170
CCF-4X-T4520・0916-22	H-450×200×9×16	M22	24	3×2	120	–	12×200×410	12× 80×410	10	5×1	60	A	9×320×170
CCF-4X-T4520・0919-22	H-450×200×9×19	M22	24	3×2	120	–	12×200×410	16× 80×410	10	5×1	60	A	9×320×170
CCF-4X-T4520・0922-22	H-450×200×9×22	M22	24	3×2	120	–	16×200×410	16× 80×410	10	5×1	60	A	9×320×170
CCF-4X-T4520・1216-22	H-450×200×12×16	M22	24	3×2	120	–	12×200×410	12× 80×410	10	5×1	60	A	9×320×170
CCF-4X-T4520・1219-22	H-450×200×12×19	M22	24	3×2	120	–	12×200×410	16× 80×410	10	5×1	60	A	9×320×170
CCF-4X-T4520・1222-22	H-450×200×12×22	M22	24	3×2	120	–	16×200×410	16× 80×410	10	5×1	60	A	9×320×170
CCF-4X-T4520・1225-22	H-450×200×12×25	M22	24	3×2	120	–	16×200×410	16× 80×410	10	5×1	60	A	9×320×170
CCF-4X-T4525・0912-22	H-450×250×9×12	M22	24	3×2	150	–	9×250×410	9×100×410	10	5×1	60	A	9×320×170
CCF-4X-T4525・0916-22	H-450×250×9×16	M22	24	3×2	150	–	12×250×410	12×100×410	10	5×1	60	A	9×320×170
CCF-4X-T4525・0919-22	H-450×250×9×19	M22	32	4×2	150	–	12×250×530	16×100×530	10	5×1	60	A	9×320×170
CCF-4X-T4525・0922-22	H-450×250×9×22	M22	32	4×2	150	–	16×250×530	16×100×530	10	5×1	60	A	9×320×170
CCF-4X-T4525・1222-22	H-450×250×12×22	M22	32	4×2	150	–	16×250×530	16×100×530	10	5×1	60	A	9×320×170
CCF-4X-T4525・1225-22	H-450×250×12×25	M22	32	4×2	150	–	16×250×530	19×100×530	10	5×1	60	A	9×320×170
CCF-4X-T4525・1228-22	H-450×250×12×28	M22	40	5×2	150	–	19×250×650	19×100×650	10	5×1	60	A	9×320×170
CCF-4X-T5020・0912-22	H-500×200×9×12	M22	24	3×2	120	–	9×200×410	9× 80×410	10	5×1	60	A	9×320×170
CCF-4X-T5020・0916-22	H-500×200×9×16	M22	24	3×2	120	–	12×200×410	12× 80×410	10	5×1	60	A	9×320×170
CCF-4X-T5020・0919-22	H-500×200×9×19	M22	24	3×2	120	–	12×200×410	16× 80×410	10	5×1	60	A	9×320×170
CCF-4X-T5020・0922-22	H-500×200×9×22	M22	24	3×2	120	–	16×200×410	16× 80×410	10	5×1	60	A	9×320×170
CCF-4X-T5020・1216-22	H-500×200×12×16	M22	24	3×2	120	–	12×200×410	12× 80×410	16	4×2	90	D	9×350×290
CCF-4X-T5020・1219-22	H-500×200×12×19	M22	24	3×2	120	–	12×200×410	16× 80×410	16	4×2	90	D	9×350×290
CCF-4X-T5020・1222-22	H-500×200×12×22	M22	24	3×2	120	–	16×200×410	16× 80×410	16	4×2	90	D	9×350×290
CCF-4X-T5020・1225-22	H-500×200×12×25	M22	24	3×2	120	–	16×200×410	16× 80×410	16	4×2	90	D	9×350×290
CCF-4X-T5025・0912-22	H-500×250×9×12	M22	24	3×2	150	–	9×250×410	9×100×410	10	5×1	60	A	9×320×170
CCF-4X-T5025・0916-22	H-500×250×9×16	M22	24	3×2	150	–	12×250×410	12×100×410	10	5×1	60	A	9×320×170
CCF-4X-T5025・0919-22	H-500×250×9×19	M22	32	4×2	150	–	12×250×530	16×100×530	10	5×1	60	A	9×320×170
CCF-4X-T5025・0922-22	H-500×250×9×22	M22	32	4×2	150	–	16×250×530	16×100×530	10	5×1	60	A	9×320×170
CCF-4X-T5025・1222-22	H-500×250×12×22	M22	32	4×2	150	–	16×250×530	16×100×530	16	4×2	90	D	9×350×290
CCF-4X-T5025・1225-22	H-500×250×12×25	M22	32	4×2	150	–	16×250×530	19×100×530	16	4×2	90	D	9×350×290
CCF-4X-T5025・1228-22	H-500×250×12×28	M22	40	5×2	150	–	19×250×650	19×100×650	16	4×2	90	D	9×350×290
CCF-4X-T5520・0912-22	H-550×200×9×12	M22	24	3×2	120	–	9×200×410	9× 80×410	12	6×1	60	A	9×380×170
CCF-4X-T5520・0916-22	H-550×200×9×16	M22	24	3×2	120	–	12×200×410	12× 80×410	12	6×1	60	A	9×380×170
CCF-4X-T5520・0919-22	H-550×200×9×19	M22	24	3×2	120	–	12×200×410	16× 80×410	12	6×1	60	A	9×380×170
CCF-4X-T5520・0922-22	H-550×200×9×22	M22	24	3×2	120	–	16×200×410	16× 80×410	12	6×1	60	A	9×380×170
CCF-4X-T5520・1216-22	H-550×200×12×16	M22	24	3×2	120	–	12×200×410	12× 80×410	16	4×2	90	D	12×350×290
CCF-4X-T5520・1219-22	H-550×200×12×19	M22	24	3×2	120	–	12×200×410	16× 80×410	16	4×2	90	D	12×350×290
CCF-4X-T5520・1222-22	H-550×200×12×22	M22	24	3×2	120	–	16×200×410	16× 80×410	16	4×2	90	D	12×350×290
CCF-4X-T5520・1225-22	H-550×200×12×25	M22	24	3×2	120	–	16×200×410	16× 80×410	16	4×2	90	D	12×350×290
CCF-4X-T5525・0912-22	H-550×250×9×12	M22	24	3×2	150	–	9×250×410	9×100×410	12	6×1	60	A	9×380×170
CCF-4X-T5525・0916-22	H-550×250×9×16	M22	24	3×2	150	–	12×250×410	12×100×410	12	6×1	60	A	9×380×170
CCF-4X-T5525・0919-22	H-550×250×9×19	M22	32	4×2	150	–	12×250×530	16×100×530	12	6×1	60	A	9×380×170
CCF-4X-T5525・0922-22	H-550×250×9×22	M22	32	4×2	150	–	16×250×530	16×100×530	12	6×1	60	A	9×380×170
CCF-4X-T5525・1222-22	H-550×250×12×22	M22	32	4×2	150	–	16×250×530	16×100×530	16	4×2	90	D	12×350×290
CCF-4X-T5525・1225-22	H-550×250×12×25	M22	32	4×2	150	–	16×250×530	19×100×530	16	4×2	90	D	12×350×290
CCF-4X-T5525・1228-22	H-550×250×12×28	M22	40	5×2	150	–	19×250×650	19×100×650	16	4×2	90	D	12×350×290
CCF-4X-T6020・0912-22	H-600×200×9×12	M22	24	3×2	120	–	9×200×410	12× 80×410	12	6×1	60	A	9×380×170
CCF-4X-T6020・0916-22	H-600×200×9×16	M22	24	3×2	120	–	12×200×410	12× 80×410	12	6×1	60	A	9×380×170
CCF-4X-T6020・0919-22	H-600×200×9×19	M22	24	3×2	120	–	16×200×410	16× 80×410	12	6×1	60	A	9×380×170
CCF-4X-T6020・0922-22	H-600×200×9×22	M22	24	3×2	120	–	16×200×410	16× 80×410	12	6×1	60	A	9×380×170
CCF-4X-T6020・1216-22	H-600×200×12×16	M22	24	3×2	120	–	12×200×410	12× 80×410	14	7×1	60	A	12×440×170
CCF-4X-T6020・1219-22	H-600×200×12×19	M22	24	3×2	120	–	16×200×410	16× 80×410	14	7×1	60	A	12×440×170
CCF-4X-T6020・1222-22	H-600×200×12×22	M22	24	3×2	120	–	16×200×410	16× 80×410	14	7×1	60	A	12×440×170
CCF-4X-T6020・1225-22	H-600×200×12×25	M22	32	4×2	120	–	16×200×530	19× 80×530	14	7×1	60	A	12×440×170
CCF-4X-T6020・1228-22	H-600×200×12×28	M22	32	4×2	120	–	19×200×530	19× 80×530	14	7×1	60	A	12×440×170
CCF-4X-T6025・0916-22	H-600×250×9×16	M22	24	3×2	150	–	12×250×410	12×100×410	12	6×1	60	A	9×380×170
CCF-4X-T6025・0919-22	H-600×250×9×19	M22	32	4×2	150	–	12×250×530	16×100×530	12	6×1	60	A	9×380×170
CCF-4X-T6025・1219-22	H-600×250×12×19	M22	32	4×2	150	–	12×250×530	16×100×530	14	7×1	60	A	12×440×170
CCF-4X-T6025・1222-22	H-600×250×12×22	M22	32	4×2	150	–	16×250×530	16×100×530	14	7×1	60	A	12×440×170
CCF-4X-T6025・1225-22	H-600×250×12×25	M22	32	4×2	150	–	16×250×530	19×100×530	14	7×1	60	A	12×440×170
CCF-4X-T6025・1228-22	H-600×250×12×28	M22	40	5×2	150	–	19×250×650	19×100×650	14	7×1	60	A	12×440×170
CCF-4X-T6030・0919-22	H-600×300×9×19	M22	32	4×2	150	40	12×300×440	16×110×440	12	6×1	60	A	9×380×170
CCF-4X-T6030・1219-22	H-600×300×12×19	M22	32	4×2	150	40	12×300×440	16×110×440	14	7×1	60	A	12×440×170
CCF-4X-T6030・1222-22	H-600×300×12×22	M22	40	5×2	150	40	16×300×530	19×110×530	14	7×1	60	A	12×440×170
CCF-4X-T6030・1225-22	H-600×300×12×25	M22	40	5×2	150	40	19×300×530	19×110×530	14	7×1	60	A	12×440×170
CCF-4X-T6030・1228-22	H-600×300×12×28	M22	48	6×2	150	40	19×300×620	22×110×620	14	7×1	60	A	12×440×170

表−4.6.2　柱継手加工用諸元表 (5/10)

●柱継手（定形H形鋼）

400N級鋼

継　手　呼　称	部材断面寸法	径	継手										
			フランジボルト				外フランジ	内フランジ	ウェブ				
		D	ボルト		ゲージ		厚×幅×長さ	厚×幅×長さ	ボルト		p_C	型	厚×幅×長さ
			総数	$n_F \times m_F$	g_1	g_2	mm	mm	総数	$m_W \times n_W$	mm		mm
CCF−4X−T6520・0912−22	H−650×200×9×12	M22	24	3×2	120	−	9×200×410	12× 80×410	12	6×1	90	C	6×530×170
CCF−4X−T6520・0916−22	H−650×200×9×16	M22	24	3×2	120	−	12×200×410	12× 80×410	12	6×1	90	C	6×530×170
CCF−4X−T6520・0919−22	H−650×200×9×19	M22	24	3×2	120	−	16×200×410	16× 80×410	12	6×1	90	C	6×530×170
CCF−4X−T6520・0922−22	H−650×200×9×22	M22	24	3×2	120	−	16×200×410	16× 80×410	12	6×1	90	C	6×530×170
CCF−4X−T6520・1216−22	H−650×200×12×16	M22	24	3×2	120	−	12×200×410	12× 80×410	16	8×1	60	A	9×500×170
CCF−4X−T6520・1219−22	H−650×200×12×19	M22	24	3×2	120	−	16×200×410	16× 80×410	16	8×1	60	A	9×500×170
CCF−4X−T6520・1222−22	H−650×200×12×22	M22	24	3×2	120	−	16×200×410	16× 80×410	16	8×1	60	A	9×500×170
CCF−4X−T6520・1225−22	H−650×200×12×25	M22	32	4×2	120	−	16×200×530	19× 80×530	16	8×1	60	A	9×500×170
CCF−4X−T6520・1228−22	H−650×200×12×28	M22	32	4×2	120	−	19×200×530	19× 80×530	16	8×1	60	A	9×500×170
CCF−4X−T6525・0916−22	H−650×250×9×16	M22	24	3×2	150	−	12×250×410	12×100×410	12	6×1	90	C	6×530×170
CCF−4X−T6525・0919−22	H−650×250×9×19	M22	32	4×2	150	−	12×250×530	16×100×530	12	6×1	90	C	6×530×170
CCF−4X−T6525・1219−22	H−650×250×12×19	M22	32	4×2	150	−	12×250×530	16×100×530	16	8×1	60	A	9×500×170
CCF−4X−T6525・1222−22	H−650×250×12×22	M22	32	4×2	150	−	16×250×530	16×100×530	16	8×1	60	A	9×500×170
CCF−4X−T6525・1225−22	H−650×250×12×25	M22	32	4×2	150	−	16×250×530	19×100×530	16	8×1	60	A	9×500×170
CCF−4X−T6525・1228−22	H−650×250×12×28	M22	40	5×2	150	−	19×250×650	19×100×650	16	8×1	60	A	9×500×170
CCF−4X−T7020・0912−22	H−700×200×9×12	M22	24	3×2	120	−	9×200×410	#12× 80×410	14	7×1	60	A	9×440×170
CCF−4X−T7020・0916−22	H−700×200×9×16	M22	24	3×2	120	−	12×200×410	#12× 80×410	14	7×1	60	A	9×440×170
CCF−4X−T7020・0919−22	H−700×200×9×19	M22	24	3×2	120	−	16×200×410	#16× 80×410	14	7×1	60	A	9×440×170
CCF−4X−T7020・0922−22	H−700×200×9×22	M22	24	3×2	120	−	16×200×410	#16× 80×410	14	7×1	60	A	9×440×170
CCF−4X−T7020・1222−22	H−700×200×12×22	M22	24	3×2	120	−	16×200×410	#16× 80×410	16	8×1	60	A	12×500×170
CCF−4X−T7020・1225−22	H−700×200×12×25	M22	32	4×2	120	−	16×200×530	#19× 80×530	16	8×1	60	A	12×500×170
CCF−4X−T7020・1228−22	H−700×200×12×28	M22	32	4×2	120	−	19×200×530	#19× 80×530	16	8×1	60	A	12×500×170
CCF−4X−T7025・0916−22	H−700×250×9×16	M22	24	3×2	150	−	12×250×410	12×100×410	14	7×1	60	A	9×440×170
CCF−4X−T7025・0919−22	H−700×250×9×19	M22	32	4×2	150	−	12×250×530	16×100×530	14	7×1	60	A	9×440×170
CCF−4X−T7025・1219−22	H−700×250×12×19	M22	32	4×2	150	−	12×250×530	16×100×530	16	8×1	60	A	12×500×170
CCF−4X−T7025・1222−22	H−700×250×12×22	M22	32	4×2	150	−	16×250×530	16×100×530	16	8×1	60	A	12×500×170
CCF−4X−T7025・1225−22	H−700×250×12×25	M22	32	4×2	150	−	16×250×530	19×100×530	16	8×1	60	A	12×500×170
CCF−4X−T7025・1425−22	H−700×250×14×25	M22	32	4×2	150	−	16×250×530	19×100×530	18	9×1	60	A	9×560×170
CCF−4X−T7025・1428−22	H−700×250×14×28	M22	40	5×2	150	−	19×250×650	19×100×650	18	9×1	60	A	9×560×170
CCF−4X−T7030・0919−22	H−700×300×9×19	M22	32	4×2	150	40	12×300×440	16×110×440	14	7×1	60	A	9×440×170
CCF−4X−T7030・1219−22	H−700×300×12×19	M22	32	4×2	150	40	12×300×440	16×110×440	16	8×1	60	A	12×500×170
CCF−4X−T7030・1222−22	H−700×300×12×22	M22	40	5×2	150	40	16×300×530	19×110×530	16	8×1	60	A	12×500×170
CCF−4X−T7030・1422−22	H−700×300×14×22	M22	40	5×2	150	40	16×300×530	19×110×530	18	9×1	60	A	9×560×170
CCF−4X−T7030・1425−22	H−700×300×14×25	M22	40	5×2	150	40	19×300×530	19×110×530	18	9×1	60	A	9×560×170
CCF−4X−T7030・1428−22	H−700×300×14×28	M22	48	6×2	150	40	19×300×620	22×110×620	18	9×1	60	A	9×560×170
CCF−4X−T7520・0912−22	H−750×200×9×12	M22	24	3×2	120	−	9×200×410	#12× 80×410	14	7×1	90	C	6×620×170
CCF−4X−T7520・0916−22	H−750×200×9×16	M22	24	3×2	120	−	12×200×410	#12× 80×410	14	7×1	90	C	6×620×170
CCF−4X−T7520・0919−22	H−750×200×9×19	M22	24	3×2	120	−	16×200×410	#16× 80×410	14	7×1	90	C	6×620×170
CCF−4X−T7520・1219−22	H−750×200×12×19	M22	24	3×2	120	−	16×200×410	#16× 80×410	18	9×1	60	A	9×560×170
CCF−4X−T7520・1222−22	H−750×200×12×22	M22	24	3×2	120	−	16×200×410	#16× 80×410	18	9×1	60	A	9×560×170
CCF−4X−T7520・1225−22	H−750×200×12×25	M22	32	4×2	120	−	16×200×530	#19× 80×530	18	9×1	60	A	9×560×170
CCF−4X−T7520・1228−22	H−750×200×12×28	M22	32	4×2	120	−	19×200×530	#19× 80×530	18	9×1	60	A	9×560×170
CCF−4X−T7525・1216−22	H−750×250×12×16	M22	24	3×2	150	−	12×250×410	12×100×410	18	9×1	60	A	9×560×170
CCF−4X−T7525・1219−22	H−750×250×12×19	M22	32	4×2	150	−	16×250×530	16×100×530	18	9×1	60	A	9×560×170
CCF−4X−T7525・1222−22	H−750×250×12×22	M22	32	4×2	150	−	16×250×530	19×100×530	18	9×1	60	A	9×560×170
CCF−4X−T7525・1422−22	H−750×250×14×22	M22	32	4×2	150	−	16×250×530	19×100×530	20	10×1	60	A	9×620×170
CCF−4X−T7525・1425−22	H−750×250×14×25	M22	40	5×2	150	−	19×250×650	19×100×650	20	10×1	60	A	9×620×170
CCF−4X−T7525・1428−22	H−750×250×14×28	M22	40	5×2	150	−	19×250×650	22×100×650	20	10×1	60	A	9×620×170
CCF−4X−T8025・1422−22	H−800×250×14×22	M22	32	4×2	150	−	16×250×530	19×100×530	24	6×2	90	D	12×530×290
CCF−4X−T8025・1425−22	H−800×250×14×25	M22	40	5×2	150	−	19×250×650	19×100×650	24	6×2	90	D	12×530×290
CCF−4X−T8025・1625−22	H−800×250×16×25	M22	40	5×2	150	−	19×250×650	19×100×650	28	7×2	90	D	12×620×290
CCF−4X−T8025・1628−22	H−800×250×16×28	M22	40	5×2	150	−	19×250×650	22×100×650	28	7×2	90	D	12×620×290
CCF−4X−T8030・1422−22	H−800×300×14×22	M22	40	5×2	150	40	16×300×530	19×110×530	24	6×2	90	D	12×530×290
CCF−4X−T8030・1622−22	H−800×300×16×22	M22	40	5×2	150	40	16×300×530	19×110×530	28	7×2	90	D	12×620×290
CCF−4X−T8030・1625−22	H−800×300×16×25	M22	40	5×2	150	40	19×300×530	19×110×530	28	7×2	90	D	12×620×290
CCF−4X−T8030・1628−22	H−800×300×16×28	M22	48	6×2	150	40	19×300×620	22×110×620	28	7×2	90	D	12×620×290
CCF−4X−T8525・1422−22	H−850×250×14×22	M22	32	4×2	150	−	16×250×530	19×100×530	22	11×1	60	A	12×680×170
CCF−4X−T8525・1425−22	H−850×250×14×25	M22	40	5×2	150	−	19×250×650	19×100×650	22	11×1	60	A	12×680×170
CCF−4X−T8525・1625−22	H−850×250×16×25	M22	40	5×2	150	−	19×250×650	19×100×650	32	8×2	90	D	12×710×290
CCF−4X−T8525・1628−22	H−850×250×16×28	M22	40	5×2	150	−	19×250×650	22×100×650	32	8×2	90	D	12×710×290
CCF−4X−T9025・1619−22	H−900×250×16×19	M22	32	4×2	150	−	16×250×530	16×100×530	32	8×2	90	D	12×710×290
CCF−4X−T9025・1622−22	H−900×250×16×22	M22	32	4×2	150	−	16×250×530	19×100×530	32	8×2	90	D	12×710×290
CCF−4X−T9025・1625−22	H−900×250×16×25	M22	40	5×2	150	−	19×250×650	19×100×650	32	8×2	90	D	12×710×290
CCF−4X−T9025・1628−22	H−900×250×16×28	M22	40	5×2	150	−	19×250×650	22×100×650	32	8×2	90	D	12×710×290
CCF−4X−T9030・1619−22	H−900×300×16×19	M22	32	4×2	150	40	16×300×440	16×110×440	32	8×2	90	D	12×710×290
CCF−4X−T9030・1622−22	H−900×300×16×22	M22	40	5×2	150	40	16×300×530	19×110×530	32	8×2	90	D	12×710×290
CCF−4X−T9030・1625−22	H−900×300×16×25	M22	40	5×2	150	40	19×300×530	19×110×530	32	8×2	90	D	12×710×290
CCF−4X−T9030・1628−22	H−900×300×16×28	M22	48	6×2	150	40	19×300×620	22×110×620	32	8×2	90	D	12×710×290

表−4.6.2 柱継手加工用諸元表 (6/10)

●柱継手（一般H形鋼）

490N級鋼

継手呼称	部材断面寸法	径 D	継手 フランジボルト ボルト 総数	$n_F \times m_F$	ゲージ g_1	g_2	外フランジ 厚×幅×長さ mm	内フランジ 厚×幅×長さ mm	ウェブ ボルト 総数	$m_W \times n_W$	p_C mm	型	厚×幅×長さ mm
CCF−5X−J1010・0609−16	H−100×100×6×8	M16	24	3×2	60	−	16×100×410	−	4	1×2	*−	B	9× 50×350
CCF−5X−J1212・0609−16	H−125×125×6.5×9	M16	32	4×2	75	−	12×125×530	−	6	1×3	*−	B	6× 80×470
CCF−5X−J1510・0609−16	H−148×100×6×9	M16	24	3×2	60	−	16×100×410	−	6	1×3	−	B	9× 80×410
CCF−5X−J1515・0609−16	H−150×150×7×10	M16	24	3×2	90	−	9×150×410	9× 60×410	6	1×3	*−	B	9× 80×470
CCF−5X−J1717・0912−16	H−175×175×7.5×11	M16	24	3×2	105	−	9×175×410	9× 70×410	8	1×4	−	B	9× 80×530
CCF−5X−J2010・0609−16	H−200×100×5.5×8	M16	24	3×2	60	−	16×100×410	−	8	2×2	60	B	6×140×290
CCF−5X−J2015・0609−16	H−194×150×6×9	M16	24	3×2	90	−	9×150×410	9× 60×410	8	2×2	*60	B	6×140×350
CCF−5X−J2512・0609−16	H−250×125×6×9	M16	32	4×2	75	−	12×125×530	−	12	2×3	60	B	9×140×410
CCF−5X−J2517・0612−16	H−244×175×7×11	M16	32	4×2	105	−	9×175×530	9× 70×530	12	2×3	60	B	9×140×410
CCF−5X−J3015・0609−16	H−300×150×6.5×9	M16	24	3×2	90	−	9×150×410	9× 60×410	12	3×2	60	B	6×200×290
CCF−5X−J3517・0612−16	H−350×175×7×11	M16	32	4×2	105	−	9×175×530	9× 70×530	16	4×2	60	B	6×260×290
CCF−5X−J1515・0609−20	H−150×150×7×10	M20	16	2×2	90	−	9×150×290	9× 60×290	4	1×2	*−	B	9× 80×350
CCF−5X−J1717・0912−20	H−175×175×7.5×11	M20	16	2×2	105	−	9×175×290	9× 70×290	6	1×3	−	B	9× 80×410
CCF−5X−J2015・0609−20	H−194×150×6×9	M20	16	2×2	90	−	9×150×290	9× 60×290	4	2×1	*60	A	6×140×230
CCF−5X−J2020・0912−20	H−200×200×8×12	M20	24	3×2	120	−	9×200×410	9× 80×410	8	2×2	*60	B	6×140×350
CCF−5X−J2517・0612−20	H−244×175×7×11	M20	16	2×2	105	−	9×175×290	9× 70×290	8	2×2	60	B	9×140×290
CCF−5X−J2525・0916−20	H−250×250×9×14	M20	40	5×2	150	−	12×250×650	12×100×650	8	2×2	60	B	9×140×290
CCF−5X−J3015・0609−20	H−300×150×6.5×9	M20	16	2×2	90	−	9×150×290	9× 60×290	8	2×2	120	F	6×200×290
CCF−5X−J3020・0912−20	H−294×200×8×12	M20	24	3×2	120	−	9×200×410	9× 80×410	12	3×2	60	B	9×200×290
CCF−5X−J3030・0916−20	H−300×300×10×15	M20	40	5×2	150	40	9×300×530	12×110×530	12	3×2	60	B	9×200×290
CCF−5X−J3517・0612−20	H−350×175×7×11	M20	16	2×2	105	−	9×175×290	9× 70×290	8	4×1	60	A	6×260×170
CCF−5X−J3525・0916−20	H−340×250×9×14	M20	40	5×2	150	−	12×250×650	12×100×650	12	3×2	60	B	12×200×290
CCF−5X−J3535・1219−20	H−350×350×12×19	M20	48	3×4	140	70	12×350×410	12×140×410	18	3×3	60	B	12×200×410
CCF−5X−J4020・0912−20	H−400×200×8×13	M20	24	3×2	120	−	9×200×410	9× 80×410	16	4×2	60	B	9×260×290
CCF−5X−J4030・0916−20	H−390×300×10×16	M20	40	5×2	150	40	12×300×530	12×110×530	16	4×2	60	B	9×260×290
CCF−5X−J4040・1422−20	H−400×400×13×21	M20	80	5×4	140	90	12×400×650	16×170×650	18	3×3	90	D	12×260×410
CCF−5X−J4040・1928−20	H−414×405×18×28	M20	96	6×4	140	90	16×400×770	16×170×770	32	4×4	60	B	16×260×530
CCF−5X−J4040・1935−20	H−428×407×20×35	M20	112	7×4	140	90	19×400×890	22×170×890	32	4×4	60	B	16×260×530
CCF−5X−J4520・0916−20	H−450×200×9×14	M20	32	4×2	120	−	12×200×530	12× 80×530	20	5×2	60	B	9×320×290
CCF−5X−J4530・1219−20	H−440×300×11×18	M20	48	6×2	150	40	12×300×620	12×110×620	20	5×2	60	B	9×320×290
CCF−5X−J5020・0916−20	H−500×200×10×16	M20	32	4×2	120	−	12×200×530	12× 80×530	20	5×2	60	B	9×320×290
CCF−5X−J5030・1219−20	H−488×300×11×18	M20	48	6×2	150	40	12×300×620	12×110×620	20	5×2	60	B	12×320×290
CCF−5X−J6020・1216−20	H−600×200×11×17	M20	32	4×2	120	−	12×200×530	12× 80×530	28	7×2	60	B	12×440×290
CCF−5X−J6030・1219−20	H−588×300×12×20	M20	56	7×2	150	40	12×300×710	16×110×710	28	7×2	60	B	12×440×290
CCF−5X−J7030・1425−20	H−700×300×13×24	M20	72	9×2	150	40	19×300×890	19×110×890	32	8×2	60	B	12×500×290
CCF−5X−J8030・1425−20	H−800×300×14×26	M20	72	9×2	150	40	19×300×890	19×110×890	40	10×2	60	B	12×620×290
CCF−5X−J9030・1622−20	H−890×299×15×23	M20	64	8×2	150	40	16×300×800	19×110×800	48	12×2	60	B	12×740×290
CCF−5X−J9030・1628−20	H−900×300×16×28	M20	80	10×2	150	40	19×300×980	22×110×980	48	12×2	60	B	12×740×290
CCF−5X−J9030・1934−20	H−912×302×18×34	M20	88	11×2	150	40	25×300×1070	25×110×1070	60	10×3	60	B	16×620×410
CCF−5X−J9030・1937−20	H−918×303×19×37	M20	96	12×2	150	40	25×300×1160	28×110×1160	60	10×3	60	B	16×620×410
CCF−5X−J2020・0912−22	H−200×200×8×12	M22	24	3×2	120	−	9×200×410	9× 80×410	4	2×1	*60	A	6×140×230
CCF−5X−J2525・0916−22	H−250×250×9×14	M22	32	4×2	150	−	12×250×530	12×100×530	8	2×2	60	B	9×140×290
CCF−5X−J3020・0912−22	H−294×200×8×12	M22	16	2×2	120	−	9×200×290	9× 80×290	8	2×2	120	F	9×200×290
CCF−5X−J3030・0916−22	H−300×300×10×15	M22	32	4×2	150	40	9×300×440	12×110×440	12	3×2	60	B	9×200×290
CCF−5X−J3525・0916−22	H−340×250×9×14	M22	32	4×2	150	−	12×250×530	12×100×530	12	3×2	60	B	12×200×290
CCF−5X−J3535・1219−22	H−350×350×12×19	M22	48	3×4	140	70	12×350×410	12×140×410	12	3×2	60	B	12×200×290
CCF−5X−J4020・0912−22	H−400×200×8×13	M22	24	3×2	120	−	9×200×410	9× 80×410	12	3×2	90	D	9×260×290
CCF−5X−J4030・0916−22	H−390×300×10×16	M22	32	4×2	150	40	12×300×440	12×110×440	12	3×2	90	D	9×260×290
CCF−5X−J4040・1422−22	H−400×400×13×21	M22	64	4×4	140	90	12×400×530	16×170×530	16	4×2	60	B	12×260×290
CCF−5X−J4040・1928−22	H−414×405×18×28	M22	80	5×4	140	90	16×400×650	16×170×650	24	4×3	60	B	16×260×410
CCF−5X−J4040・1935−22	H−428×407×20×35	M22	96	6×4	140	90	19×400×770	22×170×770	24	4×3	60	B	16×260×410
CCF−5X−J4520・0916−22	H−450×200×9×14	M22	24	3×2	120	−	12×200×410	12× 80×410	16	4×2	90	D	9×350×290
CCF−5X−J4530・1219−22	H−440×300×11×18	M22	40	5×2	150	40	12×300×530	12×110×530	20	5×2	60	B	12×320×290
CCF−5X−J5020・0916−22	H−500×200×10×16	M22	24	3×2	120	−	12×200×410	12× 80×410	12	6×1	60	A	9×380×170
CCF−5X−J5030・1219−22	H−488×300×11×18	M22	40	5×2	150	40	12×300×530	12×110×530	20	5×2	60	B	12×320×290
CCF−5X−J6020・1216−22	H−600×200×11×17	M22	24	3×2	120	−	12×200×410	12× 80×410	24	6×2	60	B	12×380×290
CCF−5X−J6030・1219−22	H−588×300×12×20	M22	40	5×2	150	40	12×300×530	16×110×530	24	6×2	60	B	12×380×290
CCF−5X−J7030・1425−22	H−700×300×13×24	M22	56	7×2	150	40	19×300×710	19×110×710	28	7×2	60	B	16×440×290
CCF−5X−J8030・1425−22	H−800×300×14×26	M22	56	7×2	150	40	19×300×710	19×110×710	32	8×2	60	B	16×500×290
CCF−5X−J9030・1622−22	H−890×299×15×23	M22	56	7×2	150	40	16×300×710	19×110×710	40	10×2	60	B	16×620×290
CCF−5X−J9030・1628−22	H−900×300×16×28	M22	64	8×2	150	40	19×300×800	22×110×800	40	10×2	60	B	16×620×290
CCF−5X−J9030・1934−22	H−912×302×18×34	M22	72	9×2	150	40	25×300×890	25×110×890	44	11×2	60	B	16×680×290
CCF−5X−J9030・1937−22	H−918×303×19×37	M22	80	10×2	150	40	25×300×980	28×110×980	44	11×2	60	B	16×680×290

表−4.6.2　柱継手加工用諸元表 (7/10)

●柱継手（定形H形鋼）

490N級鋼

継 手 呼 称	部材断面寸法	径	継手										
			フランジボルト				外フランジ	内フランジ	ウェブ				
		D	ボルト		ゲージ		厚×幅×長さ	厚×幅×長さ	ボルト		p_C	型	厚×幅×長さ
			総数	$n_F \times m_F$	g_1	g_2	mm	mm	総数	$m_W \times n_W$	mm		mm
CCF−5X−T4020•0912−20	H−400×200×9×12	M20	24	3×2	120	−	9×200×410	9× 80×410	16	4×2	60	B	9×260×290
CCF−5X−T4020•0916−20	H−400×200×9×16	M20	32	4×2	120	−	12×200×530	12× 80×530	16	4×2	60	B	9×260×290
CCF−5X−T4020•0919−20	H−400×200×9×19	M20	32	4×2	120	−	12×200×530	16× 80×530	16	4×2	60	B	9×260×290
CCF−5X−T4020•0922−20	H−400×200×9×22	M20	40	5×2	120	−	16×200×650	16× 80×650	16	4×2	60	B	9×260×290
CCF−5X−T4020•1222−20	H−400×200×12×22	M20	40	5×2	120	−	16×200×650	16× 80×650	16	4×2	60	B	12×260×290
CCF−5X−T4520•0912−20	H−450×200×9×12	M20	24	3×2	120	−	9×200×410	9× 80×410	20	5×2	60	B	9×320×290
CCF−5X−T4520•0916−20	H−450×200×9×16	M20	32	4×2	120	−	12×200×530	12× 80×530	20	5×2	60	B	9×320×290
CCF−5X−T4520•0919−20	H−450×200×9×19	M20	32	4×2	120	−	12×200×530	16× 80×530	20	5×2	60	B	9×320×290
CCF−5X−T4520•0922−20	H−450×200×9×22	M20	40	5×2	120	−	16×200×650	16× 80×650	20	5×2	60	B	9×320×290
CCF−5X−T4520•1216−20	H−450×200×12×16	M20	32	4×2	120	−	12×200×530	12× 80×530	20	5×2	60	B	9×320×290
CCF−5X−T4520•1219−20	H−450×200×12×19	M20	32	4×2	120	−	12×200×530	16× 80×530	20	5×2	60	B	9×320×290
CCF−5X−T4520•1222−20	H−450×200×12×22	M20	40	5×2	120	−	16×200×650	16× 80×650	20	5×2	60	B	9×320×290
CCF−5X−T4520•1225−20	H−450×200×12×25	M20	48	6×2	120	−	16×200×770	16× 80×770	20	5×2	60	B	9×320×290
CCF−5X−T4525•0912−20	H−450×250×9×12	M20	32	4×2	150	−	9×250×530	9×100×530	20	5×2	60	B	9×320×290
CCF−5X−T4525•0916−20	H−450×250×9×16	M20	40	5×2	150	−	12×250×650	12×100×650	20	5×2	60	B	9×320×290
CCF−5X−T4525•0919−20	H−450×250×9×19	M20	48	6×2	150	−	12×250×770	16×100×770	20	5×2	60	B	9×320×290
CCF−5X−T4525•0922−20	H−450×250×9×22	M20	48	6×2	150	−	16×250×770	16×100×770	20	5×2	60	B	9×320×290
CCF−5X−T4525•1222−20	H−450×250×12×22	M20	48	6×2	150	−	16×250×770	16×100×770	20	5×2	60	B	9×320×290
CCF−5X−T4525•1225−20	H−450×250×12×25	M20	56	7×2	150	−	16×250×890	19×100×890	20	5×2	60	B	9×320×290
CCF−5X−T4525•1228−20	H−450×250×12×28	M20	64	8×2	150	−	19×250×1010	19×100×1010	20	5×2	60	B	9×320×290
CCF−5X−T5020•0912−20	H−500×200×9×12	M20	24	3×2	120	−	9×200×410	9× 80×410	20	5×2	60	B	9×320×290
CCF−5X−T5020•0916−20	H−500×200×9×16	M20	32	4×2	120	−	12×200×530	12× 80×530	20	5×2	60	B	9×320×290
CCF−5X−T5020•0919−20	H−500×200×9×19	M20	32	4×2	120	−	12×200×530	16× 80×530	20	5×2	60	B	9×320×290
CCF−5X−T5020•0922−20	H−500×200×9×22	M20	40	5×2	120	−	16×200×650	16× 80×650	20	5×2	60	B	9×320×290
CCF−5X−T5020•1216−20	H−500×200×12×16	M20	32	4×2	120	−	12×200×530	12× 80×530	24	6×2	60	B	12×380×290
CCF−5X−T5020•1219−20	H−500×200×12×19	M20	32	4×2	120	−	12×200×530	16× 80×530	24	6×2	60	B	12×380×290
CCF−5X−T5020•1222−20	H−500×200×12×22	M20	40	5×2	120	−	16×200×650	16× 80×650	24	6×2	60	B	12×380×290
CCF−5X−T5020•1225−20	H−500×200×12×25	M20	48	6×2	120	−	16×200×770	16× 80×770	24	6×2	60	B	12×380×290
CCF−5X−T5025•0912−20	H−500×250×9×12	M20	32	4×2	150	−	9×250×530	9×100×530	20	5×2	60	B	9×320×290
CCF−5X−T5025•0916−20	H−500×250×9×16	M20	40	5×2	150	−	12×250×650	12×100×650	20	5×2	60	B	9×320×290
CCF−5X−T5025•0919−20	H−500×250×9×19	M20	48	6×2	150	−	12×250×770	16×100×770	20	5×2	60	B	9×320×290
CCF−5X−T5025•0922−20	H−500×250×9×22	M20	48	6×2	150	−	16×250×770	16×100×770	20	5×2	60	B	9×320×290
CCF−5X−T5025•1222−20	H−500×250×12×22	M20	48	6×2	150	−	16×250×770	16×100×770	24	6×2	60	B	12×380×290
CCF−5X−T5025•1225−20	H−500×250×12×25	M20	56	7×2	150	−	16×250×890	19×100×890	24	6×2	60	B	12×380×290
CCF−5X−T5025•1228−20	H−500×250×12×28	M20	64	8×2	150	−	19×250×1010	19×100×1010	20	5×2	60	B	12×320×290
CCF−5X−T5520•0912−20	H−550×200×9×12	M20	24	3×2	120	−	9×200×410	9× 80×410	24	6×2	60	B	9×380×290
CCF−5X−T5520•0916−20	H−550×200×9×16	M20	32	4×2	120	−	12×200×530	12× 80×530	24	6×2	60	B	9×380×290
CCF−5X−T5520•0919−20	H−550×200×9×19	M20	32	4×2	120	−	12×200×530	16× 80×530	24	6×2	60	B	9×380×290
CCF−5X−T5520•0922−20	H−550×200×9×22	M20	40	5×2	120	−	16×200×650	16× 80×650	24	6×2	60	B	9×380×290
CCF−5X−T5520•1216−20	H−550×200×12×16	M20	32	4×2	120	−	12×200×530	12× 80×530	24	6×2	60	B	12×380×290
CCF−5X−T5520•1219−20	H−550×200×12×19	M20	32	4×2	120	−	12×200×530	16× 80×530	24	6×2	60	B	12×380×290
CCF−5X−T5520•1222−20	H−550×200×12×22	M20	40	5×2	120	−	16×200×650	16× 80×650	24	6×2	60	B	12×380×290
CCF−5X−T5520•1225−20	H−550×200×12×25	M20	48	6×2	120	−	16×200×770	16× 80×770	24	6×2	60	B	12×380×290
CCF−5X−T5525•0912−20	H−550×250×9×12	M20	32	4×2	150	−	9×250×530	9×100×530	24	6×2	60	B	9×380×290
CCF−5X−T5525•0916−20	H−550×250×9×16	M20	40	5×2	150	−	12×250×650	12×100×650	24	6×2	60	B	9×380×290
CCF−5X−T5525•0919−20	H−550×250×9×19	M20	48	6×2	150	−	12×250×770	16×100×770	24	6×2	60	B	9×380×290
CCF−5X−T5525•0922−20	H−550×250×9×22	M20	48	6×2	150	−	16×250×770	16×100×770	24	6×2	60	B	9×380×290
CCF−5X−T5525•1222−20	H−550×250×12×22	M20	48	6×2	150	−	16×250×770	16×100×770	24	6×2	60	B	12×380×290
CCF−5X−T5525•1225−20	H−550×250×12×25	M20	56	7×2	150	−	16×250×890	19×100×890	24	6×2	60	B	12×380×290
CCF−5X−T5525•1228−20	H−550×250×12×28	M20	64	8×2	150	−	19×250×1010	19×100×1010	24	6×2	60	B	12×380×290
CCF−5X−T6020•0912−20	H−600×200×9×12	M20	24	3×2	120	−	9×200×410	12× 80×410	20	5×2	90	D	9×440×290
CCF−5X−T6020•0916−20	H−600×200×9×16	M20	32	4×2	120	−	12×200×530	12× 80×530	20	5×2	90	D	9×440×290
CCF−5X−T6020•0919−20	H−600×200×9×19	M20	40	5×2	120	−	16×200×650	16× 80×650	20	5×2	90	D	9×440×290
CCF−5X−T6020•0922−20	H−600×200×9×22	M20	40	5×2	120	−	16×200×650	16× 80×650	20	5×2	90	D	9×440×290
CCF−5X−T6020•1216−20	H−600×200×12×16	M20	32	4×2	120	−	12×200×530	12× 80×530	28	7×2	60	B	12×440×290
CCF−5X−T6020•1219−20	H−600×200×12×19	M20	40	5×2	120	−	16×200×650	16× 80×650	28	7×2	60	B	12×440×290
CCF−5X−T6020•1222−20	H−600×200×12×22	M20	40	5×2	120	−	16×200×650	16× 80×650	28	7×2	60	B	12×440×290
CCF−5X−T6020•1225−20	H−600×200×12×25	M20	48	6×2	120	−	16×200×770	19× 80×770	28	7×2	60	B	12×440×290
CCF−5X−T6020•1228−20	H−600×200×12×28	M20	48	6×2	120	−	19×200×770	19× 80×770	28	7×2	60	B	12×440×290
CCF−5X−T6025•0916−20	H−600×250×9×16	M20	40	5×2	150	−	12×250×650	12×100×650	20	5×2	90	D	9×440×290
CCF−5X−T6025•0919−20	H−600×250×9×19	M20	48	6×2	150	−	12×250×770	16×100×770	20	5×2	90	D	9×440×290
CCF−5X−T6025•1219−20	H−600×250×12×19	M20	48	6×2	150	−	12×250×770	16×100×770	28	7×2	60	B	12×440×290
CCF−5X−T6025•1222−20	H−600×250×12×22	M20	48	6×2	150	−	16×250×770	16×100×770	28	7×2	60	B	12×440×290
CCF−5X−T6025•1225−20	H−600×250×12×25	M20	56	7×2	150	−	16×250×890	19×100×890	28	7×2	60	B	12×440×290
CCF−5X−T6025•1228−20	H−600×250×12×28	M20	64	8×2	150	−	19×250×1010	19×100×1010	28	7×2	60	B	12×440×290
CCF−5X−T6030•0919−20	H−600×300×9×19	M20	56	7×2	150	40	12×300×710	16×110×710	20	5×2	90	D	9×440×290
CCF−5X−T6030•1219−20	H−600×300×12×19	M20	56	7×2	150	40	12×300×710	16×110×710	28	7×2	60	B	12×440×290
CCF−5X−T6030•1222−20	H−600×300×12×22	M20	64	8×2	150	40	16×300×800	19×110×800	28	7×2	60	B	12×440×290
CCF−5X−T6030•1225−20	H−600×300×12×25	M20	72	9×2	150	40	19×300×890	19×110×890	28	7×2	60	B	12×440×290
CCF−5X−T6030•1228−20	H−600×300×12×28	M20	72	9×2	150	40	19×300×890	22×110×890	28	7×2	60	B	12×440×290

表-4.6.2 柱継手加工用諸元表 (8/10)

●柱継手（定形H形鋼）

490N級鋼

継手呼称	部材断面寸法	径	継手										
			フランジボルト				外フランジ	内フランジ	ウェブ				
			ボルト		ゲージ		厚×幅×長さ	厚×幅×長さ	ボルト		p_C	型	厚×幅×長さ
		D	総数	$n_F \times m_F$	g_1	g_2	mm	mm	総数	$m_W \times n_W$	mm		mm
CCF-5X-T6520・0912-20	H-650×200×9×12	M20	24	3×2	120	–	9×200×410	12×80×410	24	6×2	90	D	6×530×290
CCF-5X-T6520・0916-20	H-650×200×9×16	M20	32	4×2	120	–	12×200×530	12×80×530	24	6×2	90	D	6×530×290
CCF-5X-T6520・0919-20	H-650×200×9×19	M20	40	5×2	120	–	16×200×650	16×80×650	24	6×2	90	D	6×530×290
CCF-5X-T6520・0922-20	H-650×200×9×22	M20	40	5×2	120	–	16×200×650	16×80×650	24	6×2	90	D	6×530×290
CCF-5X-T6520・1216-20	H-650×200×12×16	M20	32	4×2	120	–	12×200×530	12×80×530	28	7×2	60	B	12×440×290
CCF-5X-T6520・1219-20	H-650×200×12×19	M20	40	5×2	120	–	16×200×650	16×80×650	28	7×2	60	B	12×440×290
CCF-5X-T6520・1222-20	H-650×200×12×22	M20	40	5×2	120	–	16×200×650	16×80×650	28	7×2	60	B	12×440×290
CCF-5X-T6520・1225-20	H-650×200×12×25	M20	48	6×2	120	–	16×200×770	19×80×770	28	7×2	60	B	12×440×290
CCF-5X-T6520・1228-20	H-650×200×12×28	M20	48	6×2	120	–	19×200×770	19×80×770	28	7×2	60	B	12×440×290
CCF-5X-T6525・0916-20	H-650×250×9×16	M20	40	5×2	150	–	12×250×650	12×100×650	24	6×2	90	D	6×530×290
CCF-5X-T6525・0919-20	H-650×250×9×19	M20	48	6×2	150	–	12×250×770	16×100×770	24	6×2	90	D	6×530×290
CCF-5X-T6525・1219-20	H-650×250×12×19	M20	48	6×2	150	–	12×250×770	16×100×770	28	7×2	60	B	12×440×290
CCF-5X-T6525・1222-20	H-650×250×12×22	M20	48	6×2	150	–	16×250×770	16×100×770	28	7×2	60	B	12×440×290
CCF-5X-T6525・1225-20	H-650×250×12×25	M20	56	7×2	150	–	16×250×890	19×100×890	28	7×2	60	B	12×440×290
CCF-5X-T6525・1228-20	H-650×250×12×28	M20	64	8×2	150	–	19×250×1010	19×100×1010	28	7×2	60	B	12×440×290
CCF-5X-T7020・0912-20	H-700×200×9×12	M20	24	3×2	120	–	9×200×410	#12×80×410	24	6×2	90	D	9×530×290
CCF-5X-T7020・0916-20	H-700×200×9×16	M20	32	4×2	120	–	12×200×530	#12×80×530	24	6×2	90	D	9×530×290
CCF-5X-T7020・0919-20	H-700×200×9×19	M20	40	5×2	120	–	16×200×650	#16×80×650	24	6×2	90	D	9×530×290
CCF-5X-T7020・0922-20	H-700×200×9×22	M20	40	5×2	120	–	16×200×650	#16×80×650	24	6×2	90	D	9×530×290
CCF-5X-T7020・1222-20	H-700×200×12×22	M20	40	5×2	120	–	16×200×650	#16×80×650	32	8×2	60	B	12×500×290
CCF-5X-T7020・1225-20	H-700×200×12×25	M20	48	6×2	120	–	16×200×770	#19×80×770	32	8×2	60	B	12×500×290
CCF-5X-T7020・1228-20	H-700×200×12×28	M20	48	6×2	120	–	19×200×770	#19×80×770	32	8×2	60	B	12×500×290
CCF-5X-T7025・0916-20	H-700×250×9×16	M20	40	5×2	150	–	12×250×650	12×100×650	24	6×2	90	D	9×530×290
CCF-5X-T7025・0919-20	H-700×250×9×19	M20	48	6×2	150	–	12×250×770	16×100×770	24	6×2	90	D	9×530×290
CCF-5X-T7025・1219-20	H-700×250×12×19	M20	48	6×2	150	–	12×250×770	16×100×770	32	8×2	60	B	12×500×290
CCF-5X-T7025・1222-20	H-700×250×12×22	M20	48	6×2	150	–	16×250×770	16×100×770	32	8×2	60	B	12×500×290
CCF-5X-T7025・1225-20	H-700×250×12×25	M20	56	7×2	150	–	16×250×890	19×100×890	32	8×2	60	B	12×500×290
CCF-5X-T7025・1425-20	H-700×250×14×25	M20	56	7×2	150	–	16×250×890	19×100×890	32	8×2	60	B	12×500×290
CCF-5X-T7025・1428-20	H-700×250×14×28	M20	64	8×2	150	–	19×250×1010	19×100×1010	32	8×2	60	B	12×500×290
CCF-5X-T7030・0919-20	H-700×300×9×19	M20	56	7×2	150	40	12×300×710	16×110×710	24	6×2	90	D	9×530×290
CCF-5X-T7030・1219-20	H-700×300×12×19	M20	56	7×2	150	40	12×300×710	16×110×710	32	8×2	60	B	12×500×290
CCF-5X-T7030・1222-20	H-700×300×12×22	M20	64	8×2	150	40	16×300×800	19×110×800	32	8×2	60	B	12×500×290
CCF-5X-T7030・1422-20	H-700×300×14×22	M20	64	8×2	150	40	16×300×800	19×110×800	32	8×2	60	B	12×500×290
CCF-5X-T7030・1425-20	H-700×300×14×25	M20	72	9×2	150	40	19×300×890	19×110×890	32	8×2	60	B	12×500×290
CCF-5X-T7030・1428-20	H-700×300×14×28	M20	72	9×2	150	40	19×300×890	22×110×890	32	8×2	60	B	12×500×290
CCF-5X-T7520・0912-20	H-750×200×9×12	M20	24	3×2	120	–	9×200×410	#12×80×410	28	7×2	90	D	6×620×290
CCF-5X-T7520・0916-20	H-750×200×9×16	M20	32	4×2	120	–	12×200×530	#12×80×530	28	7×2	90	D	6×620×290
CCF-5X-T7520・0919-20	H-750×200×9×19	M20	40	5×2	120	–	16×200×650	#16×80×650	28	7×2	90	D	6×620×290
CCF-5X-T7520・1219-20	H-750×200×12×19	M20	40	5×2	120	–	16×200×650	#16×80×650	32	8×2	60	B	12×500×290
CCF-5X-T7520・1222-20	H-750×200×12×22	M20	40	5×2	120	–	16×200×650	#16×80×650	32	8×2	60	B	12×500×290
CCF-5X-T7520・1225-20	H-750×200×12×25	M20	48	6×2	120	–	16×200×770	#19×80×770	32	8×2	60	B	12×500×290
CCF-5X-T7520・1228-20	H-750×200×12×28	M20	48	6×2	120	–	19×200×770	#19×80×770	32	8×2	60	B	12×500×290
CCF-5X-T7525・1216-20	H-750×250×12×16	M20	40	5×2	150	–	12×250×650	12×100×650	32	8×2	60	B	12×500×290
CCF-5X-T7525・1219-20	H-750×250×12×19	M20	48	6×2	150	–	16×250×770	16×100×770	32	8×2	60	B	12×500×290
CCF-5X-T7525・1222-20	H-750×250×12×22	M20	56	7×2	150	–	16×250×890	19×100×890	32	8×2	60	B	12×500×290
CCF-5X-T7525・1422-20	H-750×250×14×22	M20	56	7×2	150	–	16×250×890	19×100×890	36	9×2	60	B	12×560×290
CCF-5X-T7525・1425-20	H-750×250×14×25	M20	64	8×2	150	–	19×250×1010	19×100×1010	36	9×2	60	B	12×560×290
CCF-5X-T7525・1428-20	H-750×250×14×28	M20	72	9×2	150	–	19×250×1130	22×100×1130	36	9×2	60	B	12×560×290
CCF-5X-T8025・1422-20	H-800×250×14×22	M20	56	7×2	150	–	16×250×890	19×100×890	40	10×2	60	B	12×620×290
CCF-5X-T8025・1425-20	H-800×250×14×25	M20	64	8×2	150	–	19×250×1010	19×100×1010	40	10×2	60	B	12×620×290
CCF-5X-T8025・1625-20	H-800×250×16×25	M20	64	8×2	150	–	19×250×1010	19×100×1010	40	10×2	60	B	12×620×290
CCF-5X-T8025・1628-20	H-800×250×16×28	M20	72	9×2	150	–	19×250×1130	22×100×1130	40	10×2	60	B	12×620×290
CCF-5X-T8030・1422-20	H-800×300×14×22	M20	64	8×2	150	40	16×300×800	19×110×800	40	10×2	60	B	12×620×290
CCF-5X-T8030・1622-20	H-800×300×16×22	M20	64	8×2	150	40	16×300×800	19×110×800	40	10×2	60	B	12×620×290
CCF-5X-T8030・1625-20	H-800×300×16×25	M20	72	9×2	150	40	19×300×890	19×110×890	40	10×2	60	B	12×620×290
CCF-5X-T8030・1628-20	H-800×300×16×28	M20	72	9×2	150	40	19×300×890	22×110×890	40	10×2	60	B	12×620×290
CCF-5X-T8525・1422-20	H-850×250×14×22	M20	56	7×2	150	–	16×250×890	19×100×890	40	10×2	60	B	12×620×290
CCF-5X-T8525・1425-20	H-850×250×14×25	M20	64	8×2	150	–	19×250×1010	19×100×1010	40	10×2	60	B	12×620×290
CCF-5X-T8525・1625-20	H-850×250×16×25	M20	64	8×2	150	–	19×250×1010	19×100×1010	44	11×2	60	B	12×680×290
CCF-5X-T8525・1628-20	H-850×250×16×28	M20	72	9×2	150	–	19×250×1130	22×100×1130	44	11×2	60	B	12×680×290
CCF-5X-T9025・1619-20	H-900×250×16×19	M20	48	6×2	150	–	16×250×770	16×100×770	48	12×2	60	B	12×740×290
CCF-5X-T9025・1622-20	H-900×250×16×22	M20	56	7×2	150	–	16×250×890	19×100×890	48	12×2	60	B	12×740×290
CCF-5X-T9025・1625-20	H-900×250×16×25	M20	64	8×2	150	–	19×250×1010	19×100×1010	48	12×2	60	B	12×740×290
CCF-5X-T9025・1628-20	H-900×250×16×28	M20	72	9×2	150	–	19×250×1130	22×100×1130	48	12×2	60	B	12×740×290
CCF-5X-T9030・1619-20	H-900×300×16×19	M20	56	7×2	150	40	16×300×710	16×110×710	48	12×2	60	B	12×740×290
CCF-5X-T9030・1622-20	H-900×300×16×22	M20	64	8×2	150	40	16×300×800	19×110×800	48	12×2	60	B	12×740×290
CCF-5X-T9030・1625-20	H-900×300×16×25	M20	72	9×2	150	40	19×300×890	19×110×890	48	12×2	60	B	12×740×290
CCF-5X-T9030・1628-20	H-900×300×16×28	M20	80	10×2	150	40	19×300×980	22×110×980	48	12×2	60	B	12×740×290

表−4.6.2　柱継手加工用諸元表 (9/10)

●柱継手（定形H形鋼）

490N級鋼

継手呼称	部材断面寸法	径	継手										
			フランジボルト				外フランジ	内フランジ	ウェブ				
		D	ボルト		ゲージ		厚×幅×長さ	厚×幅×長さ	ボルト		p_C	型	厚×幅×長さ
			総数	$n_F \times m_F$	g_1	g_2	mm	mm	総数	$m_W \times n_W$	mm		mm
CCF−5X−T4020•0912−22	H−400×200×9×12	M22	24	3×2	120	−	9×200×410	9× 80×410	12	3×2	90	D	9×260×290
CCF−5X−T4020•0916−22	H−400×200×9×16	M22	24	3×2	120	−	12×200×410	12× 80×410	12	3×2	90	D	9×260×290
CCF−5X−T4020•0919−22	H−400×200×9×19	M22	32	4×2	120	−	12×200×530	16× 80×530	12	3×2	90	D	9×260×290
CCF−5X−T4020•0922−22	H−400×200×9×22	M22	32	4×2	120	−	16×200×530	16× 80×530	12	3×2	90	D	9×260×290
CCF−5X−T4020•1222−22	H−400×200×12×22	M22	32	4×2	120	−	16×200×530	16× 80×530	16	4×2	60	B	12×260×290
CCF−5X−T4520•0912−22	H−450×200×9×12	M22	24	3×2	120	−	9×200×410	9× 80×410	20	5×2	60	B	9×320×290
CCF−5X−T4520•0916−22	H−450×200×9×16	M22	24	3×2	120	−	12×200×410	12× 80×410	20	5×2	60	B	9×320×290
CCF−5X−T4520•0919−22	H−450×200×9×19	M22	32	4×2	120	−	12×200×530	16× 80×530	20	5×2	60	B	9×320×290
CCF−5X−T4520•0922−22	H−450×200×9×22	M22	32	4×2	120	−	16×200×530	16× 80×530	20	5×2	60	B	9×320×290
CCF−5X−T4520•1216−22	H−450×200×12×16	M22	24	3×2	120	−	12×200×410	12× 80×410	20	5×2	60	B	12×320×290
CCF−5X−T4520•1219−22	H−450×200×12×19	M22	32	4×2	120	−	12×200×530	16× 80×530	20	5×2	60	B	12×320×290
CCF−5X−T4520•1222−22	H−450×200×12×22	M22	32	4×2	120	−	16×200×530	16× 80×530	20	5×2	60	B	12×320×290
CCF−5X−T4520•1225−22	H−450×200×12×25	M22	32	4×2	120	−	16×200×530	16× 80×530	20	5×2	60	B	12×320×290
CCF−5X−T4525•0912−22	H−450×250×9×12	M22	24	3×2	150	−	9×250×410	9×100×410	20	5×2	60	B	9×320×290
CCF−5X−T4525•0916−22	H−450×250×9×16	M22	32	4×2	150	−	12×250×530	12×100×530	20	5×2	60	B	9×320×290
CCF−5X−T4525•0919−22	H−450×250×9×19	M22	40	5×2	150	−	12×250×650	16×100×650	20	5×2	60	B	9×320×290
CCF−5X−T4525•0922−22	H−450×250×9×22	M22	40	5×2	150	−	16×250×650	16×100×650	20	5×2	60	B	9×320×290
CCF−5X−T4525•1222−22	H−450×250×12×22	M22	40	5×2	150	−	16×250×650	16×100×650	20	5×2	60	B	12×320×290
CCF−5X−T4525•1225−22	H−450×250×12×25	M22	48	6×2	150	−	16×250×770	19×100×770	20	5×2	60	B	12×320×290
CCF−5X−T4525•1228−22	H−450×250×12×28	M22	48	6×2	150	−	19×250×770	19×100×770	20	5×2	60	B	12×320×290
CCF−5X−T5020•0912−22	H−500×200×9×12	M22	24	3×2	120	−	9×200×410	9× 80×410	12	6×1	60	A	9×380×170
CCF−5X−T5020•0916−22	H−500×200×9×16	M22	24	3×2	120	−	12×200×410	12× 80×410	12	6×1	60	A	9×380×170
CCF−5X−T5020•0919−22	H−500×200×9×19	M22	32	4×2	120	−	12×200×530	16× 80×530	12	6×1	60	A	9×380×170
CCF−5X−T5020•0922−22	H−500×200×9×22	M22	32	4×2	120	−	16×200×530	16× 80×530	12	6×1	60	A	9×380×170
CCF−5X−T5020•1216−22	H−500×200×12×16	M22	24	3×2	120	−	12×200×410	12× 80×410	20	5×2	60	B	12×320×290
CCF−5X−T5020•1219−22	H−500×200×12×19	M22	32	4×2	120	−	12×200×530	16× 80×530	20	5×2	60	B	12×320×290
CCF−5X−T5020•1222−22	H−500×200×12×22	M22	32	4×2	120	−	16×200×530	16× 80×530	20	5×2	60	B	12×320×290
CCF−5X−T5020•1225−22	H−500×200×12×25	M22	32	4×2	120	−	16×200×530	16× 80×530	20	5×2	60	B	12×320×290
CCF−5X−T5025•0912−22	H−500×250×9×12	M22	24	3×2	150	−	9×250×410	9×100×410	12	6×1	60	A	9×380×170
CCF−5X−T5025•0916−22	H−500×250×9×16	M22	32	4×2	150	−	12×250×530	12×100×530	12	6×1	60	A	9×380×170
CCF−5X−T5025•0919−22	H−500×250×9×19	M22	40	5×2	150	−	12×250×650	16×100×650	12	6×1	60	A	9×380×170
CCF−5X−T5025•0922−22	H−500×250×9×22	M22	40	5×2	150	−	16×250×650	16×100×650	12	6×1	60	A	9×380×170
CCF−5X−T5025•1222−22	H−500×250×12×22	M22	40	5×2	150	−	16×250×650	16×100×650	20	5×2	60	B	12×320×290
CCF−5X−T5025•1225−22	H−500×250×12×25	M22	48	6×2	150	−	16×250×770	19×100×770	20	5×2	60	B	12×320×290
CCF−5X−T5025•1228−22	H−500×250×12×28	M22	48	6×2	150	−	19×250×770	19×100×770	20	5×2	60	B	12×320×290
CCF−5X−T5520•0912−22	H−550×200×9×12	M22	24	3×2	120	−	9×200×410	9× 80×410	14	7×1	60	A	6×440×170
CCF−5X−T5520•0916−22	H−550×200×9×16	M22	24	3×2	120	−	12×200×410	12× 80×410	14	7×1	60	A	6×440×170
CCF−5X−T5520•0919−22	H−550×200×9×19	M22	32	4×2	120	−	12×200×530	16× 80×530	14	7×1	60	A	6×440×170
CCF−5X−T5520•0922−22	H−550×200×9×22	M22	32	4×2	120	−	16×200×530	16× 80×530	14	7×1	60	A	6×440×170
CCF−5X−T5520•1216−22	H−550×200×12×16	M22	24	3×2	120	−	12×200×410	12× 80×410	24	6×2	60	B	12×380×290
CCF−5X−T5520•1219−22	H−550×200×12×19	M22	32	4×2	120	−	12×200×530	16× 80×530	24	6×2	60	B	12×380×290
CCF−5X−T5520•1222−22	H−550×200×12×22	M22	32	4×2	120	−	16×200×530	16× 80×530	24	6×2	60	B	12×380×290
CCF−5X−T5520•1225−22	H−550×200×12×25	M22	32	4×2	120	−	16×200×530	16× 80×530	24	6×2	60	B	12×380×290
CCF−5X−T5525•0912−22	H−550×250×9×12	M22	24	3×2	150	−	9×250×410	9×100×410	14	7×1	60	A	6×440×170
CCF−5X−T5525•0916−22	H−550×250×9×16	M22	32	4×2	150	−	12×250×530	12×100×530	14	7×1	60	A	6×440×170
CCF−5X−T5525•0919−22	H−550×250×9×19	M22	40	5×2	150	−	12×250×650	16×100×650	14	7×1	60	A	6×440×170
CCF−5X−T5525•0922−22	H−550×250×9×22	M22	40	5×2	150	−	16×250×650	16×100×650	14	7×1	60	A	6×440×170
CCF−5X−T5525•1222−22	H−550×250×12×22	M22	40	5×2	150	−	16×250×650	16×100×650	24	6×2	60	B	12×380×290
CCF−5X−T5525•1225−22	H−550×250×12×25	M22	48	6×2	150	−	16×250×770	19×100×770	24	6×2	60	B	12×380×290
CCF−5X−T5525•1228−22	H−550×250×12×28	M22	48	6×2	150	−	19×250×770	19×100×770	24	6×2	60	B	12×380×290
CCF−5X−T6020•0912−22	H−600×200×9×12	M22	24	3×2	120	−	9×200×410	12× 80×410	14	7×1	60	A	9×440×170
CCF−5X−T6020•0916−22	H−600×200×9×16	M22	24	3×2	120	−	12×200×410	12× 80×410	14	7×1	60	A	9×440×170
CCF−5X−T6020•0919−22	H−600×200×9×19	M22	32	4×2	120	−	16×200×530	16× 80×530	14	7×1	60	A	9×440×170
CCF−5X−T6020•0922−22	H−600×200×9×22	M22	32	4×2	120	−	16×200×530	16× 80×530	14	7×1	60	A	9×440×170
CCF−5X−T6020•1216−22	H−600×200×12×16	M22	24	3×2	120	−	12×200×410	12× 80×410	24	6×2	60	B	12×380×290
CCF−5X−T6020•1219−22	H−600×200×12×19	M22	32	4×2	120	−	16×200×530	16× 80×530	24	6×2	60	B	12×380×290
CCF−5X−T6020•1222−22	H−600×200×12×22	M22	32	4×2	120	−	16×200×530	16× 80×530	24	6×2	60	B	12×380×290
CCF−5X−T6020•1225−22	H−600×200×12×25	M22	40	5×2	120	−	16×200×650	19× 80×650	24	6×2	60	B	12×380×290
CCF−5X−T6020•1228−22	H−600×200×12×28	M22	40	5×2	120	−	19×200×650	19× 80×650	24	6×2	60	B	12×380×290
CCF−5X−T6025•0916−22	H−600×250×9×16	M22	32	4×2	150	−	12×250×530	12×100×530	14	7×1	60	A	9×440×170
CCF−5X−T6025•0919−22	H−600×250×9×19	M22	40	5×2	150	−	12×250×650	16×100×650	14	7×1	60	A	9×440×170
CCF−5X−T6025•1219−22	H−600×250×12×19	M22	40	5×2	150	−	12×250×650	16×100×650	24	6×2	60	B	12×380×290
CCF−5X−T6025•1222−22	H−600×250×12×22	M22	40	5×2	150	−	16×250×650	16×100×650	24	6×2	60	B	12×380×290
CCF−5X−T6025•1225−22	H−600×250×12×25	M22	48	6×2	150	−	16×250×770	19×100×770	24	6×2	60	B	12×380×290
CCF−5X−T6025•1228−22	H−600×250×12×28	M22	48	6×2	150	−	19×250×770	19×100×770	24	6×2	60	B	12×380×290
CCF−5X−T6030•0919−22	H−600×300×9×19	M22	40	5×2	150	40	12×300×530	16×110×530	14	7×1	60	A	9×440×170
CCF−5X−T6030•1219−22	H−600×300×12×19	M22	40	5×2	150	40	12×300×530	16×110×530	24	6×2	60	B	12×380×290
CCF−5X−T6030•1222−22	H−600×300×12×22	M22	48	6×2	150	40	16×300×620	19×110×620	24	6×2	60	B	12×380×290
CCF−5X−T6030•1225−22	H−600×300×12×25	M22	56	7×2	150	40	19×300×710	19×110×710	24	6×2	60	B	12×380×290
CCF−5X−T6030•1228−22	H−600×300×12×28	M22	64	8×2	150	40	19×300×800	22×110×800	24	6×2	60	B	12×380×290

表-4.6.2　柱継手加工用諸元表（10/10）

●柱継手（定形H形鋼）

490N級鋼

継手呼称	部材断面寸法	径	継手										
			フランジボルト				外フランジ	内フランジ	ウェブ				
			ボルト		ゲージ		厚×幅×長さ	厚×幅×長さ	ボルト		p_C	型	厚×幅×長さ
		D	総数	$n_F \times m_F$	g_1	g_2	mm	mm	総数	$m_W \times n_W$	mm		mm
CCF−5X−T6520•0912−22	H−650×200×9×12	M22	24	3×2	120	−	9×200×410	12× 80×410	16	8×1	60	A	9×500×170
CCF−5X−T6520•0916−22	H−650×200×9×16	M22	24	3×2	120	−	12×200×410	12× 80×410	16	8×1	60	A	9×500×170
CCF−5X−T6520•0919−22	H−650×200×9×19	M22	32	4×2	120	−	16×200×530	16× 80×530	16	8×1	60	A	9×500×170
CCF−5X−T6520•0922−22	H−650×200×9×22	M22	32	4×2	120	−	16×200×530	16× 80×530	16	8×1	60	A	9×500×170
CCF−5X−T6520•1216−22	H−650×200×12×16	M22	24	3×2	120	−	12×200×410	12× 80×410	28	7×2	60	B	12×440×290
CCF−5X−T6520•1219−22	H−650×200×12×19	M22	32	4×2	120	−	16×200×530	16× 80×530	28	7×2	60	B	12×440×290
CCF−5X−T6520•1222−22	H−650×200×12×22	M22	32	4×2	120	−	16×200×530	16× 80×530	28	7×2	60	B	12×440×290
CCF−5X−T6520•1225−22	H−650×200×12×25	M22	40	5×2	120	−	16×200×650	19× 80×650	28	7×2	60	B	12×440×290
CCF−5X−T6520•1228−22	H−650×200×12×28	M22	40	5×2	120	−	19×200×650	19× 80×650	28	7×2	60	B	12×440×290
CCF−5X−T6525•0916−22	H−650×250×9×16	M22	32	4×2	150	−	12×250×530	12×100×530	16	8×1	60	A	9×500×170
CCF−5X−T6525•0919−22	H−650×250×9×19	M22	40	5×2	150	−	12×250×650	16×100×650	16	8×1	60	A	9×500×170
CCF−5X−T6525•1219−22	H−650×250×12×19	M22	40	5×2	150	−	12×250×650	16×100×650	28	7×2	60	B	12×440×290
CCF−5X−T6525•1222−22	H−650×250×12×22	M22	40	5×2	150	−	16×250×650	16×100×650	28	7×2	60	B	12×440×290
CCF−5X−T6525•1225−22	H−650×250×12×25	M22	48	6×2	150	−	16×250×770	19×100×770	28	7×2	60	B	12×440×290
CCF−5X−T6525•1228−22	H−650×250×12×28	M22	48	6×2	150	−	19×250×770	19×100×770	28	7×2	60	B	12×440×290
CCF−5X−T7020•0912−22	H−700×200×9×12	M22	24	3×2	120	−	9×200×410	#12× 80×410	18	9×1	60	A	9×560×170
CCF−5X−T7020•0916−22	H−700×200×9×16	M22	24	3×2	120	−	12×200×410	#12× 80×410	18	9×1	60	A	9×560×170
CCF−5X−T7020•0919−22	H−700×200×9×19	M22	32	4×2	120	−	16×200×530	#16× 80×530	18	9×1	60	A	9×560×170
CCF−5X−T7020•0922−22	H−700×200×9×22	M22	32	4×2	120	−	16×200×530	#16× 80×530	18	9×1	60	A	9×560×170
CCF−5X−T7020•1222−22	H−700×200×12×22	M22	32	4×2	120	−	16×200×530	#16× 80×530	24	6×2	90	D	9×530×290
CCF−5X−T7020•1225−22	H−700×200×12×25	M22	40	5×2	120	−	16×200×650	#19× 80×650	24	6×2	90	D	9×530×290
CCF−5X−T7020•1228−22	H−700×200×12×28	M22	40	5×2	120	−	19×200×650	#19× 80×650	24	6×2	90	D	9×530×290
CCF−5X−T7025•0916−22	H−700×250×9×16	M22	32	4×2	150	−	12×250×530	12×100×530	18	9×1	60	A	9×560×170
CCF−5X−T7025•0919−22	H−700×250×9×19	M22	40	5×2	150	−	12×250×650	16×100×650	18	9×1	60	A	9×560×170
CCF−5X−T7025•1219−22	H−700×250×12×19	M22	40	5×2	150	−	12×250×650	16×100×650	24	6×2	90	D	9×530×290
CCF−5X−T7025•1222−22	H−700×250×12×22	M22	40	5×2	150	−	16×250×650	16×100×650	24	6×2	90	D	9×530×290
CCF−5X−T7025•1225−22	H−700×250×12×25	M22	48	6×2	150	−	16×250×770	19×100×770	24	6×2	90	D	9×530×290
CCF−5X−T7025•1425−22	H−700×250×14×25	M22	48	6×2	150	−	16×250×770	19×100×770	28	7×2	60	B	16×440×290
CCF−5X−T7025•1428−22	H−700×250×14×28	M22	48	6×2	150	−	19×250×770	19×100×770	28	7×2	60	B	16×440×290
CCF−5X−T7030•0919−22	H−700×300×9×19	M22	40	5×2	150	40	12×300×530	16×110×530	18	9×1	60	A	9×560×170
CCF−5X−T7030•1219−22	H−700×300×12×19	M22	40	5×2	150	40	12×300×530	16×110×530	24	6×2	90	D	9×530×290
CCF−5X−T7030•1222−22	H−700×300×12×22	M22	48	6×2	150	40	16×300×620	19×110×620	24	6×2	90	D	9×530×290
CCF−5X−T7030•1422−22	H−700×300×14×22	M22	48	6×2	150	40	16×300×620	19×110×620	28	7×2	60	B	16×440×290
CCF−5X−T7030•1425−22	H−700×300×14×25	M22	56	7×2	150	40	19×300×710	19×110×710	28	7×2	60	B	16×440×290
CCF−5X−T7030•1428−22	H−700×300×14×28	M22	64	8×2	150	40	19×300×800	22×110×800	28	7×2	60	B	16×440×290
CCF−5X−T7520•0912−22	H−750×200×9×12	M22	24	3×2	120	−	9×200×410	#12× 80×410	18	9×1	60	A	9×560×170
CCF−5X−T7520•0916−22	H−750×200×9×16	M22	24	3×2	120	−	12×200×410	#12× 80×410	18	9×1	60	A	9×560×170
CCF−5X−T7520•0919−22	H−750×200×9×19	M22	32	4×2	120	−	16×200×530	#16× 80×530	18	9×1	60	A	9×560×170
CCF−5X−T7520•1219−22	H−750×200×12×19	M22	32	4×2	120	−	16×200×530	#16× 80×530	28	7×2	90	D	12×620×290
CCF−5X−T7520•1222−22	H−750×200×12×22	M22	32	4×2	120	−	16×200×530	#16× 80×530	28	7×2	90	D	12×620×290
CCF−5X−T7520•1225−22	H−750×200×12×25	M22	40	5×2	120	−	16×200×650	#19× 80×650	28	7×2	90	D	12×620×290
CCF−5X−T7520•1228−22	H−750×200×12×28	M22	40	5×2	120	−	19×200×650	#19× 80×650	28	7×2	90	D	12×620×290
CCF−5X−T7525•1216−22	H−750×250×12×16	M22	32	4×2	150	−	12×250×530	12×100×530	28	7×2	90	D	12×620×290
CCF−5X−T7525•1219−22	H−750×250×12×19	M22	40	5×2	150	−	16×250×650	16×100×650	28	7×2	90	D	12×620×290
CCF−5X−T7525•1222−22	H−750×250×12×22	M22	48	6×2	150	−	16×250×770	19×100×770	28	7×2	90	D	12×620×290
CCF−5X−T7525•1422−22	H−750×250×14×22	M22	48	6×2	150	−	16×250×770	19×100×770	32	8×2	60	B	12×500×290
CCF−5X−T7525•1425−22	H−750×250×14×25	M22	48	6×2	150	−	19×250×770	19×100×770	32	8×2	60	B	12×500×290
CCF−5X−T7525•1428−22	H−750×250×14×28	M22	56	7×2	150	−	19×250×890	22×100×890	32	8×2	60	B	12×500×290
CCF−5X−T8025•1422−22	H−800×250×14×22	M22	48	6×2	150	−	16×250×770	19×100×770	32	8×2	60	B	16×500×290
CCF−5X−T8025•1425−22	H−800×250×14×25	M22	48	6×2	150	−	19×250×770	19×100×770	32	8×2	60	B	16×500×290
CCF−5X−T8025•1625−22	H−800×250×16×25	M22	48	6×2	150	−	19×250×770	19×100×770	36	9×2	60	B	16×560×290
CCF−5X−T8025•1628−22	H−800×250×16×28	M22	56	7×2	150	−	19×250×890	22×100×890	36	9×2	60	B	16×560×290
CCF−5X−T8030•1422−22	H−800×300×14×22	M22	48	6×2	150	40	16×300×620	19×110×620	32	8×2	60	B	16×500×290
CCF−5X−T8030•1622−22	H−800×300×16×22	M22	48	6×2	150	40	16×300×620	19×110×620	36	9×2	60	B	16×560×290
CCF−5X−T8030•1625−22	H−800×300×16×25	M22	56	7×2	150	40	19×300×710	19×110×710	36	9×2	60	B	16×560×290
CCF−5X−T8030•1628−22	H−800×300×16×28	M22	64	8×2	150	40	19×300×800	22×110×800	36	9×2	60	B	16×560×290
CCF−5X−T8525•1422−22	H−850×250×14×22	M22	48	6×2	150	−	16×250×770	19×100×770	36	9×2	60	B	16×560×290
CCF−5X−T8525•1425−22	H−850×250×14×25	M22	48	6×2	150	−	19×250×770	19×100×770	36	9×2	60	B	16×560×290
CCF−5X−T8525•1625−22	H−850×250×16×25	M22	48	6×2	150	−	19×250×770	19×100×770	40	10×2	60	B	16×620×290
CCF−5X−T8525•1628−22	H−850×250×16×28	M22	56	7×2	150	−	19×250×890	22×100×890	40	10×2	60	B	16×620×290
CCF−5X−T9025•1619−22	H−900×250×16×19	M22	40	5×2	150	−	16×250×650	16×100×650	40	10×2	60	B	16×620×290
CCF−5X−T9025•1622−22	H−900×250×16×22	M22	48	6×2	150	−	16×250×770	19×100×770	40	10×2	60	B	16×620×290
CCF−5X−T9025•1625−22	H−900×250×16×25	M22	48	6×2	150	−	19×250×770	19×100×770	40	10×2	60	B	16×620×290
CCF−5X−T9025•1628−22	H−900×250×16×28	M22	56	7×2	150	−	19×250×890	22×100×890	40	10×2	60	B	16×620×290
CCF−5X−T9030•1619−22	H−900×300×16×19	M22	48	6×2	150	40	16×300×620	16×110×620	40	10×2	60	B	16×620×290
CCF−5X−T9030•1622−22	H−900×300×16×22	M22	56	7×2	150	40	16×300×710	19×110×710	40	10×2	60	B	16×620×290
CCF−5X−T9030•1625−22	H−900×300×16×25	M22	56	7×2	150	40	19×300×710	19×110×710	40	10×2	60	B	16×620×290
CCF−5X−T9030•1628−22	H−900×300×16×28	M22	64	8×2	150	40	19×300×800	22×110×800	40	10×2	60	B	16×620×290

付　録

付-1 ソフトウェアの概要

本書に掲載する標準接合部および参考設計資料内容と運用結果は，対応するソフトウェア* によって表示・作図が行える．このソフトウェアの機能の概要を付図-1.1 に示す．プログラムは，WINDOWS の下で作動し，トップウィンドウのメニューバーから順に必要な部分をマウスでクリックすることで作業が行えるようになっている．

詳細については，ソフトウェアのマニュアルを参照していただきたい．

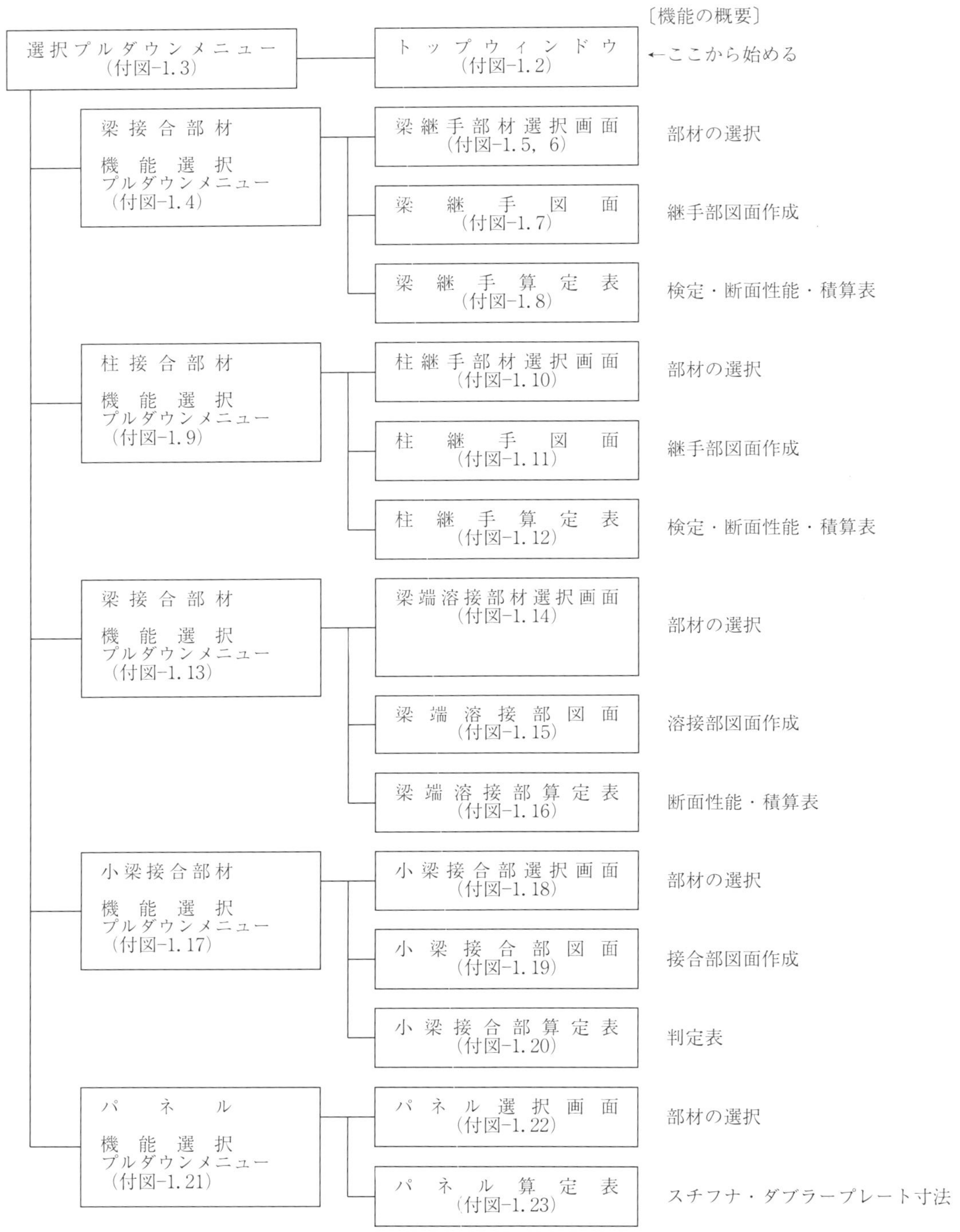

付図-1.1　SCSS-H 97 対応ソフトウェアの機能概要

＊　ソフトウェアに関するお問い合わせは（株）構造システム（電話 03-3235-5765）までお願いいたします．

付図-1.2　トップウィンドウ

付図-1.3　選択プルダウンメニュー

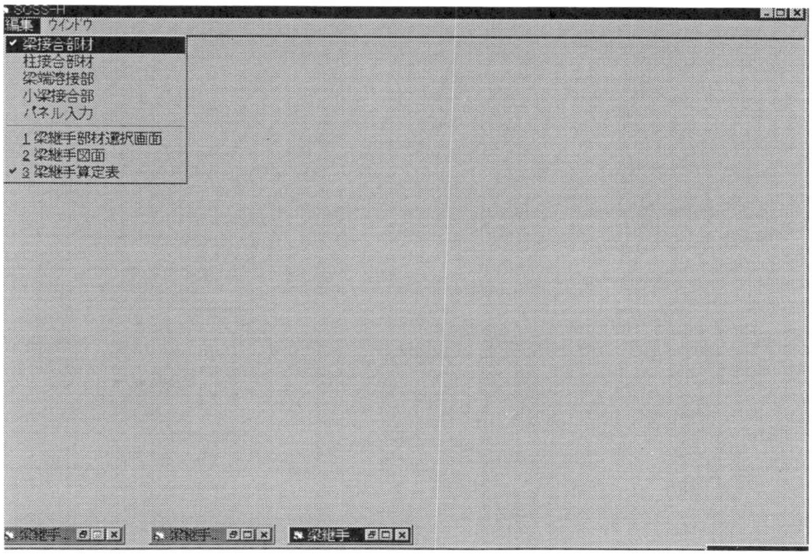

付図-1.4　梁接合部材
機能選択プルダウンメニュー

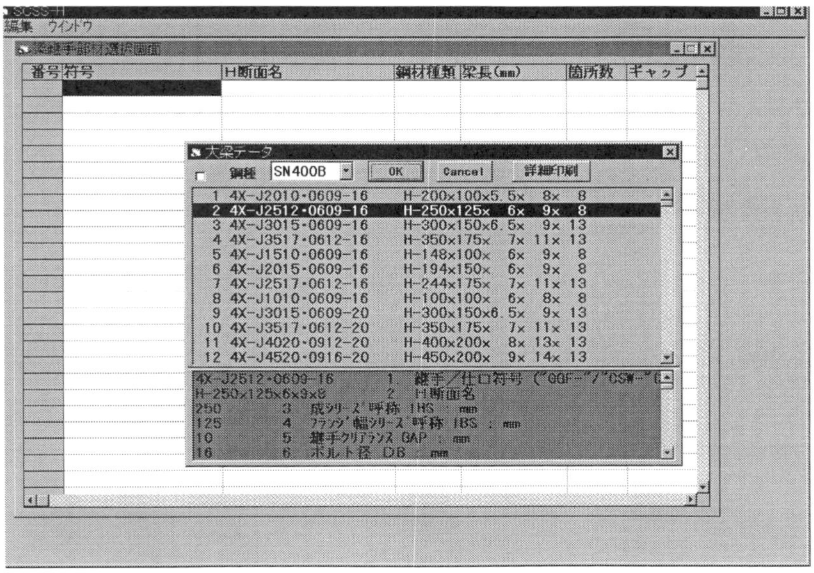

付図-1.5　梁継手部材選択画面

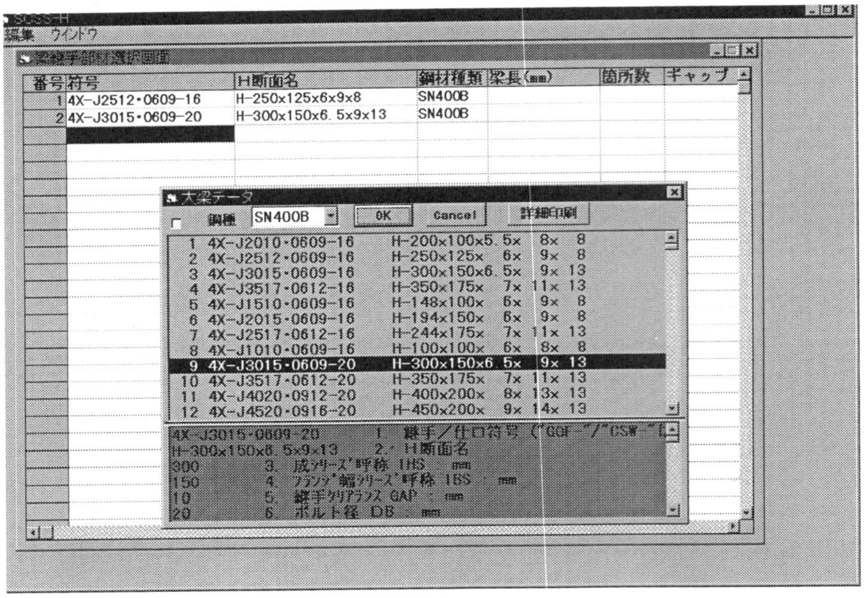

付図-1.6　梁継手部材選択画面

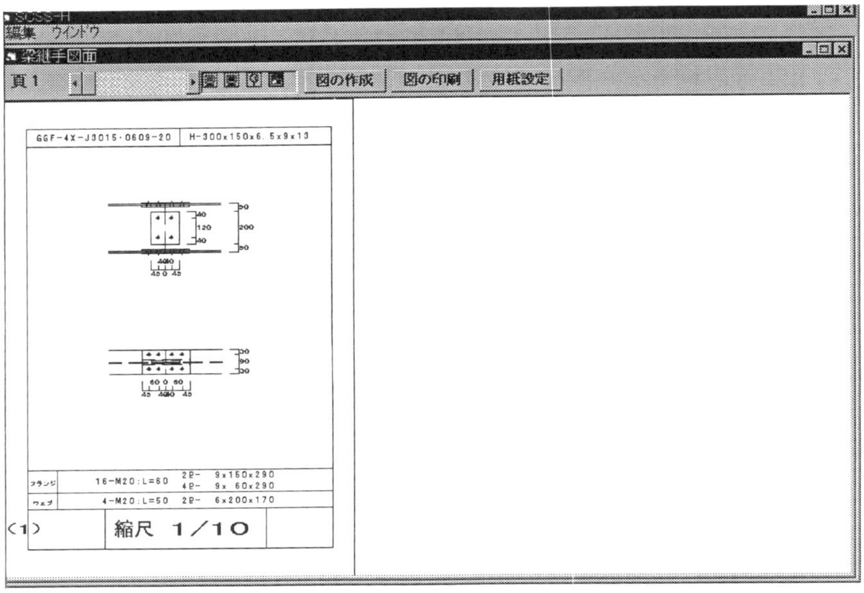

付図-1.7　梁継手図面

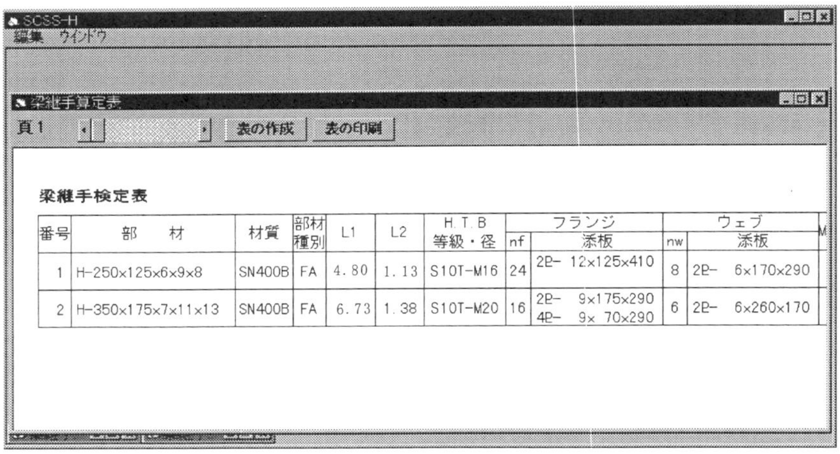

付図-1.8　梁継手算定表

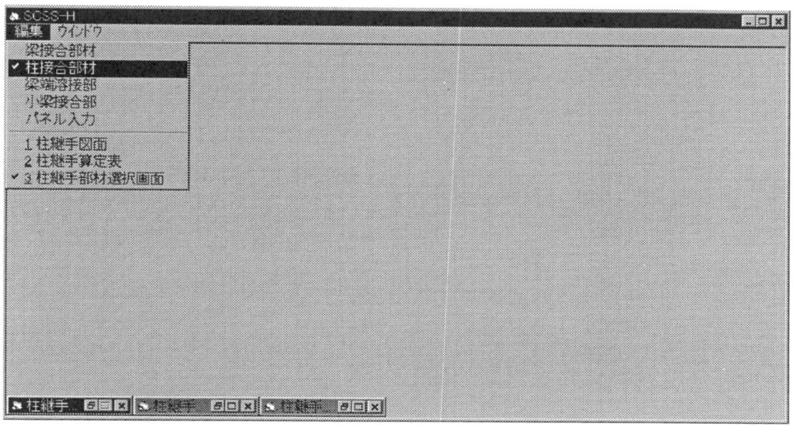

付図-1.9　柱接合部材
機能選択プルダウンメニュー

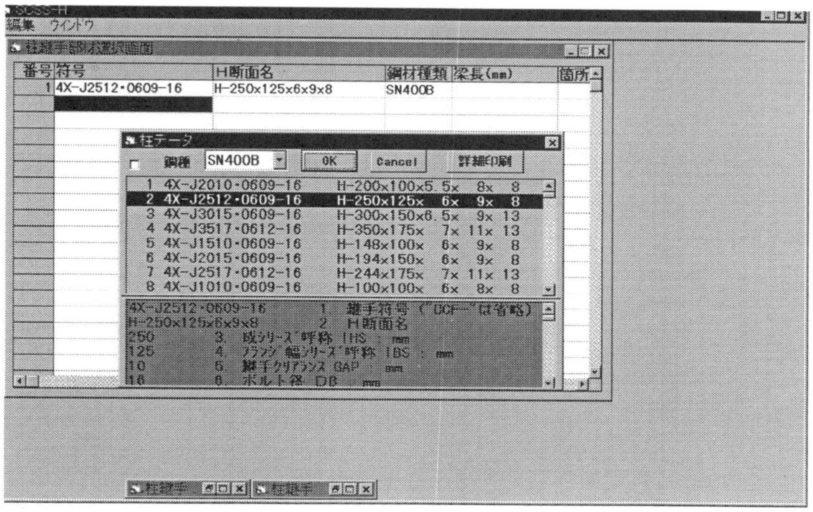

付図-1.10　柱継手部材選択画面

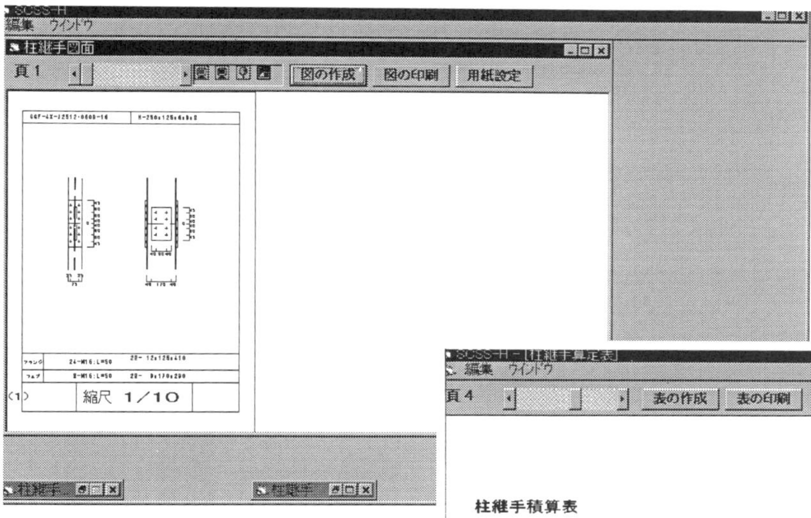

付図-1.11　柱継手図面

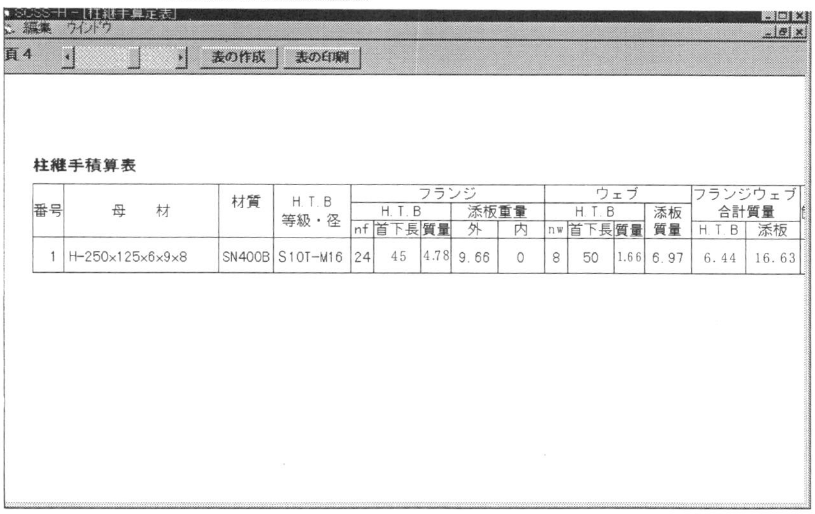

付図-1.12　柱継手算定表

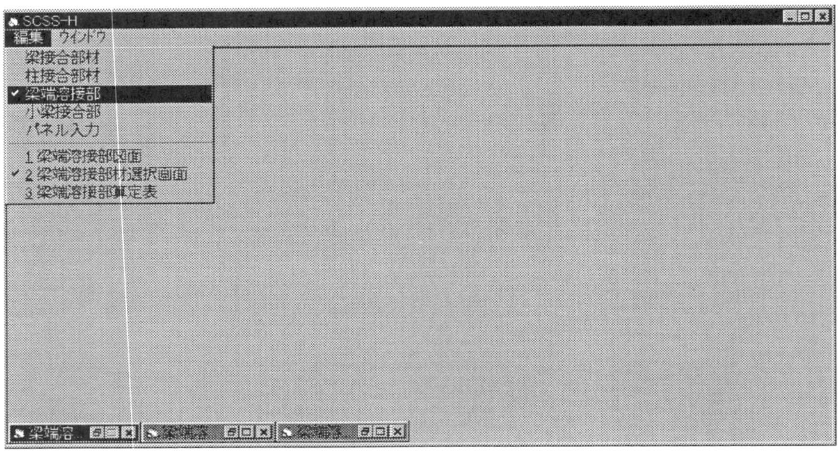

付図-1.13　梁接合部材
機能選択プルダウンメニュー

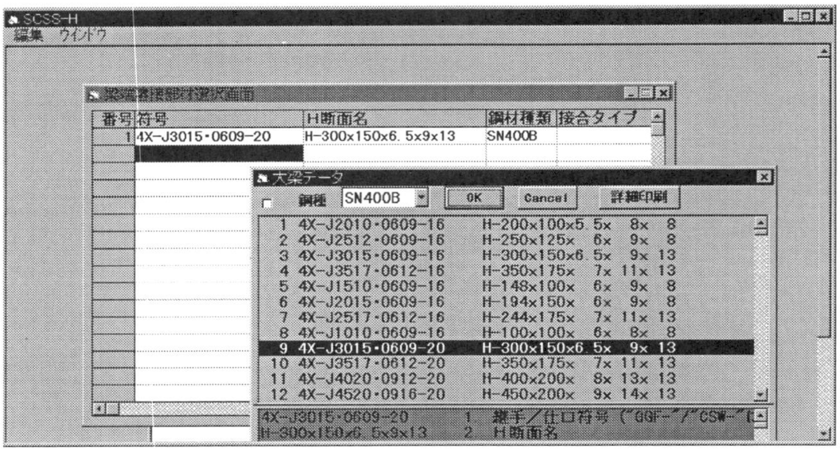

付図-1.14　梁継手部材選択画面

付図-1.15　梁端溶接部図面

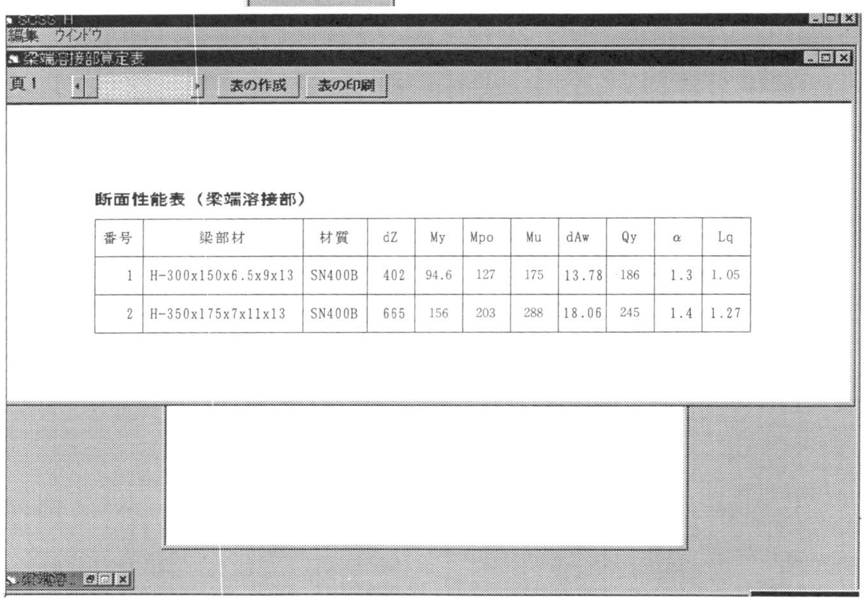

SCSS-H
編集　ウインドウ
梁端溶接部算定表
頁 1
表の作成
表の印刷
断面性能表（梁端溶接部）
番号 梁部材 材質 dZ My Mpo Mu dAw Qy α Lq
1 H-300x150x6.5x9x13 SN400B 402 94.6 127 175 13.78 186 1.3 1.05
2 H-350x175x7x11x13 SN400B 665 156 203 288 18.06 245 1.4 1.27

付図-1.16　梁端溶接部算定表

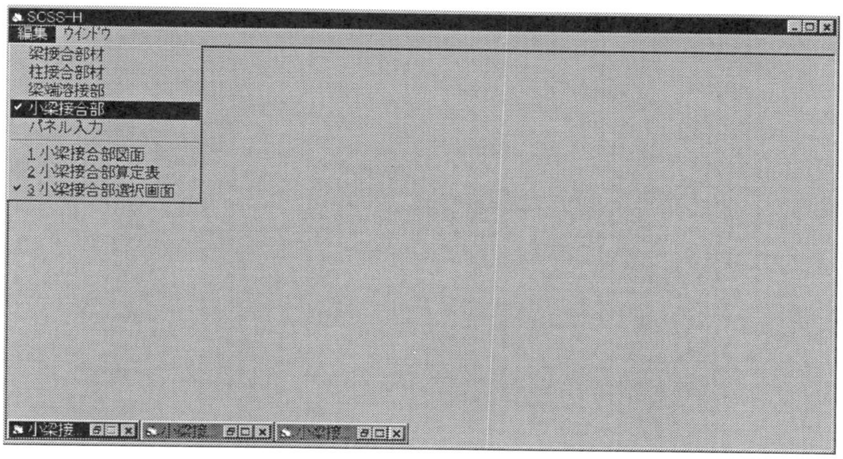

付図-1.17 小梁接合部
機能選択プルダウンメニュー

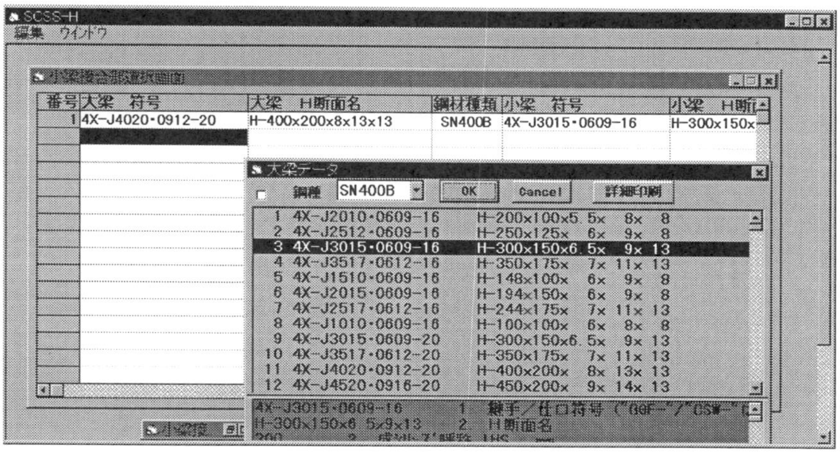

付図-1.18 小梁接合部選択画面

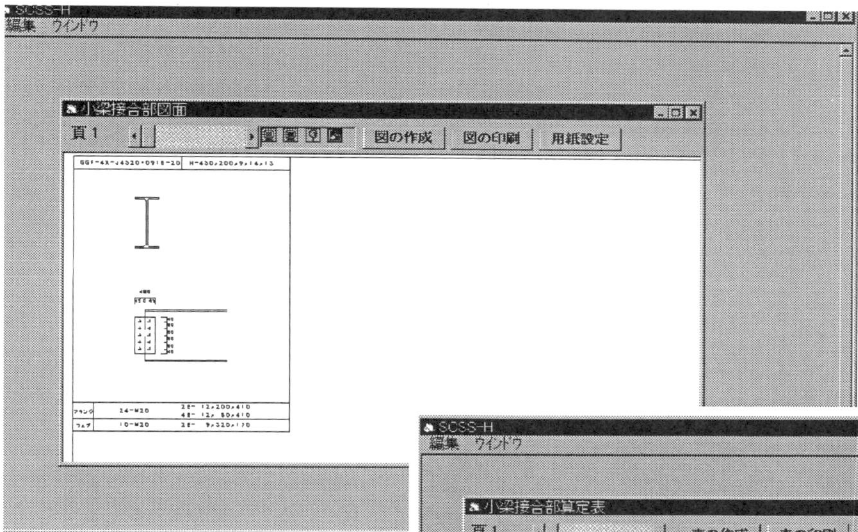

付図-1.19 小梁接合部図面

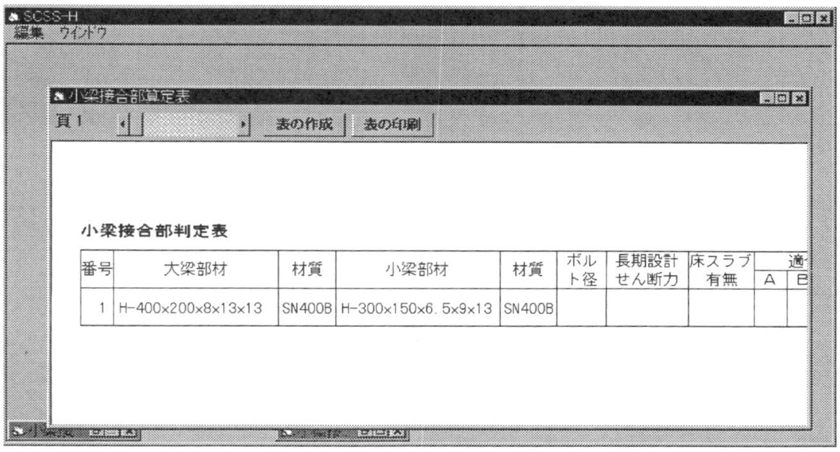

付図-1.20 小梁接合部算定表

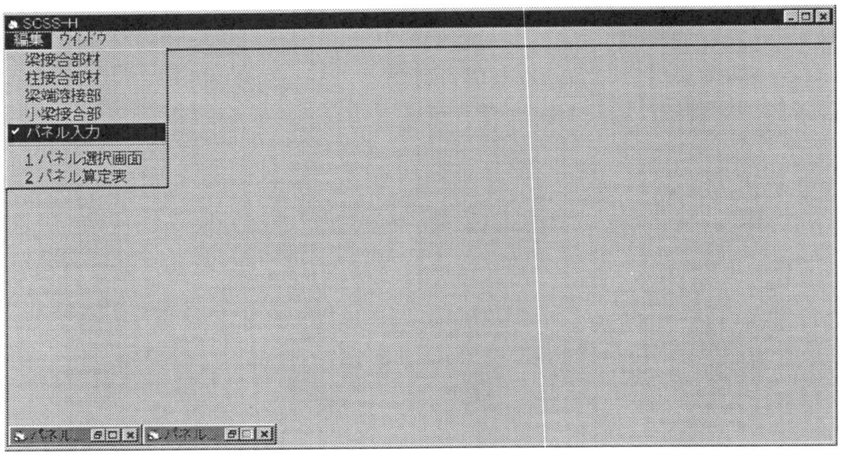

付図-1.21　パネル
機能選択プルダウンメニュー

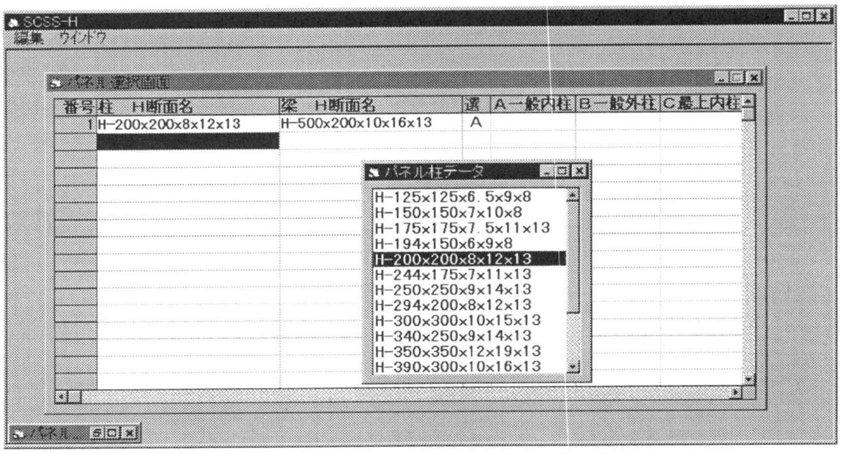

付図-1.22　パネル選択画面

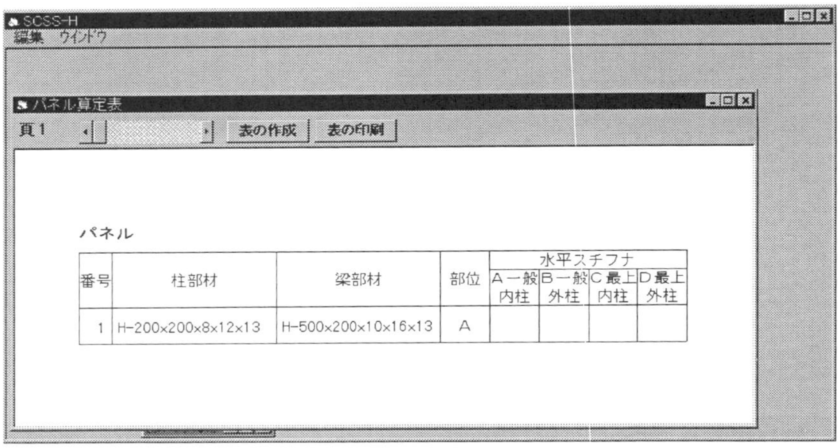

付図-1.23　パネル算定表

(a) 梁継手

本文で示した設計方針により計算された諸数値をデータベースとして保有し，そこから必要な情報を出力するものとしている.

入力データは，使用部材断面，使用部材の鋼種，使用ボルト径および梁部材の長さである.

出力データは，梁継手リスト（図面）および検定表・断面性能表・積算表であり，画面および外部出力装置へ出力されるものとなっている.

なお，表示する数値は，本文の2.2の数値の取扱いに基づいているが，α_J 値については，法令値との対比を明確にさせるために小数第二位を切り捨てるが，ソフトウェアでの表示は，どの程度不足しているかを示すためにNGのものについてのみ，小数第三位を切り捨てた値とする.

また，継手における部材の母材間隔は，本文では10 mmを標準としているが，ソフトウェアでは，ユーザーの指定により，5 mmも対応可能とした.

(b) 柱継手

ソフトウェアは,梁継手の場合と同様に,前節までの設計方針により計算された諸数値をデータベースとして保有し，そこから必要な情報を出力するものとしている.

入力データは，使用部材断面，使用部材の鋼種，使用ボルト径および柱部材の長さである.

出力データは，柱継手リスト（図面）および検定表・断面性能表・積算表であり，画面および外部出力装置へ出力されるものとなっている.

また，α_J の数値の取扱いおよび継手における部材の母材間隔の取扱いは，梁継手と同様である.

(c) 梁端溶接部

ソフトウェアは，継手の場合と同様に，前節までの設計方針により計算された諸数値をデータベースとして保有し，そこから必要な情報を出力するものとしている.

入力データは，使用部材断面，使用部材の鋼種および梁端溶接部の開先加工パターンである.

出力データは，梁端仕口リスト（図面）および断面性能表・積算表であり，画面および外部出力装置へ出力されるものとなっている．ただし，開先加工パターンは入力時に選択したものが図に表示されるが，断面性能に関しては安全性の観点から，すべてスカラップによる断面欠損を控除した断面に基づいた数値を表示するものとなっている.

(d) パネルゾーン

ソフトウェアは，本文の3.4の表PN 1に示す柱（17断面）と梁（152断面）の組合せに対して必要なダブラープレートの板厚，サイズおよび水平スチフナの板厚等をデータベースとして保有し，そこから必要な情報を出力するものとしている.

(e) 大梁・小梁接合部

付図-1.24にソフトウェアの概要をフローチャートで示す.

設計用応力（せん断力），小梁・大梁の断面寸法，使用ボルト径，および現場打ちコンクリートの有無を入力し，すべての接合形式（A，B，C，D）について前述の設計方法により計算した結果を表示する．計算結果としては，接合部の詳細図，ボルト，ガセットに関する数値情報，ならびに設計ができない場合にはNGの表示を行う．これら4種類の接合形式の結果から設計者がいずれかを選択するものとなっている.

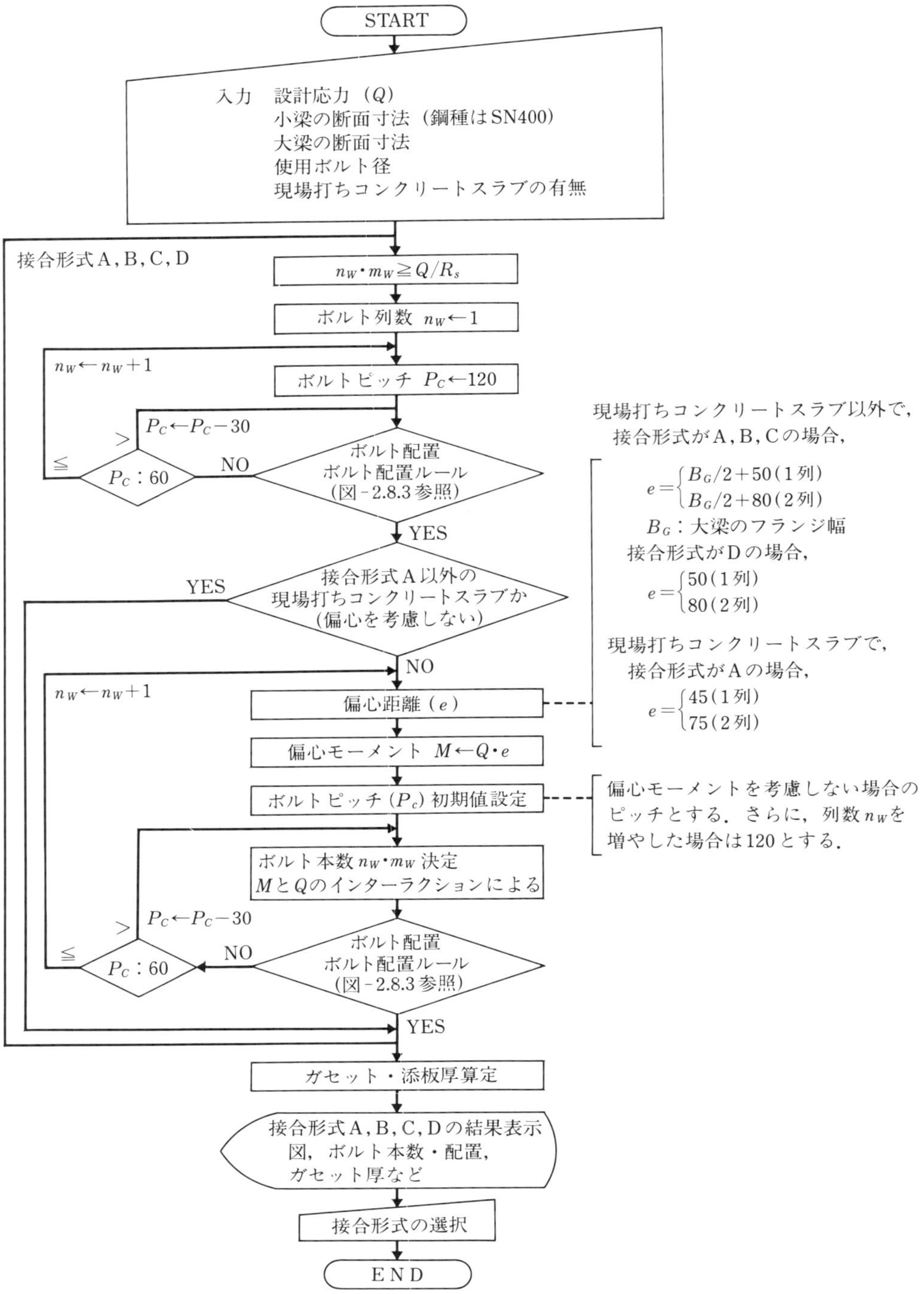

付図-1.24　小梁の標準接合部の設計フロー

SCSS-H97
鉄骨構造標準接合部 H形鋼編［SI単位表示版］ 定価はケースに表示してあります

1996年11月30日 1版1刷発行 ISBN978-4-7655-2459-9 C3052
2002年 3 月30日 2版1刷発行
2023年 6 月12日 2版7刷発行

編 集 鉄骨構造標準接合部委員会

発 行 社団法人 建築業協会
〒104-0032 東京都中央区八丁堀2-5-1 東京建設会館
TEL (03)3551-1118
社団法人 公共建築協会
〒102-0093 東京都千代田区平河町1-7-20 平河町辻田ビル
TEL (03)3234-6265
社団法人 全国鐵構工業協会
〒103-0026 東京都中央区日本橋兜町21-7 兜町ユニ・スクエア
TEL (03)3667-6501
社団法人 鉄骨建設業協会
〒104-0061 東京都中央区銀座2-2-18
TEL (03)3535-5078
社団法人 日本建築構造技術者協会
〒102-0075 東京都千代田区三番町24 林三番町ビル
TEL (03)3262-8498
社団法人 日本建築士事務所協会連合会
〒104-0032 東京都中央区八丁堀2-21-6 グレイスビル八丁堀
TEL (03)3552-1281
社団法人 日本鋼構造協会
〒160-0004 東京都新宿区四谷3-2-1 四谷三菱ビル
TEL (03)5919-1535
社団法人 日本鉄鋼連盟
〒103-0025 東京都中央区日本橋茅場町3-2-10 鉄鋼会館
TEL (03)3669-4816

発売 技報堂出版株式会社
〒101-0051 東京都千代田区神田神保町1-2-5
TEL 営業 (03)5217-0885
編集 (03)5217-0881
FAX (03)5217-0886

Printed in Japan 印刷・製本 愛甲社
落丁・乱丁はお取替え致します